税收犯罪的司法实践与理论探索

——税收刑法学的多维视角研究

肖太福　曾明生／著

中国检察出版社

序

　　肖太福和曾明生合著的《税收犯罪的司法实践与理论探索——税收刑法学的多维视角研究》一书即将出版，作者邀请我为之作序。税收犯罪研究在法学领域是一个比较新的课题，理论基础比较薄弱，构建税收刑法学更是一件新鲜事，打击税收犯罪、服务经济建设又是司法实践中相当重要、非常专业、比较复杂的一项任务。本人初略地阅读本书原稿后，发现作者确实对税收犯罪理论有独到见地，从体系到内容，从实践到理论，娓娓道来，处处有新。我相信，无论是法学理论研究工作者，还是司法实践领域的公安干警、检察官、法官和广大律师均能从本书中找到启迪。

　　当前，我国税收违法犯罪屡禁不止，犯罪形势依然严峻，惩治税收犯罪任重而道远。税收犯罪的手段，具有狡猾性、隐蔽性、专业化、多样化和智能化的特点；犯罪向组织化、集团化方向发展，单位犯罪较为突出；犯罪流动性大，跨地域作案现象突出；发案率高，大案要案突出；税务人员与犯罪分子，内外勾结、共同作案现象突出；侦查难度大，案发后取证难；等等。显然，大量的税收违法犯罪行为，严重地破坏了社会主义市场经济秩序，导致了国家税收的大量流失。而税收是国家财政收入的主要来源，直接关系到整个国计民生。我国一年的税收收入占财政总收入的90%以上。据国家税务总局的资料显示，我国国税一年流失在1000亿元以上。税收违法犯罪是造成国税流失的最主要因素，因为税收违法犯罪的直接目的往往是逃避、拖欠缴纳税款或攫取税收收入。如此流失的1000亿元是如何一个数字呢？据估算，用它可以举办10次奥运会（用于场馆建设资金），或者可以架设10座杨浦大桥，或者可以建一个三峡工程。此外，也要注意到，税收犯罪严重危害了社会公众的权益，因为侵犯了公平原则，破坏了社会平衡及公平竞争的氛围。

　　由此可见，税收犯罪活动猖獗，危害非常严重。但其原因是综合的、复杂的、多方面的，既有税制不完善、地方保护主义干预、执法不严、打击不力等客观原因，也有追求最大利润、纳税意识淡薄、徇私情、谋私利等主观原因;既有经济原因和制度原因,又有纳税主体原因和征税主体原因等。

对此,预防和治理税收违法犯罪,也应该是一个综合治理的系统工程。我认为,主要可以考虑朝着以下方面努力:加强税收法制宣传和思想教育,强化公民纳税意识;加强和完善税收法制建设,改进税收征管手段,深化税制改革,堵塞税收征管漏洞;加强执法人员素质,严格执法,切实强化打击力度,提高办案质量,强化监督机制;健全查处涉税犯罪的协作机制,加强同专门机关的密切配合;高度重视经济凭证鉴别的技术侦查;优化税收外部执法环境,实施群众举报奖励制度,扩大侦查线索;等等。有鉴于此,本书选择"税收犯罪的司法实践与理论探索"这个研究课题,是具有重大的现实意义和理论意义的。

粗读了全书,我感到,从研究视点的"出新"以及观点或论证手法"出彩"的角度看,本书之主要亮点表现在:

第一,探索了税收刑法学的理论体系。其中采取了融合刑事实体法和刑事程序法的"大刑法"立场,立意高远,视野开阔。以往有关税收犯罪的著述,多局限于对刑事实体法领域中的危害税收征管罪的探讨,或者虽有办案一本通的综合性著作,但是尚未形成一个学科性的理论框架体系。因此,税收刑法学的理论体系建构本身,也是一种有益的探索。

第二,注重多学科知识的综合运用,开拓创新,从多维视角,立体式地分析税收犯罪的立法和司法问题。其中,从纵向看,既有对立法沿革的考察和思考,又有对以往司法解释和司法实践的分析与评价,还有对税收刑法规范修订和今后司法解释的具体建议;从横向看,既有对常见的规范刑法学中的立法与司法、定罪与量刑的分析和探讨,又有来自经济学和守法教育学新视界的批判和建议。如此纵横交错的分析和讨论、批判和建言,让读者能够站在立法者、司法者、辩护人、被告人、旁观者、研究者乃至政治决策者的诸多视角和层面,来分析问题和解决问题,从中受到颇多的启发。

第三,紧密结合司法实践,大胆尝试理论创新。在本书分论中,以案例入题,为正文的理论探索提供了较好的实践素材。书中先从司法实践出发,引出问题。然后,依次展开立法和司法的发展历程和理论图景。通过理论来分析实践,进而指导实践。书中基于一般违法与严重违法的法理区分,认为刑事违法就是犯罪。从而采用了递进式的双层次改良模型的犯罪成立理论,即"法益侵害性→刑事违法性=犯罪"。作者运用这一新的理论，对案例展开了验证性的分析和讨论。这一理论创新的勇气和智慧是值得肯定的。

从作者的简历来看，两位都是法学博士，一位是资深的法律实务专家，另一位是专职的刑事法律学者，这种合作可谓理论与实践的"珠联璧合"。本书的内容正是充分体现了两者的专业优势和独具匠心。

诚然，在学术研究上，任何资深的专家学者，也难以做到尽善尽美，何况社会科学的规律性与无规律性、矛盾性与统一性，更决定了任何研究都是学无止境的。本书中也不可避免地会存在一定的学术缺憾。其中可能还有若干提法、观点的推敲和完善或阐发方面的小问题，但总体看，它与本书所拓展开来的税收刑法学的理论研究之新视野、新贡献相比，并不能掩盖本书为刑事法学之"力作"的基本事实。我们有理由相信：两位法学博士定能在继后的法学研究和司法实践中，收获更多更好的成绩。

是为序。

姜建初[*]

谨识于北京

2013 年 10 月 10 日

---

[*] 最高人民检察院副检察长。

前　言

　　税收，取之于民，用之于民，税收与人人有关，税收就在我们的身边。税收是国家财政收入的主要来源，税收法定、依法纳税和依法征税是现代文明国家法治建设的重要内容。税收自古以来具有强制性、无偿性和稳定性，并以政治权力为后盾，国家凭借政治权力颁布税法和刑法，刑法保障税法实施，打击税收犯罪，确保税收及时足额缴纳入库，实现政权的有效运转和社会的有序发展。

　　对什么征税，征多少税，征什么税，怎么征税，都是税收立法的内容，构成了一国完整的税收法律制度，既包括征纳双方的权利义务和法律责任，也涉及颇为复杂的会计核算、财务管理和经济社会的发展规律，具有很强的专业性和技术性。与之相应，违反税收法律规范及相关规定、破坏国家税收征收和管理的法律秩序、侵害税收分配关系的犯罪活动，具有犯罪对象的多样性、犯罪手段的隐蔽性、作案手段的专业性等特征。在税收犯罪领域，什么行为构成犯罪，谁构成犯罪，构成什么罪，如何定罪，如何量刑，既给刑事立法提出了很高的要求，也是司法实践面临的重大挑战。

　　打击税收犯罪，有别于处理其他经济犯罪案件，可谓"既要钱也要人"。根据现行税收刑法规范的内容，自由刑直到无期徒刑，财产刑严到处以涉案税款五倍的罚金，既可让被告受终身监禁之刑，也可使其倾家荡产。处理税收犯罪案件，稍有不慎出现冤假错案，不仅严重侵害了当事人的公民权利，也会轻则让一个企业陷入极大困境甚至破产倒闭，重则会严重破坏经济发展秩序，所以既要求税收刑法的立法严谨、科学，也要求税收刑案的司法者有较高的专业技能和技术水平。简而言之，要求立法人员、公安人员、检察官、法官和辩护律师既懂法律又懂经济，既懂税收也懂财务。

　　联系法学原理和经济学原理，结合税收知识和财务知识，理论联系实际，探索税收犯罪这一专业领域的定罪和量刑问题，是我和曾明生博士多年来的共同愿望。本人从事律师执业将近20年，毕业于中央财经大学税收学专业和中国人民大学行政法学专业，对税收法律和财务会计知识有较深的理论基础，在税收犯罪辩护领域积累了比较丰富的经验，同时在企业工作多年，比较理解企业和纳税人的性质、地位和处境。曾明生研究员是中国社会科学院研究生院的刑法学硕士和中国人民大学的刑法学博士，长期致力于刑法学和犯罪学的研究工作，专业著述颇多，有很深的法学理论基础和刑法学功底。我们俩在税收刑法学方面的研究和合作可以说是相得益彰，《税收犯罪的司法实践和理论探索——税收刑法学的多维视角研究》正是我们合作研究的初步成果。

本书之研究目的在于，梳理新中国成立后尤其是1979年以来我国针对税收犯罪的立法及其变迁，融合法学理论和经济学理论，运用税收知识和财务会计知识，着重评析现行刑法有关税收犯罪的法律规范及其适用，以案说法，以案析法，以法理案，以法释案，厘清罪与非罪、此罪与彼罪、一罪与数罪、是否共同犯罪、数罪并罚还是重罪吸收轻罪、量刑均衡等诸多问题，由此提出若干立法修订建议，消除疑窦和冲突，试图构建全新的税收刑法学框架。在研究方法上，我们既运用传统刑法学的原理和规范刑法学的创新，演绎了税收刑法中各罪的由来、构成要件和定罪量刑，也从经济学和（守法）教育学角度分别对各种税收犯罪的立法变迁和司法实践进行分析和检讨，实现多学科多视角的交叉探索和研究。我们认为，从经济学的角度看，要以尽可能小的司法成本投入，争取尽可能大的司法收益（或者产出），也由此考虑通过合理地惩治税收犯罪实现促进经济发展的目的。从（守法）教育学的角度看，税收犯罪在立法中的惩教结构六大组成要素上，教育环节、教育者、教育对象、教育目的通常相同，不同的主要是其教育内容和教育方式，司法者在裁判环节扮演了教育者角色，教育对象既包括个案中的被告，也包括社会大众，教育环节体现在案件办理的各个环节和阶段。比如，虚开增值税专用发票、用于骗取出口退税、抵扣税款发票罪定罪中的惩教机制，包括定罪与否的惩教机制、此罪而非彼罪的惩教机制、确定罪数的惩教机制，量刑中的惩教机制包括司法解释涉及本罪量刑的惩教机制与本罪个案司法中量刑的惩教机制。

本书由二十三章组成，分为两个部分。第一部分包括第一章至第五章，构成税收刑法学的总论雏形。第一章阐述了税收刑法的概念、特征和税收刑法学的体系，国内外的立法状况，还对税收犯罪进行了梳理和分类；第二章从理论上分析税务机关与司法机关的各自职责和协同分工、办理税收犯罪案件的基本程序，其中涉及税务稽查与罪案移送、税收犯罪案件的立案与侦查等；第三章研讨了税收犯罪案件的起诉与辩护中的若干难题；第四章深入分析和反思了我国的犯罪成立理论，并利用规范刑法学、经济学和（守法）教育学的各自方法，从不同视角探讨了税收犯罪行为的定罪和量刑问题；第五章对税收犯罪刑事裁判的执行问题进行了探究。第二部分属于税收刑法学的分论，包括第六章至第二十三章，结合刑法的法律规范和典型案例分别探索、剖析了 18 种税收犯罪的立法概况、成立要件和司法认定，重点解决司法实践中是否构成犯罪、构成何罪、如何量刑等疑难复杂问题。前十四章探讨的是刑法典专章"危害税收征管罪"中的 14 个罪名；后四章探讨的是从刑法典中梳理出的与税收征管有关的 4 个罪名，它们虽然不在刑法典的"危害税收征管罪"专章之列，但却与税收征管制度和财政收入密不可分，也破坏了税收征管秩序和税收分配关系，因而有一体化研究的必要。

　　在写作的过程中，我们力求调动并融合经济学、税收学、税法学、刑法学、刑事诉讼法学和教育学的知识和思维，消除学科之间和法规政策之间的冲突，以达成统一的公允的认识，消除司法实践中遇到的难点和疑点，诸如：1. 逃税、避税和节税的区别与联系；2. 利用虚开的增值税专用发票进行偷逃税款如何处理；3. 单位能否成为抗税罪的主体；4. 一人公司实施的犯罪行为究竟是应当作为单位犯罪还是个人犯罪处理；5. 介绍他人虚开发票的犯罪与教唆犯罪及传授犯罪方法罪的界限；6. 危害税收征管秩序的违法行为是否成立犯罪，既要符合法益侵害性，也要判断行为是否具有刑事违法性，由此必须同时具备四要件齐备性与无事由阻却性，等等。我们在理论探索和总结实践的基础上，也提出了一系列的立法修订和释法的建议。比如：1. 建议将《发票管理办法》中行政处罚的最重罚款幅度改为"并处 5 万元以上 10 万元以下的罚款"，同时把刑法典有关条款中的三档财产刑依次改为"并处 10 万元以上 20 万元以下的罚金"、"并处 20 万元以上 50 万元以下的罚金"、"并处 50 万元以上 100 万元以下的罚金或者没收财产"；2. 建议对《发票管理办法》进行修正，在"罚则"部分中，增加追究能够涵括非法购买增值税专用发票、购买伪造的增值税专用发票、非法出售增值税专用发票以及持有伪造发票的刑事责任的相关规定，如增加规定："构成犯罪的，依法追究刑事责任"；3. 建议在司法解释中增加逃税罪未遂犯的立案追诉情形；4. 建议修改司法解释，以略微低于 10 万元（比如 8 万元）的数额作为认定抗税罪"情节严重"的抗税数额起点；5. 建议参考司法解释有关重大案件和特大案件标准的规定，对于徇私舞弊不征、少征税款罪立法中的"造成特别重大损失",解释为:"造成国家税收损失累计达50万元以上的;造成国家税收损失累计达30万元以上不满50万元,但具有索取、收受贿赂或者其他恶劣情节的;或者其他致使国家利益遭受特别重大损失的情形"等。

  对税收犯罪和税收刑法进行多学科交叉研究,创意由来已久,潜心思考、研究、写作长达数年。我们自信,本书融司法实践与理论探索于一体,案例统率章首,以法条分析和定罪量刑为主线,不仅可作为理论著述进行学术交流,也可供立法者、司法者和执法者参考,不仅公安干警、检察官、法官可从中获得启迪,辩护律师、涉案当事人及其家属亦可从中找到依据。本书分论的各章结尾附录相关法律、法规、规章及法律解释索引,以及书后附有刑事诉讼法和监狱法全文,以供查阅参考;关于其中时间标注问题,公布时间与施行时间相同的,只列明一个时间。

  最后,我们要特别感谢著名法学家、最高人民检察院副检察长姜建初先生,他在百忙之中抽空阅读书稿,提出了许多修改意见,并为之作序,对我们今后进一步的研究和写作给予了极大的鼓励和鞭策。

肖太福
2013年9月30日于南宁

目 录

序 ··· 1
前 言 ·· 1

第一部分 总 论

第一章 税收刑法概述 ·· 3
  第一节 税收刑法与税收刑法学 ·· 3
    一、税收刑法的概念 ·· 3
    二、税收刑法的特征 ·· 4
    三、税收刑法学的界定与体系 ··· 5
  第二节 税收犯罪的种类 ·· 6
    一、最广义的税收犯罪、广义的税收犯罪、中义的税收
       犯罪、狭义的税收犯罪与最狭义的税收犯罪 ······························ 6
    二、直接侵害税收债权的犯罪与间接侵害税收债权的犯罪 ······ 7
    三、不作为的税收犯罪与作为的税收犯罪 ····································· 8
    四、征税主体的税收犯罪、纳税主体的税收犯罪与其他
       相关主体的税收犯罪 ·· 8
    五、自然人主体的税收犯罪与单位主体的税收犯罪 ······················ 9
    六、单独的税收犯罪与非单独的税收犯罪 ····································· 9
    七、税收犯罪的身份犯与税收犯罪的非身份犯 ······························ 9
    八、本国人实施的税收犯罪、外国人实施的税收犯罪以及
       不同国籍人共同实施的税收犯罪 ·· 10
  第三节 国内外税收犯罪立法的总体比较 ·· 11
    一、我国税收犯罪的立法概况 ··· 11
    二、外国税收犯罪的立法概况 ··· 22
    三、税收犯罪的立法总体比较 ··· 28

第二章　税收犯罪案件的立案与侦查 …… 33
第一节　税务稽查与罪案移送 …… 33
一、税务稽查 …… 33
二、罪案移送 …… 38
第二节　税收犯罪案件的立案与侦查 …… 40
一、税收犯罪案件的立案 …… 40
二、税收犯罪案件的侦查 …… 45

第三章　税收犯罪案件的起诉与辩护 …… 46
第一节　税收犯罪案件的证据形式 …… 46
一、刑事证据概述 …… 46
二、税收犯罪证据的表现形式 …… 48
第二节　税收犯罪案件的起诉与辩护 …… 56
一、税收犯罪案件的起诉 …… 56
二、税收犯罪案件的辩护 …… 68

第四章　税收犯罪案件的定罪与量刑 …… 78
第一节　税收犯罪的成立要件 …… 78
一、对犯罪成立理论的批判与改良 …… 78
二、税收犯罪的成立要件 …… 83
第二节　税收犯罪的定罪与量刑 …… 91
一、税收犯罪的定罪：规范刑法学、经济学与（守法）教育学视角 …… 91
二、税收犯罪的量刑：规范刑法学、经济学与（守法）教育学视角 …… 100

第五章　税收犯罪刑事裁判的执行 …… 111
第一节　税收犯罪刑事裁判执行的立法沿革及检讨 …… 111
一、我国刑事法中涉及（税收犯罪）刑事裁判执行的立法演变 …… 111
二、立法检讨：经济学与（守法）教育学视角 …… 117
第二节　税收犯罪刑事裁判执行的司法检讨 …… 119
一、相关司法解释中的若干问题探讨 …… 119

二、行刑实践中的若干普遍性问题探讨……………………………121

第二部分　分　论

第六章　逃税罪……………………………………………………131
　案例概要………………………………………………………………131
　第一节　逃税罪的立法沿革及检讨…………………………………132
　　一、1997年刑法典生效之前逃税罪的立法状况…………………132
　　二、1997年刑法典生效之后逃税罪的立法演进…………………134
　　三、立法检讨：经济学与（守法）教育学视角…………………138
　第二节　逃税罪的成立要件…………………………………………142
　　一、法益侵害性……………………………………………………143
　　二、刑事违法性……………………………………………………149
　第三节　逃税罪的司法认定…………………………………………155
　　一、罪与非罪………………………………………………………155
　　二、此罪与彼罪……………………………………………………160
　　三、共同犯罪………………………………………………………161
　　四、一罪与数罪……………………………………………………163
　　五、逃税罪的量刑…………………………………………………167
　　六、司法检讨：经济学与（守法）教育学视角…………………170
　附录：相关法律、法规、规章及司法解释索引……………………173

第七章　抗税罪……………………………………………………175
　案例概要………………………………………………………………175
　第一节　抗税罪的立法沿革及检讨…………………………………176
　　一、1997年刑法典生效前抗税罪的立法规定……………………176
　　二、现行刑法中抗税罪的立法规定………………………………177
　　三、立法检讨：经济学与（守法）教育学视角…………………178
　第二节　抗税罪的成立要件…………………………………………179
　　一、法益侵害性……………………………………………………180
　　二、刑事违法性……………………………………………………184
　第三节　抗税罪的司法认定…………………………………………188
　　一、罪与非罪………………………………………………………188

· 3 ·

二、此罪与彼罪……………………………………………… 190
　　三、共同犯罪………………………………………………… 193
　　四、一罪与数罪……………………………………………… 193
　　五、抗税罪的量刑…………………………………………… 197
　　六、司法检讨：经济学与（守法）教育学视角…………… 198
　附录：相关法律、法规、规章及司法解释索引…………………… 202

第八章　逃避追缴欠税罪……………………………………… 204
　案例概要……………………………………………………………… 204
　　第一节　逃避追缴欠税罪的立法沿革及检讨……………………… 205
　　　一、1997年刑法典生效前逃避追缴欠税罪的立法规定 …… 205
　　　二、现行刑法中逃避追缴欠税罪的立法规定……………… 206
　　　三、立法检讨：经济学与（守法）教育学视角…………… 207
　　第二节　逃避追缴欠税罪的成立要件……………………………… 209
　　　一、法益侵害性……………………………………………… 210
　　　二、刑事违法性……………………………………………… 212
　　第三节　逃避追缴欠税罪的司法认定……………………………… 215
　　　一、罪与非罪………………………………………………… 215
　　　二、此罪与彼罪……………………………………………… 216
　　　三、共同犯罪………………………………………………… 218
　　　四、一罪与数罪……………………………………………… 218
　　　五、逃避追缴欠税罪的量刑………………………………… 221
　　　六、司法检讨：经济学与（守法）教育学视角…………… 222
　附录：相关法律、法规、规章及司法解释索引…………………… 224

第九章　骗取出口退税罪……………………………………… 226
　案例概要……………………………………………………………… 226
　　第一节　骗取出口退税罪的立法沿革及检讨……………………… 227
　　　一、1997年刑法典生效前骗取出口退税罪的立法规定 …… 227
　　　二、现行刑法中骗取出口退税罪的立法规定……………… 229
　　　三、立法检讨：经济学与（守法）教育学视角…………… 229
　　第二节　骗取出口退税罪的成立要件……………………………… 232
　　　一、法益侵害性……………………………………………… 233

　　　　二、刑事违法性 …………………………………………… 234
　　第三节　骗取出口退税罪的司法认定 ……………………………… 236
　　　　一、罪与非罪 ………………………………………………… 237
　　　　二、此罪与彼罪 ……………………………………………… 238
　　　　三、共同犯罪 ………………………………………………… 239
　　　　四、一罪与数罪 ……………………………………………… 240
　　　　五、骗取出口退税罪的量刑 ………………………………… 242
　　　　六、司法检讨：经济学与（守法）教育学视角 …………… 244
　　附录：相关法律、法规、规章及司法解释索引 …………………… 247
第十章　虚开增值税专用发票、用于骗取出口退税、抵扣税款发票罪 …… 248
　　案例概要 ………………………………………………………… 248
　　第一节　虚开增值税专用发票、用于骗取出口退税、抵扣税款发票
　　　　　　罪的立法沿革及检讨 ……………………………………… 249
　　　　一、1997年刑法典生效前虚开增值税专用发票、用于骗取
　　　　　　出口退税、抵扣税款发票罪的立法规定 ……………… 249
　　　　二、现行刑法中虚开增值税专用发票、用于骗取出口退税、
　　　　　　抵扣税款发票罪的立法规定 …………………………… 250
　　　　三、立法检讨：经济学与（守法）教育学视角 …………… 251
　　第二节　虚开增值税专用发票、用于骗取出口退税、抵扣税款发票
　　　　　　罪的成立要件 ……………………………………………… 253
　　　　一、法益侵害性 ……………………………………………… 254
　　　　二、刑事违法性 ……………………………………………… 258
　　第三节　虚开增值税专用发票、用于骗取出口退税、抵扣税款发票
　　　　　　罪的司法认定 ……………………………………………… 260
　　　　一、罪与非罪 ………………………………………………… 260
　　　　二、此罪与彼罪 ……………………………………………… 262
　　　　三、共同犯罪 ………………………………………………… 264
　　　　四、一罪与数罪 ……………………………………………… 264
　　　　五、虚开增值税专用发票、用于骗取出口退税、抵扣税款
　　　　　　发票罪的量刑 …………………………………………… 267
　　　　六、司法检讨：经济学与（守法）教育学视角 …………… 268

附录：相关法律、法规、规章及司法解释索引……………………272

第十一章 虚开发票罪……………………………………………274
案例概要…………………………………………………………274
第一节 虚开发票罪的立法沿革及检讨……………………275
一、虚开发票罪的立法沿革……………………………275
二、立法检讨：经济学与（守法）教育学视角…………276
第二节 虚开发票罪的成立要件……………………………277
一、法益侵害性…………………………………………278
二、刑事违法性…………………………………………284
第三节 虚开发票罪的司法认定……………………………286
一、罪与非罪……………………………………………286
二、此罪与彼罪…………………………………………287
三、共同犯罪……………………………………………288
四、一罪与数罪…………………………………………289
五、虚开发票罪的量刑…………………………………289
六、司法检讨：经济学与（守法）教育学视角…………291
附录：相关法律、法规、规章及司法解释索引……………………293

第十二章 伪造、出售伪造的增值税专用发票罪………………295
案例概要…………………………………………………………295
第一节 伪造、出售伪造的增值税专用发票罪的立法沿革及检讨…………………………………………………296
一、1997年刑法典生效前伪造、出售伪造的增值税专用发票罪的立法规定……………………………296
二、现行刑法中伪造、出售伪造的增值税专用发票罪的立法规定……………………………………297
三、立法检讨：经济学与（守法）教育学视角…………298
第二节 伪造、出售伪造的增值税专用发票罪的成立要件……300
一、法益侵害性…………………………………………301
二、刑事违法性…………………………………………303
第三节 伪造、出售伪造的增值税专用发票罪的司法认定……305
一、罪与非罪……………………………………………306

　　　　二、此罪与彼罪 …………………………………………………… 306
　　　　三、共同犯罪 ……………………………………………………… 306
　　　　四、一罪与数罪 …………………………………………………… 307
　　　　五、伪造、出售伪造的增值税专用发票的量刑 ………………… 310
　　　　六、司法检讨：经济学与（守法）教育学视角 ………………… 311
　　附录：相关法律、法规、规章及司法解释索引 ……………………… 314

第十三章　非法出售增值税专用发票罪 ……………………………… 315
　　案例概要 …………………………………………………………………… 315
　　第一节　非法出售增值税专用发票罪的立法沿革及检讨 …………… 315
　　　　一、1997年刑法典生效前非法出售增值税专用发票罪
　　　　　　的立法规定 ………………………………………………… 316
　　　　二、现行刑法中非法出售增值税专用发票罪的立法规定 …… 317
　　　　三、立法检讨：经济学与（守法）教育学视角 ………………… 317
　　第二节　非法出售增值税专用发票罪的成立要件 …………………… 320
　　　　一、法益侵害性 …………………………………………………… 320
　　　　二、刑事违法性 …………………………………………………… 321
　　第三节　非法出售增值税专用发票罪的司法认定 …………………… 322
　　　　一、罪与非罪 ……………………………………………………… 323
　　　　二、此罪与彼罪 …………………………………………………… 324
　　　　三、共同犯罪 ……………………………………………………… 324
　　　　四、一罪与数罪 …………………………………………………… 325
　　　　五、非法出售增值税专用发票罪的量刑 ………………………… 328
　　　　六、司法检讨：经济学与（守法）教育学视角 ………………… 329
　　附录：相关法律、法规、规章及司法解释索引 ……………………… 330

第十四章　非法购买增值税专用发票、购买伪造的增值税专用发票罪 …… 332
　　案例概要 …………………………………………………………………… 332
　　第一节　非法购买增值税专用发票、购买伪造的增值税专用发票
　　　　　　罪的立法沿革及检讨 ……………………………………… 333
　　　　一、1997年刑法典生效前非法购买增值税专用发票、
　　　　　　购买伪造的增值税专用发票罪的立法规定 ……………… 333

　　　　二、现行刑法中非法购买增值税专用发票、购买伪造的
　　　　　　增值税专用发票罪的立法规定……………………… 334
　　　　三、立法检讨：经济学与（守法）教育学视角 ………… 334
　第二节　非法购买增值税专用发票、购买伪造的增值税专用发票
　　　　罪的成立要件 …………………………………………… 336
　　　　一、法益侵害性 …………………………………………… 336
　　　　二、刑事违法性 …………………………………………… 338
　第三节　非法购买增值税专用发票、购买伪造的增值税专用发票
　　　　罪的司法认定 …………………………………………… 340
　　　　一、罪与非罪 ……………………………………………… 340
　　　　二、此罪与彼罪 …………………………………………… 341
　　　　三、共同犯罪 ……………………………………………… 343
　　　　四、一罪与数罪 …………………………………………… 344
　　　　五、非法购买增值税专用发票、购买伪造的增值税专用
　　　　　　发票罪的量刑 ………………………………………… 347
　　　　六、司法检讨：经济学与（守法）教育学视角 ………… 347
　附录：相关法律、法规、规章及司法解释索引……………………… 350

第十五章　非法制造、出售非法制造的用于骗取出口退税、抵扣税款发票罪 ……………………………………………………………… 351

　案例概要 ……………………………………………………………… 351
　第一节　非法制造、出售非法制造的用于骗取出口退税、抵扣税款
　　　　发票罪的立法沿革及检讨 ……………………………… 352
　　　　一、1997 年刑法典生效前非法制造、出售非法制造的用于
　　　　　　骗取出口退税、抵扣税款发票罪的立法规定………… 352
　　　　二、现行刑法中非法制造、出售非法制造的用于骗取出
　　　　　　口退税、抵扣税款发票罪的立法规定 ……………… 352
　　　　三、立法检讨：经济学与（守法）教育学视角 ………… 353
　第二节　非法制造、出售非法制造的用于骗取出口退税、抵扣税款
　　　　发票罪的成立要件 ……………………………………… 355
　　　　一、法益侵害性 …………………………………………… 355

二、刑事违法性 ……………………………………………… 357
　第三节　非法制造、出售非法制造的用于骗取出口退税、抵扣税款
　　　　　发票罪的司法认定 …………………………………… 359
　　　一、罪与非罪 ……………………………………………… 359
　　　二、此罪与彼罪 …………………………………………… 360
　　　三、共同犯罪 ……………………………………………… 361
　　　四、一罪与数罪 …………………………………………… 361
　　　五、非法制造、出售非法制造的用于骗取出口退税、抵扣
　　　　　税款发票罪的量刑 …………………………………… 363
　　　六、司法检讨：经济学与（守法）教育学视角 ………… 364
　附录：相关法律、法规、规章及司法解释索引 ……………… 367

第十六章　非法制造、出售非法制造的发票罪 …………………… 368
　案例概要 …………………………………………………………… 368
　第一节　非法制造、出售非法制造的发票罪的立法沿革及检讨 … 369
　　　一、1997年刑法典生效前非法制造、出售非法制造的
　　　　　发票罪的立法规定 …………………………………… 369
　　　二、现行刑法中非法制造、出售非法制造的发票罪的
　　　　　立法规定 ……………………………………………… 369
　　　三、立法检讨：经济学与（守法）教育学视角 ………… 370
　第二节　非法制造、出售非法制造的发票罪的成立要件 ……… 371
　　　一、法益侵害性 …………………………………………… 372
　　　二、刑事违法性 …………………………………………… 373
　第三节　非法制造、出售非法制造的发票罪的司法认定 ……… 375
　　　一、罪与非罪 ……………………………………………… 375
　　　二、此罪与彼罪 …………………………………………… 375
　　　三、共同犯罪 ……………………………………………… 376
　　　四、一罪与数罪 …………………………………………… 376
　　　五、非法制造、出售非法制造的发票罪的量刑 ………… 377
　　　六、司法检讨：经济学与（守法）教育学视角 ………… 377
　附录：相关法律、法规、规章及司法解释索引 ……………… 379

第十七章　非法出售用于骗取出口退税、抵扣税款发票罪……………… 381
　案例概要……………………………………………………………… 381
　第一节　非法出售用于骗取出口退税、抵扣税款发票罪的立法沿革
　　　　　及检讨…………………………………………………… 381
　　　　一、1997 年刑法典生效前非法出售用于骗取出口退税、
　　　　　　抵扣税款发票罪的立法规定………………………… 382
　　　　二、现行刑法中非法出售用于骗取出口退税、抵扣税款
　　　　　　发票罪的立法规定…………………………………… 382
　　　　三、立法检讨：经济学与（守法）教育学视角 ………… 382
　第二节　非法出售用于骗取出口退税、抵扣税款发票罪的
　　　　　成立要件…………………………………………………… 383
　　　　一、法益侵害性……………………………………… 384
　　　　二、刑事违法性……………………………………… 384
　第三节　非法出售用于骗取出口退税、抵扣税款发票罪的
　　　　　司法认定…………………………………………………… 386
　　　　一、罪与非罪………………………………………… 386
　　　　二、此罪与彼罪……………………………………… 387
　　　　三、共同犯罪………………………………………… 388
　　　　四、一罪与数罪……………………………………… 388
　　　　五、非法出售用于骗取出口退税、抵扣税款发票罪的
　　　　　　量刑…………………………………………… 390
　　　　六、司法检讨：经济学与（守法）教育学视角 ………… 390
　附录：相关法律、法规、规章及司法解释索引…………………… 391

第十八章　非法出售发票罪……………………………………………… 392
　案例概要……………………………………………………………… 392
　第一节　非法出售发票罪的立法沿革及检讨……………………… 392
　　　　一、1997 年刑法典生效前非法出售发票罪的立法规定 … 393
　　　　二、现行刑法中非法出售发票罪的立法规定……………… 393
　　　　三、立法检讨：经济学与（守法）教育学视角 ………… 393
　第二节　非法出售发票罪的成立要件……………………………… 394
　　　　一、法益侵害性……………………………………… 395

　　　　二、刑事违法性……………………………………………… 395
　第三节　非法出售发票罪的司法认定…………………………… 397
　　　　一、罪与非罪…………………………………………… 397
　　　　二、此罪与彼罪………………………………………… 398
　　　　三、共同犯罪…………………………………………… 399
　　　　四、一罪与数罪………………………………………… 399
　　　　五、非法出售发票罪的量刑…………………………… 401
　　　　六、司法检讨：经济学与（守法）教育学视角……… 401
　附录：相关法律、法规、规章及司法解释索引………………… 402

第十九章　持有伪造的发票罪……………………………………… 404
　案例概要…………………………………………………………… 404
　第一节　持有伪造的发票罪的立法沿革及检讨………………… 404
　　　　一、持有伪造的发票罪的立法沿革…………………… 404
　　　　二、立法检讨：经济学与（守法）教育学视角……… 405
　第二节　持有伪造的发票罪的成立要件………………………… 407
　　　　一、法益侵害性………………………………………… 407
　　　　二、刑事违法性………………………………………… 408
　第三节　持有伪造的发票罪的司法认定………………………… 409
　　　　一、罪与非罪…………………………………………… 409
　　　　二、此罪与彼罪………………………………………… 410
　　　　三、共同犯罪…………………………………………… 411
　　　　四、一罪与数罪………………………………………… 411
　　　　五、持有伪造的发票罪的量刑………………………… 412
　　　　六、司法检讨：经济学与（守法）教育学视角……… 413
　附录：相关法律、法规、规章及司法解释索引………………… 414

第二十章　走私普通货物、物品罪………………………………… 416
　案例概要…………………………………………………………… 416
　第一节　走私普通货物、物品罪的立法沿革及检讨…………… 417
　　　　一、1997年刑法典生效前走私普通货物、物品罪的立法
　　　　　　规定……………………………………………… 417
　　　　二、现行刑法中走私普通货物、物品罪的立法规定……… 418

　　　　三、立法检讨：经济学与（守法）教育学视角 …………… 420
　第二节　走私普通货物、物品罪的成立要件 ……………………… 421
　　　　一、法益侵害性 …………………………………………… 422
　　　　二、刑事违法性 …………………………………………… 424
　第三节　走私普通货物、物品罪的司法认定 ……………………… 427
　　　　一、罪与非罪 ……………………………………………… 427
　　　　二、此罪与彼罪 …………………………………………… 428
　　　　三、共同犯罪 ……………………………………………… 429
　　　　四、一罪与数罪 …………………………………………… 429
　　　　五、走私普通货物、物品罪的量刑 ……………………… 430
　　　　六、司法检讨：经济学与（守法）教育学视角 …………… 432
　附录：相关法律、法规、规章及司法解释索引 …………………… 435

第二十一章　徇私舞弊不征、少征税款罪 ……………………………… 437
　案例概要 ……………………………………………………………… 437
　第一节　徇私舞弊不征、少征税款罪的立法沿革及检讨 ………… 437
　　　　一、1997 年刑法典生效前徇私舞弊不征、少征税款罪的
　　　　　　立法规定 …………………………………………… 438
　　　　二、现行刑法中徇私舞弊不征、少征税款罪的立法规定 … 438
　　　　三、立法检讨：经济学与（守法）教育学视角 …………… 439
　第二节　徇私舞弊不征、少征税款罪的成立要件 ………………… 440
　　　　一、法益侵害性 …………………………………………… 440
　　　　二、刑事违法性 …………………………………………… 441
　第三节　徇私舞弊不征、少征税款罪的司法认定 ………………… 443
　　　　一、罪与非罪 ……………………………………………… 443
　　　　二、此罪与彼罪 …………………………………………… 444
　　　　三、共同犯罪 ……………………………………………… 444
　　　　四、一罪与数罪 …………………………………………… 445
　　　　五、徇私舞弊不征、少征税款罪的量刑 ………………… 446
　　　　六、司法检讨：经济学与（守法）教育学视角 …………… 447
　附录：相关法律、法规、规章及司法解释索引 …………………… 449

第二十二章　徇私舞弊发售发票、抵扣税款、出口退税罪 …………… 450
　案例概要 ……………………………………………………………… 450

第一节 徇私舞弊发售发票、抵扣税款、出口退税罪的立法沿革及检讨……………………………………………………… 450
　　一、1997年刑法典生效前徇私舞弊发售发票、抵扣税款、出口退税罪的立法规定……………… 451
　　二、现行刑法中徇私舞弊发售发票、抵扣税款、出口退税罪的立法规定………………………… 451
　　三、立法检讨：经济学与（守法）教育学视角 …… 452
第二节 徇私舞弊发售发票、抵扣税款、出口退税罪的成立要件……………………………………………………… 453
　　一、法益侵害性……………………………………… 453
　　二、刑事违法性……………………………………… 454
第三节 徇私舞弊发售发票、抵扣税款、出口退税罪的司法认定……………………………………………………… 456
　　一、罪与非罪………………………………………… 456
　　二、此罪与彼罪……………………………………… 456
　　三、共同犯罪………………………………………… 458
　　四、一罪与数罪……………………………………… 458
　　五、徇私舞弊发售发票、抵扣税款、出口退税罪的量刑………………………………………………… 460
　　六、司法检讨：经济学与（守法）教育学视角 …… 460
附录：相关法律、法规、规章及司法解释索引………………… 462

第二十三章　违法提供出口退税凭证罪………………… 464
案例概要………………………………………………… 464
第一节 违法提供出口退税凭证罪的立法沿革及检讨……… 464
　　一、违法提供出口退税凭证罪的立法沿革………… 465
　　二、立法检讨：经济学与（守法）教育学视角 …… 466
第二节 违法提供出口退税凭证罪的成立要件……………… 467
　　一、法益侵害性……………………………………… 467
　　二、刑事违法性……………………………………… 468
第三节 违法提供出口退税凭证罪的司法认定……………… 470
　　一、罪与非罪………………………………………… 470
　　二、此罪与彼罪……………………………………… 470

三、共同犯罪 …………………………………………… 471
　　四、一罪与数罪 ………………………………………… 472
　　五、违法提供出口退税凭证罪的量刑 ………………… 472
　　六、司法检讨：经济学与（守法）教育学视角 ……… 473
　附录：相关法律、法规、规章及司法解释索引 ………… 474
主要参考文献 ………………………………………………… 475
附录一：刑事诉讼法 ………………………………………… 478
附录二：监狱法 ……………………………………………… 523
后　记 ………………………………………………………… 532

第一部分

总　　论

第一章 税收刑法概述

刑法是杀伤力最强大的法律武器，税收刑法应当属于其中的一种。在界定税收刑法与税收刑法学之后，有必要进一步了解其规制的对象（税收犯罪及其刑事责任等）。各国对税收犯罪设定了不同的刑事责任，有必要通过对不同罪责立法的比较以获得一些有益的立法启示。

第一节 税收刑法与税收刑法学

一、税收刑法的概念

何谓税收刑法？学界说法不一。有的学者没有直接对"税收刑法"下定义，是在区分广义和狭义的税收犯罪的基础上考察税收刑法的。他认为，广义的税收犯罪包括危害税收征管犯罪、税收征管渎职犯罪、税收贪污贿赂犯罪以及其他税收的犯罪；狭义的税收犯罪则仅指纳税主体规避纳税义务、骗取税款的行为以及自然人妨害发票管理活动情节严重的行为，即刑法典第3章第6节所规定的危害税收征管的犯罪。他主张，研究"税收刑法"为题的论文仅以狭义的税收犯罪作为研究对象来讨论。[1] 不过，也有少许以"税收刑法"为题的研究论文，其中同样没有直接给税收刑法下定义，但是从文章的字里行间可以发现，其所指的税收刑法是指我国刑法典第3章第6节的危害税收征管罪中的具体各罪以及渎职罪中的徇私舞弊发售发票、抵扣税款、出口退税罪、违法提供出口退税凭证罪等相关罪刑规定。[2] 相比之下，这一种主张是中义说。当然，理论上也有一种与"税收刑法"相近的提法——"税制刑法"，它其实也是一种狭义说。该说认为，"税制刑法是国家为保护税收安全，在行政处罚之外用刑罚制度保障税收的刑事法律规范，包括刑法典中的规定和人大决定等特

---

[1] 参见何叶："从以票治罪的角度看税收刑法"，载《财经界》2007年第7期，第210页。
[2] 参见全承相："税收刑法立法民主化"，载《河北法学》2004年第7期，第43—46页。

别刑法的规定"。该说还认为，当时税制刑法虽然在我国有 12 个罪名，但是，由于有的罪名是选择性罪名，因此一个罪名又可以分解出几个单独罪名，于是，实际上我国税制刑法的罪名有近 20 个。这些罪名又可分为两大类，即税务犯罪和发票犯罪。① 显然，其意仍将税制刑法限于刑法典第 3 章第 6 节的危害税收征管罪的范围之中。

我们认为，税收刑法是与税收犯罪相关的法律范畴。税收犯罪至少有广义、中义和狭义之分，但是仅从中义或狭义的税收犯罪出发，研究中义或狭义的税收刑法并不利于全面考量对税收犯罪的防治。譬如，上述中义和狭义的税收刑法，把涉及偷逃关税和海关代征代缴的其他税款的走私普通货物、物品罪排拒在外，确实有所缺憾。然而，若把涉及税收的贪污贿赂犯罪也纳入税收刑法的罪种范围，则又容易使其研究有所泛化，这会导致更多的关联犯罪加入进来。其实，可以在某一典型的税收犯罪的罪数认定中，略为涉及贿赂犯罪的问题，使之详略得当。因而，本书主张，宜采较为广义的税收刑法的概念。亦即，税收刑法是指规制税收犯罪及其刑事责任的刑事法律规范的总称。它包括我国刑法典中涉及偷逃关税和海关代征代缴的其他税款的走私普通货物、物品罪，还包括刑法典第 3 章第 6 节危害税收征管罪中的各罪和渎职罪中的徇私舞弊不征少征税款罪、违法提供出口退税凭证罪以及徇私舞弊发售发票、抵扣税款、出口退税罪等相关罪刑的规定，以及包括与此关联的刑事程序法的规范。

值得指出的是，法学界对刑法也有广义和狭义的理解。综合刑事实体法和刑事程序法的刑法，是"大刑法"的概念，它相当于刑事法，这在英美法系国家较为常见；而"小刑法"的概念，通常是局限于刑事实体法的范畴，甚至特指刑法典。

二、税收刑法的特征

一般而言，在强行法与任意法的分类中，刑法属于有强制性的强行法；在公法与私法的分类中，刑法属于公法。那么，税收刑法作为刑法中的特殊分支（分形元②），也同时具备了强行法和公法的特征。因此，税收刑法具有强制性

---

① 参见陈有西："论税制刑法与中国税制的完善"，载《公安学刊》2007 年第 3 期，第 6 页。
② 分形体系内相对独立的部分被称为分形元。分形方法论从本质上看也是一种系统方法，因为分形客体有"自相似性"，即分形元在一定程度上都是整体的再现和缩影，基本上包含或完全包含整体的信息和性质。参见亢宽盈："分形理论的创立、发展及其科学方法论意义"，载《科学管理研究》1998 年第 6 期，第 53—56 页。

和公法性。

不过，税收刑法因为也是经济刑法中的相对独立的部分（分形元），所以它还有经济刑法的特质。它是以惩治税收犯罪为使命并维护经济秩序与正义相统一的经济刑法。需要说明的是，我国法学界通常把经济刑法局限于实体法范畴，事实上，这是不够的。因为它不利于从综合刑事实体法和刑事程序法上的、更为贴近法律生活的、更为宏大的层面来探究问题。这也容易导致实体法研究与程序法研究在学术领域上的人为划界和相互割裂，久而久之，甚至导致学者思维的狭隘和僵化，而法律实务人士则要有综合运用法律的能力。适度打破严格的区域分割，回应社会需求，也是必要的。于是，经济刑法也可以有综合刑事实体法和刑事程序法的规范模型。而且，税收刑法也是作为税法的保障法而存在的，是与税法关联紧密的刑事法。因此，税收刑法也有保障性、实体性和程序性。

三、税收刑法学的界定与体系

税收刑法学是一门刑法学的分支学科体系。它是以规制税收犯罪及其刑事责任的刑事法律规范及其司法实践为研究对象的法律科学。若从其研究税收犯罪的惩治和守法教育的预防而言，则也可视之为一种广义上的、研究税收犯罪和预防税收犯罪的税收犯罪学。

正如税收刑法是经济刑法的一部分一样，税收刑法学理应成为经济刑法学的一部分。鉴于其中综合了实体法和程序法的刑事法律规范，因此，其学科理论体系，也相应地包括实体法和程序法的内容。这就决定了其理论体系的内容，不局限于实体法领域。我们认为，也可参照刑法学体系的通行做法，将税收刑法学区分为总论与分论两大部分。在税收刑法学总论体系上，不采用"刑法基础论—犯罪论—刑罚论体系"、"刑法基础论—犯罪论—刑事责任论—刑罚论体系"、"刑法基础论—刑事责任论—犯罪论—刑罚论体系"、"刑法基础论—犯罪论—刑事责任论（法律后果论）体系"等模式，正是因为必须体现刑事程序法的内容（立案和侦查、起诉和辩护、审判、执行等），在"审判"的部分中可改为"定罪与量刑"，由此兼顾实体法的犯罪和刑罚内容。或许有人会质疑把"立案、侦查、起诉、审判、执行"等内容置于总论中的合理性。我们认为，这些内容确实在刑事诉讼法典中不属于总则的部分，但是，因为对各罪刑事责任的追究，在程序上大致是相通的，所以不必将其重复分布于各罪的讨论中，也不宜将其列于分论中与各罪的实体探讨相并列。因为，就其各论体系而言，需要对刑事实体法分则中的各罪进行专门的重点研讨。各罪的研讨顺序，原则上以法条顺序为主，同时以偷逃关税的犯罪列于偷逃其他税款犯罪之后为辅。亦即，本书主张，总论部分包括：税收刑法概述、税收犯罪案件的立案与侦查、税收犯罪案件的起诉与辩护、税收犯罪案件的定罪与量刑、税收犯罪刑事裁判的执行；分论部分包括：逃税罪，抗税罪，逃避追缴欠税罪，骗取出口退税罪，虚开增值税专用发票、用于骗取出口退税、抵扣税款发票罪，虚开发票罪，伪造、出售伪造的增值税专用发票罪，非法出售增值税专用发票罪，非法购买增值税专用发票、购买伪造的增值税专用发票罪，非法制造、出售非法制造的用于骗取出口退税、抵扣税款发票罪，非法制造、出售非法制造的发票罪，非法出售用于骗取出口退税、抵扣税款发票罪，非法出售发票罪，持有伪造的发票罪，走私普通货物、物品罪，徇私舞弊不征、少征税款罪，徇私舞弊发售发票、抵扣税款、出口退税罪和违法提供出口退税凭证罪。

第二节 税收犯罪的种类

从性质上讲，税收犯罪是一种侵害市场经济秩序的犯罪，具体而言，是破坏国家税收征收和管理的法律秩序、侵害税收分配关系的犯罪。其特征主要表现为税收犯罪的多样性（犯罪对象的多样性和犯罪手段的多样性）、手段的隐蔽性、作案手段的专业性。如前所述，税收刑法，是指规制税收犯罪及其刑事责任的刑事法律规范的总称。实际上，对于依法办事的国度而言，没有税收刑法，也就没有规范意义上的税收犯罪。这里的税收犯罪，是根据税收刑法来研讨的。在税收刑法中，以规定"以暴力、威胁方法拒不缴纳税款的，处……刑"、"虚开增值税专用发票……的，处……刑"、"不征或者少征应征税款，致使……的，处……刑"等方式，规定什么行为是税收犯罪，应当承担什么样的刑事责任。那么，税收刑法所要惩治的税收犯罪，究竟有哪些呢？通过以下多角度的类别分析，可能有利于加深和拓展对税收犯罪的理解与把握。

一、最广义的税收犯罪、广义的税收犯罪、中义的税收犯罪、狭义的税收犯罪与最狭义的税收犯罪

根据外延大小的不同，税收犯罪可被分为：最广义的税收犯罪、广义的税收犯罪、中义的税收犯罪、狭义的税收犯罪和最狭义的税收犯罪。最狭义的理解认为，税收犯罪是指违反税收法规，偷逃税款、抗税、欠税、骗取国家出口

退税、抵扣税款等，数额较大或者有其他严重情节的行为。其外延仅涵盖传统的纳税主体实施的危害税款的行为，即原来的偷税罪、抗税罪、逃避追缴欠税罪和骗取出口退税罪。① 实际上，最狭义说已经不符合现有的法律和未来的立法走向，因而没有多少意义。最广义的税收犯罪，从其主体上来说，不仅包括纳税主体，而且包括税收管理主体以及其他参与税收犯罪的自然人；就其内容来说，它包括了危害税收征管的犯罪、税收征管渎职犯罪和税收贪污贿赂犯罪以及其他税收犯罪。② 狭义的税收犯罪，在外延上与"危害税收征管罪"相同，是指刑法典第3章第6节的危害税收征管罪的行为。中义的税收犯罪包括狭义的税收犯罪以及税收征管渎职犯罪。③ 广义的税收犯罪则是本书的立场，其范围不仅包括刑法典第3章第6节危害税收征管罪中的各种犯罪，还包括走私普通货物、物品罪以及刑法典第9章中徇私舞弊不征、少征税款罪，徇私舞弊发售发票、抵扣税款、出口退税罪，违法提供出口退税凭证罪等。

二、直接侵害税收债权的犯罪与间接侵害税收债权的犯罪

这一分类主要是根据税收犯罪侵犯的法益所作的划分。有学者认为，可以借鉴日本税法中按公法上的债的理论的做法，先把税收犯罪的客体分为直接侵害税收债权和危害税收债权正常实现两类，再将刑法中规定的税收犯罪分为三类：直接侵害税收债权的犯罪、间接危害税收债权的犯罪和税收职务犯罪。④ 我们认为，该种分类的确很有启发性，但是在直接和间接之外冒出第三种形式（"税收职务犯罪"）则令人匪夷所思，难道"税收职务犯罪"不属于直接或者间接侵害税收债权的税收犯罪吗？其实在税收征管职务犯罪中，徇私舞弊不征、少征税款罪是属于直接侵害税收债权的犯罪，而违法提供出口退税凭证罪是间接侵害税收债权的犯罪。对徇私舞弊发售发票、抵扣税款、出口退税罪需要区分情况，其中的徇私舞弊抵扣税款、出口退税罪属于直接侵害税收债权的犯罪，而徇私舞弊发售发票罪是间接侵害税收债权的犯罪。

因此，直接侵害税收债权的犯罪，包括逃税罪，抗税罪，逃避追缴欠税罪，骗取出口退税罪，走私普通货物、物品罪和徇私舞弊不征、少征税款罪以及徇私舞弊抵扣税款、出口退税罪；间接侵害税收债权的犯罪，不仅包括虚开

---

① 参见丛中笑：《涉税犯罪论——来自税法学的观照》，吉林大学博士论文，2006年，第3页。
② 参见吴亚荣主编：《中国税收犯罪通论》，中国税务出版社1999年版，第2—4页。
③ 参见全承相："税收刑法立法民主化"，载《河北法学》2004年第7期，第45页。
④ 参见丛中笑：《涉税犯罪论——来自税法学的观照》，吉林大学博士论文，2006年，第24页。

增值税专用发票、用于骗取出口退税、抵扣税款发票罪，虚开发票罪和伪造、出售伪造的增值税专用发票罪，而且包括非法出售增值税专用发票罪，非法购买增值税专用发票、购买伪造的增值税专用发票罪，非法出售发票罪，持有伪造的发票罪，非法制造、出售非法制造的用于骗取出口退税、抵扣税款发票罪和非法制造、出售非法制造的发票罪以及非法出售用于骗取出口退税、抵扣税款发票罪，还包括徇私舞弊发售发票罪和违法提供出口退税凭证罪。

三、不作为的税收犯罪与作为的税收犯罪

这一分类法是根据行为人实施犯罪的表现形式所作的划分。作为的税收犯罪是指行为人违反税收刑法的禁止性规范，以积极的方式实施了为刑法所禁止的行为。不作为的税收犯罪是指行为人违反税收刑法的命令性规范，消极地不履行自己应当履行的法律义务的行为。在税收犯罪中，行为人所负有的特定作为义务的来源主要有以下几个方面：一是法律明文规定的义务；二是由特定法律行为引起的义务；三是因行为人先前行为所引起的义务；四是因特定职务或业务而产生的义务。只要行为人具备以上方面的特定义务，即可构成不作为的前提条件。

将税收犯罪分为作为的税收犯罪（如抗税罪）与不作为的税收犯罪（如徇私舞弊不征、少征税款罪），其意义在于揭示税收犯罪的多样性，以及揭示不同种类的犯罪行为所应具备的不同条件和对构成犯罪所起的特定作用。

四、征税主体的税收犯罪、纳税主体的税收犯罪与其他相关主体的税收犯罪

这一分类是从行为主体的权利义务的性质和地位来划分的。征税主体的犯罪主要是征税人员实施的职务犯罪。征税人员是代表国家行使征税权力的，他们应当依法履行职责，维护国家税收债权，否则，应对其严重违法渎职犯罪行为，如徇私舞弊不征、少征税款罪和徇私舞弊发售发票、抵扣税款、出口退税罪等追究刑事责任。而且，征税主体与其他主体还可以共同实施税收犯罪。纳税主体，是指税收法律关系中依法履行纳税义务，进行税款缴纳行为的一方当事人。狭义的纳税主体仅指纳税人，而广义的纳税主体，包括纳税人、扣缴义务人、纳税担保人、税务代理人等。纳税主体的税收犯罪主要是针对税收债权的犯罪，如逃税罪（原偷税罪）、逃避追缴欠税罪、骗取出口退税罪、抗税罪等，但是也可能同时涉及妨碍税收发票管理的犯罪。其他相关主体的税收犯

罪，是指征税主体和纳税主体之外的其他相关主体的税收犯罪，往往表现为其他相关主体实施的妨碍税收发票管理的犯罪，譬如出售伪造的增值税专用发票罪等。

五、自然人主体的税收犯罪与单位主体的税收犯罪

这一分类是依据犯罪人是否为单位而进行的区分。自然人犯罪根据行为人本身所具有的身份不同又可分为自然人犯罪的一般主体与自然人犯罪的特殊主体。在税收犯罪中，自然人犯罪的特殊主体主要有纳税人、扣缴义务人以及税收征管人员和其他有关的国家机关工作人员等；单位主体的税收犯罪则是指公司、企业、事业单位、机关和团体在本单位共同意志支配下所实施的税收犯罪。单位犯罪与自然人犯罪一样，按其有无特定身份的要求，可将其分为单位犯罪的一般主体和特殊主体。尽管在一般情况下自然人犯罪与单位犯罪不会发生混淆，但在单位的主管人员或其他直接责任人员以单位名义为个人牟利时，或以个人名义为单位牟利时，如何分清自然人犯罪与单位犯罪就很有必要。有很多税收犯罪是由单位构成的。而且，当前我国税收犯罪的主体有混合型、团伙型和专业型的特点。

六、单独的税收犯罪与非单独的税收犯罪

这一分类是根据行为主体是否单独实施犯罪来划分的。单独的税收犯罪是指行为主体一人独立实施的税收犯罪。非单独的税收犯罪是指两个以上的共同犯罪人通过主观意思联络，相互配合实施税收犯罪的合作形态，是一种共同犯罪形式。与单独犯罪相比，犯罪客体要件的同一性、犯罪行为的协同性、犯罪主体要件的非单一性和主观方面的相通性是非单独的税收犯罪在犯罪构成上的几个主要特征。单方故意与单方过失的结合行为、有共同故意但无共同合作行为、同时犯、事前无通谋的先后犯等，都不成立共同合作的非单独的税收犯罪。

七、税收犯罪的身份犯与税收犯罪的非身份犯

身份犯是指法律规定必须由一定身份的人实施才能构成的犯罪；非身份犯是指法律规定不需要具备一定身份的人就可实施的犯罪。在我国刑事立法中，税收犯罪的身份犯所具有的身份主要包括基于税收法律关系而产生的纳税身份

和税收征管职务上的身份、职业上的身份、职责上的身份等情况。依据行为主体的身份标准，主要可以将税收犯罪分为两类：一是纳税人、扣缴义务人实施的犯罪；二是国家工作人员如税收征收管理人员实施的侵犯税收征管关系的犯罪。亦即，它们分别是前述纳税主体的犯罪和征税主体的犯罪（税收职务犯罪）。研究税收犯罪的身份犯，具有重要的意义。从立法上看，某些税收犯罪的成立，只能由具有某种特定身份的人才能构成。若无此特定身份，则不能单独成立这方面的犯罪。很多税收犯罪对特殊主体身份的要求很明显，如逃税罪和抗税罪的主体是纳税人或扣缴义务人。又如，徇私舞弊不征、少征税款罪要求行为主体有税收征管人员的特殊身份，若无这一特定身份，则不能单独构成这一犯罪。从司法实践看，身份犯对共同犯罪中非身份犯的定性有重要作用。对身份犯与非身份犯共同实施犯罪的，通常是以其中起主要作用的犯罪人实施犯罪的罪名来认定的。

八、本国人实施的税收犯罪、外国人实施的税收犯罪以及不同国籍人共同实施的税收犯罪

依据犯罪人的国籍，税收犯罪可以被划分为本国人实施的税收犯罪、外国人实施的税收犯罪以及不同国籍人共同实施的税收犯罪。本国人实施的税收犯罪是指本国公民或者单位所实施的税收犯罪。外国人实施的税收犯罪是指仅由外国公民或者外国单位或者无国籍人所实施的税收犯罪。不同国籍人共同实施的税收犯罪是指同时由不同国籍的公民或者单位（其中可包括无国籍人）共同实施的税收犯罪。这种划分的意义在于，在适用税收刑法时，可以根据犯罪人的国籍不同，适用不同的管辖原则。根据我国刑法的规定，对于我国公民和单位在我国领域内实施犯罪的，除了法律有特别规定的以外，一律适用我国刑法。对于我国公民和单位在我国领域外实施了刑法上所规定的税收犯罪的，原则上也要适用税收刑法的有关规定，但是，按照税收刑法规定的最高刑为3年以下有期徒刑的，可以不予追究。对于外国人在我国领域内实施税收犯罪的，除了享有外交特权和豁免权的外国人可以通过外交途径解决外，对于其他的外国人实施税收犯罪的，一律应依照我国税收刑法有关规定处罚。对于外国人在我国领域外与我国领域内的犯罪人共同联手对我国实施税收犯罪的，而按照税收刑法规定的最低刑为3年以上有期徒刑的，也可以适用我国税收刑法有关规定处理，但是按照犯罪地的法律不受处罚的除外。由此可见，我国刑法对于本国人实施的税收犯罪与外国人实施的税收犯罪在行使管辖的原则和标准上有所不同。对此，在适用法律时值得注意。

第三节 国内外税收犯罪立法的总体比较

一、我国税收犯罪的立法概况

（一）我国古代税收犯罪的立法沿革

一般认为，我国税收制度起源于奴隶社会时期，但是税收经历了从孕育到萌芽的过程。"自虞、夏时，贡赋备矣。"[1] 夏禹"任土作贡"，……由于史料的大量散佚，税收犯罪的刑法规范原文阙如，《史记》所载的"有不贡，则修名，……序成而不至，则修刑"，就表明夏、商、周时期，只要所辖之邦国或采邑主不纳贡、不及时纳贡或不按服制缴纳贡赋，则处以刑罚。税收犯罪的立法大概是从礼刑不分、兵刑合一模式中逐步脱胎出来的。据记载，对不纳贡的，处罚既可以是教化，也可以是"五刑"（墨、劓、剕、宫、大辟），甚至用甲兵，兴师杀戮。如春秋时，齐国国相管仲兴师攻打楚国，其理由是楚国不按规定进贡包茅，遂兴师挞伐。[2] 有学者指出，我国税收犯罪立法雏形于秦汉，成型于唐宋，唐宋以后的几个封建王朝虽然模仿唐律规范和惩治危害税赋的行为，但也随着各朝各代的税赋制度及其法律需求的变化而发展完善，因此，唐后各朝代税收犯罪的立法日趋全面化，立法体现技术化和刑罚划分呈现细密化、犯罪主体的规定出现多元化。特别是封建社会的后期（元、明、清），随着商品经济的逐步发达，商业税税目日益增多，严惩商业税犯罪的立法进一步发展。[3]

而且，古代统治者也重视从源头上对税收犯罪的遏制。因为中国古代涉税犯罪的立法，除了正面设置直接危害税收征收和逃避纳税义务的犯罪规定外，还规定一些具体的对危害税源的犯罪（如隐匿成年人口的犯罪）进行规制。如此做法，至少可以追溯到秦朝。当时的赋税分为田租和口赋两大类。田租即土地税，口赋即人口税。秦朝《傅律》对隐匿成年人口不上报的均处流放。[4] 人口税这种以人或户为征税客体的税种突出表现了税赋制度的人身性特点。人

---

[1] 《史记·夏本纪》。
[2] 《史记·卷六十二》。
[3] 参见丛中笑：《涉税犯罪论——来自税法学的观照》，吉林大学博士论文，2006年，第30—32页。
[4] 参见栗劲：《秦律通论》，山东人民出版社1985年版，第15—30页。

口税一方面加强了国家对臣民的人身控制，同时也在当时自然经济条件下有利于扩大税源，保证国家的财政收入相对充足。因此，几乎在历代都有"脱漏户口、相冒合户"等犯罪，这些本是直接破坏户籍管理的犯罪行为，似乎与税收无关，然而这些犯罪在我国封建社会的刑法演变中，一直延续到清朝初期。其重要原因在于，加强对危害户籍制度的刑罚管制，实际上是从税源上控制涉税犯罪。① 当然也要指出，清初的赋役制度承袭明代（编为一条征收，化繁为简）的一条鞭法，但实行的不够彻底和普遍，随着土地兼并的进一步发展，穷丁、无地之丁越来越多，这样继续按丁征收丁银，贫苦农民就会无力承受，这不仅使征收丁税失去保证，还会由于农民因畏惧丁税流亡迁徙、隐匿户口等造成严重的社会问题。因此，康熙在位时下诏"滋生人丁，永不加赋"。这样既减少贫民逃亡，保证了国家的财政收入，也为雍正二年实行地丁合一的"摊丁入亩"创造了有利条件。至此，正式取消了人口税。② 这是中国封建社会中徭役向赋税转化的重要标志。这也表明通过加强对户籍制度的管制以从税源上控制涉税犯罪的作用是有局限性的。

总之，我国古代税收犯罪的立法，既有积极的内容，也有消极的不足。其不足之处，除了前述立法在控制税收犯罪上作用有限外，还有其他方面的问题。譬如，封建刑法典关于税收犯罪的刑罚规定多采用如"徒三年"、"杖一百"等绝对法定刑方式，相对法定刑几乎没有。尽管如此明确的规定可操作性很强，但也有因缺乏灵活性而使司法机关难以针对案情判处轻重适当的刑罚的弊端，等等。

（二）近代中国税收犯罪的立法

20世纪初期因受内外因素的影响，清政府不得不进行法律改革，刑法领域也发生了重大变革。从立法角度看，清末先是采用单行立法形式对以往旧律中存在的弊端予以革除，继而进行系统修律，于1911年颁布了《大清新刑律》。民国伊始，经对《大清新刑律》稍作删改而成的《中华民国暂行新刑律》（简称《暂行新刑律》）得到实施。此后，刑法又几经变迁，除不同时期颁布大量单行刑事法规外，还先后起草了两个刑法修正案。在此基础上，1928年《中华民国刑法》得以颁布，其实施不久又被修订，最终于1935年颁布、实施了新的《中华民国刑法》。③

然而，与前述《暂行新刑律》相比，1928年《中华民国刑法》的一些条

---

① 参见丛中笑：《涉税犯罪论——来自税法学的观照》，吉林大学博士论文，2006年，第39页。
② 参见张朝阳：《两税法、一条鞭法和摊丁入亩》，载《历史学习》2003年第3期，第7页。
③ 参见王宠惠：《中华民国刑法》，李秀清点校，中国方正出版社2006年版，点校导引第1页。

文虽有所调整和变化，但并未明显表现在税收犯罪的规定上。① 在 1928 年《中华民国刑法》中，涉及税收犯罪的条款大致有如下几条：②

第 135 条第 1 项：公务员对于租税及各项入款，明知不应征收而征收者，处 3 年以下有期徒刑、拘役，得并科或易科 1 千元以下罚金。

第 227 条：意图供行使之用，而伪造、变造邮票及政府发行之各种印花税票者，处 6 月以上 5 年以下有期徒刑，得并科 1 千元以下罚金。

意图供行使之用，而收集伪造、变造之邮票及政府发行之各种印花税票者，亦同。

意图供行使之用，而涂抹邮票及政府发行之各种印花税票上之注销符号者，以伪造论。

第 233 条第 2 项：行使已使用之邮票及政府发行之各种印花税票者，以行使伪造邮票、印花税票论。

第 236 条：意图供伪造、变造有价证券、邮票及政府发行之各种印花税票之用，而制造、交付或收受各项器械原料者，处 2 年以下有期徒刑，得并科 500 元以下罚金。

第 237 条：伪造、变造之有价证券、邮票、政府发行之各种印花税票、印章、印文、署押，及前条之器械原料，不问属于犯人与否，没收之。

而且，根据该法第 141 条和第 239 条的规定，对上述犯罪必须褫夺公权。

由以上并未直接明确纳税人逃税犯罪的规定不难推知，在其他的税收法规中可能还存在涉及税收犯罪的刑事规范。

后来，在 1935 年《中华民国刑法》中，共有法条 357 条。其中明确规定税收犯罪的规定包括如下条款：

第 129 条：公务员对于租税或其他入款明知不应征收而征收者，处 1 年以上、7 年以下有期徒刑，得并科 7 千元以下罚金。

公务员对于职务上发给之款项、物品明知应发给而抑留不发或克扣者，亦同。

前二项之未遂犯罚之。

第 202 条：意图供行使之用而伪造、变造邮票或印花税票者，处 6 月以上、5 年以下有期徒刑，得并科 1 千元以下罚金。

行使伪造、变造之邮票或印花税票或意图供行使之用而收集或交付于人者，处 3 年以下有期徒刑，得并科 1 千元以下罚金。

---

① 参见王宠惠：《中华民国刑法》，李秀清点校，中国方正出版社 2006 年版，正文第 23—29 页。
② 参见王宠惠：《中华民国刑法》，李秀清点校，中国方正出版社 2006 年版，第 54、67 页。

意图供行使之用而涂抹邮票或印花税票上之注销符号者，处1年以下有期徒刑、拘役或3百元以下罚金；其行使之者亦同。

第204条：意图供伪造、变造有价证券、邮票或印花税票之用而制造、交付或收受各项器械、原料者，处2年以下有期徒刑，得并科5百元以下罚金。

第205条：伪造、变造之有价证券、邮票或印花税票及前条之器械、原料，不问属于犯人与否，没收之。

据此可见，该部刑法对前一刑法中的相关规定又作出了若干修改，包括条文序号、罪状和法定刑的调整等。总之，其中立法虽然有所改进，但仍存在条款比较分散等不足之处。

（三）新中国之后税收犯罪的立法

新中国成立后，百废待兴，特别是废除了旧中国国民党的"六法全书"后，新政权新社会制度下的法律一时尚不能制定，加上解放以来一直实行计划经济，商品市场极不发达，市场主体均为国营或集体经济组织，因此，国家税收法律、法规极少，没有直接明确且成熟的税收犯罪的刑事立法。

新中国成立之初，一些行政法规中包含了有关偷税抗税情节严重应送人民法院处理的规定。譬如1950年《新解放区农业税暂行条例》第27条规定，"如有抗税或破坏征粮工作，情节严重的，得送人民法院处理。"第28条规定，"行政人员在征粮工作中营私舞弊，或违法失职，致使国家、人民遭受损失者，予以行政处分，情节重大者送人民法院处理。"1950年1月31日颁布的《货物税暂行条例》和《工商税暂行条例》中也规定了偷税、抗税等税收违法犯罪的行为及其处罚方式，如《货物税暂行条例》第13条规定，"私制、私销及其他偷漏行为，按情节轻重，处以所漏税额5倍以下罚金，或没收货物的一部或全部，对特定货物得罚没并处。"该条例还规定，"抗不交税……行为，除依前款处罚外，并送人民法院处理。"《工商税暂行条例》第25条规定："匿报营业额及所得额者，除追缴其应纳税款外，并处以所漏税款1倍到10倍的罚金。伪造证据或抗不交税，情节重大者，送人民法院处理。"《工商业税暂行条例》第26条规定，"不按期缴纳税款者，除限日追缴外，并按日课以应纳税额3%的滞纳金，伪造证据或故意抗税，得送法院处理。"在1952年4月18日公布的《惩治贪污条例》中第6条第2款规定，"凡为偷税而行贿者，除依法补税，罚款外，其行贿罪，依本条例的规定给予惩治。"而且，1958年"农业税条例》第28条也规定，"纳税人如果少报土地亩数，农业收入逃避纳税的……情节严重的送人民法院处理。"《农业税条例》员征税失职，营私舞弊送人民法院处理的内容等。

相关文件中也涉及了类似规定。例如，1954年最高人民法院、司法部《关于欠税案件处理及计算滞纳金的通知》中转述了中央财政部的通知规定,"纳税人欠缴税款逾期 30 日以上者,以抗税论"。1958 年 9 月,为实行将商品流通税、货物税、营业税、印花税合并为工商统一税的税制改革,全国人民代表大会常务委员会通过关于批准中华人民共和国工商统一税条例草案的决议,由国务院下达试行。《工商统一税条例(草案)》中第 16 条规定,"纳税人如果有偷税、漏税行为,税务机关除追交所偷漏的税款外,可以根据情节轻重,给予批评或者处以所偷漏税款的 5 倍以下的罚金;情节严重的送人民法院处理。"

当然,要指出的是,20 世纪 50 年代初,我国多个刑法典草案中也规定了税收犯罪,例如 1954 年《中华人民共和国刑法指导原则草案》(初稿)第 61 条规定了逃税、抗税罪。该条规定,"一贯逃税屡教不改的,或者显然有缴纳税款能力屡经催促而抗不缴纳的,判处 2 年以下有期徒刑、劳役,或者并处罚金;情节严重的,判处 5 年以下有期徒刑、劳役,或者并处罚金,或者单处罚金。"1957 年《中华人民共和国刑法草案》(第 22 稿)的妨害社会主义经济秩序罪一章中规定了一些税收犯罪的内容。譬如其中第 137 条规定:"违反税收法规,偷税漏税,情节严重的,处 3 年以下有期徒刑或拘役,可以并处或单处 5 千元以下罚金。"1963 年《中华人民共和国刑法草案(修正稿)》(第 33 稿)第 130 条关于税收犯罪的规定又比前几稿有了进步,其中规定:"违反税收法规,偷税、漏税、抗税,情节严重的,除按照税收法规补税并且可以处罚金外,处 7 年以下有期徒刑或者拘役,可以并处或者单处没收财产。"以及规定"犯前款罪的首要分子或者情节特别严重者,处 7 年以上有期徒刑,可以并处没收财产。"[①]

由上可见,新中国成立初期的税收刑事立法非常粗糙,只将偷税、抗税和漏税以及征税失职、营私舞弊的行为予以犯罪化。当时我国处于计划经济体制时期,国家垄断了几乎全部的经济资源配置,奉行社会主义"非税论",财政收入的主要来源不是税收,而是国营企业上交的利润,显然对税收刑法没有非常迫切的需要,或许这是当时税收刑法极不完备的重要原因。

经过 10 年浩劫之后,中国社会在反思中走向变革。改革开放 30 余年,我国税收刑法取得了巨大发展,其主要成就大致表现为以下三方面:[②]

[①] 参见丛中笑:《涉税犯罪论——来自税法学的观照》,吉林大学博士论文,2006 年,第 39—42 页。

[②] 参见曾明生:"税收刑法的回顾与展望",载尹世洪主编:《追踪时代的轨迹——江西省首届社会科学学术大会论文集》,江西高校出版社 2009 年版,第 249—251 页。

1. 注重对税收犯罪的打击，逐步完备了惩治税收犯罪的刑事法网。

在新中国第一部刑法典出台之前，我国对税收犯罪的处理往往依据国家的方针政策和行政法规等进行。1979年刑法典出台后，该法典第121条规定，"违反税收法规，偷税、抗税，情节严重的除按照税收法规补税并且可以罚款外，对直接责任人员，处3年以下有期徒刑或者拘役。"而且，其中第124条规定，"以营利为目的，伪造……税票、货票的，处2年以下有期徒刑、拘役或者罚金；情节严重的，处2年以上7年以下有期徒刑，可以并处罚金。"尽管这两条规定有法典化的意义，也发挥了一定的作用，但随着改革开放政策的实行，日益表明该法典中关于税收犯罪的罪种过少，不能涵盖所有的税收犯罪行为；罪状不够明确、犯罪主体范围太窄；刑罚种类较少且自由刑偏轻，不足以扼制税收犯罪人的欲望和税收犯罪的增长势头。[①] 即使当时该法典第116条、第118条和第119条有涉及偷逃关税的走私犯罪的规定，它们也大致如此。因此，1988年1月21日全国人大常委会在《关于惩治走私罪的补充规定》中以第4条至第6条和第8条等诸多条款来规制偷逃关税的走私犯罪。其中第4条规定走私普通货物、物品情节特别严重的，"处死刑，并处没收财产"。并且，1992年3月16日最高人民法院、最高人民检察院联合颁布了《关于办理偷税、抗税刑事案件具体应用法律的若干问题的解释》。该解释对偷税罪和抗税罪的行为手段、犯罪主体、犯罪数额、犯罪情节、共同犯罪和刑罚处罚方式都作了较为详细的说明。但刑事司法解释并非刑事立法，因而其不能也不应僭越立法。于是，1992年9月4日全国人大常委会制定了《关于惩治偷税、抗税犯罪的补充规定》，该规定主要有以下几个突破：一是对偷税罪和抗税罪的规定进行修正，将抗税罪的行为手段限定为暴力和胁迫手段；二是增设了逃避追缴欠税罪和骗取出口退税罪两个新罪；三是规定了单位可以成为除抗税罪以外的税收犯罪的主体，扩大了税收犯罪的主体范围；四是提高了原有偷税、抗税犯罪的法定刑，最高法定刑由3年有期徒刑提升到7年有期徒刑；五是对个人税收犯罪设置了罚金刑，同时对单位犯中的主管人员和直接责任人员适用自由刑和罚金刑，规定了单位犯罪的双罚制等。1994年1月1日我国大陆开始实行以增值税为主体的新税制，受经济利益的驱动，主要围绕增值税专用发票进行的各种发票犯罪活动也随之猖獗。1994年3月最高人民法院、最高人民检察院、公安部、国家税务总局颁布了《关于展开打击伪造、倒卖、盗窃发票专项斗争的通知》，以扩张解释的方式将虚开增值税专用发票等行为纳入投机倒把等犯罪中加以打击。为了有效惩治和防范以增值税专用发

---

① 参见全承相："税收刑法立法民主化"，载《河北法学》2004年第7期，第45页。

票为主要对象的发票犯罪活动，全国人大常委会于1995年10月通过了《关于惩治虚开、伪造和非法出售增值税专用发票犯罪的决定》，增设了8种新的罪名，使税收犯罪（含偷逃关税的走私罪）由6个罪种扩展为14个罪种，也使得非走私的税收犯罪的最高法定刑上升到死刑。为适应变化了的社会经济形势和物质生活条件的需要，1997年3月我国大陆又通过了全面修订的1997年刑法典。这使我国的危害税收征管犯罪（含偷逃关税的犯罪）的刑事立法又上升到一个新的高度，在税收犯罪方面的主要贡献有：一是将分散于1979年刑法典、1992年《关于惩治偷税、抗税犯罪的补充规定》和1995年《关于惩治虚开、伪造和非法出售增值税专用发票犯罪的决定》中的12个普通的危害税收征管罪的罪状和法定刑作了总体上的重新确认，统一规定在1997年刑法典第3章第6节的危害税收征管罪中；二是新刑法典以数个条文（如刑法典第153条至第157条）基本确认和调整了1988年《关于惩治走私罪的补充规定》中有关偷逃关税的走私普通货物、物品罪（特殊的危害税收征管罪）的规定；三是在渎职罪一章中，增设了徇私舞弊不征、少征税款罪和税务人员徇私舞弊发售发票、抵扣税款、出口退税罪以及违法提供出口退税凭证罪。后来，立法者在2009年《刑法修正案（七）》中，对刑法典第201条（现为逃税罪）进行了修改。立法者又在2011年《刑法修正案（八）》中，对刑法典第153条第1款作了较大修改，将一年内"蚂蚁搬家"式的走私行为规定为犯罪，以加大对该行为的惩处力度；另外，还在刑法典中插入第205条之一（虚开发票罪）和第210条之一（持有伪造的发票罪）的规定，由此使税收刑法更加完善。

据此可见，30多年来，随着不断地修改刑法或者扩张解释刑法条文，我国税收刑法不断地适应新的社会变化和税收犯罪新的情况。这样，我国目前规制税收犯罪的立法较之以前更系统、更完善，法网也更严密，打击力度总体上得以加强。

2. 逐渐突出了对人权的保障。

1979年刑法典用5个分则条文（即第116条、第118条、第119条、第121条和第124条）规制税收犯罪，并配合总则第79条类推制度来惩治各种税收犯罪。当时这种以5个分则条文配以总则类推的做法，没有全面贯彻罪刑法定原则。① 1988年《关于惩治走私罪的补充规定》、1992年《关于惩治偷税、抗税犯罪的补充规定》和1995年《关于惩治虚开、伪造和非法出售增值

---

① 有学者指出，1979年刑法典在制定过程中许多人认为，我国刑法在罪刑法定原则的基础上，应当允许类推，作为罪刑法定原则的一种补充。参见高铭暄编著：《中华人民共和国刑法的孕育和诞生》，法律出版社1981年版，第126页。

税专用发票犯罪的决定》颁行之后，即使打击税收犯罪的条文数量不断增加，法条规定明确且可操作性较强，类推制度也仍然有效且存在被适用的可能性。虽然较之以前，行为人对行为合法与否的预测可能性有所增强，但来自刑法类推制度突然打击的危险仍没有消除，被告人人权保障未受到人们的足够重视。1997年刑法典的出台，其中第3条就规定了罪刑法定原则，而且取消了类推制度。该部刑法典为惩治税收犯罪至少设置了19个条文（即第153条至第157条，第201条至第212条，第404条和第405条等），如此通过追求刑法典第3条积极的和消极的双面罪刑法定原则（原则性目的[①]），进而追求其所指向的保护社会与保障人权的机能性目的。之后，如前已提及，立法者又通过了几个修正案，进一步坚守了罪刑法定原则。尤其是，2009年公布施行的《刑法修正案（七）》对原来偷税罪的规定作了多项修改，其中除了包括通过堵塞漏洞以加大处罚力度以及维护罪刑均衡的措施外，又增加了关于附条件的"不予追究刑事责任"的规定等。这说明其中还体现了刑事处罚由重改轻的谦抑精神，也由此体现了立法中刑法正在努力实行"宽严相济"的刑事政策。而且，立法者在《刑法修正案（八）》中废除了刑法典第205条和第206条等条款中的死刑规定。对于处罚上变重或者变轻的新规定，在适用刑法时应根据刑法典第12条坚持从旧兼从轻原则。由此彰显了对税收犯罪的被告人以及潜在犯罪人的人权保障，也由此在一定程度上彰显了"国家尊重和保障人权"的政治文明。

3. 税收犯罪的立法与司法实践，在某种程度上提升了我国建设法治国家的大国形象。

随着我国目前税收刑事立法的日趋完善，尤其是从1979年刑法典以5个分则条文配以总则类推的做法，发展到1997年刑法典取消类推，规定了罪刑法定原则，动用了19个以上条文并辅之以若干司法解释，共同编织了既惩治犯罪（保护社会）又保障人权的税收刑事法网。据此，有关部门依法查处了许多大案要案，为国家挽回了大量的经济损失。[②] 或许在注重对税收犯罪的严厉打击之中，对人权的保障工作还值得进一步加强，但是，至少可以认为，上述税收刑法的立法与司法活动，对正致力于建设法治国家的我国而言，其大国形象在法治建设方面已获得了某种程度的提升。

[①] 原则是手段与目的的统一。原则性目的是指原则本身可被视为某一级目的。相关论证，参见曾明生："作为目的的原则"，载《法制与社会》2008年第16期，第231页。

[②] http://news.xinhuanet.com/legal/2008-02/12/content_7594906.htm，访问日期：2011年12月1日。

当然，我国当前的税收刑法仍然存在一些不足。例如，在立法缺陷上表现为立法技术有待进一步成熟以及立法内容存在妥当性等问题（立法规定欠妥当或欠缺立法规定）。对其具体内容，将于后文相关章节中论及。此外，还必须指出的是，我国税制不合理不公平。一些税收优惠政策和减免税的"土政策"，不仅使税务部门很难掌握当地的税源情况，而且也破坏了税法的严肃性和统一性，妨碍了税法的透明度。这种税制的差别性在刑法上，就使同法域的同一性产生了尖锐的矛盾，导致各地执法标准的不均衡，刑罚追究标准不统一。而这种各地的不公平不稳定又是用刑法作为最后手段来维持的。因此，我们认为，关于税收刑法以及税收制度应当进行必要的改革。[①]

（四）我国香港、澳门和台湾地区的税收犯罪立法

1. 香港特别行政区的税收犯罪立法。

香港是自由港，税种少、税率低，税务征管自然简便，已成为许多人的避税地。对于税收违法犯罪行为，它们主要被规定在《税务条例》中。

其中第 80 条规定"不提交报税表、报税表申报不确等的罚则"：（1）任何人无合理辩解而不遵照相关的规定办理，即属犯罪，一经定罪，可处第 3 级罚款，而法庭可命令该名被定罪的人在该命令所指明的时间内作出其不曾遵办的作为。（2）任何人无合理辩解而"漏报或少报本条例规定其须代其本人或代任何其他人申报的资料，以致其提交的报税表申报不确"，或者"在根据本条例申索任何扣除或免税额的有关方面，作出不正确的陈述"，或者"在影响其本人（或任何其他人）的缴税法律责任的事情或事物方面，提供不正确的资料"，或者不遵照有关规定办理，即属犯罪，一经定罪，可处第 3 级罚款，以及相等于以下少征收的税款 3 倍的罚款，少征收的税款指因报税表的申报不确、不正确的陈述或资料而少征收的税款，或假若该报税表、陈述或资料被接受为正确则会少征收的税款，或因该人不遵照根据第 51（1）或（2A）条发出的通知书内的规定办理或不遵照第 51（2）条而被少征收的税款，或假若该等不曾遵办事项没有被发现则会少征收的税款。（3）除非与上述罪行有关的申诉是在该罪行所关乎的课税年度内提出或在犯该罪行的课税年度内提出，或是在上述课税年度届满后 6 年内提出，否则不得根据本条对任何人处以惩罚。（4）任何人协助、教唆或煽惑他人犯本条所订的罪行，须被当作已犯相同的罪行，并可处以相同的惩罚。（5）局长可就本条所订的任何罪行而准以罚款代替起诉，及可在根据本条提起的法律程序作出判决前搁置该法律程序或以罚款了结。

---

① 参见陈有西："论税制刑法与中国税制的完善"，载《公安学刊》2007 年第 3 期，第 11 页。

该条例第 81 条规定"违反保密规定及其他规定即属犯罪",其中规定包括:(1)任何人"没有作出第 4 (2)条所规定的保密誓言而根据本条例行事",或者"违反第 4 (1)条条文而行事,或违反根据第 4 (2)条作出的誓言而行事",或者"协助、教唆或煽惑他人违反第 4 条条文而行事",即属犯罪,一经定罪,可处第 5 级罚款。(2)就本条所订罪行提起的法律程序,不得在该罪行发生后的 2 年后提起。(3)第(2)款仅适用于在《2010 年税务(修订)(第 2 号)条例》(2010 年第 4 号)生效当日或之后发生的罪行。

该条例第 82 条规定"与欺诈等有关的罚则",其中规定:(1)任何人蓄意意图逃税或蓄意意图协助他人逃税而"在根据本条例须提交的报税表中漏报任何原应申报的款项",或者"在根据本条例提交的报税表中作出任何虚假的陈述或记项",或者"在根据本条例申索任何扣除或免税额的有关方面,作出任何虚假的陈述",或者"在根据本条例提交的任何陈述或报税表上签署,而该陈述或报税表是该人无合理理由相信属实的",或者"对按照本条例的规定而提出的问题或提出索取资料的请求,给予虚假的口头或书面答复",或者"拟备或备存或授权他人拟备或备存任何虚假的账簿或其他记录,或伪造或授权伪造任何账簿或记录",或者"使用或授权使用任何欺骗手段、诡计或手段"的,即属犯罪。任何人犯此罪行,一经循简易程序定罪,可处"第 3 级罚款"或者"相等于因该罪行而少征收的税款(或假若该罪行没有被发现则会少征收的税款)3 倍的罚款"或者"监禁 6 个月";一经循公诉程序定罪,可处"第 5 级罚款"或者"相等于因该罪行而少征收的税款(或假若该罪行没有被发现则会少征收的税款)3 倍的罚款"或者"监禁 3 年"。(2)局长可就本条所订的任何罪行而准以罚款代替起诉,及可在根据本条提起的法律程序作出判决前搁置该法律程序或以罚款了结。①

此外,在各个具体税法中,如《印花税条例》,还规定了若干针对逃税犯罪的行为及其处罚。

2. 澳门特别行政区的税收犯罪立法。

澳门实行以直接税为主体的、有一定避税港特征的税收制度。澳门特别行政区的税收种类包括职业税、营业税、房屋税、所得补充税、物业转移税、遗产和赠与税、车辆使用牌照税、消费税、旅游税、离境税、印花税和专营税等,但是税务法例中通常没有直接的刑事责任条款,有的法例往往只有一条关于"刑事追究的保留"或者"刑事责任的保留"的规定,如关于房屋税的法律(第 19/78/M 号)和关于车辆使用牌照税的法律(第 16/96/M 号)。另外,

---

① http://www.hklii.hk/chi/hk/legis/ord/112/cur.html,访问日期:2012 年 12 月 2 日。

经第 12/85/M 号法令修订的《核准营业税章程》第 40 条（遗漏及虚假申报）中规定"如纳税人在其提交之 M/1 申报书上故意申报虚假资料或遗漏任何对其业务作分类起重要作用之事实，则科处 200.00 元至 100,000.00 元之罚款，但不影响对其作出倘有之刑事追诉。当然，也有的法律如关于移转不动产的特别印花税的法律（第 6/2011 号）第 13 条刑事责任中规定，"伪造本法律所指文件、文书或行为，特别是修改有关日期者，适用《刑法典》第 244 条至第 246 条的规定"。因而，大多有关具体罪名可能需要从刑法典中寻找。然而刑法典分则（从其第 128 条至第 350 条）中没有直接涉及税收字眼的条款，① 相对接近的是第 258 条假造印花票证罪，粘上了一点关系。可见，澳门的税收刑法涉及的税收犯罪在罪名上可能不是很明显，而是使用了包容性更强的罪名。

3. 台湾地区的税收犯罪立法。

在我国台湾地区，税收犯罪规定在《税捐稽征法》（民国 101 年 1 月 4 日修正）和其他一些税法中，主要有:②

（1）逃漏税捐罪。《税捐稽征法》第 41 条规定，纳税义务人以诈术或其他不正当方法逃漏税捐者，处 5 年以下有期徒刑、拘役或科或并科新台币 6 万元以下罚金。（2）代征人、扣缴义务人逃税罪和代征人、扣缴义务人侵占罪。《税捐稽征法》第 42 条规定，代征人或扣缴义务人以诈术或其他不正当方法匿报、短报、短征或不为代征或扣缴税捐者，处 5 年以下有期徒刑、拘役，或科或并科新台币 6 万元以下罚金。并规定，代征人或扣缴义务人侵占已代征或已扣缴之税捐者，亦同。（3）教唆或帮助逃漏税捐罪。《税捐稽征法》第 43 条第一项规定，教唆或帮助上述犯罪的，处 3 年以下有期徒刑、拘役或科新台币 6 万元以下罚金。该条第二项规定，税务人员、执行业务之律师、会计师或其他合法代理人犯前项之罪者，加重其刑至二分之一。（4）稽征户籍人员的犯罪。《税捐稽征法》第 43 条第三项规定，税务稽征人员违反该法第 33 条规定者，除触犯刑法者移送法办外，处 1 万元以上 5 万元以下罚锾。另外，《遗产及赠与税法》第 48 条规定，"稽征人员违反……户籍人员违反……应……并责令迅行补办其涉有犯罪行为者，应依刑法及其有关法律处断。"（5）纳税义务人税前分割遗产罪。《遗产及赠与税法》第 50 条规定，"纳税义务人违反第 8 条之规定，于遗产税未缴清前，分割遗产、交付遗赠或办理移转登记，或

---

① http://bo.io.gov.mo/bo/i/95/46/codpencn/indice.asp，访问日期：2009 年 3 月 9 日。

② 关于《税捐稽征法》的有关条文，参见林纪东等编纂：《新编六法全书》，五南图书出版股份有限公司 2008 年版，第 8.6.29 页至第 8.6.30 页；关于《遗产及赠与税法》的有关规定，参见林纪东等编纂：《新编六法全书》，五南图书出版股份有限公司 2008 年版，第 8.6.104 页。另见 http://db.lawbank.com.tw/FLAW/FLAWDAT0201.aspx? lsid=FL005933，访问日期：2012 年 12 月 2 日。

赠与税未缴清前，办理赠与移转登记者，处1年以下有期徒刑。"诸如此类。

二、外国税收犯罪的立法概况

税收刑法很大程度上受制于税收制度，由于各国税制的不同，在税收犯罪的规定上也是差异很大。下面简要对德、美、俄等国关于税收犯罪的规定作一简略介绍。

（一）德国

德国是大陆法系中税法最发达的国家，现行的德国税法肇初于1919年颁布的帝国税法，该法颁布后经过了数十年的不断修改。德国关于税收犯罪的立法主要集中在德国税法典中，当然刑法典中也有几个条文。在德国税法典第369条中规定，税收犯罪（关税犯罪）包括以下情形：依据税法需要进行处罚的行为；非法进出口、非法运输货物的；正在伪造税票或者有预备行为以及其他相关行为的；对上述行为者进行教唆或者提供帮助的。该条同时规定，税收犯罪适用刑法的一般条款，但是税法有特别规定的除外。其具体罪名主要有：[①]

1. 逃税罪。德国税法典第370条规定，故意向财政管理机关或者其他机关错误地或者不完全地说明对税有重大意义的事实；违反义务规定，不向财政管理机关说明对税有重大意义的事实；违反了义务规定，不使用税之标志或者税之印鉴。上述三种行为必须有造成税之短少或者为自己或他人取得税收上的利益的结果，该罪的处罚是5年以下监禁或者罚金，而且处罚未遂犯。但是，对于情节特别严重的，应当判处6个月以上10年以下监禁。特别严重的情节是指出于严重的自私自利的动机，大规模地偷逃税或者取得不法税收利益的；滥用国家工作人员的权力或者职位的；利用国家工作人员滥用权力或者职位的帮助的；利用事后取得的或者伪造的凭证，从而持续逃税或者取得不正当的税收利益的等。[②]

2. 违反禁止进口、出口或者转口货物的犯罪。德国税法典第372条规定的行为是指违反禁止规定进口、出口或者转口有关货物的行为。这个规定是引证罪状，具体的禁止性规定和涉及的有关货物，必须通过有关法律、法规来进

[①] 参见王世洲：《德国经济犯罪与经济刑法研究》，北京大学出版社1999年版，第199页；另见 http://www.gesetze-im-internet.de/englisch_ao/the_fiscal_code_of_germany.pdf，访问日期：2012年12月3日。

[②] 参见王世洲：《德国经济犯罪与经济刑法研究》，北京大学出版社1999年版，第200—206页；另见丛中笑：《涉税犯罪论——来自税法学的观照》，吉林大学博士论文，2006年，第58页。

一步明确。该条还规定，如果其他关于禁止进出口和转口的规定中，违反禁止性规定的行为中没有惩罚或者罚金的规定，就应根据第 370 条逃税罪处罚。

3. 职业性、暴力性、团伙性的走私犯罪。德国税法典第 373 条规定，职业性地偷逃进口税或者职业性地违反垄断法规实施禁止性的行为的，处 6 个月以上 10 年以下监禁；情节较轻的，处 5 年以下监禁或者罚金。而且，下列行为也应受刑法处罚：（1）在偷逃进出口税或者非法进出口、转口货物时，亲自或者其他参与人携带武器的；（2）在偷逃进出口税或者非法进出口、转口货物时，亲自或者其他参与人携带武器或者其他工具，通过暴力或者暴力威胁来阻止或者克服他人的抵抗的；（3）作为持续实施偷逃进出口税或者非法进出口、转口货物的团伙成员，帮助其他团伙成员实施这种行为的。对于未遂犯，进行处罚等。

4. 接受、持有、销售因逃税而获得的货物罪。德国税法典第 374 条规定，任何购买、取得或者销售、帮助他人销售因逃税或者违反海关法的行为而获得的产品或者货物，意图为自己或者第三人牟利的，处 5 年以下监禁或者罚金。对于职业性、团伙性的犯罪，处 6 个月以上 10 年以下监禁；情节较轻的，处 5 年以下监禁或者罚金。而且，对于未遂犯，也要处罚等。另外，根据德国税法典第 375 条的规定，实施上述税收犯罪一年以上的，法院可以剥夺其担任公职和选举的权利。

5. 超收税款罪。德国 1998 年刑法典第 353 条第 1 款规定，为国库收取赋税、公共事业费或其他税款的公务员，明知支付人不负有或仅负有小额支付义务，而对其收取高额税款，且未将违法收取的税款全部或部分交入国库的，处 3 个月以上 5 年以下自由刑。[①]

6. 侵害税务秘密罪。德国刑法典第 355 条规定："未经许可而公开或使用下列各项赋税秘密的，处 2 年以下自由刑或罚金：（1）作为公务员而在下列情形下知悉他人的秘密：a. 关于赋税的行政程序或法院程序；b. 关于赋税犯罪的刑事诉讼程序或因违反税收秩序的罚款程序；c. 财政当局的报告，或法定的赋税裁定提案或申报捐税的证明书中，……"等。[②]

另外，还要指出的是，根据德国税法典第 376 条关于追诉期限的规定，就

---

① 参见徐久生等译：《德国刑法典》（2002 年修订），中国方正出版社 2004 年版，第 171 页。另见 http://www.gesetze-im-internet.de/englisch_stgb/german_criminal_code.pdf，访问日期：2012 年 12 月 6 日。

② 参见徐久生等译：《德国刑法典》（2002 年修订），中国方正出版社 2004 年版，第 173 页。另见 http://www.gesetze-im-internet.de/englisch_stgb/german_criminal_code.pdf，访问日期：2012 年 12 月 6 日。

税法典第 370 条第 3 款 1—5 项中提及的特别严重的逃税罪而言,其追诉期限为 10 年。而且规定,当被告被通知启动实施行政罚款的程序或者被命令执行行政罚款的通知时,税收犯罪的追诉期限将重新计算。

(二) 美国

美国税收犯罪的规定既集中于美国联邦税法,又出现在美国联邦刑法典中,而且由于美国是联邦制国家,每个州也都根据自己的情况规定了税收犯罪方面的法律,因此,在美国税收犯罪的规定比较细密,罪名也比较多。下面主要对美国联邦税法和美国联邦刑法典中的公司税收诈欺犯罪和减免税诈欺犯罪以及妨害税收公务犯罪、税收职务犯罪四大类税收犯罪略作介绍。[1]

1. 企图逃税或者不缴税罪。这是美国联邦税法第 26 篇第 7201 节规定的犯罪。该罪是重罪,其法定刑为 10 万美元以下(对一个法人而言是 50 万美元以下)的罚金或 5 年以下的监禁刑,或二者并处。一旦定罪,还要承担诉讼费用。

2. 故意不征收或者不缴纳税收罪。根据美国联邦税法第 26 篇第 7202 节的规定,不征税,不真实地结算或不代征税的行为都是重罪。法定刑为不超过 1 万美元的罚金或 5 年以下监禁,或两者并处。一旦宣告有罪,还要承担诉讼费用。

3. 不提交税务报告罪。美国联邦税法第 26 篇第 7203 节规定,凡故意违反法律义务,不缴预算税或税款、不提交报告书、不保持或提供记录或资料的行为,是犯罪行为,可处 2.5 万美元以下(对一个法人而言是 10 万美元以下)的罚金,或 1 年以下监禁,或者二者并处,还要承担诉讼费用等。

4. 对职员虚假陈述或者不能如实陈述罪。根据美国联邦税法第 26 篇第 7204 节的规定,对此,可处 1 千美元以下的罚金,或 1 年以下监禁,或者二者并处。

5. 虚假地扣留免税证明书或者故意不提供增税信息罪。根据美国联邦税法第 26 篇第 7205 节的规定,对此,可处 1 千美元以下的罚金,或 1 年以下监禁,或者二者并处。

6. 故意制作失实税务文件罪。美国联邦税法第 26 篇第 7206 节(1)规定:凡故意制作和签署,包含有在一旦违反,即将被处以伪证罪之刑的条件下,制作书面声明或依此声明加以核对而签署人明知事实材料不真实和不正确的任何报告书、陈述和其他文件的行为,可处 10 万美元以下(对一个法人而

---

[1] 参见储槐植:《美国刑法》(第 3 版),北京大学出版社 2005 年版,第 215—232 页;另见 http://www.fourmilab.ch/uscode/26usc/www/contents.html,访问日期:2012 年 12 月 6 日。关于美国联邦刑法典的相关规定,参见萧榕主编:《世界著名法典选编·刑法卷》,中国民主法制出版社 1998 年版,第 10、13 页。

言是 50 万美元以下）的罚金，或不超过 3 年的监禁刑，或者二者并处，并应承担诉讼费用。

7. 故意提供失实税务文件罪。美国联邦税法第 26 篇第 7207 节规定：凡故意向国家税收大臣提交任何明知是虚假的名单、报告书、账册、陈述或其他文件的行为，可处 1 万美元以下（对一个法人而言是 5 万美元以下）的罚金，或 1 年以下监禁，或者二者并处。

8. 向买主或者租户关于税的虚假陈述罪。根据美国联邦税法第 26 篇第 7211 节的规定，对此，可处 1 千美元以下的罚金，或 1 年以下监禁，或者二者并处。

9. 企图妨碍国内税收法的管理罪。根据美国联邦税法第 26 篇第 7212 节的规定，对此，可处 3 千美元以下的罚金，或 1 年以下监禁，或者二者并处等。

10. 隐匿或毁损发货车、账簿、文件罪。美国联邦刑法典第 120 条规定：任何人经征收区征收员要求将由外国进口美国的应征税商品的发货车、账簿或文件提出检验，而故意予以隐匿或毁损者，或任何人在任何时候隐匿或毁损上述发货车、账簿、文件，以掩盖其中所载的虚伪内容者，处 5000 美元以下罚金或 2 年以下徒刑，或两刑并处。

11. 抗拒税务官员，夺回或毁损所扣押的财产，使用致人于死的武器罪。美国联邦刑法典第 121 条规定：任何人以暴力殴打、抗拒、反对、阻止、妨碍或干涉海关官员、国内税务官员或其代理人、助理员、或有搜索或扣押权人所扣押货物或商品，而将货物或商品凿孔、破坏、投入水中、毁损或搬移者，处 2000 美元以下罚金或 1 年以下徒刑，或并处之。任何人使用致命的或危险的武器，以抵抗有扣押权人执行职务，意图伤害身体或阻止其执行职务者，处 10 年以下徒刑。

12. 船长阻碍税务官员罪。美国联邦刑法典第 122 条规定，在船舶到达美国境内任何口岸时，船长故意妨碍或阻止到船上执行美国联邦税法的任何官员者，处 50 美元以上 500 美元以下罚金。

13. 冒充税务官员罪。美国联邦刑法典第 123 条规定，任何人伪称自己为税务官员，并利用其名义，向纳税人或违背美国联邦税法的人要求或收受金钱或有价值物品作为税或罚金者，处 500 美元以下罚金并 2 年以下徒刑。

14. 准许进口货物减少税额罪。美国联邦刑法典第 125 条规定，任何税务官员用任何方法准许或帮助准许货物或商品进口而缴纳少于应缴的税额者，除撤销其职务外，处 5000 美元以下罚金或 2 年以下徒刑，或两刑并处。

15. 夺取税务官员所扣押的财产罪。美国联邦刑法典第 128 条规定，任何人夺取或夺回，或企图夺取或夺回执行美国联邦税法的官员或其他人员所扣押的财产，或帮助上述行为者，处 300 美元以下罚金并 1 年以下徒刑。

16. 国内税务官员侵占罪。美国联邦刑法典第 183 条规定：美国国内税务机关的官员及其助理员将美国的金钱或其他财产侵占或不法移作自己使用者，及美国任何官员或其助理员，将其在执行职务中或在假借职权的名义下所占有或管有的金钱或财产——不问金钱或财产为美国的或第三人的——侵占或不法转移作自己使用者，除美国其他法律有特别处罚规定者外，处以不超过所侵占或挪移的金钱或财产的罚金或 10 年以下的徒刑，或两刑并处。

此外，美国联邦法典第 18 篇第 27 章还规定了一些不纳关税的走私罪的内容。

其实，美国量刑委员会颁行的《2012 年指南手册》（2012 年 11 月 1 日起生效）① 中还有一些相关的量刑规定，其中第 2 章 T 部分第 1 节第 1 条是关于偷税漏税、故意不申报纳税、不提供资料或不纳税、提供虚假的申报表或报告书或其他文件的犯罪的量刑规定；第 4 条是关于协助、参与、唆使、劝诱或建议税收欺诈犯罪的量刑规定；第 6 条是关于不征集或不如实说明和不缴清税款的犯罪的量刑规定；第 7 条是关于接到通知后不按要求将征集的税款存入信托账户的犯罪的量刑规定；第 8 条是关于与扣押报告书有关的犯罪的量刑规定；第 9 条是关于共谋妨碍、破坏、阻挠税款征收或共谋使税款征收无效的犯罪的量刑规定。而且，第 2 章 T 部分第 2 节第 1 条是关于不纳税的犯罪的量刑规定；该节第 2 条是关于监督管理罪的量刑规定。另外，第 2 章 T 部分第 3 节第 1 条是关于逃避进口关税或逃避（走私）限制以及关于收受或买卖走私财产的犯罪的量刑规定等。

（三）俄罗斯

俄罗斯联邦刑法典目前规定的税收犯罪主要有 5 个，即逃避缴纳海关税费罪（第 194 条）、公民逃避缴纳税费罪（第 198 条）、逃避缴纳向组织征收的税款罪（第 199 条）、税务代理人不履行义务罪（第 199 条之一）和隐匿资金、财产逃缴税费欠款罪（第 199 条之二）。②

逃避缴纳海关税费罪是指逃避缴纳海关税费，数额巨大的行为。其法定刑为：逃税数额巨大的，处 10 万至 30 万卢布或总计为被定罪人 1 年至 2 年的工

---

① http://www.ussc.gov/Guidelines/2012_Guidelines/Manual_HTML/index.cfm，访问日期：2012 年 12 月 20 日。

② 参见 http://legislationline.org/documents/section/criminal-codes/country/7，访问日期：2012 年 12 月 6 日。虽然我国学者黄道秀教授翻译的《俄罗斯联邦刑法典释义》（斯库拉托夫等主编，中国政法大学出版社 2000 年版）一书中有所规定，但是其中相关条款已被修正。

资或其他收入的罚金,或处180小时至240小时的强制性工作或者2年以下监禁;有预谋的多人实施或者逃税数额特别巨大的,处10万至50万卢布或总计为被定罪人1年至3年的工资或其他收入的罚金,或者单处5年以下监禁或者并处剥夺3年以下担任一定职务或者从事特定活动的权利。其中"数额巨大"是指逃税数额超过50万卢布;"数额特别巨大"是指逃税数额超过150万卢布。

公民逃避缴纳税费罪,是指公民在必须对收入提出申报时而不进行申报,或者将明知歪曲的关于收支情况的材料列入申报单的手段逃避缴纳税款,数额较大的行为。其法定刑为:逃缴税费数额巨大的,处10万至30万卢布或总计为被定罪人1年至2年的工资或其他收入的罚金,或处4个月至6个月的拘役,或处1年以下的剥夺自由;上述行为如果数额特别巨大的,处20万至50万卢布或总计为被定罪人1年至3年的工资或其他收入的罚金,或处3年以下剥夺自由。其中"数额巨大",是指如果未缴税费的份额超过应缴税费的10%,或者超过30万卢布,那么其逃缴数额在3个财政年度中总计需超过10万卢布;而"数额特别巨大",是指如果未缴税费的份额超过应缴税费的20%,或者超过150万卢布,那么其逃缴数额在3个财政年度中总计需超过50万卢布。

另外,逃避缴纳向组织征收的税款罪,是指采取将明知歪曲的收支情况计入会计凭证的手段,或以隐匿其他征税项目的手段,逃避缴纳向组织征收的税款,数额巨大的行为。其法定刑为:逃缴税费数额巨大的,处10万至30万卢布或总计为被定罪人1年至2年的工资或其他收入的罚金,或处4个月至6个月的拘役,或处2年以下的剥夺自由以及可以并处剥夺3年以下担任一定职务或者从事特定活动的权利;有预谋的多人实施或者逃缴税费数额特别巨大的,处20万至50万卢布或总计为被定罪人1年至3年的工资或其他收入的罚金,或处6年以下剥夺自由以及可以并处剥夺3年以下担任一定职务或者从事特定活动的权利。本条以及本法第199条之一中的"数额巨大",是指如果未缴税费的份额超过应缴税费的10%,或者超过150万卢布,那么其逃缴数额在3个财政年度中总计需超过50万卢布;而"数额特别巨大",是指如果未缴税费的份额超过应缴税费的20%,或者超过750万卢布,那么其逃缴数额在3个财政年度中总计需超过250万卢布。

第199条之一规定了税务代理人不履行义务罪。该罪是指税务代理人为了个人利益不履行税务代理义务,不依法进行税费的计算、扣除或支付,数额巨大的行为。其法定刑为:逃缴税费数额巨大的,处10万至30万卢布或总计为被定罪人1年至2年的工资或其他收入的罚金,或处4个月至6个月的拘役,或处 2 年以下的剥夺自由以及可以并处剥夺 3 年以下担任一定职务或者从事特定活动的权利；逃缴税费数额特别巨大的，处 20 万至 50 万卢布或总计为被定罪人 2 年至 5 年的工资或其他收入的罚金，或处 6 年以下剥夺自由以及可以并处剥夺 3 年以下担任一定职务或者从事特定活动的权利。

第 199 条之二规定了隐匿资金、财产逃缴税费欠款罪。该罪是指资金、财产的所有者，组织的负责人、管理者或者个体经营者依法应当缴纳税费欠款而隐匿其资金、财产逃缴税费，数额巨大的行为。其法定刑为：逃缴欠款数额巨大的，处 20 万至 50 万卢布或总计为被定罪人 18 个月至 3 年的工资或其他收入的罚金，或处 5 年以下的剥夺自由以及可以并处剥夺 3 年以下担任一定职务或者从事特定活动的权利。

至于税务人员涉及的职务犯罪，可能是通过该法典第 285 条滥用职权罪和第 286 条逾越职权罪等加以规制的。

三、税收犯罪的立法总体比较

（一）税收犯罪立法模式的比较

世界各国和地区的税收犯罪的立法模式并不统一，大致可分为四类：一是集中体现于刑法典的专门章节中，可称之为刑法典中专章专节模式；二是将税收犯罪规定在相当于单行刑法的专门税收刑法中，可称之为单行刑法模式；三是自成体系被置于税法之中，独立于刑法典，但是刑法总则仍适用于它们，可称之为附属刑法模式；四是分散规定于刑法典和税法典中，可称之为混合模式。

这几种立法方式各有优缺利弊，不能简单说谁优谁劣。刑法典中专章专节模式的立法可以保持刑法的统一、集中，有利于树立刑法的权威，便于人们对这一类犯罪从总体上的掌握；缺点是具体罪状与法定刑分离，不借助具体税法，人们无以搞清其具体犯罪构成。而且，这种立法方式对罪刑法定原则的贯彻有所影响，也对经常修改的税收立法表现出不适应。附属刑法模式立法最大的优点是可以随着税收立法的变化而变化，即能随着客观现实的变化而废、改、立。其缺点则是显得杂乱无章，不便于人们总体上把握，也不好树立刑法的权威。专门税收刑法式（单行刑法模式）和混合模式[①]处于刑法典专节模式与附属刑法模式这两种立法方式之间，自然也兼有二者的优点和缺点，但都有所弱化。一般而言，各个国家具体采用哪种立法方式是与自己的经济发展、法

[①] 混合模式不论是英美法系国家，还是大陆法系国家均有如此设置，如德国、美国、法国、瑞士和西班牙。参见丛中笑：《涉税犯罪论——来自税法学的观照》，吉林大学博士论文，2006 年，第 53 页。

律文化传统、法律习惯相联系的。我国大陆刑法对税收犯罪采取刑法典专节模式立法，符合我国法律文化传统，也与我国基本国情相适应。我国法律文化中特别强调统一、集中，历史上我国也一直是集权国家，喜欢编纂法典。因此，对税收犯罪采取刑法典式立法也就顺理成章。即使存在单行刑法，也是权宜之计，在成熟时也是要收录法典中的。另外，法典式立法对于税收犯罪来说，只要采取科学的立法技术，能够避免罪状与法定刑的脱节，可以适应税收法规经常修正的现实，也能保持法律的统一与集中。所以，我国大陆在税收犯罪的立法方式上是与我国国情相适应的，只是在具体立法技术上还存在一些问题。主要是税收犯罪的罪状如何设计、如何与税收法规衔接的问题。[①] 还有学者认为，应当将偷逃关税及进出口环节中增值税和消费税的"走私普通货物、物品罪"从"走私罪"一节分立出来，与其他税收犯罪安排在一起，使刑法在体系结构上更加科学，使税收犯罪的刑事立法体系更加完整。[②] 我们认为，这是一个两难的选择。将"走私普通货物、物品罪"划入"危害税收征管罪"一节，即使把它更改罪名为类似于偷逃关税罪，也无法改变其客观的"走私"行为的性质。结果既削弱了"走私普通货物、物品罪"与"走私特殊货物、物品罪"的鲜明的对比性，又对另外几个有税收渎职且危害税收征管性质的犯罪仍游离于"危害税收征管罪"之外而无能为力。同时，为了一丁点的逻辑结构的合理性而牺牲刑法的稳定性，倘若推而广之，则岂不使整部刑法陷入永无宁日之中。因此，我们主张，修正刑法应慎之又慎，能缓则缓，没到迫不得已不宜考虑修改，没有明显的严重缺陷最好不改。

（二）税收犯罪行为主体的比较

税收犯罪的行为主体一般涉及两类：一是税收法律关系的主体，即代表国家征税的税务人员和纳税人；二是与税收法律关系主体有关联的人员，包括代征人、扣缴义务人、代理人，以及一般自然人。税务人员和纳税人一般都在各个国家规定的税收犯罪主体之列，对于纳税人，既包括自然人，也包括法人。但对于第二类主体，则规定各异：有的规定了扣缴义务人和代征人，如我国台湾地区；有的规定了代理人、甚至税收顾问，如德国；还有的国家把滞纳者的债权人、债务人或其他财产关系人也纳入税收犯罪主体之列，如日本。我国大陆的刑法则没有直接明确规定税务代理人和代征人的刑事责任。以前我国大陆刑法也曾将代征人规定为偷税罪的主体，但后来取消了。目前，对于代征人侵

[①] 参见周洪波：《税收犯罪研究》，中国人民大学博士论文，2001年，第153页。
[②] 参见丛中笑：《涉税犯罪论——来自税法学的观照》，吉林大学博士论文，2006年，第169页。

占税款的,一般以贪污罪论处;① 而对于其不征税款的,可能以渎职罪中的徇私舞弊不征、少征税款罪等罪名追究其刑事责任。各国一般也是根据自己的税制来规定税收犯罪主体的。例如扣缴义务人,如果一国不实行税款扣缴制度,也就不存在扣缴义务人,自然就谈不上其刑事责任问题。我国没有对税款代征人和代理人的刑事责任作出明确规定,某种意义上说是个缺憾。② 我国大陆的税收代理制度起步不久,但随着我国大陆市场经济的进一步发展、税制改革的深化,税收代理业必然成为一个发展、壮大的行业。随之而来的也必然有税务代理人的违法乱纪,如何解决他们的法律责任也必然是我们面临的一个重要问题。所以,我国大陆刑法中关于税收犯罪的立法应具有超前性。何况我国大陆的税制又面临巨大变革,这更要超前的税收刑法。

(三) 税收犯罪罪名的比较

我国大陆刑法规定的税收犯罪有走私普通货物、物品罪(刑法典第153条),逃税罪(第201条、第204条第2款),抗税罪(第202条),逃避追缴欠税罪(第203条),骗取出口退税罪(第204条第1款),虚开增值税专用发票、用于骗取出口退税、抵扣税款发票罪(第205条),虚开发票罪(第205条之一),伪造、出售伪造的增值税专用发票罪(第206条),非法出售增值税专用发票罪(第207条),非法购买增值税专用发票、购买伪造的增值税专用发票罪(第208条第1款),非法制造、出售非法制造的用于骗取出口退税、抵扣税款发票罪(第209条第1款),非法制造、出售非法制造的发票罪(第209条第2款),非法出售用于骗取出口退税、抵扣税款发票罪(第209条第3款),非法出售发票罪(第209条第4款),持有伪造的发票罪(第210条之一),徇私舞弊不征、少征税款罪(第404条),徇私舞弊发售发票、抵扣税款、出口退税罪(第405条第1款)和违法提供出口退税凭证罪(第405条第2款)等。一般情况下,逃税罪是各个国家都规定的,是税收犯罪最基本的犯罪。对于抗税罪,很少有国家单独规定,一般是将其作为妨碍公务罪等犯罪处理。我国大陆的逃避追缴欠税罪与他国的逃税罪不是同一个概念,他国的逃税罪一般指偷逃税和漏税,其罪状与我国大陆的逃税罪也有所不同。骗税犯罪与此类似,我国大陆刑法中的骗税犯罪专指骗取出口退税罪,在国外,骗税行为往往作为偷逃税罪处理。另外,发票犯罪应该是我国大陆刑法关于税收犯罪立法的一大特色,别国一般对此不作特别规定。一国的税收犯罪罪名和种类极大程度受制于本国的税制和税收实践。如果一国没有实行某种税收制

---

① 参见周洪波:《税收犯罪研究》,中国人民大学博士论文,2001年,第59页。
② 参见周洪波:《税收犯罪研究》,中国人民大学博士论文,2001年,第154页。

度，自然也就不可能有涉及这种税制的刑事立法；如果在税收领域某方面的违法现象不严重，通常就不会引起立法者对该方面的重视。我国大陆的现行税制是以增值税和所得税并重、以其他税种为补充的复合税制。以前、目前乃至以后一段时期内，增值税是我国最主要的税种。自从我国大陆实行以增值税专用发票为标志的增值税抵扣制度以来，有关增值税专用发票方面的犯罪愈演愈烈。本来以增值税专用发票来遏制逃税，可增值税专用发票却演变成逃税的重要工具。面对这种情况，立法者设立增值税专用发票方面的犯罪就成为必然。但是在国外，尤其是西方发达国家，早已完成了从以增值税为主体的税制向以所得税为主体的税制的转变，所以，几乎没有规定增值税专用发票方面的犯罪就不足为奇了。[①] 我国大陆规定骗取出口退税罪亦然。若我国大陆不实行出口退税制度，骗取出口退税活动不猖獗，也就不可能有刑法上的骗取出口退税罪。所以，不能从各国存在的税收犯罪种类差异本身来比较孰优孰劣，关键是看这种规定是否与本国或地区的税制以及税收实践相适应。一般来讲，对犯罪的遏制应是全方位的，不仅要从"流"遏制，更应从"源"堵截。我国大陆刑法中规定发票犯罪就是从"源"来控制国家税款的流失。从犯罪控制原理上说，我国大陆现行税收刑法的规定是比较科学合理的，也基本符合我国大陆的现实状况。

（四）罪状表述方式的比较

在税收犯罪罪状的表述方式上，各国均采用了多种表述形式，包括简单罪状、叙明罪状、引证罪状和空白罪状等。由于税收犯罪的多样性和复杂性，为了区分各具体税收犯罪的特征，防止罪与罪的混淆，各国税收犯罪规范多采用叙明罪状的表述方式来加以甄别，因而，叙明罪状几乎占各国刑法税收犯罪罪种总数的80%以上。[②] 应当说，这是贯彻罪刑法定原则的要求所在。然而，保持多元化的表述方式，可能也是与各国或地区的不同立法模式以及立法技术、价值观念等相适应的。至于某一犯罪条文的罪状是否值得修正，还得具体问题具体分析。它自然不是立法总体比较的任务了。

（五）税收犯罪的刑罚比较

1. 财产刑的比较

财产刑应当是对付经济犯罪的最基本的刑罚方法。财产刑通常包括罚金刑和没收财产刑，我国大陆刑法对税收犯罪也规定了这两种财产刑。其他国家一

---

① 参见周洪波：《税收犯罪研究》，中国人民大学博士论文，2001年，第153页。
② 参见丛中笑：《涉税犯罪论——来自税法学的观照》，吉林大学博士论文，2006年，第68页。

般规定罚金，少数国家也规定了没收财产。对于罚金，我国和外国一样，规定可以并处，也可以单处。不过，我国大陆刑法规定单处罚金的仅限于几种轻微的税收犯罪。关于税收犯罪的罚金数额，我国大陆通常采取倍比罚金制和限额罚金制，几乎取消了无限额罚金制，也没有绝对数额的规定。这一点比有的国家优越。对于没收财产，一般只在情节特别严重时，代替罚金刑适用。从总体上看，我国大陆的刑法关于税收犯罪财产刑的规定虽有完善的空间，但是已较为合理，有一定的科学性。

2. 自由刑的比较

我国大陆刑法对税收犯罪规定的自由刑有管制、拘役、有期徒刑和无期徒刑，包括了我国大陆刑法中刑罚体系中所有的自由刑种类。其他国家一般规定了监禁刑，我国台湾地区还规定了拘役。从惩治税收犯罪所动用的自由刑的量上看，我国大陆的刑罚过重，最高自由刑是无期徒刑，而别的国家或地区一般在5年或7年有期徒刑以下。但是，我国大陆规定的自由刑种类比较齐全，也较为灵活，能适应不同情况。当然，各国关于税收犯罪的自由刑的规定受制于本国的自由刑种类，不可能完全相同，其关键在于是否能够适应惩治税收犯罪的需要。

3. 生命刑的问题

许多国家不将死刑用于税收犯罪，或许是因为这与该国刑罚体系中没有生命刑有关，如德国等；或许这也可能与该国的刑事政策密切相关。由于刑罚轻缓化是现代刑罚改革的世界潮流，刑法干预经济的适度性和轻缓性应该是许多国家所坚持的刑事政策。因此，即使保留死刑的国家，也可能会考虑到税收犯罪属于经济犯罪，伦理可谴责性弱，以死刑遏制过于严酷等因素，对税收犯罪不适用死刑。我国大陆税收刑法中曾经有过死刑的规定，即曾经出现在虚开增值税专用发票、用于骗取出口退税、抵扣税款发票罪和伪造、出售伪造的增值税专用发票罪的法定刑中。如前所言，立法者在2011年通过的《刑法修正案（八）》中原则上取消了税收刑法中的死刑（但有本书第20章述及的例外）。这是我国大陆刑法人道主义发展道路上的重要里程碑。

总之，各国税收犯罪的立法各有特色，但是它们都正处于发展与完善之中。尽管我国将来可能加快财税体制改革，并可能通过深化房地产税制改革、构建地方税体系等举措完善税收体系，形成有利于结构优化、社会公平的税收制度，但是，因为我国大陆税收刑法的基本格局已经成型，法条也日渐成熟，所以，我们有理由相信，它在将来可能有所改进，但不会有太多太大的变化。

第二章 税收犯罪案件的立案与侦查

在对税收刑法以及税收犯罪种类有所了解之后，必然涉及如何追究税收犯罪的问题。一般情况下，税收案件会涉及稽查问题。因此，本章拟从税务稽查与罪案移送入手，就税收犯罪案件的立案与侦查加以讨论。

第一节 税务稽查与罪案移送

在税收案件的稽查与罪案的移送之间常常有一种前因后果的关系。

一、税务稽查

税收案件的稽查主要是为了发现会计资料是否真实和申报纳税是否合规问题。一般认为，税务稽查是指税务机关依法对纳税人、扣缴义务人履行纳税义务、扣缴义务的情况进行税务检查和处理工作的总称。它是税务机关的一种执法行为，是维护税收法律秩序的重要保证，是确保税收收入稳定增长的重要手段，也是反偷逃税的关键。或许从广义上说，海关的稽查也可以被视为一种特殊的税务稽查，因为海关在一定意义上也可以被视为征收关税的特殊的税务机关。

（一）税务稽查的主体、客体（对象）与内容

税务稽查的主体是税务机关，具体主体是各级税务机关设立的税务稽查机构。税务稽查的客体（对象）是法律法规规章规定的纳税人、扣缴义务人。纳税人是依法负有纳税义务的单位和个人。扣缴义务人是依法负有代扣代缴、代收代缴税款义务的单位和个人。税务稽查的内容是稽查纳税人、扣缴义务人履行纳税义务、扣缴义务的情况。

（二）税务稽查对象的选择

由于税务稽查人员有限，而税务稽查工作量很大，因此不可能对众多的纳税人进行税务稽查，只能选择偷逃税可能性较大的纳税人作为稽查对象。这就

关涉税务稽查的对象选择问题。我国在税务稽查对象选择上常用的方法，大致包括从会计报告和资料分析中选择稽查对象的方法以及其他种类的方法。① 从会计报告和资料分析中选择稽查对象的方法，主要包括顺查法、逆查法、直查法、分析法（比较分析法、账户分析法、相关分析法和平衡分析法）等。另外，其他种类的方法包括：通过税收凭证、发票检查发现与选择税务稽查对象；利用人工与计算机结合的稽查体系确定调查对象；重视群众举报选择稽查对象；注意决算书、税务申报书和税历表以及税务分析的方法等。

（三）追查偷逃税的切入点②

国内外税务稽查人员在长期税务稽查中积累了丰富的经验，他们不仅按传统的方法通过查账发现逃税，而且从各种角度发现偷逃税的线索，比如说成本偏高、税负率偏低、记账异常、社会评价、发现资产，甚至从电视节目、报刊杂志等都能发现偷逃税的蛛丝马迹。以下简约归纳 26 种追查偷逃税的切入点方法。

1. 以税案中的间接证据为切入点。譬如，走访供货单位，将被查人员从开业起，按时间顺序从供货单位逐笔抄录其进货数量和进货金额，并请有关供货单位出具书面证明，再找同行和同类的两个不同性质的单位，获得同类产品的产量和生产成本，将这两个单位的成本计算单分别复制，以此来作为定案的间接证据。

2. 以账实不符为切入点发现逃税。有些企业销售产品后，对方不要发票等原因，给销售方隐匿销售收入提供了方便，但账面上如果如实记载已售出产品的数量，而销售收入不入账，这就出现了不平衡，容易暴露逃税的事实。于是有的逃税企业在账面上仍保持较多的库存量，以和少报的销售收入相对应，但在库存中实际这些产品已经不存在了。对这种逃税手法，是通过查账核实是否相符来发现的。所以库存商品数量就是检查是否实现销售的标志，税务机关进行纳税检查时必须对纳税人实际库存进行核实，防止纳税人销售货物后不及

---

① 当然，这与税务稽查的信息来源及资料的收集方法有关。税务稽查的信息来源的主渠道，是依法由纳税人向税务部门所提供的报表、资料。其次是税务部门为税务征收、稽查所进行的税务普查、抽查、重点调查以及对各种票证审查、检查所收集、整理的信息。再次是国家统计局、国家税务机构信息中心所汇总的有关税务方面的信息；最后还有群众举报所提供的个别企业偷逃税的信息。另外，资料的收集方法通常采用的是一般收集（书面要求或口头打听等）、特别立案收集、调查收集三种，以及通过照会书获取内部情报、通过资料横向传阅、计算机联网和使用纳税人号码制等方法。参见宋效中：《反偷逃税与税务稽查》，机械工业出版社 2006 年版，第 142—149 页。

② 26 种追查偷逃税的切入点的方法，参见宋效中：《反偷逃税与税务稽查》，机械工业出版社 2006 年版，第 242—265 页。

时计入销售收入申报纳税。

3. 以账目的真实性为切入点发现逃税。偷逃增值税的纳税人一般将销售收入寄挂在应收应付款等往来账户，以隐匿收入。但将货款寄挂在负债类账户，以借款的方式转移销售收入的偷逃手段尚属少见，这表明纳税人的逃税方式在形式上日趋隐蔽化。因此这要求税务稽查人员不仅要对常规的违章问题进行检查，还应拓宽稽查思路，发现更新的逃税手法。对从数字上看准确无误的账务处理，特别是负债类科目，要审慎地评估它的真实性、合理性，从数字平衡背后看出其事实上的虚假之处，揭发其逃税的本质。

4. 以生产成本明显偏高为切入点发现逃税。生产成本是所得税检查的重点，增值税检查则很少涉及。以往企业隐瞒销售收入，大多是将产品长期挂账、不结转，造成产品库存不断加大，很容易被发现。但也有企业在结转产品生产成本时，通过加大单位产品账面成本，减少产品账面数量的方法隐瞒收入。可是这就必然使单位的产品"生产成本"明显偏高，从而暴露逃税行为。

5. 以销售收入增长、增值税额反而下降为切入点发现逃税。对这种异常，税务人员要重视对企业成本核算的审核，对投入产出的比率进行分析，深入车间仓库，将发现的问题查深查细，弄清楚企业是否将购进货物用于非应税项目的进项税额进行抵扣，是否将不得抵扣的销项税额进行抵扣，防止企业利用成本核算偷逃增值税。

6. 以记账异常为切入点发现逃税。从新税制实施以来，纳税人从农民手中收购农产品无法取得增值税专用发票，因此允许这部分纳税人自行开具经主管税务机关批准，使用农副产品扣税凭证抵扣增值税进项税额。但是，个别不法分子却利用这项优惠政策，将农副产品和扣税凭证当做调剂库存、侵吞税款的"摇钱树"。这要求税务检查人员要切实加强对扣税凭证的稽查和审核。把异常的购进情况和销售情况做为稽查的重点。

7. 以税负率偏低为切入点发现逃税。发现这个公司和同类公司相比其税负率偏低，感到异常，于是税务稽查人员就问一个为什么？根据群众反映该企业销售情况一直很好，这就排除了经营不景气的可能性，这便产生是否有逃税的怀疑，那么，接下来就查账，从账面上看很正常但发现一个突破口，就沿着这个突破口追查，最后果真查出有账外销售不入账以偷逃增值税的事实。

8. 以电表数字为切入点找到逃税线索。对停歇业户的专项稽查，根据其用电量的多少就可以确定其是否停业。

9. 顺藤摸瓜查出串案和窝案。我国现行增值税实行的是"购进扣税法"，增值税专用发票在增值税管理中具有扣税功能和"链条"的作用，增值税逃税案件，尤其是利用增值税专用发票逃税案件大多不是孤立发生的，而往往会形成"串案"和"窝案"。这些逃税案件以增值税专用发票为纽带,互相连锁在一起,他们就像结在一根藤上的瓜。在此类案件稽查过程中,要始终把增值税专用发票的真实性、合理性以及其来龙去脉作为检查重点,并寻找切入点。

10. 以秘密账簿和原始记录为切入点发现逃税。在税务稽查中发现逃税,最有力的证据就是抓住秘密账簿。逃税者逃税成功后,秘密账簿为什么要保存下来呢?从逃税者的心理来说,他们总想真实记录自己的经营业绩和成本情况,便以加强管理和心中有数。在这些秘密账簿里,记载着他们公司真实的销售收入,真实的成本费用,真实的应纳税金,他们逃税的一切底细。但是,这本秘密账簿是很难取得的,最好是由内部人举报,把它直接交给税务部门;其次是依靠税务人员在税务稽查中的细心观察,发现其保险柜的钥匙,再次就是寄托偶然的事件或机会的发生。

11. 以举报为切入点发现逃税。在揭发的逃税案件中,内部人向税务局举报占很大的比重。在逃税的举报中,有的是对公司不满或者被公司辞退了的人员;有的是逃税者的熟人。税务机关对于出于各种目的的举报情况要认真研究、调查和证实。其中也不乏无中生有、造谣中伤,令税务机关伤神而又毫无结果的情报,但不能因为这种个别情况的存在而厌恶举报。

12. 以社会评价为切入点发现逃税。电视台报道某某歌星的演唱会场场客满,十分火爆,可税务机关发现他交纳的个人所得税却微乎其微,这引起了税务机关人员怀疑其逃税的情况。某种商品在电视上长期反复做广告其出镜的频率特高,但该商品申报的销售收入却不见增长,甚至还低于不做广告的同类商品,这也不能不引起税务机关的逃税怀疑。在午夜的电视节目中,报道了某人中了头彩的热烈场面,过了几天却不见他申报交纳偶然所得税的动静,税务人员当然要追查他这种明目张胆的逃税行为了。这些都属于由社会评价而发现的逃税。

13. 由发现资产而引起逃税怀疑。税务机关从手头掌握的银行或证券等资料中发现,有人虽有大量资产但很少纳税;有的企业虽然微利甚至报亏损,但是分店在增加,企业规模在扩大,这些情况都可能成为税务人员在选择稽查对象时的理由。

14. 以同时同步稽查同一行业发现逃税。从稽查对象的选择上,着重选择家族色彩较强的公司、贸易关系企业较多的行业,有名的人物,特别是可能企图大额逃税的人物。另外,充分注意法人的所得、资产、源泉收入等各处的横向联系,同时在相互之间交换资料和意见的基础上,综合进行稽查。

15. 以同族公司为切入点发现逃税。例如,把家族大公司分割为两个、三个小公司,而后仍由家族经营,在采取不正当行为或逃税时同族之间互相照应,有计划地进行"税收筹划"而逃税。一个以出租车为中心的公司,运输业、汽车修理业、汽车驾驶学校、旅游中介等都由家族经营，合伙逃税700多万元，后被税务机关发觉了。另外，有的企业为了逃税，从假公司进货，很完备地印刷了收货记录、订货记录和发票等文件。

16. 无限期地彻底调查。许多行业的偷逃税款具有隐蔽性，查核工作相当艰难。税务稽查最困难的是金融业。在金融业中含有各种各样的业务，不仅有贷款，还有贴现、咨询、理财服务等表外业务，与多个行业交叉往来，许多新型金融单位不断出现，基金公司、信托公司、小额贷款公司、担保公司、典当公司、拍卖租赁公司等，有的只有一张桌子、一部电话，连正规账本都没有，要掌握其实际经营情况十分困难。另外，还有作为副业的非法贷款，在大型周刊杂志中刊登的为工资族的金融中介广告，只有几行文字，却使人注目。对于隐蔽性极强的恶性逃税事件，要进行无限期的彻底的追查。

17. 以药品使用量为切入点发现逃税。在隐瞒收入的排名中，医院、外科、骨外科、妇产科都列入其中，其手法也非常巧妙。其中一种手法，把制药公司赠送的试用药也列入进货账；此外，还有伪造进货、伪造代诊费、医疗未收金的呆账处理等。

18. 以印花税为切入点发现逃税。对于不动产买卖中的不正当行为，税务人员有一种简单可行的办法，就是实地勘察和价值评估。买卖土地、住房或租借房时，签订契约书要收印花税，后需要缴纳营业税和所得税。如果其买卖过于便宜，就要参照市场情况进行价值评估，追究隐瞒真实交易金额偷逃税款的责任。

19. 扮作顾客去现场了解实情。某球场实行早晨折旧制，但对于去玩的税务调查人员没给打折，于是税务调查人员又以客人的身份进行调查，发现了其中许多不正当之处。据说，在调查出租房间、独室饮茶等买卖时，为了掌握实际情况，税务调查人员也采用这种方法。有时税务调查员以顾客的身份去讨价还价，才能了解其价格的实情。

20. 以意想不到的地方为切入点发现逃税的证据。以前在一中等规模公司老板家的家政人员，拿了该老板家中的100万元存折逃跑了的事件被报道出来，读了该新闻的某税务检查员立刻就发生了怀疑。原来老板夫妇共同逃税，当逃税行为即将成功之际，夫人发现丈夫有了情人，为了报复，夫人委托家政人员携存折逃跑。不知其中原委的丈夫向警察报案。在枕头或被子、在橘子箱里、在已退色的三角裤衩里、在成人玩具里或者在厕所的天棚里等，越是隐蔽的地方越容易藏匿逃税证据。

21. 以不能进行反面调查的破产公司为切入点发现逃税。本来向其他公司销售已获得了销售款，却利用对方破产装做没有取得货款的样子，将其收入进行坏账处理，甚至捏造一个根本不存在的公司，宣称向它销售后作了坏账处理了。对此进行调查确实很困难。想逃税的人，通常会想出他人意想不到的方法。某制造业的业主特别把账本不完备的企业列成一个表，把对于它的销售收入不入账，也就是说即使将来对这样的交易对象进行调查也难以查清。对此，要留意各种收集证据的方法，特别留意有关线索进行调查。

22. 以不动产交易为切入点发现逃税。土地使用权或房屋等不动产，当买卖太便宜时，就应立即引起税务机关的注意。因为在土地使用权的买卖中，经常出现双重契约或三重契约情形。

23. 在游动交易中发现逃税。在人们集中的地方往往会产生买卖。在酒吧、在繁荣的商店街的美容整容院，化妆品、装饰品、祭祀品的买卖也在不断发生，这是隐秘的金钱交易。顾客可能是来自美容院的女主人，美容院的经营者作为副业进行买卖，从中收取一定的中介费或者利差。但是人们的嘴是堵不住的，干那种交易的消费转眼之间可能从美容院传到酒吧，又从酒吧的服务员传到顾客，于是传到税务机关人员的耳中。

24. 以现金日记账为切入点发现逃税。税务调查员把该商店申报的销售额与其现金日记账核对，发现有很大的差距，经进一步调查才知，该商店将其中提取的现金不申报销售收入，供日常吃喝之用等。

25. 以抓住秘密储蓄为切入点发现逃税。隐瞒销售收入，然后以假名存款，或以家族名义存款，这些都是一般逃税的手段。以隐瞒的销售收入为担保，从银行借款，这样的例子也不少见。但是，逃税者总会认为即使有不正当逃税行为也不会暴露，思想上必然麻痹起来，可能在某一天露出马脚被税务调查人员发现，并以此为线索，就查出了逃税的事实。

26. 以租借的金库为切入点发现隐藏的逃税款。即使将逃税收入以假名存款，也担心在银行调查中会被发现，若是购买土地等不动产也引人注目，容易暴露，逃税者为了逃税成功想出了各种手段，其中利用商业银行的租借金库就是其中之一。据说，借贷金库的业务非常繁忙，包括银行、证券保险公司在内，就是大的居民楼为保证居住者的安全，也在地下设置了贷借金库。连大公司也在用它保管机密文件，因为产业间谍对这样的文件很注意。有时就要花费一定时间，对逃税嫌疑者进行跟踪。一旦知道了金库的存在就要立刻进行调查，逃税者可能把隐瞒的收入变成宝石存在金库里。

二、罪案移送

当税务稽查人员在稽查后，发现纳税人采取欺骗、隐瞒手段进行虚假纳税申报或者不申报,逃避缴纳税款数额较大并且占应纳税额10%以上的,应依法对其下达追缴通知,若纳税人补缴应纳税款,缴纳滞纳金,并接受行政处罚的,不予追究刑事责任;但是,若发现纳税人在5年内因逃避缴纳税款受过刑事处罚或者被税务机关给予过二次行政处罚的,则税务稽查机构应当依法将该再次逃税的案件及时移送有立案管辖权的公安部门处理。当税务稽查人员在稽查后,发现扣缴义务人没有依法履行扣缴义务,不缴或者少缴已扣、已收税款,数额达到较大的,或者发现其他涉嫌税收犯罪的情况,则税务稽查机构也应依法将该案件及时移送有立案管辖权的公安部门处理。根据有关法律的规定,走私普通货物物品罪等走私犯罪由海关缉私部门立案管辖。因此,行政执法部门对获取的涉嫌涉税走私犯罪线索,可将其及时移送海关缉私部门(即海关缉私局、分局等)处理。海关缉私部门对行政执法部门查获移送的涉税走私案件,应及时受理、审查,并依法作出相应的处理。对构成涉税走私案件的,应当将处理结果以《涉嫌走私处理通知书》的形式及时通知案件移送部门。行政执法部门移送涉税走私案件,应当填写《涉税走私案件移送表》,并附有关走私违法犯罪事实及证据材料。扣押的货物、物品、赃款及拍卖价款等与案件相关的一切款物,应当随案移交。移交扣押货物、物品、赃款及拍卖价款等与案件相关的款物时,由接收人、移交人当面查点清楚,并在交接单据上共同签名或者盖章。行政执法部门移交涉税走私案件的办案费、线索举报人的奖励费,可按财政部、海关总署、公安部等有关部门的相关规定办理。

值得指出的是,长期以来,税务机关对查获的涉税犯罪案件如何向公安机关移送,缺乏具体和可操作的法律责任界定,特别是缺乏明确的案件移送标准;甚至,有的税务部门因受利益驱使,将应向公安机关移送的涉税犯罪案件不移送或者以行政处罚代替刑事处罚。部分偷逃税、抗税、骗税者得不到及时的惩处,滋生了一些以税谋私的腐败行为。不过,近些年来一些地区也出台了有关涉税犯罪案件的移送办法,对移送标准与程序、案件处理和责任追究等作了详细的规定,凡是税务机关对应向公安机关移送的涉嫌税收犯罪案件,不得以行政处罚代替移送处理;同时,各级公安机关对税务机关移送的涉嫌税收犯罪案件,应及时进行审查,并在一定期限内(如3日内)将审查结果通知税务机关。对税务机关应向公安机关移送的案件而不移送的,任何单位和个人均有权向人民检察院、监察机关或上级税务机关举报,等等。① 如果税务人员徇

---

① http://news.xinhuanet.com/newscenter/2002-01/20/content_245874.htm. 青岛出台《涉税犯罪案件移送办法》之后许多地区都有类似的《涉税违法犯罪案件移送办法》。《刑法修正案(七)》颁行后,其中有些规定需作相应地修改。

私舞弊,对依法应当移交司法机关追究刑事责任的案件不移交,情节严重的或造成严重后果的,就应依据我国刑法典第402条追究其刑事责任。

另外,税务部门及其工作人员对于涉及税收违法犯罪的报案、控告、举报、自首的,都应当及时登记并依法处理。对于不属于自己管辖的,应当移送主管机关处理,并且通知报案人、控告人、举报人、自首人。

第二节 税收犯罪案件的立案与侦查

当税务机关将涉嫌税收犯罪的案件移送公安机关(或者海关缉私部门)等有管辖权的机关部门后,有关部门应审查是否应当立案。海关缉私部门对涉嫌走私的税收犯罪案件有立案管辖权,检察院对涉嫌渎职的税收犯罪案件有立案管辖权。而且,当海关、公安机关、检察院接受涉嫌税收犯罪案件的举报、报案或自首等情形,有管辖权的部门也应审查是否应当立案。对于涉嫌税收犯罪予以立案的,还应由侦查部门对案件展开侦查。

一、税收犯罪案件的立案

立案是刑事诉讼的开始和必经阶段,对保证刑事诉讼的正确进行以及保障刑事诉讼任务的顺利完成有重要意义。

(一)立案的条件和标准

我国现行刑事诉讼法典第110条规定:"人民法院、人民检察院或者公安机关对于报案、控告、举报和自首的材料,应当按照管辖范围,迅速进行审查,认为有犯罪事实需要追究刑事责任的时候,应当立案;认为没有犯罪事实,或者犯罪事实显著轻微,不需要追究刑事责任的时候,不予立案,并且将不立案的原因通知控告人。控告人如果不服,可以申请复议。"据此,刑事立案必须同时具备两个条件:一是有犯罪事实,二是需要追究刑事责任。

就税收犯罪的立案而言,一是要有税收犯罪的事实,二是需要追究税收犯罪的刑事责任。如何具体掌握?在实践中尺度不一,影响到案件的查处工作。为了给办案实践提供一个明确、统一的执法规范(即立案标准),2001年、2008年、2010年和2011年,最高人民检察院、公安部多次联合,对有关经济犯罪案件的追诉标准作出规定。其中涉及税收犯罪案件的现行追诉标准具体如下:

1. 对于逃税案（刑法典第 201 条），涉嫌下列情形之一的，应予立案追诉：

（1）纳税人采取欺骗、隐瞒手段进行虚假纳税申报或者不申报，逃避缴纳税款，数额在 5 万元以上并且占各税种应纳税总额 10% 以上，经税务机关依法下达追缴通知后，不补缴应纳税款、不缴纳滞纳金或者不接受行政处罚的；

（2）纳税人 5 年内因逃避缴纳税款受过刑事处罚或者被税务机关给予 2 次以上行政处罚，又逃避缴纳税款，数额在 5 万元以上并且占各税种应纳税总额 10% 以上的；

（3）扣缴义务人采取欺骗、隐瞒手段，不缴或者少缴已扣、已收税款，数额在 5 万元以上的。

纳税人在公安机关立案后再补缴应纳税款、缴纳滞纳金或者接受行政处罚的，不影响刑事责任的追究。

2. 对于以暴力、威胁方法拒不缴纳税款的抗税案（刑法典第 202 条），涉嫌下列情形之一的，应予立案追诉：

（1）造成税务工作人员轻微伤以上的；

（2）以给税务工作人员及其亲友的生命、健康、财产等造成损害为威胁，抗拒缴纳税款的；

（3）聚众抗拒缴纳税款的；

（4）以其他暴力、威胁方法拒不缴纳税款的。

3. 对于逃避追缴欠税案（刑法典第 203 条），纳税人欠缴应纳税款，采取转移或者隐匿财产的手段，致使税务机关无法追缴欠缴的税款，数额在 1 万元以上的，应予立案追诉。

4. 对于骗取出口退税案（刑法典第 204 条第 1 款），以假报出口或者其他欺骗手段，骗取国家出口退税款，数额在 5 万元以上的，应予立案追诉。

5. 对于虚开增值税专用发票、用于骗取出口退税、抵扣税款发票案（刑法典第 205 条），虚开增值税专用发票或者虚开用于骗取出口退税、抵扣税款的其他发票，虚开的税款数额在 1 万元以上或者致使国家税款被骗数额在 5 千元以上的，应予立案追诉。

6. 对于虚开发票案（刑法典第 205 条之一），虚开刑法典第 205 条规定以外的其他发票，涉嫌下列情形之一的，应予立案追诉：

（1）虚开发票 100 份以上或者虚开金额累计在 40 万元以上的；

（2）虽未达到上述数额标准，但 5 年内因虚开发票行为受过行政处罚 2 次以上，又虚开发票的；

（3）其他情节严重的情形。

7. 对于伪造、出售伪造的增值税专用发票案（刑法典第206条），伪造或者出售伪造的增值税专用发票25份以上或者票面额累计在10万元以上的，应予立案追诉。

8. 对于非法出售增值税专用发票案（刑法典第207条），非法出售增值税专用发票25份以上或者票面额累计在10万元以上的，应予立案追诉。

9. 对于非法购买增值税专用发票、购买伪造的增值税专用发票案（刑法典第208条第1款），非法购买增值税专用发票或者购买伪造的增值税专用发票25份以上或者票面额累计在10万元以上的，应予立案追诉。

10. 对于非法制造、出售非法制造的用于骗取出口退税、抵扣税款发票案（刑法典第209条第1款），伪造、擅自制造或者出售伪造、擅自制造的可以用于骗取出口退税、抵扣税款的非增值税专用发票50份以上或者票面额累计在20万元以上的，应予立案追诉。

11. 对于非法制造、出售非法制造的发票案（刑法典第209条第2款），伪造、擅自制造或者出售伪造、擅自制造的不具有骗取出口退税、抵扣税款功能的普通发票100份以上或者票面额累计在40万元以上的，应予立案追诉。

12. 对于非法出售用于骗取出口退税、抵扣税款发票案（刑法典第209条第3款），非法出售可以用于骗取出口退税、抵扣税款的非增值税专用发票50份以上或者票面额累计在20万元以上的，应予立案追诉。

13. 对于非法出售发票案（刑法典第209条第4款），非法出售普通发票100份以上或者票面额累计在40万元以上的，应予立案追诉。

14. 对于持有伪造的发票案（刑法典第210条之一），明知是伪造的发票而持有，具有下列情形之一的，应予立案追诉：

（1）持有伪造的增值税专用发票50份以上或者票面额累计在20万元以上的，应予立案追诉；

（2）持有伪造的可以用于骗取出口退税、抵扣税款的其他发票100份以上或者票面额累计在40万元以上的，应予立案追诉；

（3）持有伪造的第（1）项、第（2）项规定以外的其他发票200份以上或者票面额累计在80万元以上的，应予立案追诉。

另外，对于几个涉及税收渎职罪的立案标准，1999年8月6日最高人民检察院《关于人民检察院直接受理立案侦查案件立案标准的规定（试行）》中曾经有所规定。但是，2006年7月26日《最高人民检察院关于渎职侵权犯罪案件立案标准的规定》对其作了某些修改。据此，其中涉及税收渎职犯罪的现行立案标准如下：

1. 对于徇私舞弊不征、少征税款案（刑法典第404条），涉嫌下列情形之一的，应予立案：

(1) 徇私舞弊不征、少征应征税款，致使国家税收损失累计达10万元以上的；

(2) 上级主管部门工作人员指使税务机关工作人员徇私舞弊不征、少征应征税款，致使国家税收损失累计达10万元以上的；

(3) 徇私舞弊不征、少征应征税款不满10万元，但具有索取或者收受贿赂或者其他恶劣情节的；

(4) 其他致使国家税收遭受重大损失的情形。

2. 对于徇私舞弊发售发票、抵扣税款、出口退税案（刑法典第405条第1款），涉嫌下列情形之一的，应予立案：

(1) 徇私舞弊，致使国家税收损失累计达10万元以上的；

(2) 徇私舞弊，致使国家税收损失累计不满10万元，但发售增值税专用发票25份以上或者其他发票50份以上或者增值税专用发票与其他发票合计50份以上，或者具有索取、收受贿赂或者其他恶劣情节的；

(3) 其他致使国家利益遭受重大损失的情形。

3. 对于违法提供出口退税凭证案（刑法典第405条第2款），涉嫌下列情形之一的，应予立案：

(1) 徇私舞弊，致使国家税收损失累计达10万元以上的；

(2) 徇私舞弊，致使国家税收损失累计不满10万元，但具有索取、收受贿赂或者其他恶劣情节的；

(3) 其他致使国家利益遭受重大损失的情形。

当然，前述司法解释中还分别对税收犯罪中可能关涉的徇私舞弊不移交刑事案件案（第402条）和放纵走私案（第411条）的立案标准作了规定。[①] 还值得说明的是，对于走私普通货物、物品罪的立案标准，依据我国刑法典第153条的有关规定以及相关司法解释，个人犯罪，走私货物、物品偷逃应缴税额应达到5万元人民币；单位犯罪，走私货物、物品偷逃应缴税额应达到25

[①] 根据2006年7月26日《最高人民检察院关于渎职侵权犯罪案件立案标准的规定》：对于徇私舞弊不移交刑事案件案（刑法典第402条），涉嫌下列情形之一的，应予立案：1. 对依法可能判处3年以上有期徒刑、无期徒刑、死刑的犯罪案件不移交的；2. 不移交刑事案件涉及3人次以上的；3. 司法机关提出意见后，无正当理由仍然不予移交的；4. 以罚代刑，放纵犯罪嫌疑人，致使犯罪嫌疑人继续进行违法犯罪活动的；5. 行政执法部门主管领导阻止移交的；6. 隐瞒、毁灭证据，伪造材料，改变刑事案件性质的；7. 直接负责的主管人员和其他直接责任人员为牟取本单位私利而不移交刑事案件，情节严重的；8. 其他情节严重的情形。

对于放纵走私案（刑法典第411条），涉嫌下列情形之一的，应予立案：1. 放纵走私犯罪的；2. 因放纵走私致使国家应收税款损失累计达10万元以上的；3. 放纵走私行为3起次以上的；4. 放纵走私行为，具有索取或者收受贿赂情节的；5. 其他情节严重的情形。

万元人民币。

（二）立案的管辖范围

立案管辖是指人民法院、人民检察院和公安机关在直接受理刑事案件上的分工。对于涉税案件曾经是由人民检察院管辖的。譬如，1986年《人民检察院直接受理侦查的刑事案件管理制度（试行）》和1986年《人民检察院直接受理的经济检察案件立案标准的规定（试行）》就有相关的规定。但是，1998年1月19日最高人民法院、最高人民检察院、公安部、国家安全部、司法部、全国人大常委会法制工作委员会联合发布《关于刑事诉讼法实施中若干问题的规定》中，关于管辖的部分规定作了一些调整。例如，其中规定对于涉税等案件由公安机关管辖，公安机关应当立案侦查，人民检察院不再受理。任何不符合刑事诉讼法关于案件管辖分工规定的文件一律无效等。

现行刑事诉讼法典第18条中仍然坚持了原刑事诉讼法的规定，即刑事案件的侦查一般由公安机关进行，但是法律另有规定的除外。其中，自诉案件，由人民法院直接受理。"贪污贿赂犯罪，国家工作人员的渎职犯罪，国家机关工作人员利用职权实施的非法拘禁、刑讯逼供、报复陷害、非法搜查的侵犯公民人身权利的犯罪以及侵犯公民民主权利的犯罪，由人民检察院立案侦查。对于国家机关工作人员利用职权实施的其他重大的犯罪案件，需要由人民检察院直接受理的时候，经省级以上人民检察院决定，可以由人民检察院立案侦查。"

据此，我国刑法典第3章破坏社会主义市场经济秩序罪中规定的危害税收征管的犯罪由公安机关管辖。鉴于人民检察院管辖的"渎职犯罪"，是指刑法分则性条款中涉及的"渎职犯罪"，因此，刑法典第9章规定的关于税收的渎职罪应当由人民检察院管辖。对于刑事案件既涉及由人民检察院管辖的涉税的渎职犯罪，又涉及由公安机关管辖的非渎职的涉税犯罪，则依据2012年最高人民法院、最高人民检察院、公安部、国家安全部、司法部、全国人大常委会法工委联合颁行《关于实施刑事诉讼法若干问题的规定》中的相关规定，如果涉嫌主罪属于公安机关管辖，由公安机关为主侦查，人民检察院予以配合；如果涉嫌主罪属于人民检察院管辖，由人民检察院为主侦查，公安机关予以配合。

实践中还可能有移送管辖的情形。譬如，举报中心或有关部门对于所收到的举报，应当及时审查，除需要进行初查的以外，应当在法定时间内（没有法定时间的则在不延误的合理时间内）作出相应的处理。根据我国刑事诉讼法典第108条第3款规定，"公安机关、人民检察院或者人民法院对于报案、控告、举报，都应当接受。对于不属于自己管辖的，应当移送主管机关处理，并且通知报案人、控告人、举报人；对于不属于自己管辖而又必须采取紧急措施的，应当先采取紧急措施，然后移送主管机关。"该条第4款规定，"犯罪人向公安机关、人民检察院或者人民法院自首的,适用第3款规定。"而且,刑事诉讼法典第109条中规定,"报案、控告、举报可以用书面或者口头提出。接受口头报案、控告、举报的工作人员,应当写成笔录,经宣读无误后,由报案人、控告人、举报人签名或者盖章。"该条中还对错告和诬告以及公安、检察、法院应保障报案人、控告人、举报人及其近亲属的安全等内容作了规定。

二、税收犯罪案件的侦查

如前所述,对于非渎职型的税收犯罪案件一般由公安机关立案管辖,但是根据刑法、刑事诉讼法和海关法的有关规定,走私普通货物物品罪由海关缉私部门管辖。而渎职型的税收犯罪案件应由检察机关立案管辖。依据现行法律,法院无权直接受理审判税收犯罪案件,因此,在我国追究税收犯罪的刑事责任必须经过刑事侦查的环节。税收犯罪案件的侦查与税收案件的稽查不同。税收案件的稽查是税务机关依法对纳税人、扣缴义务人履行纳税义务、扣缴义务情况所进行的税务检查和处理工作的总称。它是税务机关的一种执法行为。因此,税务稽查报告只是对税收犯罪案件侦查的一种参考,而且税务稽查不能取代对税收犯罪案件的侦查。

根据我国刑事诉讼法典第113条规定,"公安机关对已经立案的刑事案件,应当进行侦查,收集、调取犯罪嫌疑人有罪或者无罪、罪轻或者罪重的证据材料。对现行犯或者重大嫌疑分子可以依法先行拘留,对符合逮捕条件的犯罪嫌疑人,应当依法逮捕。"该法第114条规定,"公安机关经过侦查,对有证据证明有犯罪事实的案件,应当进行预审,对收集、调取的证据材料予以核实。"此外,还可讯问犯罪嫌疑人、询问证人,进行必要的勘验、检查和搜查,可以扣押物证、书证,以及指派、聘请有专门知识的人进行鉴定。对于应逮捕的犯罪嫌疑人如果在逃,公安机关可以发布通缉令,采取有效措施,追捕归案。

依据刑事诉讼法典第160条和第161条的规定,公安机关侦查终结的案件,应当做到犯罪事实清楚,证据确实、充分,并且写出起诉意见书,连同案卷材料、证据一并移送同级人民检察院审查决定;同时将案件移送情况告知犯罪嫌疑人及其辩护律师。在侦查过程中,发现不应对犯罪嫌疑人追究刑事责任的,应当撤销案件;犯罪嫌疑人已被逮捕的,应当立即释放,发给释放证明,并且通知原批准逮捕的人民检察院。

我国刑事诉讼法对人民检察院直接受理的税收犯罪案件行使侦查权的规定,除少许与公安机关适用的侦查规定不同外,大致相同。刑事诉讼法典第166条规定,人民检察院侦查终结的案件,应当作出提起公诉、不起诉或者撤销案件的决定。

第三章 税收犯罪案件的起诉与辩护

对于税收犯罪案件的立案侦查与否、起诉与否、有罪辩护或者无罪辩护以及审判中认定犯罪与否,都要依据一定数量和质量的证据才能作出判断。税收犯罪案件的证据具有较强的专业性和特殊性,本章首先对税收犯罪案件的证据形式进行概述,然后对其起诉与辩护中的若干问题加以探究。

第一节 税收犯罪案件的证据形式

对于税收犯罪案件的立案侦查与否、起诉与否以及审判中认定犯罪与否,都要依据一定数量和质量的证据才能作出判断。因此证据问题是一个极为重要的问题。

一、刑事证据概述

(一)刑事证据的概念与特征

刑事证据,即刑事诉讼证据,在法学理论和法律上有不同的界定,大体上可分为四种代表性的定义:一是手段说。这是国外学者经常使用的证据界定方法。如法国《拉普斯大百科全书》对证据的定义是:"证据就是为了确定某一个法律事实的真实情况(或某一文件的存在)所使用的手段。"[①] 二是事实说。我国1996年刑事诉讼法典第42条第1款规定:"证明案件真实情况的一切事实,都是证据。"三是材料说。我国现行刑事诉讼法典第48条第1款规定:"可以用于证明案件事实的材料,都是证据。"据此,刑事证据应该是可以用于证明刑事案件事实的一切材料。四是查实的证据形式说。我国现行刑事诉讼法典第48条第2款又规定了8种证据形式,并规定:"证据必须经过查证属实,才能作为定案的根据。"可见,证据的内在规定性已不仅是一种事实,而

[①] 转引自上海社会科学院法学研究所编译:《诉讼法》,知识出版社1981年版,第193页。

且也指证据事实的载体即证据形式，如物证、书证、证人证言等。

我们认为，上述四种界定各有其理，但是将它们综合起来更具完整性。刑事证据，是为了确定某一个法律事实的真实性所使用的手段，是在刑事诉讼中能够证明案件真实情况的一切材料，而且必须经过查证属实，才能作为定案的根据。

一般而言，刑事证据作为定案的根据，必须同时具备以下三个特征：1. 客观性。证据的客观性是指案件证据具有客观物质痕迹和主观知觉痕迹，它们都是已经发生的案件事实的客观遗留和客观反映，是不以人的主观意志为转移的客观存在。承认证据的客观性并不是全然排斥证据的主观性。证据的主观性是指证据本身必然反映了认识主体对证据价值的主观判断性。其实，严格而言，证据是其客观性和主观性的统一。2. 相关性。它是指证据必须与案件事实有实质联系并对案件事实有证明作用。3. 合法性（或可采性）。它是指一定的事实材料符合法律规定的采证标准，可被采纳为诉讼证据。

（二）刑事证据的分类

1. 学理上的分类

（1）有罪证据与无罪证据。根据证据的证明作用是肯定还是否定行为人实施了犯罪行为，可以将证据分为有罪证据（犯罪证据）和无罪证据。

（2）原始证据与传来证据。根据证据来源划分，直接来源于案件事实，未经复制、转述的证据是原始证据；间接来源于案件事实，经过复制、转述的证据，是传来证据。

（3）直接证据与间接证据。根据案件证据和主要事实之间的不同证明关系，可以将证据分为直接证据和间接证据。其划分与证据是否直接来源于案件事实无关，因为传来证据可以是直接证据（如口耳相传多次的目击证言），原始证据也可以是间接证据（如犯罪现场的凶器）。

（4）言词证据与实物证据。根据证据的不同存在形式，可以将证据分为言词证据和实物证据。凡是表现为人的陈述，以言词为表现形式的证据，是言词证据。如证人证言、被害人陈述、犯罪嫌疑人、被告人供述和辩解、鉴定意见等。凡是表现为物品、痕迹和以物件本身的内容为证据或者对物品、痕迹情况的记录，以实物为表现形式的证据，是实物证据。如物证、书证、勘验和检查、侦查实验等笔录以及（非属于犯罪嫌疑人、被告人供述、辩解或证人证言或被害人陈述的）视听资料和电子数据等。

2. 法定上的分类

依据我国现行刑事诉讼法典第48条的规定，证据有8种：（1）物证；（2）书证；（3）证人证言；（4）被害人陈述；（5）犯罪嫌疑人、被告人供述和辩解；(6) 鉴定意见；(7) 勘验、检查、辨认、侦查实验等笔录；(8) 视听资料、电子数据。

二、税收犯罪证据的表现形式

以下根据刑事证据的法定上的分类，对税收犯罪证据的法定表现形式进行研讨。

（一）物证

物证是指能够证明案件真实情况的物质痕迹和物品。在税收犯罪案件中，可能涉及的物证，譬如，日产"佳美"轿车（照片）、某公司增值税专用发票的照片、伪造的增值税专用发票34本（共计850份）、发票半成品100份、印刷机、油墨、切纸机1台、生产专用纸、电脑1台、当场缴获的用于伪造发票的印模60枚和票板23张、赃款赃物（如现金、手表等）、退缴的违法所得人民币10万元以及魏某上缴的礼品等。

根据《最高人民法院关于适用〈中华人民共和国刑事诉讼法〉的解释》（2012年12月20日公布，自2013年1月1日起施行）第69条规定，对物证、书证应当着重审查以下内容：1. 物证、书证是否为原物、原件，是否经过辨认、鉴定；物证的照片、录像、复制品或者书证的副本、复制件是否与原物、原件相符，是否由二人以上制作，有无制作人关于制作过程以及原物、原件存放于何处的文字说明和签名；2. 物证、书证的收集程序、方式是否符合法律、有关规定；经勘验、检查、搜查提取、扣押的物证、书证，是否附有相关笔录、清单，笔录、清单是否经侦查人员、物品持有人、见证人签名，没有物品持有人签名的，是否注明原因；物品的名称、特征、数量、质量等是否注明清楚；3. 物证、书证在收集、保管、鉴定过程中是否受损或者改变；4. 物证、书证与案件事实有无关联；对现场遗留与犯罪有关的具备鉴定条件的血迹、体液、毛发、指纹等生物样本、痕迹、物品，是否已作DNA鉴定、指纹鉴定等，并与被告人或者被害人的相应生物检材、生物特征、物品等比对；5. 与案件事实有关联的物证、书证是否全面收集。

该解释第70条规定，据以定案的物证应当是原物。原物不便搬运，不易保存，依法应当由有关部门保管、处理，或者依法应当返还的，可以拍摄、制作足以反映原物外形和特征的照片、录像、复制品。物证的照片、录像、复制品，不能反映原物的外形和特征的，不得作为定案的根据。物证的照片、录像、复制品，经与原物核对无误、经鉴定为真实或者以其他方式确认为真实的，可以作为定案的根据。

该解释第72条规定，对与案件事实可能有关联的血迹、体液、毛发、人体组织、指纹、足迹、字迹等生物样本、痕迹和物品，应当提取而没有提取，应当检验而没有检验，导致案件事实存疑的，人民法院应当向人民检察院说明情况，由人民检察院依法补充收集、调取证据或者作出合理说明。而且，该解释第73条还规定，在勘验、检查、搜查过程中提取、扣押的物证、书证，未附笔录或者清单，不能证明物证、书证来源的，不得作为定案的根据。

对物证、书证的收集程序、方式有下列瑕疵，经补正或者作出合理解释的，可以采用：1. 勘验、检查、搜查、提取笔录或者扣押清单上没有侦查人员、物品持有人、见证人签名，或者对物品的名称、特征、数量、质量等注明不详的；2. 物证的照片、录像、复制品，书证的副本、复制件未注明与原件核对无异，无复制时间，或者无被收集、调取人签名、盖章的；3. 物证的照片、录像、复制品，书证的副本、复制件没有制作人关于制作过程和原物、原件存放地点的说明，或者说明中无签名的；4. 有其他瑕疵的。但是，对物证、书证的来源、收集程序有疑问，不能作出合理解释的，该物证、书证不得作为定案的根据。

（二）书证

书证是指以文字、符号、图画所记载或表现的思想内容、含义来证明案件真相的书面材料。在税收犯罪案件中，可能涉及的书证，譬如，催缴税款通知书、限期缴纳通知书、关于涉嫌逃税的匿名举报信、生产账簿、领取产品的白条、生产清单、生产日志记录簿、原始凭证、记账凭证、会计报表、收据、医院伤情证明及住院治疗证明和医疗收费单据、补缴税款和罚款的单据、纳税申请表、税务局提供的某水泥厂的欠税证据、查封清单、送达回证、宾馆经营的承包协议、海关报关单、银行出具的出口结汇收账通知单及外汇核销单内容为虚构的证明材料、工商税务部门出具的关于报关所用的出口货物增值税发票是虚假的证明材料、出口许可证、王某为张某虚开的增值税专用发票（抵扣联、发票联、存根联、记账联等）及其编号、朱某将巨款打入某公司账户的交易记录、退税申请书、户籍证明、公司变更登记材料、存款单、取款凭单、税务登记表、税务机关的案件移送书、税务稽查报告、税务协查回复函、逃税行政处罚决定书、公安局出具的前科材料以及公安机关的案发记录等。

根据前述2012年12月20日司法解释第71条的规定，据以定案的书证应当是原件。取得原件确有困难的，可以使用副本、复制件。书证有更改或者更改迹象不能作出合理解释，或者书证的副本、复制件不能反映原件及其内容的，不得作为定案的根据。但是，书证的副本、复制件，经与原件核对无误、经鉴定为真实或者以其他方式确认为真实的，可以作为定案的根据。此外，该司法解释第69条和第73条也涉及对书证应当着重审查的内容以及不得作为定案的根据等规定。

（三）证人证言

证人证言是指证人就自己所知道的案件情况向公安司法机关所作的陈述。证人证言可以是口头陈述，以证人证言笔录加以固定；也可以是经办案人员同意由证人亲笔书写的书面证词。在税收犯罪案件中，可能涉及的证人证言，例如，财会人员的证言、税务人员的证言、知情人员的证言、发现人的证言、同谋人的证言、购货员的证言、销售方的证言、受害人的证言、部门领导的证言、亲友的证言、同事的证言、银行的证言、报关人的证言、海关人员的证言、其他证人的证言等。

根据前述 2012 年 12 月 20 日司法解释第 74 条的规定，对证人证言应当着重审查以下内容：1. 证言的内容是否为证人直接感知；2. 证人作证时的年龄、认知、记忆和表达能力，生理和精神状态是否影响作证；3. 证人与案件当事人、案件处理结果有无利害关系；4. 询问证人是否个别进行；5. 询问笔录的制作、修改是否符合法律、有关规定，是否注明询问的起止时间和地点，首次询问时是否告知证人有关作证的权利义务和法律责任，证人对询问笔录是否核对确认；6. 询问未成年证人时，是否通知其法定代理人或者有关人员到场，其法定代理人或者有关人员是否到场；7. 证人证言有无以暴力、威胁等非法方法收集的情形；8. 证言之间以及与其他证据之间能否相互印证，有无矛盾。该解释第 75 条规定，处于明显醉酒、中毒或者麻醉等状态，不能正常感知或者正确表达的证人所提供的证言，不得作为证据使用。证人的猜测性、评论性、推断性的证言，不得作为证据使用，但根据一般生活经验判断符合事实的除外。

该解释第 76 条规定，证人证言具有下列情形之一的，不得作为定案的根据：1. 询问证人没有个别进行的；2. 书面证言没有经证人核对确认的；3. 询问聋、哑人，应当提供通晓聋、哑手势的人员而未提供的；4. 询问不通晓当地通用语言、文字的证人，应当提供翻译人员而未提供的。不过，该解释第 77 条规定，证人证言的收集程序、方式有下列瑕疵，经补正或者作出合理解释的，可以采用；当不能补正或者不能作出合理解释的，才不得作为定案的根据：1. 询问笔录没有填写询问人、记录人、法定代理人姓名以及询问的起止时间、地点的；2. 询问地点不符合规定的；3. 询问笔录没有记录告知证人有关作证的权利义务和法律责任的；4. 询问笔录反映出在同一时段，同一询问人员询问不同证人的。

该解释第 78 条规定，证人当庭作出的证言，经控辩双方质证、法庭查证属实的，应当作为定案的根据。证人当庭作出的证言与其庭前证言矛盾，证人能够作出合理解释，并有相关证据印证的，应当采信其庭审证言；不能作出合理解释，而其庭前证言有相关证据印证的，可以采信其庭前证言。但是，经人民法院通知，证人没有正当理由拒绝出庭或者出庭后拒绝作证，法庭对其证言的真实性无法确认的，该证人证言不得作为定案的根据。

(四) 被害人陈述

被害人陈述是指刑事被害人就其受害情况和其他与案件有关情况向公安司法机关所作的陈述。在税收犯罪案件中，可能涉及的被害人陈述，譬如，被害人税务干部居某向司法机关陈述，在居某去蒋某家送达催缴税款通知书时，被蒋某和其家人殴打，致使居某右肾挫伤，多处软组织挫伤，住院24天花去医疗费3400元。

根据前述2012年12月20日司法解释第79条的规定，对被害人陈述的审查与认定，参照适用证人证言的有关规定。

(五) 犯罪嫌疑人、被告人供述和辩解

犯罪嫌疑人、被告人供述和辩解是指犯罪嫌疑人、被告人就有关案件的情况向侦查、检察和审判人员所作的陈述，亦即"口供"。它主要包括犯罪嫌疑人、被告人承认自己有罪的供述和说明自己无罪或罪轻的辩解。我国现行刑事诉讼法典第53条第1款规定："对一切案件的判处都要重证据，重调查研究，不轻信口供。只有被告人供述，没有其他证据的，不能认定被告人有罪和处以刑罚；没有被告人供述，证据确实、充分的，可以认定被告人有罪和处以刑罚。"

值得注意的是，共犯之间就共同犯罪的案情互相揭发与个人罪责相关的情况，属于犯罪嫌疑人、被告人供述和辩解；但是，单个犯罪嫌疑人、被告人对他人犯罪事实的检举和揭发，或同案的犯罪嫌疑人、被告人对非共同犯罪事实的检举，属于证人证言。在税收犯罪案件中，可能涉及的犯罪嫌疑人、被告人供述和辩解，比如，据被告人王某说，真正逃税的直接责任人是李某，自己虽是某制药厂的法定代表人，但对某制药厂的逃税行为并不知情，王某在主观方面没有指挥某制药厂进行逃税的主观故意；在客观方面，王某也未实施策划某制药厂实施逃税的犯罪行为，因此他认为他没有犯罪。

根据前述2012年12月20日司法解释第80条规定，对被告人供述和辩解应当着重审查以下内容：1. 讯问的时间、地点，讯问人的身份、人数以及讯问方式等是否符合法律、有关规定；2. 讯问笔录的制作、修改是否符合法律、有关规定，是否注明讯问的具体起止时间和地点，首次讯问时是否告知被告人相关权利和法律规定，被告人是否核对确认；3. 讯问未成年被告人时，是否通知其法定代理人或者有关人员到场，其法定代理人或者有关人员是否到场；4. 被告人的供述有无以刑讯逼供等非法方法收集的情形；5. 被告人的供述是否前后一致,有无反复以及出现反复的原因;被告人的所有供述和辩解是否均已随案移送;6. 被告人的辩解内容是否符合案情和常理,有无矛盾;7. 被告人的供述和辩解与同案被告人的供述和辩解以及其他证据能否相互印证,有无矛盾。

另外,必要时可以调取讯问过程的录音录像、被告人进出看守所的健康检查记录、笔录,并结合录音录像、记录、笔录对上述内容进行审查。该解释第81条规定,被告人供述具有下列情形之一的,不得作为定案的根据:1. 讯问笔录没有经被告人核对确认的;2. 讯问聋、哑人,应当提供通晓聋、哑手势的人员而未提供的;3. 讯问不通晓当地通用语言、文字的被告人,应当提供翻译人员而未提供的。

依据该解释第82条规定,讯问笔录有下列瑕疵,经补正或者作出合理解释的,可以采用;不能补正或者不能作出合理解释的,不得作为定案的根据:1. 讯问笔录填写的讯问时间、讯问人、记录人、法定代理人等有误或者存在矛盾的;2. 讯问人没有签名的;3. 首次讯问笔录没有记录告知被讯问人相关权利和法律规定的。

而且,该解释第83条规定,审查被告人供述和辩解,应当结合控辩双方提供的所有证据以及被告人的全部供述和辩解进行。被告人庭审中翻供,但不能合理说明翻供原因或者其辩解与全案证据矛盾,而其庭前供述与其他证据相互印证的,可以采信其庭前供述。被告人庭前供述和辩解存在反复,但庭审中供认,且与其他证据相互印证的,可以采信其庭审供述;被告人庭前供述和辩解存在反复,庭审中不供认,且无其他证据与庭前供述印证的,不得采信其庭前供述。

(六) 鉴定意见

鉴定意见是指受公安司法机关聘请或指派的鉴定人,对案件的专门性问题进行鉴定后作出的书面意见。在税务犯罪案件中,鉴定意见表现为会计师事务所的审计意见、评估事务所的评估报告、税务师事务所的鉴证意见等。原刑事诉讼法典将之规定为"鉴定结论",但是在现行刑事诉讼法典中它已被"鉴定意见"所取代。其修改理由,主要是因为考虑到鉴定是鉴定人凭借其专门知识对案件的专门性问题发表意见和看法的活动,鉴定人表达出来的这些意见和看法并非事实本身,也绝非完全准确无误的科学结论。因此,将"鉴定结论"改为"鉴定意见"更能反映鉴定结果的本质属性,同时也有助于消除司法实践中盲目依赖鉴定结论的弊端。①

---

① 参见冀祥德主编:《最新刑事诉讼法释评》,中国政法大学出版社2012年版,第42—43页。

另外，鉴定人有法定回避理由的，应当回避。用作证据的鉴定意见应告知当事人，当事人有权提出重新鉴定和补充鉴定的要求。鉴定意见必须当庭宣读，鉴定人应当出庭，对鉴定过程和内容、结论加以说明，接受质证；对人身伤害的医学鉴定有争议，需要重新鉴定或者对精神病的医学鉴定应当由省级人民政府指定的医院进行。鉴定人鉴定后，应写出鉴定意见并由鉴定人签名，医院加盖公章。在税收犯罪案件中，可能涉及的鉴定意见，大致有：笔迹和文检鉴定、税务机关鉴定、发票鉴定、账簿鉴定、记账凭证鉴定、审计鉴定、会计鉴定和其他鉴定等。譬如，木条上的指纹是蒋某的，且沾有居某的血迹，证实蒋某（涉嫌抗税案）用木条殴打过居某。

根据前述2012年12月20日司法解释第84条的规定，对鉴定意见应当着重审查以下内容：1. 鉴定机构和鉴定人是否具有法定资质；2. 鉴定人是否存在应当回避的情形；3. 检材的来源、取得、保管、送检是否符合法律、有关规定，与相关提取笔录、扣押物品清单等记载的内容是否相符，检材是否充足、可靠；4. 鉴定意见的形式要件是否完备，是否注明提起鉴定的事由、鉴定委托人、鉴定机构、鉴定要求、鉴定过程、鉴定方法、鉴定日期等相关内容，是否由鉴定机构加盖司法鉴定专用章并由鉴定人签名、盖章；5. 鉴定程序是否符合法律、有关规定；6. 鉴定的过程和方法是否符合相关专业的规范要求；7. 鉴定意见是否明确；8. 鉴定意见与案件待证事实有无关联；9. 鉴定意见与勘验、检查笔录及相关照片等其他证据是否矛盾；10. 鉴定意见是否依法及时告知相关人员，当事人对鉴定意见有无异议。

此外，前述2012年12月20日司法解释中第85条规定，鉴定意见具有下列情形之一的，不得作为定案的根据：1. 鉴定机构不具备法定资质，或者鉴定事项超出该鉴定机构业务范围、技术条件的；2. 鉴定人不具备法定资质，不具有相关专业技术或者职称，或者违反回避规定的；3. 送检材料、样本来源不明，或者因污染不具备鉴定条件的；4. 鉴定对象与送检材料、样本不一致的；5. 鉴定程序违反规定的；6. 鉴定过程和方法不符合相关专业的规范要求的；7. 鉴定文书缺少签名、盖章的；8. 鉴定意见与案件待证事实没有关联的；9. 违反有关规定的其他情形。

而且，该解释中第86条对重新鉴定的条件、第87条对有专门知识的人的检验报告可否作为定罪量刑参考加以规定。还要指出的是，该解释中第217条第1款规定："公诉人、当事人及其辩护人、诉讼代理人申请法庭通知有专门知识的人出庭，就鉴定意见提出意见的，应当说明理由。法庭认为有必要的，应当通知有专门知识的人出庭。"需要注意的是，有专门知识的人不限于具有司法鉴定资格的人员，但这并不意味着人民法院对被申请出庭的人员不需要审查是否具有专门知识。经审查有关人员确实不具有专门知识,无法就鉴定意见提出意见的,则无必要通知其出庭。而且,需要指出的是,有专门知识的人就鉴定意见提出的意见不是鉴定意见,不属于证据。有专门知识的人实际上是代表控辩双方发表意见,法院可以将其意见视为控辩双方的意见。①

(七)勘验、检查、辨认、侦查实验等笔录

勘验、检查、辨认、侦查实验等笔录有勘验笔录、检查笔录、辨认笔录、侦查实验笔录之分。勘验笔录,是指办案人员对与犯罪有关的场所、物品等进行勘查、检验后所作的记录。勘验笔录就其内容可分为现场勘验笔录、物体检验笔录等。检查笔录,是指办案人员为确定被害人、犯罪嫌疑人、被告人的某些特征、伤害情况或生理状态,而对他们的人身进行检验和观察后作出的客观记载。检查笔录以文字记载为主,也可以采取拍照等其他有利于准确、客观记录的方法。辨认笔录,是指犯罪嫌疑人、被告人、被害人、证人按照法定程序对可能与案件相关的人、物或者场所等进行辨认时由司法人员所作的书面记录。侦查实验笔录,是指侦查人员在进行侦查实验时,如实记载实验的过程和结果的法律文书。在税收犯罪案件中,可能涉及的勘验、检查、辨认、侦查实验等笔录,如:对被告非法制造、出售非法制造的用于骗取出口退税、抵扣税款发票的现场勘查图、现场照片以及现场勘验、检查笔录等。

根据前述 2012 年 12 月 20 日司法解释第 88 条的规定,对勘验、检查笔录应当着重审查以下内容:1. 勘验、检查是否依法进行,笔录的制作是否符合法律、有关规定,勘验、检查人员和见证人是否签名或者盖章;2. 勘验、检查笔录是否记录了提起勘验、检查的事由,勘验、检查的时间、地点,在场人员、现场方位、周围环境等,现场的物品、人身、尸体等的位置、特征等情况,以及勘验、检查、搜查的过程;文字记录与实物或者绘图、照片、录像是否相符;现场、物品、痕迹等是否伪造、有无破坏;人身特征、伤害情况、生理状态有无伪装或者变化等;3. 补充进行勘验、检查的,是否说明了再次勘验、检查的缘由,前后勘验、检查的情况是否矛盾。另外其中第 89 条指出,勘验、检查笔录存在明显不符合法律、有关规定的情形,不能作出合理解释或者说明的,不得作为定案的根据。

根据前述 2012 年 12 月 20 日解释中第 90 条的规定,对辨认笔录应当着重审查辨认的过程、方法,以及辨认笔录的制作是否符合有关规定。而且,辨认笔录具有下列情形之一的,不得作为定案的根据:1. 辨认不是在侦查人员主

---

① 参见喻海松:"公诉案件第一审普通程序解读",载《人民司法》2013 年第 11 期,第 27 页。

持下进行的；2. 辨认前使辨认人见到辨认对象的；3. 辨认活动没有个别进行的；4. 辨认对象没有混杂在具有类似特征的其他对象中，或者供辨认的对象数量不符合规定的；5. 辨认中给辨认人明显暗示或者明显有指认嫌疑的；6. 违反有关规定、不能确定辨认笔录真实性的其他情形。

也要注意，依据相关解释，对侦查实验笔录应当着重审查实验的过程、方法，以及笔录的制作是否符合有关规定。侦查实验的条件与事件发生时的条件有明显差异，或者存在影响实验结论科学性的其他情形的，侦查实验笔录不得作为定案的根据。

(八) 视听资料、电子数据

视听资料是指以录音、录像、电子计算机或其他高科技设备存储的音像信息来证明案件真实情况的一种证据形式。根据载体的不同性质大致可将视听资料分为录像资料、录音资料两类。视听资料是随着现代科学技术的发展而出现的一种诉讼证据。在税收犯罪案件中，可能涉及的视听资料，比如，现场监控录像（邮局提供的摄像记录清晰记录8月2日14时，王某邮寄发票的全过程）、电子设备录音等。

根据前述2012年12月20日司法解释第92条第1款的规定，对视听资料应当着重审查以下内容：1. 是否附有提取过程的说明，来源是否合法。2. 是否为原件，有无复制及复制份数；是复制件的，是否附有无法调取原件的原因、复制件制作过程和原件存放地点的说明，制作人、原视听资料持有人是否签名或者盖章。3. 制作过程中是否存在威胁、引诱当事人等违反法律、有关规定的情形。4. 是否写明制作人、持有人的身份，制作的时间、地点、条件和方法。5. 内容和制作过程是否真实，有无剪辑、增加、删改等情形。6. 内容与案件事实有无关联。另外，对视听资料有疑问的，还应进行鉴定。

电子数据是指基于计算机应用、通信和现代管理技术等电子化技术手段形成的客观数据资料，用以表示文字、图形符号、数字、字母等信息，包括以电子形式存储或传输的静态数据和动态数据。譬如，存储在软盘、硬盘、CF卡、MS卡、SD卡、MMC卡等多种介质中的有关税收犯罪的数据资料。根据前述司法解释第93条第1款的规定，对电子邮件、电子数据交换、网上聊天记录、博客、微博客、手机短信、电子签名、域名等电子数据，应当着重审查以下内容：1. 是否随原始存储介质移送；在原始存储介质无法封存、不便移动或者依法应当由有关部门保管、处理、返还时，提取、复制电子数据是否由二人以上进行，是否足以保证电子数据的完整性，有无提取、复制过程及原始存储介质存放地点的文字说明和签名。2. 收集程序、方式是否符合法律及有关技术规范；经勘验、检查、搜查等侦查活动收集的电子数据，是否附有笔录、清单，并经侦查人员、电子数据持有人、见证人签名；没有持有人签名的，是否注明原因；远程调取境外或者异地的电子数据的，是否注明相关情况；对电子数据的规格、类别、文件格式等注明是否清楚。3. 电子数据内容是否真实，有无删除、修改、增加等情形。4. 电子数据与案件事实有无关联。5. 与案件事实有关联的电子数据是否全面收集。另外，对电子数据有疑问的，也应当进行鉴定或者检验。

当然，根据前述2012年12月20日司法解释第94条的规定，视听资料、电子数据具有下列情形之一的，不得作为定案的根据：1. 经审查无法确定真伪的；2. 制作、取得的时间、地点、方式等有疑问，不能提供必要证明或者作出合理解释的。

第二节　税收犯罪案件的起诉与辩护

侦查终结的税收犯罪案件，犯罪事实清楚，证据确实、充分，侦查机关将写出起诉意见书，连同案卷材料、证据一并移送同级人民检察院审查起诉；同时将案件移送情况告知犯罪嫌疑人及其辩护律师。这意味着进入审查起诉阶段。审查起诉是刑事诉讼中承前启后的一个关键阶段，是公诉案件的必经程序，主要任务是，就案件事实、收集和运用证据、适用法律等方面是否合法，进行全面细致的审查，准确查明犯罪事实、正确适用法律，分别情况作出起诉、不起诉、撤销案件、退回补充侦查、自行补充侦查等决定，以确保追诉犯罪的及时性、准确性、全面性和合法性。而起诉与辩护涉及的是控辩的对立统一关系。为了更好地实现司法公正，找寻控辩双方平等对抗和平等合作的平衡点，是非常重要的，但是这对我国来说，是一项系统而久远的工程。

一、税收犯罪案件的起诉

这里的"起诉"，即刑事诉讼中的"提起诉讼"，通常是指享有控诉权的国家机关和公民，依法向法院提起诉讼，请求法院对指控的内容进行审判，以确定被告人刑事责任并依法予以刑事制裁的诉讼活动。刑事起诉通常包括公诉和自诉。然而，根据法律规定，对于税收犯罪案件而言，其中只有公诉案件，而无自诉案件的情形。

我国现行刑事诉讼法典（新的刑事诉讼法典），从第167条至第177条，对提起公诉的相关内容作了规定。根据其中第 167 条和第 168 条的规定，凡需要提起公诉的案件，一律由人民检察院审查决定。人民检察院在审查案件时，必须查明：（1）税收犯罪的事实、情节是否清楚，证据是否确实、充分，税收犯罪的性质和罪名的认定是否正确；（2）有无遗漏罪行和其他应当追究刑事责任的人；（3）是否属于不应追究刑事责任的；（4）有无附带民事诉讼；（5）侦查活动是否合法等。而且，根据其中第 169 条和第 170 条的规定，人民检察院对于公安机关移送起诉的案件，应当在 1 个月以内作出决定，重大、复杂的案件，可以延长半个月。人民检察院审查起诉的案件，改变管辖的，从改变后的人民检察院收到案件之日起计算审查起诉期限。人民检察院审查涉嫌税收犯罪案件，应当讯问犯罪嫌疑人，听取辩护人的意见，并记录在案。辩护人提出书面意见的，应当附卷等。其他条款分别涉及证据收集的合法性、补充侦查、作出起诉决定或不起诉决定及其救济程序等内容。以下拟从审查证据、非法证据、起诉标准、起诉与否、起诉方式、撤回起诉、调整量刑建议等方面分别展开讨论。

（一）审查证据的若干问题

此处主要探讨对电子证据和鉴定意见的审查问题。

1. 审查电子证据。

电子证据真实性的审查，往往可从证据的完整性和可靠性方面来把握。其中，电子证据的完整性，包括电子证据信息内容的完整性和电子证据所依赖的计算机系统的完整性。计算机系统的完整性，表现为系统处于正常的运行状态，系统对该项业务有完整的记录，且该电子记录是在业务活动的当时或即后制作的。对于电子证据的可靠性，主要审查电子证据是否在正常活动中按常规程序自动生成的，或者是否在严格控制下按照操作规程、采用可靠的操作方法进行的人工录入；传递、接收电子证据时所用的技术方法或手段是否科学和可靠，电子证据在传递中是否采取安全加密措施、是否未被非法截获；存贮电子证据的方法是否科学、存贮介质是否可靠，存贮电子证据的第三方是否独立、公正，所存贮的电子证据是否未被非法接触；收集电子证据作证的过程是否遵守法律的有关规定。[①] 换言之，审查电子证据的真实性也可从审查电子证据的来源、信息内容和存储介质入手。

（1）审查电子证据的来源，即审查电子证据形成的时间、地点、对象、制作人、制作过程及设备情况。为了保证电子证据的真实性，技术上必须满足只读、镜像复制和数字指纹的要求。只读就是保证电子证据在获取和分析的过程

[①] 参见滕岩："电子证据法律效力的难点及对其管理的启示"，载《辽宁警专学报》2011 年第 1 期，第 29 页。

中不被修改。实践中,毁坏检材的情况却时有发生,如侦查人员使用扣押的电脑、手机错误地断开网络连接,导致电子证据永久性灭失。电子证据的提取和分析不能在涉案的计算机或存储设备上进行。为保证数据的完整性,要进行位对位的精确复制,不能有任何修改、遗漏或丢失。数字指纹用来证明复制数据与原数据的一致性。通常采用单向杂凑算法对信息的每一位进行计算,得出该信息的一个序列值,如 MD5 值、SHA、SHA2 等。文件内容稍有变化,这个值就发生变化,依据这个原理,数字指纹能够验证复制数据与原始数据的一致性。①

(2) 审查电子证据内容的真实性。电子证据非常容易被删改,但经过删除、粉碎或格式化的处理,曾经保存的数据和嫌疑人的操作痕迹总会留下一些蛛丝马迹。因此可以委托专业人员使用专门的工具、利用数据恢复技术发现被剪裁、拼凑、篡改、添加等伪造、变造的痕迹。

(3) 审查电子证据存储介质的完整性和可靠性。电子数据与其附属信息、系统环境是密不可分的。因此,就电子证据而言,仅仅审查存储介质中的电子数据本身是不够的,还要通过存储介质来审查附属信息证据和系统环境证据。附属信息证据是指在电子数据的生成、存储、传递、增删过程中生成的记录,如电子文件的属性信息、何时有过删改、何时由哪一网址发送等,它主要以形成证据保管链条的方式用于证明电子证据的来源和可靠性。系统环境证据是指数据电文存在的硬件和软件环境,一般是指计算机或网络的硬件配置或操作系统环境,以确保该数据电文证据以其原始面目展现在人们面前。②

值得指出的是,依据最高人民法院 2012 年 12 月 20 日公布的有关司法解释,其中第 93 条,对电子数据应当着重审查的内容进行了规定。对此,本书前一节关于刑事证据形式的部分中已述及。其中第 94 条又规定,经审查无法确定真伪的,或者制作、取得的时间、地点、方式等有疑问,不能提供必要证明或者作出合理解释的电子数据,不得作为定案的根据。

应当说,这些规定比较具体明确,对司法实践提供了较好的指导。但是,我们认为,仍有必要进一步完善电子数据审查认定的司法解释。可考虑设立技术协助提供制度,赋予侦查机关有权指令任何知道计算机应用系统、计算机数据格式或保护措施的单位和个人,提供合理、必要的信息和技术协助,以帮助侦查机关解决技术问题,获取有关电子证据。规定电子取证要符合比例性要求。对电子取证措施应设置必要的限制条件和保障措施,防止滥用电子证据调查措施对公民合法权利造成不当侵犯。主要包括,对搜查的电子数据应限制于

---

① 参见何月、刘晓辉:"电子证据的审查技巧",载《中国检察官》2011 年第 4 期,第 59 页。
② 参见何月、刘晓辉:"电子证据的审查技巧",载《中国检察官》2011 年第 4 期,第 59 页。

与案件存在关联性的合理范围内,以及对于查明与案件无关的涉及个人隐私、商业秘密信息的保密义务,对于扣押的电子设备的妥善保管和及时返还义务等。① 另外,在司法实践中,应提高公诉人对电子数据的审查技能,加大对公诉人专业知识的培训力度,成立电子证据专家咨询组等。

2. 审查鉴定意见。

在审查起诉阶段,对于鉴定意见的审查,在现实中遭到不同程度的忽略。在现实中存在对鉴定人身份资格的审查不足、对鉴定意见内容的审查不细致、对鉴定意见证明力的采信不合理等诸多问题。公诉部门鉴定意见审查的机制有待于进一步完善和健全。不能因为鉴定意见是由具有专门知识的人出具的,就认为案件涉及的专门问题已经解决,对鉴定意见一带而过。实践中,有的鉴定人只注重鉴定结果,不重视鉴定程序,鉴定书中只写结论部分,至于鉴定过程则轻描淡写或根本不写,导致庭审无法质证或质证流于形式。

对此,依据前述最高人民法院2012年有关司法解释,其中第84条列举了10项对鉴定意见应当着重审查的内容(本书前一节关于刑事证据形式的部分中已述及),第85条列举了9种不得作为定案根据的情形。其中第86条和第87条又规定,经人民法院通知,鉴定人拒不出庭作证的,鉴定意见不得作为定案根据。鉴定人由于不能抗拒的原因或者有其他正当理由无法出庭的,人民法院可以根据情况决定延期审理或者重新鉴定。对没有正当理由拒不出庭作证的鉴定人,人民法院应当通报司法行政机关或者有关部门。对案件中的专门性问题需要鉴定,但没有法定司法鉴定机构,或者法律、司法解释规定可以进行检验的,可以指派、聘请有专门知识的人进行检验,检验报告可以作为定罪量刑的参考。对检验报告的审查与认定,参照适用司法解释中有关鉴定意见的审查与认定的有关规定。经人民法院通知,检验人拒不出庭作证的,检验报告不得作为定罪量刑的参考。显然,这些规定有利于指导司法实践。

不过,我们认为,为了使其中规定能够落到实处,仍有必要加强监督。另外,我国对于刑事诉讼中重新鉴定的条件和程序没有具体明确的规定,因此造成重新鉴定过于随意或申请重新鉴定处于反复拉锯状态。对此,有必要进一步完善司法解释,对于补充鉴定和重新鉴定程序作出具体明确的可操作性规定。可以保留公、检、法等职能部门依职权重新鉴定、当事人有权申请重新鉴定的规定,在此框架下健全和完善重新鉴定的条件和程序,通过具体的权利救济程序来弥补控辩双方在决定权上的不平等;建议对当事人的权利救济程序做出细致规定。例如,具体包括:侦查机关应当将用作证据的司法鉴定结论告知当事

---

① 参见周晓燕:"电子证据检察实务研究",载《中国刑事法杂志》2011年第1期,第64页。

人，当事人如有异议可以在 5 日内提出重新鉴定的申请；对于当事人提出的重新鉴定的申请，侦查机关应在 5 日内做出答复，当事人对侦查机关不予重新鉴定决定不服的，可以在 5 日内向法院申请复议，法院应在 5 日内对当事人的申请进行复议，并做出答复等。[①] 税收犯罪案件中的司法鉴定往往涉及司法会计鉴定，这是一种受司法机关委托利用财务、会计、税务、审计等专业知识进行分析和推理所提供的鉴定意见，不仅要对鉴定主体的资格、鉴定程序、鉴定意见进行审查，也要对鉴定人的专业能力进行甄别。

（二）强迫自证其罪证据的认定和排除

依据新的刑事诉讼法典第 171 条的规定，人民检察院审查案件，可以要求公安机关提供法庭审判所必需的证据材料；认为可能存在以非法方法收集证据情形的，可以要求其对证据收集的合法性作出说明。

1. 强迫自证其罪证据的认定。

依据最高人民法院 2012 年 12 月 20 日公布的有关司法解释，其中第 95 条至第 103 条对非法证据排除规则作了比较明确的规定。其中规定，使用肉刑或者变相肉刑，或者采用其他使被告人在肉体上或者精神上遭受剧烈疼痛或者痛苦的方法，迫使被告人违背意愿供述的，应当认定为法定的"刑讯逼供等非法方法"。而且，对"可能严重影响司法公正"的认定，应当综合考虑收集物证、书证违反法定程序以及所造成后果的严重程度等情况。实践中，刑讯逼供、威胁及暴力取证等行为必然构成对犯罪嫌疑人和证人的强迫，取得的证据也肯定违反不得强迫自证其罪的规定。此外，通过引诱、欺骗等方法使犯罪嫌疑人在没有受到精神或肉体上的强迫的情况下，主动作出承认有罪的意思表示，对此是否也构成强迫，有不同观点。有人认为，其本质上违背了被告人的真实意愿，仍属于强迫自证其罪范畴。我们认为，这不是强迫自证其罪，而是属于引诱、欺骗自证其罪的非法范畴。对此，要有明确的司法解释依据，否则不宜认定为强迫自证其罪的证据。当然，对欺骗和引诱手段的认定也要与侦查机关常用的攻心、施压、迂回等侦查策略相区分，这就需要审查起诉人员在深入了解案情，综合审讯技巧、外部环境等多种因素的基础上把握好审查尺度。

此外，对于新法典第 50 条规定的其他方法的范畴，也应从是否涉及强迫这方面来理解，即是否对犯罪嫌疑人、被告人或证人实施了身体或精神上的强制或诱骗，使其作出了与真实本意相反的意思表示。

[①] 参见杨郁娟："论电子证据的司法鉴定"，载《中国司法鉴定》2011 年第 3 期，第 86 页。

2. 强迫自证其罪证据的排除。

依据新法典第 54 条规定，采用刑讯逼供等非法方法收集的犯罪嫌疑人、被告人的言词证据和采用暴力、威胁等方法收集的证人证言、被害人陈述，应当排除。由此，在审查起诉过程中，对可能违反强迫自证其罪规定取得的言词证据，不能作为指控犯罪的证据，一旦认定强迫自证其罪属实，即应予以排除。对于书证和物证，因不具备言词证据独特的人身属性，通常认为其不受不得强迫自证其罪特权的保护。依据前述第 54 条的规定，收集物证、书证不符合法定程序，可能严重影响司法公正的，应当予以补正或作出合理解释；不能补正或者作出合理解释的，对该证据应当排除。公诉部门在审查证据中，对于违反当事人意愿取得的物证、书证等，若侦查机关的取证人员主观上无故意或重大过失，客观上造成的后果也不严重的，则在予以补正或者作出合理解释后也可以不排除。

另外，对于从强迫犯罪嫌疑人、被告人和证人而获得的言词证据为线索进一步获得的毒树之果（第二手证据），是否也应排除？我们认为，一概排除会影响真实情况的发现，损害刑事诉讼对犯罪的打击和控制功能，所以，应区分情况而全部或部分地排除。比如，侦查机关通过刑讯逼供方式获得的犯罪工具，侦查机关可能通过其他手段而必然发现，或者犯罪嫌疑人之后主动供述出藏匿的具体地点，这一证据就不属于毒果，不必排除。[①]

此外，值得指出的是，单位犯罪中单位可否主张不得强迫自证其罪的权利呢？有人持否定说，认为只能是自然人。因为不得强迫自证其罪特权源于自然人所独有的个人属性，作为组织不能拥有为强迫自证其罪所侵犯的尊严，组织也不可能遭受刑讯逼供；另外，法人是法律的创造物，从单位犯罪的构成来看，证明其构成犯罪的信息完全可以根据法律规定各种有形物证和文件来确认。这也就决定了单位在接受调查时不得以禁止强迫自证其罪来对抗。[②] 我们认为，单位能够成为不得强迫自证其罪的权利主体，应对单位和个人行为主体实行平等保护。当然，单位权利的行使也由代表单位意志的自然人（而非任何自然人个体）来完成。但是，这不等于可以忽视单位的个性。

综上，审查起诉环节落实不得强迫任何人证实自己有罪的规定，最主要是有效发现强迫自证其罪的证据，并防止其流入审判环节。公诉部门除了以静态

[①] 参见曹丽、孙越："不得强迫自证其罪之理解和公诉环节的实践把握"，载《上海公安高等专科学校学报》2013 年第 1 期，第 75 页。

[②] 参见曹丽、孙越："不得强迫自证其罪之理解和公诉环节的实践把握"，载《上海公安高等专科学校学报》2013 年第 1 期，第 73 页。

审查发现强迫自证其罪证据线索外，还可以通过提前介入、案件退回补充侦查等手段，对侦查机关强迫自证行为进行有效监督，实现强迫自证其罪证据发现机制的全面运行。我们认为，公诉人面对非法证据排除规则的挑战，应当确立程序与实体并重，以程序公正保障实体公正的司法观念。在审查起诉阶段要认真阅卷，核实案件证据的合法性、客观性和关联性，审查证据是否形成完整证据锁链，证据是否存在薄弱环节，是否存在可能翻供之处或征兆；在提审时，要充分听取犯罪嫌疑人的辩解，尤其是对可能翻供的方面、原因和辩解等，要问清问透，给犯罪嫌疑人充分的辩解时间。犯罪嫌疑人的辩解，往往是其在庭审中否认自己犯罪事实的主要理由，公诉人在提审中充分听取其辩解，在开庭前就能做好充分的准备；审查翻供的原因及其辩解，审查翻供是否有正当的理由，是否有证据支撑，必要时进一步核实证据或请侦查人员进一步补充或补强证据，为庭审中应对被告人或辩护人提出证据的非法性，为进行证据的合法性证明做好充分的准备。①

（三）关于提起公诉的证据标准的讨论

依据最高人民检察院2012年11月22日公布的《人民检察院刑事诉讼规则（试行）》（自2013年1月1日起施行）第63条之规定，人民检察院侦查终结或者提起公诉的案件，证据应当确实、充分。证据确实、充分，应当符合以下条件：1. 定罪量刑的事实都有证据证明；2. 据以定案的证据均经法定程序查证属实；3. 综合全案证据，对所认定事实已排除合理怀疑。

对此，检察机关公诉案件的证明标准与法院有罪判决的标准是否完全相同，存在同一说和层次说的分歧。同一说认为，检察机关对公诉案件的证明标准与法院有罪判决的证明标准同一，有利于保障公诉的有效性，防止公诉失败造成不良的社会影响，避免浪费国家司法资源，也有利于防止检察机关滥用公诉权，保护公民的合法权利。而层次说认为，检察机关对公诉案件的证明标准应区别于法院有罪判决的标准。为了给我国的经济发展创造良好、安全的环境，更好地建设和维持我国的法治环境，应当降低检察机关对公诉案件的证明标准；基于理论上控辩审三方的角色分配，辩方辩护能力的不断提高将会给控方带来很大压力，控方应降低对公诉案件的证明标准。而且认为，同一说的公诉证明标准的设置与人类认识能力的客观规律是相违背的，会导致法院司法权

---

① 参见廖晨莺："庭审中公诉人如何开展证据的合法性证明及对策"，载《法制与社会》2012年第25期，第134页。

威的丧失和程序正义的牺牲。① 我们认为，两说各有其理，两种标准也均有一定的合理性。但是，应注意到，同一说也与我国检察机关担负国家法律监督职能有关。至于认为同一说的标准"与人类认识能力的客观规律相违背，会导致法院司法权威的丧失和程序正义的牺牲"，这有点夸大其词。其中没有必然的因果关系。因此，我们赞成同一说的标准。

诚然，也要指出的是，公诉案件证明标准的确立，旨在防止公诉机关滥用公诉权，防止将不具备公诉条件的案件提起公诉。然而，公、检、法"三长会议，协调定案"制度的存在，使得公诉机关对案件的法律证明标准变得毫无意义。对于那些不符合公诉证明标准的公诉案件，在政法委的干涉和压力下，也就顺理成章地进入法院的审理程序当中。对此，恐怕连法院判决结果也要受到一定的影响了。对此已经超出了证明标准本身所能解决的范围了。

（四）起诉与否、如何起诉和撤回起诉

1. 起诉与否。

依据新的刑事诉讼法典第171条至第173条之规定，人民检察院认为犯罪嫌疑人税收犯罪的事实已经查清，证据确实、充分，依法应当追究刑事责任的，应当作出起诉决定，按照审判管辖的规定，向人民法院提起公诉，并将案卷材料、证据移送人民法院。人民检察院审查税收犯罪案件，对于需要补充侦查的，可以退回公安机关补充侦查，也可以自行侦查。对于补充侦查的案件，应当在1个月以内补充侦查完毕。补充侦查以二次为限。补充侦查完毕移送人民检察院后，人民检察院重新计算审查起诉期限。对于二次补充侦查的案件，人民检察院仍然认为证据不足，不符合起诉条件的，应当作出不起诉的决定。犯罪嫌疑人没有税收犯罪事实，或者有法定不予以追究刑事责任情形的，人民检察院应当作出不起诉决定。对于税收犯罪情节轻微，依照刑法规定不需要判处刑罚或者免除刑罚的，人民检察院可以作出不起诉决定。人民检察院决定不起诉的案件，应当同时对侦查中查封、扣押、冻结的财物解除查封、扣押、冻结。对被不起诉人需要给予行政处罚、行政处分或者需要没收其违法所得的，人民检察院应当提出检察意见，移送有关主管机关处理。有关主管机关应当将处理结果及时通知人民检察院。

依据其中第174条至第177条之规定，不起诉的决定，应当公开宣布，并且将不起诉决定书送达被不起诉人和他的所在单位。如果被不起诉人在押，应当立即释放。对于公安机关移送起诉的案件，人民检察院决定不起诉的，应当

---

① 参见池元超："从人权保障看我国公诉案件的证明标准"，载《湖北警官学院学报》2013年第1期，第109页。

将不起诉决定书送达公安机关。公安机关认为不起诉的决定有错误的时候,可以要求复议,如果意见不被接受,可以向上一级人民检察院提请复核。对于有被害人的抗税案件,决定不起诉的,人民检察院应当将不起诉决定书送达被害人。被害人如果不服,可以自收到决定书后7日以内向上一级人民检察院申诉,请求提起公诉。人民检察院应当将复查决定告知被害人。对人民检察院维持不起诉决定的,被害人可以向人民法院起诉。被害人也可以不经申诉,直接向人民法院起诉。人民法院受理案件后,人民检察院应当将有关案件材料移送人民法院。对于人民检察院依法作出的因犯罪情节轻微而酌情不起诉的决定,被不起诉人如果不服,可以自收到决定书后7日以内向人民检察院申诉。人民检察院应当作出复查决定,通知被不起诉的人,同时抄送公安机关。

需要指出,对于不起诉理论我国进行了长期探讨,观点纷纭,但迄今并未形成完全一致的认识。有人认为,我国可构建多层次的起诉裁量权监督体制。具体言之,一方面在不起诉程序中引入轻罪不起诉司法审查机制和强制起诉制度,通过法律程序的方式强化对起诉工作的硬性要求;另一方面建立检察内部监督机制,通过层级监督来约束检察起诉裁量权的具体行使。① 我们认为,对此还有待进一步探究。

还要指出的是,依据最高人民检察院2012年11月22日公布的《人民检察院刑事诉讼规则(试行)》(自2013年1月1日起施行)的第458条、第460条、第461条之规定,在人民法院宣告判决前,人民检察院发现被告人的真实身份或者犯罪事实与起诉书中叙述的身份或者指控犯罪事实不符,或者事实、证据没有变化,但罪名、适用法律与起诉书不一致的,可以变更起诉;发现遗漏的同案犯罪嫌疑人或者罪行可以一并起诉和审理的,可以追加、补充起诉。在法庭审理过程中,人民法院建议人民检察院补充侦查、补充起诉、追加起诉或者变更起诉的,人民检察院应当审查有关理由,并作出是否补充侦查、补充起诉、追加起诉或者变更起诉的决定。人民检察院不同意的,可以要求人民法院就起诉指控的犯罪事实依法作出裁判。对于变更、追加、补充起诉应当报经检察长或者检察委员会决定,并以书面方式在人民法院宣告判决前向人民法院提出。

2. 提起公诉的方式。

我国刑事公诉方式经历了从"全案移送、实质审查"到"部分移送、形式审查"再到"全案移送、形式审查"的历史变革。其中,1979年的刑事诉

---

① 参见杨娟、刘澍:"论我国刑事不起诉'三分法'的失败及重构——以淮北市起诉裁量实践为实证分析对象",载《政治与法律》2012年第1期,第43页。

讼法实行"全案移送、实质审查"的刑事公诉方式,经历17年的实践运作在司法实践中暴露出诸多问题。"先定后审"现象的普遍存在,而且辩护律师成为庭审的"点缀",辩护意见"可有可无"。对此,1996年的刑事诉讼法实行了吸收当事人主义的"部分移送、形式审查"的公诉方式。但在16年的司法实践中,刑事公诉方式预期的立法目的没有完全实现,还引起了诸多新问题。它们主要体现为:其一,法官庭前由"全面预断"变为"片面预断";其二,对辩方证据"先悉权"缺乏保障,律师在庭审中很难对控方的证据提出有效质证,从而使辩护权的行使愈加困难与无效;其三,容易造成检察机关滥行起诉。对此缺陷,新法典改变了1996年的复印件主义,恢复了1979年的全案移送主义,实行"全案移送、形式审查"的公诉方式。尽管该种公诉方式在一定程度上会解决1997年以来推行的公诉方式缺陷引发的问题,但不可否认,新法典对公诉方式的变革是否充分考虑到庭前程序和庭审程序的有效衔接与协调等问题,仍有疑问,有待实践检验。[①] 我们认为,对此可以在探索中继续完善。

3. 撤回起诉的问题讨论。

撤回起诉是指人民检察院在案件提起公诉后、人民法院作出判决前,因出现一定法定事由,决定对提起公诉的全部或者部分被告人撤回处理的诉讼活动。从撤回起诉的原因来看,绝大多数案件是由于证据原因导致无法认定有罪而撤回,除了公诉后证据发生变化的客观情况,还有一部分是因定罪时证据不充分,以及检、法在证据采信上、认定证据"确实、充分"标准、定性方面认识不同,致使检察机关为避免无罪判决而撤回起诉。[②]

尽管刑事诉讼法典中没有关于撤回起诉的具体明确的规定,但是,2007年2月2日《最高人民检察院关于公诉案件撤回起诉若干问题的指导意见》共有13条,其中比较详细地对之作了规定。其中第3条列举了可以撤回起诉的8种情形:(1)不存在犯罪事实的;(2)犯罪事实并非被告人所为的;(3)情节显著轻微、危害不大,不认为是犯罪的;(4)证据不足或证据发生变化,不符合起诉条件的;(5)被告人因未达到刑事责任年龄,不负刑事责任的;(6)被告人是精神病人,在不能辨认或者不能控制自己行为的时候造成危害结果,经法定程序鉴定确认,不负刑事责任的;(7)法律、司法解释发生变化导致不应当追究被告人刑事责任的;(8)其他不应当追究被告人刑事责任的。第4条又规定,对于人民法院建议人民检察院撤回起诉或拟作无罪

---

① 参见韩红兴:"论我国新刑事诉讼法下的公诉方式变革",载《中国刑事法杂志》2013年第4期,第78页。

② 参见李斌:"从积极公诉到降格指控",载《中国刑事法杂志》2012年第6期,第6页。

判决的,人民检察院应当认真审查并与人民法院交换意见;对于符合本意见第3条规定的撤回起诉条件的,可以撤回起诉;认为犯罪事实清楚,证据确实、充分,依法应当追究刑事责任的,由人民法院依法判决。此外,第5条列举了6种起诉后不得撤回起诉的情形。

而且,依据该指导意见的其他条款规定,对于人民检察院决定变更起诉、追加起诉的案件,应当书面通知人民法院,并制作变更起诉书或追加起诉书。对于经补充侦查后,仍然认为证据不足,不符合起诉条件的,可以作出撤回起诉决定。对于提起公诉的案件拟撤回起诉的,应当由承办人制作撤回起诉报告,写明撤回起诉的理由以及处理意见,经公诉部门负责人审核后报本院检察长或检察委员会决定。人民检察院决定撤回起诉的,应当制作《人民检察院撤回起诉决定书》,加盖院章后送达人民法院。人民法院要求书面说明撤回起诉理由的,人民检察院应当书面说明。对于人民法院认为人民检察院决定撤回起诉的理由不充分,不同意撤回起诉并决定继续审理的,人民检察院应当继续参与刑事诉讼,建议人民法院依法裁判。

对于撤回起诉的案件,没有新的事实或者新的证据,人民检察院不得再行起诉。新的事实,是指原起诉书中未指控的犯罪事实。该犯罪事实触犯的罪名既可以是原指控罪名的同种罪名,也可以是异种罪名;新的证据,是指撤回起诉后收集、调取的足以证明原指控犯罪事实能够认定的证据。因为发现新的证据而重新起诉的,应当重新编号,制作新的起诉书。重新起诉的起诉书应当列明原提起公诉以及撤回起诉等诉讼经过。对于撤回起诉的案件,2007年的司法解释规定,人民检察院应当在撤回起诉后7日内作出不起诉决定,或者书面说明理由将案卷退回侦查机关(部门)处理,并提出重新侦查或者撤销案件的建议。对于退回侦查机关(部门)提出重新侦查意见的案件,人民检察院应当及时督促侦查机关(部门)作出撤销、解除或者变更强制措施的决定。对于退回侦查机关(部门)提出撤销案件意见的案件,人民检察院应当及时督促侦查机关(部门)作出撤销强制措施的决定,依法处理对财物的扣押、冻结。对于撤回起诉的案件,应当在撤回起诉后30日内将撤回起诉案件分析报告,连同起诉意见书、起诉书、撤回起诉决定书等相关法律文书报上一级人民检察院公诉部门备案。

另外,前述最高人民法院2012年有关司法解释第242条也规定,宣告判决前,人民检察院要求撤回起诉的,人民法院应当审查撤回起诉的理由,作出是否准许的裁定。对此,前述最高人民检察院2012年《人民检察院刑事诉讼规则(试行)》(自2013年1月1日起施行)中也有一些解释。其中第456条规定,法庭宣布延期审理后,人民检察院应当在补充侦查的期限内提请人民法院恢复法庭审理或者撤回起诉。在其第 459 条中还规定，在人民法院宣告判决前，人民检察院发现有 7 种情形之一（基本确认了前述 2007 年司法解释的相关规定），可以撤回起诉。值得注意的是，新的解释做了修正，对于撤回起诉的案件，人民检察院应当在撤回起诉后 30 日以内作出不起诉决定。可见，它已不是原来的 7 日以内了。需要重新侦查的，应当在作出不起诉决定后将案卷材料退回公安机关，建议公安机关重新侦查并书面说明理由等。还要注意的是，对于撤回起诉的案件，没有新的事实或者新的证据，人民检察院不得再行起诉。对于其中未指控的新的犯罪事实触犯的罪名，新的解释把原来 2007 年规定的"同种罪名，也可以是异种罪名"改为"同一罪名，也可以是其他罪名"。这样使其用语更为准确，以防歧义。

应当说，以上解释性规定已经很详细了。基本上可以解决以前在司法实践中产生的撤诉各行其是的难题。对于"两高"司法解释只规定撤诉案件没有新的事实或证据不得再行起诉，没有明确撤诉是否具有终结诉讼的效力，因而出现多元化理解。有人认为撤诉不仅具有终结诉讼的作用，而且应当遵循一事不再理原则。多数人认为撤诉仅具有程序性意义，不受一事不再理原则限制，撤诉后，在追诉时效内有新的事实或证据，对同一案件可再行起诉。也有人认为，撤回起诉具有终结诉讼进程的效力，不等于退回到审查起诉阶段，不能再做不起诉决定，并且在不符合特定条件时不得再行起诉。审判阶段补充侦查只能以撤回起诉终结诉讼，而不能再做不起诉决定。① 我们认为，不起诉存在较为完善的救济程序，包括公安机关有权提请复议、复核，被不起诉人、被害人对不起诉决定有权提出申诉，以及对于被不起诉人可依法给予刑事赔偿等，但撤回起诉缺乏相应的救济程序，因此撤回起诉后应以不起诉加以弥补。但是，也有人认为，撤回起诉的救济制度并非不可通过撤回起诉程序自身的完善加以设置，对此有两种解决方案，一是准用不起诉救济条款，即对于撤回起诉的救济程序参照不起诉的救济程序进行；另一方案是重新设计撤回起诉的救济制度。我们认为，在立法修正或现有法律解释修改之前，仍应做不起诉决定。另外，撤诉时间宜限定在一审判决宣告之前。一是能够保障撤诉权的行使，及时发挥纠错功能；二是能够避免在二审、重审、再审过程中再行撤诉导致的程序倒流；三是有利于维护司法权威。将允许撤诉时间规定在一审判决宣告前，这时一审判决尚未正式宣告，即使撤诉也不会影响司法权威与公信力；四是有利于节约司法资源。②

---

① 参见张建伟："论公诉之撤回及其效力"，载《国家检察官学院学报》2012 年第 4 期，第 107 页。
② 参见徐玲利、周敬敏："公诉案件撤回起诉的反思"，载《中国检察官》2011 年第 4 期，第 60 页。

（五）公诉过程中量刑建议的调整问题

公诉人在庭审中发现事先拟定的量刑建议不当，可以书面或口头方式当庭调整。若以口头方式当庭提出调整量刑建议，而此前的量刑建议已随起诉书移送法院的，则还宜在休庭后以书面方式补充移送法院。公诉人的量刑建议也可在休庭后报经主诉检察官批准或检察长调整决定，且应以书面方式及时移送法院。

总之，新修订的刑事诉讼法典的施行是我国法治文明的重大进步。公诉工作应把握好历史机遇，应对新的挑战。转变执法理念，注重打击犯罪与保障人权并重；强化证据意识，提高审查、分析、判断和运用证据的能力；提升庭审抗辩能力，把握庭审主动权；而且，进一步加强公诉人专业化建设，全面提高公诉人的整体素质和执法水平，维护司法公正。

二、税收犯罪案件的辩护

此处先概述辩护的含义与类型，再对辩护的法律依据和相关问题、刑事辩护中的风险防范与辩护技巧等加以讨论。

（一）辩护的含义与类型

这里的"辩护"是特指刑事辩护，是指刑事案件的被追诉人及其辩护人反驳对被追诉人的指控，提出有利于被追诉人的事实和理由，论证被追诉人无罪、罪轻或者应当减轻处罚、免除处罚，以及论证被追诉人的程序性权利受到侵犯，以维护被追诉人合法权益的诉讼活动。而辩护权是指法律赋予犯罪嫌疑人、被告人及其辩护人的，针对侦控机关的刑事追诉而依法提出犯罪嫌疑人、被告人无罪、罪轻或者减轻、免除其刑事责任的材料和意见，进行反驳和辩解，以维护犯罪嫌疑人、被告人的诉讼权利和其他合法权益的一种法律权利。

从不同角度看，刑事辩护可分为：有罪辩护（主要是罪轻辩护）和无罪辩护；法律辩护与事实辩护；实体辩护和程序辩护；定罪辩护与量刑辩护等。以往"罪轻辩护"、"无罪辩护"成为主流辩护形态，而程序之辩、证据之辩、量刑之辩则受到冷落，尤其是辩护律师对于"无罪辩护"的追求和青睐已经到了无以复加的地步。这种对无罪辩护的过分推崇，是一种不成熟的辩护文化。更为理性、成熟的辩护应当是由实体之辩向程序之辩、证据之辩、量刑之辩等多元化辩护形态的转变。①

---

① 参见李勇："舌尖上的刑事辩护——评田文昌、陈瑞华《刑事辩护的中国经验》"，载《人民检察》2012年第13期，第70—71页。

特别是，对于被告人认罪的案件，律师需要更多的是量刑辩护。我国当前刑事庭审中律师常常偏重对定罪问题展开辩护，忽视量刑辩护，而量刑属于法官自由裁量权的范围，这样可能出现"轻罪重判"、"重罪轻判"、"同罪不同判"等不合理现象。扩大律师量刑辩护的空间，增强律师量刑辩护的意识和技巧，有利于保证对被告人作出公正和合理的判决，有利于实现法律效果和社会效果的统一。

(二) 辩护的法律依据和相关问题

在新修订的刑事诉讼法典中，关于刑事辩护制度的相关条款，集中体现在第1编第4章第32条至第47条之中。根据其中第32条的规定，犯罪嫌疑人、被告人除自己行使辩护权以外，还可以委托1人至2人作为辩护人。可以被委托为辩护人的，除了律师外，还包括人民团体或者犯罪嫌疑人、被告人所在单位推荐的人，以及犯罪嫌疑人、被告人的监护人和亲友。但是，正在被执行刑罚或者依法被剥夺、限制人身自由的人，不得担任辩护人。

值得指出的是，新的刑事诉讼法典对刑事辩护的改革亮点主要体现在以下几个方面：

1. 明确了侦查阶段"辩护律师"的法律地位。新的刑事诉讼法典，名正言顺地将侦查阶段的律师定位为"辩护人"，顺利解决侦查阶段律师身份不明的遗留问题。委托辩护的时间也由审查起诉阶段提前到犯罪嫌疑人在被侦查机关第一次讯问后或者采取强制措施之日起。律师在侦查阶段以辩护人的身份参与诉讼，有利于从客观上对侦查活动形成有效的外部监督和制约，促使侦查机关全面收集证据，防止主观片面，同时也能最大限度地减少违反法律程序的行为发生，有利于使案件实现实体公正和程序公正。

2. 强化了刑事法律援助制度。大幅扩大了法律援助的范围，提前了法律援助的时间。其中将法律援助的时间提前到侦查阶段，有助于辩护律师加强对侦查活动的监督制约，及时发现和纠正违法侦查行为。

3. 扩大律师在审查起诉阶段与审判阶段查阅案件材料的范围。为了实现与新《律师法》的衔接，新的刑事诉讼法典第38条规定辩护律师在审查起诉阶段，除了诉讼文书以外，还可以查阅、摘抄、复制本案的案卷材料，阅卷范围的扩大能保障辩护律师全面了解、掌握案情，更好地行使辩护权。①

4. 赋予辩护律师特定证据的开示义务。新法典第40条规定辩护人收集的有关犯罪嫌疑人不在犯罪现场、未达到刑事责任年龄、属于不负刑事责任的精

---

① 参见潘申明、刘宏武："论刑事辩护制度的革新——以新《刑事诉讼法》为基点"，载《法学杂志》2013年第3期，第122页。

神病人的证据，应及时告知公安机关、人民检察院，以便公安机关、人民检察院通过核实该类特定证据后及时作出是否终止刑事诉讼的决定。

5. 建立了辩护人不被侦查机关违法追究伪证犯罪的程序保障。其中第42条规定，辩护人涉嫌犯罪的，应当追究刑事责任，但是"应当由办理辩护人所承办案件的侦查机关以外的侦查机关办理。"

此外，还增加了侦查阶段律师自主会见权与不被监听权；建立了关键证人出庭作证制度，强化了辩方的质证权；建立了专家辅助质证制度，辩方可通过专家协助加强对控方鉴定意见的质证；赋予辩护人要求有关办案人员回避的权利；赋予辩护人对办案机关及其工作人员阻碍其依法行使诉讼权利的行为提出申诉、控告的权利；赋予当事人及其辩护人对办案机关及其工作人员的违法办案行为提出申诉、控告的权利等。

应当说，新的刑事诉讼法典对刑事辩护制度进行了大幅度的修改。其中体现了先进的司法理念，凸显人权保障，确立不得强迫自证其罪原则，保持控辩平衡以及维护诉讼正义，实现了与2007年《律师法》的有效对接，在强化刑事法律援助制度的同时，缓解了律师在实务中所面临的会见难、阅卷难等执业难题。

然而，也要指出，在新的刑事诉讼法典中，刑事辩护制度中仍然存在一些有待进一步完善的问题。

1. 会见权的条款用语模糊问题及其处理意见。新法典第37条中规定自案件移送审查起诉之日起，辩护律师可以向犯罪嫌疑人、被告人核实有关证据。辩护律师会见犯罪嫌疑人、被告人时不被监听。该项条文中容易引起歧义的有两处：其一，如何理解"核实有关证据"的含义？核实有关证据的方式是否仅限口头交流，还是可以直接翻看案卷复印材料？若把从司法机关复制的证据材料交给被告人看，则是否会泄密？是否涉嫌干扰司法机关诉讼活动？其二，如何理解"不被监听"？"不被监听"是否仅指禁止安装监听设备监听会谈内容，而允许侦查人员派员在场？还是指侦查机关不仅被禁止安装监听设备监听，而且不得派人在场呢？对此，我们认为，关于"核实"的含义，应限定出示案卷材料的范围，即除了犯罪嫌疑人、被告人的个人供述外，可以出示如技术鉴定性意见、勘查笔录等客观性证据，而对于同案犯的供述、证人证言等言词证据应当禁止向犯罪嫌疑人、被告人出示。而对于"不被监听"的含义，应从广义上理解，即侦查机关不仅被禁止安装监听设备监听，而且不得派人在场。

2. 阅卷权的条文用语模糊问题及其处理意见。新法典第38条规定，辩护律师自人民检察院对案件审查起诉之日起，可以查阅、摘抄、复制本案的案卷材料。该规定使得辩护律师自案件移送审查起诉之日起，不仅有权知悉诉讼文书的内容，还可接触实质性的案卷材料。其中"案卷材料"是否指全部的案卷材料（包括无罪、罪轻的证据材料）？如果案情复杂、指控的证据不充分退回公安机关补充侦查，检察机关将补充侦查后取得的部分关键证据不编入案卷时，辩护律师又能采用哪些途径查阅这部分证据呢？显然，新法典对该问题没有明确规定，对此尚要进一步作出司法解释。我们认为，对第38条中的"案卷材料"应解释为全案材料，但是将审查起诉部门有关的内部审查、审批材料排除在辩护律师阅卷范围之外。同时还应规定，当刑事案件退回补充侦查后取得的新证据，检察机关应当在一定的合理期限内向辩护律师履行告知义务，以保障辩护律师阅卷的完整性。

3. 有关刑事辩护制度的实施性、惩罚性、救济性条款严重缺失及其完善建议。对于辩护律师在刑事诉讼过程中享有的相关权利却均以"权利宣告"的方式规定，而没有一系列具体的实施性条款加以保障，使得在法条中所宣称的比较概括、抽象的制度无法通过可操作的规则加以实现。新法典对律师的会见、阅卷和调查取证方面所确立的法律规范中明显没有相应的惩罚性条款来保障。而且，没有赋予律师辩护权实施救济的途径。因此将会使权利无法得到真正的贯彻与落实。①

我们认为，有关部门应制定和完善有关刑事辩护律师权利的实施、制裁和救济性的条款。鉴于当前检察机关面临的最大挑战在于，能否依法处理犯罪嫌疑人、被告人及其辩护人所提出的申诉或控告问题。因此，建议以司法解释的方式，明确检察机关受理律师控告申诉的具体部门，制定规范的申请、受理和答复程序，以方便律师及时、有效地寻求救济。就审判机关而言，也面对着以往所没有的考验：一是如何充分保障被告人及其辩护人的质证权，确保依法应当出庭作证的证人、鉴定人以及有关侦查人员出庭作证；二是如何严格依法审查并排除被告人及其辩护人提出的非法证据。这不仅涉及辩方的诉讼权利，也是对审判公正的重要保障。② 建议立法者在刑事诉讼法典中将来确立"责任追究"的条款。对于上述侦查机关、检察机关、审判机关违反法定程序，侵犯辩护律师的程序辩护权利时，可以通过建立程序性制裁制度，使程序性违法直接影响的证据、公诉、裁判以及其他的诉讼行为失去法律效果，以此使辩护权利受到侵犯的律师获得权利救济的有效途径。

---

① 参见潘申明、刘宏武："论刑事辩护制度的革新——以新《刑事诉讼法》为基点"，载《法学杂志》2013年第3期，第125页。
② 参见顾永忠："我国刑事辩护制度的重要发展、进步与实施——以新《刑事诉讼法》为背景的考察分析"，载《法学杂志》2012年第6期，第65页。

另外，从目前的情况来看，检察机关控诉职能与监督职能的关系未能完全理顺。检察机关工作人员如不能充分领悟控诉职能与监督职能的深刻内涵，无法理顺两者之间的关系，就会影响到控辩平等关系、控辩救济关系的贯彻，乃至厚此薄彼，出现偏差。而且，公安司法机关对律师的排斥心理和"法律职业共同体"的职责要求存在差距，控辩平等关系认同感不足，控辩救济关系得不到充分重视。还有，相关工作机制不完善和贯彻新型控辩关系的迫切需求之间存在差距，可能阻碍控辩新型关系的实践操作。① 对此，也正如有学者指出，刑事辩护的主体虽然是犯罪嫌疑人、被告人及其辩护人，但是，刑事辩护制度能否得到贯彻落实并不取决于犯罪嫌疑人、被告人及其辩护人，而是取决于刑事诉讼的办案机关包括公安机关、人民检察院和人民法院。历史的经验和教训表明，刑事诉讼法治建设的每一次进步，对于公安、检察、法院三机关都是挑战和考验。三机关能够依法办案，保障犯罪嫌疑人、被告人及其辩护人的各项诉讼权利和其他合法权益，修正后的刑事辩护制度就能得到贯彻落实，反之，就会打折扣，甚至走过场，使法律规定束之高阁。②

综上所述，新修订的刑事诉讼法典围绕律师刑事辩护制度作了重大修改，深度回应了以往律师参与刑事辩护的种种难题。但是，因为执法理念存在偏差、法律制度仍显笼统等原因，律师在刑事辩护过程中，依然存在会见难、取证难、阅卷难以及律师意见不被重视等问题。所以，应从转变理念开始，建立完善工作机制，切实保障新刑事诉讼法典建立的辩护律师依法执业的系列制度不折不扣地落实，同时，应加强研究和协商，切实厘清律师调查取证、核实证据、阅卷过程中的争议问题。③

（三）刑事辩护中的风险防范与辩护技巧

1. 刑事辩护中的风险防范。为了更好地取得刑事辩护的成功，结合当前实际，防范其中的法律风险，辩护人需要注意以下几个方面。

（1）与客户面谈时的注意事项：其一，不做承诺，不做风险代理；其二，在收费问题上，不可贪图便宜，在合同中明确，开好等额发票；其三，勿谈自己的人脉关系；其四，不可诋毁同行。（2）与犯罪嫌疑人、被告人会见时的注意事项（因为有录音录像在案）：其一，不可带吃的喝的东西给犯罪嫌疑

---

① 参见甄贞："论中国特色的控辩关系——以新刑事诉讼法关于刑事辩护制度的规定为视角"，载《河南社会科学》2012年第7期，第21页。
② 参见顾永忠："我国刑事辩护制度的回顾与展望"，载《法学家》2012年第3期，第117页。
③ 参见闫俊瑛、陈运红："新《刑事诉讼法》背景下强化律师刑事辩护权研究"，载《法学杂志》2013年第5期，第112页。

人、被告人；其二，不可替犯罪嫌疑人、被告人传字条给家属；其三，不可使用手机。(3) 与同案犯罪嫌疑人、被告人的辩护律师原则上不要有太多的沟通，最好不沟通，理由：其一，来自司法机关的风险，涉嫌串供；其二，对客户难以交代；其三，律师费可能有差异。(4) 调查取证时的注意事项：其一，不到万不得已，不要去做调查取证，尽量借检察院审查起诉阶段的手去调查取证；其二，避免和证人一对一单独在一个房间里；其三，绝对不能与证人一起吃饭，告诉被告人家属绝对不能给证人任何金钱和礼物，家属也不要再请证人吃饭；其四，对证人的当庭询问要实事求是，提醒被告人对证人发问。(5) 遵守保密义务。起诉意见书不要给被告人家属看，但可以告知大概内容，不可说具体的事情，尤其是他们认识的证人的证言。[①]

2. 刑事辩护中的常用技巧。

(1) 刑事辩护的心理定位。不要指望法官有绝对中立的心态，要抱着置之死地而后生的心态，即使输也不要紧，也要把输降到最低点。当有了这种心态后，你心里会觉得很轻松。(2) 庭前可以准备一份完整的辩护词，但是绝对不要念辩护词，要掌握庭审的气势。(3) 庭审中，法律语言不啰唆，不带口头语，不讲重复话，重点问题重复两遍，一般问题言简意赅。应当注意：①在法庭辩论中，讲法理时，讲到核心地方，眼睛要盯着主承办法官；②无论面前有没有麦克风，讲话的声音都一定要抵达大厅里最远的角落。(4) 法律辩论的内容可能有情、有理、有法，有法时一定要对法官讲，有情有理时盯着检察官，扫视听众，不必盯着被告人讲。当公诉人发言时，眼睛要盯视着公诉人，更不能有任何点头、认可的表示，不管他说得如何漂亮。当被告人作自我辩解时，眼睛要盯着被告人，以示鼓励。[②] (5) 在庭审时，不主张使用笔记本电脑。可准备几张白纸、一块橡皮、几支不同颜色的笔。对于复杂案件，可列出大事年表和几何图形，汇集相关法律条文。(6) 穿律师袍时，要注意穿白衬衫、系红领带。

3. 无罪辩护中的技巧。

有人主张，对于无罪辩护的指导性准则是"事实的归嫌犯或被告，法律的归律师"。即在无罪辩护中，事实部分应以犯罪嫌疑人、被告人自行辩护为主，律师应善于倾听其自辩，启发其提供证据线索，为其对法庭陈述有利事实

---

① 参见钱列阳："刑事辩护技巧与风险防范"，载 http://www.docin.com/p-483819042.html, 访问日期：2013年8月10日。

② 参见钱列阳："刑事辩护技巧与风险防范"，载 http://www.docin.com/p-483819042.html, 访问日期：2013年8月10日。

创造机会。法律部分的工作,律师辩护为主。其理由是:首先,被告人与律师各自应对其最了解的部分,可以实现辩护效用的最大化;其次,分工负责,预先做好各自的工作,可以最大限度避免会见时间的浪费;再次,被告人陈述事实和律师出具法律意见的权利都得到了法律保障,庭审中各司其职,不容易被法官以重复陈述为由打断;最后,可以有效回避刑法典第306条(辩护人毁灭证据、伪造证据、妨害作证罪)这一达摩克利斯宝剑,以降低律师执业风险。① 我们认为,原则上可以采取"事实的归嫌犯或被告,法律的归律师"的立场,但是也可以适度地灵活应对。因此,侦查、审查起诉和审判三个阶段的无罪辩护大致可以如下来进行。

(1) 税收犯罪侦查阶段的无罪辩护。①会见前,律师要对相关的法律规定烂熟于心,写好会见提纲,并在会见笔录上预先写好格式化的问题以避免不必要的时间浪费。②会见中,以答引问,让事实的归犯罪嫌疑人。不对案情提问,而是详细讲解有关案件的犯罪构成、共犯理论等法律问题,犯罪嫌疑人自然会对其中相关的内容具体询问,从而就可间接了解案件情况。③会见末尾,做好法律服务。利用犯罪嫌疑人在会见笔录上签字的时机,提醒其仔细核对每次笔录的内容,再签字;要求其好好表现,同时讲清有关自首和立功的规定,以防其被骗供或被诱供。若申请会见迟迟不被批准,则也不能因此而无所作为。即便仅作为一个公民,律师依然可以去了解有关情况,指导犯罪嫌疑人的亲属收集有利证据。一旦获得确证犯罪嫌疑人无罪的证据,就可以向侦查机关提出,进行实际上的无罪辩护。②

(2) 税收犯罪审查起诉阶段的无罪辩护。①阅卷。辩护律师要亲自对资料进行整理,筛选有法律意义的事实,尤其是犯罪嫌疑人是否构成犯罪的相关事实;对每个事实认真核对是否有充分的证据证明,要特别关注有罪证据的来源是否合法;将控方材料列表对比,寻找逻辑和证据的矛盾之处,对于发现的矛盾点,用笔做好不同颜色的标记,且分门别类地装订。切记要把认定事实这项工作留到会见犯罪嫌疑人之后。②会见犯罪嫌疑人。第一,对于在阅卷中发现的事实争点,核实时重在转述,事实情况留给犯罪嫌疑人陈述,不要越俎代庖。第二,提问要有开放性,尽可能将事实经过留给犯罪嫌疑人去陈述。这不仅有利于辩护人尽可能多的了解案情细节,更可以避免被指责有诱导性发问的

---

① 参见刘惠生:"'事实的归被告,法律的归律师'——试论无罪辩护技巧的指导准则及其应用",载《内蒙古农业大学学报(社会科学版)》2009年第5期,第26页。

② 参见刘惠生:"'事实的归被告,法律的归律师'——试论无罪辩护技巧的指导准则及其应用",载《内蒙古农业大学学报(社会科学版)》2009年第5期,第26页。

嫌疑。第三，对犯罪嫌疑人陈述的每项事实，都要问清有何证据可以证实，证据线索有哪些。第四，对当事人陈述的事实有怀疑的，不要直接质疑，可以引用相反的证据材料请犯罪嫌疑人解释。对于案件事实中的疑点，更加不要轻易给出结论。③调查取证。此时律师的工作重心并非在于取得证据而是确保证据的合法有效。因此一方面应尽可能指导当事人及其近亲属合法有效取证。如遇不得不亲自前往的情况，更要严格遵循合法程序：由两名以上律师带齐相关证明材料，在证言笔录上事先写明伪证责任，采用开放式提问等。另一方面，要确保证人完成法定要求，如写明自愿作证、在笔录上签名、提供身份证以供复印存档，有条件的采用录音、录像或请证人自书证言。[①] 此外，对于涉及改变证言的证据，要谨慎取证，律师取证往往面临巨大风险。取证结束之后，如无绝对把握，不要向检察机关提出无罪辩护。

（3）税收犯罪审判阶段的无罪辩护。

①庭前阅卷、取证和会见。这一阶段律师工作近似于前述审查起诉阶段的同类工作，不再赘述。但应注意两点：第一，是否进行无罪辩护，一定要征求当事人的意见，尽可能协调一致。第二，驳斥控方证据是律师的重要工作，要留意检察院移送的证据目录和证人名单，从中找出未移送的证据并预测相关证言的内容，以防被控方"埋伏控诉"。

②向被告人发问。其一，发问时音量要大、语速要慢、语意清晰，务求被告人听懂你的意思，以免说出不利于己方的答案。其二，围绕控方讯问，以密集的具体性提问的方式，引导被告人陈述有利的事实，发问内容务必合理切题，对事实部分不要有诱导性提问。其三，共同犯罪案件中，对自己的委托人要以开放式问题为主，尽量创造机会让他充分陈述事实，而对其他同案被告人则应采用封闭式问题，避免其回答出现不利于我方的答案。其四，发问被打断是经常的，不要害怕被打断，特别是确认自己发问得当，要理直气壮地请控方尊重律师合理发问的权利；否则，律师"一打就断"，不仅有损自己形象，还会给被告人陈述事实造成压力。其五，被告人实施被指控行为的目的，常常被控方回避甚至忽略，但这往往是从犯罪主观方面达成无罪辩护的重要依据。

③法庭质证。首先，务必一证一质一辩，而非一组一质一辩。若一组证据集中出现，则会难以全面分清控方欲证事实的细节。其中要注意：一次问一个问题，不要一次问两三个问题，否则被询问人就会避重就轻。所以，最难、最

---

① 参见刘惠生："'事实的归被告，法律的归律师'——试论无罪辩护技巧的指导准则及其应用"，载《内蒙古农业大学学报（社会科学版）》2009年第5期，第26—27页。

重要的是询问证人的时候一次问一个问题，要他简明扼要地回答。而且，把关键问题藏在其他问题里。如果你有两个很关键的问题要问，把它们放在5个问题里，先问一个无足轻重的问题，接着问一个重要的问题，然后第三、第四又问无足轻重的问题，突然第五又问一个重要的问题。当你问完5个问题以后，你就会发现第一个问题和第五个问题可能是矛盾的，你替证人归纳总结，然后问：你的这个问题是矛盾的，对还是不对？因为证人非常紧张，心里压力非常大，其情绪紧张还是放松，实际上捏在辩护律师手中，但要驳倒控方证人的最好办法，是让他说出前后矛盾或不合常理的话。① 其次，逐个查实签名和证据来源。通常，检察院对证据的法定形式把握很严，但对来自公安和鉴定部门的证据，在形式上经常出现纰漏。再次，控方对被告人的零星讯问中，律师要"提示补正"，用适当的发问提醒被告人纠正说错的、补充没说到位的。最后，若法院出示依职权自行调取的有罪证据，则务必依据一切证据都必须经过法庭质证的规定，主张辩方质证的权利。

④法庭举证。按照重要程度排定举证顺序，法官的注意力是会随时间递减的。举证时先说明证据来源和证明目的。然后，尽可能寻找利用控方证据举证的机会。可以采用进行证据小结的方式引用控方证据，即使控方难以反驳，法官也不好打断。

⑤法庭辩论。第一，务必说清委托辩护的依据、起诉书的错误之处、有利被告人的事实以及自己的观点和要求；第二，在第一轮辩论中听清控方的思路，进而有针对性的全面阐述自己的反驳意见，不要把最好的留到最后，因为不是每次都有第二轮辩论的机会；第三，保持清晰的法律逻辑思路，严防控方偷换概念；第四，谨慎权衡临时出现的想法，没有充足的把握，一定留待写入辩护词而不要当庭发言；第五，辩论的最后，以问题作结，深化主题，让听众自行得出你的结论，更具有打动人心的力量。②

4. 辩护人对税收犯罪中司法会计鉴定的应对技巧。

司法会计鉴定是指在诉讼活动中司法会计鉴定人接受有法定司法鉴定决定权的机关或部门的委托或指派，运用财务会计专门知识和方法，对诉讼涉及的财务会计专门性问题，进行鉴别和判断并提供鉴定意见的活动。由于财务会计学科的专门性，因此司法会计鉴定成为经济案件中查明案件事实固定证据的重

---

① 参见钱列阳："刑事辩护技巧"，载 http://lawyer.ruc.edu.cn/html/msfc/3700.html，访问日期：2013年8月10日。

② 参见刘惠生："'事实的归被告，法律的归律师'——试论无罪辩护技巧的指导准则及其应用"，载《内蒙古农业大学学报（社会科学版）》2009年第5期，第27页。

要技术手段。为了充分运用司法会计鉴定这一技术手段，辩护人应注意以下审查技巧：[1]

（1）审查鉴定事项有无超出司法会计鉴定的范围。根据证据规则中对鉴定意见的相关规定，鉴定事项必须是事实问题而非法律问题。因而辩护律师在对鉴定意见进行审查时，首先要关注的是鉴定意见回答的是否为司法会计鉴定能够回答的问题，而不是回答法律问题或其他专门性问题。同时，根据证据相关性的要求，还应审查司法会计鉴定意见内容与案件争议事实的相关性，若无相关性，则相应的司法会计鉴定就无证据能力。

（2）审查分析论证方法是否恰当，从而判断鉴定意见的推导过程是否科学。首先，应注意审查所运用的司法会计鉴定方法是否恰当。鉴定的方法包括比对鉴别法和平衡分析法等，这些方法都有其使用上的要求，应注意是否满足使用要求，如进行比对时采用的相关数据口径是否一致，采用平衡分析法的项目，其本身是否有平衡关系等。其次，注意审查鉴定书的论证过程是否符合逻辑，有无违反逻辑规律或推理不当的错误。常见的逻辑错误主要有概念混淆、自相矛盾和论据不充分。

（3）审查限定性鉴定意见的限定性条件是否得到满足。对限定性鉴定意见，应充分领会其附加判定条件的含义，审查该附加限定性条件是否得到满足，以及其满足的程度，以判断该限定性鉴定意见是否得到正确运用。

（4）复核报告中数据有无计算错误或引用错误，是否前后不一致，或报告与附表不一致等。

总而言之，刑事辩护是法治文明社会一项相当重要的法律工作。对法官和法庭的尊重是刑事辩护取得良好效果的前提和基础。要实实在在地为客户提供服务，求得当事人利益的最大化。千万记住，功底比辩论技巧更重要。应深入剖析案情，要善于准确归纳并找出辩护的法定理由，不要忽视对被告人有利的从轻或减轻处罚的酌定情节，要敢辩、善辩和明辩，切忌歪辩、乱辩和错辩，全面挖掘庭审辩点，辩点要全、要准、要有理论高度，为法庭辩论成功奠定坚实基础；熟练掌握运用发问方法和技巧，为法庭辩论成功提供有力保障。

---

[1] 参见魏东、何方："司法鉴定问题与刑事辩护策略技巧——'刑事辩护与司法鉴定研讨会'综述"，载《山东警察学院学报》2009年第6期，第46页。

第四章 税收犯罪案件的定罪与量刑

税收犯罪案件的审判活动，是法官在面对国家公诉与刑事辩护的过程中，居中审理认定被告人是否成立税收犯罪，成立何罪和如何量刑的司法活动。亦即，其中涉及是否定罪与量刑的问题。

第一节 税收犯罪的成立要件

犯罪成立理论是指导司法实践认定犯罪成立与否的基础理论。以下先从犯罪成立理论的学理论争谈起，然后对此进行反思与批判，本书主张一种新的改良论的思路。

一、对犯罪成立理论的批判与改良[①]

近些年来，犯罪成立理论是我国刑法学的研究热点和难点。许多学者对我国传统的犯罪构成理论给予了猛烈的批判，并掀起了改革甚至是推倒重建的浪潮。然而，三大犯罪构成理论不同模型的机能虽然可能有所差异，但其共同目的都是正确解决是否定罪和成立何罪的问题。因而，首要问题是，是否定罪和成立何罪的处理结果正当与否？至于其他都是次要的。在处理结果上的失当包括：不该定罪而定罪、该定罪而不定罪以及定罪轻重失当。优良的犯罪成立理论应当防止此类问题的发生。

然而，被我国当前一些学者推崇的三阶层递进式犯罪成立理论，怎么对"德国迈维斯吃人案"却得出"应重却轻"的结果呢？依此类理论，有的学者

---

① 更详细的内容，参见曾明生：《刑法目的论》，中国政法大学出版社 2009 年版，第 375—381 页。

怎么又认为可以得出无罪的结论呢？[①] 这说明符合定罪思维过程的递进式三层次理论并不完美，定罪与否并不精确，因此对之决不应迷信。正如我国学者曾经指出，犯罪构成的功能和使命始终应当围绕犯罪认定这一主题，背离功能性的考察，单纯为了理论的完美而做的研究是不可能完美的，而且也是一种学术资源的浪费。[②] 当然，我国学界对传统的犯罪构成理论的批判有些是言之有理的。比如认为犯罪客体与犯罪主体存在"先入为主"的、"循环定义"的逻辑问题。[③] 但是有些主张值得商榷。譬如，认为上述逻辑问题不利于保障人权和实现法治就可以清除四要件说中的两个要件，因此主张采取二要件说或者主张照搬递进式的三层次说。我们认为，恰当地区分犯罪客体与犯罪客体要件、犯罪主体与犯罪主体要件便可以解决这一逻辑问题。也曾经有学者主张对它们加以区分。在他看来，犯罪客体是刑法所规定的，而为犯罪行为所侵犯的权益。犯罪客体要件是指刑法规定的，行为成立犯罪所必须侵犯并且已被侵犯的合法权益。因此，现实上被犯罪行为所侵犯的合法权益，虽然可谓犯罪客体，但不一定是犯罪客体要件的内容。而且认为，犯罪主体是实施了犯罪行为、依法承担刑事责任的人；犯罪主体要件是刑法规定的、实施犯罪行为的人本身必须具备的条件。[④] 我们认为，这种观点正确地区分了犯罪人（犯罪主体）与成立犯罪所具备的行为主体的条件（犯罪主体要件）。区分犯罪客体与犯罪客体要件，也有积极的启发意义。犯罪客体要件与犯罪客体之间，虽然两字之差，但是它们在犯罪认定的评价方面事实上有先后关系。因为它们含义不同。犯罪客体要件是成立犯罪所应具备的遭受危害行为侵害的法益，而犯罪客体是在认定成立犯罪后所认识到的被犯罪行为侵害了的法益。以此消除逻辑上的弊病。

此外，完成犯罪客体要件由"社会主义社会关系"到"刑法法益"的转变也值得肯定。[⑤] 至于有学者认为将法益与构成要件置于同等地位不利于发挥

[①] 德国人迈维斯曾经将一个自愿被杀并自愿被吃掉的人分尸慢慢煮食的过程拍成录像并在网络上直播。德国的一个地方法院在 2003 年判定，迈维斯的行为属于过失杀人罪，判处其八年半监禁。一审判决公告后，在德国立即引起轩然大波，在强大的社会舆论压力下，2006 年 1 月，德国联邦法院决定推翻此案，最终以杀人罪判处迈维斯终身监禁。著名德国刑法学家洛克辛教授 2006 年在中国人民大学刑事法律科学研究中心的一次学术报告上指出：在当今德国，刑法学理论认为"帮助他人自杀并不构成犯罪"！而迈维斯吃掉自愿被其吃掉者，本质上属于帮助他人自杀。参见谢望原："中国刑法学研究向何处去"，载《检察日报》2007 年 7 月 31 日第 3 版。

[②] 参见高铭暄、马克昌主编：《刑法学》，北京大学出版社、高等教育出版社 2000 年版，第 52 页。

[③] 参见陈兴良主编：《犯罪论体系研究》，清华大学出版社 2005 年版，第 160—161 页。

[④] 参见张明楷：《刑法学》（上），法律出版社 1997 年版，第 115—117、159 页。

[⑤] 参见何秉松主编：《刑法教科书》（修订版），中国法制出版社 2000 年版，第 278—290 页。

法益概念的各种机能,① 这忽视了犯罪客体要件的多重功能的特性。把刑法法益遭受危害行为侵害（含危险状态）的事实作为成立犯罪的前提条件是必要的。② 刑法法益既是被保护的对象，也是受危害行为（或犯罪行为）侵害的对象。所以，一方面，它既是应受法律保护的保护客体，另一方面，它可能又是遭受了不法行为侵害的成立犯罪所要求的客体要件。而且，这种应受法律保护的客体，有时已被犯罪行为所侵害。那么，有必要通过惩治犯罪来保护该种法益。因此，保护客体和犯罪客体要件以及犯罪客体就成为一体多面的关系。另外，三层次说不把法益作为构成要件，这并不意味着，法益就不能作为优良的犯罪论体系中的犯罪成立要件了。

再说，有学者认为，我国平面式犯罪构成体系，对于犯罪的判断是笼统地一次性完成的。行为可罚性淹没于行为人可罚性的一次性判断之中，从而使得刑法规范的评价功能丧失殆尽。③ 我们认为，把我国传统的犯罪构成体系仅归结为平面式的体系以及认为对于犯罪的判断是笼统地一次性完成的论断是不全面的。至少在刑法的犯罪论中成立犯罪之后还可能有排除犯罪性的认识与判断，这一点实际上也成为学者们攻击传统犯罪构成理论缺陷的一个靶子。④ 然而，这恰恰说明存在非常态下的犯罪成立的例外标准，实际上有时存在两次以上的判断过程。受此理论影响的司法实践也可能不会只是一次性判断。即使常态下的被认为"耦合式"的犯罪成立的四要件标准也未必完全由一次性判断来完成。四个要件的分别判断不是同时完成的，有的疑难案件甚至可能分四次来分析判断。将之简单归纳为"一荣俱荣、一损俱损"的一次性判断有过于绝对之嫌。⑤ 其实，也可以将之大致解释为，传统的犯罪成立的四要件是整体的入罪标准，而正当化事由通常是出罪标准，但是犯罪成立的四要件中的单一要件同时分散也可以形成出罪标准，而且防卫过当、避险过当等也是入罪标准。如此看来，四要件整体是入罪标准，分散也可形成出罪标准；不过当的正

---

① 参见张明楷："犯罪论体系的思考"，载《政法论坛》2003年第6期，第29页。

② 前田雅英认为，国民的利益受到侵害是违法性的原点。因此将违法行为定义为"导致法益的侵害或者危险（一定程度以上的可能性）的行为"。转引自张明楷：《刑法的基本立场》，中国法制出版社2002年版，第154页。

③ 参见陈兴良主编：《犯罪论体系研究》，清华大学出版社2005年版，第158—159页。

④ 许多学者认为，犯罪构成与正当化事由之间存在逻辑矛盾。正当防卫、紧急避险作为犯罪构成之外的实质标准，动摇了犯罪构成是认定犯罪的唯一标准的命题。参见陈兴良主编：《犯罪论体系研究》，清华大学出版社2005年版，第152—153页；另见田宏杰：《刑法中的正当化行为》，中国检察出版社2004年版，第143—144页。

⑤ 有学者认为，四要件之间存在反复的勾连。参见曲新久："犯罪论体系片语"，载《政法论坛》2003年第6期，第42页。

当化事由属出罪标准，过当则是入罪标准。因此，在宏观上入罪与出罪的常态标准和非常态标准中，微观层面各自又含有反向的出入罪的标准，只有同时综合这些微观和宏观上的判断才能形成犯罪成立与否的完整意义上的判断系统。实际上，宏观上入罪与出罪的常态和非常态的两套标准，类似于英美法系的两层次犯罪成立理论，而微观层面四要件中的单一要件同时分别判断也可形成过滤式的出罪机制，也具有大陆法系三层次过滤出罪的机能。当然，也有学者认为应当对我国现有的犯罪成立理论加以改造，把刑法中的正当化事由纳入犯罪成立要件之中形成统一的犯罪成立标准，[①] 即使如此，这种统一的、完整的（无例外的、常态下的）犯罪成立的标准也将未必由一次性判断来完成。

至今，许多批判仍然纠缠在逻辑问题上，它们基本上关涉的是理论是否精致的问题。至于何种犯罪成立理论更有出入人罪的危险往往停留于假定或推定的层面上。即使偶有以案例论证方面的尝试，也并无足够有力的实证资料表明那些侵犯人权、造成冤假错案的主因是由于传统的四要件理论导致的。震惊全国的刑事错案，恰恰是主要因为司法体制、有罪推定、滥用权力（如刑讯逼供）等所导致的。

简言之，大陆法系递进式三层次理论存有一个逐层过滤的出罪机制，英美法系的正反双层次理论存在合法抗辩事由即出罪的机制，而我国的四要件理论（实际上是五要件理论，第五个要件是"无正当化事由"——类似英美法系的第二层次[②]）每一要件都可以出罪，是兼顾两大法系出罪机制的一种特殊机制。因此，它们各有千秋，总体上很难说谁优谁劣。由此可见，主张移植递进式三层次理论是没有足够的必要性的，不宜提倡。

不过，我们认为，在我国传统犯罪成立理论的基础上构建一种改良式的理论，似乎更有意义。基于一般违法与严重违法的法理区分，严重违法（刑事违法）就是犯罪，从而可采用双层次改良模型的犯罪成立理论，即"法益侵害性→刑事违法性＝犯罪"。亦即，双层次理论：第一级层次是法益侵害性；第二级层次是刑事违法性（四要件齐备性和无事由阻却性）。我国刑法传统理

[①] 参见田宏杰：《刑法中的正当化行为》，中国检察出版社2004年版，第144—178页。实际上不改造，按常态下的四要件犯罪成立的原则标准加上非常态下的犯罪成立的例外标准也未尝不可。只是需要注意前述评价上的先后层次（逻辑层次）区分的问题。

[②] 我国学者已经注意到这种特点，并提出以英美法系犯罪构成模式为基础，重构一种由犯罪基础要件和犯罪充足要件（刑法中的正当化行为的不存在）组成的双层次犯罪成立理论。参见田宏杰：《刑法中的正当化行为》，中国检察出版社2004年版，第176—178页。

论通说认为,犯罪具有三特征:社会危害性、刑事违法性和应受刑罚处罚性。① 这种关于犯罪特征的学说值得引入犯罪的成立理论之中。我们认为,社会危害性实际上就是法益的侵害性。本来从整体认定一个犯罪的角度看,只需具备刑事违法性即可成立犯罪,但是,从人们通常发现犯罪、认定犯罪的基本过程来看,刑事违法性成立的根本前提必须存在法益的侵害性。这里的法益是指法律上保护的利益。法益的侵害性要求:一是存在遭致危害的客体(要保护的客体、犯罪客体要件、遭受侵害的法益);二是存在侵害法益的危害行为甚至有危害结果的发生等。然而,仅有侵害法益的危害行为甚至有危害结果的发生,并不等于具有刑事违法性,这是因为该行为也可能只是行政违法行为或民事违法行为等。因此,判断是否成立犯罪,必须查明是否符合第二级层次刑事违法性(四要件齐备性和无事由阻却性)。其中,四要件齐备性就是指具备我国传统犯罪成立理论中的四要件的变形,即犯罪客体要件、犯罪客观要件、犯罪主体要件和犯罪主观要件。除了四要件齐备后,还必须排除事由阻却性,最后才能认定行为成立刑事违法性而构成犯罪。事由阻却性,是指存在阻却刑事违法性事由,如(包含正当化事由等的)"但书"。过当行为仍然无法阻却刑事违法性。可见,刑事违法性与法益侵害性两者是包含与被包含的关系。或者比方说,刑事违法性整体上是一幢三层小楼,第一层是法益侵害性(可含犯罪客体要件、犯罪客观要件等),第二层主要是四要件齐备性中的犯罪主体要件和犯罪主观要件,第三层是无事由阻却性。值得说明的是,前述提及双层次改良模型中的两个层次,是部分层次(即法益侵害性)和整体层次(即刑事违法性),其中反映了从部分到整体的关系。诚然,还要指出,应受刑罚处罚性虽然被通说认为是犯罪的特征。但是,我们认为,应受刑罚处罚性并不是从成立犯罪的角度而是从行为承担后果的角度来归纳的特性,它本身并非是成立犯罪的必要条件。况且,对于定罪免刑的犯罪而言,这个特性缺乏说服力。

由上可知,上述改良式的双层次理论,既兼容了我国刑法传统四要件犯罪构成理论的合理内核,又吸收了我国刑法通说关于犯罪特征的核心要素,同时又强调了司法认定犯罪的过程性与层次性。因而它具有更强的解释力、逻辑性和科学性,也不失司法的可操作性。

---

① 参见高铭暄等主编:《刑法学》(第4版),北京大学出版社、高等教育出版社2010年版,第49—51页。

二、税收犯罪的成立要件

以下将依据上述改良式的双层次理论，对税收犯罪的成立要件展开讨论。

（一）法益侵害性

成立税收犯罪必须首先具备法益的侵害性。即它要求存在侵害税收法益的行为，有时甚至导致了危害结果。譬如，使法律保护的国家公共财政收入受到了巨大损失，危害了国家税法确立的税收分配关系等。其关键在于行为是否侵害了受法律保护的利益。如果该利益不属于法律保护的范畴，就无所谓存在追究其刑事责任的问题。

1. 犯罪客体要件

如前所述，犯罪客体要件与犯罪客体不同。犯罪成立后才有犯罪客体，犯罪客体是犯罪行为所侵犯的权益。而犯罪客体要件是犯罪成立之前的要件，即行为成立犯罪所必须被侵犯且已被侵犯的合法权益。依据我国税收刑法的相关规定，基本上来说，税收犯罪侵害的法益是国家经济中税收征管的法律秩序和收入分配制度。不过，它们有时还会侵害国家工作人员的公务制度甚至人身权利等。对具体的税收犯罪而言，每一个具体的个罪都应具备直接的犯罪客体要件（侵犯了具体法条的法益）。而且，其中往往是复杂的直接客体要件，如抗税罪既要侵害国家的税收征管秩序和收入分配制度，又要侵害税务人员的人身权利等；又如，渎职型税收犯罪中的徇私舞弊不征、少征税款罪，既要侵害税务人员对职务的忠诚性、廉洁性制度，又要侵害税收征收管理的制度秩序以及国家财产所有权。

2. 犯罪客观要件

犯罪客观要件包括危害行为、危害结果、因果关系以及其他附随情况（如时间、地点）等。税收犯罪对犯罪客观要件的要求是，在客观上表现为行为人实施了违反国家税收法律或者相关法律的规定，妨害国家税收征管活动的行为，甚至导致了一定的危害后果。可见，其客观特征有二：一是具有行政违法性的行为，即其行为违反了国家税收法律或者相关法律的规定。这里的税收法律规定泛指国家制定、颁布的关于税收方面的法律、条例、办法、实施细则等。二是违法行为在客观上可能达到了某种危害程度。

以下对其中危害行为、危害程度（含结果）等内容略加探讨。

（1）直接或者间接危害税收秩序的违法行为。

从行为对象上看，它大致可以分为三类：一是针对税款的行为。这主要是指逃税行为、抗税行为、逃避追缴欠税行为、骗取出口退税行为和走私普通货物物品（偷逃关税等税款）的行为以及徇私舞弊不征少征税款的行为等；二是针对发票和退税凭证的行为，包括虚开、非法制造、非法出售、非法购买增值税专用发票和普通发票的行为、非法持有伪造的发票行为以及违法提供出口退税凭证的行为；三是可能涉及针对发票凭证和税款的混合行为的，如徇私舞弊发售发票、抵扣税款、出口退税的行为。

根据行为性质，它又可分为：一是规避纳税义务的行为，包括逃税行为、抗税行为、逃避追缴欠税行为和走私普通货物物品（偷逃关税等税款）的行为；二是妨害出口退税管理的行为，指骗取出口退税行为；三是妨害发票管理的行为，包括虚开发票行为、非法制造发票行为、非法出售发票行为和非法购买发票行为等；四是渎职的徇私舞弊行为，包括违法提供出口退税凭证的行为、徇私舞弊不征少征税款的行为以及徇私舞弊发售发票、抵扣税款、出口退税的行为等。

另外，就行为的表现形式来看，危害税收秩序的行为又可分为作为和不作为两种。譬如，逃税行为一般是由作为和不作为两个行为构成的复合行为，但也可由不作为单独构成；逃避追缴欠税行为、抗税行为是作为和不作为构成的复合行为；徇私舞弊不征少征税款的行为是不作为；其他危害税收秩序的行为只能表现为作为。非法持有的形态也是一种作为形式的犯罪类型，因为其符合"不当为而为之"的特征。理论界一般又将危害税收秩序的行为分为直接妨害税收征收管理的行为和间接妨害税收征收管理的行为。[①] 前者主要是指直接违反我国《税收征收管理法》的逃税、抗税、逃避追缴欠税、骗取出口退税等行为；后者主要是指违反《发票管理办法》的各种行为等。

（2）危害税收秩序的违法行为的客观危害程度。

在客观上，它达到了一般违法的危害量（含行为状态），甚至可能达到了税收刑法中的危害量（含行为状态）的要求。譬如，达到"逃避缴纳税款数额较大"、"骗取国家出口退税款，数额较大的"程度等，或者是具有"以暴力、威胁方法拒不缴纳税款的"行为，具有"虚开增值税专用发票或者虚开用于骗取出口退税、抵扣税款的其他发票的"行为等。这些行为在司法解释中往往也是有量的要求的，这与下文涉及的"但书"相关。

此外，值得指出，犯罪客观要件还包括危害行为和危害结果的附随情况、因果关系等。譬如，实施危害税收秩序的行为涉及时间、地点以及危害行为和危害结果之间必须具有因果关系等。

[①] 参见高铭暄主编：《新型经济犯罪研究》，中国方正出版社2000年版，第128页；另见黄京平主编：《破坏市场经济秩序罪研究》，中国人民大学出版社1999年版，第540页。

当然，法益侵害性有时在总体上可以达到犯罪客体要件和犯罪客观要件两者总和的侵害程度，但并不是说法益侵害性完全等同于这两者的总和。因为客观上有时在具体的个案中，法益侵害性也可能只是达到一般违法的法益侵害程度（只是行政法益危害或者民事法益危害）。对此情形，显然否决其刑事违法性，也就无追究其刑事责任的必要了。

（二）刑事违法性

危害税收秩序的违法行为尽管符合法益侵害性，但是，在司法领域认定是否成立犯罪，最终的关键就是判断行为是否具有刑事违法性。具有刑事违法性，必须同时具备四要件的齐备性与无事由阻却性。当然，否定刑事违法性，只需否定四要件齐备性或者无事由阻却性中的任何一个即可。

1. 四要件齐备性

四要件齐备性，是指除了要求危害税收秩序的行为符合法益侵害性（包含犯罪客体要件和犯罪客观要件）外，还必须同时具备犯罪主体要件和犯罪主观要件。

（1）犯罪主体要件。如前所言，犯罪主体要件也不同于犯罪主体。犯罪主体是实施了犯罪行为、依法承担刑事责任的人；而犯罪主体要件是成立犯罪所要求的行为人本身必须具备的条件。因此，这里考察的犯罪主体要件，是指成立税收犯罪所要求的行为主体本身必备的条件，包括自然人犯罪的主体要件和单位犯罪的主体要件。

①自然人犯罪的主体要件。根据刑法的有关规定推知，成立自然人犯罪的，所要求的行为人一般应年满16周岁。而且规定，"精神病人在不能辨认或者不能控制自己行为的时候造成危害结果，经法定程序鉴定确认的，不负刑事责任"。即使间歇性的精神病人在精神正常的时候犯罪，以及尚未完全丧失辨认或者控制自己行为能力的精神病人犯罪的，也都应负刑事责任。由此可见，自然人成立税收犯罪的，所要求的行为人应满16周岁而且至少尚未完全丧失辨认或者控制自己行为的能力。学理上通常称之为一般主体要件。譬如，骗取国家出口退税罪、特殊发票犯罪和普通发票犯罪等一类犯罪，具备一般主体要件即可。然而，根据刑法有关规定，成立逃税罪、抗税罪要求的主体要件为纳税人、扣缴义务人；成立逃避追缴欠税罪的主体要件为纳税人。学理上通常称之为特殊主体要件。至于对纳税人、扣缴义务人的认定，将在具体个罪中论述。

②单位犯罪的主体要件。根据刑法规定，除抗税罪以外，单位可以实施其他税收犯罪。刑法典第30条规定："公司、企业、事业单位、机关、团体实施的危害社会的行为，法律规定为单位犯罪的，应当负刑事责任。"那么，对

单位主体的税收犯罪而言，其主体要件当然就是"公司、企业、事业单位、机关、团体"。问题是，对此类主体要件的范围界定，在理论界存在一些不同认识。

对于私营企业能否成为单位犯罪主体要件争论很激烈。不过，1999年6月18日最高人民法院《关于审理单位犯罪案件具体应用法律有关问题的解释》（下称《解释》）第1条作了明确解释：刑法典第30条规定的公司、企业、事业单位，既包括国有、集体所有的公司、企业、事业单位，也包括依法设立的合资经营、合作经营企业和具有法人资格的独资、私营等公司、企业、事业单位。据此解释，并非所有私营企业都能成为单位犯罪主体要件，只有具备法人资格的私营公司、企业、事业单位才符合条件。如何判定一个私营企业是否具有法人资格，关键看其承担民事责任的方式。据有关法律的规定，具有法人资格的公司、企业，是对其债务承担有限责任的公司、企业，而对其债务承担无限责任的私营合伙企业和私营独资公司，则不具有企业法人资格。因此，司法实践中，对于不具有法人资格的私营独资公司和私营合伙企业实施的犯罪行为，不能认定为单位犯罪，应当依照刑法有关自然人犯罪的规定定罪处罚。①

对于事业单位和团体②能否成为涉税的单位犯罪主体，理论界也有争论。我们认为，事业单位和团体能否成为单位税收犯罪的行为主体，主要是取决于事业单位和团体是否具有纳税主体的资格。依据我国《增值税暂行条例》、《企业所得税暂行条例》及其实施细则和财政部、国家税务总局于1997年下发的《关于事业单位、社会团体征收企业所得税有关问题的通知》和1999年国家税务总局印发的《事业单位、社会团体、民办非企业单位企业所得税征收管理办法》，不难发现，事业单位和社会团体取得的生产、经营所得和其他所得，应当缴纳企业所得税。应纳税的事业单位、社会团体以实行独立经济核算的单位为纳税人。因此，必须根据是否符合法定条件来区别对待。只有那些具有生产经营所得和其他所得的事业单位和社会团体，才能成为企业所得税的

---

① 参见最高人民法院刑二庭编：《刑事审判参考》，1999年第3辑，第85—86页；另见周洪波：《税收犯罪研究》，中国人民大学博士论文，2001年，第29—30页。

② 事业单位是指依照法律或者行政命令成立，从事各种社会职能活动的组织。事业单位包括三种：一是国家事业单位；二是集体事业单位（一种是由劳动群众集体筹资、独立经营、自负盈亏的事业单位，另一种是由集体企业预算出资，能够独立处理经费，不自负盈亏的事业单位）；三是私营事业单位（如私营的医疗、教育机构等）。事业单位属于法人的范畴。团体，是指人民团体、社会团体或者民间组织，即各种群众团体组织。例如人民群众团体（工会、共青团、妇联等）、社会公益团体、学术研究团体、文化艺术团体、宗教团体等。它们都是法人团体。

纳税人。在这种情况下，事业单位和社会团体，就必须依法缴纳所得税，由此可以成为单位税收犯罪的行为主体。

在税收犯罪中，国家机关能否成为单位犯罪的主体要件也是一个争议较大的问题。对此，存在"肯定说"和"否定说"两种观点。"肯定说"认为，税收犯罪的单位主体要件，应当包括国家机关。其理由在于刑法典第 30 条的规定。既然刑法分则已规定单位犯刑法典第 207 条规定的非法出售增值税专用发票罪的，应以罪治之，那么，税务机关实施了上述行为就应无条件地承担刑事责任。特别是，任意一个征税机关的犯罪行为代表的只是征税机关的一小部分，代表不了国家征税机关整体形象。因此，不存在不可追究的问题。认为税务机关作为单位犯罪主体要件缺乏法律依据的担心是多余的。从近几年来发生的上百亿元的重大税案看，它们多出自有权出售发票的税务机关，若不对这些滥用职权的机关追究非法出售发票的责任，则不能有效地制止这类犯罪的发生。[①] "否定说"认为，国家机关不能成为税收犯罪的单位主体要件。其主要理由为:[②] 其一，国家机关代表国家对社会进行管理，经费由国家财政拨款维持其运转，对其征税，实际上是将国家的钱从这个口袋掏到另一个口袋，因此在各种税法中对国家机关都作为免税主体。其二，从税收犯罪的原因看，国家机关也不能成为犯罪主体要件。利益驱动和社会制约机制不健全，是法人犯罪的重要原因。国家机关进行单位犯罪的原因现在已不复存在。其三，从惩罚国家机关犯罪的刑罚手段（罚金刑）看，其中的弊端极为明显。国家机关要用来自国家税收的公共财政拨款缴纳罚金。这也实质等于将国家的钱从一个口袋放进了另一个口袋。国家机关一旦缴纳过多罚金，又势必影响其正常运作。国家为维护机关正常运转又得再次向受过惩罚的机关下拨财政资金，而犯罪机关本身却似乎并未受到实质性惩罚。其四，从我国司法实践来看，对国家机关的涉税犯罪问题也向来是持回避态度的。司法实践中追究国家机关的刑事责任会遇到许多难以逾越的障碍，其中最主要的是怎样既达到惩罚担责机关的目的，又能维护国家机关的威信，保证其以后的正常运作。其五，从世界各国的刑事立法来看，将国家机关排斥于单位犯罪主体要件范围之外是世界各国的普遍做法。我们基本赞成"否定说"的观点。建议全国人大常委会可以考虑以立法解释的方式对刑法典第 30 条中的"机关"做一定的限制解释。在作出该立法解释之前，司法机关对国家机关的涉税犯罪问题可持回避立场，但是应以追究

---

① 参见丛中笑：《涉税犯罪论——来自税法学的观照》，吉林大学博士论文，2006 年，第 130 页。
② 参见丛中笑：《涉税犯罪论——来自税法学的观照》，吉林大学博士论文，2006 年，第 131—133 页。

个人刑事责任的方式处理。可以认为,这属于刑法目的上可以容忍的、立法目的与司法目的善意不一致的情形,① 这并不违背相对的罪刑法定原则。

(2) 犯罪主观要件。一般认为,税收犯罪在主观要件上表现为故意。但是,在究竟是否包括间接故意的问题上人们却存在争论。有学者认为,税收犯罪的故意包括间接故意的心理态度。还认为逃避追缴欠税罪的主观要件表现为行为人明知其转移、隐匿财产的行为会发生致使税务机关无法追缴欠缴税款的结果,并且希望或放任这种结果的发生。② 也有的学者认为,税收犯罪的故意只能是直接故意。对于不同的罪来说,故意的内容是不同的。③ 其理由是:无论是希望抑或放任,都是指行为人对自己行为可能造成的危害社会的结果所持的一种心态。首先要明确的是,作为罪过核心内容的"危害社会的结果",是一个极为广泛意义上的概念,并不限于作为构成要件的危害结果。它是指行为对社会所造成的有形的或无形的有害影响。这可从以下几点来把握:一是危害社会的结果必须是对社会造成的损害;二是危害社会的结果既包括有形的,也包括无形的;三是危害社会的结果不等同于作为犯罪构成要件的危害结果,但包括它在内;四是危害社会的结果具体表现为实害结果、现实危险状态、无形结果;五是危害社会的结果是指认识结果,不等同于实际结果。其次要明确的是,希望意志具有目的性、积极性和坚决性,④ 而放任意志是在行为可能造成的结果有此种或者彼种可能性时,才谈得上放任结果的发生。税收犯罪属于贪利性犯罪,行为人主观上具有获取非法利益的目的。这种非法利益往往表现为对税收犯罪客体要件的侵害,也就是说,行为人不侵害法益,就无法获得非法利益。例如逃税罪,行为人主观上想获得利益,即想不缴或少缴税款来获利。要达到这个目的,行为人不破坏国家的税收秩序是不可能的。正是由于非法利益的获得与法益受到侵害的一致性,并且行为人对这种一致性有较为清楚的理解,才使得税收犯罪行为人对危害社会的结果——国家税收秩序的破坏,持一种希望的心态,也才使得这种心态外化为积极、坚定的表现形式。⑤ 我们认为,对于单位税收犯罪而言,只能是直接故意。因为在单位实施危害税收秩序

---

① 这里善意不一致特指司法目的异化的边缘,是可容忍的非异化的目的情形。司法目的与立法目的相一致,这是司法中的努力方向。然而,司法目的与立法目的之间善意的不一致也是可以容忍的。根据立法与司法目的差异的特点,善意的不一致的特定情形主要包括两方面:一是无恶意地突破立法目的的界限;二是作出无恶意的不及处理。参见曾明生:《刑法目的论》,中国政法大学出版社 2009 年版,第 296 页。
② 参见田思源:"浅谈逃避追缴欠税罪",载《当代法学》1998 年第 1 期,第 52 页。
③ 参见王作富主编:《刑法分则实务研究》(上),中国方正出版社 2007 年版,第 651 页。
④ 参见高铭暄主编:《刑法学原理》(第 2 卷),中国人民大学出版社 1993 年版,第 45 页。
⑤ 参见周洪波:《税收犯罪研究》,中国人民大学博士论文,2001 年,第 33 页。

的行为场合，单位代表的行为必须是在单位的同意、授权或命令下实施的，这样，单位代表或直接责任人又必须具有为本单位谋取非法利益的目的，实际上这已转化为单位的非法目的，如此才可能成立由单位实施的税收犯罪。然而，在共同犯罪中，是可能存在不同故意的。既然前述第二种观点认为"'危害社会的结果'是一个极为广泛意义上的概念"，就更难令人相信，人们都会希望各种危害结果的同时发生。若行为人既希望某种危害结果发生，同时又放任另一危害结果发生的，则已不是单纯的直接故意。

在讨论成立税收犯罪必须具备的犯罪主观要件时，还非常有必要探究税收犯罪故意认识因素是否包括违法性认识的问题。违法性认识与故意的关系，在国内外刑法理论中聚讼已久。在国外刑法理论中存在肯定说、否定说和折中说三种主张，折中说又称限制故意说，具体又分区别说和可能说。① 在我国，刑法学界也有否定说、肯定说、基本否定说和折衷说等多种主张。② 就税收犯罪来说，我国刑法学界也存在否定说与肯定说之争。否定说的理由主要是：一是强调对违法性认识也是税收犯罪故意认识内容，会导致不少犯罪分子借口不懂税法而逃避法律的制裁。二是也没有必要规定违法性的认识。因为我国刑法规定纳税是公民的基本义务，逃税、抗税，普通公民都知道是违法的。对那些税收犯罪分子来说，更知道其行为是违法、犯罪的。③ 肯定论者的基本理由为：④ 其一，行为人主观上有没有违法性认识，其主观恶性是不同的。假如行为人所造成的客观危害是一样的，那么行为人主观上有没有违法性认识，其社会危害性是不同的。社会危害性不同却要负担同样的责任，这是违背公平正义原则的。其二，税收犯罪属于行政犯，对于行政犯来说，其行为之恶是源自法律的禁止，而非行为自身。如果行为人不知其行为违反法律，就不知其行为具有社会危害性，所以其行为就缺乏可谴责性。其三，我国税收法规庞杂，数量多，表现形式不一，有权制定的机关多，效力也不同。此外，还有大量的解释性文件。这些规定中还存在冲突、矛盾，不要说一般人，就是有相当学识的人也难以穷尽，更不用说有些文字晦涩难懂了。另外，税法宣传不力，了解税法的渠道不畅，导致人们不了解税法。否定说认为逃税、抗税的违法性，为普通公民所知晓，那些税收犯罪分子就更清楚了。这不完全符合实际情况。其四，否定说认为，如果强调对违法性认识也必须是税收犯罪故意认识内容，势必会导致

---

① 参见姜伟：《犯罪故意与犯罪过失》，群众出版社1992年版，第144页。
② 参见张庆方：《违法性认识错误与刑事责任》，载《刑事法学要论——跨世纪的回顾与前瞻》，法律出版社1998年版，第380页。
③ 参见吴亚荣主编：《中国税收犯罪通论》，中国税务出版社1999年版，第160页。
④ 参见周洪波：《税收犯罪研究》，中国人民大学博士论文，2001年，第31—32页。

不少犯罪分子借口不懂税法而逃避法律的制裁。我们认为，否定说欠妥。因为既然怕犯罪分子漏网，为何就不怕刑及无辜呢？发挥刑法的保护机能一般不应以牺牲其保障机能为代价。不过，肯定说也有弊病。若对它们加以合理限制，即要求行为人具有概括的违法性认识或具有社会危害性认识（对应当知道且有基本条件知道的，视为有认识），则可能更为合理可行。

综上，符合包含犯罪客体要件和犯罪客观要件的法益侵害性之后，又同时具备犯罪主体要件和犯罪主观要件的，便可以认为危害税收秩序的行为具备了四要件的齐备性。但是这还没有完成对刑事违法性的评价工作。

2. 无事由阻却性

除了四要件齐备后，还必须排除事由阻却性，最后才能认定危害税收征管的行为成立刑事违法性而构成税收犯罪。税收犯罪的事由阻却性，是指存在阻却危害税收秩序行为的刑事违法性的事由。通常认为，正当化事由，即阻却违法性事由，是指行为在形式上与犯罪具有相似性，但实质上不具有刑事违法性，因而在定罪过程中予以排除的情形。根据刑法对正当化事由是否有规定，可以把正当化事由分为法定的正当化事由和超法规的正当化事由。法定的正当化事由是指刑法明文规定的正当化事由，如正当防卫、紧急避险等。超法规的正当化事由是指刑法无明文规定，但从法秩序精神中引申出的正当化事由，如自救行为、职务行为、被害人承诺行为、正当业务行为等。可是，税收犯罪不存在诸如正当防卫、紧急避险等的正当化事由。然而，刑法中的一些"但书"规定可能起到阻却刑事违法性的作用。正如刑法典第13条的"但书"规定，"但是情节显著轻微危害不大的，不认为是犯罪。"因此，虽然具有危害税收秩序的行为，该行为也有一定的法益侵害性，甚至也可能貌似符合行为犯的四要件齐备性，可是，如果有"但书"的正当化事由就不具备刑事违法性，也就不成立税收犯罪。例如，虚开增值税专用发票的，虚开的税款数额仅为9000元人民币，具有"虚开增值税专用发票或者虚开用于骗取出口退税、抵扣税款的其他发票"行为，这符合刑法典第205条第1款的规定。不过，依据2010年5月7日《最高人民检察院、公安部关于公安机关管辖的刑事案件立案追诉标准的规定（二）》第61条之规定，虚开增值税专用发票或者虚开用于骗取出口退税、抵扣税款的其他发票，虚开的税款数额在1万元以上或者致使国家税款被骗数额在5千元以上的，应予立案追诉。这表明，刑法典分则的特定条款没有定量规定时，司法解释有时却规定了量的标准，因而，可以认为，当其危害程度又尚未达到司法解释规定的量的标准的，这就属于刑法典第13条"但书"规定的出罪范畴。当然，刑法典分则中也有"但书"条款，对此将在逃税罪一章中述及。

总之，当危害税收征管的行为符合法益侵害性基础上的刑事违法性时，它才能被认定为成立税收犯罪。

第二节 税收犯罪的定罪与量刑

税收犯罪成立理论，也称税收犯罪构成理论，是指导税收刑事案件定罪与否的理论。那么，对于成立税收犯罪的，具体还涉及成立什么罪名、一罪还是数罪的问题，判决按照一罪处罚还是数罪处罚的问题，进而还须涉及刑罚的具体裁量过程。此处首先从规范刑法学视角进行分析，然后再从经济学与（守法）教育学视角加以探讨。

一、税收犯罪的定罪：规范刑法学、经济学与（守法）教育学视角

（一）税收犯罪的定罪：规范刑法学的视角

关于定罪的定义，法学界已有20余种，此处不纠缠这些定义以免影响研讨的重心。我们认为，对于实用主义的税收刑法而言，追求准确的理论定义不是其主要的使命。这里，税收犯罪的定罪，是指审判机关依刑事法律认定被告人被指控的行为事实是否构成税收犯罪以及构成何种税收犯罪的刑事审判活动。本部分仅对税收犯罪的定罪原则、定罪方法以及税收犯罪的罪名、一罪与数罪等若干问题进行简略的讨论。

1. 税收犯罪的定罪原则

税收犯罪的定罪原则是指审判机关在审理税收刑事案件过程中定罪时应遵循的基本准则。关于定罪原则，学界百家争鸣。主要有以下几种代表性观点：[①]（1）一原则说，即主客观统一原则。（2）两原则说，包括以事实为根据以法律为准绳原则和主客观统一原则。（3）三原则说，又可分为3种：①以事实为根据以法律为准绳原则、法律面前人人平等原则和严肃谨慎结合原则；②主客观统一原则、罪的法定原则和平等公正原则；③以事实为根据原则、依法定罪原则和平等定罪原则。（4）四原则说，又大致分为5种：①主

[①] 参见王桂萍：《定罪总论》，中国政法大学博士论文，2003年，第23—24页。

客观统一原则、协调统一原则、平等公正原则和疑罪从宽原则；②合法原则、平等原则、协调原则和谦抑原则；③主客观相统一原则、合法原则、平等原则和谦抑原则；④犯罪构成要件原则、证据确实充分原则、疑罪从无认定原则和严格遵守程序原则；⑤合法原则、平等原则、协调原则和疑罪从无原则。

我们认为，众说纷纭的原因，大概源于确定定罪原则的时代和标准各不相同。可以说，仅从一两个原则来归纳税收犯罪的定罪原则是不够的。上述诸多观点都有合理性，在司法实践中只要求绝对统一遵循某几个原则恐怕也不现实。因为税收犯罪的定罪是在审判过程中进行的，所以要求遵循法定程序性的原则（证据确实充分原则、疑罪从无认定原则和严格遵守程序原则）来定罪是必要的，而且，适用刑事实体性的基本原则也是刑法固有原则的生命力所在。诸如上述观点中强调较多的正是主客观统一原则、合法原则（罪的法定原则）和平等原则。主客观统一原则是犯罪成立理论必须遵循的最根本的原则，其实犯罪构成要件原则与以事实为根据原则也是这一原则的体现。对于合法原则（罪的法定原则、以法律为准绳原则）和平等原则（平等公正原则或平等定罪原则）而言，尽管其中提法不一，但它们都是刑法中罪刑法定原则和适用刑法平等原则的某种体现。严肃谨慎结合原则可以包括协调原则和谦抑原则等，协调原则是法制统一的宪法原则的要求，谦抑原则是政治文明和刑法理性的要求。据此，不妨综合与统一上述各种原则，它们是不同层次体系的原则。可以认为，税收犯罪的定罪原则有程序性定罪原则和实体性定罪原则。它们分别又有最高一层的原则（法的目的任务），法的基本原则是第二层的原则，以事实为根据以法律为准绳原则是第三层原则等。

2. 税收犯罪的定罪方法

定罪方法是指审判机关根据刑事法律分析案件事实，以认识和确定案件性质的办法。对于定罪方法，理论研究并不多。

在税收犯罪定罪的技术方法上，需要注意三方面：（1）税收犯罪的事实认定的方法。事实的认定是通过证据的认定来完成的。应当遵守证据规则。法官认定案件事实就是综合全案已采信的证据对案件事实成立作出确定性判断的结论，它是事实认定的最终环节。单个证据有时无法辨明真伪，也无法得出正确的案件事实的结论，还需要通过综合认定才能有一个全局性的把握。（2）确定适用税收刑法的方法。既包括通过比较、分析和判断的方法确定所适用的刑法规范，又包括通过一定的解释方法以确定刑法规范的含义。（3）确定税收案件性质的定罪推理方法。定罪推理不涉及实质法律推理，只涉及形式推理和定罪的辩证逻辑推理形式，如三段论式定罪推理、选言式定罪推理和联言式定罪推理。①

当然，采用何种定罪方法与影响定罪的因素也可能有一定的关系。影响定罪的因素主要有刑事政策、社会政治经济形势、社会舆论、判例、刑法理论和定罪主体等。限于篇幅，此处不予以展开。

3. 税收犯罪的罪名确定

我国刑法条文中没有明定税收犯罪的罪名，它们是通过司法解释予以确定的。根据"两高"关于确定罪名的相关司法解释，税收刑法中涉及的条文及其罪名大致如下：刑法典第153条（走私普通货物、物品罪）、第201条（逃税罪）、第202条（抗税罪）、第203条（逃避追缴欠税罪）、第204条（骗取出口退税罪）、第205条（虚开增值税专用发票、用于骗取出口退税、抵押税款发票罪）、第205条之一（虚开发票罪）、第206条（伪造、出售伪造的增值税专用发票罪）、第207条（非法出售增值税专用发票罪）、第208条（非法购买增值税专用发票、购买伪造的增值税专用发票罪）、第209条（非法制造、出售非法制造的用于骗取出口退税、抵押税款发票罪，非法制造、出售非法制造的发票罪，非法出售用于骗取出口退税、抵扣税款发票罪和非法出售发票罪）、第210条之一（持有伪造的发票罪）、第404条（徇私舞弊不征、少征税款罪）和第405条（徇私舞弊发售发票、抵扣税款、出口退税罪和违法提供出口退税凭证罪）等。

但是，必须指出，根据刑法典第210条的规定，对于盗窃增值税专用发票或者可以用于骗取出口退税、抵扣税款的其他发票的，依照刑法典第264条（盗窃罪）的规定定罪处罚。对于使用欺骗手段骗取增值税专用发票或者可以用于骗取出口退税、抵扣税款的其他发票的，依照刑法典第266条（诈骗罪）的规定定罪处罚。

另外，从司法角度说，上述司法解释确定的罪名是判决文书引用的根据。然而，从理论研究以及司法改进的角度讲，上述有些罪名的确定并不科学。譬如，"虚开发票罪"（刑法典第205条之一）的罪名应改为"虚开其他发票罪"或"虚开普通发票罪"。因为"虚开发票罪"与"虚开增值税专用发票、用于骗取出口退税、抵押税款发票罪"（刑法典第205条）在罪名符号的标签意义上并非并列关系，而是包含与被包含的关系，这与其法条和内容的并列关系相矛盾。又如，刑法典第209条中的"非法制造、出售非法制造的发票罪"和"非法出售发票罪"的罪名也应分别改为"非法制造、出售非法制造的其他发票罪"和"非法出售其他发票罪"。因为需要考虑到类似前述罪名符号的标签

---

① 参见王桂萍：《定罪总论》，中国政法大学博士论文，2003年，第101—139页。

意义与其相关法条（刑法典第206条、第207条和第209条）及其内容之间的协调关系。

4. 税收犯罪的一罪与数罪

对税收犯罪而言，一罪与数罪是指税收犯罪的个数是一个罪还是几个罪。这涉及罪数的判断基准问题。在学理上它至少涉及九种争论。在大陆法系国家理论界主要有意思标准说、行为标准说、法益标准说、构成要件标准说、个别化说、可罚类型的不法评价说等主张；[①] 我国刑法理论界则通常持犯罪构成标准说，而且除了前述观点外，还有因果关系标准说和法规标准说。[②] 一般认为，以犯罪构成作为罪数判断的基准，不但能彻底坚持主客观相统一原则，而且在逻辑上也有前后一贯性。相反，意思标准说[③]、法益标准说、行为标准说等只顾及犯罪成立的个别要素，而未顾及犯罪成立的全部要素，因而不免偏执一端。[④] 个别化说主张针对不同犯罪采取不同的判断标准，则没有坚持标准的统一性。[⑤] 构成要件标准说整合了上述学说，相对较为合理，但也有其局限。构成要件说中的"构成要件"不是犯罪成立要件，因此以此认定一罪或数罪仍然是不够严谨的。即使大陆法系构成要件符合性可被认为是违法、有责行为的法的定型，它毕竟也不等同于犯罪成立的全部要件。有学者认为，构成要件已经使犯罪类型化，违法性与有责性对于区分一罪与数罪已经不起作用，只是在确定某行为是否构成犯罪或构成此罪还是彼罪方面发挥作用。[⑥] 但关键问题是，在没有对犯罪成立要件充分分析之前就进行一罪与数罪判断，岂不先入为主吗？我国的犯罪构成要件说在这点上更有合理性。当然，还要注意到，尽管犯罪构成要件说是我国学理通说中决定罪数的标准，但它与我国法律规定有些不符。譬如，刑法关于逃税罪"对多次实施前两款行为，未经处理的，按照累计数额计算"等。对此，有学者进一步认为，犯罪构成一罪标准论难以贯穿于我国刑法的始终，而且其标准的本身很难具有标准的作用。因为罪名与罪状、罪名与犯罪构成存在复杂的多重关系，对一罪的认定既离不开对罪状的分析，更离不开司法解释的罪名规定。一个罪名规定已经包含了怎样的行为特

---

① 参见马克昌：《比较刑法原理——外国刑法学总论》，武汉大学出版社2002年版，第751—755页。
② 参见王作富主编：《刑法》（第3版），中国人民大学出版社2007年版，第205—207页。
③ 近来还有学者认为，按客观存在的犯罪行为的主观罪过个数判断罪数的观点。参见吴念胜："我国刑法中罪数理论的困惑与解读"，载《西南民族大学学报》（人文社科版）2006年第3期，第225页。
④ 转引自马克昌：《比较刑法原理——外国刑法学总论》，武汉大学出版社2002年版，第753页。
⑤ 参见叶良芳："罪数论的体系性反思与建构"，载《浙江大学学报》（人文社会科学版）2007年第4期，第72页。
⑥ 参见陆诗忠："我国罪数理论之基本问题研究"，载《法律科学》2007年第2期，第97页。

征、包含了多少个犯罪构成就成了一罪数罪的重要依据，某种意义上不管一罪名本身的合理性如何，也不管一罪名与犯罪构成单复数的关系如何，一罪名就是一罪的原则标准。① 应当说，这种观点有所见地，但是它并不能动摇犯罪构成作为罪数判准的原则性根基。"一罪名就是一罪的原则标准"适用于选择的一罪，如非法制造、出售非法制造的用于骗取出口退税、抵押税款发票罪等情形，但它无法解释"数罪名就是一罪的问题"。例如，触犯数罪名的想像竞合犯怎能按数罪处理呢？若以最终判决定罪的个数为据则失去了讨论的意义。据此，区分罪数应以犯罪构成为原则上的判断标准，同时兼顾刑法的特殊规定（和参照能够体现罪刑均衡的实践经验）为宜。②

因此，犯罪主体实施的税收犯罪行为符合一个犯罪构成，原则上为一罪；符合数个犯罪构成，原则上为数个罪。但是，原则上为数罪，结果上有可能最终判处一罪。这就涉及税收犯罪的罪数分类问题。我国学界通说把罪数分为一罪和数罪，一罪又分三类：实质一罪、法定一罪与处断一罪。③ 然而，从针对立法和司法有意义的阐释性分类上看，要么是立法上法定为一罪，要么是立法上无明文规定但在司法上处断为一罪。目前学理通说中的"实质一罪"比较混乱。一方面，实质是与形式相对称，因此"实质一罪"应当相对于"形式一罪"而言。可是，"法定一罪"与"处断一罪"难道仅仅是"形式一罪"和"实质数罪"吗？如果是，那么实际上它们最终作为一罪处理没有一点实质意义而只是形式上的意义吗？另一方面，通说中的"实质一罪"包括想象竞合犯，而想象竞合犯在我国刑法上没有明定为一罪，是在司法中以一罪论处的罪数形态，因此它应属于"处断一罪"。④ 这符合"处断一罪"的字面意义。同理，对"法定一罪"望文生义，它是刑法上规定为一罪的罪数形态。而通说中的"实质一罪"所包括的结果加重犯是以法律规定为前提的一罪情形，又何以拒之于"法定一罪"的门外呢？或许可以考虑将想象竞合犯、结果加重犯归入另外两个类型中。那么，一种简化的思路似乎可以是"简单复杂"二分法：把一罪分为简单一罪（单纯一罪、典型一罪）和复杂一罪（非单纯一罪、不典型一罪）。其中复杂一罪只分为法定一罪（包括结果加重犯、结合犯、集合犯等）与处断一罪（包括想象竞合犯、连续犯、牵连犯和吸收

---

① 参见杨兴培："论一罪的法律基础和事实基础"，载《法学》2003年第1期。
② 参见张明楷：《刑法学》（第3版），法律出版社2007年版，第364页。
③ 参见高铭暄、马克昌主编：《刑法学》（第3版），北京大学出版社、高等教育出版社2007年版，第200页。
④ 我国有学者已将想象竞合犯列入"处断一罪"。参见陈兴良：《本体刑法学》，商务印书馆2001年版，第608页。

犯等）。或者也可说，把我国学界"四分法"（单纯一罪、选择一罪、复合一罪和多次一罪）① 中的后三类综合为复杂一罪。显然，在区分上更加简化，但有些问题或者深层的内部问题并没有解决。譬如与犯罪行为个数的关系问题（下文将述及），而对这一问题的解剖更易理解不同处刑原则的合理性和正当性问题。又如"处断一罪"是否违反罪刑法定原则？是否应考虑把"处断一罪"立法化？这些都是值得研究的。有学者就曾批评处断一罪是一种暧昧形态。② 当刑法上没有明定为一罪而司法上把某些有牵连关系的数个犯罪行为"处断为一罪"，如此确定一罪的司法实践，是一个相对于"纸上刑法"而言的"实际中的刑法"。

上述"简单复杂"二分法或许值得提倡，但是，我们更主张另外一种姑且称为"犯罪行为二分法"的分类。即把税收犯罪的一罪分为一个犯罪行为的一罪和数个犯罪行为的一罪（数罪就是数个犯罪行为的数罪）。一个犯罪行为的一罪又分为一个典型的（单纯的、不过剩的）犯罪行为的一罪和一个不典型的（非单纯的、过剩的③）犯罪行为的一罪；数个犯罪行为的一罪又分为数个犯罪行为有包容关系的一罪、数个犯罪行为有牵连关系的一罪（一罪的牵连犯）、数个犯罪行为有连续关系的一罪（一罪的连续犯）以及数个犯罪行为有选择关系的一罪（选择的一罪）等。以犯罪行为个数作为罪数的分类标准，④ 符合"犯罪是行为"和从行为入手考察犯罪构成进而由成立犯罪到清点

---

① 参见何秉松主编：《刑法教科书》（上卷），中国法制出版社 2000 年版，第 490 页。
② 参见庄劲：《犯罪竞合：罪数分析的结构与体系》，法律出版社 2006 年版，第 96 页。
③ 有学者认为，用一个犯罪构成不足以评价行为人的危害社会行为的，就是数罪。姜伟：《犯罪形态通论》，法律出版社 1994 年版，第 277 页。这是值得商榷的。比如一个犯罪行为加上一个违法行为。2006 年 7 月最高人民检察院《关于渎职侵权犯罪案件立案标准的规定》中规定，徇私舞弊不征、少征税款罪立案的数额起点一般是致使国家税收损失达到 10 万元；特殊情形之一，譬如"徇私舞弊不征、少征税款应征税款不满 10 万元，但具有索取或者收受贿赂或者其他恶劣情节的"也应以涉嫌该罪立案。若索取或者收受贿赂的行为本身构成犯罪时，对前述不征、少征税款的行为进行单独评价则是一个违法行为。这类情况属于一个（独立的、单纯的）犯罪行为和两个（相对独立的且不可同时分割的）犯罪行为间的中间形态的一部分。本文暂且称这种"中间形态"为一个过剩的犯罪行为。而且主要表现为危害结果的过剩方面。
④ 罪数的分类标准不同于罪数的判断（决定）标准。

犯罪的个数的一般认识规律。① 讨论罪数问题必须以理论上首先认为犯罪成立为前提。危害行为符合一个犯罪构成通常就是一个犯罪行为，由此判定构成一个罪；但是危害行为符合数个犯罪构成不等于必然存在数个犯罪行为。譬如想象竞合犯存在以客观行为（部分）重叠为基础的数个犯罪构成，其中没有数个独立的犯罪行为，而是只有一个真正独立的且过剩的犯罪行为，不可同时分割独立成为数罪。②

这种"犯罪行为二分法"明显运用了前述"原则加例外"的罪数判准，即：一个不过剩的犯罪行为的一罪和数个犯罪行为的数罪，集中体现原则性标准；作为例外，由一个过剩的犯罪行为的一罪和数个犯罪行为的一罪，突出法律的特殊要求。而且，"犯罪行为二分法"直接反映了认定罪名个数与犯罪行为个数的关系，有利于考量其刑罚适用的规律以及强调罪刑均衡原则的实现。比如，当涉及相同种类或相近种类的罪名时，一个不过剩的犯罪行为的一罪（如徐行犯）和一个过剩的犯罪行为的一罪（如想象竞合犯）以及数个犯罪行为的一罪（如连续犯）之间，处刑通常应由轻到重。这种分类可简化许多的概念之争。譬如，在日本刑法罪数理论中关于"本来的一罪"、"本位的一罪"等语，在多义上被使用，议论是相当混乱的。③ 而且，还区分评价一罪与科刑一罪等。难道"科处刑罚"不是一种刑罚上的否定评价吗？诸如此类，令人匪夷所思。我国台湾地区的学者也沿用这种分类法。④ 还有围绕想象竞合犯究竟属于"实质一罪"还是"处断一罪"之争。⑤ 另外，把"一个行为"界定为犯罪行为，而且在罪数论中讨论的"一个行为"应是刑法上的犯罪行为。这可以与"简单复杂"二分法联系起来。一个典型的、单纯的、独立的、不过剩的税收犯罪行为，是税收犯罪的简单一罪（单纯一罪、典型一罪），但

---

① 有学者认为，对何时为一罪，何时为数罪问题的研究，首先以预先提出的"何时与一个行为有关，何时与数个行为有关"的问题为前提条件。参见［德］弗兰茨·冯·李斯特：《德国刑法教科书》，徐久生译，法律出版社2000年版，第386页。另外，还有学者指出，从法院判例可以看到，犯罪是"一罪"还是"数罪"，标准主要在于这样一个问题：行为，且必须为单一的行为，侵犯了法律保护的一个社会价值还是侵犯了法律保护的数个社会价值。法官所认定的主要是法律行为，而事实上的行为次之。参见［法］卡斯东·斯特法尼等：《法国刑法总论精义》，罗结珍译，中国政法大学出版社1998年版，第574页。可见，考虑行为个数是至关重要的因素。

② 参见曾明生：《动态刑法的惩教机制研究——刑事守法教育学引论》，中国政法大学出版社2011年版，第179页。

③ 参见马克昌：《比较刑法原理——外国刑法学总论》，武汉大学出版社2002年版，第758页。

④ 参见甘添贵：《罪数理论之研究》，元照出版公司2006年版，第13—19页、第31—275页。

⑤ 参见吴振兴：《罪数形态论》，中国检察出版社1996年版，第53—54页；参见顾肖荣：《刑法中的一罪与数罪问题》，学林出版社1986年版，第69页；另见陈兴良：《本体刑法学》，商务印书馆2001年版，第608页。

是，由一个不典型的、非单纯的、独立和非独立交织的、过剩的税收犯罪行为认定的一罪，以及数个税收犯罪行为认定的一罪，则是税收犯罪的复杂一罪（非单纯一罪、不典型一罪）。

（二）税收犯罪的定罪：经济学与（守法）教育学的视角

1. 经济学的视角

经济学是一门研究经济发展规律的社会科学，也是社会科学中一门研究人类在"稀缺"问题下作出理性选择的科学。从经济学的视角探究税收犯罪的定罪，就是运用经济学的理论来考量税收犯罪的定罪问题。虽然根据经济学理论可知，当且仅当一种行为的边际利益大于边际成本，一个理性决策者才会采取这种行动。其中边际利益（边际效益、边际收益），是指每多消费一单位商品所带来的利益。一般而言，随着消费商品数量的增加，会有边际收益递减的现象。譬如你很渴的时候，边际效用非常大，但是你喝饱了，那它的边际效用就小了。边际成本是指每一单位新增生产的产品（或者购买的产品）带来的总成本的增量。边际成本和单位平均成本不一样，单位平均成本考虑了全部的产品，而边际成本忽略了最后一个产品之前的成本。[①] 但是，这里难以计算其边际利益和边际成本。此处只是粗略地考量以尽可能小的定罪成本投入，争取尽可能大的定罪收益（或者产出），以及考虑其中罪名供应和定罪需求之间的供求平衡问题。对于税收犯罪的定罪成本而言，它是以立法成本为前提的一种司法成本，既包括显性成本（如罪名标签的负面作用），又包括隐性成本（如确定罪名所耗费的成本等）。当然，对于惩治税收犯罪的经济性来说，不是罪名越多就越好，因为罪名越多成本就越大。然而，太少也不利于满足必要的定罪要求，不利于教育人们守法和遏制税收犯罪。易言之，这就要求在罪名供应和定罪需求中达到一种平衡。就我国税收刑法的几次修改来看，1979年刑法典主要涉及5个税收犯罪的罪名，而目前刑法中其相关罪名已达18个。可见，这种平衡是相对的、动态的、发展变化的。然而，这种定罪需求是与社会经济发展形势和相关制度文化有联系的。对税收犯罪定罪中的平衡问题以及如何通过惩治税收犯罪以促进经济发展等问题，本书也将于具体个罪中加以探讨。

2. （守法）教育学的视角

（守法）教育学是法学、教育学和心理学之间的一门交叉学科，是专门教育公民和组织守法的教育学。守法教育学与罪犯教育学（或称劳动改造学、改造教育学、监狱教育学、矫正教育学等）存在联系和区别。尽管它们都应

[①] 参见［美］N.G.曼昆：《经济学原理》（第5版），梁小民等译，北京大学出版社2009年版，第6—7页。

该是法学和教育学乃至心理学之间的交叉学科,但是其中研究的守法教育的对象和范围不同。前者需要研究所有公民和组织的守法教育问题,而后者只研究罪犯的守法教育问题。因此,在研究对象和研究内容上,前者均应包括后者。[1] 那么,从(守法)教育学视角来看税收犯罪的定罪,是运用(守法)教育学的理论来考量税收犯罪的定罪问题。由于目前(守法)教育学关于定罪中的相关理论,尚局限于惩罚教育机制(简称为惩教机制)方面,因此这里主要从税收犯罪定罪中的惩教机制来探究。这种特殊机制是动态的。它是指在税收犯罪案件的定罪中与刑事实体惩罚相关联的教育机制,它也指税收犯罪案件的定罪中刑事实体惩罚教育结构产生机能的方式及其运作过程中的相互关系。其机制具有刑事实体的惩罚性、特殊有限的教育性、法律性、合作性、可分性以及动态性等多种特征。[2] 其中的"教育"是一种"引导人发展"或者"培育人成长"的事业或者过程(含结果)。"教育"中的"引导",实际上有三种情形:①以心理强制方式引导人的行为;②以启发或物理强制等非心理强制方式引导人的行为;③以心理强制和非心理强制相结合的方式引导人的行为。本书中对这种惩教机制主要从其惩教结构和惩教机能两方面展开。其结构要素包括税收犯罪的定罪机制中涉及的守法教育的教育者、受教育者、教育目的、教育环节(定罪环节)、教育内容和教育方式等。税收犯罪定罪中的惩教机制可分为税收犯罪定罪与否的惩教机制、此种税收犯罪而非彼种税收犯罪的惩教机制、确定税收犯罪罪数的惩教机制。其中守法教育的环节是税收犯罪定罪环节。在这一环节中教育者主要是审判人员。在教育对象方面,他们包括税收犯罪案件的被告人和其他人(包含司法人员,作为忠诚型自我教育对象)。采用的教育方式大致包括:定罪或不定罪,即以定罪方式教育行为人和以此威慑其他人,或者以不定罪的方式教育他们;定罪与否的工具(犯罪成立理论)和税收犯罪之罪名;定此罪而非定彼罪,包含定轻罪而非定重罪、定重罪而非定轻罪以及同等轻重中定此罪而非定彼罪;以及认定一罪或者认定数罪等。借助这些教育方式,可以传达"法不可违、罪不可犯",无论犯一罪还是犯数罪都为司法所不容,保护合法,以及因罪受罚或无罪不罚等内容,以及告知行为人和其他人禁止税收犯罪,并且告知罪有应得、定罪公正(定罪准确或评价适当)等内容。也由此进一步达到惩罚税收犯罪、因果报应、教育行为人和其他人或者预防税收犯罪等目的。对该惩教机制的改进,不应限于守法教育的

---

[1] 参见曾明生:"守法教育学论纲",载《商丘师范学院学报》2012年第7期,第119—120页。
[2] 参见曾明生:《动态刑法的惩教机制研究——刑事守法教育学引论》,中国政法大学出版社2011年版,第17、26页。

方式与内容方面,也要注重在提升司法人员综合素质能力(包括因材施教能力)的同时,注意提高公民知法与用法的能力(含监督执法的能力)。其惩教机能包括积极机能和消极机能,包括税收犯罪的定罪威慑型惩教机能、法律忠诚型惩教机能等。对其具体研讨将于个罪研讨中论及。

二、税收犯罪的量刑:规范刑法学、经济学与(守法)教育学视角

(一)税收犯罪的量刑:规范刑法学的视角

量刑是指法院对刑事被告人进行的,在对其所犯罪的法定刑进行选择后得到的处断刑的范围内,决定宣告刑而展开的必要的裁量活动。"量刑"本质上是立法者与法官的"共同活动"。立法者所设立的法定刑是决定刑量和刑种的首要标准。法官根据刑事被告人所具备的法定情节或者酌定情节从法定刑中寻找对应的刑罚,就是处断刑。法官在处断刑的范围内具体地量定、宣告的最终刑就是宣告刑。[①] 这种由法定刑经处断刑而至宣告刑的过程就是量刑的过程。以下对税收犯罪的量刑中的若干问题进行研讨。

1. 税收犯罪的量刑原则

量刑原则,是指在整个量刑活动中所应遵循的基本准则。各国的量刑原则虽因各国具体情况的差异而不同,但仍有共同之处,其大致可分两类:一种是刑法典对量刑原则未作明确的规定,另一种是在刑法条文中明确规定量刑原则。前者主要是一些英美法系国家,如英国、加拿大等。这些国家虽然未在刑法中明定量刑原则,但这并不意味着其量刑没有原则或准则可以遵守,因为他们可以依照判例所形成的规则或者依照量刑指南的相关规定去量刑。在刑法中明确规定量刑原则的主要是大陆法系国家或受大陆法系影响的国家。如德国、意大利、法国、瑞士、日本、巴西及东欧一些国家。[②] 而且,从各国及地区的规定来看,不外乎两个方面:一是适用刑罚时必须依据犯罪行为的损害程度、危害结果;二是适用刑罚时必须考虑犯罪人的个人情况。亦即,一方面通过惩罚犯罪而追求刑罚处罚的报应正义,另一方面通过考虑犯罪人的人身危险性而追求刑罚效果的功利正义。因此,量刑原则应当从报应和功利两方面兼顾,缺一不可。

[①] 参见冯军:"量刑概说",载《云南大学学报(法学版)》2002 年第 3 期,第 27—28 页。
[②] 参见胡学相:《量刑的基本理论研究》,武汉大学出版社 1998 年版,第 20 页。

关于量刑原则，我国理论界众说纷纭。目前主要有以下几种观点：

（1）"量刑一般原则"说。该说认为，刑法典第61条规定："对于犯罪分子决定刑罚的时候，应当根据犯罪的事实、犯罪的性质、情节和对于社会的危害程度，依照本法的有关规定判处。"这是对量刑一般原则的规定，是总结我国司法机关多年量刑经验得出的原则，是"以事实为根据，以法律为准绳"原则在量刑方面的具体体现。[①]（2）"相适应、个别化与依照刑事法律和政策"说。该说认为，刑责相适应、刑罚个别化与依照刑事法律和政策量刑是量刑应当遵循的三原则。刑责相适应体现了量刑的内在属性；刑罚个别化是量刑的核心；依照刑事法律和政策量刑是以限制法官自由裁量权为特点的。[②]（3）"科学量刑"说。该说认为，科学的量刑原则有三项：全面原则、综合原则、禁止重复评价原则。[③]（4）"相适应与个别化、经济、依法"说。该说认为，量刑原则为：罪刑相适应与刑罚个别化相结合原则、量刑的经济原则、依法量刑原则。[④]（5）"目的与公正"说。该说认为，量刑必须以刑罚目的为指南，量刑原则具体体现为目的性原则与公正性原则。[⑤]（6）"报应与预防"说。该说认为，应将量刑原则概括为报应与预防相统一原则。[⑥]即量刑要以已犯之罪的社会危害性为基础，同时考虑未然之罪的可能性。

我们认为，上述几种观点都有一定的合理性，它们之间在很大程度上是一致的。过分强调其中的差异性，不仅会使司法难以操作，降低司法效率，而且会把理论研究引向歧途。理论研究的目的仍然应注重司法的实用性。考虑将上述观点的整合才是根本出路。"量刑一般原则"说是目前理论界有代表性的观点。我国现行刑法典第61条规定"对于犯罪分子决定刑罚的时候，应当根据犯罪的事实、犯罪的性质、情节和对于社会的危害程度，……判处"，这和"目的与公正"说中的"公正"、"科学量刑"说中的"科学"、"报应与预防"说中的"报应"和"预防"并不矛盾。这也和"相适应、个别化与依照刑事法律和政策"说以及"相适应与个别化、经济、依法"说中的"相适应"和"个别化"并不冲突。而且，该法条明确强调"依照本法的有关规定判处"，这和"相适应与个别化、经济、依法"说中的"依法"无异。甚至可以说，该法条的规定，并不完全排斥和完全否定"相适应、个别化与依照刑事法律

[①] 参见高铭暄编著：《中华人民共和国刑法的孕育和诞生》，法律出版社1981年版，第87页。
[②] 参见赵廷光："量刑原则新探"，载《法制与社会发展》1995年第4期，第31—32页。
[③] 参见谢玉童："对量刑原则的再思考"，载《法律科学》1997年第2期，第34页。
[④] 参见胡学相：《量刑的基本理论研究》，武汉大学出版社1998年版，第28页。
[⑤] 参见邱兴隆、许章润：《刑罚学》，中国政法大学出版社1999年版，第217—221页。
[⑥] 参见陈兴良：《本体刑法学》，商务印书馆2001年版，第752页。

和政策"说之中的,"依照刑事政策"来指导法官裁量的意义。然而,其他诸说基本上就是说,作为刑法的量刑原则应当提升至刑法基本原则或目的的高度予以重视。实际上,刑法的量刑原则可以从不同层面加以理解。它当然不可能孤立地存在,可以把刑法典第61条的规定视为我国刑法的一般量刑原则(也是最底层的量刑原则);但同时,也可以认为,罪刑法定、罪刑均衡和刑法适用平等(刑法的三大基本原则)以及刑罚个别化原则,它们在整体上是仅次于刑法目的性原则(最高原则)的第二位的并列原则。再次是"以事实为根据,以法律为准绳"进行量刑的原则(即第三位的原则)。那么,加上前述最底层的量刑原则,这就形成了量刑原则的四级层次。这种多层级的量刑原则是适合于刑法中的任何犯罪类型的。据此,对于税收犯罪的量刑原则而言,本书的立场,是立足于"量刑一般原则"说的基础之上的。一句话,从立体式的多层级角度正确把握刑法典第61条的量刑规定。

2. 税收犯罪的量刑因素

通常情况下,税收刑法的立法将刑罚幅度规定得很宽泛。对于量刑而言,法定的刑罚幅度具有一个严重程度的阶梯,在该阶梯中每个具体案件根据其特殊性(如行为后果、行为方式、行为动机)来排列。[1] 法定最高刑通常适用于情节最特别严重的犯罪,而法定最低刑则通常适用于量刑情节最轻的犯罪。大多数的犯罪案件介于量刑情节最特别严重和量刑情节最轻这两个极端之间。我国现行刑法典第61条规定了四个方面的量刑因素,即犯罪事实、犯罪性质、情节和社会危害性。亦即,对犯罪分子是否免予处罚以及处罚的轻重需综合这四个方面的因素来确定。犯罪事实是符合犯罪成立要件的事实,是决定一行为成立犯罪的事实根据;犯罪性质是指犯罪种类和具体罪名;情节是影响量刑的各种事实情况;而社会危害性(社会危害程度)是犯罪行为对社会造成危害后果的大小和轻重。

这里学界也有不同认识。有人认为,立法者只将犯罪事实和社会危害性等客观因素加以明定,而对犯罪人个人情况的诸多主观因素重视不够。也有反对者认为,刑法典第61条中的"社会危害程度"本身就包括有涉及犯罪人的再犯可能性的主观因素,同时,该条中的"情节"也包括足以影响量刑的主观情节。我们基本同意反对者的观点。不过需补充指出的是,犯罪事实既包括客观事实也包括主观事实。仅仅把犯罪事实限于客观事实是一种片面的认识。在犯罪的主观事实中包括犯罪的主观心理的内容。当然,刑法典第61条确认的量刑

---

[1] 转引自汉斯·海因里希·耶赛克、托马斯·魏根特:《德国刑法教科书》,徐久生译,中国法制出版社2001年版,第1044页。

因素在表述上有一定的模糊性。犯罪人的主观因素究竟能否作为量刑的考虑因素？如果能，它同社会危害程度等因素的地位孰轻孰重，这从刑法典第61条上难以明了。其结果，使法官们发生认识分歧，可能导致量刑不均衡。例如，有些法官为显示"政策攻心"的威力，把犯了严重罪行但有坦白情节的罪犯处以轻刑，而有些法官对罪犯的坦白情节视而不见，以致流传"坦白从宽、牢底坐穿，抗拒从严、只坐半年"的怨言。可见，立法上对量刑因素的规定是否完整、科学，表述是否清楚、到位，直接关系到量刑的质量。① 据此，有人建议在修改刑法时，除了继续将犯罪事实、犯罪的性质、情节、社会危害程度作为最重要、最根本的量刑因素加以肯定外，还应将说明犯罪人主观恶性、人身危险性以及接受改造难易程度的主观因素也作为量刑因素明确加以规定。我们认为，没有必要以修正刑法的方式予以明确，采用司法解释以扩大解释的方式予以明确就足以保证量刑标准的统一。以下分别就税收犯罪事实、税收犯罪性质、税收犯罪中的情节和税收犯罪的社会危害程度等进行简略的讨论。

（1）税收犯罪事实。税收犯罪事实，是指犯罪人在实施税收犯罪过程中发生的表明行为的社会危害性及其程度的一切主客观事实情况的总和。有学者认为，宏观上的税收犯罪事实可分为三部分：② 第一部分是用以充足犯罪成立要件的犯罪事实，即犯罪构成事实。这部分事实属于定罪情节，它决定犯罪的性质，起正确定罪和正确适用法定刑的作用。第二部分是定罪剩余的犯罪构成事实。即有些犯罪构成事实属于量刑情节的范畴。对于那些犯罪构成具有数个选择要件，或者某个构成要件涵盖若干选择要素的罪行来说，只要具备其中任一选项就可成立该种犯罪，在这种情况下，应该选择其中一个构成事实作为定罪情节去充足犯罪构成，定罪剩余的那些构成事实则转化为量刑情节。③ 第三部分是非犯罪构成事实。由于它们有表明社会危害性程度的属性，是据以处罚轻重的根据，因此它们属于量刑情节的范畴。后两部分事实均是量刑情节，决定同种罪行的轻重程度，在法定刑范围内起着影响处罚轻重的作用。它们具体包括税收犯罪现场的时空环境、税收犯罪行为完成后犯罪分子在犯罪现场的行为、犯罪手段、犯罪对象等。不过，在我们看来，第一部分犯罪事实，既是定罪情节，又是基本的量刑情节。而后两部分犯罪事实则是加重或减轻的量刑情节。

---

① 参见孙渝："刑事立法与量刑综合平衡"，载《政治与法律》1990年第4期，第34页。
② 此处参阅孙晓博士2007年在刑法博士生论坛关于《论有关量刑基本理论的几个问题》的论文资料。
③ 参见赵廷光：《量刑公正实证研究》，武汉大学出版社2005年版，第100页。

（2）税收犯罪性质。不同的税收犯罪性质体现不同的社会危害性质和危害程度。一般认为，犯罪性质由犯罪构成决定。只要"证明某人行为中具有法律所规定的犯罪构成的一切因素，也就证明了这些行为具有社会危害性"；因此，"只有全部因素的总和才能决定每个具体犯罪的实质"。① 那么，对于税收犯罪性质而言，不同的税收犯罪构成决定了不同的税收犯罪性质。其实，学理上的犯罪构成类型有许多种，如基本的犯罪构成与修正的犯罪构成，完结的犯罪构成与待补充的犯罪构成，单一的犯罪构成与复杂的犯罪构成，普通的犯罪构成及加重和减轻的犯罪构成等。然而，这里指的不同的税收犯罪构成，与此等诸多类型不同，而是仅从税收犯罪构成要件对具体税收犯罪成立的罪名和罪种意义上说的。

（3）税收犯罪中的情节和税收犯罪的社会危害程度。对于情节，我国现行刑法典第61条未冠以"犯罪"两字。这里的"情节"不是指"犯罪情节"。因为犯罪情节是犯罪人实施犯罪行为时的各种情况，是组成犯罪事实的基本单位。② 犯罪情节已经被前述犯罪事实所包括，应从情节中去除。这样，此处"情节"就只能被理解为除"犯罪情节"以外的与犯罪量刑有关的各种情况。而且，该"情节"可分为从宽情节和从严情节。

对于税收犯罪的社会危害程度，不同的税收犯罪有不同的危害程度的法定标准。结合税收犯罪的性质，定罪和量刑因素中的"数额"、"数量"和"损失"可以用来说明社会危害的大小。"数额"、"数量"和"损失"一般指可定量分析的危害，"数额"、"数量"和"损失"越大，后果越严重，危害程度就越高。不过，法条中同为"数额较大"、"数额巨大"和"数额特别巨大"，但是在立法者看来社会危害性也可能并不相同。如刑法典第204条（骗取出口退税罪）规定，"数额较大的，处5年以下有期徒刑或者拘役，并处骗取税款1倍以上5倍以下罚金"，而刑法典第205条（虚开增值税专用发票、用于骗取出口退税、抵押税款发票罪）规定，"虚开的税款数额较大或者有其他严重情节的，处3年以上10年以下有期徒刑，并处5万元以上50万元以下罚金"。同时，作为社会危害评判标准的"数额"、"数量"和"损失"必须与税收犯罪行为之间有因果关系。否则，即使客观上发生了严重的结果，也不能因此处以刑罚。

总之，以上是根据我国刑法的规定，法官在量刑过程中应当考虑的量刑因

---

① 参见［苏］特拉伊宁：《犯罪构成的一般学说》，王作富等译，中国人民大学出版社1957年版，第65页。

② 参见王晨："量刑情节论"，载《法学评论》1991年第3期，第23页。

素，正确运用这些因素是实现公正合理量刑的重要保障。不过，影响量刑公正的因素还有很多，譬如法官的自身因素（法官的经历、道德观念和法律意识等）；又如量刑时的客观外界因素（时间因素、地区因素、社会舆论因素等）。这些因素互相作用，共同影响着量刑的结果。然而，罪刑之间不是孤立的、个别的对应关系。从实质上讲，公正量刑主要是通过同类案件在裁判上的一致性来体现。从法哲学角度看，同等情况同等对待，不同情况区别处理，这是公正性的基本要求，也是法制统一、罪刑均衡、适用刑法平等原则的要求。

3. 税收犯罪的量刑情节以及量刑方法

在税收犯罪的刑事审判实践中，一个税收犯罪案件可能具有多种量刑情节。因为可能涉及税收犯罪的完成形态和未完成形态（包括税收犯罪预备形态[①]、税收犯罪中止形态和税收犯罪未遂形态），还可能涉及税收犯罪的共同犯罪形态（包括涉及主犯、从犯、教唆犯与胁从犯等不同刑事责任的分担）。甚至还可能涉及自首、立功和累犯的情形。所以，一案中可能存在"可以从轻、减轻处罚或者免除处罚"，"可以从轻或者减轻处罚"，"应当免除处罚"，"应当减轻处罚"，"应当从轻、减轻处罚或者免除处罚"，"应当减轻处罚或者免除处罚"以及"应当从重处罚"等多种量刑情节。

此时，如何量刑确实比较复杂。实践中主要存在下列适用方法：[②]（1）"抵销法"，即在一案中既有从宽处罚情节（包括从轻、减轻或免除处罚情节），又有从严处罚情节（包括从重处罚情节）时，将两种作用不同的情节相互抵销，既不从轻，也不从重。（2）"择一法"，即在一案中具有多种量刑情节时，有的审判人员根据自己的法律价值观作出取舍，在量刑中实际只考虑其中一个优势量刑情节，对其他情节不予重视或斟酌，以致判处的刑罚中，某些量刑节得不到任何的反映。（3）"相加升格或降格法"，即对于一案中的作用方向相同的复数情节，不作分别处理，而是加在一起作为另一种升格或降格情节考虑。例如，把两个减轻处罚情节相加当作一个免除处罚情节等。（4）"升高或

[①] 税收犯罪预备形态，是指行为人为了实施税收犯罪，准备工具，制造条件，但因其意志以外的原因未能着手实施税收犯罪实行行为而停止下来的形态。要注意的是：一是税收犯罪预备形态并不必然构成税收预备犯。由于税收犯罪属于经济犯罪，往往要求一定的数额。对于数额较小或没有实现数额，就不构成犯罪。税收犯罪预备形态自然没有实现数额，一般社会危害性较小，不构成犯罪。二是税收犯罪预备形态有时构成行为人的非目的犯罪，形成目的犯罪（预备犯）与非目的犯罪的想象竞合。这是因为行为人实施的预备行为是行为人目的犯罪的预备行为，但同时又是其非目的犯罪的实行行为，从而形成一行为同时触犯数罪名的情形。例如行为人为骗取出口退税款而虚开增值税专用发票未及申请出口退税的情况。参见周洪波：《税收犯罪研究》，中国人民大学博士论文，2001年，第38页。

[②] 参见黄祥青："略论多种量刑情节的适用原则与方法"，载《上海市政法管理干部学院学报》2000年第3期，第12页。

降低刑度法",即当一案中具有两个以上作用方向相同的量刑情节时,就是对罪犯适用的法定刑幅度先升高或降低一档,然后再裁量具体的刑罚。其中的极端做法是,当犯罪人有两个以上同向的量刑情节时,若都是从重处罚情节就判处所犯之罪的最高刑种或最长刑期;若都是从宽处罚情节,就判处相应罪的最轻刑种或最短刑期。

上述方法各有一定的弊端,不能作为多种量刑情节并存或竞合时的适当裁量方法。现就其主要问题分析如下:"抵销法"是审判实践中运用最多的一种适用方法,实际上其合理的适用范围极为有限。因为,能够相互抵销的量刑情节务必具备两个特点:一是从宽与从严的性质对应;二是两种情节各自对量刑的作用力相当。否则,抵销就违背常理,也于法无据。然而从我国现行刑法的规定看,立法对各种从宽处罚情节大多规定为"可以"情节,如犯罪预备、犯罪未遂、自首以及立功等;而对从严处罚情节则基本上规定为"应当"情节,如累犯。众所周知,"可以"和"应当"在法律上的效力是并不相等的,与之相应,"可以"情节与"应当"情节对量刑的影响力或作用力也不可等量齐观。这表明,在许多情况下,一案中的从宽与从严两种情节并不具备相互抵销所必需的对等条件。① 另外,"择一法"在多种量刑情节并存时只取其一,不顾其他,其片面性显而易见,故不足取。"相加升格或降格法"把数个同向量刑情节相加作为另一种量刑情节,客观上起了变更法定刑的作用,从而也于法无据。至于"升高或降低刑度法",它只能用于情节加重犯和情节减轻犯。在其他情况下,已如上述,数个同向的量刑情节并不必然具有升高或者降低量刑幅度的合法功能,故不得采用。

由上可知,多种量刑情节并存时要恰如其分地把握好各种情节对量刑的影响并非易事。不过可以考虑以下几种方法。

(1) 数个同向量刑情节并存时的量刑方法。

一个税收犯罪案件具有数个同向的量刑情节,是指一个案件中有数个量刑情节,其功能是相同的,或者都属于从严处罚情节(简称同向趋重量刑情节),或者都属于从宽处罚情节(简称同向趋轻量刑情节)。

①一案中数个从严处罚情节并存时的量刑方法。数个从严处罚情节的竞合在税收犯罪中只有数个从重处罚情节并存的情形。对此,能否变为加重处罚情节?我们持否定态度。因为,我国目前刑法中并无明确加重处罚的规定,对之不得随意突破法定最高刑的限度对犯罪人适用刑罚,否则就有破坏法治的危

---

① 参见黄祥青:"略论多种量刑情节的适用原则与方法",载《上海市政法管理干部学院学报》2000年第3期,第13页。

险。所以，在一个税收犯罪案件中数个从重处罚情节并存时，在法定刑幅度内增大从重处罚的份量，甚至判处法定最高刑都是可以的，但决不可变为加重处罚。①

②一案中数个从宽处罚情节并存时的量刑方法。数个从宽处罚情节并存包括以下几种情况：一是都属于从轻处罚情节；二是都属于减轻处罚情节；三是都属于免除处罚情节；四是从轻、减轻或免除处罚情节中两者或三者并存。然而，如果一案中的数个情节都属于免除处罚情节，量刑时只需依法免除其刑罚处罚即可，在此不必赘述。值得讨论的是其他三种情形：

其一，对数个从轻处罚情节并存的量刑方法。一般来说，根据从轻处罚情节的实际情况和数目，在法定刑幅度内决定不同程度的从轻处罚是不成问题的。值得研究的是数个从轻处罚情节可否变更为一个减轻处罚情节。有人持肯定态度；有人持折中态度，认为应视具体案情而定。如果犯罪的社会危害性严重，在不考虑这些从轻情节时应判法定刑中较重的刑，那么，有几个从轻情节也不能变为减轻情节；如果犯罪的社会危害性较轻或者一般，在不考虑从轻情节时应判较轻的刑，那么，几个从轻情节就可以变为一个减轻处罚情节。② 也有学者认为，这种理解是缺乏法律依据的。无论在什么情况下，数个从轻处罚情节都不具有变更法定刑的功能。这是因为，我国刑罚对大多数犯罪都规定了几个量刑幅度或档次，审判人员往往先对犯罪行为的社会危害性程度作出初步判断，决定该行为应当适用的法定刑幅度，然后斟酌各种具体情节，最后确定应处刑罚的轻重。如果某种行为的社会危害性较轻或者一般，再加上具有数个从轻处罚情节，法官在量刑时完全可以直接选择与这些情况相应的刑罚较轻的法定刑幅度或档次，而用不着先考虑较重的法定刑幅度，然后再根据几个从轻情节将刑罚减轻至下一个法定刑幅度，最后再依据这些从轻情节决定具体的刑罚。折中说设想的几个从轻情节合并可以变为一个减轻情节的情形，既与司法实践中的通常做法相左，也与法律有关从轻处罚的规定相悖，因而不可取。③ 那么，解决数个从轻情节适用问题的正确方法通常是，在与整个案件相应的法定刑幅度内，相对增大从轻处罚的份量。若根据案件的特殊情况，认为犯罪分子虽然不具有刑法规定的减轻处罚情节，但是相对增大从轻处罚的份量仍然难以实现罪责刑相适应的，则依法经最高人民法院核准，也可以在法定刑以下判

---

① 参见沈解平、朱铁军："数个'从重处罚'量刑情节该如何适用——郑某贩卖毒品案"，载http://www.criminallawbnu.cn/criminal/Info/showpage.asp? pkID=9209，访问日期：2011年12月31日。
② 参见周振想：《刑罚适用论》，法律出版社1990年版，第288页。
③ 参见黄祥青："略论多种量刑情节的适用原则与方法"，载《上海市政法管理干部学院学报》2000年第3期，第15页。

处刑罚。

其二，对数个减轻处罚情节并存的量刑方法。当数个减轻处罚情节并存时，应选择与全案相当的法定刑幅度最邻近的下一个法定刑幅度，根据减轻情节的情况和数目，逐步增大减轻刑罚的份量，直至罪责刑相适应为止。但数个减轻情节通常不能合并为一个免除处罚情节，因为减刑与免刑是两种不同的量刑制度。若根据案件的特殊情况，认为犯罪分子虽然不具有刑法规定的免除处罚情节，但是相对增大减轻处罚的份量仍然难以实现罪责刑相适应的，则建议报请全国人民代表大会常务委员会批准，也可以特赦方式免予刑事处罚。为了有利于灵活地促进法律效果和社会效果的统一，建议在刑法典第63条中增设一款，补充规定"犯罪分子虽然不具有本法规定的免予刑事处罚情节，但是根据案件的特殊情况，经最高人民法院报请全国人民代表大会常务委员会批准，也可以免予刑事处罚。"①

其三，对从轻、减轻、免除处罚情节并存时的量刑方法。此时需要区分从轻和减轻情节并存、减轻和免除处罚情节并存、从轻和减轻及免除处罚情节并存三类情况，再分别细分三种情形（均属应当情节、均属可以情节、混合情节）等九种情形进行具体地分析处理。有人认为，应采取从宽程度大的情节吸收从宽程度小的情节的吸收原则。然而，我们认为，这只是适用于前述均属应当情节、均属可以情节的情形。对其他类型还值得进一步斟酌和权衡。

（2）数个逆向量刑情节并存时的量刑方法。

数个逆向情节（或称冲突情节）并存是指一个案件中的数个情节，有的对量刑起从宽作用，有的对量刑起从严作用，情节之间在功能作用上是相反的和有冲突的。对于这种逆向情节的适用，我国刑罚理论与司法实践中意见纷存，至今未能形成一个为大家一致接受的方案。

有学者提出："从宽情节与从严情节的功能相对应时，可以采取折抵法折抵或相加减。"② 还有学者主张引入定量分析方法，将从轻、从重等情节规定不同的指数，然后进行加减运算。③ 又有学者认为，当从轻与从重、减轻与加重情节的"功能相对应"时，并不等于各种情节对量刑的作用力大小正好抵销，亦即对应情节所决定的从宽与从严的份量通常不是完全等值的，所以二者不能简单相抵。对从轻或从重等情节规定一定的指数，由于它是脱离具体案情

---

① 参见曾明生编著：《经济刑法一本通》，载正义网小白马法律网站，http://lawlife1.fyfz.cn/b/223316，访问日期：2012年12月31日。

② 参见邱兴隆、许章润：《刑罚学》，群众出版社1988年版，第291页。

③ 参见陆翼德："刑事审判中量刑的定量分析方法初探"，载苏惠渔等主编：《量刑方法研究专论》，复旦大学出版社1991年版，第136页。

的抽象数值，并不能反映各种情节对量刑的实际作用力大小，因而是缺乏实践和法律依据的。① 我们认为，简单相抵法和指数加减法都不够科学。对一案中数个逆向量刑情节并存时，必须具体问题具体分析。我们更主张如下的适用方案：

①在只有一个量刑幅度的犯罪中，首先根据该案在不考虑从宽与从严情节时的客观危害和行为人的主观恶性在该量刑幅度内确定一个基本刑（称量刑基准点）。② 然后对从宽与从严情节进行综合平衡。平衡的具体办法可以是先考虑从严，再考虑从宽。

②在一罪有几个量刑幅度时的量刑方法是：首先根据行为的客观危害和行为人的主观恶性在不考虑从宽与从严情节的情况下，确定一个基本的量刑幅度，这一量刑幅度就是可判刑的区间范围；然后考虑从宽与从严情节，进行综合平衡。具体办法是：③ 其一，在从重与从轻情节并存时，若属同质的逆向情节④，则可以折抵；若属异质的逆向情节，则不宜折抵，而是先考虑从重，这是对其刑罚的第一次修正，再在从重的基础上酌情从轻，这是对其刑罚的第二次修正。其二，在从重与减轻情节并存时，若属同质的逆向情节，则可以部分折抵；若属异质的逆向情节，则不宜折抵，而是先予以减轻，在基本量刑幅度以下酌定大于减轻的幅度，则刑罚的刻度可以再浮回到原来的基本量刑幅度之内。这样并不违背刑法典第 62 条关于从重处罚规定的精神，因为，这种情况下的从重是在原来的量刑幅度内从重，而不应理解为在减轻处罚后的刑罚幅度内从重。其三，从重情节与免刑情节并存时，若属同质的逆向情节，则可以部分折抵；若属异质的逆向情节，则不宜折抵。通常可以考虑在减轻处罚的幅度中权衡而定，一般不宜最终决定免除处罚。

（3）适用多种量刑情节的几个技术性问题。

在适用多种量刑情节时，需要把握以下几个技术性问题：从法律效力来说，"应当"情节强于"可以"情节，"可以"情节强于酌定情节，犯罪过程中的情节强于犯前和犯后的情节。

---

① 参见黄祥青："略论多种量刑情节的适用原则与方法"，载《上海市政法管理干部学院学报》2000 年第 3 期，第 15 页。

② 参见苏惠渔等："论量刑基准点"，载苏惠渔等主编：《量刑方法研究专论》，复旦大学出版社 1991 年版，第 78—85 页。

③ 部分内容，参见黄祥青："略论多种量刑情节的适用原则与方法"，载《上海市政法管理干部学院学报》2000 年第 3 期，第 16 页。

④ 此处同质情节是指同为应当情节或者同为可以情节或者同为酌定情节。异质情节即混合情节，其中包括应当情节、可以情节和酌定情节中的两者以上。

（二）税收犯罪的量刑：经济学与（守法）教育学的视角

1. 经济学的视角

税收犯罪的量刑，从经济学视角来看，是运用经济学的理论来考量税收犯罪的量刑问题。与前同理，这里也难以计算其边际收益和边际成本。于是，此处更关注的是以尽可能小的量刑成本投入，争取尽可能大的量刑收益（或者产出），以及重视其法定刑的供应和刑量需求中的供求平衡问题。也由此考虑通过惩治税收犯罪来促进经济的发展。对税收犯罪的量刑成本而言，它也是一种司法成本，以立法成本为前提，既包括显性成本（如刑罚标签的负面作用），又包括隐性成本（如确定刑罚所耗费的成本等）。显而易见，刑罚越重量刑成本就越大。当然，刑罚不总是越重就越好。正如刑法谦抑性所要求的那样，立法机关只有在该规范确属必不可少的情况下（即无代替刑罚的其他适当方法存在的条件下），才能将某种违反法秩序的行为设定为犯罪，并处以必要的相当的刑事处罚。不过，刑罚太轻也不利于满足必要的量刑要求，不利于教育人们守法和遏制税收犯罪。因此，这就要求在法定刑的供应和刑量需求之间达到一种相对的平衡。就我国税收刑法的几次修改来看，其中这种平衡也是动态的、发展变化的。其中具体的探讨将于个罪中进行。

2.（守法）教育学的视角

从（守法）教育学视角来观察和分析税收犯罪的量刑，是要运用（守法）教育学的理论来考量税收犯罪的量刑问题。目前（守法）教育学关于量刑中的相关理论，也尚局限于惩教机制方面，因此，这里也是主要从税收犯罪量刑中的惩教机制来探讨。这种机制是在税收犯罪案件的量刑中与刑事实体惩罚相关联的教育机制，它也指税收犯罪案件的量刑中刑事实体惩罚教育结构产生机能的方式及其运作过程中的相互关系。它也有前述定罪机制中相同的多种特征。税收犯罪之量刑中的惩教机制，可分为司法解释涉及税收犯罪之量刑的惩教机制与税收犯罪之个案司法中量刑的惩教机制。此类机制也涉及前述类似税收犯罪之定罪机制中的惩教结构和惩教机能等内容。对其中关涉的具体守法教育问题，也将于个罪研讨中论及。

第五章　税收犯罪刑事裁判的执行

刑事裁判的执行，是指具有法定的刑事裁判执行权的国家机关将法院生效的裁定和判决中确定的内容付诸实施的执法活动。其中会涉及刑罚执行以及违法所得的追缴和犯罪工具的没收等。刑事裁判执行中的刑罚执行，是刑事诉讼中的最后一个环节，其工作能否落到实处，不仅关系到整个刑事诉讼活动是否完整，而且是惩罚犯罪、保护法益的目标能否实现的重要保障，因此，它具有不可替代的地位和意义。

第一节　税收犯罪刑事裁判执行的立法沿革及检讨

这里，首先对我国刑事法中涉及税收犯罪刑事裁判执行的立法规定进行简要介绍，然后从经济学与（守法）教育学视角对其加以检视和讨论。

一、我国刑事法中涉及（税收犯罪）刑事裁判执行的立法演变

从税收犯罪的刑罚来看，其中包括管制、拘役、有期徒刑、无期徒刑、罚金、没收财产甚至曾经包括死刑等。对于这些刑罚的执行，主要涉及我国刑法、刑事诉讼法和监狱法等刑事法中的有关规定，以下将以时间顺序来考察其立法演变。根据几个时间节点，其立法史目前总体可分为三个发展阶段：初步成型期、发展进步期和趋于成熟期。

（一）初步成型期（新中国成立后至1996年刑事诉讼法典生效前）

新中国成立初期，如1950年《货物税暂行条例》第13条规定，"私制、私销及其他偷漏行为，按情节轻重，处以所漏税额5倍以下罚金，或没收货物的一部或全部，对特定货物得罚没并处。"其中有"罚金"或"没收"或"罚没并处"的规定。1950年《工商业税暂行条例》第25条规定："匿报营

业额及所得额者,除追缴其应纳税款外,并处以所漏税款1倍到10倍的罚金。伪造证据或抗不交税,情节重大者,送人民法院处理。"其中有"追缴应纳税款"和"并处……罚金"的规定。在1950年12月21日财政部颁布的《工商业税暂行条例施行细则》第81条中规定:"逾期1日以上未满30日者,按欠交税额,每日处以1%的滞纳金。逾期30日以上者,以抗税论,得移送人民法院处理,并追缴税款及滞纳金。"其中有"追缴税款及滞纳金"的规定等。另外,1954年9月7日中央人民政府政务院颁行了《劳动改造条例》,这是新中国第一部劳动改造法规。其中总共77条,分别对总则、劳动改造机关(看守所、监狱、劳动改造管教队、少年犯管教所)、劳动改造和教育改造、劳动改造生产、管理犯人制度、监督管理委员会、奖惩、经费和附则等内容作了大致规定。据此可见,其中关于刑罚执行的规定相对较少,分布也较散乱。

但是,在1979年刑法典中,第33条至第36条、第37条至第39条、第40条至第42条、第43条至第47条,已分别对管制、拘役、有期徒刑和无期徒刑、死刑的执行内容作出了规定。而且,刑法典也对罚金(第48条和第49条)、没收财产(第55条和第56条)、违法所得的追缴或退赔以及违禁品和供犯罪所用财物的没收(第60条)、缓刑(第67条至第70条)、减刑(第71条和第72条)、假释(第73条至第75条)的执行或适用分别也作了规定。甚至,其中还对走私犯罪(第116条),规定"按照海关法规没收走私物品",对偷税、抗税犯罪(第121条),规定"按照税收法规补税"等。

与此配套的是,在1979年刑事诉讼法典中,从第151条至第164条,都是关于裁判执行的专门规定。其中对执行的条件、各种刑罚的执行程序、暂予监外执行、缓刑、假释、减刑、执行中的错误或申诉的处理、执行中的监督和纠正等程序作出了相对明确的规定。

如此两法典相互配合,加之《劳动改造条例》,初步形成了刑罚执行的规范体系。之后,1988年1月21日全国人大常委会颁行了《关于惩治走私罪的补充规定》,其中第12条规定,"对犯走私罪的,依法判处没收走私货物、物品、违法所得和属于本单位或者本人所有的走私运输工具。"第13条又规定,"处理走私案件没收的财物和罚金、罚款收入,全部上缴国库,不得提成,不得私自处理。私分没收的财物和罚金、罚款收入的,以贪污论处。"第14条还规定,"依法追究刑事责任的走私案件,查获机关应当将案卷和走私货物、物品的清单、照片等证据一并移送司法机关;走私货物、物品除不易长期保存的可以依照规定处理外,应当就地封存,妥善保管,司法机关可以随时查核。"后来,在1993年1月1日起施行的《关于惩治偷税、抗税犯罪的补充规定》第7条中规定,"对犯本规定之罪的,由税务机关追缴不缴、少缴、欠缴、拒缴或者骗取的税款。对依法免予刑事处罚的，除由税务机关追缴不缴、少缴、欠缴、拒缴或者骗取的税款外，处不缴、少缴、欠缴、拒缴或者骗取的税款 5 倍以下的罚款。"这两个单行刑法又补充规定了有关没收和追缴税款的条款。

尽管如此，前述有关执行的规定还是不够规范的。在 1994 年，监狱法终于颁行，监狱法是典型的刑事执行法，它是专门关于执行剥夺自由的刑罚的法律。它标志着我国监狱工作已经进入了全面法制化的轨道。其中，从第 1 条至第 77 条，均涉及一般性的刑罚执行规定。它对总则、监狱、刑罚的执行（包括收监、对罪犯提出的申诉、控告和检举的处理、监外执行、减刑和假释、释放和安置）、狱政管理、对罪犯的教育改造等内容作出了相对明确的规定。应当说，监狱法的颁布，虽然尚有后文将述及的一些不足，但是对此前关于刑罚执行的规范已有一定的弥补作用，而且它由原来的行政法规（条例）发展为宪法之下的法律。

而后，在 1995 年关于惩治增值税专用发票犯罪的单行刑法第 12 条中，还补充规定，对追缴犯罪人非法抵扣和骗取的税款，"由税务机关上交国库"，对"其他的违法所得和供犯罪使用的财物"，则"一律没收"，以及规定"供犯罪所使用的发票和伪造的发票一律没收"。由此可见，上述三个单行刑法均有涉及税收裁判执行方面的特殊性规定。诚然，这些规定初成体系，但是并不成熟，还存在许多问题。

（二）发展进步期（1996 年刑事诉讼法典生效后至 2013 年刑事诉讼法典生效前）

为了适应社会的发展变化，应对新情况，解决新问题，1996 年立法者对刑事诉讼法典进行了全面修正。其中对有关执行的规定主要补充修改了以下几个方面：[①] 1. 补充完善了死刑执行的若干规定。尤其是将"是否故意犯罪"作为减刑或执行死刑的条件，如此消除了"既没有悔改或立功表现，又没有抗拒改造情节恶劣的情形，怎么办"的空档，因此便于实践中掌握。2. 补充修改了罪犯被交付执行的程序，使之更为明确和便于执行，防止发生推诿现象。3. 补充修改了监外执行和保外就医的条件和程序，减少和严格控制监外执行的适用对象。其中删除了无期徒刑犯可适用监外执行的规定，以防止其危害社会治安秩序；依据实践中存在的问题，增加了保外就医禁止性条件的规定；增加了确认严重疾病的法律程序；增加了及时收监的适用规定以及生活不能自理的监外执行的适用规定。4. 补充修改了检察院对监外执行的决定和减

[①] 参见李淑琴编著：《新刑事诉讼法案例释解》，法律出版社 1996 年版，第 423、439 页。

刑、假释的裁定实行法律监督的规定等。应当说，这些修正已彰显了我国法制建设的巨大发展和历史进步。

然而，也要注意到，1996年刑事诉讼法典关于刑事执行规范的规定还不成熟，甚至存在欠科学的问题。这主要反映在以下几方面：其一，刑事诉讼法典经过1996年的修改，原则性内容多，大多还没有足够明确的具体操作规范。其二，关于刑罚执行的法律规范，有的规定欠科学。如，关于刑罚执行主体的规范。依照我国刑事诉讼法典的规定，刑事判决执行主体，不仅有法院、公安机关，还有监狱。但是法院执行刑事判决的种类，不仅包括作出的无罪判决，还包括罚金和没收财产刑罚的判决。这使得两种刑罚判决的执行与判决主体合一，因缺乏科学的内部制约，从而难以保证执行的公正。其三，监狱法已经难以弥补此时的刑事诉讼法典关于裁判执行规范的不足。因为监狱法当时制定的依据是宪法和1979年刑事诉讼法典，这就决定了这部监狱法的内容，不可避免地在一定程度上存在先天不足。1996年修改刑事诉讼法典以后，最高人民检察院和最高人民法院分别就如何执行刑事诉讼法作出了具体规定，但多是从本系统承担的任务的需要考虑的。而立法机关没有根据这种情况，及时对监狱法进行完善，况且有关机关也迟迟没有根据修改后的刑事诉讼法典出台实施细则。这在一定程度上影响了监狱执行刑罚的效果。其四，关于检察院对于刑事执行机关实施法律监督的规范过于原则，缺乏具体程序规范。[①]

另外，在刑法方面，1997年全面修订的刑法典又把前述单行刑法的特殊规定，吸纳到了该法典第64条、第212条之中。而且，为了使立法更为科学，立法者还对1979年刑法典中涉及刑罚执行的条文进行修改。其大致如下：[②] 1. 对管制刑原法条中有关执行期间的规定进行了修改和增补，使其规定更为明确合理，便于执行和遵守。2. 将拘役刑的最低期限提高到1个月，同时对拘役刑的缓刑考验期也由原来的最低期限"1个月"修改为"2个月"。3. 对死刑的适用对象和条件进行了修正，并放宽了对死缓犯的减刑条件，且规定更为明确，便于操作。4. 增加了强化罚金刑执行制度的内容，对于不能全部缴纳罚金的，法院在任何时候发现被执行人有可以执行的财产，应随时追缴。因遭遇不能抗拒的灾祸缴纳确实有困难的，可以酌情减免。这一修改意在防止犯罪人逃避缴纳罚金。5. 增加了对没收犯罪人全部财产的，应保留其个人及其扶养的家属必需的生活费用的内容。这一规定有利于更好地改造犯罪人，使之

---

① 参见傅宽芝："完善刑事执行立法的三种途径"，载《检察日报》2010年9月10日第3版。
② 参见曾明生编著：《经济刑法一本通》，载小白马法律博客网站，http://lawlife1.fyfz.cn/，访问日期：2013年3月6日。

回归社会后生活有保障，也有利于维护社会稳定，同时也充分体现了刑法的人道主义精神。6. 对缓刑制度作了较大修改。其中，增加了缓刑犯考验期内应遵守的有关规定，以加强改造和考察的可操作性；还将"由公安机关交所在单位或者基层组织予以考察"改为"由公安机关考察，所在单位或者基层组织予以配合"，这样规定更符合实际，以加强监督管理。同时又将撤销缓刑的条件进一步具体化，另设一条，增强了可操作性；并增加了对缓刑考验合格的在缓刑考验期满应公开宣告的规定，这是对实践经验的总结；还增加了两种应当撤销缓刑的情形及其处理规定，因此使撤销缓刑的情形由一变三，如此更能促使犯罪人遵纪守法、接受改造，也解决了实践中对于大法不犯、小法不断的缓刑犯如何处理的法律依据问题。7. 为了增强可操作性，减少随意性，立法者又对减刑条件和假释条件作了更具体的规定，还增加了不得假释的规定；同时还明定了减刑程序和假释程序，使其有章可循，有法可依，也有利于进行监督。8. 增加了假释考验期限内假释犯应遵守的规定，以加强对假释犯的改造和监督的可操作性；并且将撤销假释的条件扩大和具体化，也增加了两种应当撤销假释的原因及其处理规定，因此也使撤销假释的原因由一变三，提高了假释犯的改造标准，也增强了假释制度的严肃性。9. 增加了徇私舞弊减刑、假释、暂予监外执行罪的规定（第401条）。众所周知，这些修正总体上是一种立法进步。

但是，2011年《刑法修正案（八）》中又有涉及修正有关执行条款的规定。其中有关修改主要表现在：1. 强化了对管制犯的必要的行为管束，以适应对其改造和预防再犯的需要。2. 继续对死刑的适用对象和条件进行了修正。对审判时已满75周岁的人，一般不适用死刑；严格限制某些死缓犯的减刑，延长其实际服刑期。3. 进一步完善了缓刑制度。其中，对适用缓刑的条件进一步具体化；对符合缓刑条件的特殊对象作出特别规定；增加对缓刑犯可以附加禁止令的规定，以加强必要的行为管束；增加了犯罪集团的首要分子不适用缓刑的规定，进一步强调了宽严相济的刑事政策；对缓刑犯的监督管理，又进行了与时俱进的调整，把"由公安机关考察，所在单位或者基层组织予以配合"改为"依法实行社区矫正"；还增加了严重违反法院判决中的禁止令而应当撤销缓刑的规定；同时将"国务院公安部门有关缓刑的"改为"国务院有关部门关于缓刑的"表述，这是与有关社区矫正的修改相一致的。4. 将无期徒刑犯的减刑以后实际执行期，由最少为10年提高到13年；同时增加了有关限制减刑的死刑犯在缓期执行期满后减刑以后实际执行期的限制性规定。这主要是进一步贯彻罪责刑相适应原则的需要。5. 进一步完善了假释制度。其中，进一步明确了对不得假释的对象限制性规定，增加了假释时应考虑其假释后对居住社区影响的规定，增强了法律的可操作性，加强对假释犯的监督管理；同时又把"假释后不致再危害社会的"改为"没有再犯罪的危险的"，以便于理解和操作；对假释考验合格的处理，又进行了与时俱进的调整，把"由公安机关予以监督"改为"依法实行社区矫正"；对假释考验不合格的处理条款作了修改，将"国务院公安部门"改为"国务院有关部门"，这是与有关社区矫正的修改相一致的。

据此观之，我国刑事法中有关刑罚执行的规定已取得了较大的发展。然而，三部刑事法律中的条文不协调的问题越来越明显。

（三）趋于成熟期（2013年刑事诉讼法典生效以后）

随着经济社会的快速发展、民主法制建设的不断推进和人民群众司法需求的日益增长，刑事诉讼制度在某些方面也出现了一些不相适应的问题，仍然有必要进一步予以完善。2012年3月14日第十一届全国人民代表大会第五次会议通过了《关于修改〈中华人民共和国刑事诉讼法〉的决定》，这是新中国成立后刑事诉讼法典的第二次全面修正。该法典2013年1月1日起施行。其中立法者也对刑罚执行程序，主要作了如下补充修改：1. 进一步补充修改了对罪犯交付执行的规定。将第213条改为第253条，其中第1款增补了交付执行的具体时间和对象，以利于及时交付执行。而且，为了使监狱法的规定保持与修改后的刑事诉讼法典相一致、相衔接，该条第2款对看守所代为执行的时间，由原来"剩余刑期在1年以下的"修改为"剩余刑期在3个月以下的"。2. 进一步完善暂予监外执行的规定。其中根据实际需要，将暂予监外执行的对象扩大到无期徒刑犯之中的怀孕或正在哺乳自己婴儿的妇女；进一步明确暂予监外执行的决定、批准程序；增加规定，不符合暂予监外执行条件的罪犯通过贿赂等非法手段被暂予监外执行的，在监外执行的期间不计入执行刑期；罪犯在暂予监外执行期间脱逃的，脱逃的期间不计入执行刑期。3. 加强检察机关对刑罚执行活动的法律监督。为完善检察机关对减刑、假释和暂予监外执行的监督机制，增加规定，监狱、看守所提出减刑、假释的建议或者暂予监外执行的意见的，应当同时抄送检察院。检察院可以向法院或者批准机关提出书面意见。4. 与时俱进，增补了社区矫正的规定，使之与刑法条文相衔接。

同样，为了加强三法之间的协调性，2012年10月26日全国人民代表大会常务委员会通过对《监狱法》的部分修正。其修正也自2013年1月1日起施行。至此，刑事诉讼法典的修正和监狱法的修正同步生效。显然，目前我国刑事法中的有关刑事裁判执行的规定，在总体上逐渐趋于成熟。

综上所述，（税收犯罪）刑事裁判执行的立法规定经历了一个发展完善的过程。而且，可以发现，其中没有专门集中涉及税收犯罪刑事裁判执行的立法规定，而常见的是分布于三法中的一般性规定，以及曾经个别散落于单行刑法中，或者当前还在刑法典分则中个别涉及税收方面的特殊性规定。

二、立法检讨：经济学与（守法）教育学视角

（一）经济学视角

从我国（税收犯罪）刑事裁判执行规定的立法史看，其立法经历了一个不断完善的过程，它也是一个立法上追求和实现供求平衡的过程。前述立法规定经历了数次的修订，不断适应社会发展而变化，立法技术也逐渐走向成熟，供求平衡亦处于动态之中。

另外，其立法史应当也是一个追求以尽可能小的立法成本获取尽可能大的立法收益的过程。若立法尽量采用一般性规定，则可以节约立法成本，而过多采用特殊性规定就会浪费立法资源。所以，前述1988年和1995年两个单行刑法中，关于没收赃物赃款、犯罪工具和违法所得的规定，从这个角度上看，其立法不符合经济性原则。诚然，它们是特定历史时期的产物。而当前有关刑事执行的立法趋势，更注重一般性的规定，这是更为经济的、比较科学的。

还要指出的是，1996年立法者修改刑事诉讼法典时，删除了无期徒刑犯可适用监外执行的规定，以防止其危害社会治安秩序，但是2012年立法者再次修正该法典时，根据实际需要，将暂予监外执行的对象扩大到无期徒刑犯中的怀孕或者正在哺乳自己婴儿的妇女。显然，前者走向极端，而后者有所回归，实行区别对待的人道原则。这表明当时的立法前瞻性还不够，因此增加了修改的成本。此外，前述三部刑事法律中均涉及减刑和假释的规定。而1997年刑法典第79条、第82条分别规定了本应由刑事诉讼法典规定的减刑程序和假释程序。这表明其中协调性不够好。因此，它可能导致修改立法时的工作量和成本的增加。1996年刑事诉讼法典和1997年刑法典两部法典，本应如同1979年两部法典那样，同步通过、连日公布，数月之后同步生效，但是，两部兄弟法典无论公布日期还是生效日期都是一前一后的，本应同步生效却间隔了10个月之久。如此容易导致两部法典之间有一些不协调的问题，而这可能会给增加立法修改的成本埋下隐患。应当说，2012年刑事诉讼法典的修正和监狱法的修正，虽然没有同步公布，但是同步生效（自2013年1月1日起施行）。由此可见，总体上这还是适当考虑了两法的协调性的。

（二）（守法）教育学视角

税收犯罪刑事裁判的执行，在立法中的惩教结构上，同样由六大要素组成。其中教育环节，此时还是立法阶段和立法层面，而不是实践中的刑事执行

阶段。因为后者是行刑中的惩教结构的环节要素。同理，此处的教育者是立法者，而行刑中的惩教结构的教育者，包括所有执行刑事裁判任务的单位及其工作人员。具体来说，行刑中的教育者包括执行机关和执行监督机关及其工作人员，执行机关包括法院、监狱、公安机关以及转交的其他有关单位和组织等，而执行监督机关是检察院。立法中惩教结构的教育对象是一般人，而行刑中惩教结构的教育对象主要是受刑人和一般人，也包括自我教育中的教育者。为了实现遵守法律、改过自新等教育目的，刑事执行活动，需要表达一些教育内容。在行为规范上，强调"法不可违，罪不可犯"的基本道理。同时，还可能依法对他们增加了"改恶从善"、"重新做人"的要求。需要注意的是，刑事执行中守法教育的内容通常不包括智育内容。① 另外，教育内容还有各种裁判内容，包括有关执行的条文规范等。这些内容所依凭的教育方式主要是各罪法定的刑事处罚的具体执行方式了。这些内容和方式有时会因为立法修正而发生变化。

需要指出，有学者认为，许多国家的刑法都在追诉时效之外同时还有行刑时效的规定。由此来看，我国的罚金无限期追缴制度，其合理性值得怀疑。因为根据行刑时效的理论，即便是自由刑等重刑，过了执行期限也就不必执行了，但在我国，罚金刑通常只是附加适用的轻刑却无执行期限的限制，这就意味着，只要被判处罚金的人还活着，无论过了多少年都还要执行。这不利于犯罪人重新开始生活，不利于犯罪人的再社会化。而且建议设置罚金刑执行保证金制度，把判决前主动交纳罚金保证金增加为法定从轻处罚的情节，以鼓励犯罪人积极创造条件缴纳罚金。② 对此观点，有一定的合理性。然而，立法者是否采纳前述废除或者增设的有关建议，将会影响其守法教育的内容和方式。

又有学者认为，将来可以考虑制定一部《刑事裁判执行法》③。而近期需考虑，在制定《刑事裁判执行法》之前，立法机关宜在修改刑事诉讼法典的过程中，先行在该法典第 7 条中恢复监狱在刑事程序法中应有的地位，使其与人民法院、人民检察院和公安机关具有同样的诉讼关系主体资格，并且应当在该法典的执行程序部分，明确规范落实该项原则的具体操作程序。甚至考虑制

---

① 参见曾明生：《动态刑法的惩教机制研究——刑事守法教育学引论》，中国政法大学出版社 2011 年版，第 212、214 页。

② 参见刘明祥："论解决罚金刑执行难题的立法途径"，载《法学家》2009 年第 2 期，第 98、100—103 页。

③ 也有学者主张，将来可以制定一部《刑罚执行法》。参见屈学武主编：《刑法改革的进路》，中国政法大学出版社 2012 年版，第 80 页。

定监狱法实施细则,并为监狱法的完善提供条件等。① 对此,我们也基本赞同。不过,对于制定监狱法实施细则而言,我们认为,可以由最高人民检察院和司法部联合颁行司法解释的方式来实现。

另外,也值得指出,还有学者认为,在制定一部完整的刑事执行法典(行刑法典)之前,还可以制定一个关于社区矫正的专门的刑法修正案或者制定《社区矫正法》等。对此,我们认为,分步走逐渐完善的观点是可行的。当颁行综合的《刑事执行法》,替代《监狱法》和《社区矫正法》之时,将会是我国刑事执行的规范体系最终成熟之日。

基于上述结构要素的状况及其发展变化,已经影响或将影响此罪立法中的惩教机能。当前这种惩教机制仍需进一步改进。通过完善前述结构要素,推进其立法中的惩教机制的发展和进步。

第二节 税收犯罪刑事裁判执行的司法检讨

本节先对相关司法解释中的若干问题进行讨论,然后再就行刑实践中的若干普遍性问题加以探讨。

一、相关司法解释中的若干问题探讨

毋庸置疑,此处的司法解释是与前节立法条文相关联的。自新中国成立以来,此类司法解释数量众多。譬如:1. 1956年11月24日《最高人民法院关于宣告假释或缓刑的罪犯另犯新罪应由哪一个法院撤销假释或缓刑等问题的批复》;2. 1991年10月8日《最高人民法院关于办理减刑、假释案件具体应用法律若干问题的规定》;3. 1992年3月16日《最高人民法院、最高人民检察院关于办理偷税、抗税刑事案件具体应用法律的若干问题的解释》;4. 1995年7月20日《最高人民检察院关于执行〈监狱法〉有关问题的通知》;5. 1996年10月17日《最高人民法院关于适用〈全国人民代表大会常务委员会关于惩治虚开、伪造和非法出售增值税专用发票犯罪的决定〉的若干问题的解释》;6. 1997年10月29日《最高人民法院关于办理减刑、假释案件具体应用法律若干问题的规定》;7. 1998年7月8日《最高人民法院关于人民法院执行

---

① 参见傅宽芝:"完善刑事执行立法的三种途径",载《检察日报》2010年9月10日第3版。

工作若干问题的规定（试行）》；8. 2000年11月15日《最高人民法院关于适用财产刑若干问题的规定》（自2000年12月19日起施行）；9. 2002年4月10日《最高人民法院关于撤销缓刑时罪犯在宣告缓刑前羁押的时间能否折抵刑期问题的批复》（自2002年4月18日起施行）；10. 2002年7月8日《最高人民法院、最高人民检察院、海关总署关于办理走私刑事案件适用法律若干问题的意见》；11. 2002年9月17日《最高人民法院关于审理骗取出口退税刑事案件具体应用法律若干问题的解释》（自2002年9月23日起施行）；12. 2002年11月5日《最高人民法院关于审理偷税抗税刑事案件具体应用法律若干问题的解释》（自2002年11月7日起施行）；13. 2003年7月10日《最高人民法院、最高人民检察院、公安部、司法部关于开展社区矫正试点工作的通知》；14. 2009年6月25日《中央社会治安综合治理委员会办公室[①]、最高人民法院、最高人民检察院、公安部、司法部关于加强和规范监外执行工作的意见》；15. 2009年9月2日《最高人民法院、最高人民检察院、公安部、司法部关于在全国试行社区矫正工作的意见》；16. 2010年2月10日《最高人民法院关于财产刑执行问题的若干规定》（自2010年6月1日起施行）；17. 2011年4月25日《最高人民法院关于〈中华人民共和国刑法修正案（八）〉时间效力问题的解释》（自2011年5月1日起施行）；18. 2011年4月28日《最高人民法院、最高人民检察院、公安部、司法部关于对判处管制、宣告缓刑的犯罪分子适用禁止令有关问题的规定（试行）》（自2011年5月1日起施行）；19. 2012年1月10日最高人民法院、最高人民检察院、公安部、司法部联合颁布《社区矫正实施办法》（自2012年3月1日起施行）；20. 2012年1月17日《最高人民法院关于办理减刑、假释案件具体应用法律若干问题的规定》（自2012年7月1日起施行）；等等。

应当说，上述司法解释发挥了一定的积极作用。但是，我们认为，其中至少存在两个问题：1. 因司法解释本身的缺陷而影响刑事裁判的执行效果。从整体而言，司法解释中的不足是肯定的，否则，此类司法解释将永远有效，不必再改或增补了。显然，这是不可能的。对此也只有期待以后的司法解释再行修正了。2. 因刑事立法本身的缺陷（本书分论中将有述及）而使司法解释存在解决问题上的局限性，进而会影响刑事裁判的执行效果。这最终仍要依赖立法修改才可能改善。

另外，司法解释的生效时间不统一、不规范。有的公布时间与施行时间相

[①] 为了适应新形势新任务，更好地推动党中央、国务院关于加强和创新社会管理的决策部署贯彻落实的需要，2011年8月21日中央社会治安综合治理委员会更名为中央社会管理综合治理委员会。

同，有的则不同；不同的间隔天数又有差异，少则数日，多则数月甚至半年不等。这表明，司法解释的制定和颁行机制的建设，没有引起人们足够的重视，目前尚不完善。当然，这些问题并非只是涉及税收犯罪刑事执行的司法解释的问题，而是司法解释中的普遍性问题。对此，我们希望司法解释的制定者有所改进。

二、行刑实践中的若干普遍性问题探讨

税收犯罪个案司法中的执行问题有很多，这里只探讨多数个案行刑实践中存在的若干普遍性的问题。

1. 刑事裁判的交付执行曾经存在严重的脱节现象。对已判处有期徒刑的罪犯有的长时间关押在看守所，法院不及时下达执行通知书，致使已判决的罪犯不能及时送达监狱等执行场所。新的刑事诉讼法典对有关规定作出修正，对此，状况可能会有所改观。2. 暂予监外执行罪犯的监管落实不到位，漏管、脱管现象比较严重，而且，对减刑、假释和监外执行程序监督过程中存在缺位错位现象。3. 监督手段不力，缺乏保障措施。检察机关发出"通知书"和"司法建议"通常是对违法行为发生后的事后监督，这就容易导致检察机关难以发现执行中的违法行为、难以对执行活动进行事前监督或同步监督，从而滋生了行刑中的一些司法腐败和侵害被执行对象合法权益的现象。对这些问题，新的刑事诉讼法典也作了一定的修改。我们相信，在实践中定会取得一定的进步。4. 保外就医问题比较突出。取保期限存在较大随意性，续保手续流于形式。对此，新的刑事诉讼法典将原法典第214条改为第254条，其中对"保外就医"的内容没有作出大的修改，而主要是在"省级人民政府指定的医院开具证明文件"中增加了"诊断"两字。与此新法典同步生效的最高人民法院2012年12月公布的司法解释第433条规定，暂予监外执行的罪犯具有"保外就医期间不按规定提交病情复查情况，经警告拒不改正的"情形，原作出暂予监外执行决定的人民法院，应当在收到执行机关的收监执行建议书后15日内，作出收监执行的决定。人民法院收监执行决定书，一经作出，立即生效。尽管这有一定的改进，但是，司法监督的滞后性仍然难以有效遏制现实中弄虚作假的问题的发生。对此，仍然有待立法和司法上的完善。5. 财产刑特别是罚金刑执行比较困难。我国罚金刑的执行率低、"空判"率高，而税收犯罪罚金刑执行难的问题不是特别突出，但是仍要引起有关方面的高度重视，规范罚金刑的执行和维护司法裁判的权威性。

对于以上问题，需要进一步加强、改进和落实刑罚执行的监督措施，有的

甚至还要进一步完善相关制度和机制。

（一）进一步推行公开审查、听证和公示制度，完善对减刑、假释和暂予监外执行的监督审核机制

前述最高人民法院2012年12月20日公布的司法解释在第19章执行程序第5节中，对减刑、假释案件的审理作了比较细致明确的规定。其中包括各类罪犯的减刑规定、受理减刑假释案件应当审查移送的材料、审查财产刑执行情况以及退赃退赔情况、审理减刑假释案件应当公示的内容、期限、方式和地点以及审理减刑假释案件的不同审理方式，还包括检察监督和纠错机制等规定。而且，最高人民检察院2012年11月22日公布的《人民检察院刑事诉讼规则（试行）》（自2013年1月1日起施行）中，也有一些监督刑事执行条款的规定。这样，既增加执行的透明度，杜绝暗箱操作，避免腐败孳生，同时又对狱内的在押犯起到鞭策作用。不过，我们认为，现有的对刑事执行的检察监督主要是事后监督，建议推行派驻检察人员提前介入制度，对减刑、假释和暂予监外执行（包括保外就医）的呈报、审理、裁定和决定等工作实行同步监督，参加执行机关研究减刑、假释和保外就医案件的讨论并发表意见，使监督关口前移，认为不符合法定减刑、假释的条件、监外执行不具备法定情形的，应提出建议，提高监督效果，防止事后无法监督的情况的发生。对此需要进一步完善相关司法解释甚至将来修改立法来加以规范。

（二）建立科学工作机制，强化检察机关发现违法和纠正违法的两大监督功能

在规范现有的发现违法途径的基础上，建立检察人员与在押人员的随时约谈制度，全面掌握被监管人员的情况以及是否有体罚虐待罪犯等违法情况，进一步提高检察机关监督刑罚执行的效果。增强检察机关纠正违法通知书的执行力，执行机关应在法定期限内采取消除违法行为及其影响的措施，并将处理结果5日内书面通知检察机关，一并同时将执行情况报告其上级主管部门。建议规定对执行人员在执行中有严重违法行为的，检察机关有权提请执行人员所在单位或上级主管部门予以惩戒，有关机关应将处理结果5日内通知监督部门。[①]

（三）进一步加强和规范刑事裁判中财产刑或财产部分的执行，继续完善有关司法解释

依据前述最高人民法院2012年的相关司法解释第438条的规定，财产刑

[①] 参见高忠祥、陈先鹏：" 刑罚执行中存在的突出问题及对策"，载 http://www.jcrb.com/jcpd/jcll/201009/t20100925_448312.html，访问日期：2013年8月10日。

或财产部分的执行由第一审人民法院负责裁判执行的机构执行。该解释第439条第2款还规定，行政机关对被告人就同一事实已经处以罚款的，人民法院判处罚金时应当折抵，扣除行政处罚已执行的部分。该解释第442条还规定，被执行人或者被执行财产在外地的，可以委托当地人民法院执行。受托法院在执行财产刑后，应当及时将执行的财产上缴国库。但是，刑事裁判在发生法律效力后，若被执行人（犯罪人）在规定期限内，未按生效刑事裁定和判决履行义务的，如何执行？对此，有待司法解释作进一步的说明。我们认为，可由作出财产刑或财产部分裁判的刑事审判庭制作移送执行书，连同生效的判决书、裁定书、《被告人财产情况调查表》以及已查封、扣押、冻结的财产凭证等材料一并移送立案庭审查立案。执行庭在接到立案庭移送的财产刑和财产部分执行案件后，应及时清点移交的材料并审查财产刑和财产部分执行的种类，同时在收到案件后5个工作日内向被执行人及其家属发出执行告知书，限期履行。在规定期限内不履行的，即可对其强制执行。

然而，也要注意，依据前述最高人民法院2012年的有关司法解释第445条的规定，财产刑全部或者部分被撤销的，已经执行的财产应当全部或者部分返还被执行人；无法返还的，应当依法赔偿。

以下将对执行罚金的主要流程、没收财产的强制执行、刑事裁判财产部分强制执行等几个问题进行探讨。

1. 执行罚金的主要流程为：

（1）对查封、扣押、冻结在案的被执行人的财产，变价后直接缴纳罚金、上缴国库；对未查封、扣押、冻结被执行人财产的案件，执行庭收案后应及时依法对被执行人财产状况进行调查。发现有财产可供执行的，应立即采取查封、扣押、冻结措施并及时变价缴纳罚金。

（2）如其现有财产不能一次性交纳罚金的，可允许分期交纳，并确定罚金分期交纳的方式和时间；对犯罪人转移、隐瞒财产的，法院应依法随时追缴；对其确实没有财产可供执行的，应裁定中止执行，待其刑满释放后有可供执行财产，再依职权恢复执行。

（3）对被执行人家属或亲戚自愿将财产借给被执行人缴纳罚金或为其偿付罚金的，应予准许，人民法院不应限制，但应制作笔录，明确案外人代被执行人缴纳罚金的意愿。法院基于被执行人亲友的要求，可以出具亲友借钱给被执行人缴纳或为其偿付的证明。

（4）执行庭在罚金全额执行到位后，应制作终结执行裁定书或通知书，载明执行情况和结果,送达被执行人或其家属,并归档附卷。①

在执行罚金的过程中,还应注意罚金减免的条件及程序。

(1) 罚金减免的条件。根据我国刑法典第53条的规定,因遭遇不能抗拒的灾祸缴纳确实有困难的,可以酌情减少或者免除罚金。依据2000年12月19日施行的《最高人民法院关于适用财产刑若干问题的规定》第6条之规定,其中"由于遭遇不能抗拒的灾祸缴纳确实有困难的",主要是指因遭受火灾、水灾、地震等灾祸而丧失财产;罪犯因重病伤残等而丧失劳动能力,或者需要罪犯抚养的近亲属患有重病,需支付巨额医药费等,确实没有财产可供执行的情形。而且,依据前述最高人民法院2012年的司法解释第446条的规定,因遭遇不能抗拒的灾祸缴纳罚金确有困难,被执行人申请减少或者免除罚金的,应当提交相关证明材料。人民法院应当在收到申请后1个月内作出裁定。符合法定减免条件的,应当准许;不符合条件的,驳回申请。

对此,我们认为,被执行人罚金减免的条件可以包括以下几项:①因自然灾害或社会灾害等不可抗力,造成被执行人财产重大损失,无力支付罚金的。②被执行人无收入来源,又丧失劳动能力的。如因患重病或伤残等丧失劳动能力,被执行人生活困难的。③被执行人扶养的近亲属因患病、事故等造成被执行人生活困难而无力履行罚金义务的。④被执行人遭遇其他不能抗拒的困难而无力缴纳罚金的情形。

(2) 罚金减免的程序。①提出申请。需由被执行人本人、亲属、被执行人单位或所在地区职能部门向法院执行机构提出书面申请,并提供相应的证明材料。②形式审查和实质审查。应由执行人员会同刑庭审判人员进行初步审查,提出减免意见,并报本院审委会讨论决定。③裁定减免。人民法院应当在收到申请后1个月内作出裁定。审委会讨论决定减免的,可由刑庭制作减免裁定书,对减免部分不再执行。对于不符合条件的,驳回申请,作出不予减免裁定书。

2. 对税收犯罪没收财产的强制执行。执行没收财产的具体流程和执行罚金的基本相同。依据前述最高人民法院2012年有关司法解释第439条第3款的规定,判处没收财产的,判决生效后,应当立即执行。但应注意,被执行人被判无期徒刑,其可供执行的个人财产执行完毕后,无其他可供执行的个人财产的,该被执行人的财产刑、财产部分视为全部执行到位。

3. 对税收犯罪刑事裁判财产部分强制执行的流程而言,它与执行罚金以

---

① 参见唐龙生:"财产刑及刑事裁判财产部分案件执行的若干问题思考和建议",载http://www.shezfy.com/view.html? id=5605,访问日期:2013年8月10日。

及没收财产的基本相同。在当判决追缴没收犯罪人违法所得或责令其退赔的,而查封、扣押、冻结的被执行人财产不足时,应及时启动调查程序,发现被执行人有财产可供执行的,立即实施查封、扣押、冻结、变价等强制措施,并及时将变价所得的钱款上缴国库或退赔。经核查被执行人暂无财产可供执行的,案件应予中止执行。

除此之外,还应注意下述几个问题:

1. 税收犯罪财产刑执行的顺序问题。对同一被执行人同时存在财产刑、退赔损失、其他债权和罚款等清偿义务的,其清偿顺序为:实际执行支出费用,判决退赔被害人经济损失以及已生效法律文书确认的被执行人其他债务,税务机关依法规定应先行追缴的税款,罚金和没收财产,罚款等。前述所称被执行人所负的其他债务,是指被执行人在刑事判决生效前所欠他人并经生效法律文书确定的合法、正当的债务。而税务机关依法追缴的税款仅限于危害税收征管罪之中,应当先由税务机关依法追缴的税款和所骗取的出口退税款。前述债权人申请实现债权的,应书面提出申请,并提供证明其债权的生效法律文书或其他证明文件,经审查属实后依照前述分配顺序分配。对有关债权的审查,必要时可采取听证。①

2. 对共有财产的执行问题。执行中的财产涉及被执行人与他人共有的,如共有份额不明确的,应告知其他共有人在规定期限内提起析产诉讼;期限内未提起析产诉讼的,可拍卖、变卖该共有财产,所得款项按共有人数等分后执行被执行人的份额。如共有份额明确的,可由共有人进行分割,再通过共有人购买被执行人份额,或由被害人接受被执行人份额抵债;前述方法无法实施或涉及其他债权人利益的,可拍卖、变卖该共有财产,并依法执行变现款中被执行人的份额部分,其余份额发还其他共有人。共有财产可分割且分割不影响其价值的,则可直接拍卖、变卖属被执行人份额的财产;若共有财产是不可分割的,或分割后将导致该财产价值减损的,则不能对共有财产实施强行分割和变价。

3. 税收犯罪案外人异议的处理问题。根据前述最高人民法院2012年有关司法解释第440条的规定,执行财产刑和附带民事裁判过程中,案外人对被执行财产提出权属异议的,人民法院应当参照民事诉讼有关执行异议的规定进行审查并作出处理。因此,对查封、扣押、冻结被执行人财产,案外人提出权属异议的,可由作出查封、扣押、冻结决定的机关审查处理。执行机关审查中,

---

① 参见唐龙生:"财产刑及刑事裁判财产部分案件执行的若干问题思考和建议",载http://www.shezfy.com/view.html? id=5605,访问日期:2013年8月10日。

如案外人所提异议需另行通过诉讼确权的,应引导案外人提起确权诉讼。确权诉讼期间,对案外人提出异议的财产暂缓执行。查控财产处分完毕后,如案外人再提异议不予受理。

4. 税收犯罪案件中止执行、终结执行的条件问题。实践中,许多财产刑和财产部分执行案件,因被执行人正在服刑改造,或现有财产不足以执行等各种客观原因,导致全部或部分不能执行。因此会涉及案件的中止执行、终结执行问题。依据前述最高人民法院2012年有关司法解释第443条的规定,执行财产刑过程中,具有下列情形之一的,人民法院应当裁定中止执行:(1)执行标的物系人民法院或者仲裁机构正在审理案件的争议标的物,需等待该案件审理完毕确定权属的;(2)案外人对执行标的物提出异议的;(3)应当中止执行的其他情形。中止执行的原因消除后,应当恢复执行。依据该解释第444条的规定,执行财产刑过程中,具有下列情形之一的,人民法院应当裁定终结执行:(1)据以执行的判决、裁定被撤销的;(2)被执行人死亡或者被执行死刑,且无财产可供执行的;(3)被判处罚金的单位终止,且无财产可供执行的;(4)依照刑法典第53条规定免除罚金的;(5)应当终结执行的其他情形。裁定终结执行后,发现被执行人的财产有被隐匿、转移等情形的,应当追缴。我们认为,对财产刑全部执行到位的,也要执行终结;未全部执行到位,但未发现被执行人再有其他个人财产的,执行中止;被执行人被判处无期徒刑,无可供执行的个人财产的,财产刑视为全部执行到位。

5. 规范税收犯罪中赃款、赃物的处理问题。查封、扣押、冻结的犯罪嫌疑人的财物,是否属赃款、赃物,应由法院认定,在法院未作出判决前,不能认定为赃款、赃物。刑事案件中已查封、扣押、冻结财产移送不规范。在实践中,有些机关在刑事判决未生效之前即擅自处理查封、扣押、冻结的财物,甚至还有一些机关和部门违反刑事诉讼法的规定,对查封、扣押、冻结的财产不处理,更不移送,而导致判决生效后无法执行财产刑。[①] 对此,应依法追究有关人员的法律责任。

6. 妨碍执行的法律责任问题。依据刑法典第313条、第314条的规定,对法院的税收犯罪裁判有能力执行而拒不执行,情节严重的,或隐藏、转移、变卖、故意毁损已被司法机关查封、扣押、冻结的财产,情节严重的,处3年以下有期徒刑、拘役或者罚金。前述最高人民法院2000年有关财产刑的司法解释第11条又规定,隐藏、转移、变卖、损毁已被扣押、冻结财产情节严重

[①] 参见谢晓华:"财产刑执行问题及对策研究",载《行政与执行法律文件解读》第4辑,人民法院出版社2010年版,第65页。

的，依照刑法典第 314 条追究刑事责任。另外，在税收犯罪案件执行期间，受调查人、被执行人或者协助执行义务人有妨害执行行为的，执行机构可以采取罚款、拘留等处罚措施；构成犯罪的，依法追究刑事责任。因此，财产刑案件执行中，如查实有拒不履行裁判或妨害执行行为的，执行法院可采取相应的处罚措施；涉嫌犯罪的，可将调查收集的材料移送公安机关予以侦查。[1] 通常认为，前述行为的主体包括被执行人、执行中的担保人、协助执行义务人以及其他实施上述违法犯罪行为的案外人；行为人是单位的，还应追究主管人员和其他直接责任人员的责任。

---

[1] 参见唐龙生："财产刑及刑事裁判财产部分案件执行的若干问题思考和建议"，载 http：//www.shezfy.com/view.html？id＝5605，访问日期：2013 年 8 月 10 日。

第二部分

分 论

第六章 逃税罪

案例概要

R制药厂于1997年9月12日注册成立，住所地在A市B区○○园开发区，法定代表人王×，总经理李×，经济性质系股份合作制企业，主要生产"健骨生丸"。该制药厂于1998年2月6日至1998年12月23日期间共生产"健骨生丸"566600盒，总经理李×指令保管员肖×将其中358313盒登记在药厂正式账上，其余208287盒采用不登记入库的方法，另作记录，药厂销售人员可以"打白条"形式将药品领走。王×在任R制药厂的法定代表人期间，1998年1月至1999年1月，F医学院坏死性骨病医疗中心共打白条领出5123盒健骨生丸，销售金额为人民币4508240元，既没有在R制药厂登记入账，亦未向B区国税局申报纳税，致使该制药厂偷逃税款人民币655043.42元，占其应纳税款额52.97%。

案发后经由B区检察院向该区法院提起公诉。一审判决R制药厂犯偷税罪，判处罚金人民币140万元；王×犯偷税罪，判处有期徒刑3年，缓刑3年，并判处罚金大民币70万元。R制药厂和王×不服提出上诉。该制药厂的诉讼代理人及其辩护人上诉提出偷税行为系王×个人利用担任该制药厂法定代表人的职务便利所实施，应当由被告人王×个人承担全部责任。王×上诉提出：真正偷税的直接责任人是李×，自己虽是R制药厂的法定代表人，但对制药厂的偷税行为并不知情，王×在主观方面没有指挥制药厂进行偷税的主观故意；在客观方面，王×亦未实施策划该制药厂实施偷税的犯罪行为，因此不应承担刑事责任。此外，根据该制药厂的章程规定及领导权限划分，李×作为制药厂总经理，系主管药厂生产、库存、销售、申报纳税的直接责任人，因此，该制药厂偷逃税款一案应由李×承担法律责任。二审法院经审理认为，一审法院判决认定R制药厂构成偷税罪的证据确实、充分，审判程序合法。但量刑不当，应予改判。同时，无证据证明王×具有决定、批准、授意、指挥企业工作人员不列或少列收入，从而偷税的行为，故认定王×系该制药厂偷税罪直接负责的主管人员，追究其刑事责任的证据不足。R制药厂及其辩护人所提出的对单位罚金过重、王×及其辩护人所提出的王×的行为不构成偷税罪的上诉理由和辩护意见，本院予以采纳。遂撤销一审法院刑事判决，改判R制药厂犯偷税罪，判处罚金人民币70万元，又改判王×无罪。①

【1. 说明：此案经过各个诉讼环节，其中相关程序分析，可参阅总论部分的有关内容以及本书后附录中的刑事诉讼法。2. 思考：裁判公正吗？为什么？】

第一节 逃税罪的立法沿革及检讨

逃税罪，原为偷税罪，② 是指纳税人采取欺骗、隐瞒手段，逃避缴纳税款数额较大并且占应纳税额10%以上的，依照刑法应当追究刑事责任的行为；或者扣缴义务人采取欺骗、隐瞒手段，不缴或者少缴已扣、已收税款，数额较大的，依照刑法应当追究刑事责任的行为。

一、1997年刑法典生效之前逃税罪的立法状况

新中国成立之初，行政法规有偷税行为情节严重而应送人民法院处理的规定。如1950年《货物税暂行条例》第13条规定，"私制、私销及其他偷漏行为，按情节轻重，处以所漏税额5倍以下罚金，或没收货物的一部或全部，对特定货物得罚没并处。"1950年《工商业暂行条例》第25条规定："匿报营业额及所得额者，除追缴其应纳税款外，并处以所漏税款1倍到10倍的罚金。伪造证据或抗不交税，情节重大者，送人民法院处理。"1958年9月为将商品流通税、货物税、营业税、印花税合并为工商统一税的税制改革颁布了

---

① 参见孙力、梅传强主编：《刑事案例诉辩审评——危害税收征管罪》，中国检察出版社2006年版，第9—13页。尽管此案例不是新近发生的，但是因其具有历史比对性和案情代表性的价值，故本书将之收录于此。

② 在《刑法修正案（七）》第3条对刑法典第201条修改之后，是否要变更罪名？学界曾经有否定说和肯定说两种认识。否定说认为，修正案虽对刑法条文作了修改，但不涉及对犯罪本质特征或者主要特征的高度概括，只对法定刑作了调整或者只对条文罪状作了补充，因而原有罪名可以不作修改。肯定说又有两种观点：将原来的"偷税罪"修改为"逃税罪"或者"逃避缴纳税款罪"。对此，确定为"逃税罪"还是"逃避缴纳税款罪"，两者各有优长。因为"逃税罪"比"逃避缴纳税款罪"更"精炼"，且接近国外的提法。但是，采用"逃避缴纳税款罪"的罪名，从字面上能够和"逃避追缴欠税罪"（刑法典第203条）对比更鲜明、更直观，意义也更明确。目前司法解释采纳了"逃税罪"的罪名。

《中华人民共和国工商统一税细则（草案）》，第 16 条规定，"纳税人如果有偷税、漏税行为，税务机关除追交所偷漏的税款外，可以根据情节轻重，给予批评或者处以所偷漏税款的 5 倍以下的罚金；情节严重的送人民法院处理。" 1958 年《农业税条例》第 28 条也有类似规定。当然，20 世纪 50 年代初，我国刑法典草案中也规定了税收犯罪，如 1957 年的《中华人民共和国刑法草案》（第 22 稿）第 137 条规定："违反税收法规，偷税漏税，情节严重的，处 3 年以下有期徒刑或拘役，可以并处或单处 5 千元以下罚金。"可见，当时我国税收刑事立法只将偷税、漏税和抗税三种行为犯罪化。这是因为当时我国处于计划经济体制时期，奉行社会主义"非税论"，财政收入的主要来源不是税，而是国营企业上交的利润，或许这是当时税收刑法极不完备的重要原因。

1979 年刑法典没有把漏税作为犯罪处理。应该说是一个进步。[①] 该法典第 121 条规定："违反税收法规，偷税、抗税，情节严重的，除按照税收法规补税并且可以罚款外，对直接责任人员，处 3 年以下有期徒刑或者拘役。"但该条规定过于笼统，不便操作，难以适应偷税犯罪变化的情况；加之刑罚偏轻，造成对一些严重的偷税犯罪打击不力。1992 年 3 月 16 日最高人民法院、最高人民检察院联合作了《关于办理偷税、抗税刑事案件具体应用法律的若干问题的解释》。该解释对偷税罪和抗税罪的行为手段、犯罪主体要件、犯罪数额、犯罪情节、共同犯罪和刑罚处罚方式都作了较为详细的说明。但刑事司法解释并非刑事立法，因而其不能也不应僭越立法。为此，全国人大常委会于 1992 年 9 月 4 日颁布了《关于惩治偷税、抗税犯罪的补充规定》，对 1979 年刑法典第 121 条作了补充和修改，其中共计 8 条，除最后一条规定施行日期外，前 7 条依次对纳税人和扣缴义务人的偷税犯罪、纳税人逃避欠缴应纳税款的犯罪、企业、事业单位犯罪的双罚制处罚、纳税人向税务人员的行贿罪、骗取国家出口退税罪、抗税罪以及追缴税款等作了比较具体的规定。譬如，对于偷税罪首次规定了几个比例加数额的刑罚量刑档："纳税人……偷税数额占应纳税额的 10% 以上并且偷税数额在 1 万元以上的，或者因偷税被税务机关给予二次行政处罚又偷税的，处 3 年以下有期徒刑或者拘役，并处偷税数额 5 倍以下的罚金；偷税数额占应纳税额的 30% 以上并且偷税数额在 10 万元以上的，处 3 年以上 7 年以下有期徒刑，并处偷税数额 5 倍以下的罚金。"以及"扣缴义务人……数额占应缴税额的 10% 以上并且数额在 1 万元以上的，依照

[①] 立法者认为，漏税只是遗漏了应缴税款，不是出于有意欺骗或隐瞒的行为，因此不宜当作犯罪处理。参见高铭暄编著：《中华人民共和国刑法的孕育和诞生》，法律出版社 1981 年版，第 166—167 页。

前款规定处罚……"该补充规定对偷税罪的规定进行修正，规定了单位可以成为税收犯罪的主体，扩大了偷税罪的主体范围，提高了该罪的法定刑，最高法定刑由 3 年有期徒刑提升到 7 年有期徒刑，对个人税收犯罪设置了罚金刑，同时对单位犯中的主管人员和直接责任人员适用自由刑和罚金刑，规定了单位犯罪的两罚制等。此外，1992 年 9 月 4 日《税收征收管理法》和 1995 年 2 月 28 日《税收征收管理法》，都照应了《关于惩治偷税、抗税犯罪的补充规定》中的相关规定。

二、1997 年刑法典生效之后逃税罪的立法演进

1997 年 3 月全国人大通过对刑法的全面修订，并规定刑法典于 1997 年 10 月 1 日正式施行。1997 年刑法典第 201 条吸收《关于惩治偷税、抗税犯罪的补充规定》第 1 条的内容，对原来偷税罪的构成及其处罚作了进一步的修改和完善。即 1997 年刑法典第 201 条规定："纳税人采取伪造、变造、隐匿、擅自销毁账簿、记账凭证，在账簿上多列支出或者不列、少列收入，经税务机关通知申报而拒不申报或者进行虚假的纳税申报的手段，不缴或者少缴应纳税款，偷税数额占应纳税额的 10% 以上不满 30% 并且偷税数额在 1 万元以上不满 10 万元的，或者因偷税被税务机关给予二次行政处罚又偷税的，处 3 年以下有期徒刑或者拘役，并处偷税数额 1 倍以上 5 倍以下罚金；偷税数额占应纳税额的 30% 以上并且偷税数额在 10 万元以上的，处 3 年以上 7 年以下有期徒刑，并处偷税数额 1 倍以上 5 倍以下罚金。

"扣缴义务人采取前款所列手段，不缴或者少缴已扣、已收税款，数额占应缴税额的 10% 以上并且数额在 1 万元以上的，依照前款的规定处罚。

"对多次犯有前两款行为，未经处理的，按照累计数额计算。"

与 1979 年刑法典相比，该刑法典关于偷税罪的规定，吸取了前述有关补充规定的内容，基本适应了社会主义市场经济条件下打击偷税犯罪的需要，比如采用了叙明罪状的方式；偷税罪主体范围扩大，把扣缴义务人纳入偷税罪的主体范围，并且规定了单位犯罪；在定罪和处罚的量化标准、量刑层次和幅度上有了明确规定；针对偷税罪的贪利性特点，增设了罚金刑。但是在偷税罪中，由于刑法规定"数额加比例"的情形，反而造成符合数额却不符合比例，或符合比例又不符合数额的法律漏洞，以致发生"偷税 9 万元可以定罪，而偷税 15 万元反倒不能定罪"的"法律故事"。[①] 以下就是当时偷税罪的法律真

---

① 引自《检察日报》正义网"法律的故事"，2001 年 5 月 7 日。

空图：[1]

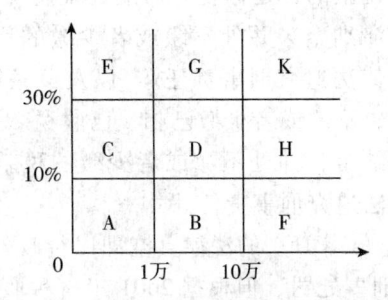

```
        ^
        |
   30%  | E    G    K
        |
        |------+----+----
   10%  | C    D    H
        |
        |------+----+----
        | A    B    F
      0 +----+----+------>
            1万   10万
```

依据 1997 年刑法典第 201 条第 1 款的规定，当时出现了法律真空图。即：

A：偷税额不满 1 万元，占应纳税款的比例不满 10%，情节轻微不予刑事处罚。依据 1995 年《税收征收管理法》，偷税数额不满 1 万元或者偷税数额占应纳税额不到 10% 的，由税务机关追缴其偷税款，处以偷税数额 5 倍以下的罚款。

D：偷税额在 1 万元以上不满 10 万元，且占应纳税款的比例 10% 以上不满 30%，按第一量刑档处罚。

K：偷税额在 10 万元以上，且占应纳税款的比例 30% 以上，按第二量刑档处罚。

C、E：偷税额不满 1 万元，占应纳税款的比例 10% 以上，甚至 30% 以上，无刑事处罚规定。依据 1995 年《税收征收管理法》，偷税数额不满 1 万元的，由税务机关追缴其偷税款，处以偷税数额 5 倍以下的罚款。

B、F：偷税额在 1 万元以上，甚至 10 万元以上，占应纳税款的比例不满 10%，无刑事处罚规定。依据 1995 年《税收征收管理法》，偷税数额占应纳税额不到 10% 的，由税务机关追缴其偷税款，处以偷税数额 5 倍以下的罚款。

G：偷税额在 1 万元以上不满 10 万元，占应纳税款的比例 30% 以上，当时既无相应的刑事处罚又无相应的行政处罚的规定。

H：偷税额在 10 万元以上，占应纳税款的比例在 10% 以上不满 30% 之间，当时既无相应的刑事处罚又无相应的行政处罚的规定。

由上可见，当时偷税罪的处罚规定出现 2 个区域（G、H）的法律真空。

但是，2001 年修订的《税收征收管理法》第 63 条第 1 款规定，"纳税人伪造、变造、隐匿、擅自销毁账簿、记账凭证，或者在账簿上多列支出或者不列、少列收入，或者经税务机关通知申报而拒不申报或者进行虚假的纳税申

---

[1] 该偷税罪法律真空图采用了杜巍的思路。参见曾明生："刑法目的概念解构与特征刍议"，载陈泽宪主编：《刑事法前沿》第 1 卷，中国人民公安大学出版社 2004 年版，第 112—133 页。

报,不缴或者少缴应纳税款的,是偷税。对纳税人偷税的,由税务机关追缴其不缴或者少缴的税款、滞纳金,并处不缴或者少缴的税款50%以上5倍以下的罚款;构成犯罪的,依法追究刑事责任。"以及该条第2款规定,"扣缴义务人采取前款所列手段,不缴或者少缴已扣、已收税款,由税务机关追缴其不缴或者少缴的税款、滞纳金,并处不缴或者少缴的税款50%以上5倍以下的罚款;构成犯罪的,依法追究刑事责任。"

由此上述2个区域(G、H)的法律真空即以行政处罚加以弥补。即:

A:情节轻微不予刑事处罚,但根据2001年《税收征收管理法》,由税务机关追缴其不缴或者少缴的税款、滞纳金,并处不缴或者少缴的税款50%以上5倍以下的罚款。

D:按第一量刑档处罚。

K:按第二量刑档处罚。

C、E:偷税额不满1万元,占应纳税款的比例10%以上,甚至30%以上,无刑事处罚规定,但根据2001年《税收征收管理法》,由税务机关追缴其不缴或者少缴的税款、滞纳金,并处不缴或者少缴的税款50%以上5倍以下的罚款。

B、F:偷税额在1万元以上,甚至10万元以上,占应纳税款的比例不满10%,无刑事处罚规定,但根据2001年《税收征收管理法》,由税务机关追缴其不缴或者少缴的税款、滞纳金,并处不缴或者少缴的税款50%以上5倍以下的罚款。

G:偷税额在1万元以上不满10万元,占应纳税款的比例30%以上,无刑事处罚规定,但根据2001年《税收征收管理法》,由税务机关追缴其不缴或者少缴的税款、滞纳金,并处不缴或者少缴的税款50%以上5倍以下的罚款。

H:偷税额在10万元以上,占应纳税款的比例在10%以上不满30%之间,无刑事处罚规定,但根据2001年《税收征收管理法》,由税务机关追缴其不缴或者少缴的税款、滞纳金,并处不缴或者少缴的税款50%以上5倍以下的罚款。

据此,在2009年2月28日《刑法修正案(七)》施行之前,原偷税罪的处罚规定有7个无刑事处罚规定的区域(A、C、E、B、F、G、H)。[①]

然而,2009年2月28日,第十一届全国人民代表大会常务委员会第七次会议通过《刑法修正案(七)》并于当天公布施行。其中第3条对刑法典第

---

① 参见曾明生:《刑法目的论》,中国政法大学出版社2009年版,第58—60页。

201 条修改为："纳税人采取欺骗、隐瞒手段进行虚假纳税申报或者不申报，逃避缴纳税款数额较大并且占应纳税额 10% 以上的，处 3 年以下有期徒刑或者拘役，并处罚金；数额巨大并且占应纳税额 30% 以上的，处 3 年以上 7 年以下有期徒刑，并处罚金。

"扣缴义务人采取前款所列手段，不缴或者少缴已扣、已收税款，数额较大的，依照前款的规定处罚。

"对多次实施前两款行为，未经处理的，按照累计数额计算。

"有第 1 款行为，经税务机关依法下达追缴通知后，补缴应纳税款，缴纳滞纳金，已受行政处罚的，不予追究刑事责任；但是，5 年内因逃避缴纳税款受过刑事处罚或者被税务机关给予二次以上行政处罚的除外。"

据此，刑法典第 201 条有七处立法上的新变化：①

1. 以"逃避缴纳税款"取代"偷税"一词。原来习惯上用"偷税"这个概念，实际上逃避纳税义务是这个犯罪的本质特征，这样在表述上更为准确。偷税不同于盗窃，不是从国家口袋中掏钱，而是不愿意把钱掏给国家。它实际上是纳税人不履行应尽的纳税义务，区别于盗窃国家资产。又因为"偷税"二字容易使人联想为把别人的东西偷归己有，所以这种修改可以避免误解，使用语更具科学性。

2. 逃税的法定行为方式由列举式变为概括式规定。概括式规定要比完全列举式规定更具包容性，不易导致立法漏洞，因而更为科学。

3. 对逃税罪的定罪量刑标准不再规定逃税的具体数额。这主要是考虑到随着社会经济发展，同样的数额，其所反映的行为的社会危害性在不同时期是不同的。不规定具体数额，由司法机关根据实践中的具体情况作出可操作性规定并适时调整，更能适应实际需要。②

4. 在新法条第一款的第一量刑档的罪状中取消了"占应纳税额的 10% 以上不满 30%"中的比例上限，只保留了"占应纳税额的 10% 以上"。其理由主要是严密法网、堵塞漏洞、维护公平，使逃税数额占应纳税额的 30% 以上但逃税数额仍为 1 万元以上不满 10 万元的行为，原则上纳入刑法规制的范围。

5. 取消了并处罚金的限额。这主要是考虑立法的稳定性，由司法机关根据实践中的具体情况作出司法解释，更能适应实际需要。

---

① 参见曾明生编著：《经济刑法一本通》，载小白马法律博客网站，http：//lawlife1.fyfz.cn/b/223721，访问日期：2012 年 9 月 20 日。
② 参见"刑法修正案（七）草案全文及说明"，载 http：//www.npc.gov.cn/huiyi/lfzt/xfq/2008－08/29/content_ 1447399.htm，访问日期：2008 年 8 月 30 日。

6. 取消了对扣缴义务人逃税数额所占比例的限制。这主要是因为修改中有一种意见认为,扣缴义务人和纳税人行为的性质还是有差异的,纳税人是不履行自身的纳税义务,扣缴义务人与此相对应的是不履行其代扣代缴的义务,对后者的义务不能追究太多。但如果扣缴义务人已经扣下税款而不上交,与纳税人不交税是两种性质的行为。如果单纯不履行代扣代缴义务,处理就应当较轻。[①]

7. 增加关于附条件的"不予追究刑事责任"的规定,主要是根据有关部门提出的意见和建议,考虑到打击逃税罪的主要目的是维护税收征管秩序,保证国家税收收入,体现宽严相济的刑事政策。对经税务机关依法下达追缴通知后,补缴应纳税款和滞纳金,并已受行政处罚的,不追究刑事责任,这样就通过非犯罪化的处理方式适当缩小了逃税罪的犯罪圈,在维护国家税收利益的同时又对逃税行为的犯罪化进行合理的限制,也有利于节约司法资源。[②] 而且,在行政阶段就予以处理,企业的法定代表人不会被采取强制措施,企业也不会因此受到重大的影响。同时考虑到单纯提高数额不足以达到较好的效果,认为规定不予追究刑事责任的条款,也可以较好的解决刑事和行政的关系问题。[③]

由上可见,《刑法修正案(七)》第3条对原偷税罪的处罚所作的修改,既反映了立法技术上的进步性和科学性,又体现了刑事处罚由重改轻的谦抑精神,体现了宽严相济的刑事政策,符合当今世界刑法轻刑化的发展趋势,同时也对有的情形的处罚由轻变重,以体现立法的公平和罪刑均衡的原则,因而值得肯定。不过,还需要对司法解释作出相应的修改。

三、立法检讨:经济学与(守法)教育学视角

(一)经济学视角

纵观我国逃税罪的立法史,不难发现,立法已历经了一个由简单粗糙走向相对复杂而精细的过程,由适用政策和类推到遵循罪刑法定原则的过程,由打

---

① 参见全国人大常委会法工委刑法室雷建斌:"《刑法修正案(七)》的法条争议及解析",载 http://www.criminallawbnu.cn/criminal/info/showpage.asp?showhead=&ProgramID=750&pkID=22285,访问日期:2009年3月12日。

② 参见全国人大常委会法工委刑法室许永安:"刑法修正案(七)的立法背景与主要内容",载 http://www.npc.gov.cn/huiyi/lfzt/xfq/2009-03/05/content_1495000.htm,访问日期:2009年3月6日。

③ 参见全国人大常委会法工委刑法室雷建斌:"《刑法修正案(七)》的法条争议及解析",载 http://www.criminallawbnu.cn/criminal/info/showpage.asp?showhead=&ProgramID=750&pkID=22285,访问日期:2009年3月12日。

击不力到强调从严从重处罚再到体现宽严相济刑事政策与注重立法公平和罪刑均衡的过程。

这也是一个立法上不断谋求和实现供求平衡的过程。新中国成立初期，我国处于计划经济体制时期，奉行社会主义"非税论"，财政收入的主要来源不是税，因此，当时无需更多的税收刑法规定来保证税的征收。随着改革开放和经济体制改革的不断推进，国民经济不断发展，税收已成为国家财政收入的主要来源。完善税收法制也因此变得日益重要。对刑法典中的税收刑法的补充和修改，正是为了满足惩治偷逃税犯罪之需求的。这一相对平衡后来又因立法中的隐性漏洞所打破，《刑法修正案（七）》修法补漏，去除比例上限等规定，使目前的逃税罪立法状况趋于基本的平衡。不过，与此相关的一些行政法的若干规定，存在更新不及时、合格条款供不应求的失衡问题。

另外，我国逃税罪的立法史，应当也是一个不断追求以尽可能小的立法成本获取尽可能大的立法收益的过程。然而，必须吸取一个教训：法条先是增加后又取消"不满30%"的上限规定，这说明立法中存在过度限制反而资源浪费和效益受损（导致前述法律故事）的问题。或许，坚持和发扬网上公布立法草案广泛征集百姓意见的民主化做法，是克服此类问题的有益办法之一。如此可以集思广益，又可以调动法律人的积极性，更可以推进社会民主化的进程，提升公民的法律意识和参政议政的热情，同时尽可能及时发现问题，使立法从长远看更为经济。在立法方式上，究竟是分散立法（在刑法典和经济法中）还是集中专门立法的立法成本低呢？这难以笼统地比较其大小。在立法内容上，曾经的类推规定似乎小成本大收益，然而，若把人权保障的社会效益考虑进去，则当前明确规定的逃税罪条文虽然增加了立法成本，但是也相应地增加了社会收益。在法定刑的刑量上增加成本，也增添了收益（加大了惩处力度）。因此，这种立法修正依然是值得的。

有人认为，立法规定5年内因逃税被税务机关给予二次以上行政处罚，又构成逃税的，不能免除刑事责任。如果此类案件进入诉讼程序，先前的两次以上行政处罚就成为构罪要件，已经受到处罚的行为似乎没有被再次追究，但实际上当事人确实因为该先前行为而入罪，该规定属于一事两罚。并提问，司法机关是否有必要对此行政处罚进行审查，如果没有审查权力，如果该行政处罚错误，也必须以此对被告人判处刑罚吗？[1] 我们认为，前述问题不属于双重处罚，而是因屡教不改而有预防和惩处的必要，且如后文将述及的仍要达到一定

---

[1] 参见刘红新："试论行政法和刑事法的衔接问题"，载 http://www.zjjcy.gov.cn/llyd/llyj/201105/t20110519_545028.htm，访问日期：2013年3月12日。

的数额比例标准才受刑事责任追究，因此，符合刑法谦抑性原则。另外，司法机关有必要对此行政处罚进行审查，否则一旦该行政处罚错误，其成本更高。

关于立法对不负刑事责任的例外规定设置期限限制的问题，我们认为，这有积极意义。如果没有期限限制，可能影响企业的生产经营，尤其是有一定发展历史的企业。如果企业有"二次处罚"的前科，随后只要有第三次逃税行为，就可能会因屡教不改而涉嫌逃税罪，移送给司法机关追究刑事责任。这可能促使企业改变组织形式，影响其生命周期。因此，这种设置期限限制的规定，在一定程度上有利于保护企业的后继生产和发展。从这个意义上说，这种立法限制是合理的、经济的。

（二）（守法）教育学视角

这里有必要运用（守法）教育学的理论来考量逃税罪的立法问题。此处主要从逃税罪立法中的惩教机制来探讨。立法中的刑法惩教机制，是超越人们通常认为的仅处于刑事执行阶段中的一种刑法惩教机制。这一命题是对传统刑事法学理论观念的挑战。因为，若注意到，刑事立法上的罪刑规定是对不稳定分子的一种可能的惩罚，以及由此对公民产生的法律威慑型教育机能，则不难想象会存在一种刑事立法上的惩教机制。尽管立法中的刑法貌似静态的刑法条文组合，但是，其惩教结构六大要素（教育环节、教育者、教育对象、教育目的、教育内容与教育方式）有机结合并产生机能的运作过程是动态的。逃税罪立法中的刑法惩教机制，是指与立法中的逃税罪刑事实体惩罚相关联的刑法的教育机制，也是立法中的逃税罪刑事实体惩罚的教育结构产生机能的方式及其运作过程中的相互关系。[①]

首先，从逃税罪立法的惩教结构中六大组成要素的情况来分析。教育环节是逃税罪的立法环节，守法教育的教育者是逃税罪的立法者，依据我国宪法规定，他们是全国人大及其常委会的组成人员。在教育对象上，原则上是年满16周岁具有一定行为能力的人。[②] 教育者对教育对象有守法教育的目的。另外，其中教育内容：一是逃税罪立法中的行为规范（"禁止逃税犯罪"）；二是逃税罪立法中的裁判规范和逃税罪立法中的执行规范，这是对司法人员忠诚型守法教育的内容，也是对一般人的威慑型守法教育和忠诚型守法教育的内容，

[①] 参见曾明生：《动态刑法的惩教机制研究——刑事守法教育学引论》，中国政法大学出版社2011年版，第128页。

[②] 不满16周岁的未成年人是预防未成年人犯罪法意义上的教育对象，但不是严格意义上的逃税罪的教育对象。而16周岁以上的未成年人既是税收刑法又是预防未成年人犯罪法双重意义上的教育对象。

又是对罪犯的矫治型守法教育的内容。[①] 这里要说明的是，教育内容与教育方式容易混淆。相对教育目的而言，教育内容也是手段，实际上教育内容与教育方式是相对而言的。逃税罪的法条既是普法宣传教育的内容和司法人员忠诚型守法教育的内容，同时它们又是实现守法目的的手段。而此处的教育方式是狭义的，主要是指逃税罪立法上各种可能的惩罚，它们也是作为实现守法目的的关键手段，同时又是逃税罪立法中教育内容中的某一组成部分。正因为它们的特殊性，才将之独立出来加以研究。在逃税罪立法中的教育方式上，采用逃税罪可能性的惩罚后果相威慑的方式，或者说，以"犯逃税罪的，处……刑"的方式来表达"禁止犯逃税罪"的内容。教育方式有一些差别，譬如多大的犯罪圈、多重的刑罚量。在1979年和1997年两部刑法体系中，逃税罪犯罪圈和刑罚量的大小有所变化，这在本章第一部分中已经涉及。而且这些方式将不断发展完善下去。

例如，根据现行刑法关于逃税罪的规定，若对于"5年之内多次实施逃税行为，每次逃税数额均达到刑法典第201条规定的构成犯罪的数额标准，且一直因故未受任何处罚"的情形，以及"10年内6次以上实施逃税行为，每次逃税数额均达到刑法典第201条规定的构成犯罪的数额标准，且一直因故未受任何处罚"的情形等，则都可能适用"不予追究刑事责任"的条款。实际上，这是立法遗憾。因为设置"不予追究刑事责任"条款的立法初衷就是针对初犯的。建议对附条件不予追究刑事责任的例外情形，增加"或者多次实施数额较大以上的逃税行为并且未受行政处罚的"补充规定。即把该法条第4款的后部分内容，修改为"5年内因逃避缴纳税款受过刑事处罚或者被税务机关给予二次以上行政处罚或者多次实施数额较大以上的逃税行为并且未受行政处罚的除外。"另外，建议对《税收征收管理法》第63条进行修正，使之与《刑法修正案（七）》第3条的内容相衔接。

然后，还要注意逃税罪立法中的惩教机能问题。其中必然受到前述结构要素的影响。如前已述，1979年刑法典逃税罪的条文过于笼统，不便操作，加之刑罚偏轻，难以适应偷税犯罪变化的情况，造成对一些严重的偷税犯罪打击不力。这样威慑型教育机能和鼓励民众对法律忠诚型的教育机能较弱。后来，随着全国人大常委会补充规定的修改，强化了逃税罪规定的威慑型教育机能和法律忠诚型教育机能。然而，因"数额加比例"的隐性漏洞的影响，使法律忠诚型教育机能受损。当《刑法修正案（七）》第3条对该罪条文作出修改，

[①] 参见曾明生：《动态刑法的惩教机制研究——刑事守法教育学引论》，中国政法大学出版社2011年版，第24—26、45—46、129页。

增强其威慑型教育机能和忠诚型教育机能。诚然,当前这种惩教机制仍需进一步改进。通过完善一切有关逃税罪的立法规定,完善前述结构要素,在坚持罪刑法定原则以及保持适度的威慑型教育机能的基础上,推进逃税罪立法中的惩教机制的发展,以进一步提升忠诚型教育的积极机能。

此处还值得指出的是,逃税罪立法过程中的机能主要是通过税收刑法传播方式来发挥作用的。刑法制定中草案内容在变化之中,因此这时的教育内容尚不够稳定。不过,刑法草案出台前,可能有学者在教学科研中或相关会议中提出了一些立法建议。这些应属于刑法传播环节中的内容。建议被采纳与否、被采纳了多少等,关涉了税收刑法立法环节中惩教机制的生成问题。在法律颁行后,媒体的相关报道和网民的议论,也是刑法的传播内容。而且,前者在一定程度上反映了刑法威慑型守法教育或者忠诚型守法教育的意图,也可能在一定程度上是对这种意图的解读;而后者(网民的议论)可能在一定程度上显示了立法活动在法制教育中的初步结果。诚然,其他民众对此的相关议论,亦如此。在随后的教学科研中,刑法学界推行更多的可能是刑法的忠诚型教育。即使对税收刑法提出的一些批判,也多是为了法治的践行。[①] 我们相信,通过以法学界为首的刑法传播大军的不懈努力,在日益昌明的建设法治的时代,税收刑法的惩教机能总体上定会不断增强。当然,这涉及税收刑法立法中的惩教机制结构的完善以及机能的改进等许多方面。

第二节 逃税罪的成立要件

我国刑法传统理论从(客体、客观方面、主体、主观方面)四要件构成特征来分析逃税罪。[②] 也有学者仅从客观构成要件(含行为主体、行为及其结果等)和主观构成要件两方面论述。[③] 还有学者从罪体、罪责、罪量三方面来探讨。[④] 我们认为,可先考察其行为的法益侵害性,然后再分析其行为是否具

[①] 参见曾明生:《动态刑法的惩教机制研究——刑事守法教育学引论》,中国政法大学出版社2011年版,第138—139页。
[②] 参见王作富主编:《刑法分则实务研究》(第3版),中国方正出版社2007年版,第652—668页。
[③] 参见张明楷:《刑法学》(第3版),法律出版社2007年版,第608—609页。
[④] 参见陈兴良:《规范刑法学》(第3版),中国人民大学出版社2013年版,第676—678页。

备刑事违法性。[①] 以下将结合前述案例概要进行分析。

一、法益侵害性

如前所述，法益的侵害性要求：一是存在遭致危害的客体（犯罪客体要件、遭受侵害的法益）；二是存在侵害法益的危害行为甚至有危害结果的发生等（犯罪客观要件）。

（一）犯罪客体要件

逃税罪的直接客体要件是单一的直接客体要件，即侵害国家税收征管的制度秩序。目前我国的税收按征收职能划分大体有两类：一是由税务部门征收的工商税，二是由海关部门征收的关税等。原来由财政部门征收的农业税在2006年已经全面取消。其中工商税占整个国家财政收入的90%以上。逃税罪通常涉及的是采取各种欺骗、隐匿手段偷逃各种工商税收的行为。因为偷逃关税被规制于刑法的走私罪中，所以逃税罪侵犯的税收制度中不包括关税制度。也有的认为，该罪侵犯的是国家税收管理制度。[②] 诚然，对法益的认识可能有些差异，但只要符合法律保护的利益范畴即可，表述近似也无需争论。

（二）犯罪客观要件

一般认为，逃避缴纳税款的行为，表现为违反国家税收管理法律、法规，采取隐瞒、欺骗等各种虚假手段，不缴或少缴应纳税款或者已扣、已收税款。首先必须以违反税收法律、法规为前提，即依照税法规定应当缴纳某种税款，而不予缴纳。反之，没有缴纳税款的义务，或者依法被减免缴纳税款，或者没有采取法律规定的各种隐瞒、欺骗手段，均不能构成逃税罪。作为逃避纳税义务的逃税行为，通常表现为积极地作为（"不应为而为"），采取各种手段，弄虚作假逃避其纳税义务，逃避税务机关的监督检查。在一些情况下也表现为消极地不作为（"应为而不为"），不申报，不缴纳税款。

根据我国刑法典第201条以及第204条的规定，实施逃避缴纳税款行为，是通过采取欺骗、隐瞒的手段来完成的，具体而言，主要包括以下五种手段：

1. 伪造、变造、隐匿、擅自销毁账簿或记账凭证。这种手段行为使征收税款失去了真实依据或直接依据，是"不应为而为"的作为方式。其中"伪造"，是行为人设立虚伪的账簿、记账凭证，俗称"造假账"、"两本账"等；

---

① 参见曾明生：《动态刑法的惩教机制研究——刑事守法教育学引论》，中国政法大学出版社2011年版，第170—171页。

② 参见高铭暄、马克昌主编：《刑法学》（修订版），中国法制出版社2007年版，第501页。

"变造"是行为人对账簿、记账凭证进行挖补、涂改等;"隐匿",是行为人将账簿、记账凭证故意隐藏起来;"擅自销毁",是未经税务机关批准而擅自将正在使用的或尚未过期的账簿、记账凭证销毁处理的行为。① 根据现行《税收征收管理法实施细则》第 29 条第 2 款规定:"账簿、记账凭证、报表、完税凭证、发票、出口凭证以及其他有关涉税资料应当保存 10 年;但是,法律、行政法规另有规定的除外。"根据最高人民法院 2002 年 11 月 4 日《关于审理偷税抗税刑事案件具体应用法律若干问题的解释》,伪造、变造、隐匿、擅自销毁用于记账的发票等原始凭证的行为,应当认定为伪造、变造、隐匿、擅自销毁记账凭证的行为。

2. 在账簿上多列支出或不列、少列收入。"多列支出",是行为人在账簿上大量填写超出实际支出的数额,以冲抵或减少实际收入的数额,如虚列预提费用、多提固定资产折旧、专用基金支出挤入成本、扩大产品工资成本、扩大产品材料成本等;"不列、少列收入",是行为人将取得的经营收入(包括基本业务收入和其他业务收入)不记入账簿,或只将少量收入记入账簿而将大部分收入记入账外的行为,亦称"收入不入账",如隐瞒投资收入、减少营业外收入、隐瞒或少记销售收入、隐瞒其他业务收入等。因此,"多列支出"是"不应为而为"的作为方式,"不列、少列收入"是"应为而不为"的不作为方式。

3. 纳税人采取欺骗、隐瞒手段不申报纳税的。《刑法修正案(七)》在对逃税罪的规定中,把以前"经税务机关通知申报而拒不申报"修改为"不申报",不再要求"经税务机关通知申报",而是要求纳税义务人主动申报,把纳税申报作为纳税义务人应当自觉履行的一项义务。这里的"不申报"包括"经税务机关通知申报而拒不申报"以及采取其他欺骗、隐瞒手段不申报纳税的情形。根据 2002 年相关司法解释,"经税务机关通知申报"是指具有下列情形之一的:(1)纳税人、扣缴义务人已经依法办理税务登记或者扣缴税款登记的;(2)依法不需要办理税务登记的纳税人,经税务机关依法书面通知其申报的;(3)尚未依法办理税务登记、扣缴税款登记的纳税人、扣缴义务人,经税务机关依法书面通知其申报的。因此"拒不申报"的行为是典型的不作为。至于采取其他欺骗、隐瞒手段不申报纳税的情形,可能涉及前述伪造、变造、隐匿、擅自销毁账簿凭证等行为。

4. 进行虚假的纳税申报。它是指纳税人或者扣缴义务人向税务机关报送虚假的纳税申报表、财务报表、代扣代缴、代收代缴税款报告表或者其他纳税

---

① 参见王作富主编:《刑法分则实务研究》(第 3 版),中国方正出版社 2007 年版,第 653 页。

申报资料，如提供虚假申请，编造减税、免税、抵税、先征收后退还税款等虚假资料。一般情况下，直接进行虚假纳税申报的较少，大都通过前期行为进行掩盖，如伪造、变造、隐匿、擅自销毁账簿、记账凭证，在账簿上多列支出或者不列、少列收入等。虚假纳税申报的常见掩盖手段有利用发票等原始凭证、利用税收优惠政策、利用税率等。其中涉及作为或不作为的方式。

5. 缴纳税款后，以假报出口或者其他欺骗手段，骗取所缴纳的税款。这种行为不是刑法典第201条直接规定的，而是刑法典第204条的相关规定。这也是"不应为而为"的作为方式。而且，上述几种方式既可以单独采用，又可以多种并用。

就"制药厂逃税案"而言，制药厂总经理李×指令保管员肖×将其中20多万盒健骨生丸采用不登记入库的方法，另作记录，药厂销售人员可以"打白条"形式将药品领走。另外，○○医疗中心共打白条领出5123盒健骨生丸，销售金额为人民币4508240元，既没有在R制药厂登记入账，亦未向B区国税局申报纳税。可见其中既有"不列、少列收入"的不作为方式，又有不申报纳税的不作为方式。

还要指出，在《刑法修正案（七）》颁行之前，刑法对其客观要件除规定了手段行为外，还规定了一种目的行为和两种严重情节。一个目的行为是不缴或者少缴应纳税款、已扣已收税款。行为人实施上述手段行为，都是为了不缴或者少缴税款，这也是逃税行为的实质。行为人实施了伪造、变造、隐匿、擅自销毁账簿、记账凭证，但并未逃税的，不可能成立本罪。[①] 此外，依据当时的刑法典第201条第1款规定，行为的客观危害包括两种严重情节：一是偷税数额占应纳、应缴税额的10%以上并且数额在1万元以上，需要同时具备双重标准（比例加数额）；二是因偷税被税务机关给予二次行政处罚又偷税的。具有前一情节的，不要求以前曾经实施偷税行为；具有后一情节的，不要求偷税数额达到上述比例与数额，但根据2002年有关司法解释，两年内因偷税受过二次行政处罚，又偷税且数额在1万元以上的，应以原偷税罪罪名定罪处罚。

然而，在《刑法修正案（七）》颁行后，前述两种严重情节有所修改。一是具体数额标准被改为"数额较大"；二是明确规定受过二次行政处罚的时间限制为5年。具体分析参阅后文。

就"制药厂逃税案"而言，制药厂偷逃税款人民币655043.42元，占其应纳税款额52.97%。这在客观上属于前述图中K区域的范围：逃税数额在10

---

① 参见张明楷：《刑法学》（第3版），法律出版社2007年版，第609页。

万元以上，占应纳税款的比例 30% 以上，假如最终符合刑事违法性的话，就应按第二量刑档处罚。至此，"制药厂逃税案"既违反了国家税收法规，是具有行政违法性的行为，又在客观上达到了情节严重的危害程度。违法行为与危害结果之间存在因果关系。因此，该案违法行为已经具备了较高程度的法益侵害性。

不过，这里还值得对以下几个问题重点讨论。

1. 行政处罚"次数"升格标准是否适用于扣缴义务人的问题。

《刑法修正案（七）》之前的刑法典第 201 条第 2 款规定："扣缴义务人采取前款所列手段，不缴或者少缴已扣、已收税款，数额占应纳税额的 10% 以上并且数额在一万元以上的，依照前款的规定处罚。"而且，该条第 1 款罪状中包含"因偷税被税务机关给予二次行政处罚又偷税的"规定，这就存在行政处罚"次数"升格标准是否适用于扣缴义务人的问题。我们认为，该"次数"升格标准不适用于扣缴义务人。因为扣缴义务人与纳税人存在区别，同条分款规定的立法精神也体现了对二者的不同对待；另外，立法中既然未明确规定，就不宜适用于扣缴义务人，否则有违罪刑法定原则。《刑法修正案（七）》颁行后，刑法典第 201 条的规定也没有把行政处罚"次数"升格标准适用于扣缴义务人。这表明立法者对纳税人提出了比扣缴义务人更高更严的义务要求。

2. 行政处罚"次数"升格标准的数额问题。

《刑法修正案（七）》颁行之前，根据刑法典第 201 条规定，因偷税被税务机关给予两次行政处罚又偷税的以偷税罪论处。此规定不够明确，人们对其理解存在歧义，在实践中不易操作。主要表现在：能否对因偷税受两次行政处罚，第三次再偷税一概以犯罪论处？学界曾经有四种代表性观点：第一种观点（即"第三次行政罚达标"说）认为，"又偷税"应当达到行政处罚的标准，综合考虑三次行政处罚的情节才能以偷税罪论处。[①] 第二种观点（即"三次累计接近"说）认为，"应根据犯罪构成要件，综合考虑行为人行为的社会危害性，只有三次偷税的累计数额接近起点标准 1 万元，偷税数额占应纳税额比例接近 10%，或者行为人态度恶劣，甚至有抗拒侦查，教唆他人偷税等情节时，才可以偷税罪论处。"[②] 第三种观点（即"第三次不论数额情节"说）认为，"又偷税"不讲数额和情节，因其屡偷屡罚本身就表明纳税主体的恶习不改，

[①] 参见刘树德、王宏伟：《税收欺诈及其防治》，法律出版社 1997 年版，第 100 页；另见王颜："妨害税收犯罪研究综述"，载《人民检察》1995 年第 4 期，第 28 页。

[②] 参见王松苗、文向民主编：《新刑法与税收犯罪》，西苑出版社 1998 年版，第 83 页。

行政处罚手段已难奏效，对此应以犯罪论处。① 第四种观点（即"累计数额"说）认为，只有"二次行政处罚的偷税数额"加上"又偷税的偷税数额"在1万元以上（比例可以不到10%），即达到偷税罪的数额起点标准的，才能以偷税罪论处。②

实际上，第一种观点已经过时，它与后来的法律规定不符。因为根据2001年《税收征收管理法》第63条的规定，对所有的偷税行为都应受到行政处罚。第二种观点要求数额比例接近10%，这样，绝大部分"税务机关给予二次行政处罚又偷税的"都构不成偷税罪。因为仅受行政处罚的偷税行为，其偷税数额很小或占应纳税额比例很小，这说明应纳税额基数大，将几次累加计算比例，只能是比例更小。③ 第三种观点不加区分地一概以犯罪论处，则可能有失公正。第四种观点似乎存在对违法行为的重复性评价问题。2002年的相关司法解释第4条规定：因偷税受过二次行政处罚，又偷税且数额在1万元以上的，应当以偷税罪处罚。对此，司法解释采取了第三次数额必须达到1万元标准的立场，应该说当时较好地解决了这一问题。

但是，有人指出，该司法解释将两次行政处罚的时间段限定为"2年"，与税收征管实际脱节。我们认为，该司法解释确定三次行政处罚的时间限制，有一定的合理性。只是究竟应当设立几年的时间限制，值得细致考量。该解释第2条关于刑法典第201条第3款规定的"未经处理"，是指纳税人或者扣缴义务人在5年内多次实施偷税行为……的情形。我国2001年《税收征收管理法》第52条第2款规定，"因纳税人、扣缴义务人计算错误等失误，未缴或者少缴税款的，税务机关在3年内可以追征税款、滞纳金；有特殊情况的，追征期可以延长到5年。"特别是，实践中逃税行为非常普遍。一些经济发达地区这个现象特别突出，如广东一些地区，税务机关将辖区内的企业通查一次可能需要5年。④ 因此，《刑法修正案（七）》将之更改为"5年"是较为合适的。

然而，需要指出，2010年5月7日《最高人民检察院、公安部关于公安

---

① 参见莫开勤：《危害税收征管罪的定罪与量刑》，人民法院出版社2000年版，第74页；另见曹康、黄河主编：《危害税收征管罪》，中国人民公安大学出版社1999年版，第36页。
② 参见张旭主编：《涉税犯罪的认定处理及案例分析》，中国人民公安大学出版社1999年版，第76页。
③ 参见周洪波：《税收犯罪研究》，中国人民大学博士学位论文，2001年，第68—69页。
④ 参见全国人大常委会法工委刑法室雷建斌：《〈刑法修正案（七）〉的法条争议及解析》，载http://www.criminallawbnu.cn/criminal/info/showpage.asp? showhead=&ProgramID=750&pkID=22285，访问日期：2009年3月12日。

机关管辖的刑事案件立案追诉标准的规定（二）》第57条中规定，"纳税人5年内因逃避缴纳税款受过刑事处罚或者被税务机关给予二次以上行政处罚，又逃避缴纳税款，数额在5万元以上并且占各税种应纳税总额10%以上的"，应予立案追诉。这种数额加比例的要求似乎略高，使惩处逃税违法行为的力度不够。

3. 对设置行政处罚"次数"升格标准的意义评价。

对该"次数"升格标准的规定，有论者认为，目的是防止行为人钻法律的空子，屡罚屡犯，体现了立法在原则基础上的灵活性。[①] 也有论者认为，这一立法规定体现了刑法主客观相统一的原则。将此种行为在刑法上认定为犯罪，有利于打击主观恶性强、屡教不改的犯罪分子，并强化一般预防效果。[②] 还有论者认为，"二次处罚"后的偷逃税数额标准意在强调以行为人的主观恶性进行定罪，这是向主观主义倾斜的产物，是刑法进程中的停滞或倒退。[③] 也有学者认为，立法设置这一规定的意图是好的，但在具体规定时存在不合理之处。立法规定过于苛严，忽略了行为的客观危害。当时的立法明确规定"二次"，没有用"二次以上"，用意在于凡"因偷税被税务机关给予二次行政处罚又偷税的"都构成犯罪，不管"又偷税"的数额大小，也不存在有三次偷税被行政处罚而不构成犯罪的。这种规定虽说便于实践操作，利于防止法官擅断，但却走向了极端，违背主客观相统一的原则。[④]

我们认为，在上述关于升格标准的各种评论中，各有一定的合理性，但是我们更倾向于后一种观点。不过有点不同的是，当时立法明确规定"二次"以及没有明确其数额大小，并不违背主客观相统一原则。情节严重与数额较大都可以是客观表现。客观方面包括危害行为次数的规定，而未必要求达致相当数量的危害结果。至于要求一定量的规定，这涉及犯罪圈的划定以及立法的概括性和模糊性的问题。实际上2002年的相关司法解释对之予以了数额的限制，这属于在法律的框架内的合理解释，符合刑法的谦抑精神。

另外，《刑法修正案（七）》颁行后，刑法典第201条第4款中规定，"……经税务机关依法下达追缴通知后，补缴应纳税款，缴纳滞纳金，已受行政处罚的，不予追究刑事责任；但是，5年内因逃避缴纳税款受过……二次以上行政处罚的除外"。这表明它是对原来"二次行政处罚又偷税的"修

---

① 参见曹康、黄河主编：《危害税收征管罪》，中国人民公安大学出版社1999年版，第36页。
② 参见张旭主编：《涉税犯罪的认定处理及案例分析》，中国人民大学出版社1999年版，第75页。
③ 参见郑飞、唐葵："偷税罪定罪公正论"，载《税务与经济》2000年第2期，第24页。
④ 参见周洪波：《税收犯罪研究》，中国人民大学博士学位论文，2001年，第70页。

正，说明可能存在三次以上行政处罚才被追究刑事责任的情形。这也表明了立法者的立场，即行为人虽然有多次因逃税受罚情节但仍要达致一定逃税数额才可成立犯罪。对此，2010年司法解释关于立案追诉标准中已经明确了要达致一定逃税数额的规定。这种次数的规定既体现了立法对宽严相济刑事政策的"宽"的贯彻，同时也依据数额达标的屡犯与初犯因情节轻重不同而作了区别对待，在一定程度上体现了罪刑均衡原则等。

这里，就"制药厂逃税案"而言，制药厂两次不将巨额的收入登记入账，其中一次不向国税局申报纳税，致使制药厂偷逃税款人民币655043.42元。因此，国家税收征管的制度秩序遭受侵害是没有异议的。亦即，上述危害税收秩序的逃避缴纳税款的违法行为，已经具备了法益的侵害性。

二、刑事违法性

逃避缴纳税款的违法行为符合法益侵害性，但是，在司法领域认定是否成立逃税罪，最终的关键就是判断这种行为是否具有刑事违法性。具有刑事违法性，必须同时具备四要件的齐备性与无事由阻却性。

（一）四要件齐备性

通过前述讨论，已知"制药厂逃税案"的行为符合了法益侵害性（包含犯罪客体要件和犯罪客观要件），因此，这里只需要考量该案是否具备逃税罪的主体要件和主观要件。

1. 犯罪主体要件

逃税罪的主体要件，亦即行为主体，必须有纳税人或扣缴义务人，即只有纳税人或扣缴义务人才可能独立构成此罪。因此，逃税罪的行为主体是特殊的行为主体。根据我国2001年《税收征收管理法》第4条规定，纳税人是法律、行政法规规定负有纳税义务的单位和个人；扣缴义务人是法律、行政法规规定有代扣代缴、代收代缴税款义务的单位和个人。其中，单位包括国有企业、集体企业、私营企业、股份制企业、联营企业、中国境内的外商投资企业和外国企业、其他企业，以及行政单位、事业单位、军事单位、社会团体及其他单位。应注意，只要行为人已取得应税收入，即成为法律规定的纳税义务人，不论该行为人当时是否在税务机关办理了税务登记，均不影响其纳税人身份的成立。而且，税务人员与纳税人相互勾结，共同实施逃避缴纳税款行为的，成立逃税罪共犯。

在"制药厂逃税案"中，没有涉及扣缴义务人，而只涉及了单位纳税人，即依法负有纳税义务的制药厂（1997年9月12日注册成立），属于股份合作制企业，然而案中还涉及制药厂的法定代表人王×、总经理李×和保管员肖×。从本案来看，这三人并非属于纳税人或扣缴义务人。不过，值得注意的是，刑法典第31条规定，"单位犯罪的，对单位判处罚金，并对其直接负责的主管人员和其他直接责任人员判处刑罚。本法分则和其他法律另有规定的，依照规定。"而且，刑法典第211条规定"单位犯本节第201条……规定之罪的，对单位判处罚金，并对其直接负责的主管人员和其他直接责任人员，依照各该条的规定处罚。"因此，作为单位直接负责的主管人员和其他直接责任人员，仍然具备逃税罪的主体要件的资格。问题是如何确定单位直接负责的主管人员和其他直接责任人员？有学者认为，单位犯罪的直接责任人员（直接负责的主管人员和其他直接责任人员），具体包括犯罪的决策者、组织者、积极参与者、直接实行者等。如主管财务、会计的领导、直接参与犯罪的财会人员等。对于其他一般参加者，特别是曾对逃税决定进行过抵制，但被主管人员强行命令参与逃税的人，一般不宜作为直接人员追究刑事责任。[①] 因此，从该案中无证据证明王×具有决定、批准、授意、指挥企业工作人员不列或少列收入，从而逃避缴纳税款的行为，可以说明，王×不属于本案的直接负责的主管人员。然而，李×作为制药厂总经理，根据制药厂的章程规定及领导权限划分，系主管药厂生产、库存、销售、申报纳税工作，并且指令保管员肖×将其中20多万盒健骨生丸采用不登记入库的方法，另作记录，药厂销售人员可以"打白条"形式将药品领走。所以，李×是"制药厂逃税案"的直接负责的主管人员，保管员肖×是直接责任人员。

另外，关于逃税罪的主体要件，还有以下几个问题值得探讨。

（1）税务代理人能否成为逃税罪的行为主体？税务代理人，是受纳税人、扣缴义务人的委托在法律规定的代理范围内，代为办理税务事宜的单位或个人。依据我国2001年《税收征收管理法》第89条的规定，"纳税人、扣缴义务人可以委托税务代理人代为办理税务事宜"。那么，对于税务代理人故意不缴、少缴税款的行为是否可能构成逃税罪？我们认为，应视委托代理的授权内容、代理人主观意图、行为后果及事后委托人态度而定。具体可分以下三种情况：[②] 其一，委托人授权税务代理人全权处理其财务及税务事宜的，税务代理人与单位财会人员无异，其逃税行为应视同委托人逃税，税务代理人是逃税的直接责任人员；其二，委托人授权税务代理人全权处理其税务事宜，若委托人提供虚假的应税事实，代理人按委托人提供的应税事实进行代理，则构成委托

---

① 参见高铭暄、马克昌主编：《刑法学》（修订版），中国法制出版社2007年版，第504页。
② 参见王作富主编：《刑法分则实务研究》（第3版），中国方正出版社2007年版，第667页。

人逃税,其责任由委托人自负;其三,委托人授权税务代理人全权处理其税务事宜,若委托人向代理人提供的各项应税事实资料无误,而税务代理人单方采取虚假申报等法定逃税方式不缴少缴应缴税款,事后又为委托人追认,则税务代理人因委托人追认而责任归属委托人,因此,委托人构成逃税,税务代理人是逃税的直接责任人员;若事后委托人不知税务代理人将逃税款据为己有,则税务代理人可能构成诈骗罪。

(2) 代征人能否成为逃税罪的行为主体?代征人是受税务机关委托以税务机关名义办理各种税款征收业务的单位或个人。依据我国现行《税收征收管理法实施细则》第44条的规定,"税务机关根据有利于税收控管和方便纳税的原则,可以按照国家有关规定委托有关单位和人员代征零星分散和异地缴纳的税收,并发给委托代征证书。受托单位和人员按照代征证书的要求,以税务机关的名义依法征收税款,纳税人不得拒绝;纳税人拒绝的,受托代征单位和人员应当及时报告税务机关。"在《税收征收管理法》和《关于惩治偷税、抗税犯罪的补充规定》实施前,根据1986年最高人民检察院《人民检察院直接受理的经济检察案件立案标准的规定试行》和1992年"两高"《关于办理偷税、抗税刑事案件具体应用法律的若干问题的解释》的规定,代征人曾经是可作为原偷税罪主体的。1992年《关于惩治偷税、抗税犯罪的补充规定》和1997年刑法都明确了纳税人义务主体包括纳税人、代扣代缴、代收代缴义务人,而没有规定代征人可以成为原偷税罪的行为主体。据此,根据罪刑法定原则,代征人不能单独成为逃税罪的主体要件。代征人将所征的税款据为己有并符合贪污罪主体条件的,可构成贪污罪。对于代征人和纳税人相互串通,帮助纳税人逃避缴纳税款的,二者可成为逃税罪的共犯。

(3) 非法经营者能否成为逃税罪的主体要件?对此,刑法学界存在截然不同的看法:否定说和肯定说。[①] 我们主张,对于只是形式要件不具备的无证经营者来说,应当具有申报纳税的义务。但是,在实质内容上从事违法犯罪的经营活动的非法经营者,不应成为逃税罪的主体要件。其理由主要是:其一,我国相关法律法规没有明确规定从事以违法犯罪为内容的经营活动的非法经营者负有纳税义务。其二,税法规范的是合法的经营行为,如果承认非法经营者的纳税主体地位,就等于承认其合法性。[②] 其三,对于在实质内容上从事犯罪

[①] 参见张旭主编:《涉税犯罪的认定处理及案例分析》,中国人民公安大学出版社1999年版,第49—50页;另见赵秉志主编:《疑难刑事问题司法对策》(第2册),吉林人民出版社1999年版,第125页;另见吴亚荣主编:《中国税收犯罪通论》,中国税务出版社1999年版,第238页。

[②] 参见杨秀琴主编:《国家税收》,中国人民大学出版社1995年版,第14页。

的非法经营者以逃税罪惩处无法遏制非法经营者不缴纳税款的现象,达不到刑罚预防的目的。如果承认在实质内容上从事违法犯罪的非法经营者纳税主体地位,承认其能成为逃税罪主体,就会陷入一种悖论:即在实质内容上从事违法犯罪的非法经营者主动缴纳税款而让税务机关发现其非法经营,从而等待国家的制裁,这可能吗?① 其四,对在实质内容上从事违法犯罪的非法经营者征税,在实践中缺乏可行性。非法经营行为往往在实践中先被工商、公安机关发现,因而也先被这些机关处理了。之后,非法经营者的非法所得被没收,税务机关也就无从再征税了。

(4)在承包、租赁、挂靠、联营等经营方式中,应如何确定逃避缴纳税款的行为主体?逃税罪的主体要件通常是纳税人,而纳税人是由法定负有纳税义务的人。纳税义务源于税法规定的应税客体。应税客体包括应税物和以货币形式表现出来的应税物的收入、收益以及与应税物相联系的应税行为。实际上,独立的机构或独立个人对应税物财产所有权的实际控制才能成为纳税义务人。所以,在承包、租赁等经营方式中,根据具体的合同条款,若是独立的经营体,承包人、租赁人是实际经营者,是应税物财产所有权的实际控制者,则承包人、租赁人成为纳税义务人。以承包为例,承包人拥有对所包企业的人、财、物、产供销权利,能独立从事经营活动,发包方只对其收取管理费或利润分成,那么,承包人就是纳税义务人。当前,在税收实践中,有的承包合同规定发包方代收代缴税金,发包方则负有纳税义务,成为纳税义务人,即实际是应税物财产所有权的实际控制者,则发包方属于纳税义务人。②

也值得注意,可能有人会认为,承包人、实际控制人有时只是代理人、纳税义务履行人的角色,不是当然的纳税人,承包法人企业的自然人处于主管人员和直接责任人员的地位,作为承包对象的企业没有消除法人地位,仍然可以是单位犯罪的行为主体。我们认为,对此不可一概而论。关键在于,承包人、实际控制人的意志能否代表单位意志。

另外,对于私营企业、个体工商户擅自将工商营业执照转借他人经营的,应确定实际经营者为纳税义务人。因为合法持有工商营业执照的人并没有参与实际经营活动,不是应税财产的实际掌控者,既不应承担因实际经营者的违法行为而产生的行政责任,更不应承担由实际经营者的犯罪行为而产生的刑事责

---

① 参见王作富主编:《刑法分则实务研究》(第 3 版),中国方正出版社 2007 年版,第 666—667 页。

② 参见王作富主编:《刑法分则实务研究》(第 3 版),中国方正出版社 2007 年版,第 667—668 页。

任，但民事责任除外。

2. 犯罪主观要件

逃税罪的主观要件表现为直接故意的心理状态。[1] 即纳税人明知自己应当依法纳税而决意逃避缴纳税款的，或者扣缴义务人明知自己应当依法如数缴纳已扣、已收税款，但是仍采取欺骗、隐瞒手段，希望不缴或者少缴已扣、已收税款的。如果纳税人因不熟悉税收法规或者因工作失误而漏缴税款，或者因客观原因未按期缴纳税款，就没有逃避缴纳税款的直接故意。对放任不缴或者少缴税款的只是间接故意，不应视之为具备了构成逃税罪所必须的主观要件。有学者认为，逃税罪的主观要件包括直接故意（希望）和间接故意（放任）。单位为了私设小金库而在财务账上少列收入，因而导致少缴税款的，符合其他条件也能成立逃税罪。[2] 又认为，刑法虽然没有规定要求特定目的，但从其对客观行为的表述以及逃税罪的性质来看，行为人主观上必须出于不缴或少缴应纳税款或已扣、已收税款的目的。[3] 因为当行为人放任的结果与行为人追求的目的无同一性（即有不同内容）时，完全可能并不矛盾地存在于行为人的主观心理中。这说明间接故意可能存在目的。[4] 这种见解有合理性。然而，对此种观点的批判，已在本书第二章作了总体上的讨论。要说明的是，在前述例子中，单位少列收入的主要目的是私设小金库，而由此导致少缴税款的结果也是其所希望的，否则，放任其随时被发现而补缴税款，必然以发现其少列收入甚至私设小金库为前提。这与其目的不符。亦即，对少缴税款，单位不会持放任态度。另外，这里还值得强调指出的是，顺着此种观点的逻辑推论，可以认为，对欺骗、隐瞒手段可采取放任的态度，但是必须有希望不缴或者少缴应纳税款或已扣、已收税款的目的（因为此种观点认为这是目的行为[5]），这仍然属于一种间接故意可能存在目的的情形。我们认为，显然这是涉及如何理解"放任"与"希望"的心理态度两者同时并存的问题。根据刑法典第 14 条的规定，"希望或者放任这种结果发生"中的"这种结果"是指"危害社会的结果"。通常所指的危害社会的结果包括侵害结果与危险结果。那么，对欺骗、

---

[1] 参见王作富主编：《刑法分则实务研究》（第 3 版），中国方正出版社 2007 年版，第 668 页。
[2] 参见张明楷：《刑法学》（第 3 版），法律出版社 2007 年版，第 609 页。
[3] 参见张明楷：《刑法学》（第 2 版），法律出版社 2003 年版。
[4] 参见张明楷：《刑法学》（第 3 版），法律出版社 2007 年版，第 248 页。
[5] 参见张明楷：《刑法学》（第 3 版），法律出版社 2007 年版，第 609 页。有的认为该罪的犯罪目的是非法获利。有的则认为并不以非法获利为目的。参见王作富主编：《刑法分则实务研究》（第 3 版），中国方正出版社 2007 年版，第 668 页。我们认为，对具体何种目的没必要强调精准，大致近似更可能近于真理。

隐瞒手段采取放任的态度，实际上是对作为危险结果（有偷逃税款的危险的手段）所持的放任心理，但是对作为侵害结果（不缴或者少缴应纳税款或已扣、已收税款）却持一种希望心理。对此，要么在理论上创立第三种心理状态，要么采取重吸轻的做法归结为直接故意。本书采取了重吸轻的做法，认为这并不必然导致放纵偷逃税款的犯罪。

在"制药厂逃税案"中，王×虽然是制药厂的法定代表人，但对制药厂的逃税行为并不知情，在主观方面没有指挥制药厂逃税的主观故意；而直接责任人李×则有逃税的直接故意。问题是，这种故意是否成立了制药厂单位犯罪的故意？依据该案情来看，回答是肯定的。在单位犯罪中，犯罪活动是以单位名义实施的，个人意志要由单位意志来表现。单位犯罪是经单位集体决定或负责人员决定实施的。单位集体决定是经单位决策机构决定，其决策机构通常是单位有权作出决定的机构，如公司董事会。负责人员决定是根据法律或单位章程的规定，有权代表单位行为的个人决定，如公司董事长或总经理等行政负责人员作出决定。必须指出，负责人员个人决定实施犯罪，能归之为单位犯罪，就因为这种行为是以单位名义实施的，并且是为单位牟取非法利益。该案中总经理李×的情况就是如此。

至此，上述四个要件都符合才算具备了四要件的齐备性。在"制药厂逃税案"中，对于制药厂而言，既有客体要件、客观行为及其结果，又有行为主体和主观故意，满足了四要件齐备性的要求；对于王×来说，既缺乏故意的主观要件，又缺少实施策划制药厂逃税的危害行为的客观要件，因此没有符合四要件的齐备性，当然不应承担刑事责任。但是对于李×和肖×而言，则不然。

（二）无事由阻却性

除了四要件齐备后，还必须排除事由阻却性，最后才能认定危害行为成立刑事违法性而构成逃税罪。虽然具有危害税收秩序的行为，该行为也虽然符合法益侵害性，也符合四要件齐备性，但是如果包含正当化事由就不具备刑事违法性，也就不成立税收犯罪。

由于上述"制药厂逃税案"发生在《刑法修正案（七）》颁行之前，因此并没有特别的阻却性事由。对于法院判决制药厂成立偷税罪，对其定性是正确的。二审法院改判王×无罪，也符合法律规定。

必须指出，2009《刑法修正案（七）》第3条对刑法典第201条的修正，增加了逃税罪的刑事违法阻却性事由的规定。即其中第4款规定，"有第1款行为，经税务机关依法下达追缴通知后，补缴应纳税款，缴纳滞纳金，已受行政处罚的，不予追究刑事责任；但是，5年内因逃避缴纳税款受过刑事处罚或者被税务机关给予二次以上行政处罚的除外。"这种特殊限制的法律规定，表明对"不予追究刑事责任"条款是附条件的、受限制的，即"5年内因逃避缴纳税款受过刑事处罚或者被税务机关给予二次以上行政处罚的除外"，以及还要"经税务机关依法下达追缴通知后，补缴应纳税款，缴纳滞纳金，已受行政处罚的"才能适用。还必须注意到，该条款排除适用于该条第2款涉及的扣缴义务人。然而，对于该条第3款"对多次实施前两款行为，未经处理的，按照累计数额计算"的情形，是否应当排除适用，值得探讨。从表面看，"不予追究刑事责任"条款指的是"有第1款行为"，似乎不适用于该条第3款。可是，该条第3款是关于未经处理的按照数额累计的规定，并不排除实施第1款的行为。因此，依据罪刑法定原则，对于该条第3款的情形，"不予追究刑事责任"条款应排除适用的，只是涉及扣缴义务人实施第2款的未经处理的按照数额累计的部分。

第三节 逃税罪的司法认定

本节先从规范刑法学的视角对定罪（罪与非罪、此罪与彼罪、共同犯罪、一罪与数罪）和量刑中的若干问题进行讨论，然后分别从经济学与（守法）教育学两个视角进行司法检讨。

一、罪与非罪

（一）因《刑法修正案（七）》生效前后的时效适用引起的罪与非罪

众所周知，我国1997年刑法典第3条确立了罪刑法定原则，即规定"法律明文规定为犯罪行为的，依照法律定罪处刑；法律没有明文规定为犯罪行为的，不得定罪处刑。"据此，对于在《刑法修正案（七）》施行（2009年2月28日生效）以前，具有法定列举式的行为之外的欺骗、隐瞒手段或者其他新增不申报的情形[①]逃税且情节严重的行为，或者具有逃税数额占应纳税额的30%以上但逃税数额为1万元以上不满10万元的行为，或者扣缴义务人不缴或少缴已扣、已收税款数额较大但占应缴税额不满10%的情形，新法条的效

[①] 刑法修正案已将"经税务机关通知申报而拒不申报"修改为"不申报"，不再要求"经税务机关通知申报"，而是要求纳税义务人主动申报，把纳税申报作为纳税义务人应当自觉履行的一项义务。

力都不得溯及既往。不过，对于法律明文规定不予追究刑事责任的，当然不能认为是犯罪行为，也没有法律依据定罪处刑。问题是，发生在该修正案施行前的偷税行为依据原法条构成偷税罪如何适用法律？我们认为，应当区别对待。对于该修正案施行以前，依照当时的刑法已经作出的生效判决，继续有效。对于该修正案施行以前，虽然当时的刑法认为构成偷税罪，又在刑法规定的追诉期之内，但是该修正案对之不认为是犯罪的（附条件"不予追究刑事责任"的情形），那么，基于我国刑法在时间效力上从旧兼从轻原则的精神，不宜按照当时的刑法追究其刑事责任。纵然如此，出于罪刑法定原则的要求以及强化法律严肃性的考虑，也有必要建议全国人大常委会以修正案方式对刑法典第12条（关于时间效力的规定）增加一款："刑法修正案引起的法律变更参照前两款的规定。"

（二）逃税行为与漏税行为的界限

漏税一词，最早曾出现于新中国成立后的一些单行税法中，如1958年国务院颁布的《工商统一税条例》及其实施细则中就有漏税的规定。关于什么是漏税，1981年5月5日财政部在《关于印发"什么叫偷税、抗税、漏税和欠税"问题解答稿》中，曾经解释为"纳税单位和个人属于无意识而发生的漏缴和少缴税款的行为"。1986年国务院《税收征收管理暂行条例》第37条规定："漏税是指并非故意未缴或者少缴税款的行为。"但是，在1992年9月4日经全国人大常委会通过并颁布的《税收征收管理法》及随后制定的实施细则中，取消了漏税的规定。其后涉及的税收法规、规章等规范性文件也未出现漏税一词。1995年修订后的《税收征收管理法》中也没有再使用"漏税"概念，而只是在第31条规定了因税务机关的责任以及因纳税人、扣缴义务人计算错误等失误而造成的未缴或者少缴税款的情况的处理办法。该内容被2001年修订的《税收征收管理法》第52条所吸收。实际上这是对漏税问题的规定。

而且，从1979年刑法典以来，漏税行为不再构成犯罪，它与逃避缴纳税款行为的区别主要表现在四个方面：

1. 客观方面不同。逃税行为，通常表现为采取伪造、变造、隐匿、擅自销毁账簿、记账凭证等欺骗、隐瞒的非法手段不缴或少缴税款；而漏税行为并没有采取这些非法手段。

2. 主观方面不同。逃税行为只能是故意实施的，而且具有不缴或者少缴税款的目的；而漏税不是故意实施的，通常是过失行为，不具有不缴或者少缴税款的目的。特别是当客观上二者都未缴或少缴税款，要注意从主观上甄别。因为这时主观上的区别才是逃税与漏税的关键。实践中，有一种"明漏暗偷"

的情况，即纳税人采取法定手段，不缴或少缴应纳税款，但一旦被税务人员查出，则以业务不熟、工作过失或对税法及财务制度不精通为由加以搪塞。对这种情况，可以从两方面认定：一是从客观行为上判断。如行为人有伪造、变造、隐匿账簿、记账凭证的行为，可以认定行为人具有故意，因而是逃避缴纳税款。当然，对于擅自销毁账簿、记账凭证和虚假纳税申报无法在客观方面加以区分，就不能据此认定其有逃税行为。二是从事后态度上判断。对漏税行为，行为人一般都能主动承认错误，并补缴税款；而逃税行为人往往会百般抵赖，只有在证据确凿，要追究其责任时，才会补缴税款。当然，这种区别是相对的，只能在定性中起参考作用，认定逃税还是漏税需要综合考虑。①

3. 漏税与逃税的转化不同。漏税行为在一定条件下可以转化成为逃税行为。例如，漏税行为发生后，漏税者自己发现或由他人告知，但漏税者不予主动改正，而采取欺骗手段不向税务机关申报所漏税款，漏税行为就转化成逃税行为，情节严重的，则可以成立逃税罪。但是逃税行为通常不可能转化为漏税行为。因为逃税行为构成犯罪后不可能有任何的逆转可能。然而在司法实践中，根据不同情况，可以分别认定为自首或者其他犯罪情节，减轻其刑事责任。有人认为，逃税行为发生后，逃税者主动更正向税务机关申报其未缴或少缴税款，逃税行为也可以过渡为漏税行为。② 我们认为，当逃税行为成立逃税罪时，这种逆转观点违背了犯罪构成理论。即使《刑法修正案（七）》颁行后，刑法典第 201 条规定的附条件"不予追究刑事责任"的情形，也仍属于行政违法的逃税行为，无法转化为行政违法的漏税行为。

4. 法律后果不同。逃税行为达到情节严重的法定条件即构成犯罪，应承担刑事责任；而漏税只是一种行政违法行为，行为人只需补缴税款并交纳滞纳金。一段时期里，有些税务机关与司法机关对漏税有不同认识。一些税务机关存在把漏税刑事化的趋势。这种只重打击不重保护的倾向不利于经济建设。一是实践中确实存在纳税人并非故意而是因不熟悉税法或粗心大意而未缴或少缴税款的情况。二是 2001 年《税收征收管理法》第 52 条第 2 款也规定："因纳税人、扣缴义务人计算错误等失误，未缴或者少缴税款的，税务机关在 3 年内可以追征税款、滞纳金；有特殊情况的，追征期可以延长到 5 年。"其中的"失误"包含了无意造成的未缴或少缴税款的各种情况，实质上是漏税。三是税法经常变动，一些税务人员也难以全面掌握，普通纳税人更难以适应。因

---

① 参见赵光耀："偷税罪的认定"，载 http://www.cftl.cn/show.asp?c_id=24&a_id=3780，访问日期：2012 年 9 月 20 日。

② 参见曹康、黄河主编：《危害税收征管罪》，中国人民公安大学出版社 1999 年版，第 39 页。

此,只认逃税不认漏税的做法,不适合我国国情。这样容易扩大打击面,有违罪刑法定原则。实践中,曾经有一些税务机关将漏税的情况作为偷税犯罪移交公安机关,对此,要注意甄别,分析是否存在逃税故意,[①] 要根据案件全部情节进行认定,特别要联系手段是否具有欺骗性、逃避性来认定。

(三)避税问题

一般认为,避税是利用税法漏洞或模糊之处,通过对经营活动和财务活动的安排,以达到免税或者少缴税款目的的行为。刑法学界有一种观点将避税等同于节税,认为二者只是称谓不同;也有另一种观点认为二者不同。我们认为,从理论上讲,节税,又称税收策划。因为税法上规定有数种可行途径,所以选择最省税的一种,故节税是合法的,也符合立法精神、纳税道德。而避税则不同。从与税收法规的关系上看,避税行为表现为四种情况:一是利用选择性条文避税;二是利用不清晰的条文避税;三是利用伸缩性条文避税;四是利用矛盾性、冲突性条文避税。第一种行为不违法,其他三种行为虽然违反税法精神,但因这些行为不符合逃税罪的构成要件,故只能根据税法的有关规定作补税处理,不能认定为逃税罪。[②] 具体如何对避税行为进行法律评价,在税收学界、税法学界,抑或刑法学界都存在不同意见,可谓众说纷纭,但大致来说,有以下几种:"中性说或不违法说"、"合法说"、"不违法但不合理说"、"不违法且合理说"、"不违法+合法说"、"违法+不违法+合法说"。[③] 我们较为同意"不违法但不合理说"。其理由主要是:其一,避税不是合法行为。合法行为是法律允许且鼓励的行为,并且由法律所规定,是对社会有益的行为。法律规定无论是明确具体的,还是原则概括的,都能在法条中找到。而避税行为在客观上造成了国家税收收入的减少,增加了国家财政负担,导致不平等竞争,是对社会有害的行为,这不符合合法行为的社会特征。在税收实践中,我们反避税。既然避税是合法行为,为什么还反避税呢,这岂不矛盾?另外,避税行为在法律调整之外,是法律的疏漏、缺位,在法律条文中找不到它的位置,无法对其进行法律评价,更谈不上是合法行为,也即它不符合合法行为的法律特征。[④] 其二,避税行为不是违法行为。违法行为被法律所禁止,并应受到法律的处罚。而避税行为却不具备这两点:避税行为没有法律的明文规

---

① 参见赵光耀:"偷税罪的认定",载 http://www.cftl.cn/show.asp? c_id=24&a_id=3780,访问日期:2012年9月20日。
② 参见张明楷:《刑法学》(第3版),法律出版社2007年版,第610页。
③ 参见周洪波:《税收犯罪研究》,中国人民大学博士学位论文,2001年,第74—75页。
④ 参见周洪波:《税收犯罪研究》,中国人民大学博士学位论文,2001年,第75页。

定，税收实践中，避税行为也没有受到处罚。其三，在合法行为与违法行为之间存在"中间行为"，这就是不为法律明文禁止但又不为法律允许且鼓励的行为，简言之，是因立法疏忽而未用法律调整的行为，也即立法缺位的情况。避税行为就是如此。法律没有必要调整一切社会生活，但是法律应该调整的也未必能够调整到位。社会生活纷繁多样、千变万化，立法者的局限性以及法律本身的有限性，使法律不可能无懈可击，可能存在法律死角，是不合法和不违法的中间区域。① 不过，避税行为是违背道德的行为，是违背法律精神的行为。税法精神在于使税收有序化，充分实现税收的财政、经济和监督职能。而避税行为减少了国家税收收入，违背了公平竞争的经济原则，弱化了税收职能。因此，避税行为也可能因修正立法向逃税行为转化。

（四）逃税与其他违反税法行为的界限

1. 逃税与不申报纳税的界限。纳税申报，是纳税人经过一段生产经营期间，依照税法规定的环节和期限应在缴纳税款前，主动地向有管辖权的税务机关申报生产经营情况和计税金额、财务会计报表等资料的活动。纳税申报是纳税人正确履行纳税义务的必经程序，它既是纳税人依法办理的纳税手续，也是税务机关监督税款入库，开具税收票证的主要依据。② 在司法实践中，纳税人不进行纳税申报，其原因较多，可能是疏忽，也可能是出于逃税目的或其他原因。这里的"不申报纳税"，包括各种原因导致的不申报纳税，而逃税行为包括出于逃税目的而不申报纳税的行为以及其他逃税行为等。也就是说，对于"不申报纳税"是不是逃税，其能否成为逃税罪的实行行为，不能一概而论。关键在于行为人不申报的原因是否基于逃税目的（不缴或少缴税款），这必须考虑纳税人是否知道或应当知道纳税申报义务的基础上来进行判断。

2. 逃税与不进行税务登记的界限。税务登记，是在我国境内从事生产经营活动的单位和个人，依法向税务机关申请，自愿履行纳税义务，从事正当经营，并由税务机关接受申请，并审核登记在册和发证的活动。我国 2001 年《税收征收管理法》第 15 条第 1 款规定："企业在外地设立的分支机构和从事生产、经营的场所，个体工商户和从事生产、经营的事业单位（以下统称从事生产、经营的纳税人）自领取营业执照之日起 30 日内，持有关证件，向税务机关申报办理税务登记。税务机关应当自收到申报之日起 30 日内审核并发给税务登记证件。"税务登记是税务机关掌握纳税户数及其生产经营活动和税源变化情况的一项管理制度。在司法实践中，一些纳税人不进行税务登记，是

---

① 参见周洪波：《税收犯罪研究》，中国人民大学博士学位论文，2001 年，第 75—76 页。
② 参见王作富主编：《刑法分则实务研究》（第 3 版），中国方正出版社 2007 年版，第 674—675 页。

出于逃税的目的。对这种情况能否按逃税处理,理论界有不同看法:有人认为,这种情况属于逃税,符合逃税罪法定标准的,应定逃税罪;也有人主张,根据罪刑法定原则,该种情况不是逃税,更不可能构成逃税罪。[①] 我们赞同第二种观点。不进行税务登记不等同于逃税行为,尽管行为人可能出于逃税目的。是否逃税应依法认定。我国《税收征收管理法》和《刑法》概括地规定了逃税的几种表现形式,其中没有明确规定"不进行税务登记"的内容,因此,没有理由将之直接视为逃税行为。对于行为人不办理税务登记手续,此后又实施了法定的逃税行为,应以逃税论处。这时行为人构成逃税罪,不是因为没有进行税务登记,而是由于实施了法定逃税行为。

二、此罪与彼罪

逃税罪中的逃避应纳税款的行为,与走私普通货物、物品罪中的偷逃关税的行为有相似之处,因此,两者在一些情况下容易混淆。但是,对逃税罪与走私普通货物、物品罪的界限,将在第 20 章述及。这里着重对逃税罪与隐匿、故意销毁会计凭证、会计账簿、财务会计报告罪的界限进行探讨。

虽然逃税罪与隐匿、故意销毁会计凭证、会计账簿、财务会计报告罪两罪有时在隐匿、销毁的行为手段上具有共同性,而且破坏了市场经济秩序,但是它们在构成特征上的区别主要是:

1. 客体要件不同。逃税罪侵犯的客体要件是国家税收征收管理的制度秩序;隐匿、故意销毁会计凭证、会计账簿、财务会计报告罪的客体要件是会计资料管理的制度秩序。

2. 行为方式和行为对象不同。前者的行为方式不仅表现为隐匿、销毁,还包括伪造、变造行为,以及在账簿上多列支出或者不列、少列收入等欺骗、隐瞒手段进行虚假纳税申报或者不申报,逃避缴纳税款,或者扣缴义务人采取欺骗、隐瞒手段,不缴或者少缴已扣、已收税款的行为;而后者仅表现为隐匿、销毁行为。前者中"隐匿、擅自销毁"的直接的行为对象仅限于账簿和记账凭证,不含财务会计报告。此外,更进一步的行为对象是应缴纳的税款。但是后者的行为对象是会计凭证、会计账簿和财务会计报告。

3. 主体要件不同。前者的主体要件是特殊主体,即纳税人和扣缴义务人。后者的主体要件是一般主体,在司法实践中常见的是企业、事业单位的财会人员。

---

① 参见王作富主编:《刑法分则实务研究》(第 3 版),中国方正出版社 2007 年版,第 675—676 页。

4. 主观要件不同。前者的主观目的是不缴或少缴应纳税款（或因此非法获利等），而后者的主观目的不限于此。

三、共同犯罪

逃避缴纳税款共同犯罪包括纳税人与税务代理人的共同犯罪、纳税人与扣缴义务人的共同犯罪、纳税人与其他人的共同犯罪等类型。这里重点探讨纳税人与税务代理人的共同犯罪。

（一）纳税人与税务代理人共同谋划逃税

此种情况，只要情节严重，具备逃税罪的刑事违法性，就构成逃税罪的共同犯罪。对无身份者与有身份者共同实施的犯罪，根据什么来确定共同犯罪的性质，我国学界存在主犯说和有身份者说的争论。我们认为，应以有身份者的实行行为来定罪。因为有身份者与无身份者共同实施犯罪，无身份者的行为性质对有身份者的行为性质有依附性，亦即，没有有身份者的参与，行为就无法实施。[1]

（二）纳税人教唆税务代理人逃税

这是有身份者教唆无身份者实施真正身份犯的问题，即有身份者加功无身份者的场合。对此，存在"无身份者成立正犯（实行犯）"说、"有身份者作为正犯、无身份者作为教唆犯"说、"有身份者作为教唆犯、无身份者作为从犯"说和"有身份者作为间接正犯、无身份者作为从犯"说的争论。[2] 我们赞同"有身份者作为间接正犯、无身份者作为从犯"说。就上述情况，纳税人教唆税务代理人逃税的属于共同犯罪，纳税人构成间接正犯，税务代理人是从犯。纳税人这一有身份者实质上利用了税务代理人（有故意无身份者）帮助其实施逃税的行为，纳税人符合间接正犯的要求，而税务代理人的行为便利了纳税人实施逃税，符合帮助犯的条件。[3]

（三）税务代理人教唆、帮助纳税人逃税

对这种情况的税务代理人，按逃税共同犯罪的教唆犯、帮助犯处理，对纳税人按逃税共同犯罪的实行犯处理。这种情况在刑法理论上属于无身份者教唆、帮助有身份者实施真正身份犯的问题。对该问题，学界一般认为无身份者

---

[1] 参见周洪波：《税收犯罪研究》，中国人民大学博士学位论文，2001年，第65—66页。
[2] 参见马克昌主编：《犯罪通论》，武汉大学出版社1990年版，第560页。
[3] 参见周洪波：《税收犯罪研究》，中国人民大学博士学位论文，2001年，第63—64页。

可以构成有身份者实施的真正身份犯的教唆犯或帮助犯。

(四) 纳税人逃税而税务代理人知晓

纳税人为了逃税,向税务代理人提供虚假的应税事实,税务代理人在知晓纳税人提供的应税事实是虚假的情况下,仍按纳税人提供的应税事实进行纳税申报的,那么,纳税人和税务代理人构成逃避缴纳税款的共同犯罪。其中纳税人为正犯,税务代理人是帮助犯。税务代理人明知纳税人逃税而给以帮助,这说明其主观上有双重认识,客观上实施了帮助行为,符合帮助犯的成立条件。①

(五) 税务代理人私自逃税而纳税人不知晓

对委托人授权税务代理人全权处理其财务及税务事宜的,税务代理人如同单位财会人员,其逃税行为应视同委托人逃税,税务代理人是逃税的直接责任人员;对委托人授权税务代理人全权处理其税务事宜,若委托人向代理人提供的各项应税事实资料无误,而税务代理人单方采取法定逃税方式不缴少缴应缴税款,事后纳税人不知晓,且税务代理人将逃税款据为己有的,税务代理人可能构成诈骗罪;未将逃税款据为己有的,税务代理人可能构成提供虚假证明文件罪。②我们认为,税务代理人未将逃税款据为己有的情况并不构成提供虚假证明文件罪,而是因法无明文规定不构成犯罪。税务代理人不符合此罪的主体条件,虽然税务代理也是一种中介活动,但它并未包含在该罪之中。税务代理与中介组织人员实施的提供虚假证明文件罪的中介活动不同,前者以委托人名义进行,其法律后果归属委托人;而后者以自己名义进行,其法律后果归属自己。从代理内容看,税务代理人不是以自己名义来证明纳税人的经济事实,即提供证明文件的行为,而是受纳税人委托代替纳税人办理纳税人涉税事务。税务代理人是为纳税人代为办理税务登记、变更税务登记和注销税务登记,办理发票准购手续,办理纳税申报或扣缴税款报告,申请减税、免税、退税、补税和延期缴税,制作涉税文书,以及建账建制、办理账务等。③

(六) 税务代理人私自逃税而纳税人事后默认

税务代理人私自逃税而事后为纳税人追认,税务代理人的行为性质发生转变,即委托人已追认其隐瞒、改变应税事实的效力,因此,委托人成立逃税行为,税务代理人是逃税的直接责任人员。因为税务代理是委托代理,税务代理人通过委托人授权以委托人名义进行税务事宜的代理,在授权代理范围内其法

---

① 参见周洪波:《税收犯罪研究》,中国人民大学博士学位论文,2001年,第65页。
② 参见赵秉志、刘佳雁:"妨害税收犯罪新立法析",载《当代法学》1993年第3期,第22页。
③ 参见周洪波:《税收犯罪研究》,中国人民大学博士学位论文,2001年,第64—65页。

律效果直接归属委托人；代理人越权代理的法律效果依委托人事后是否追认而定，对事后委托人追认的，其法律效果及于委托人，委托人事后不追认的，委托代理人独自承担法律责任。就民事责任而言，代理人越权代理而委托人事后追认，其法律效果及于委托人；但是对刑事责任则不行。[①] 因为逃税违法犯罪行为涉及国家或社会的利益，公民不可自行处置。另外，将代理人的单独犯罪行为归责于委托人也不符合犯罪构成理论和共同犯罪理论。因为成立犯罪需要行为人有主观罪过和客观行为，在上述情况下，委托人没有实施逃避缴纳税款的行为，其主观上无罪过。由于委托人与代理人之间不存在共谋，没有意识联络，因此其中不符合共同犯罪的成立要件。

四、一罪与数罪

在司法实践中，因逃税方法多种多样以及逃税罪的立法规定比较复杂，使得逃税罪的罪数问题较难认定。一罪与数罪的正确界分，是正确量刑的关键，此处有必要探讨逃税罪的一罪与数罪的界限。

（一）逃税罪的牵连犯问题

逃税罪的牵连犯，是行为人为逃避缴纳税款，其方法行为或结果行为又触犯了他罪，或者行为人为实施他罪，其方法行为触犯了逃税罪的情况。其特征大致如下：

1. 行为人实施了两个以上的行为，其中一个行为是逃税行为。
2. 逃税行为与其他行为之间有牵连关系，即逃税行为与其他行为之间存在方法（手段）与目的或原因与结果的关系。
3. 行为人主观上有牵连意图，即行为人认识到实施行为之间有牵连关系。
4. 逃税行为和其他行为分别触犯不同的罪名，即逃避缴纳税款的行为构成逃税罪，其他行为构成其他犯罪。

在司法实践中，逃税行为往往是目的行为。犯罪分子常用非法购买、伪造、虚开增值税专用发票的方式来抵扣税款，以逃避缴纳税款。这样，逃税罪与特殊发票犯罪之间发生了牵连关系。在认定时，必须厘清二者的关系。逃税罪与特殊发票犯罪构成牵连的情况，从主观上讲，行为人出于逃税目的，认识到为了逃税而实施特殊发票犯罪行为；从客观上看，行为人实施两个以上的行为，即一个或数个特殊发票犯罪行为和逃税行为，这两个以上的行为之间有牵

[①] 参见周洪波：《税收犯罪研究》，中国人民大学博士学位论文，2001年，第65页。

连关系，并且都必须独立地构成犯罪。对此，将在后文相关章节具体论述。

另外，行为人在实施其他违法犯罪行为的过程中，有逃税行为，具有刑事违法性的，应当依法追究其刑事责任。譬如，最高人民法院2002年4月10日《关于审理非法生产、买卖武装部队车辆号牌等刑事案件具体应用法律若干问题的解释》（自2002年4月17日起施行，现已被废止）第3条第1款曾经规定，使用伪造、变造、盗窃的武装部队车辆号牌，不缴或者少缴应纳的车辆购置税、车辆使用税等税款，偷税数额占应纳税额的10%以上，且偷税数额在1万元以上的，依照偷税罪的规定定罪处罚。我们认为，因为《刑法修正案（七）》对逃税罪条件作了调整，所以对此类牵连犯已经不能一概以逃税罪处理，而应视其具体情况择一重处。若行为人非法购买并使用武装部队车辆号牌，情节严重，同时不缴或少缴应纳的车辆购置税、车辆使用税等税款，成立逃税罪且属于牵连犯的，则以一重罪处罚。对此，2011年7月20日《最高人民法院、最高人民检察院关于办理妨害武装部队制式服装、车辆号牌管理秩序等刑事案件具体应用法律若干问题的解释》（自2011年8月1日起施行）第6条作了明确规定。然而，若其中成立两罪但又不是牵连犯的，则应以买卖、非法使用武装部队专用标志罪与逃税罪实行数罪并罚。

下面仅对逃税罪与行贿罪的牵连情况进行研讨。行为人为了逃避缴纳税款而行贿的情况在司法实践中经常发生，对此如何处罚也存在争论：有人认为应数罪并罚。因为行为人为逃税而行贿具备了行贿的行为特征，应以行贿罪论处。若行贿、逃税均已成立并构成犯罪则按数罪并罚处理。也有人认为，构成牵连犯，应从一重处罚。我们基本赞成第二种意见。因为这符合牵连犯的成立条件。首先，行为人主观上有牵连意图，即行为人为了逃税而行贿，行为人认识到行贿与逃税之间的手段目的关系；其次，行为人实施了两个牵连行为，即行贿行为和逃税行为；最后，这两个行为均独立地成立犯罪，即分别构成行贿罪和逃税罪。[①] 但是应从一重处罚，即按行贿罪从重处罚。因为行贿罪的最高法定刑为无期徒刑，而逃税罪的最高法定刑是7年有期徒刑。适用行贿罪刑罚幅度中较重的刑罚，正是考虑数行为比一行为更严重的缘故。

此外，还有两种应加以区别的相似情况：[②] 一种情况是行为人主观上出于不缴、少缴税款的目的，向税务机关工作人员行贿，以达到税务人员利用职务之便，对其不征、少征税款。在这种情况下，行为人并没有采取伪造、变造、隐匿、擅自销毁账簿、记账凭证，以及在账簿上弄虚作假，或进行虚假纳税申

---

① 参见周洪波：《税收犯罪研究》，中国人民大学博士学位论文，2001年，第89页。
② 参见周洪波：《税收犯罪研究》，中国人民大学博士学位论文，2001年，第89—90页。

报等手段偷逃税款，行为人不缴、少缴税款是通过税务人员的渎职行为而得逞的。对此情况，对行为人只能定行贿罪，行为人的行为不构成逃税罪。因为，在主观上虽然行为人有不缴或少缴税款的故意（目的），但是，在客观上行为人没有实施法定的逃税行为（即采取欺骗、隐瞒手段逃避缴纳税款……）。另一种情况是行为人实施逃税行为后，为了逃避税务人员或司法人员的追究而行贿。在这种情况下，行为人主观上出于两个犯意，即逃税故意和行贿故意，但是行为人不具有两行为的牵连意图；客观上实施了两个犯罪行为，即逃税犯罪行为和行贿犯罪行为，这两行为之间也不存在手段目的关系或原因结果关系。所以，对这种情况应数罪并罚。

（二）逃税罪与隐匿、故意销毁会计凭证、会计账簿、财务会计报告罪法规竞合的情形

行为人有逃税目的，隐匿、销毁账簿、记账凭证，情节严重的，如何处理？对此，有的认为，逃税罪的行为方式之一便是隐匿、擅自销毁账簿、记账凭证，这种行为，若情节严重，则可能构成隐匿、故意销毁会计凭证、会计账簿、财务会计报告罪，但二者之间形成手段目的的牵连关系。对此，应从一重处罚，而不能两罪并罚，否则，对隐匿、擅自销毁账簿的行为，就实行了双重处罚。① 我们赞同对此不数罪并罚，但不是因为构成牵连犯的缘故，而是由于法规竞合的原因。因为，逃税罪和隐匿、故意销毁会计凭证、会计账簿、财务会计报告罪的犯罪构成存在交叉关系，即隐匿、销毁账簿、记账凭证的行为既是逃税罪的客观要件，又是隐匿、故意销毁会计凭证、会计账簿、财务会计报告罪的客观要件。这种情况不是行为人实施行为引起的，而是因为法条的错杂规定引起的。也就是说，它是立法时就存在的，不是实施行为后才出现的。

（三）实施其他（经济）犯罪又不缴纳税款行为的罪数问题

在司法实践中，行为人往往在实施假冒商标或生产、销售伪劣商品等经济犯罪的过程中，同时又不缴纳税款。对此应如何处理，存在不同意见：有人认为构成吸收犯，按一罪处理，不进行数罪并罚。其主要理由是，在同一犯罪过程中，虽然行为人实施了两个犯罪行为，分别触犯两个罪名，但行为人的犯罪目的只有一个，即把犯罪所得据为己有，其实施假冒商标或生产销售伪劣商品等行为与逃税行为之间有吸收关系，因此按一罪处理，不实行数罪并罚。而有人则认为应数罪并罚，因为行为人实施假冒商标、生产销售伪劣商品等犯罪行为与逃税行为之间不具有吸收关系，同时也没有其他联系。② 我们认为，应该

---

① 参见周洪波：《税收犯罪研究》，中国人民大学博士学位论文，2001年，第91页。
② 参见张旭主编：《涉税犯罪的认定处理及案例分析》，中国人民公安大学出版社1999年版，第96页。

区分三种情况分别处理。若行为主体仅仅是形式要件不具备的无证经营者，则对其实行数罪并罚；若行为主体是在实体内容上从事违法犯罪的非法经营者，则只能按行为人实施的假冒商标、生产销售伪劣商品犯罪甚至其他犯罪来定罪。如前已述，此种非法经营者不能成为逃税罪的主体要件，自然就不构成逃税罪，因此，只按其实施的其他犯罪来定罪。对其不纳税的行为，只作为酌定量刑情节来处理。然而，若经营者从事一部分合法经营，又从事另一部分非法经营，则对其合法经营的部分，逃税情节严重的，成立逃税罪；对非法经营的部分，若其实施假冒商标、生产销售伪劣商品，情节严重的，则按相关犯罪处理。

（四）逃税罪与走私普通货物、物品罪之间的罪数问题

从立法规定来看，走私普通货物、物品罪与逃税罪存在法规竞合的关系，二者实际上是一种交叉竞合。前述在此罪与彼罪部分已经对两者作了成立要件上的区分，此处不再赘述。但是，在实践中，有些走私行为人在实施犯罪过程中，既偷逃了关税，又同时偷逃了增值税、消费税等流转税。对这种情况应如何定罪，学界有不同意见：有人认为，应当分别认定走私普通货物、物品罪和逃税罪（原为偷税罪），实行数罪并罚。也有人认为构成牵连犯，即在这种情况下，行为人偷逃增值税、消费税的行为与其走私行为形成牵连关系，应按其中的重罪从重处罚。[①] 还有人主张这种情况形成法条竞合，即行为人在实施走私行为的过程中，又同时具有逃税性质，实际上是基于一个目的实施的行为，应视为法条竞合。依照我国刑法理论和司法实践，对该法条竞合应按其中较重的罪处罚。[②] 我们赞同第一种观点，即对此应数罪并罚。因为行为人实施了两个独立的行为，即两个不作为：一个是偷逃增值税、消费税行为，一个是走私行为（偷逃关税）。这两个行为之间不存在牵连、吸收或竞合关系，都独立地分别构成不同犯罪，即逃税罪和走私普通货物、物品罪。从行为人主观上看，行为人有两个犯罪故意，即偷逃增值税、消费税的故意和走私（偷逃关税）的故意，这两个故意之间也不存在（目的手段、原因结果等）联系。行为人的行为之间不存在牵连关系，主观上也没有牵连意图，所以行为人不构成牵连犯。因而第二种意见不能成立。第三种意见则违背了基本的刑法理论。[③] 因为，逃税罪与走私普通货物、物品罪的法规竞合是行为人为偷逃关税牟利而走

[①] 参见陈正云主编：《危害税收征管罪的认定与处理》，中国检察出版社1998年版，第52页。

[②] 参见张旭主编：《涉税犯罪的认定处理及案例分析》，中国人民公安大学出版社1999年版，第92页。

[③] 参见周洪波：《税收犯罪研究》，中国人民大学博士学位论文，2001年，第85页。

私的情况。法规竞合是因法规的错杂规定而导致一行为能够有两个以上的法条适用，该情况是立法预设存在的，而不是因行为人实施一个行为引起的。这种竞合规定只是表现为一种立法倾向，法规竞合的适用原则，是特殊法优于普通法、重法优于轻法。其实，两行为之间无法规竞合，这里行为人实施的偷逃增值税和偷逃关税的行为是两行为。即使是一个行为，也不构成法规竞合，只能是想象竞合。

五、逃税罪的量刑

（一）逃税罪法定刑幅度的确定

如前所述，根据《刑法修正案（七）》颁行后的刑法典第201条，其中规定"逃避缴纳税款数额较大并且占应纳税额10%以上的，处3年以下有期徒刑或者拘役，并处罚金；数额巨大并且占应纳税额30%以上的，处3年以上7年以下有期徒刑，并处罚金。"以及规定，"扣缴义务人采取前款所列手段，不缴或者少缴已扣、已收税款，数额较大的，依照前款的规定处罚。"

可见，该法条中仍然保留了两个法定刑幅度，不过对逃税的数额标准以及罚金刑的倍数都做了含蓄表达，强调了法的稳定性与灵活性，以留待司法解释予以明确。此处的"数额较大"和"数额巨大"，在《刑法修正案（七）》颁行前的一段时期里，立法曾经将之分别规定为"1万元以上不满10万元"和"10万元以上"。鉴于2010年司法解释关于立案追诉标准中的逃税数额已被提高至5万元以上，因此，这表明该解释已把"数额较大"解释为"5万元以上"。我们认为，有必要设置其上限，使之与"数额巨大"相衔接。建议目前把其中的"数额较大"和"数额巨大"分别解释为"5万元以上不满15万元"和"15万元以上"为宜。另外，对纳税人犯此罪的，需要根据其行为的危害程度、情节的严重程度，在这两个法定刑幅度中选择对应的量刑档。对扣缴义务人，无论不缴或少缴已扣、已收税款数额较大还是数额巨大，都只能选择第一量刑档。因为立法的修改，正是依据扣缴义务人和纳税人行为性质的轻重来设置处罚规定的。

这里，值得强调应纳税额计算方法、异种税应纳税额的界定方法，以及对逃税数额比例的确定方法。

1. 应纳税额的计算方法。理论界对此有不同认识：第一种观点（"大时间段"法）认为，应纳税额是逃税行为起止期间纳税人应当缴纳的税款；第二种观点（"小时间段"法）认为，应纳税额是纳税人发生一项应税经济行为所应缴纳的税款；第三种观点（"中间时间段"法、"纳税期限"法）认为，应纳税额是纳税人实施逃税行为所属的纳税期限内实际应纳的税款。对第三种观点赞同的人较多。① 我们认为，应纳税额的计算应遵循四个条件：（1）税法的依据。对于不同税种，税法都规定了不同的应纳税额的计算方法。（2）遵循刑法理论，不可将纳税人的一个连续、完整的逃税行为片面地分割开来。（3）遵循公平归责、不枉不纵原则。（4）遵循可操作性原则。②

2. 异种税应纳税额的界定方法。在司法实践中，纳税人常常是同时缴纳几种税，这种情况下纳税人逃税如何计算应纳税额呢？要考虑两种情形：（1）纳税人只偷逃同一种税。对此有两种计算方法：其一，用逃税数额占该纳税人同期应纳该种税额的比例来计算是否达到逃税数额比例；其二，用逃税数额占该纳税人同期应纳各种税额的比例来计算是否达到逃税数额比例。虽然两种方法均符合刑法规定，但从公平角度讲，应以第一种方法来计算应纳税额。若纳税人没有偷逃该种税，而把该种税的应纳税额计算在内，则扩大了应纳税额的基数，必然放纵逃税人。（2）纳税人同时偷逃数种税。它大致有三种计算方法：其一，分别计算，即偷逃一个税种的税额与该税种的应纳税额对应；其二，合并计算，即先把不同税种的偷逃数额相加，又把不同税种的应纳税额相加，然后算出比例；其三，先分后并，即先单独计算每一税种的偷逃税额和应纳税额，若其中有一种税达到了逃税罪的定罪标准，则将其他税种的偷逃数额相加进行量刑。③

3. 逃税数额比例的确定方法。根据2002年最高人民法院的司法解释，逃税数额占应纳税额的百分比，是一个纳税年度中的各税种逃税总额与该纳税年度应纳税总额的比例。不按纳税年度确定纳税期的其他纳税人，逃税数额占应纳税额的百分比，按照行为人最后一次逃税行为发生之日前一年中各税种逃税总额与该年纳税总额的比例确定。纳税义务存续期间不足一个纳税年度的，逃税数额占应纳税额的百分比，按照各税种逃税总额与实际发生纳税义务期间应当缴纳税款总额的比例确定。逃税行为跨越若干个纳税年度，只要其中一个纳税年度的逃税数额及百分比达到刑法典第201条第1款规定的标准，即构成逃税罪。各纳税年度的逃税数额应当累计计算，逃税百分比应当按照最高的百分比确定。在《刑法修正案（七）》颁行后，在对此类问题没有新的司法解释之前，该解释仍有参考价值。

---

① 参见曹康、黄河主编：《危害税收征管罪》，中国人民公安大学出版社1999年版，第36页；另见张旭主编：《涉税犯罪的认定处理及案例分析》，中国人民公安大学出版社1999年版，第80页；另见王松苗、文向民主编：《新刑法与税收犯罪》，西苑出版社1999年版，第78—79页。
② 参见王作富主编：《刑法分则实务研究》（第3版），中国方正出版社2007年版，第669—670页。
③ 参见周洪波：《税收犯罪研究》，中国人民大学博士学位论文，2001年，第45—46页。

（二）量刑情节的综合考量

在犯罪形态上，有无逃税罪的预备犯、未遂犯和中止犯呢？学界有不同认识。我国司法解释也对盗窃罪和诈骗罪等数额犯的未遂犯持肯定立场。而且，根据前述2010年司法解释的立案追诉标准推知，对逃税罪的预备犯和中止犯不予以追诉，但是，因为对未遂犯并无免除处罚的法律规定，所以对之应予以刑事追究。建议将来在司法解释中增加逃税罪未遂犯的立案追诉情形。至于其数额和比例标准，可考虑规定为"数额和比例均达到既遂追诉标准的八成"，或者"数额和比例中一项达到既遂标准而另一项达到既遂标准的五成"；当然，还必须以"经税务机关依法下达追缴通知后，不补缴应纳税款、不缴纳滞纳金或者不接受行政处罚"为条件。对于未遂犯，可以比照既遂犯从轻或者减轻处罚。

对于前述2010年立案追诉标准中规定的"纳税人5年内因逃避缴纳税款受过刑事处罚或者被税务机关给予二次以上行政处罚，又逃避缴纳税款，数额在5万元以上并且占各税种应纳税总额10%以上的"情形，其中包括了符合累犯条件的情形，对其依法应当从重处罚。但是对于其中其他再犯，因其情节比较恶劣，可以酌情从重处罚。

而且，对于实施逃税行为，犯罪情节轻微，不需要判处刑罚的，可以免予刑事处罚。现有的司法解释对此没有明确的规定。我们认为，它可以包括达到前述未遂犯的数额和比例标准，但是纳税人或者扣缴义务人在公安机关立案侦查以前已经足额补缴应纳税款和滞纳金等情形。

（三）单位犯的双罚制

单位犯逃税罪的，对单位判处罚金，并对其直接负责的主管人员和其他直接责任人员，依照刑法典第201条的规定处罚。判处罚金的，在执行前，应当先由税务机关追缴税款。在《刑法修正案（七）》颁行前，该条中曾经规定具体的比例罚金，即并处逃税数额1倍以上5倍以下罚金。尽管现有的司法解释对此没有明确比例罚金的解释，但是以前的立法规定仍有参考意义。

在前述"制药厂逃税案"中，市中级人民法院的二审判决在撤销一审判决的同时，改判了单位罚金数额，还改判王×无罪，而没有追究该案直接责任人李×和肖×的刑事责任。[①] 我们认为，这种做法违背了我国现行刑法典第211条的双罚制规定。同时，这也违背了我国刑法的罪刑法定原则，原

[①] 参见孙力、梅传强主编：《刑事案例诉辩审评——危害税收征管罪》，中国检察出版社2006年版，第11—13页。

本应该通过审判监督程序予以纠正，追究该案直接责任人李×和肖×的刑事责任。鉴于当前诉讼追诉时效已过，对李×和肖×的刑事责任可以不再追究。

六、司法检讨：经济学与（守法）教育学视角

（一）经济学视角

逃税罪的定罪量刑，从经济学视角来看，是运用经济学的理论来考量逃税罪的司法问题。与前同理，这里也难以计算其边际收益和边际成本。于是，此处更关注的是以尽可能小的司法成本投入，争取尽可能大的司法收益（或者产出），以及重视其定罪量刑中的供求平衡问题。也由此考虑通过合理地惩治逃税犯罪来促进经济的发展。

在定罪与否问题上，前述因法律漏洞发生"偷税9万元可定罪而偷税15万元不能定罪"的法律故事。这既违背了小成本大收益的法律经济原则，又在定罪上供求关系失衡（本需定罪而无法定罪）。在《刑法修正案（七）》颁行后，使之重新恢复平衡，同时在实践中实行附条件不追究刑事责任的规定。因此，使一些原本要求办理的司法案件作为行政案件处理，由此集中力量处理情节更重的逃税案件，以节约司法资源，减少司法成本。但是，在司法实践中，其司法效果和收益如何呢？至少可从以下两点来讨论。其一，一方面在避免旧故事再次发生以及避免立法变成一纸空文上，具有积极意义，维护法律权威；可是，另一方面又因为对违法犯罪难以应对而做出退让，这使法律权威在一定程度上受损。这两方面似乎功过相抵。其二，在遏制逃税犯罪上依然无力，因为在总体上没有对逃税犯罪增加威慑力，甚至还降低了威慑力。据此可见，上述减少司法成本的做法并没有因此达到更好的司法效益。

然而，仍值得注意，前已述及，实践中实行了附条件不追究刑事责任的规定，这使一些逃税企业有机会改过自新，继续生产、经营和发展，从而有利于国家和社会的经济发展。

（二）（守法）教育学视角

从（守法）教育学视角来观察和分析逃税罪的定罪量刑，是要运用（守法）教育学的理论来考量逃税罪的司法问题。目前（守法）教育学关于定罪量刑中的相关理论，也尚局限于惩教机制方面，因此，这里也是主要从逃税罪的定罪量刑中的惩教机制来探讨。

1. 定罪方面。逃税罪定罪中的惩教机制包括定罪与否的惩教机制、此罪

而非彼罪的惩教机制、确定罪数的惩教机制。① 三者的结构要素在教育者、受教者、目的与教育环节上通常相同，在教育内容与教育方式上略有差异。这里着重探讨逃税罪定罪与否的惩教机制。守法的教育环节是定罪环节。在这一环节中教育者是司法工作人员，主要是审判人员。至于侦查人员与检察人员（主要是公诉人）等，他们在涉及案件定罪问题上也是一种广义的教育者。教育者应不断提高自身综合素质，做到守法教育上的"为人师表"。另外，还涉及逃税罪教育者的组织机构及其体制的完善问题。在教育对象方面，他们包括逃税犯罪嫌疑人、被告人和其他人（包含司法人员，作为忠诚型自我教育对象）。采用的教育方式大致是定罪或不定罪，即以定罪方式教育行为人和以此威慑其他人，或者以不定罪的方式教育他们。这里有必要涉及立法中逃税罪犯罪圈对之产生影响的问题。两部刑法体系前后逃税罪犯罪圈的大小变化，会引起这一结构及其机制的变化。其中犯罪圈设计的优劣问题，必然导致定罪与否惩教机制结构的相应问题。当然，《刑法修正案（七）》对原来偷税罪的修改表明，通过对立法中刑法惩教机制有关犯罪圈的教育方式的改进，有利于司法中定罪与否惩教结构及其机制的完善。借助这些教育方式，可以传达"税收法不可违、逃税罪不可犯"、保护合法以及因罪受罚或因无罪不罚等教育内容。并且在优化设计其立法犯罪圈的同时，又可能会完善裁判规范中关于定罪与否的内容。也由此通过司法进一步达到惩罚犯罪、因果报应、教育行为人和其他人或者预防犯罪等目的。

应当说，每一个涉嫌逃税罪的案件，都会涉及上述定罪与否惩教机制的几个结构要素。不过，不同个案之间的情况可能有差异。除了立法规定影响司法操作的因素外，还可能与不同教育者的素质能力、价值观念有关，也与不同教育对象的实际情况相关联。于是，对该惩教机制的改进，不应限于教育的方式与内容方面，也要注重在提升司法人员综合素质能力（包括因材施教能力）的同时，注意提高公民知法与用法的能力（含监督执法的能力）。

这里还要补充指出，关于司法解释中逃税罪定罪与否的规定。这类规定是提供给司法人员具体运用法律的依据，因此必然要求他们遵照执行。据此，这类解释性规定或意见，既是司法人员忠诚型自我教育的内容，又是说服教育行为人服判的依据和内容。如前所述，对逃税罪的追诉标准还要完善等。由此可见，此类解释中定罪与否的规定仍将值得进一步完善。这也是对定罪与否惩教

---

① 笔者最初想采用"罪与非罪"、"此罪与彼罪"、"一罪与数罪"惩教机制的相关称谓，但是，因为它们都不能体现定罪的活动和过程，故为本书所不取。参见曾明生：《动态刑法的惩教机制研究——刑事守法教育学引论》，中国政法大学出版社2011年版，第169页。

结构教育内容加以改进的重要步骤。

另外,在逃税罪定罪的惩教机能上,受到前述结构要素的影响。如前已述,1979年刑法典逃税罪的条文过于笼统,不便操作,难以适应偷税犯罪变化的情况,造成对一些严重的偷税犯罪打击不力。这样威慑型教育机能和鼓励民众对法律忠诚型的教育机能较弱。之后,随着司法解释和全国人大常委会的补充规定和修改,强化了逃税罪规定的威慑型教育机能和法律忠诚型教育机能。然而,因刑法规定"数额加比例"的情形存在隐性的法律漏洞,结果曾经发生"偷税9万元可定罪而偷税15万元不能定罪"的法律故事。这对鼓励民众对法律忠诚型的教育机能显然很小。《刑法修正案(七)》第3条对偷税罪的处罚作出修改,增强了其威慑型教育机能和忠诚型教育机能。诚然,当前这种机制仍需进一步改进。通过完善一切有关定罪的立法规定以及完善前述结构要素,在坚持罪刑法定原则以及保持适度的威慑型教育机能的基础上,推进定罪机制的发展,使保护社会的积极机能与保障人权的积极机能最大化,以进一步提升忠诚型教育的积极机能。

2. 量刑方面。逃税罪量刑中的惩教机制包括司法解释涉及逃税罪量刑的惩教机制与逃税罪个案司法中量刑的惩教机制。在司法解释涉及逃税罪量刑的惩教结构上,教育环节正处于司法环节,教育者主要是"两高"(最高人民法院与最高人民检察院),当然还可能涉及其他部门,如公安部等。其中各部门的相关人员成为威慑型守法教育、矫治型守法教育的教育者,同时他们又是忠诚型守法教育的教育者与受教者(教育对象)。教育对象包括逃税罪犯罪嫌疑人、被告人以及其他人(含司法人员)。逃税罪犯罪嫌疑人作为侦查、起诉阶段的教育对象,与刑事诉讼法惩教机制有交叉性;被告人是审判阶段的教育对象;其他人主要是指一般人,包括刑法学者以及作为忠诚型自我教育对象的司法人员等。现有的关于逃税罪司法解释的目的条款,是"为依法惩处偷税、抗税犯罪活动……"教育内容主要表现为司法解释中的裁判性的逃税罪量刑规范。这些特殊规范主要是作为指导司法人员具体运用法律正确量刑的依据。它们既是司法人员忠诚型自我教育的内容,又是说服行为人服从判决以及教育他人守法的依据。教育方式主要表现为司法机关的"解释"、"规定"、"意见"、"批复"等形式、刑罚种类以及量刑方法等。

司法解释涉及逃税罪量刑的惩教机能受制于前述各种结构要素,其机能仍然值得加强,至少应当通过改进教育内容与教育方式,譬如一些重大疑难的司法解释的制定可适度借鉴网上公布征集意见的做法,来提高这一特殊机制对民众的忠诚型教育效果。

此外,还要注意,逃税罪个案司法中的惩教机制问题。在前述"制药厂逃税案"中,也涉及惩教机制的内容。另外,因为一纸错误判决,同仁堂曾经最大的供货商焦×从资产数千万的老板因涉嫌逃税罪而沦为阶下囚。经过2年的牢狱生活和8年申冤路,最终被判无罪。青山仍在,事业巅峰期被中断的10年却再也寻不回来,焦×向对他作出错误判决的河北〇〇市法院提出6981万余元的国家赔偿申请。这一数字创下刑事案件申请国家赔偿的最高纪录。[①]此类错案在定罪量刑上存在错误,这对守法教育机能产生了不利影响。当然,对于确立和维护人们对法律正义的信仰并强化人们对法的忠诚情感来说,从当前司法公信力普遍较弱的现状看,这一目标的实现将任重而道远。一方面在坚持呼吁加强司法独立与惩治司法人员违法犯罪行为至关重要的同时,另一方面在个案司法中的作为,就是既要加强对个案司法的监督(主要是舆论监督与司法监督、程序监督与实体监督),又要强调办案人员加强自律,做到在守法教育中以身作则和"为人师表"。

附录:相关法律、法规、规章及司法解释索引

1. 1979年刑法典第121条;
2. 1992年9月4日《全国人民代表大会常务委员会关于惩治偷税、抗税犯罪的补充规定》第1条、第3条;
3. 1997年刑法典第201条、第211条;
4. 2009年2月28日《刑法修正案(七)》第3条;
5. 《货物税暂行条例》(1950年1月27日政务院第十七次政务会议通过 同年1月31日公布 1950年12月15日政务院第六十三次政务会议修正 同年12月19日公布并施行)第13条;
6. 《工商业税暂行条例》(1950年1月27日政务院第十七次政务会议通过 同年1月31日公布 1950年12月15日政务院第六十三次政务会议修正 同年12月19日公布并施行)第25条;
7. 《农业税条例》(1958年6月3日全国人民代表大会常务委员会第九十六次会议通过 1958年6月3日主席令公布施行)第28条;
8. 《税收征收管理法》(1992年9月4日第七届全国人民代表大会常务委

[①] 参见王秋实:"药企老板改判无罪提出7000万国家赔偿 创下刑事案国家赔偿最高纪录",载《京华时报》2012年11月22日第15版。

员会第二十七次会议通过 根据1995年2月28日第八届全国人民代表大会常务委员会第十二次会议《关于修改〈中华人民共和国税收征收管理法〉的决定》修正 2001年4月28日第九届全国人民代表大会常务委员会第二十一次会议修订 自2001年5月1日起施行）第22条、第25条至第27条、第60条至第64条等；

9.《税收征收管理暂行条例》（自1986年7月1日起施行）第37条、第41条等；

10.《税收征收管理法实施细则》（1993年8月4日国务院令第123号发布 自发布之日起施行）第61条至第65条等；

11.《税收征收管理法实施细则》（2002年9月7日国务院令第362号公布 根据2012年11月9日国务院令第628号公布《国务院关于修改和废止部分行政法规的决定》修正 自2013年1月1日起施行）第93条、第96条等；

12.《发票管理办法》（1993年12月12日国务院批准、1993年12月23日财政部令第6号发布 根据2010年12月20日《国务院关于修改〈中华人民共和国发票管理办法〉的决定》修订 自2011年2月1日起施行）第41条；

13. 1992年3月16日《最高人民法院、最高人民检察院关于办理偷税、抗税刑事案件具体应用法律的若干问题的解释》第1条至第6条、第9条至第12条；

14. 2001年4月18日《最高人民检察院、公安部关于经济犯罪案件追诉标准的规定》第49条；

15. 2002年4月10日《最高人民法院关于审理非法生产、买卖武装部队车辆号牌等刑事案件具体应用法律若干问题的解释》（自2002年4月17日起施行）第3条第1款；

16. 2002年11月5日《最高人民法院关于审理偷税抗税刑事案件具体应用法律若干问题的解释》（自2002年11月7日起施行）第1条至第4条；

17. 2010年5月7日《最高人民检察院、公安部关于公安机关管辖的刑事案件立案追诉标准的规定（二）》第57条；

18. 2011年7月20日《最高人民法院、最高人民检察院关于办理妨害武装部队制式服装、车辆号牌管理秩序等刑事案件具体应用法律若干问题的解释》（自2011年8月1日起施行）第6条。

第七章 抗税罪

案例概要

1999年9月，徐×（案中蒋×之夫）在A市B镇开设了一家个体米粉加工厂，该米粉加工厂的性质属于个体工商户。2000年6月，该市镇税务所在"调高固定业户营业额和税率"的工作中，将徐×纳入了纳税户。且徐×也于同年7月10日到镇税务所交纳了6月份的税款共计27元。但7月份缴纳税款的期限已过，徐×仍未到镇税务所交纳7月份所应缴纳的税款。8月14日，该税务所领导派税务干部居×到徐×家发催款通知书。居×到徐×家时，徐×不在，其妻蒋×在家，居×将催缴税款通知书交于蒋×，蒋×拒收。税务干部居×便在通知书上注明拒收字样后将通知书丢在徐家大院内，蒋×即从地上捡起通知书，随手又操起一木条追赶居×。追上后，蒋×指责居×将通知书扔在她家中是丢"买路钱"（迷信用纸），非常不吉利，居×当即反驳，为此双方发生争吵。蒋×持木条打了居×。蔡×（系徐×朋友，认识税务干部居×）和蒋×一起殴打居×，居×不得已捡石头自卫，蔡×见状又跑回家中提了一把弯刀准备再次对居×行凶，后被围观群众拉开，在当地造成极坏的影响。居×右肾挫伤，多处软组织挫伤，住院24天，医疗费3400余元，居×的伤情为轻微伤。后来，该市人民法院作出判决：蒋×犯抗税罪，判处有期徒刑1年，并处罚金刑100元；蔡×犯抗税罪，判处有期徒刑1年，并处罚金刑100元。[①]

【1. 说明：此案经过各个诉讼环节，其中相关程序分析，可参阅总论部分的有关内容以及本书后附录中的刑事诉讼法。2. 思考：裁判公正吗？为什么？】

[①] 参见孙力、梅传强主编：《刑事案例诉辩审评——危害税收征管罪》，中国检察出版社2006年版，第22页。此案例不是新近发生的，但是因其具有历史比对性和案情代表性的价值，故本书将之收录于此。

第一节 抗税罪的立法沿革及检讨

抗税罪是以暴力、威胁方法拒不缴纳税款的刑事违法行为。这里,首先对我国刑法中抗税罪的立法规定进行简要介绍,然后从经济学与(守法)教育学视角对其加以检视与讨论。

一、1997年刑法典生效前抗税罪的立法规定

20世纪50年代,原政务院颁布的《货物税暂行条例》、《工商业税暂行条例》等单行税法中,抗税就作为一种违法犯罪行为被规定下来。如《货物税暂行条例》第13条第3款规定:"抗不交税……除依前款规定处罚外,并送人民法院处理。"但是,这里并没有明确其具体的刑罚,仅仅指出"送人民法院处理"。1954年最高人民法院、司法部《关于欠税案件处理及计算滞纳金的通知》中转述中央财政部的通知规定,"纳税人欠缴税款逾期30日以上者,以抗税论"。在此时制定的各个刑法典草案中,都对抗税行为作了明确规定。即便如此规定,也因社会和经济政策变动而在1979年之前难以充分实现,文革期间税务机关甚至瘫痪,无法发挥其相应作用,更遑论对抗税犯罪的惩治和预防了。

1979年刑法典对抗税罪做出了当时尚较完备的规定,该法典第121条规定,"违反税收法规,偷税、抗税,情节严重的,除按照税收法规补税并且可以罚款外,对直接责任人员,处3年以下有期徒刑或者拘役。"该法条把偷税罪和抗税罪规定于一起,基本上能适应当时税收法律法规不完善的情况。但是立法过于笼统,在实践中难以准确掌握,这显然不适应我国经济发展和税收制度的改进趋势。这种规定简明,属于空白罪状,需要司法机关按照税收法规、规章来确定,不利于司法实务部门的把握与认定。两罪刑罚完全相同,不利于对抗税罪进行针对性的惩治和预防。之后,国务院在1986年4月21日颁布的《税收征收管理暂行条例》中第37条第4项又对抗税行为加以规定,但是其中仍没有对其具体手段作出规定,这使该罪在很大程度上仍和偷税罪的本质不能明确区分。直到1992年3月16日"两高"联合发布的司法解释才明确了抗税罪通常采用的手段,即:拒绝按照税收法律、法规缴纳税款、滞纳金;以各种借口拖延不缴或者抵制缴纳税款;拒绝按照法定手续办理税务登记、纳税申

报和提供纳税资料；拒绝接受税务机关依法进行的税务检查；冲击、打砸税务机关，殴打、污辱税务人员（包括税务助征员、代征员）等。纳税人违反税收法律、法规，采取公开对抗或者其他手段，抗拒履行纳税义务，情节严重的，以抗税罪对直接责任人员追究刑事责任。据此明确了抗税罪内涵，从而使其能与偷税罪消极形式不纳税的情况加以区分。但这毕竟不是立法。

为了更进一步惩治偷税、抗税的犯罪行为，1992年9月4日，全国人大常委会根据现实情况通过了《关于惩治偷税、抗税犯罪的补充规定》。该单行刑法中第6条第1款规定："以暴力、威胁方法拒不缴纳税款的，是抗税，处3年以下有期徒刑或者拘役，并处拒缴税款5倍以下的罚金；情节严重的，处3年以上7年以下有期徒刑，并处拒缴税款5倍以下的罚金。"该条第2款规定："以暴力方法抗税，致人重伤或者死亡的，按照伤害罪、杀人罪从重处罚，并依照前款规定处以罚金。"这样的立法既吸收了上述1992年司法解释的规定，也加重了抗税罪的刑罚规定，扩展了抗税罪的刑罚种类，因此更符合现实需要。① 而且，该规定还指明了抗税罪中想象竞合的情况，即以暴力方法抗税，致人重伤或者死亡的，按照伤害罪、杀人罪从重处罚，但要按照该规定的抗税罪处以罚金。

二、现行刑法中抗税罪的立法规定

基于立法简明和科学方面的考虑，1997年刑法典对前述抗税罪的规定进行了一些修改和补充，将之作为第202条加以规定。即"以暴力、威胁方法拒不缴纳税款的，处3年以下有期徒刑或者拘役，并处拒缴税款1倍以上5倍以下罚金；情节严重的，处3年以上7年以下有期徒刑，并处拒缴税款1倍以上5倍以下罚金。"

其主要特点有三：一是沿用了前述1992年补充规定对抗税罪犯罪行为的规定，即以暴力、威胁方法拒不缴纳税款；二是删掉了前述补充规定中的"是抗税"等字眼，也删去了补充规定关于重伤、死亡税务人员适用法律的规定；三是保留了原来的自由刑和罚金刑，但是明确了罚金刑幅度。

至此，抗税罪的内涵更加清楚明确，其经济犯罪的特色也体现出来。其中两档法定刑幅度能更好地体现罪责刑相适应原则。

---

① 参见黄晓亮、张春喜主编：《危害税收征管罪办案一本通》，中国长安出版社2007年版，第37页。

三、立法检讨：经济学与（守法）教育学视角

（一）经济学视角

从我国抗税罪的立法史看，立法也历经了一个由简单粗糙走向相对精细的过程，由适用政策和类推到遵循罪刑法定原则的过程，由打击不力到强调有力惩处和罪刑均衡的过程。这也是一个立法上不断谋求和实现供求平衡的过程。其情况与理由如逃税罪部分中已述，建国初期我国奉行社会主义"非税论"，当时无需更多的税收刑法规定来保证税的征收。随着改革开放和经济体制改革的不断推进，税收成为国家财政收入的主要来源，完善税收法制也因此变得日益重要。为了满足惩治抗税犯罪的现实需求，1992年补充规定对刑法典中的抗税罪的规定进行修改，由此实现一个相对的平衡。后来，在1997年全面修订刑法典时，这种平衡除略作微调后基本保持了下来。

另外，我国抗税罪的立法史，应当也是一个不断追求以尽可能小的立法成本获取尽可能大的立法收益的过程。在立法方式上，究竟是分散立法（在刑法典和经济法中）还是集中专门立法的立法成本低呢？这同前一章所述，难以笼统地比较其大小。在立法内容上，明确规定的抗税罪条文虽然增加了立法成本，但是也相应地增加了社会收益。比如，与1979年刑法典中抗税罪的法定刑相比，1992年补充规定和1997年刑法典中的刑量成本增加，但是也增添了其收益，加大了惩处力度，使之与惩处犯罪的需要相适应。因此，这种立法修正是值得的。

（二）（守法）教育学视角

抗税罪与逃税罪在立法中的惩教结构六大组成要素上，教育环节、教育者、教育对象、教育目的相同。不同的主要是其教育内容和教育方式。鉴于1979年刑法典第121条把偷税罪和抗税罪规定于一起，只是在1992年有关补充规定颁行后才有所改变。因此，其不同的教育内容和教育方式主要是表现在《关于惩治偷税、抗税犯罪的补充规定》颁行之后的时期中。

抗税罪立法中的惩教结构之教育内容：一是抗税罪立法中的行为规范（"禁止抗税犯罪"）；二是抗税罪立法中的裁判规范和抗税罪立法中的执行规范，这是对司法人员忠诚型守法教育的内容，也是对一般人的威慑型守法教育

和忠诚型守法教育的内容,又是对罪犯的矫治型守法教育的内容。① 其主要表现为:前述1992年相关单行刑法中第6条的规定以及1997年刑法典第202条。法条内容较以前完善,条款明确,操作性较强。此外,还有税收法规的相关内容。

在抗税罪立法中的教育方式上,采用可能性的惩罚后果(有期徒刑、拘役或者罚金)相威慑的方式,或者说,以"犯抗税罪的,处……刑"的方式来表达"禁止犯抗税罪"的内容。我国在抗税罪立法的犯罪圈方面大小变化不明显,但是,在刑罚量上,1992年补充规定修正了1979年刑法典第121条的规定,加重了抗税罪的刑罚规定,扩展了抗税罪的刑罚种类。之后,1997年刑法典第202条基本沿用了前述补充规定对抗税罪原来的自由刑和罚金刑,只是进一步明确了罚金刑的下限。如此更有利于约束和教育司法人员遵守罪刑法定原则和罪责刑相当原则。

上述结构要素的发展变化,已影响了抗税罪立法中的惩教机能。1979年刑法典抗税罪的条文过于笼统,不便操作,加之刑罚偏轻,难以适应抗税罪变化的情况,造成对抗税犯罪打击不力。这样,其中威慑型教育机能和鼓励民众对法律忠诚型的教育机能较弱。后来,随着单行刑法对该条款的修改,强化了抗税罪规定的威慑型教育机能和法律忠诚型教育机能。诚然,当前这种惩教机制仍需进一步改进。通过完善前述结构要素,包括后文提及的应增设单位成为抗税罪主体要件的规定,推进该罪立法中的惩教机制的发展,进一步提升忠诚型教育的积极机能。

第二节 抗税罪的成立要件

我国刑法传统理论通常从(客体、客观方面、主体、主观方面)四要件构成特征来分析抗税罪。② 也有学者只从客观构成要件和主观构成要件两方面加以分析。③ 还有学者从罪体和罪责方面来探讨。④ 这些均有一定的合理性。然而,我们认为,是否成立抗税罪,可先考察其行为是否具备法益侵害性,若

---

① 参见曾明生:《动态刑法的惩教机制研究——刑事守法教育学引论》,中国政法大学出版社2011年版,第24—26、45—46、129页。
② 参见王作富主编:《刑法分则实务研究》(第3版),中国方正出版社2007年版,第676—680页。
③ 参见张明楷:《刑法学》(第3版),法律出版社2007年版,第611页。
④ 参见陈兴良:《规范刑法学》(第3版),中国人民大学出版社2013年版,第681页。

具备法益侵害性,则进一步分析其行为是否具备刑事违法性。① 以下将结合前述案例概要进行分析。

一、法益侵害性

法益遭受了侵害,这种侵害是人的行为造成的。

(一)犯罪客体要件

有学者认为,抗税罪侵害的是复杂的直接客体要件,既要侵害国家的税收征管制度,又要侵犯税务人员的人身权利;② 也有人认为,在抗税罪中,行为人以公开的形式对抗国家税收征管秩序,同时以暴力、威胁方式侵犯税务人员的人身安全、税务机关办公用具的完整性等。亦即,抗税罪是直接侵犯税务人员人身、税务机关财物的犯罪,也是税收犯罪中行为方式最具有攻击性、行为表现最为激烈的一种,造成的后果不仅有国家税收损失,还有税务人员人身伤害、财产的特征。③ 我们更赞同后一种观点。抗税罪侵害的法益应当涉及国家税收征管的制度秩序,以及税收工作人员的人身权利、财产权利等。

(二)犯罪客观要件

行为人违反了国家税收法规,实施了以暴力、威胁方法拒不缴纳税款的行为,甚至导致相应的危害结果。2001年《税收征收管理法》第67条规定,"以暴力、威胁方法拒不缴纳税款的,是抗税,……依法追究刑事责任。情节轻微……并处……罚款。"因此,以暴力、威胁方法拒不缴纳税款的行为是违法行为。不过,违法行为在客观上达到何种危害程度,并不影响法益侵害性的认定。至于其必须达到的客观危害程度,将在随后的刑事违法性阻却事由中述及。这里,从以下四方面分析刑法典第202条中"以暴力、威胁方法拒不缴纳税款的"内容,在犯罪客观要件上的具体含义。

1. 关于"暴力、威胁"的含义。"暴力"是指能给人和财物造成强大的物理破坏力的强制行为。在刑法理论中,学者们对暴力的含义有不同的解释。有的认为暴力是指侵犯他人人身、财产等权利的强暴行为;有的认为暴力是指行为人在侵害他人的人身、财产等权利时,所采取的摧残、强制他人身体的一

---

① 参见曾明生:《动态刑法的惩教机制研究——刑事守法教育学引论》,中国政法大学出版社2011年版,第170—171页。
② 参见高铭暄、马克昌主编:《刑法学》(第4版),北京大学出版社、高等教育出版社2010年版,第479页。
③ 参见黄晓亮、张春喜主编:《危害税收征管罪办案一本通》,中国长安出版社2007年版,第37页。

种凶恶、残酷的手段；有的认为暴力是指对被害人实行殴打、捆绑、伤害等强暴行为。① 我们认为，法律上的"暴力"在没有明确的法律解释之前，仍然应该以其普通含义为基础，因此，虽然前述几种观点都有一定的道理，但是，不宜排除"能给人和财物造成强大的物理破坏力的强制力"这种含义。"威胁"是指对他人实行恫吓、恐吓，以达到精神上的强制，主要以杀害、伤害、毁坏财产、损害名誉等相要挟。威胁的内容主要是暴力，既可以是直接的，也可以是间接的。在前述"居×被殴"的案件中，蒋×手持木条打了居×，蔡×又跑回家中提了一把弯刀准备再次对居×行凶。显然，这属于暴力行为。

2. 关于暴力的对象。对此，刑法学界有三种观点。第一种观点是，暴力的对象仅指税务人员；② 第二种观点是，暴力的对象不仅可以是税务人员，还包括税务机关；③ 第三种观点是，暴力的对象可以是人，即税务人员，也可以是物，即税务机关以及税务人员的交通工具。④ 实际上，对抗税罪暴力对象的争论，是我国学界对刑法规定的"暴力"对象争论上的折射。对暴力对象包含他人人身，并无异议。争论的焦点在于是否包括被害人的物品。我国台湾刑法中的暴力被称为强暴，台湾刑法学家将强暴分为直接强暴和间接强暴。直接强暴指对被害人人身的暴力，而间接强暴是行为人间接地对行为客体以外之第三人，或行为客体之所有物，施以强暴。可见间接强暴中包括了对被害人所有物品的暴力。就抗税罪而言，我们赞同第三种观点。其主要理由为：第一，从暴力的基本含义看，暴力主要是摧残、强制他人身体的非法手段，离开人身，其摧残、强制不复存在。但是对于物的暴力，即冲击、打砸税务机关，使税务机关不能从事正常税收活动的，仍属暴力行为。那种认为"行为人单纯地对国家机关工作人员使用的办公物品施以暴力来阻碍执行公务，实质上是以威胁手段阻碍执行公务"的观点，既有因承认"单纯地对……办公物品施以暴力"的自相矛盾之嫌，又难以解释炸毁一栋办公楼（无人伤亡）是否仅仅是威胁的问题。显然，这是不适当地扩展了威胁的含义。所以第一、二种观点并不妥当。在"居×被殴"的案件中，蒋×和蔡×的暴力对象是居×。

---

① 参见周洪波：《税收犯罪研究》，中国人民大学博士学位论文，2001年，第95页。
② 参见黄京平主编：《破坏市场经济秩序罪研究》，中国人民大学出版社1999年版，第552页。
③ 参见赵秉志主编：《新刑法教程》，中国人民大学出版社1997年版，第510页；另见曹康、黄河主编：《危害税收征管罪》，中国人民公安大学出版社1999年版，第56页；另见曹子丹、侯国云主编：《中华人民共和国刑法精解》，中国政法大学出版社1997年版，第188页。
④ 参见李永君、古建芹：《税收违法与税收犯罪通论》，河北人民出版社2000年版，第132页；另见张旭主编：《涉税犯罪的认定处理及案例分析》，中国人民公安大学出版社1999年版，第106页；另见张明楷：《刑法学》（第3版），法律出版社2007年版，第611页。

3. 暴力对象中的"人"是否包括代征人、扣缴义务人？纳税人以暴力抗拒代征人征收税款的，构成抗税罪。这是因为，代征人要么是国家公务人员，要么属于依法受委托从事公务的人员，其征收税款的行为属于行政行为，以暴力抗拒代征人征收税款，必然侵害公务人员的人身权利和国家税收征管秩序，符合抗税罪的立法本意。但是，扣缴义务人不能成为抗税罪"暴力、威胁"的对象。因为扣缴义务人能成为逃税罪的行为主体，就不能成为抗税罪的暴力、威胁行为的对象，否则就自相矛盾。另外，实践中，纳税人以暴力、威胁方法抗拒扣缴义务人扣收税款的情况极为少见。因为2001年《税收征收管理法》第30条第2款规定："扣缴义务人依法履行代扣、代收款项的义务时，纳税人不得拒绝。纳税人拒绝的，扣缴义务人应当及时报告税务机关处理。"而且，该法第69条规定："扣缴义务人应扣未扣、应收而不收税款的，由税务机关向纳税人追缴税款，对扣缴义务人处应扣未扣、应收未收税款50%以上3倍以下罚款。"可见，当纳税人拒绝代扣、代收时，扣缴义务人不必强求纳税人，只须将这种情况报告给税务机关即可。在扣缴义务人不强求纳税人的情况下，纳税人根本没必要实施暴力、威胁行为。① 退一步说，当扣缴义务人依法履行代扣代收款项义务时，纳税人拒绝纳税且对扣缴义务人实施了暴力、威胁行为的，也可依法以暴力犯罪或者行政违法或者民事侵权进行责任追究，而不宜以抗税罪处理。

4. 拒不缴纳应缴税款的含义。拒不缴纳应缴税款，是指纳税人或扣缴义务人应当缴税并且有能力缴税而公然拒不缴纳的行为。关于拒绝缴纳应纳税款的范围，有学者认为包括五种情况，即：拒绝办理税务登记；拒绝办理纳税申报及提供纳税资料；拒不按期缴纳税款；拒绝缴纳滞纳金；拒绝接受税务机关检查。② 该观点的依据大概是1992年"两高"关于办理偷税、抗税刑事案件的司法解释。我们认为，这种观点是错误的，拒不缴纳应缴税款只能是拒不按期缴纳税款这一种情况。其理由有：第一，前述1992年"两高"司法解释是针对1979年刑法，此已失效。何况1979年刑法只抽象规定"抗税"，而现行刑法则具体规定了何为"抗税"。按罪刑法定原则，拒不缴纳税款就是拒不按期缴纳税款，不能随意扩大解释。第二，从行政法理论讲，税款征收与税务登记、税务检查等的性质不同。尽管税务人员进行税款征收、税务检查、要求并督促纳税登记、纳税申报都是行政行为，但其性质是不同的：税款征收属于行

---

① 参见周洪波：《税收犯罪研究》，中国人民大学博士学位论文，2001年，第95页。
② 参见张旭主编：《涉税犯罪的认定处理及案例分析》，中国人民公安大学出版社1999年版，第107—108页。

政行为中的行政征收。行政征收，是指行政主体根据国家和社会公共利益需要，在职权范围内依法强制地、无偿地取得行政相对方财产所有权的一种具体行政行为。而税务检查属于行政行为中的行政检查或称行政监督检查，它是指行政主体为了实现行政管理职能，依法对其所管辖的区域、部门、领域的公民、法人或其他组织遵守法律、法规、规章和各种具体地行使权利和履行义务的情况所进行的单方面的强制了解的行政行为。税务登记和纳税申报属于行政行为中的行政确认。它是指行政主体依法对相对方的法律地位、法律关系和法律事实进行甄别，给予确定、认可、证明并予以宣告的具体行政行为。① 第三，从税收理论上讲，拒绝缴纳应缴税款的前提条件是纳税人负有纳税义务，而纳税义务的产生要求应税事实（行为）的发生。应税事实的发生只是导致纳税义务的产生，其并不必然导致纳税人立即缴纳税款。纳税人、扣缴义务人是按照法律、行政法规规定或者税务机关依照法律、行政法规确定的期限来缴纳税款。由此可见，税款的缴纳是在纳税期限内。拒绝缴纳应缴税款只能是指应税事实发生以后，纳税人在纳税期限以内或过了纳税期限经税务人员催缴税款而拒不缴纳。这样，拒绝办理税务登记，拒绝办理纳税申报及提供纳税资料，拒绝缴纳滞纳金，拒绝接受税务机关检查就均不属于拒绝缴纳应缴税款行为。②

在"居×被殴"的案件中，居×到徐×家时，纳税人徐×不在，其妻蒋×在家，居×将催缴税款通知书交于蒋×，蒋×拒收。税务干部居×便在通知书上注明拒收字样后将通知书丢在徐家大院内，蒋×即从地上捡起通知书，随手又操起一木条追赶居×。这明显属于拒绝缴纳应缴税款的行为。

至于暴力、威胁的程度和抗税数额的要求，不影响法益侵害性的认定，对于其必须达到的程度，在随后的刑事违法性阻却事由中述及。

综上，在"居×被殴"的案件中，税务干部居×是经领导委派依法到纳税户徐×家发催款通知书的，在徐×家发生争吵，居×被殴打致轻微伤且花费一些医药费，在当地造成极坏的影响。显然，国家税收征管的制度秩序遭受了一定程度的破坏，作为税务人员的居×的人身权利和财产权利受到了侵犯。由此可见，在此案中，蒋×和蔡×的行为已经具备了法益的侵害性。

---

① 参见周洪波：《税收犯罪研究》，中国人民大学博士学位论文，2001年，第97页。
② 参见王作富主编：《刑法分则实务研究》（第3版），中国方正出版社2007年版，第678页。

二、刑事违法性

如前所述，危害税收征管秩序的违法行为符合法益侵害性，但是，在司法领域认定是否成立犯罪，最终的关键是，判断行为是否具有刑事违法性。具有刑事违法性，必须同时具备四要件齐备性与无事由阻却性。当然，否定刑事违法性，只要否定其中任何一个（四要件齐备性或者无事由阻却性）即可。

（一）四要件齐备性

除了犯罪客体要件和犯罪客观要件外，还必须具备犯罪主体要件和犯罪主观要件。

1. 犯罪主体要件。

刑法没有明确规定抗税罪的行为主体。通常认为，其主体要件只能是自然人，而且往往是纳税人。但是，扣缴义务人是抗税罪的主体要件吗？单位应否成为抗税罪主体要件呢？学界对此存有争议。

（1）扣缴义务人能否成为抗税罪的主体要件？对此学术界存在肯定和否定两种观点。我们赞同肯定说。扣缴义务人虽不是纳税人，不负有纳税义务，但具有代扣代缴、代收代缴税款义务。2001年《税收征收管理法》第4条第3款规定："纳税人、扣缴义务人必须依照法律、行政法规的规定缴纳税款、代扣代缴、代收代缴税款"。据此，扣缴义务人负有收扣税款并上缴给税务机关的特定法律义务，承认其可以成为抗税罪主体要件是符合立法精神的。再者，在司法实践中，扣缴义务人抗税的案件也为数不少，若将其排除在抗税罪主体要件之外，则不利于打击该类犯罪，会弱化抗税罪的立法作用。[①]

（2）单位是抗税罪的行为主体吗？依据现行刑法的规定，答案是否定的。从我国刑法条文看，其他税收犯罪条文都规定了单位这一主体，唯独对抗税罪没有规定，这并非疏漏，恰恰表明立法者否定单位可以构成抗税罪。[②] 其实，前述1992年"两高"有关司法解释中曾确认了单位能成为抗税罪的主体要件，并将抗税单位的直接责任人员，具体解释为单位中对抗税罪负有直接责任的法定代表人、主管人员和其他直接参与人员，这一解释符合单位犯罪的一般原理。但是，现行刑法没有明定单位抗税的犯罪。

在"居×被殴"的案件中，徐×是纳税个体户。根据1992年"两高"相关司法解释，其中坚持了对个体户以户为单位的立场。而且，根据《民法通

[①] 参见王作富主编：《刑法分则实务研究》（第3版），中国方正出版社2007年版，第678页。
[②] 参见马克昌主编：《经济犯罪新论》，武汉出版社1998年版，第417页。

则》第29条、《城乡个体工商户管理暂行条例》第4条以及2011年《个体工商户条例》的规定，个体工商户，可以个人经营，也可以家庭经营。个人经营的，以个人全部财产承担责任；家庭经营的，以家庭全部财产承担责任。这些立法或解释的精神表明，家庭经营的每一个体纳税户的主要成员通常都有纳税义务，符合抗税罪的行为主体要件。徐妻蒋×虽然不是工商注册户的户主，但是她与工商注册户的户主徐×是夫妻关系，她是该户的主要成员之一，具有完全民事行为能力。据此应当认为蒋×可以成为抗税罪的行为主体。[①] 蔡×是徐×的朋友，参与了帮助蒋×抗税的行为。其他人可以成为帮助纳税人抗税的行为主体。与此相关的讨论还将在下文共同犯罪的部分进行论述。

2. 犯罪主观要件。

有学者认为，抗税罪主观要件只能是故意，对暴力、威胁造成的结果，以及拒不缴纳税款的结果持希望或者放任态度。[②] 也有学者认为，该罪在主观上是故意，并且具有抗拒缴纳应纳税款的目的。[③] 我们认为，这两种观点都有一定的合理性。但是，依据前一种观点，可得出同时对暴力、威胁造成的结果与拒不缴纳税款的结果都持放任态度的结论。其实，这对于单独的抗税犯罪而言是难以想象的。而后一种观点没有指出包括放任态度也不完整。我们认为，本罪主观要件只能是故意，一般情况下，对暴力、威胁造成的结果，以及拒不缴纳税款的结果可以持希望或者放任态度，但是单独的抗税犯罪具有抗拒缴纳应纳税款的目的，以及共同犯罪中主犯应当具有抗拒缴纳应纳税款的目的。

在上述"居×被殴"的案件中，蔡×虽不是该案的纳税义务人，但明知居×是税务干部并正在进行征税工作，且明知蒋×是在以暴力方法抗拒缴纳应纳税款的情况下，帮助蒋×殴打居×，共同实施了抗税行为，蒋×也明知蔡×是在帮助自己抗税，并默认了蔡×的行为，因此，二人在主观上具有共同抗税故意。

通过以上分析可知，蒋×和蔡×共同伤害居×的抗税行为，已经具备了四个要件，符合了四要件齐备性。

(二) 无事由阻却性

虽然具有四要件齐备性，但是要成立抗税罪，还必须排除刑事违法性阻却

[①] 参见孙力、梅传强主编：《刑事案例诉辩审评——危害税收征管罪》，中国检察出版社2006年版，第27页。

[②] 参见张明楷：《刑法学》（第3版），法律出版社2007年版，第611页。

[③] 参见高铭暄、马克昌主编：《刑法学》（第4版），北京大学出版社、高等教育出版社2010年版，第479页。

事由。从刑法规定看，抗税罪不存在正当防卫、紧急避险等阻却事由。此处的刑事违法性阻却事由，只剩下刑法典第13条"但书"的规定了，即"情节显著轻微、危害不大"的情形。

因此，这里的无事由阻却性，就是要排除前述但书的情形。或者说，违法情节和客观危害，必须达到足够的程度。对此，可从以下两方面讨论。

1. 暴力、威胁的程度。就抗税罪而言，暴力有没有一个限度问题？这个限度是什么？就其上限而言，学界一般赞成其中暴力不包括重伤、杀人。[①] 但也有论者主张其中暴力包括伤害、杀人等。[②] 其实，从抗税罪的法定刑来看，其中的暴力不包括重伤、杀人的方法，否则应以他罪论处。就其下限而言，学界普遍认为，对于一些显著轻微的暴力，如出于一时冲动，在争辩或口角中实施的推推拉拉的暴力行为等均不应视为抗税罪的"暴力"方法。但是，有学者明确将暴力手段的程度限制到"足以危及他人人身安全"的程度。[③] 还有学者将其限制到"阻碍其继续履行税务职务"的程度。[④] 我们认为，就抗税罪的暴力下限来说，对人或物的暴力必须达到足以危及他人人身安全的程度。因为，如果暴力程度达不到危及人身安全的程度，就属"情节显著轻微、危害不大"。其强制力没有必要达到"阻碍其继续履行税务职务"的程度，因为这一标准难以认定，且要求偏高而没有必要。只要暴力对税款征收这一公务产生阻碍作用，就侵害了税款征收的正常管理秩序，而无需要求其暴力程度使税款征收工作停顿下来。在"居×被殴"的案件中，蒋×手持木条打居×，蔡×跑回家中提了一把弯刀准备再次对居×行凶。这种暴力程度已经危及税务干部居×的人身安全。

另外，威胁也有一定程度要求。有学者认为其程度应该达到"使他人不能抗拒"，[⑤] 也有学者认为应达到"阻碍其继续履行税务职务"的程度。[⑥] 还有学者认为，"威胁"的程度要达到对税务人员的人身安全构成威胁，对税收征收工作构成阻碍即可。当然，尽管威胁不以足以阻止税务人员工作为限度，

---

① 参见高铭暄、马克昌主编：《刑法学》（下编），中国法制出版社1999年版，第761页；另见祝铭山主编：《刑法的修改与适用》，人民法院出版社1997年版，第447页。

② 参见赵秉志主编：《新刑法教程》，中国人民大学出版社1997年版，第510页；另见李永君、古建芹：《税收违法与税收犯罪通论》，河北人民出版社2000年版，第133页。

③ 参见刘家琛主编：《新刑法新问题新罪名通释》，人民法院出版社1997年版，第543页；另见祝铭山主编：《刑法的修改与适用》，人民法院出版社1997年版，第447页。

④ 参见高铭暄、马克昌主编：《刑法学》，中国法制出版社1999年版，第761页；另见周振想主编：《中国新刑法释论与罪案》，中国方正出版社1997年版，第935页。

⑤ 参见刘家琛主编：《新刑法新问题新罪名通释》，人民法院出版社1997年版，第543页。

⑥ 参见高铭暄、马克昌主编：《刑法学》，中国法制出版社1999年版，第761页。

但对行为人因法制观念淡薄或对税法有偏见,气愤之下说些威胁言词等,不宜视为抗税罪的"威胁"方法。①

此外,对本罪中的暴力、威胁的认定还要注意:(1)暴力侵犯人身的程度限于轻伤、轻微伤等。在上述案件中,居×的伤情为轻微伤,因而属于这一范畴。(2)暴力行为造成财产的损失,如果数额较大,就属于想象竞合犯;如果在第一档量刑幅度内无法与行为危害相适应的,可以考虑属于情节严重,适用情节加重犯的规定。(3)"威胁"的认定可以考虑行为人意欲损害的利益,如重伤、杀死、损坏昂贵财物等。然而,不管威胁程度多么严重,只要没有造成现实损失,都不应单纯地认定为"情节严重"。

2. 抗税数额的要求。抗税数额能否影响抗税罪的成立?对此,法学界有不同看法。有人认为,抗税数额不影响抗税罪的成立。也有人认为,抗税罪必须达到一定的数额标准,否则无论如何也不构成犯罪。又有人主张,数额可以作为情节是否轻微的一个参照物,它影响抗税罪的成立;在认定抗税的罪与非罪时,应将抗税数额同其他情节统筹考虑。因为抗税数额影响抗税行为的社会危害程度,但其影响很小,不会对抗税罪的成立起决定作用。对抗税罪的成立起决定作用的是暴力、威胁的程度,抗税数额对抗税罪的成立只起间接影响作用。因此,既要反对认为抗税罪必须达到一定数额标准的过于夸大抗税数额作用的观点,也应反对认为抗税数额不影响抗税罪成立的否认抗税数额作用的观点。② 还有人认为,在抗税罪中应纳税款的数额标准难以划定一个单一的数额,公民个人通常也不会为很低的税款实施抗税行为,考虑各地经济生活水平,可以参考财产犯罪中成立犯罪的标准,以500元以上作为抗税罪数额的起点。我们认为第三种观点比较稳妥。因此对抗税罪的认定,必须将抗税的数额与暴力、威胁的程度、抗税造成的影响、抗税的次数等相结合进行认定,不能孤立地看待抗税罪的犯罪数额。

当然,需要注意,违法行为在客观上必须达到比2001年《税收征收管理法》第67条规定的"情节轻微"更严重的危害程度。

综上所述,当抗税行为同时具有四要件齐备性与无事由阻却性,它就具有了刑事违法性,可以认定其成立抗税罪。据此,在前述"居×被殴"的案件中,蔡×和纳税人蒋×的共同抗税行为,成立抗税罪的共同犯罪。

---

① 参见王作富主编:《刑法分则实务研究》(第3版),中国方正出版社2007年版,第677页。
② 参见周洪波:《税收犯罪研究》,中国人民大学博士学位论文,2001年,第101页。

第三节 抗税罪的司法认定

本节先从规范刑法学的视角对定罪（罪与非罪、此罪与彼罪、共同犯罪、一罪与数罪）和量刑中的若干问题进行讨论，然后分别从经济学与（守法）教育学两个视角进行司法检讨。

一、罪与非罪

虽然刑法典第202条对于抗税罪的入罪门槛没有规定数额和情节的标准，但这并不意味着认定抗税罪不需要考虑数额和情节。抗税案件在情节和危害程度上差别很大，不能认为凡是抗税行为都应该认定为犯罪。对于一般的拒不缴纳税款的行为应由税务机关依照税收法规处理，构成其他罪的按照其他罪处理，但不能以抗税罪论处。我国2001年《税收征收管理法》第67条规定，抗税情节轻微，未构成犯罪的，由税务机关追缴其拒缴的税款、滞纳金，并处拒缴税款1倍以上5倍以下的罚款。其中"情节轻微"应与刑法典第13条"但书"中的"情节显著轻微、危害不大"相对应。两者措辞不同，容易使人产生误解。然而，其实质是一样的。对此，应根据刑法典第13条"但书"认定为无罪。情节轻重和危害程度大小，主要应从暴力程度、后果及威胁的内容和抗税数额、次数几个方面进行判断和认定。[①] 如只有一般推搡等行为，或只有一般威胁言词的，或者数额极小且偶尔为之并积极认错补救因而获得当事人原谅的，属于情节显著轻微而不构成犯罪。以下主要研讨三个问题。

（一）拒缴错征税款的问题

在司法认定中，应注意拒缴错征税款的问题。错征税款是因税务人员不熟悉税法或者工作疏忽等原因在征税对象、征税项目和应税数额等方面发生错误征税的行为，如，应减免未减免、应少征却多征以及重复征收等。这是属于因税务人员的过错而引起的税务争议问题。

在纳税人明知税务人员错征税款并向税务人员指出，而税务人员坚持征收而引起纳税人暴力拒缴的情况，对此应如何处理，法学界有不同观点。

---

① 参见高铭暄、马克昌主编：《刑法学》，北京大学出版社、高等教育出版社2000年版，第442页。

有人认为，应认定为抗税罪，因为按照税收法规的有关规定，当纳税人与税务机关发生争议时，必须先缴税款，然后在一定时间内向上一级税务机关申请复议，即实行"先缴后议"原则。因此，即使税款错征，纳税人也必须先缴税款。否则，就是对税收法规的侵犯。同时，行为人暴力抗拒，侵犯了税务人员的人身权利，故不能以错征为由而使抗税人免予刑事追究。①

也有人认为，对此不应以抗税罪论处。因为这种行为不符合抗税罪的构成特征。其理由是：第一，抗税是针对应纳税款而言的，而错征是指本不应该征收的税款，既然不存在行为对象，也就谈不到侵犯税收征管秩序。第二，抗税具有获取非法经济利益的目的，而错征情况下，行为人抗缴税款是为了维护自己的合法利益。②

我们倾向于后一种意见，但其论证尚欠充分。拒缴错征税款的行为不构成抗税罪，关键是因为行为人欠缺抗税罪的主观要件。抗税罪的主观要件要求行为人必须明知自己负有纳税义务并且应该缴税，并在这一认识基础上故意抗税；而拒缴错征税款的行为人主观上认识到自己不负有纳税义务或不负有那么多的纳税义务，认识到税务人员不应对其征税或不应征那么多税，这与抗税罪的主观要件是不符的。③ 不过，对行为人因暴力而致税务人员伤亡的，应根据具体情节决定是否以故意伤害罪、故意杀人罪论处。

（二）纳税人过错引起的税收争议问题

就国民整体素质而言，我国公民的纳税意识很低，当然这与税法宣传不力也有关。因此，纳税人往往对税法产生误解，对税务人员征收其税款数额、税率和税目等问题发生争议也就难以避免。对因纳税人过错而引起的争议不能因过错在纳税人而一律认为其故意扰乱税收征管秩序、蓄意抗税。这里除客观要件外，准确把握行为人的主观要件非常重要。对此，可以分两种情况来处理：

1. 纳税人无意牟取非法经济利益，而是出于对税法的无知或对政策的曲解等原因与征税人员发生争执，即使客观上有暴力、威胁行为，也不能认定为抗税罪。因为纳税人主观上没有抗税的故意。

2. 经税务人员解释后，纳税人明知自己错误仍无理取闹，采取暴力、威胁方法拒不缴纳税款的，可以认定为抗税罪。这种情况属于犯意转化，纳税人最初因误解并不具有抗税故意，但后来经税务人员解释明白后，仍采取暴力、

---

① 参见王作富主编：《经济活动中罪与非罪的界限》（增订本），中国政法大学出版社1996年版，第298页。

② 参见曹康、黄河主编：《危害税收征管罪》，中国人民公安大学出版社1999年版，第63页。

③ 参见王作富主编：《刑法分则实务研究》（第3版），中国方正出版社2007年版，第681—682页。

威胁手段抗拒缴纳税款,其主观上就明显转化为抗税故意。①

(三)"软抗税"的问题

"软抗税"是指使用各种方法拖延不履行纳税义务,但不使用暴力、威胁方法的情形。例如拒绝按照税收法律、法规缴纳税款、滞纳金;拒绝按照法定手续办理税务登记、纳税申报和提供纳税资料;拒绝接受税务机关依法进行的税务检查等。② 从手段上看,纳税人抗税呈现用"罢市"、"上访"等手段是"软抗税"的趋势,也是当前市场个体税收面临的新问题。1992 年"两高"的司法解释曾经把一些明知自己有纳税义务,但以各种借口拖延不缴,情节严重的"软抗税"行为解释为犯罪。③ 但是,随后颁布的《关于惩治偷税、抗税犯罪的补充规定》和 1997 年刑法典都没有把"软抗税"规定为犯罪。因此,"软抗税"并不符合抗税罪的犯罪成立要件,对之不宜按照抗税罪认定。

此处,还要注意抗税罪与一般欠税的区别。欠税,即拖欠税款,是纳税人或扣缴义务人由于客观原因超过税务机关核定的纳税期限,未缴或少缴税款的行为。欠税一般表现为消极的不作为。欠税与抗税罪在主观上都有故意性,其客观行为均有公开性。亦即,欠税人未缴税款与抗税罪的拒不缴纳税款一样,都是行为人明知没有缴纳税款,且毫不欺骗或隐瞒,税务机关也知道其未缴纳税款。但是,两者的不同点在于:其一,成立抗税罪要有不缴或少缴税款而因此获利的目的,欠税一般不要求有逃避缴纳税款的目的而是往往因故不缴纳或者故意暂时拖欠;其二,抗税罪表现为以暴力、威胁方法拒不缴纳税款的行为,而欠税一般表现为消极的不作为,并不采用暴力、威胁方法。

二、此罪与彼罪

对抗税罪与逃避追缴欠税罪的界限,将在逃避追缴欠税罪一章讨论,以下主要探讨抗税罪与妨害公务罪、逃税罪、聚众冲击国家机关罪之间的界限问题。

(一)抗税罪与妨害公务罪的界限

两罪的行为方式都有实施暴力或威胁的手段,故意行为均影响了国家机关工作人员依法执行职务的正常进行。而且,抗税也是妨害公务的一种表现形

---

① 参见周洪波:《税收犯罪研究》,中国人民大学博士学位论文,2001 年,第 102 页。
② 参见何秉松主编:《税收与税收犯罪》,中信出版社 2004 年版,第 530 页。
③ 参见黄晓亮、张春喜主编:《危害税收征管罪办案一本通》,中国长安出版社 2007 年版,第 55—56 页。

式，抗税罪与妨害公务罪存在法条竞合关系，即二者的法条内容存在包容与被包容的关系。因为抗税行为与普通的妨害公务有着特殊之处，从而被立法者从妨害公务中抽出单独规定。然而，两罪的主要区别如下：

1. 概念不同。抗税罪的概念如前已述，不再赘言。妨害公务罪是以暴力、威胁等方法阻碍国家机关工作人员依照法律规定执行自己的职务，致使依法执行职务的活动无法正常进行。

2. 构成特征不同：

（1）客体要件不同。抗税罪侵害的同类客体要件是社会主义市场经济秩序，直接客体要件是国家税收征管秩序，以及税务人员的人身权利、财产权利；而妨害公务罪侵害的同类客体要件是社会管理秩序，直接客体要件是国家机关工作人员的公务活动。[1]

（2）客观要件不同。①犯罪对象的范围不同。抗税罪侵害的对象是执行税收征管任务的税务人员等；而妨害公务罪侵害的对象是执行职务的国家工作人员，后者范围较广，前者通常属于后者的一种。②行为发生的时空范围不同。抗税罪只发生在税务人员依法直接的税款征收工作中，而妨害公务罪可发生在整个税务人员税务工作中，不限于直接的税款征收工作。若纳税人、扣缴义务人不是抗拒税务人员直接的征税工作，而是抗拒税务人员依法进行税务检查或暴力拒绝进行税务登记、纳税申报等，则不构成抗税罪，而可能构成妨害公务罪。[2] 在司法实践中，从行为发生的时空范围来界定抗税罪与妨害公务罪，可分下列两种情况来处理：一种是在非执行公务期间，行为人即使因公务人员以往的公务行为而对公务人员实施暴力的，不构成抗税罪，也不构成妨害公务罪；若造成公务人员伤亡的，则可以其他罪定罪处刑。另一种情况是在税务人员执行公务期间，若不是直接征收税款，行为人对税务人员实施暴力、威胁，则不构成抗税罪；若情节严重，则可构成妨害公务罪。

（3）主体要件不同。抗税罪的行为主体是特定主体，通常是纳税人或扣缴义务人；而妨害公务罪的行为主体是一般主体，凡是达到刑事责任年龄具有刑事责任能力的人都可构成。

（4）主观要件不同。抗税罪的故意内容是行为人明知应当纳税，却有意针对税务人员采取暴力、威胁手段，以达到不缴或少缴税款的目的。而妨害公务罪的故意是行为人明知国家机关工作人员正在依法执行职务，却为了使其不能依法执行职务而对其采取暴力、威胁手段进行阻碍。因此，一般来说，在

---

[1] 参见黄晓亮、张春喜主编：《危害税收征管罪办案一本通》，中国长安出版社2007年版，第56页。
[2] 参见王作富主编：《刑法分则实务研究》（第3版），中国方正出版社2007年版，第682页。

对税务人员实施暴力或威胁手段的场合,若行为人出于不缴或少缴税款的目的,则应以抗税罪论处;若行为人不是出于不缴或少缴税款的目的,则应以妨害公务罪论处。①

(二) 抗税罪与逃税罪的界限

两罪虽然有很多相同之处,例如,都侵犯了税收征管秩序,而且主观要件基本相同,都可能有不缴或少缴税款的目的,但是两罪在构成特征上的主要区别有:1. 客体要件不同。抗税罪侵犯的客体是国家税收征管秩序和税务人员的人身权利、财产权利等,而逃税罪侵害的是国家税收征管的制度秩序。2. 客观要件不同。抗税罪表现为以暴力、威胁方法拒不缴纳税款的行为;逃税罪表现为采取欺骗、隐瞒手段进行虚假纳税申报或者不申报,逃避缴纳税款情节严重的行为。抗税罪只要行为人实施了暴力、威胁方法拒不缴纳税款的行为就可构成,而逃税罪必须是逃避缴纳税款的行为情节严重的才构成犯罪。3. 主体要件不同。抗税罪的主体要件只能是自然人主体;而逃税罪的主体要件包括单位和个人,也包括单位的直接主管人员和其他直接责任人员。

(三) 抗税罪与聚众冲击国家机关罪的界限②

主要区别:1. 客体要件不同。抗税罪侵犯的客体是国家税收征管秩序和税务人员的人身权利、财产权利等,而聚众冲击国家机关罪侵犯的客体是国家机关正常工作秩序。2. 行为主体不同。抗税罪的行为主体通常是特殊主体,即纳税人和扣缴义务人;聚众冲击国家机关罪的行为主体是一般主体,即聚众冲击国家机关的首要分子和其他积极参加者。3. 主观故意内容不同。抗税罪的故意是明知应该纳税而用暴力或威胁方法拒绝缴纳,而聚众冲击国家机关罪的故意,往往是行为人因某种要求得不到满足而故意冲击有关国家机关。

两罪在一般情况下区别明显,但对聚众冲击税务机关的定性上是个难点。对此,有人认为构成抗税罪;也有人认为构成聚众冲击国家机关罪。我们同意后一种意见。因为抗税罪必须发生在税务人员依法直接征税工作中,在此前或之后的暴力、威胁行为均不成立抗税罪。另外,抗税罪的"暴力"必须针对依法征税的税务人员,而此处行为人的"暴力"针对的是税务机关,并未侵犯税务人员的人身权利等。所以,行为人聚众冲击税务机关的行为构成聚众冲击国家机关罪,而不构成抗税罪。

---

① 参见周洪波:《税收犯罪研究》,中国人民大学博士学位论文,2001年,第107页。
② 参见王作富主编:《刑法分则实务研究》(第3版),中国方正出版社2007年版,第682—683页。

三、共同犯罪

抗税罪的共同犯罪的类型有许多，有纳税人和扣缴义务人之间的共同犯罪，也有纳税人或扣缴义务人与其他人之间的共同犯罪。以下主要研讨两种常见的情形。

（一）其他人教唆、帮助纳税人或扣缴义务人抗税的情形

其他人教唆、帮助纳税人或扣缴义务人抗税的，对于与纳税人或扣缴义务人有共同故意的，成立抗税罪的共同犯罪。对于纳税人明知其亲朋在阻碍税务人员对其征收税款而默许、纵容的，其亲朋和纳税人存在共同故意，构成共同犯罪的，以抗税罪定罪处罚。对于不存在共同犯罪故意的帮助抗税的行为，以妨害公务罪论处。

（二）纳税人、扣缴义务人教唆、指使其他人抗税的情形

纳税人、扣缴义务人教唆、指使其他人（含亲朋）抗税的，也成立抗税罪的共同犯罪。在刑法理论上，这属于有身份者教唆无身份者实施真正身份犯的问题。当然，有身份者教唆无身份者实施真正身份犯的情况，不是在任何真正身份犯中都可能存在。因为身份有自然身份和法律身份之分。由自然身份构成的真正身份犯，不具有该种身份者就不可能实行该种真正身份犯；由法律身份构成的真正身份犯，不具有该种身份者虽不能构成该种真正身份犯的实行犯，但在事实上还是能实施该种犯罪的部分实行行为的。对于有身份者加功于无身份者实施真正身份犯的场合，有身份者构成间接正犯，无身份者构成从犯或胁从犯。① 因此，就抗税罪而言，纳税人、扣缴义务人教唆、指使其他人抗税的，纳税人、扣缴义务人构成间接正犯，其他人构成从犯。

四、一罪与数罪

抗税罪的罪数问题涉及一罪与数罪。纳税人以暴力围攻、殴打税务人员，企图抗拒纳税，其行为虽有妨害公务的性质，但考虑到行为人的主观目的，应以抗税罪追究其刑事责任。因为，抗税罪与妨害公务罪存在法条竞合关系，根据特别法条优于普通法条的原理，这种竞合情况，应适用抗税罪的法条，成立一个犯罪。以下着重对抗税罪的两个罪数问题加以探讨。

---

① 参见马克昌主编：《犯罪通论》，武汉大学出版社1992年版，第560页。

（一）先逃税后抗税的罪数认定

在司法实践中，往往存在对同一税款先是采取欺骗、隐瞒手段逃税，被税务部门发现责令其纳税时，又以暴力、威胁手段抗拒缴纳税款的犯罪现象。对此应如何定罪？1992年"两高"相关司法解释第11条规定："对同一税款，既犯偷税罪，又犯抗税罪的，实行数罪并罚"。2002年11月4日最高人民法院的司法解释对这一问题未作规定。

法学界对此有不同认识：有人认为，对于逃避缴纳税款和抗税针对同一税款，这属于吸收犯，应按一罪从重处罚，即前后两个犯罪行为形成了吸收关系，应当按照吸收行为所构成的犯罪论处（即抗税罪），被吸收行为（逃税）可作为抗税罪的一个严重情节，在量刑时予以考虑，应按一罪从重处罚，不适用数罪并罚；对于逃避缴纳税款和抗税行为针对不同税款，可以实行数罪并罚。[①] 也有人认为，这种情况属于转化犯，按转化后的抗税罪定罪处罚。[②]

我们认为，对先逃税后抗税的行为，若逃税行为和抗税行为均成立犯罪，则应数罪并罚。其理由为：首先，这种情况不属于吸收犯。吸收犯，是指行为人实施的数个犯罪行为，因其符合的犯罪构成之间具有特定的依附与被依附关系，从而导致其中一个不具有独立性的犯罪被另一个有独立性的犯罪所吸收，对行为人只以吸收罪论处，而对被吸收罪置之不论的犯罪形态。由此可见，成立吸收犯，必须是数个犯罪行为之间有吸收关系，该种关系的成立以数个犯罪行为的基本性质同一为前提，其客观标准是数个犯罪行为侵犯的客体要件和作用对象有同一性。[③] 然而，先逃税后抗税虽然都针对同一税款，但抗税还针对税务人员；而且，二者虽然都侵犯国家税收征管秩序，但抗税罪还侵犯税务人员的人身权利、财产权利等。因此，二者侵犯的客体要件和作用对象不具有同一性，即逃税行为和抗税行为之间不存在吸收关系。[④] 其次，这种情况不属于转化犯。转化犯必须法律明文规定且由轻罪向重罪转化，而先逃税后抗税的情况，法律并未规定以抗税罪论处。最后，逃税行为和抗税行为之间也不存在牵连关系。逃税行为和抗税行为之间不存在方法（手段）行为与目的行为或原因行为与结果行为的关系，其中主观上也无牵连意图。因此，这里逃税行为与抗税行为之间无任何法律意义的联系，都应单独分别构成逃税罪和抗税罪，应

[①] 参见曹康、黄河主编：《危害税收征管罪》，中国人民公安大学出版社1999年版，第69页。

[②] 参见张旭主编：《涉税犯罪的认定处理及案例分析》，中国人民公安大学出版社1999年版，第118页。

[③] 参见赵秉志主编：《新刑法教程》，中国人民大学出版社1997年版，第243页。

[④] 参见王作富主编：《刑法分则实务研究》（第3版），中国方正出版社2007年版，第685页。

数罪并罚。

(二) 抗税致人重伤或者死亡情况的罪数认定

抗税致人重伤或者死亡的如何定罪？刑法学界对此有较大争论，主要观点有：1. 牵连犯说。有人认为它属于牵连犯，应择一重论处，以故意伤害罪或故意杀人罪处理。① 2. 想象竞合犯说。有人认为这是想象竞合犯，罪名应为故意伤害罪或过失重伤罪、故意杀人罪或过失致人死亡罪，按从一重罪处断。② 3. 结果加重犯说。有人认为它是结果加重犯，应定抗税罪，重伤、死亡只是抗税的情节。③ 4. 转化犯说。有人认为这是转化犯。转化犯说又复分两种意见：（1）全部转化犯说。该说认为，暴力抗税致人伤亡的罪质由抗税转化为伤害罪、杀人罪。④（2）部分转化犯说。此说认为，在暴力抗税中故意致税务人员重伤、死亡的，应按犯罪性质发生转化的情况来认定，即按照故意杀人罪、故意伤害罪定性处罚；如果在暴力抗税中因过失致税务人员重伤、死亡的，就可依情节严重的抗税罪论处，因为过失罪中不存在转化犯问题。⑤ 5. 区别对待说。该说认为，行为人在抗税罪过程中，一着手就致人重伤、死亡的，这种情况下只有一个抗税行为，却造成两个结果，符合想象竞合犯的特征，应按想象竞合犯的处理原则，以伤害罪、杀人罪从重处罚。如果行为人在抗税过程中，实施超过抗税罪中暴力界限的手段、方法，而致人重伤、死亡的，应分两种情况对待：一是抗税行为不构成犯罪的，应当是一罪，即定伤害罪或杀人罪，原先的抗税行为被之吸收；二是抗税行为已经构成犯罪的，此时行为人是在两种心理状态支配下实施了两个行为，已构成数罪，应对之定抗税罪、伤害罪（或杀人罪）实行数罪并罚。⑥

我们基本同意前述想象竞合犯说的观点。但是我们主张应从一重重处断。其主要理由是：

其一，想象竞合犯，是行为人基于一个犯罪意图支配的数个不同罪过，实施一个危害行为，而触犯两个以上异种罪名的犯罪形态。抗税致人伤害、死亡

---

① 参见刘岩主编：《刑法适用新论》，中国政法大学出版社 1993 年版，第 98 页；另见黄京平主编：《破坏市场经济秩序罪研究》，中国人民大学出版社 1999 年版，第 556 页。
② 参见张明楷主编：《市场经济下的经济犯罪与对策》，中国检察出版社 1995 年版，第 141—142 页；另见曹康、黄河主编：《危害税收征管罪》，中国人民公安大学出版社 1999 年版，第 71 页；另见张旭主编：《涉税犯罪的认定处理及案例分析》，中国人民公安大学出版社 1999 年版，第 120 页。
③ 参见赵秉志主编：《刑法修改研究综述》，中国人民公安大学出版社 1990 年版，第 267 页。
④ 参见陈兴良主编：《刑法新罪评释全书》，中国民主法制出版社 1995 年版，第 265—266 页。
⑤ 参见高铭暄主编：《新编中国刑法学》，中国人民大学出版社 1998 年版，第 643 页。
⑥ 参见赵秉志、刘佳雁：《妨害税收犯罪立法研析》，载《当代法学》1993 年第 3 期，第 6—7 页。

的情况正是行为人基于一个概括的犯意——抗税所支配的两个不同罪过——抗税故意和杀人故意（或抗税故意和伤害故意、抗税故意和杀人过失、抗税故意和重伤过失等），实施一个复杂的过剩的犯罪行为①——抗税行为（由暴力手段行为和拒不缴税的目的行为而构成的复合行为），而触犯两个异种罪名——抗税罪和故意杀人罪（或抗税罪和故意伤害罪、抗税罪和过失致人死亡罪、抗税罪和过失致人重伤罪）的犯罪形态。没有暴力手段行为，既不能成立抗税罪，也不能构成故意杀人罪（或故意伤害罪、过失致人死亡罪、过失致人重伤罪）。这表明其中对暴力手段行为进行了重复性的评价。因而，这是对一个过剩的犯罪行为的想象的两罪。

其二，抗税致人伤亡情况不属于牵连犯。牵连犯是行为人实施某种犯罪，而方法（手段）行为或结果（目的）行为又触犯其他罪名的犯罪形态。牵连犯的成立要求行为的复数性，行为之间除了有牵连关系外，还要求各个行为独立构成犯罪。暴力手段行为虽是抗税罪的方法行为，但它同时又是抗税罪的实行行为，如前所言，没有暴力行为，单独的拒不缴税行为不成立抗税罪，因此，这里的抗税致人伤亡的情况，不符合牵连犯要求行为复数性的条件。

其三，这种情况也不属于结果加重犯。结果加重犯是行为人实施基本犯罪的构成要件的行为，因发生了基本犯罪构成要件以外的加重结果，而刑法对其规定加重法定刑的犯罪形态。可见，结果加重犯必须是刑法明文规定加重结果和加重法定刑的情形，而抗税致人伤亡的情况在现行刑法中并未如此规定。②

其四，抗税致人伤亡的情况也不属于严格意义的转化犯。转化犯是行为人在实施某一较轻的犯罪时，由于连带的行为又触犯了另一较重的犯罪，因而法律规定以较重的犯罪论处的情形。可见，转化犯具有法定性，而抗税致人伤亡的，现行刑法并未规定以故意伤害罪、故意杀人罪论处。1992年《关于惩治偷税、抗税犯罪的补充规定》曾有过如此规定，不过，现行刑法已将此删除。虽然2002年相关司法解释有类似规定，但这不是严格意义的转化犯。

其五，区别对待说认为抗税行为不构成犯罪的，以伤害罪或杀人罪论处。这是难以让人理解的，既然纳税人的暴力手段已经致人重伤或死亡，又怎能不构成抗税罪呢？③ 该说又认为若抗税行为构成抗税罪的，则行为人是在两种心理状态支配下实施了两个行为，已构成数罪，应对之实行数罪并罚。但是，如前所述，这里有对暴力行为作重复评价的问题。实行数罪并罚将导致罚过

---

① 关于一个复杂的过剩的犯罪行为的论述，请参阅本书第4章第2节。
② 参见王作富主编：《刑法分则实务研究》（第3版），中国方正出版社2007年版，第684页。
③ 参见周洪波：《税收犯罪研究》，中国人民大学博士学位论文，2001年，第108页。

其罪。

其六，对想象竞合犯适用"从一重处"原则，难以实现罪刑均衡，若以"从一重重处"原则处理，[①]则可以更好地解决罪刑失衡的问题。有人也许会认为，抗税罪有财产刑，而故意杀人罪和故意伤害罪没有，这样重重处罚不如数罪并罚合适。我们认为，不能为了偏重或夸大刑罚种类多的作用，而不顾及前述对之实行数罪并罚有重复评价之嫌的问题；再则，处以财产刑本质上也是为了惩罚和预防，而从重处以自由刑等刑罚，只要适度就同样可以达此目的。

五、抗税罪的量刑

根据刑法典第 202 条的规定，抗税罪有两个法定量刑幅度："以暴力、威胁方法拒不缴纳税款的，处 3 年以下有期徒刑或者拘役，并处拒缴税款 1 倍以上 5 倍以下罚金；"以及"情节严重的，处 3 年以上 7 年以下有期徒刑，并处拒缴税款 1 倍以上 5 倍以下罚金。"

其中，第一量刑档的适用条件在本章犯罪成立要件中已经作了说明。对于第二量刑档适用的"情节严重"，根据 2002 年相关司法解释第 5 条规定，是指具有下列情形之一的："聚众抗税的首要分子；抗税数额在 10 万元以上的；多次抗税的；故意伤害致人轻伤的；具有其他严重情节。"该司法解释把"抗税数额 10 万元"作为"第二量刑档所要求的"情节严重"的起点之一是不合适的。因为这与刑法典第 203 条逃避追缴欠税罪第二量刑档所要求的欠缴应纳税款数额的起点相同，结果导致了抗税罪与逃避追缴欠税罪在配刑上的不协调。对此具体讨论，将在本节后文有关守法教育学视角部分中述及。我们认为，在司法解释对此作为"情节严重"的抗税数额起点做出修正之前，鼓励法院考虑略微低于 10 万元（比如 8 万元）的数额作为认定"情节严重"的抗税数额的起点。因为司法解释不等于立法，不具有当然必须遵从的法律强制力。

还值得指出，根据 2002 年相关司法解释第 6 条规定，对于实施抗税行为致人重伤、死亡，构成故意伤害罪、故意杀人罪的，分别依照该两罪的刑法规定定罪处罚。而且，与纳税人或扣缴义务人共同实施抗税行为的，以抗税罪的共犯依法处罚。根据主从犯的刑法规定适用相应的刑罚。

另外，特别需要讨论的是，关于抗税罪的既遂和未遂问题。有人认为，抗

[①] 参见吴振兴：《罪数形态论》，中国检察出版社 1996 年版，第 72—77 页；另见赵丙贵：《想象竞合犯研究》，中国检察出版社 2007 年版，第 194—196 页。

税罪属于行为犯中的举止犯,只要行为人着手实施暴力或威胁行为就构成抗税罪的既遂。也有人认为,这种观点混淆了犯罪成立和犯罪既遂的界限。犯罪既遂必然表明犯罪成立,但并不是犯罪一成立就构成既遂。犯罪完成形态和未完成形态都是犯罪停止下来的表现形态,也都是为解决犯罪成立问题而设定的犯罪构成模式。之所以区分既遂与未遂,就是因为二者在社会危害性上存在较大差异,否则就没有区分的必要了。抗税罪对社会的危害,表现在对税务人员人身权利、财产权利的侵害和对税收征管秩序的破坏上,但后者是主要的。这从立法将抗税罪规定在危害税收征管一节中即可看出。很显然,上述观点将抗税罪作为举止犯,没有抓住事物的主要矛盾,违背了主要矛盾和次要矛盾、矛盾主要方面和次要方面的辩证统一原理。纳税人采取暴力或威胁方法不缴税款,其目的实现与否,即税款交纳与否,在其行为对国家税收秩序的破坏程度上有较大差别。所以,抗税罪属于税收结果犯,其既遂标志是纳税人没有交纳税款。[①] 我们基本赞同后一种观点。其既遂标志应当是有法定抗税行为的纳税人、扣缴义务人没有全部交纳拒缴的税款。案发后判决前缴纳的不影响定罪只影响量刑。然而,抗税罪未遂的标志是,虽然有法定抗税行为,但是行为人由于意志以外的原因而全部交纳拒缴税款的,就可以按犯罪未遂论处。那么,有人可能会认为,上述既遂标准等同于目的实现说的标准。我们认为,并非所有犯罪的既遂标准都是目的实现说的标准,而是有的犯罪完成形态要件中以目的实现为条件,因此两者有重合情形。

对于前述"居×被殴"案而言,当时对两被告人判处实刑,而没有判处其缓刑,但是并处其拒缴税款约4倍的罚金。这也算是在法律规定范围内依法办事。然而,当时若判处其有期徒刑1年,缓刑2年,并处拒缴税款5倍的罚金135元,或者判处其拘役6个月以及并处拒缴税款5倍的罚金135元,则也合乎法律要求。

最后,根据刑法典第212条的规定,在执行罚金刑之前,应当先由税务机关追缴税款。

六、司法检讨:经济学与(守法)教育学视角

(一)经济学视角

运用经济学的理论来考量抗税罪的司法问题,此处关注的仍然是其定罪量

[①] 参见周洪波:《税收犯罪研究》,中国人民大学博士学位论文,2001年,第36页。

刑中的供求平衡问题，以及重视以尽可能小的司法成本投入，争取尽可能大的司法收益（或者产出），也由此考虑通过合理地惩治抗税犯罪来促进经济的发展。

由于1979年刑法典抗税罪的条文过于笼统，不便操作，难以适应抗税犯罪变化的情况，因此，1992年"两高"相关司法解释对抗税的常用手段、代征人（含单位和个人）和扣缴义务人（含单位和个人）可以抗税罪追究刑事责任、抗税罪的"直接责任人员"、抗税情节严重、以共犯论处、数罪并罚等问题进行了规定。由此以司法解释弥补立法规定，实现了定罪量刑中的一个相对的平衡。随后，又为了更进一步惩治偷税、抗税的犯罪行为，全国人大常委会通过了一个《补充规定》。该单行刑法既吸收了上述1992年司法解释的规定，也加重了抗税罪的刑罚规定，扩展了抗税罪的刑罚种类，因此更符合现实需要。这有利于使其量刑达到更好的平衡。基于立法简明和科学方面的考虑，1997年刑法典对前述单行刑法中抗税罪的规定进行了一些修改和补充，将之作为刑法典第202条加以规定。但是现行刑法没有明定单位抗税罪，致使在实践中对企事业单位实施的抗税行为的处理有失偏颇。遗憾的是，应将单位规定为抗税罪的主体要件的需求没有获得满足。不过，2001年有关追诉标准的规定、2002年相关司法解释中关于抗税罪的规定以及2010年有关追诉标准的补充规定，也正表明了一个在司法解释上不断谋求和实现供求平衡的过程。

另外，必须注意，前述2002年相关司法解释对1992年"两高"相关司法解释的替代，包括对其中抗税"情节严重"解释的修改，以及2010年有关抗税罪追诉标准对2001年有关追诉标准的补充规定，显然，这些明确的司法解释性规定增加了司法成本，但是也相应地增加了司法收益，使之与惩处犯罪的需要相适应。因此，这些司法解释性修正总体上是值得的。

但是也要指出，2001年有关抗税罪追诉标准的规定，只是完全重复了抗税罪条文中的罪状"以暴力、威胁方法拒不缴纳税款的"内容，因而这一追诉标准没有任何司法收益，其解释性规定是一种资源浪费。

最后，还要考虑通过合理地惩治抗税犯罪来促进经济的发展。对于前述"居×被殴"案而言，原判决对两被告人判处有期徒刑1年，并处罚金。尽管这也是依法办事，但是，这有可能影响该个体米粉加工厂的生产经营。当时若判处其有期徒刑1年，缓刑2年，并处罚金135元，或者判处其拘役6个月以及并处罚金135元，则既符合法律要求，也更有利于经济发展。

（二）（守法）教育学视角

1. 定罪方面。抗税罪定罪中的惩教机制包括定罪与否的惩教机制、此罪而非彼罪的惩教机制、确定罪数的惩教机制。如前章所述，三者的结构要素在教育者、受教者、目的与教育环节上通常相同,在教育内容与教育方式上略有差异。这里也着重探讨抗税罪定罪与否的惩教机制。守法的教育环节、教育者、教育对象和教育目的方面,均与逃税罪的同类结构要素相同,而主要不同之处,在于教育方式和教育内容上。因此,以下就这两方面加以展开。

这里涉及立法中抗税罪犯罪圈对司法的影响问题。其中犯罪圈设计的优劣问题,必然导致定罪与否惩教机制结构的相应问题。现行刑法没有明定单位抗税罪,致使在实践中对企事业单位实施的抗税行为的处理有失偏颇。如单位集体决定或法定代表人、负责人派人对税务人员实施暴力、威胁抗拒纳税的,因法定代表人或主管人员的身份、职务代表单位,因而应视之为单位行为,但因刑法没有明定单位抗税罪,若对此单位行为以抗税罪论处,则在理论上讲不通。法律既然不承认单位可以成为抗税罪的行为主体,就不能对为了单位利益实施抗税的自然人以抗税罪论处。此时,若只对直接负责的主管人员和其他直接责任人员追究刑事责任,则单位逍遥法外;若对单位直接负责的主管人员和其他直接责任人员处以妨碍公务罪,则处理较抗税罪轻。[①] 这违背了罪责自负和罪责刑相当原则。因此,从预防和打击单位抗税行为,保障国家税收的顺利征管的实际看,应当将单位规定为抗税罪的主体要件。通过对立法中犯罪圈的教育方式的改进,有利于司法中定罪与否惩教结构及其机制的完善。借助这些教育方式,可以传达"税收法不可违、抗税罪不可犯"、保护合法以及因罪受罚或因无罪不罚等教育内容。并且在优化设计犯罪圈的同时,又会完善抗税罪裁判规范中关于定罪的内容。也由此进一步达到惩罚犯罪、因果报应、教育行为人和其他人或者预防犯罪等目的。

同前,每一个涉嫌抗税罪的案件,也会涉及上述定罪与否惩教机制的几个结构要素问题。

还要指出,司法解释中也有抗税罪定罪与否的规定。这类规定是提供给司法人员具体运用法律的依据,它们既是司法人员忠诚型自我教育的内容,又是说服教育行为人服判的依据和内容。如前所述,对抗税罪的追诉标准还要完善,比如,对2010年关于立案追诉标准的司法解释第58条中规定,抗税案应予立案追诉的四种情形中的第四种情形("以其他暴力、威胁方法拒不缴纳税款的"),其中"其他暴力、威胁方法"还要适当地进一步加以明确等。

另外,在抗税罪定罪的惩教机能上,受到前述结构要素的影响。如前已述,1979年刑法典抗税罪的条文过于笼统,不便操作,难以适应抗税犯罪变化的情况,造成对抗税犯罪打击不力。这样威慑型教育机能和鼓励民众对法律

[①] 参见王作富主编:《刑法分则实务研究》(第3版),中国方正出版社2007年版,第680页。

忠诚型的教育机能较弱。之后，随着司法解释和全国人大常委会的补充规定和修改，强化了抗税罪规定的威慑型教育机能和法律忠诚型教育机能。当前这种机制仍需进一步改进，通过完善一切有关定罪的立法规定以及完善前述结构要素，在坚持罪刑法定原则以及保持适度的威慑型教育机能的基础上，推进抗税罪定罪机制的发展，使保护社会的积极机能与保障人权的积极机能最大化，以进一步提升忠诚型教育的积极机能。

2. 量刑方面。抗税罪量刑中的惩教机制包括司法解释涉及抗税罪量刑的惩教机制与抗税罪个案司法中量刑的惩教机制。在司法解释涉及抗税罪量刑的惩教结构上，教育环节、教育者、教育对象、教育目的与抗税罪定罪机制中的要素相同。这里，在教育方式上，它主要表现为司法机关的"解释"、"规定"、"意见"、"批复"等表现形式以及刑种、刑量等。其中涉及的教育内容，主要表现为司法解释中的抗税罪量刑规范。这些特殊规范主要是作为指导司法人员具体运用法律正确量刑的依据，是司法人员忠诚型自我教育的内容，又是说服行为人服从判决以及教育他人守法的依据。

特别要指出的是，根据2002年相关司法解释，实施抗税行为具有下列情形之一的，属于情节严重：①聚众抗税的首要分子；②抗税数额在10万元以上的；③多次抗税的；④故意伤害致人轻伤的；⑤具有其他严重情节的。其实，该司法解释把"抗税数额10万元"作为第二量刑档要求的"情节严重"的起点之一是不合适的。因为这与刑法典第203条逃避追缴欠税罪第二量刑档要求的欠缴应纳税款数额的起点相同。这就导致了抗税罪与逃避追缴欠税罪在配刑上的不协调，即在第一量刑档上，前者抗税罪适用的数额条件低于后者（前者没有明确的下限而后者下限为1万元），但是在第二量刑档上两者却可能相同（10万元）。正如下一章将提及的，1992年《关于惩治偷税、抗税犯罪的补充规定》对非暴力秘密抵制追缴欠税行为另行作了规定，从而使其与暴力公开抵制的抗税行为区分开来。1997年刑法典第202条、第203条也继续维持了该补充规定关于两罪不同罪状的规定，而且基本保持了相同的两个法定刑幅度。因此，司法解释把两罪第二量刑档上的数额起点可以等同的立场就违背了立法把两罪加以区分的立法精神。更严重的是，这种解释可能导致罪刑失衡的后果。譬如，对达到10万元抗税数额的有致人轻微伤的暴力抗税行为人，可以处3年有期徒刑并处拒缴税款1倍以上5倍以下罚金；而对隐匿财产致使税务机关无法追缴欠税额10万元的逃避追缴欠税的纳税人，也可以处3年有期徒刑并处拒缴税款1倍以上5倍以下罚金。这样，使抗税的暴力情节没有给予相应的否定性评价。据此，我们认为，对作为"情节严重"的抗税数额的起点，司法解释宜修正为略微低于10万元（比如8万元）的数额。

而且，对于该司法解释中规定实施抗税行为"情节严重"的情形中，第五种情形的"其他严重情节"还可以进一步明确列举一些情形。

另外，司法解释涉及抗税罪定罪量刑的惩教机能受制于前述各种结构要素，其机能仍然值得加强，至少应当通过改进教育内容与教育方式，来提高这一特殊机制的忠诚型教育效果。

此外，还要注意，抗税罪个案司法中的惩教机制问题。比如，就前述"居×被殴"案的判决结果而言，虽然当时的判决也不能算错，是在法定范围内办事。然而，当时若判处其有期徒刑1年，缓刑2年，并处罚金135元，或者判处其拘役6个月并处罚金135元，则也合法。这就表明该案产生了一定的威慑型教育机能，但是，因其判决中的弹性问题而使法律忠诚型的教育机能受损。这甚至还会影响其矫治型教育机能，即影响到刑罚执行中对犯罪人的教育改造的效果。

总之，无论是抗税罪司法解释中的惩教机制，还是抗税罪个案司法中的惩教机制，可能都值得进一步完善。

附录：相关法律、法规、规章及司法解释索引

1. 1979年刑法典第121条；
2. 1992年9月4日《全国人民代表大会常务委员会关于惩治偷税、抗税犯罪的补充规定》第6条；
3. 1997年刑法典第202条；
4. 《货物税暂行条例》（1950年1月27日政务院第十七次政务会议通过 同年1月31日公布 1950年12月15日政务院第六十三次政务会议修正 同年12月19日公布并施行）第13条第3款；
5. 《工商业税暂行条例》（1950年1月27日政务院第十七次政务会议通过 同年1月31日公布 1950年12月15日政务院第六十三次政务会议修正 同年12月19日公布并施行）第25条；
6. 《税收征收管理法》（1992年9月4日第七届全国人民代表大会常务委员会第二十七次会议通过 根据1995年2月28日第八届全国人民代表大会常务委员会第十二次会议《关于修改〈中华人民共和国税收征收管理法〉的决定》修正 2001年4月28日第九届全国人民代表大会常务委员会第二十一次会议修订 自2001年5月1日起施行）第67条等；

7.《税收征收管理暂行条例》(自 1986 年 7 月 1 日起施行)第 37 条第 4 项等;

8.《税收征收管理法实施细则》(2002 年 9 月 7 日国务院令第 362 号公布 根据 2012 年 11 月 9 日国务院令第 628 号公布《国务院关于修改和废止部分行政法规的决定》修正 自 2013 年 1 月 1 日起施行)第 94 条、第 95 条;

9.1992 年 3 月 16 日《最高人民法院、最高人民检察院关于办理偷税、抗税刑事案件具体应用法律的若干问题的解释》第 2 条至第 4 条、第 7 条至第 12 条;

10.2001 年 4 月 18 日《最高人民检察院、公安部关于经济犯罪案件追诉标准的规定》第 50 条;

11.2002 年 11 月 5 日《最高人民法院关于审理偷税抗税刑事案件具体应用法律若干问题的解释》(自 2002 年 11 月 7 日起施行)第 5 条、第 6 条;

12.2010 年 5 月 7 日《最高人民检察院、公安部关于公安机关管辖的刑事案件立案追诉标准的规定(二)》第 58 条。

第八章 逃避追缴欠税罪

案例概要

　　○○商贸公司（租赁○○食品厂的门面房营业）在2001年1月至12月经营期间，欠缴应纳税款6万元，税务机关多次催缴，该商贸公司不予缴纳。2002年3月1日，税务机关向其下达限期缴纳通知书后，商贸公司经理李×一方面欺骗税务机关正在组织资金马上缴纳，另一方面私下指使副经理赵×迅速转移并隐匿财产。2002年3月13日，税务机关得知商贸公司的货物存放在○○储运公司时，迅速前往实施查封扣押的税收保全措施，储运公司仓储科科长钱×不但不配合，反而隐瞒事实真相，欺骗税务人员说商贸公司已把货物提走，并带领税务人员到空库房查看。而后通知商贸公司赵×于夜间把货提走，致使税务机关无法追缴应纳税款。税务机关收到关于商贸公司涉嫌偷税的匿名举报信后于当日迅速到商贸公司查封扣押财务账簿，经审查核实商贸公司经理李×在2000年至2001年经营期间，授意指使会计人员徐×在账簿上多列支出，少列收入，少缴税款8万元，占应纳税额的15%。而且，2002年3月13日，李×、赵×提货后到湖北省销售，并在湖北躲避，长达5个月之久。案发后，李×补缴了应纳税款和罚款，认罪态度较好。法院判决商贸公司犯偷税罪（现为逃税罪）和逃避追缴欠税罪，实行数罪并罚；判决李×犯偷税罪（现为逃税罪）和逃避追缴欠税罪，实行数罪并罚；判决赵×犯逃避追缴欠税罪，判处有期徒刑1年，缓刑2年，并处罚金6万元；判决钱×犯逃避追缴欠税罪，单处罚金6万元。[①]

　　【1. 说明：此案经过各个诉讼环节，其中相关程序分析，可参阅总论部分的有关内容以及本书后附录中的刑事诉讼法。2. 思考：裁判公正吗？为什么？】

[①] 参见孙力、梅传强主编：《刑事案例诉辩审评——危害税收征管罪》，中国检察出版社2006年版，第47、49、50页。此案例不是新近发生的，但是因其具有历史比对性和案情代表性的价值，故本书仍将之收录于此。

第一节 逃避追缴欠税罪的立法沿革及检讨

逃避追缴欠税罪，是纳税人欠缴应纳税款，采取转移或者隐匿财产的手段，致使税务机关无法追缴欠缴的税款达到数额较大的刑事违法行为。这里，首先对我国刑法中逃避追缴欠税罪的立法规定进行简要介绍，然后从经济学与（守法）教育学视角对其加以检视与讨论。

一、1997年刑法典生效前逃避追缴欠税罪的立法规定

在1950年12月21日财政部颁布的《工商业税暂行条例施行细则》第81条中规定："逾期1日以上未满30日者，按欠交税额，每日处以1%的滞纳金。逾期30日以上者，以抗税论，得移送人民法院处理，并追缴税款及滞纳金。"而且，在《货物税暂行条例施行细则》、《商品流通税试行办法施行细则》、《城市房地产税暂行条例》中均有类似规定。1954年6月财政部发布的《关于欠税案件的处理及计算滞纳金的解释的通知》规定，对于欠税逾期30日以上者，以抗税论，得移送人民法院处理。这与当时的具体情况比较适应，以加强国家经济的恢复与发展。但是，仅逾期欠税30日以上就处以刑事处分，相对来说是比较重的。所以，后来的立法和刑事审判中一般不将其作为刑事犯罪处理。[①]

1979年刑法典对偷税罪和抗税罪的规定，采用的是空白罪状，因此需要参照有关法律法规才能进一步明确该罪的犯罪构成。当时在立法上也没有明确规定对单纯的欠税行为进行刑事处理。但在实践中，抗税罪不仅包括以暴力、威胁方式拒不缴纳税款的行为，而且包括一些情节严重，但未使用暴力、威胁方法的欠税行为。1987年之后，我国税制发生了很大的改变，税收管理中不缴纳应纳税款以及长期拖欠的情况日益严重，危害越来越大，造成了很坏的影响。1990年8月30日，最高人民检察院颁布了《关于检察机关积极配合全国税收财务物价大检查依法严惩偷税抗税犯罪的通知》，其中明定："对于已被查明具有偷、漏、欠税违法事实，而采取各种手段拒绝履行纳税义务，情节严

---

① 参见黄晓亮、张春喜主编：《危害税收征管罪办案一本通》，中国长安出版社2007年版，第62页。

重的，应按照抗税罪依法从严惩处。"该规定一方面沿用了欠税按抗税处理的传统做法，另一方面又使得欠税成立抗税的条件更加严格，即须有各种违法手段。这样既能使欠税犯罪活动受到惩处，又能够限定追究犯罪的范围，尽量做到罪责刑相适应。[①] 这一规定又得到了后来的司法解释的肯定和加强。1992年"两高"的相关司法解释，对于抗税罪，规定了几种常见的犯罪行为与手段。该解释第8条第4款规定"以各种借口拖延不缴或者抵制缴纳税款，时间超过6个月的"属于抗税情节严重，以抗税罪追究直接责任人的刑事责任。可见，上述法律性文件把暴力公开抵制追缴欠税的行为和非暴力秘密抵制追缴欠税的行为视为同一，皆以抗税行为对待。这种认定没有准确把握非暴力秘密抵制追缴欠税行为的特征，况且，这种行为和暴力公开抵制追缴欠税行为的犯罪情节大不相同。同年全国人大常委会又通过有关补充规定（单行刑法），对非暴力秘密抵制追缴欠税行为另行作出规定，从而使其与暴力公开抵制行为区分开来。其中规定，纳税人欠缴应纳税款，采取转移或者隐匿财产的手段，致使税务机关无法追缴欠缴的税款，数额在1万元以上不满10万元的，处3年以下有期徒刑或者拘役，并处欠缴税款5倍以下的罚金；数额在10万元以上的，处3年以上7年以下有期徒刑，并处欠缴税款5倍以下的罚金。由此可知，对欠税犯罪另外规定了罪状，成为不同于抗税罪的犯罪。但是，该罪与抗税罪在法定刑方面（就自然人犯罪而言）仍然相同（以暴力方法抗税，致人重伤、死亡按照故意伤害罪、故意杀人罪从重处罚的除外）。

二．现行刑法中逃避追缴欠税罪的立法规定

1997年刑法典第203条以1992年相关单行刑法第2条的规定为基础，增设了罚金刑的下限以及增加了"单处"罚金刑的规定，即把"并处欠缴税款5倍以下罚金"修改为"并处或者单处欠缴税款1倍以上5倍以下罚金"。而且，刑法典第211条对上述补充规定第3条中关于企业事业单位犯罪的双罚制作了完善。原单行刑法第3条中"并对负有直接责任的主管人员和其他直接责任人员，处3年以下有期徒刑或者拘役"的规定，只有一个量刑幅度的档次，由此导致了因同时适用两个轻重不同的罪状而使罪刑失衡的问题。但是，修改后的刑法典在其第211条规定，"单位犯……第203条……规定之罪的，对单位判处罚金，并对其直接负责的主管人员和其他直接责任人员，依照各该

[①] 参见黄晓亮、张春喜主编：《危害税收征管罪办案一本通》，中国长安出版社2007年版，第62页。

条的规定处罚"。因此，对单位犯逃避追缴欠税罪的负有直接责任的主管人员和其他直接责任人员，依法可以适用两个量刑幅度，即"处 3 年以下有期徒刑或者拘役，并处或者单处欠缴税款 1 倍以上 5 倍以下罚金"以及"处 3 年以上 7 年以下有期徒刑，并处欠缴税款 1 倍以上 5 倍以下罚金"。

由此可见，自建国以来，我国刑事立法从起初把所有逾期 30 日以上的欠税按照抗税罪论处，然后到仅对采用非法手段拖欠税款才按照抗税罪处理，再发展到把采取转移或隐匿财产的手段逃避追缴欠税的行为成立独立的犯罪，其过程反映了刑事立法对欠税行为的重视，也反映了刑事立法对欠税违法行为成立犯罪条件的严格把握，更在一定程度上反映了对罪责刑相当原则的贯彻落实的过程。[①]

三、立法检讨：经济学与（守法）教育学视角

（一）经济学视角

从我国逃避追缴欠税罪的立法史看，其立法也经历了一个由简单粗糙走向相对精细的过程，由适用政策和类推到遵循罪刑法定原则的过程，由打击过度到强调罪刑均衡的过程。这也是一个立法上不断追求和实现供求平衡的过程。其情况与理由在逃税罪部分中已述。为了满足惩治逃避追缴欠税犯罪的现实需求，1992 年补充规定对刑法典中的抗税罪的规定进行修改，由此实现一个相对的平衡。后来，在 1997 年全面修订刑法典时，这种平衡也略作微调后，基本保持了下来。

另外，我国逃避追缴欠税罪的立法史，应当也是一个不断追求以尽可能小的立法成本获取尽可能大的立法收益的过程。在立法方式上，同本书第六章所述。在立法内容上，起初把所有逾期 30 日以上的欠税以抗税论处，这与当时的具体情况比较适应。此类立法等级和立法成本都较低，虽然有利于惩处严重的欠税行为，但是仅逾期欠税 30 日以上就处以刑事处分，相对来说是比较重的。这种过度打击使立法收益打了折扣。后来立法仅对采用非法手段拖欠税款才按照抗税罪处理，再发展到把采取转移或隐匿财产的手段逃避追缴欠税的行为成立独立的犯罪，有关单行刑法对非暴力秘密抵制追缴欠税行为另行作出规定，从而使其与暴力公开抵制行为区分开来。明确规定这些犯罪条文虽然增加了立法成本，但是也相应地增加了社会收益。比如，与 1979 年刑法典中抗税

[①] 参见曾明生编著：《经济刑法一本通》，载小白马法律博客网站，http://lawlife1.fyfz.cn/b/223721，访问日期：2012 年 9 月 20 日。

罪的规定相比，1992年补充规定和1997年刑法典中逃避追缴欠税罪的修订成本和刑量成本增加，然而也增添了其收益，加大了对罪责刑相当原则的贯彻落实的力度，使之与惩处犯罪的需要逐渐相适应。同时考虑到一劳永逸的立法是不存在的。因此，这种立法修正总体上也是理性的、值得的。

（二）（守法）教育学视角

逃避追缴欠税罪与逃税罪、抗税罪在立法中的惩教结构六大组成要素上，教育环节、教育者、教育对象、教育目的通常相同。不同的主要是其教育内容和教育方式。

逃避追缴欠税罪立法中的惩教结构之教育内容：一是逃避追缴欠税罪立法中的行为规范（"禁止逃避追缴欠税犯罪"）；二是逃避追缴欠税罪立法中的裁判规范和执行规范，这是对司法人员忠诚型守法教育的内容，也是对一般人的威慑型守法教育和忠诚型守法教育的内容，又是对罪犯的矫治型守法教育的内容。[1] 其主要表现为：前述1992年相关单行刑法中第2条、第3条的规定，以及1997年刑法典第203条、第211条、第212条等。法条内容较以前完善，条款明确，操作性较强。此外，还有税收法规的相关内容。

在逃避追缴欠税罪立法中的教育方式上，采用可能性的惩罚后果（有期徒刑、拘役或者罚金）相威慑的方式，或者说，以"犯逃避追缴欠税罪的，处……刑"的方式来表达"禁止犯逃避追缴欠税罪"的内容。我国在逃避追缴欠税罪立法的犯罪圈方面由大变小。因为立法从起初把所有逾期30日以上的欠税以抗税罪论处，然后到仅对采用非法手段拖欠税款才按抗税罪处理，再发展到把采取转移或隐匿财产的手段逃避追缴欠税的行为成立独立的犯罪。需要指出的是，《刑法修正案（七）》增加了逃税罪关于附条件的"不予追究刑事责任"的规定，缩小了犯罪圈。但是，对于与逃税罪有极大相似性的逃避追缴欠税罪而言，却没有类似"附条件不予追究刑事责任"的条款。因此，在两相对照之下，这也有罪刑失衡之嫌。对逃避追缴欠税罪的规定将来应当作出相应修正。

另外，有人认为，立法未规定扣缴义务人为逃避追缴欠税罪的主体，是一个立法缺憾。在司法实践中，扣缴义务人将代扣、代缴的税款不按期上缴，并且将自己的财产转移、隐匿以致税务机关无法追缴的情况客观存在，若不认定此类行为构成犯罪，则有失公平，而且不利于遏制该类行为的发生。[2] 我们认

---

[1] 参见曾明生：《动态刑法的惩教机制研究——刑事守法教育学引论》，中国政法大学出版社2011年版，第24—26、45—46、129页。

[2] 参见王作富主编：《刑法分则实务研究》（第3版），中国方正出版社2007年版，第688页。

为，立法者考虑的或许是此类情形较为少见，即使有也可用行政处罚处理，这能够体现刑法谦抑性原则。而且，这样体现了立法对纳税人和扣缴义务人行为性质的区分，侧重强调对纳税人不履行自身纳税的义务，从宽对待扣缴义务人不履行其代扣代缴的义务。

此外，1992年补充规定修正了1979年刑法典第121条的规定，加重了对此类犯罪的刑罚。之后，1997年刑法典第203条基本沿用了前述补充规定对逃避追缴欠税罪原来的自由刑和罚金刑，只是进一步明确了罚金刑的下限和增加了"单处"罚金刑的规定。而且，刑法典第211条对上述补充规定第3条中关于单位犯罪的双罚制作了完善，以解决罪刑失衡的问题。如此更有利于约束和教育司法人员遵守罪刑法定原则和罪责刑相当原则。

上述结构要素的发展变化，已影响了逃避追缴欠税罪立法中的惩教机能。在前述1992年单行刑法颁行之前，严重的非暴力秘密抵制追缴欠税的行为和暴力公开抵制追缴欠税的行为，是一律以抗税犯罪来打击的。因此，其中威慑型教育机能似乎较强，但是鼓励民众对法律忠诚型的教育机能较弱。后来，随着相关单行刑法的出台，通过缩小犯罪圈但加重法定刑的方式来实现罪刑均衡，这样，有利于在适当维持其威慑型教育机能的基础上，增强其法律忠诚型教育机能。诚然，当前这种惩教机制仍需进一步改进。通过完善前述结构要素，推进该罪立法中的惩教机制的发展，进一步提升忠诚型教育的积极机能。

第二节　逃避追缴欠税罪的成立要件

我国刑法传统理论通常从（客体、客观方面、主体、主观方面）四要件构成特征来分析逃避追缴欠税罪。[1] 也有学者只从客观构成要件和主观构成要件两方面加以分析。[2] 还有学者从罪体、罪责和罪量方面来探讨。[3] 这些均有一定的合理性。然而，我们认为，是否成立逃避追缴欠税罪，可先考察其行为是否具备法益侵害性，若具备法益侵害性，则进一步分析其行为是否具备刑事

---

[1] 参见王作富主编：《刑法分则实务研究》（第3版），中国方正出版社2007年版，第686—688页。
[2] 参见张明楷：《刑法学》（第3版），法律出版社2007年版，第611—612页。
[3] 参见陈兴良：《规范刑法学》（第3版），中国人民大学出版社2013年版，第682—683页。

违法性。① 以下将结合前述案例概要进行分析。

一、法益侵害性

法益遭受了侵害，这种侵害是人的行为造成的。

（一）犯罪客体要件

国家税收是国家为实现其职能，凭借政治权力，按照法律规定，通过税收工具强制地、无偿地征收参与国民收入和社会产品分配和再分配取得财政收入的一种形式。税收收入是国家财政收入的最主要来源。我国《宪法》第56条规定，中华人民共和国公民有依照法律纳税的义务。而且，我国2001年《税收征收管理法》第8条第3款规定，纳税人依法享有申请减税、免税、退税的权利。但是，该法第49条规定，欠缴税款数额较大的纳税人在处分其不动产或者大额资产之前，应当向税务机关报告。特别是该法第65条对纳税人欠缴应纳税款，采取转移或者隐匿财产的手段，妨碍税务机关追缴欠缴税款的，依法追究行政责任、刑事责任。据此可见，逃避追缴欠税是被法律所禁止的。因为它使税收征收的正常工作受阻，破坏了国家税收征管的制度秩序。亦即，逃避追缴欠税罪的客体要件，是国家税收征收管理的制度秩序（法益）遭受了侵害。在"商贸公司逃避追缴欠税案"中，显然对国家税收征管的制度秩序构成了侵害。

（二）犯罪客观要件

逃避追缴欠税的行为违反了国家税收法规，客观上有违法欠税的事实。依据2001年《税收征收管理法》第31条第1款规定，"纳税人、扣缴义务人按照法律、行政法规规定或者税务机关依照法律、行政法规的规定确定的期限，缴纳或者解缴税款"。以及该条第2款规定"纳税人因有特殊困难，不能按期缴纳税款的，经省、自治区、直辖市国家税务局、地方税务局批准，可以延期缴纳税款，但是最长不得超过3个月"。该法第33条第1款规定"纳税人可以依照法律、行政法规的规定书面申请减税、免税"，以及该条第2款规定"减税、免税的申请须经法律、行政法规规定的减税、免税审查批准机关审批。地方各级人民政府、各级人民政府主管部门、单位和个人违反法律、行政法规规定，擅自作出的减税、免税决定无效，税务机关不得执行，并向上级税务机关

---

① 参见曾明生：《动态刑法的惩教机制研究——刑事守法教育学引论》，中国政法大学出版社2011年版，第170—171页。

报告"。由此可见，违法欠税是纳税人或扣缴义务人违反税法的相关规定，没有按期缴纳应缴税款的行为。欠税只发生在纳税期限（或延长的纳税期限）期满之后。纳税人按时缴税有困难而未申请延期或申请延期未获批准，或者申请减税、免税而未获批准，超过纳税期限没有缴纳或足额纳税的，仍属欠税。尽管关于欠税的理解，理论界有不同观点，但都是大同小异的纷争。

逃避追缴欠税的行为除了有违法欠税事实外，还有逃避追缴的行为，即纳税人转移或隐匿财产。转移财产，通常是从开户银行或者其他金融机构中提走存款或转移到其他户头，或者将商品、货物或其他财产转移他处；隐匿财产，是行为人将其财产予以隐藏，使税务机关难以或者不能发现。根据2001年《税收征收管理法》，对纳税人欠税的，税务机关可以采取书面通知其开户银行或者其他金融机构从其存款中扣缴税款，或者扣押、查封、拍卖其价额相当于应纳税款的商品、货物或者其他财产，以拍卖所得抵缴税款等强制执行措施，依法追缴欠税。纳税人转移或隐匿财产就是对付税务机关的强制执行。纳税人实施转移或隐匿财产的行为没有时间限制，既可以在纳税期限之内，也可以纳税期限期满之后。① 当然，在没有欠税的情况下仅仅转移、隐匿财产的，不符合本罪的客观要件。根据2001年《税收征收管理法》第38条的规定，税务机关在限期内发现纳税人明显转移、隐匿其应纳税商品、货物以及其他财产或者应纳税收入的迹象，税务机关可以责成纳税人提供纳税担保。若纳税人不能提供纳税担保，经县以上税务局（分局）局长批准，税务机关则可以采取税收保全措施。

另外，逃避追缴欠税的行为在客观上可能达到了情节严重的危害程度，即无法追缴欠缴税款数额在1万元以上不满10万元的。有学者认为，对于"致使税务机关无法追缴欠缴的税款"可以有不同的理解：一是"客观上绝对不能追缴"；二是"通过一般程序不能追缴"；三是"难以追缴"；四是"行为人主观上认为自己的行为使税务机关无法追缴"；五是"足以使行为人逃税"。② 也有学者认为，前四种理解各有缺陷，而第五种理解较为合适，即只要行为人转移、隐匿财产的行为达到了足以使行为人逃税的程度，就可以认定为本罪。③ 我们认为，根据立法精神及逃避追缴欠税罪的量的规定，税务机关无法追缴欠缴税款，是指税务机关不能追缴（或不能全额追缴）欠缴税款，并非只指税务机关没有追缴到任何欠缴税款。再者，税务机关无法追缴欠缴税

---

① 参见王作富主编：《刑法分则实务研究》（第3版），中国方正出版社2007年版，第686—687页。
② 参见高格：《定罪与量刑》，中国方正出版社1999年版，第512页。
③ 参见张明楷：《刑法学》（第3版），法律出版社2007年版，第611—612页。

款还有时间限制，即发生在纳税人因逃避追缴欠税被立案侦查之前。若公安机关就此立案侦查以后，因公安机关的介入而使税务机关追缴了欠缴税款的，则不影响该罪的成立。而且，税务机关无法追缴欠缴税款是因纳税人转移、隐匿财产所致，即税务机关无法追缴欠缴税款须与纳税人转移、隐匿财产有因果关系。若税务机关没有充分采取法定的各种追缴措施，或者因纳税人财力不支、资金短缺，其商品、货物或者其他财产不抵欠缴的应纳税款而使欠缴税款无法追缴的，则不能以犯罪论处。① 还有，无法追缴欠税款数额满1万元以上是指税务机关最终无法追缴的欠缴税款的数额，而不是指转移、隐匿财产的数额，也不是指纳税人起始欠缴税款的数额。

需要说明的是，即使逃避追缴欠税的行为导致无法追缴欠缴税款的数额不足1万元，其行为也仍然违反了国家税收法规，侵害了国家税收征管的制度秩序（法益）。

在"商贸公司逃避追缴欠税案"中，商贸公司在2001年1月至12月经营期间，欠缴应纳税款6万元，经税务机关多次催缴仍不缴纳，2002年3月1日税务机关向其下达限期缴纳通知书后，商贸公司经理李×一方面欺骗税务机关正在组织资金马上缴纳，另一方面私下指使赵×迅速转移并隐匿财产。2002年3月13日，税务机关得知商贸公司的货物存放在○储运公司时，迅速前往实施查封扣押的税收保全措施，储运公司仓储科科长钱×不但不予配合，反而隐瞒事实真相，欺骗税务人员说商贸公司已把货物提走，并带领税务人员到空库房查看。而后通知商贸公司赵×于夜间把货提走，致使税务机关无法追缴应纳税款。可见，商贸公司有违法欠税的事实，且有转移并隐匿财产的行为，导致无法追缴应纳税款达到6万元的后果。因此，行为人具有不利于国家税收征管的行为以及造成了不良后果。虽然案发后，李×补缴了应纳税款，但这仍然不影响其先前行为具有法益侵害性的特征。

二、刑事违法性

如前所述，危害税收征管秩序的违法行为符合法益侵害性，但是，在司法领域认定是否成立犯罪，最终的关键是，判断行为是否具有刑事违法性。具有刑事违法性，必须同时具备四要件齐备性与无事由阻却性。当然，否定刑事违法性，只需否定其中任何一个（四要件齐备性或者无事由阻却性）。

---

① 参见王作富主编：《刑法分则实务研究》（第3版），中国方正出版社2007年版，第687页。

（一）四要件齐备性

除了犯罪客体要件和犯罪客观要件外，还必须具备犯罪主体要件和犯罪主观要件。

1. 犯罪主体要件。本罪的行为主体应当是欠税人。根据刑法典第 203 条的规定，逃避追缴欠税罪的主体要件仅仅是纳税人，但是包括自然人和单位。当然，关于扣缴义务人能否成为逃避追缴欠税罪的行为主体，在刑法学界存在争论。肯定说认为，根据有关税收法规，税务人员与纳税人、扣缴义务人勾结，唆使或者协助纳税人、扣缴义务人逃避追缴欠缴税款的，构成犯罪的，依法追究刑事责任。由此可见，扣缴义务人是可以成为逃避追缴欠税罪的主体要件的。另外，从征税实践看，扣缴义务人逃避追缴，造成税务机关无法追缴结果的，其危害与纳税人的情况并无区别。本罪没有规定扣缴义务人主体是立法疏漏。[①] 而否定说认为，刑法没有规定扣缴义务人成为逃避追缴欠税罪的行为主体，就不应扩大理解；扣缴义务人通常无直接纳税人的财产处置权，一般无法转移、隐匿财产。[②] 我们认为，立法未规定扣缴义务人成为逃避追缴欠税罪的主体，似乎是一个立法缺憾。因为扣缴义务人能成为逃税罪、抗税罪的行为主体，怎么不能成为逃避追缴欠税罪的行为主体呢？其实，立法者当时已有所考虑，规定扣缴义务人成为逃避追缴欠税罪的主体的意义不大。对此，在本章前述守法教育学视角部分中已经提及。在司法层面，仍应认为扣缴义务人不是逃避追缴欠税罪的行为主体。

在"商贸公司逃避追缴欠税案"中，商贸公司是单位主体。商贸公司经理李×是直接负责的主管人员，副经理赵×是其他直接负责人员，储运公司仓储科科长钱×是起帮助作用的共同行为人。

2. 犯罪主观要件。有学者认为，本罪主观要件只能是故意，行为人明知转移、隐匿财产的行为，会发生使税务机关无法追缴欠缴税款的结果，并且希望或者放任这种结果发生。行为人转移、隐匿财产的目的，就是逃避税务机关追缴欠缴税款。在其他目的与逃税目的并存的情况下实施本罪行为的，不影响本罪的成立。[③] 我们基本上赞同这一观点，但是，在逃避追缴欠税罪的非共同犯罪中，行为人个人只能持希望的心理态度，具有逃避追缴欠缴税款的意图。

[①] 参见宣炳昭、林亚刚、赵军主编：《特别刑法罪刑论》，中国政法大学出版社 1993 年版，第 144 页。

[②] 参见张旭主编：《涉税犯罪的认定处理及案例分析》，中国人民公安大学出版社 1999 年版，第 129 页；另见刘树德、王宏伟：《税收欺诈及其防治》，法律出版社 1997 年版，第 113 页。

[③] 参见张明楷：《刑法学》（第 3 版），法律出版社 2007 年版，第 612 页。

在"商贸公司逃避追缴欠税案"中,商贸公司是单位主体。商贸公司经理李×、副经理赵×是该案的直接责任人员。他们为了单位的利益,具有逃避追缴欠缴税款的故意与目的。储运公司仓储科科长钱×明知商贸公司有逃避追缴欠缴税款的行为,并故意隐瞒事实真相,欺骗税务人员,而后通知商贸公司赵×转移财产,具有帮助商贸公司逃避追缴欠税的意图,与商贸公司赵×等形成了犯罪的共同故意。

通过以上分析可知,在"商贸公司逃避追缴欠税案"中,商贸公司、公司经理李×、副经理赵×和储运公司仓储科科长钱×的行为,已经具备了四个要件,符合了四要件齐备性。

(二) 无事由阻却性

虽然具有四要件齐备性,但是要成立逃避追缴欠税罪,还要排除刑事违法性的阻却事由。从刑法规定看,逃避追缴欠税罪没有正当防卫、紧急避险以及类似刑法典第201条"附条件不予追究刑事责任"等阻却事由的规定。此处的刑事违法性阻却事由,只剩下刑法典第13条但书的规定了,即"情节显著轻微危害不大"的情形。

因此,这里的无事由阻却性,就是要排除前述"但书"的情形。或者说,违法情节和客观危害,必须达到足够的程度。如前所述,因为逃避追缴欠税罪在刑法上明定"致使税务机关无法追缴欠缴的税款,数额在1万元以上不满10万元的"(既遂标准),所以,当具备这一条件时,显然就不存在刑法典第13条但书中的"情节显著轻微危害不大的"特殊情形。因此,这立即否决了其事由阻却性,可以认定该危害行为具备了刑事违法性,成立逃避追缴欠税罪。

在"商贸公司逃避追缴欠税案"中,逃避追缴欠税行为具有四要件齐备性与无事由阻却性,因而具有了刑事违法性,可以认定其成立逃避追缴欠税罪。但是,同时也要注意,商贸公司和其直接负责的主管人员李×、直接责任人员徐×成立偷税罪。商贸公司经理李×在2000年至2001年经营期间,授意指使会计人员徐×在账簿上多列支出,少列收入,少缴税款8万元,占应纳税额的15%。依法这种行为构成单位偷税罪。然而,此案在2009《刑法修正案(七)》颁行之前就已经审结完毕,判决生效。因此,刑法典第201条新增加的"附条件不予追究刑事责任"的条款对该判决没有溯及力。对于其中没有追究直接责任人员徐×成立偷税罪的刑事责任问题,鉴于从旧兼从轻原则,前述新增加的"附条件不予追究刑事责任"的条款对徐×有溯及力,所以对此不再追究其刑事责任。

第三节 逃避追缴欠税罪的司法认定

本节先从规范刑法学的视角对定罪（罪与非罪、此罪与彼罪、共同犯罪、一罪与数罪）和量刑中的若干问题进行讨论，然后分别从经济学与（守法）教育学两个视角进行司法检讨。

一、罪与非罪

（一）逃避追缴欠税罪与非罪的区分方法

根据刑法的相关规定和犯罪成立理论，逃避追缴欠税罪与非罪的界限可从时间、行为、结果、因果关系等客观方面以及主观方面进行区分。[①]

1. 从客观方面进行区分。（1）时间条件。超过纳税期限或延长的纳税期限不缴应纳税款的为欠税，为逃避追缴欠税而转移或隐匿财产的才可能构成犯罪；而在纳税期限内如有转移或隐匿财产的迹象的，税务机关可以采取税收保全措施，不符合逃避追缴欠税的时间条件。（2）行为条件。只有纳税人实施转移、隐匿财产的行为，才有可能构成此罪。若纳税人没有实施上述行为，只是逃跑或实施其他行为，则即使造成税务机关无法追缴欠税款，也不构成本罪。（3）结果条件。纳税人虽然采取转移、隐匿财产以逃避追缴欠税款，但税务机关最终还是追缴到欠税款的，不构成本罪。而且，税务机关无法追缴的欠缴税款达到法定数额，即1万元人民币的，才可能构成逃避追缴欠税罪的既遂犯，否则，虽然有转移、隐匿财产以逃避追缴欠税款的行为，但是通常仍属逃避追缴欠税的一般违法行为。（4）因果关系条件。税务机关无法追缴欠税款与行为人转移、隐匿财产必须有因果关系才可能构成本罪。若税务机关无法追缴欠税款不是因纳税人转移、隐匿财产，而是因纳税人财产不足、自然事故等其他原因所致，则不构成本罪。

2. 从主观方面加以区分。纳税人主观上须有逃避追缴欠税款的故意，即纳税人转移、隐匿财产是为了逃避追缴欠税。若纳税人转移、隐匿财产不是为了逃避追缴欠税，而是为了其他目的，则即使客观上造成税务机关无法追缴欠

[①] 参见王作富主编：《刑法分则实务研究》（第3版），中国方正出版社2007年版，第688—689页。

税款，也不构成本罪。

（二）逃避追缴欠税罪与普通欠税行为

两者都是行为人明知没有缴纳税款而不予缴纳的行为。其关键区别在于行为人对财物采取了不同的手段。逃避追缴欠税罪中行为人采取了转移或者隐匿财产的法定手段而致使税务机关无法追缴欠缴的税款，而普通欠税的行为人则没有采取上述手段致使税务机关无法追缴欠缴税款。另外，两者主观内容不同，逃避追缴欠税罪出于逃税获利的目的，而欠税行为一般只是暂时拖欠税款，无逃避纳税的故意。例如，欠税行为人没有转移、隐匿财产的行为，只是逃跑，躲避对其人身控制的，因为没有逃避追缴欠税罪中的法定犯罪手段，所以不能以犯罪论处。

（三）逃避追缴欠税罪与逃避追缴欠税的一般违法行为

两者的关键区别在于行为是否情节严重，即行为人采取转移或者隐匿财产的手段致使税务机关无法追缴税款数额是否较大。根据刑法典第203条的规定，逃避追缴欠税数额在1万元以上的构成犯罪。有学者认为，逃避追缴欠税的数额不足1万元的，仅是一般违法或其他问题，不构成犯罪；纳税人虽有转移或隐匿财产的行为，但剩下未转移、隐匿的财产仍够缴清欠税的，或税务机关能够有效地控制的财产足以缴清欠缴的税款，也不构成犯罪；纳税人虽有转移或隐匿财产逃避追缴欠税的企图和迹象，经税务机关批评教育，责令限期缴纳而如数缴清了欠税，或经税务机关实施强制执行措施，能够有效地追缴全部欠税，也不成立犯罪。① 对这些违法行为，可以由税务机关根据2001年《税收征收管理法》第65条的规定追缴欠缴的税款、滞纳金，并处欠缴税款50%以上5倍以下的罚款。我们基本同意前述观点。但是，我们认为，如同盗窃罪、诈骗罪存在未遂犯一样，逃避追缴欠税罪本来也有未遂犯形态。只是因为现有相关立法的衔接状况，恐因之而失衡（对此，后文量刑部分中将进一步述及），所以在立法对此未予修正之前，暂且认为该罪只有既遂形态。

二、此罪与彼罪

（一）逃避追缴欠税罪与逃税罪的界限

两罪都是逃避应缴税款的犯罪，都侵害了国家税收征管的制度秩序。两罪

---

① 参见黄晓亮、张春喜主编：《危害税收征管罪办案一本通》，中国长安出版社2007年版，第79—80页。

的区别主要在于构成特征不同。①

1. 客观要件不同。(1) 行为表现方式不同。逃避追缴欠税罪表现为行为人采取转移或者隐匿财产的手段致使税务机关无法追缴欠缴税款的行为；逃税罪表现为纳税人采取欺骗、隐瞒手段进行虚假纳税申报或者不申报，逃避缴纳税款数额较大并且占应纳税额10%以上的，不缴或少缴应纳税款的情节严重的行为，或者扣缴义务人采取欺骗、隐瞒手段不缴或少缴已扣、已收税款且数额较大的行为。(2) 数额和情节要求不同。逃避追缴欠税罪要求逃避追缴欠税的数额较大才构成犯罪（既遂），即要求数额在1万元以上。在《刑法修正案（七）》施行之前，原偷税罪要求情节严重的才构成犯罪，情节严重即包括因偷税被二次行政处罚又偷税的情况，也包括偷税数额较大的情况（即1万元以上并且占应纳税额或者应缴税额的10%以上）。但是《刑法修正案（七）》施行之后，逃税罪的起刑点要求，对纳税人逃税数额较大且占应纳税额10%以上或者5年内因逃税被二次行政处罚又逃税的，而对扣缴义务人只要求逃税数额较大，这在第6章已述，已取消了对扣缴义务人逃税数额所占比例的限制，不再要求其同时占应缴税额10%以上了。

2. 主体要件不同。逃避追缴欠税罪的法定主体要件一般由纳税人构成，而逃税罪的主体要件除纳税人外还包括扣缴义务人。

3. 主观故意的产生阶段不同。逃避追缴欠税罪的犯意通常产生在纳税人的纳税义务及纳税期限都已明确的情况下。一般来说，此时税务机关和纳税人自己对纳税人欠税的事实都已明知，欠税数额也已确定。逃税罪的犯意通常产生在纳税人的应税行为发生之后，税务机关对其具体纳税义务尚不明确之前。

4. 故意的目的内容不同。逃避追缴欠税罪要求行为人有逃避追缴欠缴税款的目的；逃税罪要求行为人有不缴或少缴税款之目的。

（二）逃避追缴欠税罪与抗税罪的界限

两罪在主观要件方面都是故意，都不想缴纳税款，但其不同主要表现为：

1. 客体要件不同。逃避追缴欠税罪的客体要件为简单客体，即国家税收征收管理的制度秩序；而抗税罪的客体要件为复杂客体，它不仅侵犯了国家税收征收管理的制度秩序，同时还侵犯依法从事税收征管工作的税务人员的人身权利、财产权利。

2. 客观要件不同。(1) 行为表现方式不同。逃避追缴欠税罪表现为采取转移或者隐匿财产的手段致使税务机关无法追缴欠缴税款的行为；抗税罪表现

---

① 参见曾明生编著：《经济刑法一本通》，载小白马法律博客网站，http://lawlife1.fyfz.cn/b/223721，访问日期：2012年9月20日。

为以暴力、威胁方法拒不缴纳税款的行为。前者行为方式是秘密的，而后者是公开的。（2）犯罪成立是否有数额限制。逃避追缴欠税罪构成犯罪必须致使税务机关无法追缴欠缴的税款数额达到1万元以上；抗税罪立法无明确数额限制，2010年有关追诉标准中对抗税罪规定的四种应予追诉情形中也没有明确数额限制。

3. 主体要件不同。逃避追缴欠税罪的主体要件通常只是纳税人，即负有纳税义务的单位和个人，扣缴义务人不能成为该罪的主体。而抗税罪的主体要件既包括纳税人，也包括扣缴义务人，但是只能由个人构成，单位不能成为该罪的主体。若负有纳税义务或扣缴义务的单位集体决定派人对税务人员施以暴力、威胁方法拒不缴纳税款情节较重的，则应依法以共同抗税罪追究单位的直接负责的主管人员和其他直接责任人员的刑事责任。

三、共同犯罪

逃避追缴欠税罪的共同犯罪包括纳税人与其他人实施的共同犯罪，包括个人与个人、单位与个人、单位与单位之间的共同犯罪类型。

在"商贸公司逃避追缴欠税案"中，商贸公司欠税6万元，在税务机关向其下达限期缴纳通知书后，商贸公司经理李×一方面欺骗税务机关正在组织资金马上缴纳，另一方面私下指使副经理赵×迅速转移并隐匿财产。数日后，税务机关得知商贸公司的货物存放在×储运公司时，迅速前往实施查封扣押的税收保全措施，储运公司仓储科科长钱×不但不予配合，反而隐瞒事实真相，欺骗税务人员说商贸公司已把货物提走，并带领税务人员到空库房查看。而后通知商贸公司赵×于夜间把货提走，致使税务机关无法追缴应纳税款。这里，单位（商贸公司）与个人（钱×）之间构成共同犯罪。钱×明知商贸公司的货物存放在储运公司，却故意隐瞒事实真相，欺骗税务人员，而后通知商贸公司于夜间把货提走。这是一种帮助隐匿、转移财产的行为。钱×在该案中是从犯（帮助犯）。

四、一罪与数罪

（一）先逃避缴纳税款后逃避追缴欠税的行为定性

在司法实践中，有些纳税人在实施逃税犯罪后，受到税务机关、司法机关查处，他们为了逃避纳税义务，也往往采取转移、隐匿财产的方法，致使税务机关、司法机关无法追缴其所偷逃的税款。对这种情况该如何处理呢？

在刑法学界有不同看法：第一种意见是，此时行为人的逃避缴纳税款行为与逃避追缴欠税行为形成了吸收关系，即刑法上的吸收犯，应当以主行为逃税罪论处。① 第二种意见是，这种情况构成逃税罪和逃避追缴欠税罪，应实行数罪并罚。② 第三种意见是，应分两种情况区别对待：一是逃避缴纳税款与逃避追缴欠税针对不同税款的，应数罪并罚。二是逃避缴纳税款与逃避追缴欠税针对同一税款的，若行为人先逃避缴纳税款后逃避追缴欠税的，则实行数罪并罚；若行为人用转移、隐匿财产的方法逃税的，则属于法条竞合，应从一重处。③ 第四种意见是，行为人前后行为针对同一税款，行为人的目的前后一致，因此属于牵连犯，应数罪并罚。④ 第五种意见是，若纳税人行为符合逃税罪的法定条件，则构成逃税罪。其中，纳税人拖欠不缴偷逃税款的行为，是其逃税犯罪的结果行为，与逃避缴纳税款行为形成牵连关系，应择一重罪定罪量刑。⑤

我们赞同第二种观点。因为：1. 吸收犯的成立是以行为人实施的数个犯罪行为之间有依附关系为条件，也即其中一犯罪行为有独立性，其他犯罪行为无独立性而依附于该犯罪行为。另外，吸收关系的成立还要求数个犯罪行为基本性质相同，且侵犯客体和作用对象有同一性。因此，吸收关系通常表现为实行行为吸收同一性质且作用对象同一的非实行行为，如实行行为吸收预备行为、帮助行为、教唆行为等。逃避缴纳税款行为和其后的逃避追缴行为是两个独立的行为，且基本性质不同，无吸收关系，故不构成吸收犯。⑥ 2. 牵连犯要求性质不同的行为之间的牵连关系，即方法（手段）与目的或原因与结果的关系和行为人主观上的牵连意图。纳税人逃避缴纳税款时，不是为了以后的逃避追缴欠税，而且逃避追缴欠税也不是逃避缴纳税款的结果行为，两者无牵连关系，纳税人主观上也无牵连意图，所以这种情况不属于牵连犯。第五种意见误把行为人不缴欠税款当作逃避追缴欠税罪的实行行为，而事实上，"转移、隐匿财产"才是逃避追缴欠税罪的实行行为。另外，第四种意见认为对牵连

---

① 参见王松苗、文向民主编：《新刑法与税收犯罪》，西苑出版社1998年版，第128页；另见曹康、黄河主编：《危害税收征管罪》，中国人民公安大学出版社1999年版，第86页。

② 参见张旭主编：《涉税犯罪的认定处理及案例分析》，中国人民公安大学出版社1999年版，第138页；另见李永君、古建芹：《税收违法与税收犯罪通论》，河北人民出版社2000年版，第155页；另见冯建平：《逃避追缴欠税罪与偷税罪、抗税罪的区分》，载《中国税务》1998年第7期，第37页。

③ 参见张旭主编：《涉税犯罪的认定处理及案例分析》，中国人民公安大学出版社1999年版，第138页。

④ 参见莫开勤：《危害税收征管犯罪的定罪与量刑》，人民法院出版社2000年版，第123页。

⑤ 参见赵军：《论逃避追缴欠税罪》，载《山东法学》1993年第1期，第22页。

⑥ 参见王作富主编：《刑法分则实务研究》（第3版），中国方正出版社2007年版，第689页。

· 219 ·

犯应数罪并罚更不可取。学界通常认为,对牵连犯应从一重处,除非法律明确规定,否则不数罪并罚。3.第三种意见认为若纳税人出于逃避缴纳税款而转移、隐匿财产的属于法规竞合,这是不正确的。法规竞合是因法律规定而不是因行为的实施所引起的,它先于行为而存在。逃税罪与逃避追缴欠税罪不存在构成要件的包含或交叉关系,转移、隐匿财产并不是逃税罪的客观要件,所以两者谈不上法规竞合。① 总之,逃避缴纳税款行为与逃避追缴欠税行为是在两个不同犯意支配下实施的,两者无法律意义的关联性,分别独立构成逃税罪和逃避追缴欠税罪,应数罪并罚。

在"商贸公司逃避追缴欠税案"中,商贸公司存在先逃避缴纳税款后逃避追缴欠税的情形,而且,分别独立成罪,因此,应对商贸公司实行数罪并罚。

(二)先逃避追缴欠税后抗税的行为定性

对此,法学界也有不同观点。有学者认为,目的服从于行为,一旦在客观行为中有暴力威胁痕迹,即使主观目的是拖欠税款,也应认定是抗税罪。并认为,逃避追缴欠税罪与抗税罪之间不易混淆,但不排除在某些情况下,如以强硬态度和相对激烈的手段拖欠税款,逃避追缴欠税罪有向抗税罪方向转移的可能性。② 也有学者认为应数罪并罚。③ 还有学者认为,应当直接按照抗税罪追究其刑事责任,不能适用数罪并罚,也不属于由逃避追缴欠税罪转化为抗税罪的问题。其理由是:一是抗税行为的时间条件,法律没有限制,即抗税行为无论发生在纳税期内还是逾期后都可确认;二是逃避追缴欠税罪,法律明定,因逃避追缴的转移或隐匿财产的手段行为,必须发生"致使税务机关无法追缴"所欠缴税款的结果,这不符合逃避追缴欠税罪的条件。在这种结果发生前,即使行为人采取暴力、威胁方法抗拒的,造成"无法追缴"的结果,也不符合逃避追缴欠税罪的手段行为的规定。④

我们认为,应区分不同情况处理:若税务机关成功征收全部税款或无法追缴的税款不足1万元的,则对行为人以抗税罪论处;若税务机关最终无法追缴的税款达到1万元,则对行为人应以抗税罪和逃避追缴欠税罪数罪并罚。因为,转化犯要求法律明确规定,而这种情况法律没有规定,所以不属于转化

---

① 参见周洪波:《税收犯罪研究》,中国人民大学博士学位论文,2001年,第115—116页。
② 参见吴亚荣主编:《中国税收犯罪通论》,中国税务出版社1999年版,第258页;另见王松苗、文向民:《新刑法与税收犯罪》,西苑出版社1999年版,第129页。
③ 参见冯建平:《逃避追缴欠税罪与偷税罪、抗税罪的区分》,载《中国税务》1998年第7期,第37页。
④ 参见林亚刚:《认定抗税罪的若干问题》,载《刑事司法指南》2000年第3辑,第26页。

犯。成立逃避追缴欠税罪，要求"致使税务机关无法追缴欠税"与"纳税人转移、隐匿财产的行为"之间有因果关系，而第三种观点以"致使税务机关无法追缴欠税"是"抗税行为"所致，否认逃避追缴欠税罪的成立，这是不正确的。因为"致使税务机关无法追缴欠税"不是暂时无法追缴，而是永久或长时间无法追缴。虽然抗税行为能"致使税务机关无法追缴欠税"，但通常这只是暂时的，税务机关在事后还可采取其他办法追缴欠税。若纳税人转移、隐匿财产，尚不足以"致使税务机关无法追缴欠税"，而是因抗税行为"致使税务机关无法追缴欠税"，则不构成逃避追缴欠税罪。然而，若纳税人转移、隐匿财产导致税务机关无法追缴欠税，则即使纳税人不采取抗税行为，税务机关也无法追缴欠税。这样，抗税行为与"致使税务机关无法追缴欠税"的因果关系只是表面现象，"致使税务机关无法追缴欠税"的真正原因是"纳税人转移、隐匿财产的行为"。在这种情况下，纳税人的转移、隐匿财产行为与抗税行为是两个独立的行为，其间没有吸收关系，也不存在牵连关系，均独立成罪，应数罪并罚。[①]

另外，还应注意的是，若行为人在逃避税务机关追缴欠税过程中以暴力方法拒缴税款，导致税务人员重伤或者死亡的，则应按照故意伤害罪、故意杀人罪从重处罚。若行为人采取转移、隐匿财产的手段，致使税务机关无法追缴的税款数额在1万元以上，同时又以暴力方法抗拒追缴欠税且致税务人员重伤或者死亡的，则应认定构成逃避追缴欠税罪和故意伤害罪或故意杀人罪，实行数罪并罚。

五、逃避追缴欠税罪的量刑

（一）逃避追缴欠税罪法定刑幅度的确定

根据我国刑法典第203条的规定，逃避追缴欠税罪的法定刑幅度有两个："处3年以下有期徒刑或者拘役，并处或者单处欠缴税款1倍以上5倍以下罚金"，以及"处3年以上7年以下有期徒刑，并处欠缴税款1倍以上5倍以下罚金"。

适用第一量刑档的条件是："纳税人欠缴应纳税款，采取转移或者隐匿财产的手段，致使税务机关无法追缴欠缴的税款，数额在1万元以上不满10万元的。"对此适用条件的具体分析，在前节已述。适用第二量刑档的条件是具

[①] 参见周洪波：《税收犯罪研究》，中国人民大学博士学位论文，2001年，第116—117页。

备此罪的加重处罚事由，即前述"数额在10万元以上的"。

（二）量刑情节的综合考量

通常认为，该罪没有未完成形态。若认为其存在，则会因适用法律而导致处罚失衡。因为该罪的最低法定刑为"单处欠缴税款1倍以上5倍以下罚金"，在适用刑法有关未完成形态的减轻或免除处罚的规定后，将与税收法规的行政处罚规定形成轻重失衡，即对犯罪的处罚可能反而轻于行政处罚。因此，现在的救济办法只能是认为该罪只有既遂犯（完成形态），而没有未完成形态。

当然，还可以根据刑法典第61条至第64条的量刑规定，考虑犯罪的事实、犯罪的性质、情节和对于社会的危害程度，依照本法的有关规定判处。

（三）单位犯的双罚制

根据我国刑法典第211条的规定，单位犯此罪的，对单位判处罚金，并对其直接负责的主管人员和其他直接责任人员，依照上述规定处罚。另外，根据刑法典第212条的规定，执行罚金前，应当先由税务机关追缴税款。

六、司法检讨：经济学与（守法）教育学视角

（一）经济学视角

运用经济学的理论来考量逃避追缴欠税罪的司法问题，此处关注的仍然是其定罪量刑中的供求平衡问题，以及重视以尽可能小的司法成本投入，争取尽可能大的司法收益（或者产出），也由此考虑通过合理地惩治逃避追缴欠税犯罪来促进经济的发展。

由于1979年刑法典抗税罪的条文过于笼统，难以适应抗税犯罪的变化，1992年"两高"相关司法解释对抗税的常用手段等问题进行了规定。由此以司法解释弥补立法规定，实现了定罪量刑中的一个相对的平衡。随后，全国人大常委会通过了一个单行刑法，其中吸收了上述司法解释的规定。之后，1997年刑法典基本吸纳了前述单行刑法中关于逃避追缴欠税罪的规定，并进行了更为具体的修改和补充，因此，无须以更多的司法解释条文来继续阐释与说明。但是，2001年有关追诉标准的司法解释，引用了刑法典第203条的具体数额罪状的最低限。而且，2010年有关追诉标准的司法解释对此继续予以确认。其实，从该罪刑法条文中就能明显发现其立案的数额标准。因而，两个关于追诉标准的司法解释中有关该罪的内容，意义不大，因为它们不是必不可少的规定。据此，在司法成本上并非最小。对此将来可引以为戒，以节约资源。

最后，还要考虑通过合理地惩治逃避追缴欠税犯罪来促进经济的发展。对于前述"商贸公司逃避追缴欠税案"而言，既要依法惩处逃避追缴欠税犯罪及其责任人员，又要尽量使企业走向健康的发展道路，由此更有利于经济的发展。

（二）（守法）教育学视角

1. 定罪方面。逃避追缴欠税罪定罪中的惩教机制也包括定罪与否的惩教机制、此罪而非彼罪的惩教机制、确定罪数的惩教机制。如第六章所述，三者的结构要素在教育者、受教者、目的与教育环节上通常相同，在教育内容与教育方式上略有差异。这里也着重探讨逃避追缴欠税罪定罪与否的惩教机制。守法的教育环节、教育者、教育对象和教育目的方面，均与逃税罪、抗税罪的同类结构要素大致相同，而主要不同之处，在于教育方式和教育内容上。

逃避追缴欠税罪在立法上的犯罪圈设计的优劣问题，必然导致定罪与否惩教机制结构的相应问题。譬如，前述对1992年单行刑法颁行前，不区分非暴力秘密抵制追缴欠税行为和暴力抗税行为，一律以抗税论罪的过度打击问题，对一些不宜刑事追究的行为进行了刑事处罚。又如，现行刑法没有对逃避追缴欠税罪明定类似逃税罪的不予追究刑事责任的例外规定，致使在实践中对该罪的处罚与逃税罪的处罚失衡。因此，若通过对立法中犯罪圈这一教育方式的改进，则这有利于司法中定罪与否惩教结构及其机制的完善。借助这种教育方式，可以传达"税收法不可违、逃避追缴欠税罪不可犯"、保护合法以及因罪受罚或因无罪不罚等教育内容。并且在优化设计其立法犯罪圈的同时，又会完善逃避追缴欠税罪裁判规范中关于定罪与否的内容。也由此通过司法进一步达到惩罚犯罪、因果报应、教育行为人和其他人或者预防犯罪等目的。

同前，每一个涉嫌逃避追缴欠税罪的案件，都会涉及上述定罪与否惩教机制的几个结构要素问题。

还要指出，司法解释中也有逃避追缴欠税罪定罪与否的规定。这类规定是提供给司法人员具体运用法律的依据，它们既是司法人员忠诚型自我教育的内容，又是说服教育行为人服判的依据和内容。如前所述，对逃避追缴欠税罪的追诉标准还要完善，比如，若将来增加对该罪明定类似逃税罪的不予追究刑事责任的例外规定，则可能会增加例外内容等。

另外，在逃避追缴欠税罪定罪的惩教机能上，也受到前述结构要素的影响。1979年刑法典没有明定对单纯的欠税行为进行刑事处理，然而在实践中，一些情节严重，但未使用暴力、威胁方法的欠税行为被作为抗税罪加以打击。这似乎强化了其威慑型教育机能。实际上，1987年之后，我国税制发生了很大的改变，税收管理中不缴纳应纳税款以及长期拖欠的情况日益严重，危害越来越大，造成了很坏的影响。这表明其鼓励民众对法律忠诚型的教育机能较弱。随着司法解释和全国人大常委会的补充规定和修改，通过提高其法定刑的适用，强化了逃避追缴欠税罪规定的威慑型教育机能和法律忠诚型教育机能。当前这种机制仍需进一步改进，通过完善一切有关定罪的立法规定以及完善前述结构要素，在坚持罪刑法定原则以及保持适度的威慑型教育机能的基础上，推进逃避追缴欠税罪定罪机制的发展，使保护社会的积极机能与保障人权的积极机能最大化，以进一步提升忠诚型教育的积极机能。

2. 量刑方面。逃避追缴欠税罪量刑中的惩教机制，包括司法解释涉及逃避追缴欠税罪量刑的惩教机制和逃避追缴欠税罪个案司法中量刑的惩教机制。在司法解释涉及该罪量刑的惩教结构上，教育环节、教育者、教育对象、教育目的与该罪定罪机制中的要素相同。这里，在教育方式上，它主要表现为司法机关的"解释"等表现形式以及刑种、刑量等。其中涉及的教育内容，主要表现为1992年"两高"有关司法解释中涉及的逃避追缴欠税犯罪的量刑规范等。由于现行刑法中该罪的条文比较明确，因此，现行司法解释中没有且无必要对该罪的量刑再作出进一步的明确规定。这些特殊规范主要是作为指导司法人员具体运用法律正确量刑的依据，是司法人员忠诚型自我教育的内容，又是说服行为人服从判决以及教育他人守法的依据。

另外，司法解释涉及逃避追缴欠税罪定罪量刑的惩教机能受制于前述各种结构要素，其机能值得加强，至少应当通过改进教育内容与教育方式，来提高这一特殊机制的忠诚型教育效果。

此外，还要注意，逃避追缴欠税罪个案司法中的惩教机制问题。比如，就前述"商贸公司逃避追缴欠税案"的判决结果而言，其中没有追究直接责任人员徐×成立偷税罪的刑事责任问题（会计人员徐×按照经理李×的授意在账簿上多列支出、少列收入）。应当说，该判决当时已经产生了一定的负面影响，因而使法律忠诚型的教育机能受损。甚至这会影响其矫治型教育机能，影响到同案犯或者其他罪犯在刑罚执行中的教育改造效果。

总之，无论是逃避追缴欠税罪司法解释中的惩教机制，还是逃避追缴欠税罪个案司法中的惩教机制，可能都值得进一步完善。

附录：相关法律、法规、规章及司法解释索引

1. 1992年9月4日《全国人民代表大会常务委员会关于惩治偷税、抗税

犯罪的补充规定》第 2 条、第 3 条；

2.1997 年刑法典第 203 条、第 211 条、第 212 条；

3.《税收征收管理法》（1992 年 9 月 4 日第七届全国人民代表大会常务委员会第二十七次会议通过　根据 1995 年 2 月 28 日第八届全国人民代表大会常务委员会第十二次会议《关于修改〈中华人民共和国税收征收管理法〉的决定》修正　2001 年 4 月 28 日第九届全国人民代表大会常务委员会第二十一次会议修订　自 2001 年 5 月 1 日起施行）第 65 条、第 73 条、第 80 条等；

4.2001 年 4 月 18 日《最高人民检察院、公安部关于经济犯罪案件追诉标准的规定》第 51 条；

5.2010 年 5 月 7 日《最高人民检察院、公安部关于公安机关管辖的刑事案件立案追诉标准的规定（二）》第 59 条。

第九章 骗取出口退税罪

案例概要

2003年6月，无业人员张×与A进出口公司经理李×共同密谋骗取出口退税。双方商定由该进出口公司提供报关单证，申报退税，由张×负责假报出口，联系虚开增值税专用发票、专用税票及从境外调取美元结汇。随后，张×与该进出口公司签订了虚假的"委托出口代理合同"，与此同时，该进出口公司又与境外不法分子辛×（案发在逃，目前情况不知）签订了虚假的"购销合同"。同年7月5日，张×找到B服装公司会计王×，告诉王×自己正在策划骗税，只要王×愿意为A进出口公司开票，就可以得到3万元的好处费。王×为了谋取非法所得，遂为A进出口公司虚开两套增值税专用发票，价款3814500元，税款687388元。同年7月8日，张×通过向×税务人员赵×行贿2万元的方式，获得该税务机关开具的专用税票。同年7月10日，A进出口公司向张×提供出口货物报关单。同年7月11日，张×同样通过向海关工作人员刘×行贿2万元的方式，在没有货物出口的情况下，让刘×在《出口货物报关单（出口退税联）》上加盖海关验讫章，假报出口尼龙布，价值45万美元。同年7月20日，张×找到了C集团公司总经理朱×，谎称自己准备从美国进口一批货物，需要与朱×兑换一批美元，朱×在毫不知情的情况下，根据张×的意图将45万美元打入A进出口公司的账户。之后，张×与李×将3814500元人民币打入C集团公司的账户。同年8月，李×到税务机关申报退税得逞。案发后，经审判，一审法院判决：张×犯骗取出口退税罪，判处有期徒刑9年，判处罚金人民币50万元；李×犯骗取出口退税罪，判处有期徒刑7年，判处罚金人民币20万元；王×犯骗取出口退税罪，判处有期徒刑5年，判处罚金人民币15万元；刘×犯违法提供出口退税凭证罪，判处有期徒刑3年；赵×犯徇私舞弊发售发票、抵扣税款罪，判处有期徒刑3年。判决宣判后，被告人均没有提出上诉。①

【1. 说明：此案经过各个诉讼环节，其中相关程序分析，可参阅总论部分的有关内容以及本书后附录中的刑事诉讼法。2. 思考：裁判公正吗？为什么？】

第一节　骗取出口退税罪的立法沿革及检讨

骗取出口退税罪，是以假报出口或者其他欺骗手段，骗取国家出口退税款的刑事违法行为。这里，首先对我国刑法中骗取出口退税罪的立法规定进行简要介绍，然后从经济学与（守法）教育学视角对其加以检视与讨论。

一、1997年刑法典生效前骗取出口退税罪的立法规定

1950年12月至1956年期间我国曾对一部分出口退税货物实行退税。1956年生产资料私有制的社会主义改造完成以后，我国出口贸易由国营外贸企业垄断经营，出口盈亏由国家财政统管，并且当时出口贸易是盈利的，所以国家对出口货物不再退税。60年代中期，因国际国内各种因素影响，我国外贸由盈利转为亏损。于是国家决定对出口贸易按平均税负计算退税，并由财政部统一退给外贸部。1973年税制改革，又一次取消了出口退税的规定。直到1980年，我国才对出口换汇成本超过当年贸易内部结算价格的出口产品实行退（免）税。1982年，我国开始对14种产品实行出口退（免）税，自1983年9月1日起，出口退税范围又扩大到对钟表等17种产品及零部件退还最后环节交纳的工商税，对缝纫机、自行车、电扇等退还已交纳的增值税。② 1985年初，国务院对我国税收政策、外贸政策作出重大调整，决定从同年4月1日起全面实行进口产品征税、出口产品退税政策。同年3月12日国务院批准并于同年4月1日起施行财政部的《关于对进出口产品征、退产品税或者增值税的规定》。此后，财政部、海关总署又于同年4月17日颁发《关于对进出口

---

① 参见孙力、梅传强主编：《刑事案例诉辩审评——危害税收征管罪》，中国检察出版社2006年版，第47、74—76页。此案例也不是新近发生的，但是因其案情具有代表性的价值，故本书将之收录于此。

② 参见周洪波：《税收犯罪研究》，中国人民大学博士学位论文，2001年，第118页。

产品征、退产品税或者增值税的具体规定》,至此,我国的出口退税制度开始全面正式实施。

我国 1979 年刑法典中没有规定骗取出口退税罪,是因为刑法典颁布时,我国基本上没有实施出口退税政策,更没有发现其中滋生犯罪的诸多问题。1985 年我国全面实施这一政策实质上是一种鼓励出口的优惠政策。但这却被一些不法分子钻了空子,他们以假报出口或虚报出口等不法手段大肆骗取国家出口退税,导致了退税增长大大地超过出口增长的局面,造成国家财政收入大量流失,并使得有些合法经营的出口单位应该退税却得不到及时退还。多年来,骗取出口退税屡禁不止,在许多地方已成为公开的秘密。这种行为直接冲击出口退税政策的执行,严重扰乱了社会经济秩序,很有必要将其规定为犯罪予以打击。① 但是,对于采用各种手段骗取出口退税的情况,自国家实行出口退税制度后,一直没有明确的刑事立法规定,司法实务中对此按照当时的偷税罪处理。如 1989 年 9 月 12 日国家税务总局、经贸部、海关总署关于出口退税的法律文件中规定,出口企业有意采取欺骗、隐瞒等手段造成多退税款的,视同偷税行为。而且,1991 年 1 月 16 日国家税务局、经贸部、海关总署、财政部、中国人民银行、国家外汇管理局联合发布的《关于加强出口产品退税管理的联合通知》规定,对骗取出口退税行为,提请司法机关追究刑事责任。然而,在司法活动中,骗取退税情况比较复杂,有人在缴纳税款后骗回已缴纳的税款,还有人凭空伪造各种材料骗取出口退税。对此,不宜一律以偷税罪处理。

有鉴于此,1992 年全国人大常委会《关于惩治偷税、抗税犯罪的补充规定》第 5 条首次对骗取出口退税罪作出规定,其中第 1 款规定,"企业事业单位采取对所生产或者经营的商品假报出口等欺骗手段,骗取国家出口退税款,数额在 1 万元以上的,处骗取税款 5 倍以下的罚金,并对负有直接责任的主管人员和其他直接责任人员,处 3 年以下有期徒刑或者拘役"。第 2 款规定,"前款规定以外的单位或者个人骗取国家出口退税款的,按照诈骗罪追究刑事责任,并处骗取税款 5 倍以下的罚金;单位犯本款罪的,除处以罚金外,对负有直接责任的主管人员和其他直接责任人员,按照诈骗罪追究刑事责任"。据此,该规定对同样的行为因不同主体而设置了不同罪名,即对于骗取国家出口退税款的,区分不同主体(有进出口经营权的"企业事业单位"和"以外的单位或者个人")分别以骗取出口退税罪和诈骗罪处理。结果,同样是骗取出

---

① 参见黄晓亮、张春喜主编:《危害税收征管罪办案一本通》,中国长安出版社 2007 年版,第 83 页。

口退税犯罪，对有进出口经营权的单位的直接责任人员，最高法定刑为3年有期徒刑；而对于个人和其他单位的直接责任人员，最高法定刑（依照诈骗罪）为无期徒刑。如此已导致罪刑不平等的问题。

二、现行刑法中骗取出口退税罪的立法规定

1997年10月1日实施的刑法典对骗取出口退税罪作了重大修改。该法典第204条第1款规定，以假报出口或者其他欺骗手段，骗取国家出口退税款，数额较大的，构成骗取出口退税罪。该条第2款规定，纳税人缴纳税款以后，采取前款规定的欺骗方法，骗取所缴纳的税款的，按逃税罪定罪处罚；骗取税款超过所缴纳的税款部分，依照第1款规定（即按骗取出口退税罪）处罚。尽管该法典第204条第1款未明定骗取出口退税的犯罪行为是在未缴纳税款的情况下实施的，但是将该条第1款与第2款联系起来看，则可发现，已缴纳税款，而又以假报出口等手段骗回税款的，不构成骗取出口退税罪，而构成逃税罪。可以说，该法典第204第1款规定的骗取出口退税罪，主要是前述《补充规定》第5条第2款规定的"按照诈骗罪追究刑事责任"的骗取出口退税行为。本罪现行法定最高刑为无期徒刑，与诈骗罪相同。亦即，关于补充规定第5条第1款所规定的骗取出口退税行为，一部分已不能再按骗取出口退税罪处理，根据现行刑法应以逃税罪论处。[①] 所以，现行刑法的规定实际上是：无论什么行为主体，无论采用什么手段，只要凭空以出口名义骗取国家税款的，就都可能成立骗取出口退税罪而受到刑事追究。

由此可见，现行刑法对骗取出口退税罪不再因其主体不同而区分罪名，而主要是因其行为不同来区分罪名了。

三、立法检讨：经济学与（守法）教育学视角

（一）经济学视角

从我国骗取出口退税罪的立法史看，其立法经历了一个由无到有、由适用政策和类推到遵循罪刑法定原则的过程，由罪刑不平等到强调罪刑平等的过程，它也是一个立法上不断追求和实现供求平衡的过程。如前所述，为了满足惩治骗取出口退税犯罪的现实需求，1992年单行刑法对骗取出口退税罪作出

---

① 参见黄晓亮、张春喜主编：《危害税收征管罪办案一本通》，中国长安出版社2007年版，第84页。

规定，由此实现一个相对的供求平衡。后来，在1997年全面修订刑法典时，这种平衡也作了调整，并基本保持了下来。

另外，我国骗取出口退税罪的立法史，应当也是一个不断追求以尽可能小的立法成本获取尽可能大的立法收益的过程。在立法方式上，同本书第六章所述。在立法内容上，起初把一些骗取出口退税行为以当时的偷税罪论处，这与当时立法滞后和刑法中有类推规定的具体情况有关。此类立法成本较低，虽然在一定程度上有利于惩处骗取出口退税行为，但是，因为有违罪刑法定原则之嫌和不利于人权保障而使立法收益打折扣。后来，1992年有关单行刑法较为明确地规定了骗取出口退税的犯罪条文，这虽然增加了立法成本，但是也增加了一定的社会收益。比如，它为司法实践提供了较为明确的适用依据。然而，1997年刑法典对之又作出较大修正，立法成本和刑量成本增加，也因此增添了立法收益，加大了对罪刑平等原则的贯彻落实力度和惩治犯罪力度，使之与惩处犯罪的需要逐渐相适应。鉴于这种修改时间间隔较短，因此，原来的立法成本并没有使其立法收益发挥到极致。即使骗取出口退税罪的现行法条的规定，也遭受了下文将述及的法学界的批判。这表明我国刑事立法的水平还有待进一步提高。

（二）（守法）教育学视角

骗取出口退税罪与逃税罪、抗税罪、逃避追缴欠税罪在立法中的惩教结构六大组成要素上，教育环节、教育者、教育对象、教育目的通常相同。不同的主要是其教育内容和教育方式。

骗取出口退税罪立法中的惩教结构之教育内容：一是骗取出口退税罪立法中的行为规范（"禁止骗取出口退税犯罪"）；二是骗取出口退税罪立法中的裁判规范和执行规范，这是对司法人员忠诚型守法教育的内容，也是对一般人的威慑型守法教育和忠诚型守法教育的内容，又是对罪犯的矫治型守法教育的内容。[①] 其主要表现为：前述1992年相关单行刑法中第5条的规定，以及1997年刑法典第204条、第211条、第212条等。法条内容较以前完善，条款明确，操作性较强。此外，还有税收法规的相关内容。

在骗取出口退税罪立法中的教育方式上，采用可能性的惩罚后果（有期徒刑、拘役、罚金或者没收财产）相威慑的方式，或者说，以"骗取出口退税数额较大以上的，定……罪，处……刑"的方式，表达"禁止犯骗取出口退税罪"的内容。在骗取出口退税犯罪的立法犯罪圈方面，大小变化不明显。

---

① 参见曾明生：《动态刑法的惩教机制研究——刑事守法教育学引论》，中国政法大学出版社2011年版，第24—26、45—46、129页。

因为起初对之以当时的偷税罪论处，后来以骗取出口退税罪和诈骗罪处理，之后以骗取出口退税罪和逃税罪论处。亦即，虽然罪名有所变化，但均为犯罪。

另外，如前所述，在1997年刑法典中，立法者对该罪原来因行为主体不同而构成不同犯罪的规定作了修改完善，以解决罪刑不平等的问题。而且，立法者还提高了部分法定刑，以应对严峻的犯罪形势。如此更有利于惩治犯罪以及约束和教育司法人员遵守罪刑法定原则和罪刑平等原则。

然而，值得指出的是，对刑法典第204条的立法规定，学界大致有肯定说与否定说。有学者认为，该条第2款作此规定，是在充分听取学者和实践部门的意见后，对前述《补充规定》作出的修改，改变了原来以诈骗罪论处而带来的各种不协调状况。[1] 也有学者认为，这种区别对待的立法是科学合理的。因为先纳税后骗退税额未超过缴纳的部分，其实质与原来的偷税罪无异。[2] 又有学者认为，该第2款实属立法中的一大败笔。它违背了禁止分割评价原则，易导致行为人罪责的不当加重或不当减轻。[3] 还有学者认为，该规定极不合理。其一，混淆了逃税罪与骗取出口退税罪的界限。既然缴纳了税款就不可能再构成逃税罪。事实上，这种情况完全符合骗取出口退税罪的犯罪构成。骗取出口退税罪应当是指货物没有出口而假报出口以骗取出口退税款，其不问该货物实际是否纳税，而注重的是该货物实际是否出口，是否具备退税条件。其二，违背罪刑相适应原则。例如，行为人缴纳税款后骗取税款，骗回的已缴税款虽达到逃税罪标准，但其中超过已缴税款的部分未达到刑法典第204条规定的"数额较大"标准，这样，对行为人定逃税罪一罪，却要在犯罪数额上减去超过已缴纳税款的部分；若行为人骗回的税款总数，无论按照刑法典第201条定逃税罪还是依照刑法典第204条定骗取出口退税罪，都够不上定罪标准的，则以无罪论。这两种情况下，都是对行为人不法行为的放纵。但是，若行为人骗回的已缴税款达到逃税罪标准，其超过部分又达到骗取出口退税罪的定罪标准，则按照刑法典第204条的规定数罪并罚。这样可能对一行为分割为两行为实行两罪并罚。这样，刑罚过于严酷。其三，违背禁止分割评价原则。对不能分割而应该作为整体一次性评价的行为，不得分割成多个部分而作多次评价。事实上，分割评价，不仅背离公平，混淆理论，还徒增烦琐，增加司法成本。其四，立法本意是错误的。从刑法典第204条第1款的规定来看，骗取出

---

[1] 参见王松苗、文向民主编：《新刑法与税收犯罪》，西苑出版社1999年版，第143页。

[2] 参见江合宁、陈航：《骗取出口退税罪的新旧立法比较》，载《兰州商学院学报》1998年第3期，第77页。

[3] 参见肖中华：《犯罪构成及其关系论》，中国人民大学出版社2000年版，第400—413页。

口退税罪的法定刑高于逃税罪,立法者可能认为,将达到数额标准的骗税行为不减去行为人已纳税款部分而一概以骗取出口退税罪定罪处罚,可能有失公平。另外,立法者可能还认为,纳税人将已经向国家交纳的税款骗回,实质上就是逃税,和纯粹的不作为逃税本质相同。而实际上,立法者这一做法不仅彻底丧失了公平,还给司法实践带来无法克服的困难,也给科学合理的犯罪构成理论和罪数理论带来混乱。①

我们认为,该条立法规定确实存在诸多问题。上述观点已表明,该法条的教育内容以及罪名方式引发了法律传播中的争议。

不难发现,上述结构要素的发展变化,已影响了骗取出口退税罪立法中的惩教机能。在前述1992年单行刑法颁行之前,1979年刑法典中没有骗取出口退税犯罪的明确规定,因此仅靠类推制度来处理。这种类推的威慑型教育机能似乎较强,但是鼓励民众对法律忠诚型的教育机能较弱。后来,随着相关单行刑法的出台,通过明确法条内容的方式来实现有法可依。其中以骗取出口退税罪与诈骗罪来代替原先类推偷税罪的规定,区别不同主体,分别以最高法定刑为3年有期徒刑的骗取出口退税罪和最高法定刑为无期徒刑的诈骗罪处理。于是,在法定刑设置方面总体上得以加强,这对强化威慑型教育机能有所帮助,然而,在鼓励民众对法律忠诚型的教育机能上却因罪刑不平等问题而打折。如前所言,1997年刑法典对该罪的规定作了修改完善,以解决罪刑不平等的问题,立法者还提高了部分法定刑,这样,有利于在适当强调其威慑型教育机能的基础上,增强其法律忠诚型教育机能。显然,前述法条的教育内容以及罪名方式引发的争议,在一定程度上导致了法律忠诚型教育机能受损。当前这种惩教机制仍需进一步改进。通过完善前述结构要素,推进该罪立法中的惩教机制的发展,进一步提升忠诚型教育的积极机能。

第二节 骗取出口退税罪的成立要件

我国刑法传统理论通常从(客体、客观方面、主体、主观方面)四要件构成特征来分析骗取出口退税罪。② 也有学者从罪体、罪责和罪量方面来探

---

① 参见周洪波:《税收犯罪研究》,中国人民大学博士学位论文,2001年,第127—128页。
② 参见王作富主编:《刑法分则实务研究》(第3版),中国方正出版社2007年版,第690—693页。

讨。[①] 这些均有一定的合理性。然而，我们认为，是否成立骗取出口退税罪，可先考察其行为是否具备法益侵害性，若具备法益侵害性，则进一步分析其行为是否具备刑事违法性。[②] 以下将结合前述案例概要进行分析。

一、法益侵害性

法益遭受了侵害，这种侵害是人的行为造成的。

（一）犯罪客体要件

出口货物退税制度，是一个国家税收制度的重要组成部分。出口退税主要是通过退还出口货物的国内已纳税款来平衡国内产品的税收负担，使本国产品以不含税成本进入国际市场，与国外产品在同等条件下竞争，从而增强竞争能力，扩大出口创汇。然而，采取欺骗手段骗取国家出口退税款，不仅破坏国家出口退税管理的制度秩序，还会造成国家财政收入的流失，使公共财产的所有权遭受侵害。亦即，骗取出口退税罪侵犯的直接客体是复杂客体，包括国家出口退税管理的制度秩序和公共财产所有权。

（二）犯罪客观要件

行为人违反了国家税收法规，包括违反国家有关出口退税的税收法规、规章，譬如违反《增值税暂行条例》、《消费税暂行条例》和《出口退（免）税管理办法（试行）》等，实施"假报出口或者其他欺骗手段"，骗取出口退税款的行为。至于其行为的情节严重程度以及是否产生一定的危害结果，将于后文有无事由阻却性部分中述及。这里着重对以下几个问题进行探讨。

依据 2002 年《最高人民法院关于审理骗取出口退税刑事案件具体应用法律若干问题的解释》第 1 条的规定，"假报出口"是指以虚构已税货物出口事实为目的，具有下列情形之一的行为：1. 伪造或者签订虚假的买卖合同；2. 以伪造、变造或者其他非法手段取得出口货物报关单、出口收汇核销单、出口货物专用缴款书等有关出口退税单据、凭证；3. 虚开、伪造、非法购买增值税专用发票或者其他可以用于出口退税的发票；4. 其他虚构已税货物出口事实的行为。而且，假报出口的过程一般由以下八部分组成：[③] 第一，开出虚假增值税专用发票或普通发票，证明其确实已购买或生产供出口的货物；第

[①] 参见陈兴良：《规范刑法学》（第 3 版），中国人民大学出版社 2013 年版，第 684—685 页。

[②] 参见曾明生：《动态刑法的惩教机制研究——刑事守法教育学引论》，中国政法大学出版社 2011 年版，第 170—171 页。

[③] 参见周洪波：《税收犯罪研究》，中国人民大学博士学位论文，2001 年，第 124 页。

二，开具虚假的完税证明，即专用缴款书或税收（出口货物专用）缴款书，证明其已缴纳增值税款或消费税款；第三，签订虚假外贸合同，证明其货物已外销；第四，签订虚假的内贸合同；第五，开出虚假报关单，证明其货物"确已出口"；第六，炒买外汇；第七，进行外汇核销，开出虚假结汇单；第八，申请退税。

另外。何谓"其他欺骗手段"呢？根据前述司法解释第 2 条规定，它包括下列任何一种情形：1. 骗取出口货物退税资格的；2. 将未纳税或者免税货物作为已税货物出口的；3. 虽有货物出口，但虚构该出口货物的品名、数量、单价等要素，骗取未实际纳税部分出口退税款的；4. 以其他手段骗取出口退税款的。在司法实践中，此类手段主要表现为：通过以少报多或以低报高或以低税率产品假报高税率产品等方式虚报出口、重复申请退税、一货多用、骗取出口退税资格等。

总之，无论采取"假报出口"还是"其他欺骗手段"骗取出口退税款，都表明其行为必须具有欺骗性，即表现在行为人不符合申请出口退税条件，而采取虚构事实或隐瞒真相的手段使自己具备申请出口退税条件，因此，行为人所提供的表面情况与客观事实不一致。

在"骗取出口退税案"中，无业人员张×与 A 进出口公司经理李×双方商定由该进出口公司提供报关单证，申报退税，由张×负责假报出口，联系虚开增值税专用发票、专用税票及从境外调取美元结汇。之后，他们分别行动。最后，李×到税务机关申报退税得逞。由此可见，该案中他们采取"假报出口"的方式，骗取出口退税款。显然，其行为对国家出口退税管理的制度秩序以及公共财产的所有权（法益）构成侵害，具有法益的侵害性。

二、刑事违法性

如前所述，危害税收征管秩序的违法行为符合法益侵害性，但是，在司法领域认定是否成立犯罪，最终的关键是，判断行为是否具有刑事违法性。具有刑事违法性，必须同时具备四要件齐备性与无事由阻却性。当然，否定刑事违法性，只要否定其中任何一个（四要件齐备性或者无事由阻却性）即可。

（一）四要件齐备性

除了犯罪客体要件和犯罪客观要件外，还必须具备犯罪主体要件和犯罪主观要件。

1. 犯罪主体要件。骗取出口退税罪的行为主体是一般主体，既可以是自然人，也可以是单位，也不限于纳税人。在"骗取出口退税案"中，无业人员张×、A进出口公司及其经理李×、B服装公司及其会计王×以及朱×、赵×、刘×、辛×等都符合骗取出口退税罪的行为主体的条件。

2. 犯罪主观要件。有学者认为，本罪主观方面只能是故意，行为人明知自己的行为会骗取国家出口退税款，而故意实施该行为，其目的在于不法占有国家出口退税款。[①] 也有学者认为，本罪在主观上是直接故意，并具有骗取国家出口退税款的目的。[②] 我们认为，这两种观点强调主观要件为故意是值得肯定的，但没有区分共同犯罪与单独犯罪的情形。若认为其犯罪主观要件一概要有骗取国家出口退税款的目的，则不完全符合事实。实际上，对于骗取出口退税罪的单独犯罪而言，应当有骗取出口退税款的目的；而对于骗取出口退税罪的共同犯罪来说，其中主犯应有此种目的，而从犯则未必。

在"骗取出口退税案"中，无业人员张×与A进出口公司经理李×共同密谋骗取出口退税。虽然李×是该公司的经理，但是李×密谋骗取出口退税的行为，既没有获得该公司的明确授权，该公司又没有实际从中获利的意思表示或行为事实，所以，张×与A进出口公司之间没有形成共同犯罪故意，只是张×与李×私人之间存在共同故意。张×告诉B服装公司会计王×，只要王×愿意为A进出口公司开票，就可以得到该进出口公司的好处费。王×遂为该进出口公司虚开了两套增值税专用发票。尽管王×有获取好处费的意图而并无骗取出口退税款的目的，但是，他具有虚开增值税专用发票的意思，而且明知其帮助行为可能会发生骗取出口退税款结果而放任其发生。据此，张×与王×之间形成了共同故意（希望与放任并存的故意）。同样，王×的行为只是个人行为，并非代表B服装公司的单位意志。张×通过行贿税务人员赵×获得了该税务机关开具的专用税票，以及张×通过向海关人员刘×行贿而让刘×在《出口货物报关单（出口退税联）》上加盖海关验讫章。对明知其帮助行为可能会发生骗取出口退税款结果，赵×与刘×都是放任心态。因此，张×与他们之间也形成了（希望与放任并存的）共同故意。另外，朱×是在对骗取出口退税毫不知情的情况下，根据张×的意图将45万美元打入A进出口公司的账户。据此，朱×既不明知可能会发生骗取出口退税的结果，更谈不上由此希望或放任这种结果的发生。故而，张×与朱×之间没有形成骗取出口退税的共同故意。

通过以上分析可知，无业人员张×、A进出口公司经理李×、B服装公司

[①] 参见张明楷：《刑法学》（下），法律出版社1997年版，第661页。
[②] 参见高铭暄、马克昌主编：《刑法学》（第4版），北京大学出版社、高等教育出版社2010年版，第481页。

会计王×、税务人员赵×和海关人员刘×的共同行为，已经具备了上述四个要件，符合了四要件齐备性。而朱×的行为因主观条件不符合而不同时具备此处的四个要件。不过，朱×是否涉嫌非法经营罪，则另当别论。还要指出的是，张×的行贿行为还具备行贿罪的相关构成要件，王×虚开增值税专用发票的帮助行为还具备虚开增值税专用发票罪的相关构成要件，张×让王×虚开增值税专用发票的行为也具备虚开增值税专用发票罪的相关构成要件，赵×和刘×的行为除了具备受贿罪和上述帮助犯的相关构成要件外，还分别具备了徇私舞弊发售发票、抵扣税款罪和违法提供出口退税凭证罪的相关构成要件。对此内容可参阅后文的相关章节。

（二）无事由阻却性

虽然具有四要件齐备性，但是要成立骗取出口退税罪，还必须排除刑事违法性阻却事由。从刑法规定看，骗取出口退税罪不存在正当防卫、紧急避险和附条件不予追究刑事责任等阻却事由。此处的刑事违法性阻却事由，只剩下刑法典第13条但书的规定了，即"情节显著轻微危害不大"的情形。

因此，这里的无事由阻却性，就是要排除前述"但书"的情形。或者说，违法情节和客观危害，必须达到足够的程度。因为该罪在刑法上明定了"骗取国家出口退税款，数额较大的"既遂标准，所以，当具备这一条件时，显然就不存在"但书"中的"情节显著轻微危害不大的"特殊情形。此处"数额较大"，根据2001年的追诉标准以1万元为起点，但是，现行标准是2002年和2010年的相关解释中规定的以5万元为起点。因此，达到这一标准立即否决了其事由阻却性。即使是其未遂形态也应认为如此。据此，可以认定该危害行为具备了刑事违法性，成立骗取出口退税罪。

在"骗取出口退税案"中，无业人员张×、A进出口公司经理李×、B服装公司会计王×、税务人员赵×和海关人员刘×的共同行为，同时具有四要件齐备性与无事由阻却性，因此，其行为就具有了刑事违法性，可以认定他们成立骗取出口退税罪的共同犯罪。但是，张×、王×、赵×和刘×的有关行为，还触犯其他罪名。具体应如何认定，还有待下文讨论。

第三节 骗取出口退税罪的司法认定

本节先从规范刑法学的视角对定罪（罪与非罪、此罪与彼罪、共同犯罪、一罪与数罪）和量刑中的若干问题进行讨论，然后分别从经济学与（守法）

教育学两个视角进行司法检讨。

一、罪与非罪

出口企业违反外贸经营的正常程序,在"客商"或中间人自带客户、自带货源、自带汇票、自行报关和出口企业不见出口货物、不见供货货主、不见外商的情况下,经常进行所谓的"出口交易"业务。这通常被称为"四自三不见"业务。该种交易实际上并无真实存在的商品,其增值税发票均是伪造或虚假的。"四自三不见"业务不需要外贸企业寻找货源、寻找买主、回收货款,也不需要外贸企业垫付资金,却能在外贸企业的账面上显示创汇业绩,甚至还有一定的"利润"。当然,这种行为是违法的,国家对这类业务,通常采取检查和不予办理退(免)税的办法。

有些犯罪分子正是利用这种"四自三不见"来骗取出口退税,给国家造成了经济损失。对于与不法分子勾结骗取出口退税的企业,应以骗取出口退税罪追究其刑事责任。

然而,值得注意的是,一些有进出口经营权的公司、企业明知他人意图骗取国家出口退税款,但为了本企业的私利,仍积极和骗税分子从事"四自三不见"业务。① 对此应如何处理呢?这些企业通常用自己没有与犯罪分子勾结以骗取出口退税以及他们没有故意骗取出口退税来辩解。这种情况原来在法律上没有规定具体的处罚措施,有人认为这些企业虽然故意违反国家规定,但是并不追求国家经济损失的发生,也不希望犯罪分子真的骗取出口退税,因此,应以渎职犯罪论处。② 这只是当时的权宜之计,并不能有效地防止犯罪的发生。而且,许多单位并非国有企业或者国有单位,无法按照渎职犯罪处理。对此,应该注意,若不能查明这些单位或者企业主观上明知行为人要骗取出口退税,则只能推定其没有犯罪故意,或者仅有过失。这样就不能认定为本罪了。③ 但是,若能查明这些企业单位明知行为人要骗取出口退税而仍予以帮助的,则可以按照前述 2002 年关于骗取出口退税罪的司法解释第 6 条处理,即有进出口经营权的公司、企业,明知他人意欲骗取国家出口退税款,仍违反国家有关进出口经营的规定,允许他人自带客户、自带货源、自带汇票并自行报关,骗取国家出口退税款的,依照刑法典第 204 条第 1 款、第 211 条的规定定

---

① 参见黄晓亮、张春喜主编:《危害税收征管罪办案一本通》,中国长安出版社 2007 年版,第 99 页。
② 参见马克昌主编:《经济犯罪新论》,武汉大学出版社 1998 年版,第 444 页。
③ 参见黄晓亮、张春喜主编:《危害税收征管罪办案一本通》,中国长安出版社 2007 年版,第 99 页。

罪处罚。

二、此罪与彼罪

对于骗取出口退税罪与虚开增值税专用发票罪的界限，将在后一章述及。

（一）骗取出口退税罪与逃税罪的界限

两罪同属危害税收征管秩序的犯罪，但是在犯罪构成诸要件方面有着显著区别：

1. 在客观要件方面，骗取出口退税罪中的骗取出口退税是指行为人在商品的出口环节，采取假报出口或者其他欺骗手段，骗取国家的出口退税款。亦即，在商品出口环节，当行为人没有出口货物却采取假报出口或者其他欺骗手段骗取出口退税款的，构成骗取出口退税罪。然而，对纳税人有商品出口，而采取在数量上以少报多、在价格上以低报高等欺骗手段骗取出口退税款的，应当按照刑法典第204条第2款的规定区别处理：（1）对纳税人骗取税款未超过其所缴纳的税款的，若依照刑法典第201条构成犯罪的，则以逃税罪定罪处罚；（2）当纳税人骗取税款超过其缴纳税款的，对超过的部分，如果达到数额较大，就应以骗取出口退税罪论处，否则对该部分以无罪论。但是，对逃税罪而言，它通常表现为纳税人在商品的国内生产、销售环节，实施伪造、变造、隐匿、擅自销毁账簿、记账凭证，在账簿上多列支出或者不列、少列收入，拒不申报纳税或者进行虚假纳税申报等欺骗、隐瞒手段，逃避缴纳税款数额较大且占应纳税额10%以上的行为，或者表现为扣缴义务人采取欺骗、隐瞒手段，不缴或者少缴已扣、已收税款，数额较大的行为。即使前述先纳税后骗回的特殊逃税行为，也必须达到数额与比例的标准。

2. 在主体要件上，骗取出口退税罪的主体要件为一般主体，可由纳税人构成，也可由非纳税人构成。而逃税罪要求特殊主体，通常由纳税人、扣缴义务人（包括自然人和单位）构成，其他人只能成为其共犯。

3. 在主观要件方面，骗取出口退税罪与逃税罪同为故意犯罪，但两者涉及的犯罪目的不同。骗取出口退税罪行为人的目的，往往是（在未实际履行纳税义务的情况下）从国家的出口退税款中获取非法利益。而逃税罪行为人的目的，通常是（在有纳税义务的情况下）不缴或少缴税款、逃避纳税义务，或者（在有扣缴义务的情况下）不缴或少缴已扣已收税款、逃避扣缴义务。

（二）骗取出口退税罪与诈骗罪的界限

两罪有极大的相似性。骗取出口退税罪是一种应当受到刑事追究的诈骗行为,是采用虚构事实、隐瞒真相的手段,骗取国家出口退税款(一种公共财物)的行为。诈骗罪是以非法占有为目的,用虚构事实、隐瞒真相的手段,骗取公私财物,应当追究其刑事责任的行为。显然,欺骗性是两罪的共同本质。两罪有法条竞合关系,它体现在自然人犯罪方面,诈骗罪的犯罪构成包容了骗取出口退税罪的犯罪构成。对这种竞合情况,应按特别法优于普通法的原则,适用骗取出口退税罪的法条。

两罪的主要区别:1. 客体要件不同。骗取出口退税罪侵犯国家税收征管的制度秩序,还侵犯公共财产所有权;而诈骗罪侵犯的是公私财产所有权。2. 客观要件不同。骗取出口退税罪通常表现为单位或个人采用虚开增值税专用发票、搞假货物报关出口骗取货物出口报关单、内外勾结提供出口收汇单证等欺骗手段,非法使用虚假的出口退税凭证,在未纳税的情况下,从税务机关或出口企业骗取达到数额较大的出口退税款的行为。诈骗罪的行为人虽然利用虚构事实或者隐瞒事实真相的手段,但是并不利用各种与出口退税有关的犯罪手段。① 3. 主体要件不同。两罪主体都是一般主体,但是,骗取出口退税罪的主体要件大多是从事商品经营活动的自然人或者单位,有些经常从事出口业务活动;而诈骗罪的行为主体只能是自然人。

三、共同犯罪

骗取出口退税罪的共同犯罪包括纳税人与其他人实施的共同犯罪,也包括非纳税人实施的共同犯罪,其中包括个人与个人、单位与个人、单位与单位之间的共同犯罪类型。

根据前述有关骗取出口退税罪的司法解释第6条规定,有进出口经营权的公司、企业,明知他人意欲骗取国家出口退税款,仍违反国家有关进出口经营的规定,允许他人自带客户、自带货源、自带汇票并自行报关,骗取国家出口退税款的,应以骗取出口退税罪论处。这是有关出口退税罪共犯的规定。因此,有进出口经营权的公司、企业,明知他人意欲骗取国家出口退税款而提供便利条件的,应以骗取出口退税罪的共犯论处。

在"骗取出口退税案"中,无业人员张×、A进出口公司经理李×、B服装公司会计王×、税务人员赵×和海关人员刘×的共同行为,构成骗取出口退税罪的共同犯罪。其中张×、李×起主要作用,是主犯。王×虚开增值税专用

---

① 参见曾明生编著:《经济刑法一本通》,载小白马法律博客网站,http://lawlife1.fyfz.cn/b/223721,访问日期:2012年9月20日。

发票、赵×开具专用税票和刘×加盖海关验讫章的行为，都属于帮助行为，他们是帮助犯。如前所言，A进出口公司、B服装公司与张×没有形成犯罪意思联络，不成立共同犯罪。

四、一罪与数罪

根据刑法典第204条的规定，骗取出口退税罪，通常是在没有缴纳税款的情况下骗取出口退税后成立的。纳税人缴纳税款后，采取假报出口等欺骗方法，骗取已缴税款的，可能成立逃税罪。对于先纳税后骗退税款，超过缴纳税款的部分，已达到数额较大以上的，则应认定为骗取出口退税罪；与此同时，若骗退的已缴税款已达到逃税罪的标准，则是否应对之实行逃税罪和骗取出口退税罪两罪并罚呢？

对此，学界有不同看法。有人认为，行为人同时触犯两种罪名（即骗税数额超过所缴数额且较大的），应按逃税罪与骗取出口退税罪并罚。并认为，此时不会发生过重处理被告人情况，因为从量刑上比较，逃税罪较骗取出口退税罪要轻得多。[①] 也有人认为，若行为人数次骗取出口退税，累计的数额超过其所纳税额，则对超过部分以骗取出口退税罪论与逃税罪实行并罚，理论上还是可以解释通的，但是若行为人实施一个行为，则对其实行数罪并罚是违背刑法罪数理论的。[②] 又有人认为，应从三方面考虑：一是看是否缴纳税款。若没有缴纳税款而骗税的，则只能以骗取出口退税罪论处。二是看骗取税款是否超过所缴纳的税款部分。若超过部分达到"数额较大"的要求，则按骗取出口退税罪一罪从重处罚。三是看所退税的税种。出口退税是指在国内已征的产品税、增值税、营业税、特别消费税这四种税予以退回。凡要求退这些税款的，都可以逃税罪或骗取出口退税罪论处；若要求退回的不是这些税款，则只能是骗取出口退税罪，因为其他税种的税款，纳税人根本没有缴纳（否则申报退回时即露出马脚而无法得逞），所以就不存在退的问题。[③] 还有人认为，这种情况属于想象竞合犯，应择一重罪处断。[④] 因为：其一，从形式上来讲，上述情况符合想象竞合犯的特征。行为的单数性、触犯罪名的复数性，这正是想象

[①] 参见王松苗、文向民主编：《新刑法与税收犯罪》，西苑出版社1998年版，第142页；另见高西江主编：《中华人民共和国刑法的修订与适用》，中国方正出版社1997年版，第486页。

[②] 参见张旭主编：《涉税犯罪的认定处理及案例分析》，中国人民公安大学出版社1999年版，第162页。

[③] 参见王松苗、文向民主编：《新刑法与税收犯罪》，西苑出版社1999年版，第142页。

[④] 参见高铭暄、马克昌主编：《刑法学》，北京大学出版社、高等教育出版社2000年版，第444页。

竞合犯的特征。当然，从根本上讲，这种情况属于想象竞合犯，完全是立法规定使然，并不与想象竞合犯的实质相符合。对于想象竞合犯，一个行为通常是作为整体来看待，即触犯此罪，亦触犯彼罪，而非像上述情况，是将一个行为分成两个部分来评价，分别触犯不同罪名的。其二，进行数罪并罚违背罪数理论。我国刑法学界，在罪数理论上虽然仍有较大争论，但基本在以下几点达成共识：一是数行为可以构成数罪，按数罪并罚处理或按一罪从重处罚；二是数行为可以构成一罪，按一罪处理；三是一行为可以构成一罪，按一罪处理；四是一行为可以触犯数罪，按一罪处理或从重处理。但是，决不可能一行为构成数罪而按数罪进行并罚。之所以不能如此，是因为这样必然存在重复评价，导致刑罚畸重畸轻而不公。另外，还增加司法成本，将简单问题复杂化，混淆理论界限。其三，第三种观点的第三种处理情况可能是出于对我国出口退税制度的误解。我国出口退税的税种范围仅限于增值税和消费税，没有营业税。产品税，现称流转税，它是增值税、营业税和消费税的总称，不存在单独的产品税。另外，在我国，增值税和营业税互相排斥，若征增值税，就不征营业税，二者不共征。货物的销售一律征收的是增值税，所以，出口退税退的不可能是营业税，国家税收法规也没有规定退营业税。[①]

　　上述观点各有其理，相对而言，第四种观点更为深刻。然而，我们认为，对此应区分情况处理：1. 先纳税后骗退的行为人，数次骗取出口退税，累计的数额超过其所纳税额，而且，行为人明知超过其所纳税额后，又继续实施骗取数额较大以上的国家出口退税款行为的，若骗退的已缴税款已达到逃税罪的数额和比例标准，则应对其实行逃税罪与骗取出口退税罪并罚。因为这不违背本章第一节述及的禁止分割评价原则，既贯彻了罪刑法定原则，也实现了罪责刑相当原则。2. 先纳税后骗退的行为人，数次骗取出口退税，累计的数额超过其所纳税额，而且，必须累计到最后一次的数额才超过其所纳税额，同时超过的部分又达到数额较大以上的，即使骗退的已缴税款已达到逃税罪的标准，也应当认为这种情况属于想象竞合犯，应择一重罪即骗取出口退税罪处断。否则，违背前述禁止分割评价原则。3. 先纳税后骗退的行为人，仅一次骗取出口退税，数额超过其所纳税额，同时超过的部分又达到数额较大以上的，即使骗退的已缴税款已达到逃税罪的标准，也应当认为这种情况属于想象竞合犯，应择一重罪处断。否则，也有违禁止分割评价原则。

　　另外，值得指出的是，骗取出口退税罪是并发罪，它的实施完成必然需要或引发其他违法犯罪活动。前已述及，申请出口退税需要一系列的票据，这些

---

① 参见周洪波：《税收犯罪研究》，中国人民大学博士学位论文，2001年，第129页。

票据的正常获得牵涉到三家企业（外贸出口企业、外国企业和生产企业）与三家机构（税务机关、海关和银行）。犯罪人为获得这些票据要实施一系列犯罪活动，这有可能涉及虚开增值税专用发票、用于骗取出口退税、抵扣税款发票罪，伪造增值税专用发票罪，非法购买增值税专用发票、购买伪造的增值税专用发票罪，伪造、变造、买卖国家机关公文、证件、印章罪，伪造公司、企业事业单位、人民团体印章罪，非法经营罪，行贿罪等。[①] 这些犯罪行为与骗取出口退税行为之间存在方法（手段）与目的的牵连关系，行为人主观上也有牵连意图，因此构成牵连犯。依据前述有关骗取出口退税罪的司法解释第10条规定，实施骗取出口退税犯罪，同时构成其他犯罪的，依照刑法处罚较重的规定定罪处罚。我们认为，对于牵连犯，在法无明文规定时，应择一重处。当然，若行为人为实施骗取出口退税而实施上述行为但没来得及申请退税就被抓获的，则不构成上述犯罪与骗取出口退税罪的牵连犯，而是上述犯罪与骗取出口退税罪（预备犯）的想象竞合，对此应从一重处罚。

在"骗取出口退税案"中，张×是牵连犯，构成行贿罪、虚开增值税专用发票罪和骗取出口退税罪，应当择一重处。王×是想象竞合犯，同时触犯虚开增值税专用发票罪和骗取出口退税罪，应当择一重处。赵×是想象竞合犯，同时触犯受贿罪、骗取出口退税罪和徇私舞弊发售发票、抵扣税款罪，应当择一重处。刘×也是想象竞合犯，同时触犯受贿罪、骗取出口退税罪和违法提供出口退税凭证罪，应当择一重处。

五、骗取出口退税罪的量刑

（一）骗取出口退税罪法定刑幅度的确定

根据我国刑法典第204条的规定，骗取出口退税罪的法定刑幅度有三个：一是"处5年以下有期徒刑或者拘役，并处骗取税款1倍以上5倍以下罚金"；二是"处5年以上10年以下有期徒刑，并处骗取税款1倍以上5倍以下罚金"；三是"处10年以上有期徒刑或者无期徒刑，并处骗取税款1倍以上5倍以下罚金或者没收财产"。

适用第一量刑档的条件是具备此罪的基本处罚事由，即："以假报出口或者其他欺骗手段，骗取国家出口退税款，数额较大"。对此适用条件的具体分析，在前节已述。适用第二量刑档的条件是具备此罪的加重处罚事由，即：

---

① 参见周洪波：《税收犯罪研究》，中国人民大学博士学位论文，2001年，第130页。

"数额巨大或者有其他严重情节"。根据前述2002年有关骗取出口退税罪的司法解释第3条的规定，数额巨大是指50万元以上。根据该司法解释第4条规定，其他严重情节是指具有下列情形之一的：（1）造成国家税款损失30万元以上并且在第一审判决宣告前无法追回的；（2）因骗取国家出口退税行为受过行政处罚，两年内又骗取国家出口退税款数额在30万元以上的；（3）情节严重的其他情形。另外，适用第三量刑档的条件是具备此罪的特别加重处罚事由，即："数额特别巨大或者有其他特别严重情节"。根据该司法解释第3条规定，数额特别巨大是指数额在250万元以上。根据该司法解释第5条规定，其他特别严重情节是指具有下列情形之一的：（1）造成国家税款损失150万元以上并且在第一审判决宣告前无法追回的；（2）因骗取国家出口退税行为受过行政处罚，两年内又骗取出口退税款数额在150万元以上的；（3）情节特别严重的其他情形。

（二）量刑情节的综合考量

应当根据刑法典第61条至第64条的量刑规定，对犯罪的事实、犯罪的性质、情节和对于社会的危害程度进行考量，依照本法的有关规定判处，等等。其中除了要注意前述三种处罚事由外，还要注意以下两种事由：

1. 从重处罚事由。根据该司法解释第8条规定，国家工作人员参与实施骗取出口退税犯罪活动的，依照刑法典第204条第1款的规定从重处罚。这是此罪的从重处罚事由。

2. 减轻处罚事由。其中包括骗取出口退税罪未遂的规定等。根据刑法典第204条的规定，骗取出口退税罪的实行行为是骗取出口退税款行为。该罪的"着手"，是行为人已经开始持有虚假单据向税务机关申请出口退税，亦即，已经开始实施申请出口退税行为，其前期行为（伪造、骗取各种单据行为）都属于预备行为。因此，骗取出口退税罪未遂的成立需要具备三个条件：（1）行为人已经开始持有虚假单据向税务机关申请出口退税。（2）行为人没有骗取到数额较大的出口退税款。（3）没有骗取到数额较大的出口退税款是出于行为人意志之外的原因。依据该司法解释第7条规定，实施骗取国家出口退税行为，没有实际取得出口退税款的，可以比照既遂犯从轻或者减轻处罚。对此，必须注意的是，《税收征收管理法》第66条第1款规定，"以假报出口或者其他欺骗手段，骗取国家出口退税款的，由税务机关追缴其骗取的退税款，并处骗取税款1倍以上5倍以下的罚款；构成犯罪的，依法追究刑事责任"。不难发现，这里的刑事处罚与行政处罚规定在衔接上发生了冲突。既然实施骗取国家出口退税行为，没有实际取得出口退税款的，已经构成犯罪，就不存在骗取出口退税款的以无罪论而处以行政处罚的余地了。若认为该税收法规与刑法条文中的"数额较大"相衔接，则忽视了刑法中的未完成形态问题。另外，前述骗取出口退税款"数额较大"，根据2002年和2010年的相关解释以5万元为起点，那么，若仅以行政处罚处理骗取出口退税款不足5万元的行为，则显然会导致与诈骗罪的罪刑失衡问题。因为2011年司法解释已把诈骗罪"数额较大"界定为以诈骗公私财物价值3千元至1万元以上的标准。据此，有必要修改税收法规，使之与刑法和司法解释相衔接。

（三）单位犯的双罚制

根据刑法典第211条的规定，单位犯此罪的，对单位判处罚金，并对其直接负责的主管人员和其他直接责任人员，依照上述规定处罚。另外，根据刑法典第212条的规定，执行罚金前，应当由税务机关追缴骗取的出口退税款。

六、司法检讨：经济学与（守法）教育学视角

（一）经济学视角

运用经济学的理论来考量骗取出口退税罪的司法问题，此处关注的仍然是其定罪量刑中的供求平衡问题，以及重视以尽可能小的司法成本投入，争取尽可能大的司法收益（或者产出），也由此考虑通过合理地惩治骗取出口退税犯罪来促进经济的发展。

由于起初对骗取出口退税行为以当时的偷税罪论处，难以适应骗取出口退税犯罪变化的情况，因此，1992年全国人大常委会通过了一个单行刑法，其中规定了骗取出口退税罪既遂犯起刑点的具体数额标准，由此无须司法解释对其继续阐释与说明。这样已经实现了定罪量刑中的一个相对的平衡。随着1997年刑法典对前述单行刑法中关于骗取出口退税罪规定的修改，对于其中"骗取国家出口退税款，数额较大"、"数额巨大或者有其他严重情节"、"数额特别巨大或者有其他特别严重情节"三个梯级罪状，有必要进行司法解释。2001年有关追诉标准的司法解释和2002年有关该罪的司法解释，正是发挥了这一作用。这里需要指出的是，2001年的司法解释将其既遂犯最低追诉标准规定为1万元。然而，2002年的司法解释对此进行了修改，将之提高到5万元。尽管如此修改的时间间隔极短，没有较好地节约制定解释时的司法成本，但是，从另一角度看，随着经济社会发展，提高该罪的追诉标准，是为了集中司法力量打击此类犯罪，也是节约司法资源的重要途径。通过两相折抵总体上还能有所节约。另外，2010年有关追诉标准的司法解释，对2002年司法解释中骗取出口退税数额较大的起点为5万元的标准予以确认。因为这两个解释不

是替代性的内容，所以，从这点上说有重复浪费司法制作资源之嫌。鉴于从2010年追诉标准的解释是为了替代2001年的相关标准，以及为了维护该解释的完整性这两个意义上讲，它又是值得的。只是并非最为经济而已。

最后，还要考虑通过合理地惩治骗取出口退税犯罪来促进经济的发展。对于前述"骗取出口退税案"而言，既要依法惩处骗取出口退税犯罪及其责任人员，又要尽量使企业走向健康的发展道路，由此更有利于经济的发展。该案中对A进出口公司、B服装公司不以犯罪论处是妥当的。

（二）（守法）教育学视角

1. 定罪方面。骗取出口退税罪定罪中的惩教机制也包括定罪与否的惩教机制、此罪而非彼罪的惩教机制、确定罪数的惩教机制。如第六章所述，三者的结构要素在教育者、受教者、目的与教育环节上通常相同，在教育内容与教育方式上略有差异。这里也着重探讨骗取出口退税罪定罪与否的惩教机制。守法的教育环节、教育者、教育对象和教育目的方面，与其他税收犯罪的同类结构要素大致相同，而主要不同之处，在于教育方式和教育内容上。

骗取出口退税罪在立法上犯罪圈设计的优劣问题，必然导致定罪与否惩教结构的相应问题。前已述及，骗取数额较大的国家出口退税款是该罪既遂的标准。但是，其未遂犯是不需要达到此一较大标准的。问题是，这会导致前述刑事处罚与行政处罚规定在衔接上的冲突问题。如前所述，有必要修改税收法规，使之与刑法和司法解释相衔接。借助这种教育方式，可以传达"税收法不可违、骗取出口退税罪不可犯"、保护合法以及因罪受罚或无罪不罚等教育内容。并且在优化设计其立法犯罪圈的同时，又可能会完善骗取出口退税罪裁判规范中关于定罪与否的内容。也由此通过司法进一步达到惩罚犯罪、因果报应、教育行为人和其他人或者预防犯罪等目的。

同前，每一个涉嫌骗取出口退税罪的案件，也会涉及上述定罪与否惩教机制的几个结构要素问题。

还要指出，司法解释中也有骗取出口退税罪定罪与否的规定。这类规定是提供给司法人员具体运用法律的依据，它们既是司法人员忠诚型自我教育的内容，又是说服教育行为人服判的依据和内容。譬如，上述司法解释的追诉标准的调整幅度，应与其他经济犯罪的标准相协调，使骗取出口退税罪的追诉标准更加完善。

另外，在骗取出口退税罪定罪的惩教机能上，也受到前述结构要素的影响。1979年刑法典没有明定对骗取出口退税行为进行刑事处理，然而在实践中，一些情节严重的骗取出口退税行为被作为当时的偷税罪加以打击。这似乎强化了其威慑型教育机能。实际上，如前所述，1985年以后，一些不法分子利用优惠政策大肆骗取国家出口退税,导致了退税增长大大地超过出口增长的局面,造成国家财政收入大量流失,并使得有些合法经营的出口单位应该退税却得不到及时退还。这表明其威慑型教育机能和鼓励民众对法律忠诚型的教育机能较弱。随着1992年全国人大常委会补充规定以及1997年刑法典的颁行,试图强化骗取出口退税罪规定的威慑型教育机能和法律忠诚型教育机能。然而,实际效果也不够理想。据统计,2000年由出口骗税案造成的国家税收损失可能达300亿元人民币以上。[1] 多年来,骗取出口退税屡禁不止,在许多地方已成为公开的秘密。当前骗取出口退税罪的惩教机制仍需进一步改进,通过完善一切有关定罪的立法规定以及完善前述结构要素,在坚持罪刑法定原则以及保持适度的威慑型教育机能的基础上,推进骗取出口退税罪定罪机制的发展,使保护社会的积极机能与保障人权的积极机能最大化,以进一步提升忠诚型教育的积极机能。

2. 量刑方面。骗取出口退税罪量刑中的惩教机制,包括司法解释涉及骗取出口退税罪量刑的惩教机制与骗取出口退税罪个案司法中量刑的惩教机制。在司法解释涉及该罪量刑的惩教结构上,教育环节、教育者、教育对象、教育目的与该罪定罪机制中的要素相同。这里,在教育方式上,它主要表现为司法机关的"解释"等表现形式以及刑种、刑量等。其中涉及的教育内容,主要表现为,2002年有关骗取出口退税罪司法解释中第3条至第9条涉及的量刑规范,以及相关刑法法条的量刑规范等。而且,对于该司法解释第4条中规定的"情节严重的其他情形",以及第5条中规定的"情节特别严重的其他情形"等内容,还要适当地进一步加以明确等。这些特殊规范主要是作为指导司法人员具体运用法律正确量刑的依据,是司法人员忠诚型自我教育的内容,又是说服行为人服从判决以及教育他人守法的依据。

另外,司法解释涉及骗取出口退税罪定罪量刑的惩教机能受制于前述各种结构要素,其机能值得加强,至少应当通过改进教育内容与教育方式,来提高这一特殊机制的忠诚型教育效果。

此外,还要注意,骗取出口退税罪个案司法中的惩教机制问题。比如,就前述"骗取出口退税案"的判决结果而言,其中对张×处罚最重,李×次之,因为他们是主犯,而且,张×是牵连犯,应当择一重处。王×是从犯,想像竞合犯,应当择一重处。赵×和刘×都是从犯,想像竞合犯,应当择一重处。判决宣判后,被告人均没有提出上诉。这至少表明判决结果基本上获得犯罪人的认可。这可能有利于实现罪犯矫治型的教育机能。但是也要注意,该法院判决

---

[1] 参见正国明:《揭开骗取出口退税黑幕》,载《中国工商报》2001年5月19日第3版。

理由的局限性，它难以令人完全信服。这必然影响其教育效果。而且，境外不法分子辛×案发后在逃，这使法律的威慑型教育机能、忠诚型教育机能甚至矫治型教育机能受损。

总之，无论是骗取出口退税罪司法解释中的惩教机制，还是骗取出口退税罪个案司法中的惩教机制，可能都值得进一步完善。

附录：相关法律、法规、规章及司法解释索引

1.1992 年 9 月 4 日《全国人民代表大会常务委员会关于惩治偷税、抗税犯罪的补充规定》第 5 条；

2.1997 年刑法典第 204 条、第 211 条；

3.《税收征收管理法》（1992 年 9 月 4 日第七届全国人民代表大会常务委员会第二十七次会议通过　根据 1995 年 2 月 28 日第八届全国人民代表大会常务委员会第十二次会议《关于修改〈中华人民共和国税收征收管理法〉的决定》修正　2001 年 4 月 28 日第九届全国人民代表大会常务委员会第二十一次会议修订　自 2001 年 5 月 1 日起施行）第 66 条、第 77 条、第 80 条；

4.《税收征收管理法实施细则》（2002 年 9 月 7 日国务院令第 362 号公布　根据 2012 年 11 月 9 日国务院令第 628 号公布《国务院关于修改和废止部分行政法规的决定》修正　自 2013 年 1 月 1 日起施行）第 43 条等；

5.《发票管理办法》（1993 年 12 月 12 日国务院批准、1993 年 12 月 23 日财政部令第 6 号发布　根据 2010 年 12 月 20 日《国务院关于修改〈中华人民共和国发票管理办法〉的决定》修订　自 2011 年 2 月 1 日起施行）第 41 条等；

6.2001 年 4 月 18 日《最高人民检察院、公安部关于经济犯罪案件追诉标准的规定》第 52 条；

7.2002 年 9 月 17 日《最高人民法院关于审理骗取出口退税刑事案件具体应用法律若干问题的解释》（自 2002 年 9 月 23 日起施行）第 1 条至第 9 条；

8.2010 年 5 月 7 日《最高人民检察院、公安部关于公安机关管辖的刑事案件立案追诉标准的规定（二）》第 60 条。

第十章 虚开增值税专用发票、用于骗取出口退税、抵扣税款发票罪

案例概要

2008年1月8日,王××注册成立以其一人为股东的新客派公司,王××系法定代表人。2008年9月23日、10月28日,王××以支付开票费的方式,通过他人让A投资有限公司职员先后为新客派公司虚开增值税专用发票各一份,价税合计分别为人民币(以下币种均为人民币)221000元、350000元,其中税款分别为32111.11元、50854.70元,并分别于开票当月向税务局申报抵扣,骗取税款共计82965.81元。2010年3月15日,王××被传唤到案。案发后,被骗税款已全部追缴。一审法院认为,新客派公司让他人为自己虚开增值税专用发票,致使国家税款被骗82000余元,王××系直接负责的主管人员,其与单位均构成虚开增值税专用发票罪,应予处罚,公诉机关指控的罪名成立。鉴于新客派公司、王××自愿认罪,并已退回了全部税款,可以酌情从轻处罚。一审判决新客派公司犯虚开增值税专用发票罪,判处罚金3万元;王××犯虚开增值税专用发票罪,判处有期徒刑1年,缓刑1年。一审判决后,新客派公司、王××没有上诉,检察机关亦没有抗诉,判决已经发生法律效力。①

【1. 说明:此案经过各个诉讼环节,其中相关程序分析,可参阅总论部分的有关内容以及本书后附录中的刑事诉讼法。2. 思考:裁判公正吗?为什么?】

---

① 此案例原载《刑事审判参考》2011年第5集(总第82集)。

第一节 虚开增值税专用发票、用于骗取出口退税、抵扣税款发票罪的立法沿革及检讨

虚开增值税专用发票、用于骗取出口退税、抵扣税款发票罪是指违反专用发票管理规定，为他人虚开、为自己虚开、让他人为自己虚开、介绍他人虚开增值税专用发票或者用于骗取出口退税、抵扣税款发票的刑事违法行为。这里，首先对我国刑法中此罪的立法规定进行简要介绍，然后从经济学与（守法）教育学视角对其加以检视与讨论。

一、1997年刑法典生效前虚开增值税专用发票、用于骗取出口退税、抵扣税款发票罪的立法规定

我国从1979年开始试点采用增值税，1994年全面推行，建立了以增值税为主体的流转税制度。国家税务总局曾经在1993年12月30日发布了《增值税专用发票使用管理规定（试行）》，其中第2条规定了一般纳税人不得领购使用专用发票的几种情形，其中包括禁止买取其他单位的专用发票，禁止使用其他人的专用发票，禁止向其他单位提供专用发票等。而且，在1994年以前，虽然有人为了逃避缴纳增值税而伪造发票或税票，但数量少，问题并不突出，一般以原来的偷税罪或伪造税票罪论处。对于实践中出现的为他人虚开、代开专用发票的犯罪行为，依据1994年6月3日"两高"颁布的《关于办理伪造、倒卖、盗窃发票刑事案件适用法律的规定》第2条的规定，按照1979年刑法典中的投机倒把罪处理，其中尚未涉及让他人为自己虚开、介绍他人虚开专用发票的行为。

为了保障国家税收的顺利征收，惩治虚开、伪造和非法出售增值税专用发票和其他发票进行偷、骗税等犯罪活动，1995年10月30日全国人民代表大会常务委员会颁行了一个关于惩治虚开、伪造和非法出售增值税专用发票的单行刑法，以惩治增值税专用发票犯罪。其中第1条第1款规定，"虚开增值税专用发票的，处3年以下有期徒刑或者拘役，并处2万元以上20万元以下罚金；虚开的税款数额较大或者有其他严重情节的，处3年以上10年以下有期徒刑，并处5万元以上50万元以下罚金；虚开的税款数额巨大或者有其他特别严重情节的，处10年以上有期徒刑或者无期徒刑，并处没收财产"。该条第2款规定，"有前款行为骗取国家税款，数额特别巨大、情节特别严重、

给国家利益造成特别重大损失的，处无期徒刑或者死刑，并处没收财产"。该条第3款规定，"虚开增值税专用发票的犯罪集团的首要分子，分别依照前两款的规定从重处罚"。该条第4款规定，"虚开增值税专用发票是指有为他人虚开、为自己虚开、让他人为自己虚开、介绍他人虚开增值税专用发票行为之一的"。第5条第1款规定，"虚开用于骗取出口退税、抵扣税款的其他发票的，依照本决定第1条的规定处罚"。该条第2款规定，"虚开用于骗取出口退税、抵扣税款的其他发票是指有为他人虚开、为自己虚开、让他人为自己虚开、介绍他人虚开用于骗取出口退税、抵扣税款的其他发票行为之一的"。而且，第10条对单位犯罪的责任人员作出了依照相关法条追究其刑事责任的规定。应当说，该立法规定具有积极意义，但是其中也存在缺憾。比如，其中第1条第1款中三档财产刑之间不协调。

二、现行刑法中虚开增值税专用发票、用于骗取出口退税、抵扣税款发票罪的立法规定

为了加大对发票犯罪的打击力度，纠正前述单行刑法有关法条中存在的问题，强化立法的科学性，1997年全面修订刑法典时，立法者对虚开增值税专用发票、用于骗取出口退税、抵扣税款发票罪的规定作了重大修改，并且将之作为第205条加以规定。其中主要变动体现在：1.删去了"虚开增值税专用发票的犯罪集团的首要分子，分别依照前两款的规定从重处罚"的规定。2.将"虚开增值税专用发票罪"（前述单行刑法第1条）和"虚开专用发票罪"（前述单行刑法第5条）两罪合并规定为一罪。3.对"虚开税款数额巨大或者有其他特别严重情节"的犯罪行为，补充规定了"并处5万元以上50万元以下罚金"。4.对单位的主管人员和其他直接责任人员规定了略轻的法定刑。对他们不能适用"无期徒刑或者死刑，并处没收财产"这一法定刑幅度，也不适用罚金刑。这是一个选择性罪名，根据其具体对象分别以虚开增值税专用发票罪和虚开用于骗取出口退税、抵扣税款发票罪论罪。[①] 据此可见，刑法典打击的是虚开专用发票的行为，即行为人开具与实际经营状况不符的专用发票，危害国家发票管理秩序。至于行为人是否谋取非法经济利益，具体犯罪目的如何，通常不影响其犯罪认定。

为了进一步严格控制死刑的立法和适用，根据2011年《刑法修正案（八）》第32条的规定，立法者删去了刑法典第205条第2款。这样，本罪的

[①] 参见马克昌主编：《经济犯罪新论》，武汉大学出版社1998年版，第447页。

最高法定刑被改为无期徒刑。

需要指出的是，刑法典第205条第1款第一处刑档中"并处2万元以上20万元以下罚金"与《发票管理办法》第37条中"并处5万元以上50万元以下的罚款"的处罚规定不协调，又与其同条款的另两个处刑档中的罚金刑不衔接、不统一。另外，其中单位犯的责任人员的处罚中没有"并处罚金"的规定，这与虚开发票罪（刑法典第205条之一）的处罚规定不协调。

三、立法检讨：经济学与（守法）教育学视角

（一）经济学视角

从我国虚开增值税专用发票、用于骗取出口退税、抵扣税款发票罪的立法史看，其立法经历了一个由无到有、由适用口袋罪或类推到遵循罪刑法定原则的过程，由罪刑失衡到强调罪刑均衡和刑罚人道的过程，它也是一个立法上不断追求和实现供求平衡的过程。如前所述，为了满足惩治专用发票犯罪的现实需求，1995年单行刑法对虚开增值税专用发票、用于骗取出口退税、抵扣税款发票犯罪作出规定，由此实现一个相对的供求平衡。后来，在1997年全面修订刑法典时，这种平衡在作了一些调整后，基本保持了下来。不久前，《刑法修正案（八）》又对之作了微调。

另外，我国有关此罪的立法史，应当也是一个不断追求以尽可能小的立法成本获取尽可能大的立法收益的过程。在立法方式上，同本书第六章所述。在立法内容上，起初对一些发票犯罪以当时的偷税罪或伪造税票罪、投机倒把罪论处，这与当时立法滞后和刑法中有类推规定的具体情况有关。此类立法成本较低，虽然在一定程度上有利于惩处发票犯罪行为，但是，因为刑罚过轻等缘故而使立法收益打折。后来，1995年有关单行刑法较为明确地规定了虚开增值税专用发票、用于骗取出口退税、抵扣税款发票的犯罪条文，这虽然增加了立法成本，但是也增加了一定的社会收益。比如，它为司法实践提供了较为明确的适用依据以及增强了刑罚的威慑力。然而，1997年刑法典对之又作出较大修正，立法成本增加，刑量成本有增有减，也因此增添了立法收益，加大了对罪刑均衡原则的贯彻落实力度，使之与惩处犯罪的需要逐渐相适应。鉴于这种修改时间间隔较短，因此，原来的立法成本并没有使其本来的立法收益发挥到极致。还有，《刑法修正案（八）》废除此罪死刑，又降低了刑量成本，但是立法收益有所增加，也有所减少。增加的立法收益是体现了刑罚的人道性和进步性，减少的立法收益是一定程度上削弱了刑罚的威慑力。

（二）（守法）教育学视角

虚开增值税专用发票、用于骗取出口退税、抵扣税款发票罪与其他税收犯罪在立法中的惩教结构六大组成要素上，教育环节、教育者、教育对象、教育目的通常相同。不同的主要是其教育内容和教育方式。

此罪立法中的惩教结构之教育内容：一是此罪立法中的行为规范（"禁止虚开增值税专用发票、用于骗取出口退税、抵扣税款发票的犯罪"）；二是此罪立法中的裁判规范和执行规范，这是对司法人员忠诚型守法教育的内容，也是对一般人的威慑型守法教育和忠诚型守法教育的内容，又是对罪犯的矫治型守法教育的内容。[①] 其主要表现为：前述1995年相关单行刑法中第1条、第5条、第10条的规定，以及1997年刑法典第205条、第212条等。法条内容较以前更为完善，条款明确，操作性较强。此外，还有税收法规的相关内容。

在此罪立法中的教育方式上，采用可能性的惩罚后果（无期徒刑、有期徒刑、拘役、罚金或者没收财产等）相威慑的方式，或者说，以"犯……罪，处……刑"的方式，表达"禁止犯罪"的内容。在立法犯罪圈方面，我国一度随着犯罪形势的变化使其打击范围加大，起初对一些发票犯罪以当时的偷税罪或伪造税票罪、投机倒把罪论处，依据1994年"两高"颁布的司法解释，其中尚未涉及让他人为自己虚开、介绍他人虚开专用发票的犯罪行为。但是从1995年颁行的相关单行刑法开始，立法者已经将其明确纳入犯罪规制之中。在法定刑上，如前所述，立法几经修改逐渐趋于罪刑均衡。另外，前已述及，现行刑法仍然有待进一步完善。这里需要特别指出，此罪三档刑罚的衔接适用以及刑罚与行政处罚的衔接问题。依据此罪现行法条第1款的三个刑罚幅度规定和《发票管理办法》第37条的规定，对虚开发票的最重行政处罚为没收违法所得，并处50万元罚款；第一处刑档从轻处罚可判处"拘役，并处2万元罚金"，第一处刑档从重处罚可"处3年有期徒刑，并处20万元罚金"；第二处刑档从轻处罚可判处"3年有期徒刑，并处5万元罚金"，第二处刑档从重处罚可"处10年有期徒刑，并处50万元罚金"；第三处刑档从轻处罚可判处"10年有期徒刑，并处5万元罚金"，第三处刑档从重处罚可处"无期徒刑，并处没收财产"。由此可见，其中罚款（行政处罚）与罚金（刑罚）的衔接上，刑罚中第一档与第二档以及第二档与第三档的罚金衔接上，均不协调。这表明，其中自由刑上各等级轻重还能相协调，而其中财产罚上则不然。为了尽量避免处罚失衡，建议立法最好采用倍比罚金制，退其次，可考虑将行政处罚

[①] 参见曾明生：《动态刑法的惩教机制研究——刑事守法教育学引论》，中国政法大学出版社2011年版，第24—26、45—46、129页。

中的最重罚款幅度改为"并处5万元以上10万元以下的罚款",同时把三档财产刑依次改为"并处10万元以上20万元以下的罚金"、"并处20万元以上50万元以下的罚金"、"并处50万元以上100万元以下的罚金或者没收财产"。而且,还要建议对该条第2款中单位犯的责任人员的处罚增设"并处罚金"的规定,以使其与虚开发票罪的处罚规定相协调。如此更有利于惩治犯罪以及约束和教育司法人员遵守罪刑法定原则和罪刑均衡原则。

上述结构要素的发展变化,已经影响或将影响此罪立法中的惩教机能。在前述1995年有关单行刑法颁行之前,1979年刑法典中没有增值税专用发票犯罪的明确规定,因此,曾经仅靠口袋罪或类推制度来处理。这种打击的威慑型教育机能似乎较强,但是,因其法定刑较轻,使其威慑力仍有不足,而且鼓励民众对法律忠诚型的教育机能较弱。后来,随着相关单行刑法以及刑法的几次大小修订,通过明确法条内容的方式来实现有法可依,并使其打击范围加大,也使罪刑逐渐趋于均衡、刑罚走向人道。这样,有利于在适当强调其威慑型教育机能的基础上,增强其法律忠诚型教育机能。诚然,当前这种惩教机制仍需进一步改进。通过完善前述结构要素,推进其立法中的惩教机制的发展,进一步提升忠诚型教育的积极机能。

第二节 虚开增值税专用发票、用于骗取出口退税、抵扣税款发票罪的成立要件

我国刑法传统理论通常从(客体、客观方面、主体、主观方面)四要件构成特征,来分析虚开增值税专用发票、用于骗取出口退税、抵扣税款发票罪。[1] 也有学者只从客观构成要件和主观构成要件两方面加以分析。[2] 还有学者从罪体、罪责和罪量方面来探讨。[3] 这些均有一定的合理性。然而,我们认为,是否成立虚开增值税专用发票、用于骗取出口退税、抵扣税款发票罪,可先考察其行为是否具备法益侵害性,若具备法益侵害性,则进一步分析其行为是否具备刑事违法性。[4] 以下将结合前述案例概要进行分析。

---

[1] 参见高铭暄、马克昌主编:《刑法学》(第4版),北京大学出版社、高等教育出版社2010年版,第483—484页。
[2] 参见张明楷:《刑法学》(第3版),法律出版社2007年版,第611—612页。
[3] 参见陈兴良:《规范刑法学》(第3版),中国人民大学出版社2013年版,第687—688页。
[4] 参见曾明生:《动态刑法的惩教机制研究——刑事守法教育学引论》,中国政法大学出版社2011年版,第170—171页。

一、法益侵害性

法益遭受了侵害，这种侵害是人的行为造成的。

（一）犯罪客体要件

增值税是对销售货物或者提供加工、修理修配劳务以及进口货物的单位和个人就其实现的增值额征收的一个税种。增值税的收入占我国全部税收的60%以上。从计税原理上说，增值税是对商品生产、流通、劳务服务中多个环节的新增价值或商品的附加值征收的一种流转税。实行价外税，也就是由消费者负担，有增值才征税没增值不征税。在实际当中，商品新增价值或附加值在生产和流通过程中是很难准确计算的。因此，中国也采用国际上的普遍采用的税款抵扣的办法。即根据销售商品或劳务的销售额，按规定的税率计算出销售税额，然后扣除取得该商品或劳务时所支付的增值税款，也就是进项税额，其差额就是增值部分应交的税额，这种计算方法体现了按增值因素计税的原则。①

我国《税收征收管理法》第21条第2款规定，单位、个人在购销商品、提供或者接受经营服务以及从事其他经营活动中，应当按照规定开具、使用、取得发票。依据《发票管理办法》的有关规定，禁止非法代开发票，禁止任何单位和个人的虚开发票行为，并对违法虚开发票、非法代开发票的行为规定了法律责任。因为虚开专用发票，破坏了发票管理的制度秩序和国家税收征管的制度秩序，甚至进一步危及国家税收收入安全等法益。亦即，虚开增值税专用发票、用于骗取出口退税、抵扣税款发票罪侵犯的直接客体是发票管理的制度秩序和国家税收征管的制度秩序等。

（二）犯罪客观要件

行为人违反了国家税收法规，实施了虚开增值税专用发票、用于骗取出口退税、抵扣税款发票的行为。至于其行为的情节严重程度以及是否产生一定的危害结果，将于后文有无事由阻却性部分中述及。这里着重对以下几个问题进行探讨。

虚开行为是虚开增值税专用发票、用于骗取出口退税、抵扣税款发票罪的实行行为。有人认为，"虚开"和"抵扣"是构成虚开增值税专用发票、用于

---

① http://baike.baidu.com/view/9510.htm，访问日期：2013年5月9日。

骗取出口退税、抵扣税款发票罪的两个选择性条件。① 认为虚开和抵扣都是此罪的实行行为。其实,这种观点是错误的,因为误把行为对象的限制性要求当作行为的要求。"抵扣"是对行为对象(发票)的限制性要求,其要求虚开的发票必须是可以抵扣税款的发票,而非要求有"抵扣"行为。虚开,是指行为人在没有实际商品交易的情况下,凭空填开货名、数量、价款和销项税额等商品交易内容,即"无中生有",或在有一定商品交易的情况下,填开发票时随意改变货名、虚增数量、价款和销项税额,即"有而不实"。② 从广义上说,"虚开"是指凡与实际不符的开具发票的情况,包括主体不符、内容不符、形式与实质不符等;从狭义上说,"虚开"仅指数额上的虚开。虚开专用发票的"虚开"不仅指狭义上的"虚开",还应包括广义上的"虚开"。依据刑法典第205条的规定,虚开的表现形式有以下四种:

1. 为他人虚开。它是指行为人在他人有商品交易活动的情况下,用自己的增值税专用发票或可用于骗取出口退税、抵扣税款的其他发票为他人虚开,或在他人没有商品交易活动的情况下,用自己的上述发票为他人虚开。前一种情况(有商品交易的虚开形式)又可细分为两种:一是为销售方虚开,即故意少开商品交易额,以使销售方少交应纳税款;二是为购货方虚开,即故意多开商品交易额,以多抵扣税款。后一种情况(无商品交易的虚开形式)也可分为三种情形:一是企业或个人采取欺骗手段与税务机关勾结,取得纳税人资格后从税务机关领取增值税专用发票或直接骗取增值税专用发票,以较低的"开票费"为他人虚开;二是虚开人自己伪造增值税专用发票,或通过盗窃、欺骗、抢劫、非法购买等手段获得增值税专用发票,然后为他人虚开;三是企业或个体工商户符合增值税纳税人标准,有增值税纳税人资格,在自己拥有增值税专用发票的情况下,擅自为亲戚、朋友或他人偶尔虚开增值税专用发票。③

关于"为他人虚开",还有两个问题需要探讨:

(1)"为他人虚开"的主体问题。有人认为,"为他人虚开"的行为主体是指合法拥有增值税专用发票的单位和个人。④ 我们认为,这种观点不正确。立法没有限制其行为主体,一般不应缩小解释。实践中"为他人虚开"增值

---

① 参见张旭主编:《涉税犯罪的认定处理及案例分析》,中国人民公安大学出版社1999年版,第189页。
② 参见周洪波:《税收犯罪研究》,中国人民大学博士学位论文,2001年,第133—134页。
③ 参见周洪波:《税收犯罪研究》,中国人民大学博士学位论文,2001年,第134—135页。
④ 参见高铭暄、马克昌主编:《刑法学》,北京大学出版社、高等教育出版社2000年版,第445页。

税专用发票通常是合法拥有增值税专用发票的单位和个人，但不能由此否认少量非法持有增值税专用发票者而为他人虚开的情况，否则，有可能放纵犯罪。

（2）"代开"问题。在前述惩治增值税专用发票犯罪的单行刑法颁布以前，通常把"为他人虚开"称为"代开"。这里的"代开"是指如实为他人开具增值税专用发票的情况。在该单行刑法草案中，曾有"为他人虚开代开增值税专用发票"的提法，把"代开"和"虚开"并列。审议时，一些委员和部门建议取消"代开"一词，认为，"代开"一词含义不清，而且对代开人而言，也是虚开，因为行为人本人并未开展业务活动。这样，为他人代为开具发票，实质上也是一种虚开发票的行为，应包含在虚开发票的犯罪行为之中。现行刑法虽然沿用该单行刑法的规定，但是，"为他人虚开"是否包括"代开"，学界仍有不同看法。有人认为，刑法只规定了"虚开"，而未规定"代开"，抓住了"代开"实为"虚开"的本质，使立法更为科学。① 也有人认为，为他人虚开，是指行为人在实际的或虚构的经营活动中，经第三人介绍，为他人以在发票联和抵扣联中多填进项金额的方法，而使他人多抵扣国家税款的行为。显然，这是不包括"代开"的。又有人认为，从立法精神和司法解释来看，"为他人虚开"是包括"代开"的。但是，从虚开增值税专用发票的危害本质看，不能一律把"代开"都作为"虚开"论处。因为"虚开"的危害在于以"虚开"的发票去抵扣税款或骗取税款。对受票人有经济行为的，本应抵扣或申请退税，因对方没有增值税专用发票而要求第三方代开的，没有对国家税收造成损失，故而这种"代开"不应以"虚开"论处。但是，对受票人有经济行为却不应抵扣税款或不应申请退税而要求第三方代开的，第三方属于"为他人虚开"。②

不难发现，前三种观点依次是广义说、狭义说和折中说。我们赞同广义说。至于折中说提及的"本应抵扣或申请退税"且"没有对国家税收造成损失"的特殊"代开行为"，可以采用刑法典第13条但书条款阻却其刑事违法性。

2. 让他人为自己虚开。它与"为他人虚开"相对应，是行为人为了自己骗取出口退税或非法抵扣税款让发票领购人为自己虚开，或行为人为非法收购、倒卖发票从中谋利，或者为他人骗取出口退税、抵扣税款提供非法凭证等，而让发票领购人为自己虚开。

3. 为自己虚开。它是指行为人在没有商品交易或只有部分商品交易的情

---

① 参见王松苗、文向民主编：《新刑法与税收犯罪》，西苑出版社1999年版，第158页。
② 参见周洪波：《税收犯罪研究》，中国人民大学博士学位论文，2001年，第135页。

况下，在自行填开发票时，虚构商品交易内容或者虚增商品交易的数量、价款和销项数额。

4. 介绍他人虚开。它是指行为人为开票人和受票人之间实施虚开增值税专用发票或者其他发票犯罪进行中间介绍的行为。从理论上讲，介绍他人虚开行为是虚开行为的帮助行为或教唆行为，如果立法未将其规定为此罪的实行行为，就可按此罪的共犯论处。立法将其规定为实行行为之一，是因实践中该种行为危害突出，并不亚于虚开行为，正是介绍他人虚开才使大量的虚开行为发生。介绍他人虚开通常有两种形式：一是介绍人介绍开票人与受票人双方直接见面，介绍人从中获取非法利益；二是介绍人起牵线搭桥作用，指使开票人将发票开给指定的受票人，介绍人从中获取非法利益。

还需指出的是，实践中的虚开手段多种多样，包括"对开"和"环开"等形式。"对开"，即开票方与受票方互相为对方虚开增值税专用发票，互为开票方和受票方。这涉及"为他人虚开"和"让他人为自己虚开"的形式。而"环开"，即几家单位或个人串开，形同环状。它可能涉及"为他人虚开"、"让他人为自己虚开"、"为自己虚开"、"介绍他人虚开"等形式。

另外，上述四种虚开行为的表现形式都是从行为指向上分类的。这里，还要注意实践中从发票特征、开票方式上的分类。比如：（1）开具"大头小尾"的增值税专用发票（也叫"阴阳票"），是在开票方存根联、记账联上填写较小数额，在收票方发票联、抵扣联上填写较大数额，利用二者之差，少记销项税额。开票方在纳税时出示记账联，数额较小，因而应纳税额也较少；收票方在抵扣税款时，出示抵扣联，数额较大，因而抵扣的税额也较多。（2）"拆本使用，单联填开"发票。开票方把整本发票拆开使用，在自己使用时，存根联和记账联按照商品的实际交易额填写，开给对方的发票联和抵扣联填写较大数额，从而使收票方达到多抵扣税款的目的。（3）"撕联填开"发票，即"鸳鸯票"。蓄意抬高出口货物的进项金额和进项税额。[①]

在前述"新客派公司骗税案"中，新客派公司法定代表人王××以支付开票费的方式，通过他人让A投资有限公司职员先后为新客派公司虚开增值税专用发票各一份，并分别于开票当月向税务局申报抵扣，骗取税款共计82965.81元。显然，其中新客派公司及其王××实施了"让他人为自己虚开"的行为以及申报抵扣骗税行为，A投资有限公司职员实施了"为他人虚开"的行为，此外还有人实施了"介绍他人虚开"的行为。其行为已具有法益侵害性。

---

① 参见周洪波：《税收犯罪研究》，中国人民大学博士学位论文，2001年，第134页。

二、刑事违法性

如前所述，危害税收征管秩序的违法行为符合法益侵害性，但是，在司法领域认定是否成立犯罪，最终的关键是，判断行为是否具有刑事违法性。具有刑事违法性，必须同时具备四要件齐备性与无事由阻却性。当然，否定刑事违法性，只要否定其中任何一个（四要件齐备性或者无事由阻却性）即可。

（一）四要件齐备性

除了犯罪客体要件和犯罪客观要件外，还必须具备犯罪主体要件和犯罪主观要件。

1. 犯罪主体要件。本罪的行为主体为一般主体，包括自然人和单位。从其主体资格上看，他们既包括有权出售专用发票的税务机关及其工作人员，也包括合法拥有专用发票的单位和个人，又包括非法拥有专用发票的单位和个人。从其主体的行为角色上看，他们包括"开票者"、"介绍者"和"受票者"等。

此处，还要指出的是，依法成立的一人公司能否成为单位犯罪的行为主体？在公司法修订之前，理论界和实务界均否认一人公司具有单位犯罪的主体资格。随着一人公司法人地位的确立，理论界和实务界面临着一个现实的挑战，即一人公司实施的犯罪行为究竟是应当作为单位犯罪还是个人犯罪处理。对这一问题，目前理论界和实务界均存在不同观点：有人认为，一人公司不能成为单位犯罪的主体；也有人认为，股东是法人的一人公司可以成为单位犯罪的主体，股东是自然人的一人公司不能成为单位犯罪的主体；又有人认为，依法成立的一人公司包括股东是法人的一人公司和股东是自然人的一人公司均可以成为单位犯罪的行为主体。我们认为，需要禁止重复处罚，原本应当以第二种观点为宜。但是，鉴于现行刑法没有对本罪单位犯的责任人员规定适用财产刑，因此，即使认为股东是自然人的一人公司可以成为单位犯罪的行为主体，也不会导致重复处罚的问题。据此，在立法未对本罪单位犯的责任人员增设财产刑之前，可以认为所有的一人公司都符合单位犯罪的行为主体条件。

从前述"新客派公司骗税案"来看，新客派公司系按照我国公司法关于一人公司的规定依法注册登记成立，具有独立的人格和法人治理结构，新客派公司及其法定代表人王××均具备此罪的行为主体条件。而且，A投资有限公司及其职员、介绍人（牵线搭桥人）也符合其行为主体条件。

2. 犯罪主观要件。此罪的主观方面是故意。行为人明知是虚开增值税专用发票、用于骗取出口退税、抵扣税款发票的行为而希望或放任实施。关于它

第十章　虚开增值税专用发票、用于骗取出口退税、抵扣税款发票罪

是否以骗取国家税款为目的，在刑法理论上存在争议。有人认为，刑法并未规定此罪必须以骗取国家税款为目的，且此罪属于行为犯，只要实施了虚开行为即可构成犯罪，因而它主观上并不要求以骗取国家税款为目的。也有人认为，刑法没有对此骗取国家税款为目的作出规定，而且在一般情况下虚开行为必然具有骗取国家税款的目的，无须对这一目的专门认定。[①] 我们认为，虚开行为不一定都有骗取国家税款的目的。对此，法条也无明确规定。若要限缩因此理解而扩张的处罚范围，则也可以借助刑法典第13条的但书事由来阻却其刑事违法性。

在前述"新客派公司骗税案"中，新客派公司法定代表人王××以支付开票费的方式，通过他人让A投资有限公司职员先后为新客派公司虚开增值税专用发票各一份，并分别于开票当月向税务局申报抵扣，骗取税款。新客派公司是王××注册成立以其一人为股东的公司。法定代表人王××的意志代表了其公司意志。王××实施了故意"让他人为自己虚开"的行为以及申报抵扣骗税的故意行为，具有骗取国家税款的目的。A投资有限公司职员实施了故意"为他人虚开"的行为，具有获取开票费的目的。该职员的行为只是个人行为，并非代表A投资有限公司的单位意志。介绍人"介绍他人虚开"的行为也是故意行为。通过以上分析可知，新客派公司及其王××、A投资有限公司有关职员以及介绍人的相关行为，已经具备了上述四个要件，符合了四要件齐备性。

（二）无事由阻却性

虽然具有四要件齐备性，但是，要成立虚开增值税专用发票、用于骗取出口退税、抵扣税款发票罪，还必须排除刑事违法性阻却事由。从刑法规定看，此罪不存在正当防卫、紧急避险和附条件不追究刑事责任等阻却事由。此处的刑事违法性阻却事由，只剩下刑法典第13条但书的规定了，即"情节显著轻微危害不大"的情形。

因此，这里的无事由阻却性，就是要排除前述"但书"的情形。或者说，违法情节和客观危害，必须达到足够的程度。根据2001年和2010年有关追诉标准的司法解释，虚开专用发票税款数额1万元以上或者虚开专用发票致使国家税款被骗取5千元以上的，应予立案追诉。然而，针对其中虚开专用发票税款数额1万元以上的，仍应综合考量是否有"但书"的例外。诸如以下情形之一，可视之为"情节显著轻微危害不大"：纯粹为虚增经营业绩而互相虚

[①] 参见陈兴良：《规范刑法学》（第3版），中国人民大学出版社2013年版，第688页。

开,不意图使用虚开的增值税专用发票抵扣税款的;双方以相同的数额相互为对方虚开增值税发票,并且已按规定缴纳税款,不具有骗取国家税款的主观目的与现实可能的;代开的发票有实际经营活动相对应,没有而且不可能骗取国家税款的;等等。

综上所述,当虚开增值税专用发票、用于骗取出口退税、抵扣税款发票行为,同时具有四要件齐备性与无事由阻却性,它就具有了刑事违法性,可以认定其成立虚开增值税专用发票、用于骗取出口退税、抵扣税款发票罪。

在前述"新客派公司骗税案"中,新客派公司及其王××、A投资有限公司有关职员以及介绍人的相关行为,无事由阻却性,因此就具有了刑事违法性。新客派公司、A投资有限公司有关职员以及介绍人之间成立虚开增值税专用发票罪的共同犯罪。王××作为新客派公司负直接责任的主管人员,应当承担相应的刑事责任。

第三节 虚开增值税专用发票、用于骗取出口退税、抵扣税款发票罪的司法认定

本节先从规范刑法学的视角对定罪(罪与非罪、此罪与彼罪、共同犯罪、一罪与数罪)和量刑中的若干问题进行讨论,然后分别从经济学与(守法)教育学两个视角进行司法检讨。

一、罪与非罪

从刑法规定看,此罪(虚开增值税专用发票、用于骗取出口退税、抵扣税款发票罪)是行为犯,其中除了规定其行为外,没有对构成此罪规定其他明确的限制(加重犯除外),但是这并非意味着所有的虚开增值税专用发票的行为和虚开用于骗取出口退税、抵扣税款的其他发票行为都应以犯罪论处。对于其中情节显著轻微、危害不大的行为,应根据刑法典第13条"但书"的规定,不认为是犯罪。譬如虚开增值税专用发票、用于骗取出口退税、抵扣税款的其他发票数额较小而又无伪造、非法购买增值税专用发票、用于骗取出口退税、抵扣税款的其他发票等其他情节的,虚开数额较小尚未造成逃税、骗取出口退税等其他后果的;图谋虚开但尚未着手且无其他严重情节的;在他人的威胁或要挟之下被迫为他人虚开但虚开数额不大的,等等,应

第十章　虚开增值税专用发票、用于骗取出口退税、抵扣税款发票罪

当不以犯罪论处。①

需要指出，根据1996年最高人民法院对惩治增值税专用发票犯罪的单行刑法的有关司法解释，虚开增值税专用发票税款数额1万元以上或者虚开增值税专用发票致使国家税款被骗取5千元以上，即应认定为犯罪。后来，2001年有关追诉标准的司法解释第53条以及2010年关于追诉标准的司法解释第61条均认同了这一标准。

但是还要注意，如何认定虚开发票的数额呢？司法实践中，对于无交易行为而虚开增值税专用发票的，虚开数额就是增值税专用发票所记载的增值税额，即对于无交易行为的情况，虚开数额的确定以增值税专用发票票面记载为准；对于有交易行为，其虚开数额就不是增值税专用发票的票面记载数额，而是多开的数额。因为虚开数额能反映虚开行为的社会危害，就在于行为人不应得到这部分虚开税款或进行抵扣，所以，对于有交易行为的情况下，其虚开数额是指多开数额，即增值税专用发票记载的税额减去其应得的或应抵扣的税额。

而且，认定虚开发票的数额，通常情况下涉及两种违法犯罪的数额，即销项数与进项数。其原因有二：一是某些虚开行为具有对称关系，如"为他人虚开"与"让他人为自己虚开"，违法犯罪数额虽然只有一个，但需要两次法律评价；二是行为人通常实施数种虚开行为，特别是在为他人虚开之后，为了掩盖而故意让他人为自己或者自己为自己虚开增值税专用发票。对此，若行为人实施了毫不相关的多种虚开行为，则应以累加方式计算虚开数额。但是，若为了抵消销项数而故意制造进项数的，则应区别情况予以认定：

1. 在销项数与进项数相等的情况下，只认定"为他人虚开"行为。因为纯粹是在遮掩其实施了为他人虚开的行为，进项数并没有造成国家税款的流失，本质上是一种账面上的"数字游戏"，所以只需认定最有实质意义的为他人虚开行为的数额。② 2. 在销项数与进项数有差异的情况下，若销项数大于进项数，则应认定销项数，进项数忽略不计；若进项数大于销项数，这表明行为人实际为他人虚开的增值税专用发票数额很可能大于目前已经查清认定的销项数。对此，进项数虽然是虚开行为产生的数额，也会危害增值税征收管理秩序，但是完全将处罚的落脚点放在不能直接造成国家税收损失的进项数上，不完全符合刑法典第205条体现的犯罪本质。因为只有行为人为他人虚开的增值

---

① 参见曾明生编著：《经济刑法一本通》，载小白马法律博客网站，http://lawlife1.fyfz.cn/b/223721，访问日期：2012年9月20日。
② 参见黄晓亮等主编：《危害税收征管罪办案一本通》，中国长安出版社2007年版，第124—125页。

税专用发票被抵扣,且行为人再让他人为自己虚开进行进项抵扣,这一完整过程才实际造成了国有税款的损失;若销项发票未被抵扣,即使行为人进行进项抵扣,其实质也未造成国家税款的损失,所以,在行为人为他人虚开的增值税专用发票是否被抵扣不能查证属实,或者不能查证完整的情况下,就以行为人虚报的进项抵扣数认定为行为人虚开行为造成国家税款的损失数是不合理的。简言之,在行为人虚开的发票被抵扣造成国家利益特别重大损失的情况下,即使进项数大于销项数,也应以销项数作为虚开数额;在为他人虚开的发票造成了一定实际损失但达不到造成国家利益特别重大损失的前提下,若进项数大于销项数,则应只认定进项数为虚开数额,销项数不作为虚开数额,否则有重复评价之嫌,但是销项数在一定条件下可以作为一种处罚轻重的依据而予以考虑。[①]

二、此罪与彼罪

(一) 此罪与逃税罪的界限

此罪(虚开增值税专用发票、用于骗取出口退税、抵扣税款发票罪)与逃税罪,在行为方式上有些竞合之处,如涂改单据、伪造账目等,尤其是行为人虚开增值税专用发票的基本目的是骗取(抵扣)税款,有时是逃避缴纳税款的偷逃税。所以从这个角度看,此罪与逃税罪之间有时存在手段与目的关系,即"虚开"是逃税的手段之一,它们之间有牵连关系,按照牵连犯从一重处的原则,以此罪定罪量刑;但"虚开"行为又不完全包容于逃税罪之中,"虚开"有它自己的一套相对独立而又比较复杂的行为过程,只有用虚开的增值税专用发票抵扣税款时,才与逃税罪发生关系。而此罪的成立并不必然以抵扣税款的出现或其实现为必然条件,只要虚开增值税专用发票达到一定数额,就可能构成犯罪,因此,此罪与逃税罪之间的竞合还是有限的。从总的行为方式上看,两罪之间的区别明显,逃税是不缴或少缴应纳税款、使国家得不到应该得到的税款;而"虚开"通常是没有缴税而伪装缴税,可能将国家已经得到的税款通过抵扣再骗走。[②]

---

① 参见孙静:"虚开增值税专用发票罪认定中的几个疑难问题",载《检察实践》2005 年第 4 期,第 28 页。

② 参见曾明生编著:《经济刑法一本通》,载小白马法律博客网站,http://lawlife1.fyfz.cn/b/223721,访问日期:2012 年 9 月 20 日。

第十章 虚开增值税专用发票、用于骗取出口退税、抵扣税款发票罪

(二) 骗取出口退税罪与虚开增值税专用发票罪的界限

两罪同属危害税收征管秩序的犯罪,在行为的欺骗性、主体要件和主观要件方面有一些共同点,但是两罪仍有明显的不同。

1. 客体要件不同。前者侵犯国家税收征收管理的制度秩序和公共财产的所有权;而后者侵犯的是发票管理的制度秩序和国家税收征收管理的制度秩序。

2. 在客观要件方面,犯罪手段、方式不同。前者表现为行为人在商品的出口环节实施假报出口或者其他骗取出口退税款的行为;后者表现为行为人在商品的国内生产、销售环节实施为他人虚开、为自己虚开、让他人为自己虚开、介绍他人虚开增值税专用发票的行为。

但是也要注意,虚开增值税专用发票罪通常是行为人实施骗取出口退税罪的重要手段之一,骗取出口退税罪的实施可能以行为人实施虚开增值税专用发票罪为必要环节,此时,虚开增值税专用发票罪与骗取出口退税罪之间存在手段行为和目的行为的牵连关系。当行为人将虚开的增值税专用发票用于向税务机关申请出口退税,数额较大时,行为人同时触犯了骗取出口退税罪和虚开增值税专用发票两个罪名;处理时可按其中一个重罪定罪处罚,不适用数罪并罚。若行为人未将虚开的增值税专用发票用于申请出口退税,而是用于申请抵扣税款或者非法出售,则不能构成骗取出口退税罪,而应当按照虚开增值税专用发票罪和逃税罪或者非法出售增值税专用发票罪之中的一个重罪处罚。[①]

(三) 介绍他人虚开发票的犯罪与教唆犯罪及传授犯罪方法罪的界限

介绍他人虚开增值税专用发票或用于骗取出口退税、抵扣税款的其他发票是指在拥有增值税专用发票或用于骗取出口退税、抵扣税款的其他发票的单位或者个人(即开票方)与需要虚开增值税专用发票或用于骗取出口退税、抵扣税款的其他发票的单位或者个人(即受票方)之间互相介绍、牵线搭桥,使虚开增值税专用发票或用于骗取出口退税、抵扣税款的其他发票犯罪的行为得以成立。介绍人是中介人,是虚开发票的主体之一,对其应按虚开增值税专用发票、用于骗取出口退税、抵扣税款发票罪定罪处罚;教唆虚开是指唆使他人虚开发票的行为,教唆者既不在行为人之间牵线搭桥,也不传授具体犯罪方法,对教唆犯也应认定为构成虚开增值税专用发票、用于骗取出口退税、抵扣税款发票罪,并且依法按其共同犯罪中的作用处罚;只传授虚开发票的方法和

---

① 参见黄晓亮、张春喜主编:《危害税收征管罪办案一本通》,中国长安出版社2007年版,第102页。

技巧而不教唆和实施虚开发票的行为,其主体只能是自然人,对其应按刑法典第 295 条传授犯罪方法罪定罪处罚。

三、共同犯罪

虚开增值税专用发票、用于骗取出口退税、抵扣税款发票罪的共同犯罪,包括纳税人与其他人实施的共同犯罪,也包括非纳税人实施的共同犯罪等,其中包括个人与个人、单位与个人、单位与单位之间的共同犯罪类型。

虚开上述专用发票的行为人与骗取税款的行为人有通谋,成立共同犯罪的,均应对虚开的税款数额和实际骗取的国家税款数额承担刑事责任。

在前述"新客派公司骗税案"中,新客派公司、A 投资有限公司有关职员和介绍人之间有犯罪意思联络,有虚开增值税专用发票罪共同犯罪的行为。新客派公司法定代表人王××支付开票费,A 投资有限公司有关职员先后为新客派公司虚开增值税专用发票各一份,王××分别于开票当月向税务局申报抵扣,骗取税款。因此,新客派公司和 A 投资有限公司有关职员是主犯。法定代表人王××的意志代表了其公司(单位)意志,王××作为其公司负直接责任的主管人员,应当承担相应的刑事责任。而 A 投资有限公司有关职员的行为只是个人行为,并非代表其公司的单位意志,据此,该公司不承担刑事责任。因为介绍人从中起牵线搭桥作用,所以是帮助犯。

四、一罪与数罪

(一)行为人虚开发票然后抵扣税款的定性问题

对此问题,应当如何认定?应当区分情况分析:

1. 虚开行为和抵扣行为无关联的情形。当行为人分别基于虚开专用发票的故意和逃税的故意,在不同时间因不同原因,分别实施相互间无任何联系的虚开专用发票犯罪行为和偷逃应纳税款的犯罪行为,分别构成虚开增值税专用发票、用于骗取出口退税、抵扣税款发票罪和逃税罪,处理时应当分别定罪量刑,实行数罪并罚。若抵扣行为不成立逃税罪的,则以一罪(虚开增值税专用发票、用于骗取出口退税、抵扣税款发票罪)论处。

2. 虚开行为和抵扣行为有关联的情形。这里还要区分两种情况:

(1)行为人出于逃税目的而虚开增值税专用发票、用于骗取出口退税、抵扣税款发票的情况。对此,学界有不同看法。有人认为,行为人虚开发票并以此作为凭证抵扣自己应缴税款,实现抵扣的,应按逃税罪处理。为自己虚

第十章 虚开增值税专用发票、用于骗取出口退税、抵扣税款发票罪

开、让他人为自己虚开发票的行为作为预备行为，被逃税行为所吸收，根据刑法吸收犯的理论，仅以逃税罪一罪论处。未实现抵扣的，仍以虚开增值税专用发票、用于骗取出口退税、抵扣税款发票罪论处；也有人认为，即使行为人虚开增值税专用发票、用于骗取出口退税、抵扣税款的其他发票并已实现抵扣的，也应认定为虚开增值税专用发票、用于骗取出口退税、抵扣税款发票罪。其理由是：①刑法典第201条没有规定虚开专用发票来逃税的手段。②关于惩治增值税专用发票犯罪的单行刑法明确了为自己虚开和让他人为自己虚开增值税专用发票并据以骗取国家税款的应认定为虚开增值税专用发票罪，不再定原来的偷税罪。③原刑法典第205条第2款（现已被删除）规定的"骗取国家税款"的"骗取"包括非法抵扣税款。④虚开专用发票是指为他人虚开、为自己虚开、让他人为自己虚开、介绍他人虚开四种行为之一。从司法实践掌握的情况看，有"为他人虚开"的行为，通常就有"让他人为自己虚开"的行为。若对虚开专用发票并骗取国家税款的行为以逃税罪论处，则不符合刑法典第205条的规定，又会导致同一案件中，对实施了刑法规定的同一行为的共同被告人认定不同罪名的现象。① 又有人认为，这种情况符合牵连犯的"手段－目的关系"，按照牵连犯的从一重处原则即应按照虚开增值税专用发票、用于骗取出口退税、抵扣税款发票罪处罚。②

我们认为，虚开行为与抵扣行为不存在依附与被依附的关系，因此谈不上吸收关系。退一步说，即使成立吸收关系，也是重罪行为吸收轻罪行为，不可能虚开行为被逃税行为吸收掉。所以，第一种观点是错误的。后两种观点基本正确，但是，若将两者综合起来则更有说服力。在《刑法修正案（八）》删除本罪原法条第2款之前，该款包含了牵连犯的处罚内容，其规定实质上采用了从一重处原则。不过，删除后也应对牵连犯按照从一重处原则处理。认为成立牵连犯，是以虚开行为和抵扣行为分别成立犯罪为前提的。然而，还要注意到，若纳税人出于逃税目的虚开增值税专用发票、用于骗取出口退税、抵扣税款的其他发票数额较大，但因故未实现抵扣且未进行纳税申报的，则构成虚开增值税专用发票、用于骗取出口退税、抵扣税款发票罪。因为行为人只实施了一个犯罪行为，不符合牵连犯的行为数量条件，而且，虚开行为是该罪的实行行为，虽然它又是逃税的预备行为，但是尚未触犯逃税罪的罪名。因为《刑法修正案（八）》对逃税罪规定了更高的入罪条件，增加了"补缴应纳税款，

---

① 参见王松苗、文向民主编：《新刑法与税收犯罪》，西苑出版社1999年版，第168页。
② 参见张旭主编：《涉税犯罪的认定处理及案例分析》，中国人民公安大学出版社1999年版，第190页；另见李永君、古建芹：《税收违法与税收犯罪通论》，河北人民出版社2000年版，第182页。

缴纳滞纳金，已受行政处罚的"附条件不予追究刑事责任的条款。若纳税人出于逃税目的虚开增值税专用发票、用于骗取出口退税、抵扣税款的其他发票，数额较大且申报纳税，但以该票抵扣税款的"数额和比例均达到逃税罪既遂标准的八成"或者"数额和比例中一项达到逃税罪既遂标准而另一项达到既遂标准的五成"，并且"经税务机关依法下达追缴通知后，不补缴应纳税款、不缴纳滞纳金或者不接受行政处罚"的，则构成虚开增值税专用发票罪与逃税罪（未遂）的牵连犯。对此，也应当按照牵连犯的从一重处原则，按照虚开增值税专用发票、用于骗取出口退税、抵扣税款发票罪处罚。

（2）行为人虚开专用发票之后，才出于逃税目的以之骗取国家税款的情况。若虚开行为已构成犯罪，骗扣税款行为又成立犯罪的，则属于牵连犯，前者为手段行为，后者为目的行为，应按"从一重处"原则处理。若虚开的税款数额不足1万元，骗税5千元以上的，则以虚开专用发票犯罪处理；若虚开的税款数额1万元以上不足5万元，骗扣税款得逞的，则仍以虚开专用发票犯罪处理，因为其骗扣税款行为尚不成立逃税罪，即使成立诈骗罪，也可按"从一重处"原则处理。

（二）对于盗窃、诈骗增值税专用发票而又为他人虚开的定性问题

根据刑法典第210条的规定，盗窃或者诈骗增值税专用发票的，按照盗窃罪或者诈骗罪处理，但是并没有说明盗窃或者诈骗增值税专用发票后为他人虚开的行为定性。现实生活中，行为人往往在盗窃、诈骗增值税专用发票之后为他人或者为自己虚开，牟取经济利益。因此，对这些行为的定性不能停留在盗窃、诈骗增值税专用发票的阶段上。[①] 若虚开行为与前面的盗窃行为、诈骗行为无牵连关系，又独立成罪的，则应当数罪并罚。然而，若行为人以虚开为目的而盗窃、诈骗增值税专用发票，虚开行为与盗窃行为、诈骗行为有牵连关系，均分别成罪的，则符合牵连犯的特征，应当将之择一重处。若其中只有一种行为成立犯罪的，则为一罪。

另外，对于行为人伪造或购买伪造的专用发票或非法购买专用发票后又将其虚开的，将于其他相关章节中述及。

---

① 参见黄晓亮、张春喜主编：《危害税收征管罪办案一本通》，中国长安出版社2007年版，第125—126页。

五、虚开增值税专用发票、用于骗取出口退税、抵扣税款发票罪的量刑

(一) 法定刑幅度的确定

根据我国刑法典第 205 条第 1 款的规定,此罪的法定刑幅度有三个:"处 3 年以下有期徒刑或者拘役,并处 2 万元以上 20 万元以下罚金";"处 3 年以上 10 年以下有期徒刑,并处 5 万元以上 50 万元以下罚金";以及"处 10 年以上有期徒刑或者无期徒刑,并处 5 万元以上 50 万元以下罚金或者没收财产"。

适用第一量刑档的条件是具备此罪的基本处罚事由,即:"虚开增值税专用发票或者虚开用于骗取出口退税、抵扣税款的其他发票"。对此适用条件的具体分析,在前节已述。

适用第二量刑档的条件是具备此罪的加重处罚事由,即:"虚开的税款数额较大或者有其他严重情节"。依据 1996 年的有关司法解释的规定,"虚开的税款数额较大"是指 10 万元以上。具有下列情形之一的,属于"有其他严重情节":(1) 因虚开增值税专用发票致使国家税款被骗取 5 万元以上的;(2) 具有其他严重情节的。

适用第三量刑档的条件是具备此罪的特别加重处罚事由,即:"虚开的税款数额巨大或者有其他特别严重情节"。依据前述 1996 年司法解释的规定,"虚开的税款数额巨大"是指 50 万元以上。具有下列情形之一的,属于"有其他特别严重情节":(1) 因虚开增值税专用发票致使国家税款被骗取 30 万元以上的;(2) 虚开的税款数额接近巨大并有其他严重情节的;(3) 具有其他特别严重情节的。另外,该解释还规定,利用虚开的增值税专用发票实际抵扣税款或者骗取出口退税 100 万元以上的,属于"骗取国家税款数额特别巨大";造成国家税款损失 50 万元以上并且在侦查终结前仍无法追回的,属于"给国家利益造成特别重大损失"。利用虚开的增值税专用发票骗取国家税款数额特别巨大、给国家利益造成特别重大损失,为"情节特别严重"的基本内容。尽管与此相关的原法条第 2 款因规定死刑而被删除,但是,这仍可作为判定其无期徒刑(最高法定刑)的依据。

(二) 量刑情节的综合考量

应当根据刑法典第 61 条至第 64 条的量刑规定,对犯罪的事实、犯罪的性质、情节和对于社会的危害程度,依照刑法的有关规定判处,等等。其中要注意基本处罚事由、加重处罚事由、特别加重处罚事由、减轻处罚事由等几种

事由。

(三) 单位犯的双罚制

根据我国刑法典第 205 条第 2 款的规定，单位犯本条规定之罪的，对单位判处罚金，并对其直接负责的主管人员和其他直接责任人员，处 3 年以下有期徒刑或者拘役；虚开的税款数额较大或者有其他严重情节的，处 3 年以上 10 年以下有期徒刑；虚开的税款数额巨大或者有其他特别严重情节的，处 10 年以上有期徒刑或者无期徒刑。另外，根据刑法典第 212 条的规定，执行罚金前，应当先由税务机关追缴骗退、抵扣的税款。

如前所指出，此罪三档刑罚的衔接适用以及刑罚与行政处罚的衔接存在不协调的问题。为了尽量避免处罚失衡，建议立法最好采用倍比罚金制，退其次，可考虑将行政处罚中的最重罚款幅度改为"并处 5 万元以上 10 万元以下的罚款"，同时把三档财产刑依次改为"并处 10 万元以上 20 万元以下的罚金"、"并处 20 万元以上 50 万元以下的罚金"、"并处 50 万元以上 100 万元以下的罚金或者没收财产"。在立法修改之前，司法中宜采取接近这一合理数额幅度的处理方案。

在前述"新客派公司骗税案"中，法院认为，鉴于新客派公司、王××自愿认罪，并已退回了全部税款，可以酌情从轻处罚。一审判决新客派公司犯虚开增值税专用发票罪，判处罚金 3 万元；王××犯虚开增值税专用发票罪，判处有期徒刑 1 年，缓刑 1 年。显然，此案对王××处刑偏轻。

六、司法检讨：经济学与（守法）教育学视角

(一) 经济学视角

运用经济学的理论来考量虚开增值税专用发票、用于骗取出口退税、抵扣税款发票罪的司法问题，此处关注的仍然是其定罪量刑中的供求平衡问题，以及重视以尽可能小的司法成本投入，争取尽可能大的司法收益（或者产出），也由此考虑通过合理地惩治专用发票犯罪来促进经济的发展。

由于 1979 年刑法典没有明确规定专用发票犯罪，为了满足惩治此类犯罪的需要，1994 年"两高"关于办理发票刑事案件的司法解释出台，其中规定对有关发票犯罪按照投机倒把罪处理。在司法解释无法提高法定刑以加大处罚力度的情况下，1995 年通过了一个单行刑法，其中作了较为明确的规定。因为仍要对其中"数额较大或者有其他严重情节"、"数额巨大或者有其他特别严重情节"、"数额特别巨大"等情形进行阐释和说明，所以，前述 1996 年司

第十章　虚开增值税专用发票、用于骗取出口退税、抵扣税款发票罪

法解释得以颁布。这样已经实现了定罪量刑中的一个相对平衡。之后，1997年全面修订刑法典时又基本吸纳了前述单行刑法中的相关罪状，因而1996年的司法解释的内容沿用多年。2001年和2010年的司法解释继续确认了其追诉标准的起点。这足见其供求平衡已维持了较长的时间。这也表明其司法成本发挥了较大的司法效益，节约了司法资源。但是也要注意，司法解释之间的协调性不强，使其收益打折。因为，与本罪相关的诈骗罪、逃税罪和骗取出口退税罪的追诉标准都已经有所提高。根据1996年的有关司法解释，个人诈骗公私财物"数额较大"以2千元以上不满3万元为标准。而2011年"两高"司法解释，已将诈骗公私财物"数额较大"界定为3千元至1万元以上不满3万元至10万元的。对于逃税罪的数额标准，在《刑法修正案（七）》颁行前的一段时期里，立法者曾经将"数额较大"规定为"1万元以上不满10万元"，而2010年有关司法解释中的追诉标准以逃税数额5万元为起点。犯骗取出口退税罪而数额较大的，根据2001年的追诉标准以1万元为起点，但是，现行标准是2002年和2010年的相关解释中规定的以5万元为起点。从中不难发现，这对本罪实现罪刑均衡和刑法公正产生了不利影响。

最后，还要考虑通过合理地惩治专用发票犯罪来促进经济的发展。对于前述"新客派公司骗税案"而言，既要依法惩处专用发票犯罪及其责任人员，又要尽量使企业走向健康的发展道路，由此更有利于经济的发展。需要指出的是，此案经过侦查、起诉、审判和执行，办案队伍投入的司法成本相对较高，结果法院对王××的有罪判决过轻，这表明其实际犯罪成本极低以及也影响其司法效益。

（二）（守法）教育学视角

1. 定罪方面。虚开增值税专用发票、用于骗取出口退税、抵扣税款发票罪定罪中的惩教机制，也包括定罪与否的惩教机制、此罪而非彼罪的惩教机制、确定罪数的惩教机制。如第六章所述，三者的结构要素在教育者、受教者、目的与教育环节上通常相同，在教育内容与教育方式上略有差异。这里也着重探讨此罪定罪与否的惩教机制。守法的教育环节、教育者、教育对象和教育目的方面，与其他税收犯罪的同类结构要素大致相同，而主要不同之处，也在于教育方式和教育内容上。

此罪在立法上犯罪圈设计的优劣问题，必然导致定罪与否惩教结构的相应问题。前已述及，从1995年颁行的相关单行刑法开始，立法者已经将让他人为自己虚开、介绍他人虚开专用发票的犯罪行为明确纳入犯罪规制之中，使其打击范围加大。借助这种教育方式，在司法实践中，可以传达"税收法不可违、虚开增值税专用发票、用于骗取出口退税、抵扣税款发票罪不可犯"、保

护合法以及因罪受罚或无罪不罚等教育内容。由此进一步达到惩罚犯罪、因果报应、教育行为人和其他人或者预防犯罪等目的。

同前,每一个涉嫌此罪的案件,也会涉及上述定罪与否惩教机制的几个结构要素问题。

还要指出的是,司法解释中也有此罪定罪与否的规定。这类规定是提供给司法人员具体运用法律的依据,它们既是司法人员忠诚型自我教育的内容,又是说服教育行为人服判的依据和内容。例如,依据1996年的相关司法解释以及2001年和2010年有关追诉标准的规定,虚开税款数额1万元以上的或者虚开增值税专用发票致使国家税款被骗取5千元以上的,应当依法定罪处罚。对此,需要适时适度提高其标准,与其他相关犯罪的规定相协调。

另外,在虚开增值税专用发票、用于骗取出口退税、抵扣税款发票罪定罪的惩教机能上,也受到前述结构要素的影响。当前此罪的惩教机制仍需进一步改进,通过完善一切有关定罪的立法规定以及完善前述结构要素,在坚持罪刑法定原则以及保持适度的威慑型教育机能的基础上,推进其定罪机制的发展,使保护社会的积极机能与保障人权的积极机能最大化,以进一步提升忠诚型教育的积极机能。

2. 量刑方面。虚开增值税专用发票、用于骗取出口退税、抵扣税款发票罪量刑中的惩教机制包括司法解释涉及此罪量刑的惩教机制与此罪个案司法中量刑的惩教机制。在司法解释涉及此罪量刑的惩教结构上,教育环节、教育者、教育对象、教育目的与其定罪机制中的要素相同。这里,在教育方式上,它主要表现为司法机关的"解释"、"规定"等表现形式以及刑种、刑量等。其中涉及的教育内容,主要表现为:前述1996年司法解释中第1条、第5条涉及的量刑规范,以及相关刑法法条的量刑规范等。而且,如前所述,对于该司法解释中三级量刑幅度的适用标准有待作出有利于罪刑均衡的调整。对于该司法解释中"有其他严重情节"和"有其他特别严重情节"的,还要适当地进一步加以明确等。这些特殊规范主要是作为指导司法人员具体运用法律正确量刑的依据,是司法人员忠诚型自我教育的内容,又是说服行为人服从判决以及教育他人守法的依据。

另外,司法解释涉及此罪定罪量刑的惩教机能受制于前述各种结构要素,其机能值得加强。据统计,仅1994年4月至7月,全国就查获非法代开、虚开发票案件1518起,代开、虚开金额16亿多元。1994年全国检察机关立案侦查利用发票违法犯罪案件1520件,其中虚开、代开增值税专用发票案件1264件,立案案犯2669人,收缴各类发票3800余万份,虚开、代开价税合计 200 万元以上的重大案件 383 件，挽回和避免经济损失 371113.05 元。① 从 2003 年至 2004 年 3 月底，河南省国税系统共动用了 2136 名稽查人员，开展了一系列专项整治工作，集中查处了一批增值税违法犯罪大要案件。全省共对 10394 户有问题的纳税人进行了检查，其中：立案 8481 件，税务机关结案 7926 件，查补税款 89155 万元，罚款 31628 万元，加收滞纳金 3809 万元，没收违法所得 492 万元。在专项整治中，全省各级国税局稽查局查处的 338 件增值税大要案中，涉税额达 47851 万元，涉案人员 344 人，涉及增值税发票 15838 份；全省国税机关向公安机关移送 931 件；在新闻媒体上曝光案件 309 件。② 又如，2007 年，无锡惠山法院审理的虚开增值税专用发票案件呈明显上升趋势，共审结 31 件 55 人，与上一年审结的 6 件 10 人相比，分别增长 420% 和 450%。③ 还如，2012 年 7 月长沙经侦部门集中打击虚开增值税专用发票犯罪，破获了一大批虚开增值税专用发票犯罪案件。④ 据此可见，打击此类犯罪任重道远。应当通过改进教育内容与教育方式，进一步提高这一特殊机制的威慑型守法教育、忠诚型守法教育和矫治型守法教育的效果。⑤

此外，还要注意，此罪个案司法中的惩教机制问题。比如，就前述"新客派公司骗税案"的判决结果而言，其中对王××处刑过轻，判处王××有期徒刑 1 年，缓刑 1 年。其实，可以判处其缓刑 2 年。即使考虑已对其公司判罚 3 万元，也并不算多。因为，对于虚开发票的一般违法行为，根据《发票管理办法》第 37 条的规定，违反本办法第 22 条第 2 款的规定虚开发票的，由税务机关没收违法所得；虚开金额在 1 万元以下的，可以并处 5 万元以下的罚款；虚开金额超过 1 万元的，并处 5 万元以上 50 万元以下的罚款。由此可见，该判决的矫治型守法教育机能是否达到足以令其改过自新的程度，令人质疑。虽然不能说对王××的处刑是错案，但是其公正水平并未达到良好的程度。⑥

---

① 参见陈兴良主编：《刑法新罪评释全书》，中国民主法制出版社 1995 年版，第 276 页。
② http：//www.hncsw.com/xy/NewsView.asp？ID=81353，访问日期：2013 年 5 月 9 日。
③ http：//www.chinabaike.com/z/ws/lw/cw/531351.html，访问日期：2013 年 5 月 9 日。
④ http：//www.hn.xinhuanet.com/2012-07/26/c_112538309.htm，访问日期：2013 年 5 月 9 日。
⑤ 参见曾明生：《动态刑法的惩教机制研究——刑事守法教育学引论》，中国政法大学出版社 2011 年版，第 24—26、45—46、129 页。
⑥ 有学者指出，具备了实现司法公正的必备条件，具有一定程度的公正性，这不等于公正的实现将达到充分的程度。司法公正的改善条件，是指以改善为目标的条件，即人们为了提升司法公正的文明程度，提出了比司法公正的必备条件更高的要求。它们包括改善的主体条件、改善的主观条件和改善的客观条件等。而且，依据其改善的程度不同，它们都分别有一般改善的条件、良好改善的条件和优秀改善的条件三种等级。参见小白马：《刑事司法公正的内涵及其实现》，载 http：//lawlife1.fyfz.cn/b/220983，访问日期：2013 年 5 月 9 日。

即使一审判决后，被告单位、被告人没有上诉，检察机关亦没有抗诉，也并不等于认为该判决树立了一个标杆。由于 A 投资有限公司有关职员和介绍人参与了共同犯罪，却没有受到应有的刑事责任追究，因此，其法律忠诚型守法教育机能受损。

总之，无论是司法解释中涉及虚开增值税专用发票、用于骗取出口退税、抵扣税款发票罪的惩教机制，还是其个案司法中的惩教机制，可能都值得进一步完善。

附录：相关法律、法规、规章及司法解释索引

1. 1995 年 10 月 30 日《全国人民代表大会常务委员会关于惩治虚开、伪造和非法出售增值税专用发票犯罪的决定》第 1 条、第 5 条、第 10 条；

2. 1997 年刑法典第 205 条；

3. 2011 年 2 月 25 日《刑法修正案（八）》（自 2011 年 5 月 1 日起施行）第 32 条；

4. 《税收征收管理法》（1992 年 9 月 4 日第七届全国人民代表大会常务委员会第二十七次会议通过 根据 1995 年 2 月 28 日第八届全国人民代表大会常务委员会第十二次会议《关于修改〈中华人民共和国税收征收管理法〉的决定》修正 2001 年 4 月 28 日第九届全国人民代表大会常务委员会第二十一次会议修订 自 2001 年 5 月 1 日起施行）第 21 条等；

5. 《增值税暂行条例》（1993 年 12 月 13 日国务院令第 134 号发布 2008 年 11 月 5 日国务院第 34 次常务会议修订通过 自 2009 年 1 月 1 日起施行）第 8 条至第 10 条等；

6. 《发票管理办法》（1993 年 12 月 12 日国务院批准、1993 年 12 月 23 日财政部令第 6 号发布 根据 2010 年 12 月 20 日《国务院关于修改〈中华人民共和国发票管理办法〉的决定》修订 自 2011 年 2 月 1 日起施行）第 7 条、第 16 条、第 19 条至第 22 条、第 37 条等；

7. 1993 年 12 月 30 日《增值税专用发票使用管理规定（试行）》（国税发〔1993〕150 号 自 1994 年 1 月 1 日起执行）第 2 条；

8. 1994 年 6 月 3 日《最高人民法院、最高人民检察院关于办理伪造、倒卖、盗窃发票刑事案件适用法律的规定》第 2 条；

9. 1996 年 10 月 17 日《最高人民法院关于适用〈全国人民代表大会常务

第十章　虚开增值税专用发票、用于骗取出口退税、抵扣税款发票罪

委员会关于惩治虚开、伪造和非法出售增值税专用发票犯罪的决定〉的若干问题的解释》第1条、第5条；

10. 2001年4月18日《最高人民检察院、公安部关于经济犯罪案件追诉标准的规定》第53条；

11. 2005年12月29日《全国人民代表大会常务委员会关于〈中华人民共和国刑法〉有关出口退税、抵扣税款的其他发票规定的解释》；

12. 2010年5月7日《最高人民检察院、公安部关于公安机关管辖的刑事案件立案追诉标准的规定（二）》第61条。

第十一章 虚开发票罪

案例概要

2011年9月至2012年2月间,万×承接W公司的工程业务,因其未取得建筑从业资质,为结算工程款,遂通过蔡××介绍,支付7%的开票费,再由蔡××向他人支付部分开票费后,从他人处虚开W公司的建筑业统一发票5份(票面金额共计517500元),交由W公司入账。2011年5月至2012年3月间,邱××承接W公司零星工程,因其未取得建筑从业资质,为结算工程款,遂通过蔡××介绍,支付7%的开票费,再由蔡××向他人支付部分开票费后,从他人处虚开W公司的建筑业统一发票18份(票面金额420773元),交由W公司入账。2012年7月4日,蔡××、万×接公安机关电话通知后主动到案;7月19日,邱××接公安机关电话通知后主动到案。上述三人归案后均如实交代了涉案事实。在法院审理过程中,蔡××自愿退出违法所得13135元。法院认为,蔡××、万×、邱××违反发票管理法规,虚开发票,情节严重,其行为均已构成虚开发票罪,公诉机关的指控成立,予以支持。对于邱××认为其不构成犯罪的辩解,经查,邱××对其涉案事实供认不讳,仅出于对法律规定认识不足而提出上述辩解。法院认为,邱××主观上对其行为性质的认识错误不影响犯罪构成,对其辩解不予采信。蔡××分别与万×、邱××构成共同犯罪。鉴于蔡××、万×、邱××系自首,万×、邱××犯罪较轻,蔡××能积极退赃,认罪态度较好,故对万×、邱××依法免予刑事处罚,对蔡××依法予以从轻处罚。法院判决:(1)蔡××犯虚开发票罪,判处拘役6个月,缓刑6个月,罚金人民币1千元。(缓刑考验期限,从判决确定之日起计算。罚金自判决生效后1个月内缴纳。)蔡××回到社区后,应当遵守法律、法规,服从监督管理,接受教育,完成公益劳动,做一名有益社会的公民。(2)万×犯虚开发票罪,免予刑事处罚。(3)邱××犯虚开发票罪,免予刑事处罚。①

【1. 说明:此案经过各个诉讼环节,其中相关程序分析,可参阅总论部分

---

① 此案例来源于上海法院法律文书检索中心网站公开的"(2012)浦刑初字第5017号"判决书。

的有关内容以及本书后附录中的刑事诉讼法。2. 思考：裁判公正吗？为什么？】

第一节 虚开发票罪的立法沿革及检讨

虚开发票罪，是指违反国家发票管理规定，故意虚开除增值税专用发票和用于骗取出口退税、抵扣税款的其他发票以外的发票的刑事违法行为。这里，首先对我国刑法中虚开发票罪的立法规定进行简要介绍，然后从经济学与（守法）教育学视角对其加以检视与讨论。

一、虚开发票罪的立法沿革

虚开发票罪是随着我国市场经济的发展而逐步产生的一个罪名，经历了一个从无到有的发展过程。我国1979年刑法典没有对此行为规定专门的罪名。因为在相当长的一段时间里，我国并不存在增值税专用发票和其他可以直接用于申请出口退税、抵扣税款的发票。面对虚开增值税专用发票的高发态势，1995年全国人大常委会通过关于惩治增值税专用发票犯罪的单行刑法，其中将虚开增值税专用发票或者虚开用于骗取出口退税、抵扣税款的发票的行为规定为犯罪。立法者在1997年全面修订刑法时基本吸收了前述单行刑法的有关内容。但对于虚开这些发票以外的普通发票的行为，该法典当时没有视为犯罪。

随着国家金税工程网络控管能力和税收管理的加强，增值税专用发票、用于骗取出口退税、抵扣税款的其他发票的违法犯罪活动得到了一定程度的遏制，而普通发票拥有广泛的需求市场，同时制售假发票的"经济成本和风险成本都比较低"，违法犯罪分子开始把注意力转向了普通发票，导致普通发票违法案件近年来逐年递增，且呈现激增态势。[①] 虚开普通发票行为的泛滥，不仅直接诱发逃税等税收违法犯罪行为，还为财务造假、贪污贿赂、挥霍公款、洗钱等违法犯罪行为提供了条件，严重扰乱了市场经济秩序和社会管理秩序，并滋生各类腐败现象，败坏社会风气，具有严重的社会危害性。为了严密打击

[①] 参见陈晶晶："假发票违法犯罪重点发生新转移 黑手伸向普通发票 发票管理办法修订草案正在审议"，载《法制日报》2008年1月18日第3版。

普通发票犯罪的法网,自2011年5月1日起施行的《刑法修正案（八）》第33条增加了虚开发票罪的条文。2011年4月"两高"司法解释将本条规定的罪名确定为"虚开发票罪"。我们认为,此罪罪名的确定尚有商榷之处。因为发票包括增值税专用发票、可申请出口退税、抵扣税款的其他发票和普通发票。这里的发票,是指除增值税专用发票以及可申请出口退税、抵扣税款的其他发票以外的发票,即普通发票。虚开发票罪罪名的确定,使得其罪名过大,不能准确描述此罪的对象,所以,将之确定为虚开普通发票罪更为适宜。[①]

二、立法检讨：经济学与（守法）教育学视角

（一）经济学视角

从我国虚开发票罪的立法史看,其立法经历了一个由无到有的过程,它也是一个立法上追求和实现供求平衡的过程。如前所述,为了满足惩治发票犯罪的现实需求,1995年单行刑法对专用发票犯罪作出规定,由此实现一个相对的供求平衡。后来,在1997年全面修订刑法典时,这种平衡在作了一些调整后,基本保持了下来。不久前,《刑法修正案（八）》又对之作了微调。

另外,我国有关此罪的立法史,应当也是一个不断追求以尽可能小的立法成本获取尽可能大的立法收益的过程。在立法方式上,以修正案的形式对刑法作出补充规定,比全面修改刑法显然更为经济。对其立法内容而言,这虽然增加了立法成本,但是也增加了一定的社会收益。它为司法实践提供了较为明确的适用依据,使之与惩处犯罪的需要逐渐相适应。鉴于这种修改与1997年刑法典对发票犯罪的修改时间间隔仍然较短,因此,1997年的立法成本没有运用到极致。这也说明立法应更具前瞻性。

（二）（守法）教育学视角

虚开发票罪与其他发票犯罪在立法中的惩教结构六大组成要素上,教育环节、教育者、教育对象、教育目的通常相同。不同的主要是其教育内容和教育方式。

此罪立法中的惩教结构之教育内容：一是此罪立法中的行为规范（"禁止虚开发票的犯罪"）；二是此罪立法中的裁判规范和执行规范,这是对司法人员忠诚型守法教育的内容,也是对一般人的威慑型守法教育和忠诚型守法教育

[①] 参见王鹏祥："虚开发票罪的司法认定",载《劳动保障世界（理论版）》2012年第7期,第83页。

的内容，又是对罪犯的矫治型守法教育的内容。① 其主要表现为：现行刑法典第 205 条之一的内容等。此外，还有税收法规的相关内容。

在此罪立法中的教育方式上，采用可能性的惩罚后果（有期徒刑、拘役、管制和罚金）相威慑的方式，或者说，以"犯……罪，处……刑"的方式，表达"禁止犯罪"的内容。在立法犯罪圈方面，我国一度随着犯罪形势的变化使其打击范围加大，起初对一些倒卖发票的犯罪以当时的投机倒把罪论处，对以营利为目的，伪造、变造增值税专用发票的行为，以伪造税票罪追究刑事责任，后来增设专用发票犯罪以及虚开发票罪等。

上述结构要素的发展变化，已经影响此罪立法中的惩教机能。在前述 1995 年有关单行刑法颁行之前，1979 年刑法典中没有虚开发票犯罪的明确规定，因此，曾经仅靠口袋罪或类推制度来处理。这种打击的威慑型教育机能似乎较强，但是鼓励民众对法律忠诚型的教育机能较弱。后来，随着相关单行刑法以及刑法的几次大小修订，通过明确法条内容的方式来实现有法可依。立法增设此罪，有利于加大对发票犯罪的打击力度。这样，在适当强调其威慑型教育机能的基础上，增强其法律忠诚型教育机能。诚然，当前这种惩教机制仍需进一步改进。通过完善前述结构要素，推进其立法中的惩教机制的发展，进一步提升忠诚型教育的积极机能。

第二节 虚开发票罪的成立要件

我国刑法传统理论通常从四要件构成特征来分析犯罪，也有学者只从客观构成要件和主观构成要件两方面加以分析，还有学者从罪体、罪责和罪量方面来探讨。这些均有一定的合理性。然而，我们认为，是否成立虚开发票罪，可先考察其行为是否具备法益侵害性，若具备法益侵害性，则进一步分析其行为是否具备刑事违法性。② 以下将结合前述案例概要进行分析。

---

① 参见曾明生：《动态刑法的惩教机制研究——刑事守法教育学引论》，中国政法大学出版社 2011 年版，第 24—26、45—46、129 页。

② 参见曾明生：《动态刑法的惩教机制研究——刑事守法教育学引论》，中国政法大学出版社 2011 年版，第 170—171 页。

一、法益侵害性

法益遭受了侵害，这种侵害是人的行为造成的。

（一）犯罪客体要件

发票是在购销商品、提供或者接受服务以及从事其他经济活动中，开具、收取的收付款凭证。从其功能看，发票是会计核算的原始凭证，又是税务稽查的重要依据。虚开发票的行为，在没有产生商品购销或者提供服务的情况下，就开具交易内容不存在或不真实的凭证，使得会计核算与现实交易产生误差，严重影响会计核算的真实性，使国家对国民经济发展相关数据的掌握发生偏差。根据《发票管理办法》第16条的规定："禁止非法代开发票。"该办法第22条禁止任何单位和个人有虚开发票的行为，而且，该办法第37条对虚开发票的法律责任作出了相关规定。《税收征收管理法》第21条中规定，"发票的管理办法由国务院规定"，该条还规定，"单位、个人在购销商品、提供或者接受经营服务以及从事其他经营活动中，应当按照规定开具、使用、取得发票"。据此可见，虚开发票的行为，危害了国家发票管理的制度秩序。此外，发票是国家进行税务稽查的重要依据，通过虚开发票，可以使不法经营者多列成本，减少所得税等税种的应纳税额，达到偷逃税款的目的，从而侵犯了国家的税收征管制度秩序。亦即，虚开发票罪侵犯的直接客体是国家发票管理的制度秩序，进而危害税收征管的制度秩序等。

（二）犯罪客观要件

行为人违反了国家发票管理规定，实施了虚开除增值税专用发票和可用于申请出口退税、抵扣税款的发票以外的发票的行为。至于其虚开行为的情节严重程度以及是否产生一定的危害结果，将于后文有无事由阻却性部分中述及。这里着重对以下几个问题进行探讨。

1. "虚开"的行为方式和实质内容。

（1）"虚开"的行为方式。虚开发票罪中的虚开方式包括为自己、为他人、让他人为自己、介绍他人虚开四种。对于虚开发票罪与虚开增值税专用发票罪的虚开方式是否相同，有赞同和质疑两种观点。赞同者的主要理由是：虚开发票、虚开增值税专用发票中的开票方和受票方是普通共犯关系而非对合共犯关系。刑法理论认为，对于普通共犯的认定（如故意杀人和帮助他人故意杀人），只需参照刑法总则的规定即可，无须分则另行规定。对于对向共犯的认定（如受贿、行贿），则要有刑法分则的明文规定，否则无法认定。而此罪涉及的开票方和受票方应该属于普通共犯关系，故除了为自己、为他人虚开这两种方式外，让他人为自己、介绍他人虚开这两种方式也可按刑法总则关于共犯的一般原理进行认定。质疑者的主要依据是法无明文规定不为罪的罪刑法定原则。既然刑法对于虚开增值税专用发票的虚开方式有明确定义，为何对于虚开发票的虚开方式没有定义？这是立法时的疏漏所致，抑或是立法者认为可以参照虚开增值税专用发票的规定故无须再次规定，抑或是立法时尚未确定能否套用而留待司法解释来解决？既然刑法没有明确规定，就应本着法无明文规定不为罪的原则，对于让他人为自己、介绍他人虚开这两种方式不认定为犯罪。[1]

我们赞同第一种观点。因为《发票管理办法》作为虚开发票罪的前置性行政法规，在其中第22条中已对虚开行为作出规定。而且，此处的虚开方式可以参照虚开增值税专用发票罪中的相应规定。"为自己"以及"为他人"虚开发票属于典型的虚开方式。"让他人为自己虚开"、"介绍他人虚开"属虚开的源头之一，也应予以打击，否则无异于扬汤止沸。

（2）"虚开"行为的实质内容。对于虚开发票的实质内容，刑法及相关司法解释尚无明确规定。依据《发票管理办法》第22条的规定，虚开发票是为自己、为他人、让他人为自己、介绍他人开具"与实际经营业务情况不符的发票"。但何为"与实际经营业务情况不符的发票"，在理解中可能尚存在一定的分歧。虚开发票至少涉及以下几种类型：第一，无中生有型。即所开具的发票根本不存在与之对应的任何真实交易内容。第二，有中增加型。即虽然存在相应的交易内容，但开具的发票在金额上比真实交易内容有增加。第三，名实不符型。即所开具的发票具有相应的真实交易内容，并且金额也没有扩大，但在相应发票的品名（如把茅台酒写成办公用品）、各项交易内容的具体金额（发票总金额一致，但各小项金额有的扩大有的缩小）等方面名实不符。[2] 第四，非法代开型。即虽然存在相应的交易内容，但因一方资质问题而没有合格发票，为结算而违规找他人代开发票入账的情形。第五，混合型。这种类型可以同时包括前述数种类型。

我们认为，对于上述几种类型能否均按照"与实际经营业务情况不符"来认定为虚开发票，不能一概而论，应区别对待。第一，对于无中生有型，这种情况是典型模式，应认定为虚开发票。第二，对于有中增加型，这种情况是变相模式，属于部分虚开。如果因虚开所增加的金额达到此罪追诉标准，就应

---

[1] 参见金懿："虚开发票罪探讨"，载《法治论丛》2012年第6期，第121页。
[2] 参见金懿："虚开发票罪探讨"，载《法治论丛》2012年第6期，第122页。

追诉。第三，对于名实不符型，从实质意义上说，无论是发票的品名作假，还是各项交易项下的具体金额等内容弄虚作假，都是"与实际经营业务情况不符"，属于变相虚开，但这种情况危害性相对较小，且实际情况非常普遍，若目前对其一概作为犯罪予以打击，则过于严厉，故而对于名实不符型，当前可按行政违法处理。第四，对于非法代开型，应认定为虚开发票。第五，对于混合型，应综合考量前述相关情形加以处理。

2. 虚开的发票范围。如前已述，此罪涉及的发票是普通发票，即除了增值税专用发票以及可用于申请出口退税、抵扣税款发票以外的其他发票。我们认为，其中除了国家正规印制的普通发票外，还包括伪造、变造的普通发票以及已被废止的普通真发票。因为已被废止的真发票，虽然失去了发票功能，但依然属于国家发票管理的范围。2011年2月1日起施行的《发票管理办法》第24条第2项规定："任何单位和个人应当按照发票管理规定使用发票，不得在知道或者应当知道是私自印制、伪造、变造、非法取得或者废止的发票的情况下将其受让、开具、存放、携带、邮寄、运输。"同时，由于消费者对发票知识的缺乏，在商家开具已被废止的真发票的情况下很难识别，致使商家偷逃税款，侵害国家的税收征收管理秩序。面对我国发票犯罪的高发态势，有必要对虚开已被废止的真发票的行为以虚开普通发票论处。①

另外，值得指出的是，在司法实践中，各类虚开发票行为，可以进一步区分为假票真开、真票假开和假票假开三种类型。这些均可能涉及为自己、为他人、让他人为自己、介绍他人虚开四种虚开的行为方式。而且，对于真票假开和假票假开的类型，可能涉及前述五种"虚开"行为的实质内容，但是假票真开是另一种特殊的虚开行为。

此外，从发票功能上看，能否抵扣进项税额，就成为刑法上区分发票为普通发票还是增值税专用发票以及具有抵扣税款功能其他发票的依据。对于哪些进项税额可以从销项税额中予以抵扣，我国法规作出了明确规定。自2009年1月1日起施行的《增值税暂行条例》第8条明确规定：纳税人购进货物或者接受应税劳务（以下简称购进货物或者应税劳务）支付或者负担的增值税额，为进项税额。下列进项税额准予从销项税额中抵扣：（一）从销售方取得的增值税专用发票上注明的增值税额。（二）从海关取得的海关进口增值税专用缴款书上注明的增值税额。（三）购进农产品，除取得增值税专用发票或者海关进口增值税专用缴款书外，按照农产品收购发票或者销售发票上注明的农产品

---

① 参见王鹏祥："虚开发票罪的司法认定"，载《劳动保障世界（理论版）》2012年第7期，第83页。

买价和13%的扣除率计算的进项税额。(四)购进或者销售货物以及在生产经营过程中支付运输费用的,按照运输费用结算单据上注明的运输费用金额和7%的扣除率计算的进项税额。从上述规定可以看出,除了增值税专用发票之外,目前还有四种凭证可以用于增值税抵扣,即海关完税凭证、运输发票、废旧物资发票、农产品收购凭证(含农业生产者开具的普通发票),这四种凭证俗称"四小票"。同时需要注意,目前刑法中对出口退税、抵扣税款的其他发票作了扩大解释。根据全国人大常委会《关于〈中华人民共和国刑法〉有关出口退税、抵扣税款的其他发票规定的解释》的规定,刑法规定的"出口退税、抵扣税款的其他发票",是指除增值税专用发票以外的,具有出口退税、抵扣税款功能的收付款凭证或者完税凭证,如包括作为完税凭证的海关代征增值税专用缴款书。某一收付款凭证是否具有抵扣税款功能,除国家税务总局的明文规定外,还需要由开票单位的主管税务机关确认。[①]

由此可见,如果某种发票属于"四小票"或其他具有申请出口退税、抵扣税款功能的发票,它就不能成为虚开发票罪的犯罪对象。反之,若某种发票不属于"四小票",如在增值税普通发票上应税劳务名称为院内雨洪利用工程,则该增值税普通发票的进项税额无法抵扣,不符合《增值税暂行条例》第8条规定,而符合第10条规定。由此,可以认定此类的增值税普通发票系普通发票,可以成为虚开发票罪的犯罪对象。[②]

3. "虚开金额"的认定

根据《刑法修正案(八)》,虚开发票情节严重的构成此罪既遂。司法实践中,一般以虚开金额大小作为判断情节严重的重要依据之一。最高人民检察院、公安部《关于公安机关管辖的刑事案件立案追诉标准的规定(二)的补充规定》第2条规定,虚开金额累计在40万元以上的,应当予以立案追诉。其中,对虚开金额应如何理解,应当按照发票上的何种数额加以认定,在司法实践中也存在争议。

上述司法解释第3条规定,持有伪造的发票罪中,持有伪造的除了增值税专用发票、用于骗取出口退税、抵扣税款的其他发票票面额累计在80万以上的,应当立案追诉。在同一司法解释中,虚开发票罪中规定的数额为虚开的"金额",而持有伪造的发票罪中,规定的金额为"票面额",二者规定不一致。从票面金额是否确定,普通发票可以分为定额发票和非定额发票,定额发

[①] 参见周洪波:《危害税收征管罪——立案追诉标准与司法认定实务》,中国人民公安大学出版社2010年版,第159页。

[②] 参见黄晓文:"虚开发票罪司法适用若干问题探析",载《中国检察官》2013年第1期,第34页。

票是根据特定行业和税收管理的需要而制订的票额金额确定的发票，如饮食娱乐业定额发票、服务行业定额发票、旅客运输定额发票等；非定额发票是指票面金额在开具前没有确定，需要出具票时填制其经济业务内容、数量金额和日期。①

在普通发票中，数额主要指以下几种金额：票面额，即发票面值的总额，为购买商品的购货额+税额；税额，即需向税务机关缴纳的税款数额，包括进项税额和销项税额；销售额，即纳税人销售货物或者应税劳务向购买方收取的全部价款和价外费用，但是不包括收取的销项税额。在司法实践中，由于目前百元版、千元版和万元版的发票格式不同，票面额与虚开金额不完全一致，将"票面额"修改为"虚开金额"，将"虚开金额"作为标准，更能准确反映行为人虚开发票行为的社会危害性，也与刑法的罪状表述相一致。② 如在一张增值税普通发票中，有三个数额，购货额是人民币 456500 元，票面额为人民币 550000 元，应纳税额为 93500 元。对此，应当认定的虚开数额为人民币 550000 元。③

4. 非法代开发票和挂靠的问题

实践中，有很多虚开发票案件牵涉到非法代开发票、挂靠的问题。这种情况在建筑工程行业中尤为普遍。由于我国建筑行业管理较为落后，很多工程的施工方不具备相关的建筑行业资质（大多数为马路工程队），因此不具有开票资格。而工程施工方的上游单位（可能为发包方、承建方、分包方）在发包、分包、转包工程后，需要相关发票进行入账以便于本单位财务上的管理，便会要求施工方开具发票。按照《发票管理办法》第16条规定，"需要临时使用发票的单位和个人，可以凭购销商品、提供或者接受服务以及从事其他经营活动的书面证明、经办人身份证明，直接向经营地税务机关申请代开发票。依照税收法律、行政法规规定应当缴纳税款的，税务机关应当先征收税款，再开具发票。税务机关根据发票管理的需要，可以按照国务院税务主管部门的规定委托其他单位代开发票。禁止非法代开发票"。因此，施工方本可以在完税后由税务机关代开发票。但很多施工方认为，由税务机关代开发票，一方面税率较高，另一方面程序复杂、手续烦琐。为了省钱、省事，很多施工方便找某些专

---

① 参见黄晓文："虚开发票罪司法适用若干问题探析"，载《中国检察官》2013年第1期，第36页。

② 参见陈国庆、韩耀元、吴峤滨："关于公安机关管辖的刑事案件立案追诉标准的规定（二）的补充规定解读"，载《人民检察》2011年第24期，第26页。

③ 参见黄晓文："虚开发票罪司法适用若干问题探析"，载《中国检察官》2013年第1期，第36页。

业的"开票公司",在支付一笔费用后由后者代开发票。这些开票公司拥有合法的开票资格,在收取施工方一笔开票费用后,便为施工方开具相应的发票,这些发票的抬头一般即为开票公司。有些"开票公司",明知法律法规禁止非法代开发票,为了规避法律,避免遭到打击,甚至在代开发票之前先与上游单位签订相关的工程承建合同,后再为施工方开具相应发票。这样,从形式上看,施工方便成为了这些开票公司的挂靠单位。虽然挂靠属于违规行为,不被法律认可,但由被挂靠单位开具发票,似乎不属于代开发票的情况,不应进行刑事处罚。面对这样的案件,便会遇到两个问题:第一,非法代开发票是否属于虚开发票的一种形式?第二,如何区分挂靠和非法代开发票。也许有人会认为,建筑公司不属于也不同于受税务机关委托的开票公司,更不属于无受托代开发票资格的"开票公司",其接受违规挂靠的关键不在于具有开具建筑业发票的资格,而在于具有建筑业经营许可权的特定资质,其除收取法定的收费外,还要收取管理费,承担着质量和安全的法定责任,多数还要提供定期管理、检查、指导和监督服务的,许多情况还派出项目班子和施工管理队伍,因此,这里以建筑业挂靠事项论证似乎不完全合适。但是前述情况还是存在的,而且建筑领域虚开普通发票情况也确实比较普遍。

那么,对于第一个问题,如前已述,我们认为,非法代开发票属于虚开发票的一种形式。虽然从源头上看,施工方与受票方之间存在真实的业务往来,但代开发票方与受票方却没有真实业务往来。虚开发票犯罪侵害的法益是发票管理的制度秩序,代开发票的行为同时使国家的税款收入(因代开发票的税率比税务机关代开要低,故税款有流失)与发票管理的制度秩序受到损害,故应把非法代开发票行为认定为虚开发票行为的一种。对于第二个问题,应从公司情况、时间先后两方面考察区分挂靠和非法代开发票。从公司情况看,开票公司一般没有相关施工的员工、设备,也多无从业经验、从业资质,一般从不承接任何工程,其设立公司的目的是为通过替他人开具发票而牟利。而被挂靠单位则一般有相关施工的员工、设备,具备一定的从业经验和资质。被挂靠单位除了收取挂靠管理费用,自身还有通过承接工程营利的能力。故从公司情况角度是可以区分挂靠与非法代开发票的。从时间先后看,若是挂靠的情况,则挂靠关系一般成立于施工方承接工程前,挂靠单位与被挂靠单位系长期合作关系;若是非法代开发票的情况,则施工方通常是在施工完毕后,才找开票公司代开发票,施工方与开票公司发生关系的时间在后,并且通常只有一次合作关系。故从时间先后的角度也可以区分两者的不同。综上所述,我们认为,对于代开发票的行为应予以打击,但应严格区分非法代开发票与挂靠,不能将挂靠关系下的开具发票行为认定为非法代开发票。[①]

在前述"虚开建筑发票案"中,万×通过蔡××的介绍,从他人处虚开了 W 公司的建筑业统一发票 5 份(票面金额共计 517500 元),邱××通过蔡××的介绍,从他人处虚开了 W 公司的建筑业统一发票 18 份(票面金额 420773 元)。其中蔡××实施了"介绍他人"虚开发票的行为,万×和邱××分别实施了"让他人为自己"虚开发票的行为,开票方实施了非法代开型的"为他人"虚开发票的行为,他们的行为均已具有法益侵害性。

二、刑事违法性

如前所述,危害税收征管秩序的违法行为符合法益侵害性,但是,在司法领域认定是否成立犯罪,最终的关键是,判断行为是否具有刑事违法性。具有刑事违法性,必须同时具备四要件齐备性与无事由阻却性。当然,否定刑事违法性,只要否定其中任何一个(四要件齐备性或者无事由阻却性)即可。

(一)四要件齐备性

除了犯罪客体要件和犯罪客观要件外,还必须具备犯罪主体要件和犯罪主观要件。

1. 犯罪主体要件。虚开发票罪的行为主体是一般主体,年满 16 周岁的具有刑事责任能力的自然人和单位均可构成。其中既包括开票的行为主体,也包括受票的行为主体和介绍他人开具发票的的行为主体。

在前述"虚开建筑发票案"中,万×、蔡××、邱××属于自然人主体,W 公司属于单位主体。此处开票人没有被明确,但是开票人既可以是个人,也可以是单位。

2. 犯罪主观要件。虚开发票罪的主观要件是故意。即行为人明知虚开普通发票行为违反国家发票管理制度,可能会造成国家税款的流失,而希望或放任这种结果发生的一种主观心理态度。如果行为人不是故意,而是因为工作疏漏而错开,或者缺乏专业知识而错开,或者上当受骗而虚开的,不宜以此罪论处。行为人主观上是否应当具有谋取非法利益的目的,法律没有明确规定。对此,有不同意见。有人认为,刑法虽然没有明定该罪的目的要件,但虚开的目的应作为此罪成立的必要条件。没有谋取非法利益目的及其现实可能性的不宜认定为此罪。也有人认为,行为人主观上都是以营利为目的,但法律上并未规

[①] 参见金懿:"虚开发票罪探讨",载《法治论丛》2012 年第 6 期,第 123 页。

定以"谋取非法利益"是此罪主观方面的必备要件,因此,以其他目的虚开发票的,也构成此罪。① 又有人认为,不能一概而论。虚开发票不是违法者的最终目的,常常是出售或者实施逃税等其他非法牟利犯罪的桥梁和中介,而最终是以谋取非法利益为目的。由于虚开发票罪主要侵害的是国家税收征管秩序,如果没有牟利目的,那么持有虚开的发票行为对国家税款的征收就没有威胁,也不会对国家税收征管秩序造成大的影响,其社会危害性相对较小,如果情节显著轻微,可以不作为犯罪处理。因此,虽然刑法没有将"以营利为目的"或者"为牟利"作为虚开发票罪的主观要件,但是不以牟利为目的的虚开发票行为是否能认定为此罪需要审慎认定。② 我们更倾向于第二种观点。虚开的目的在所不问。虚开的目的可以多种多样,可以是为了赚取手续费,也可以是通过虚开发票少报收入、逃税、骗税,甚至是用于非法经营、贪污贿赂、侵占等违法犯罪活动。③

在前述"虚开建筑发票案"中,万×承接W公司的工程业务,因其未取得建筑从业资质,为结算工程款,遂通过蔡××介绍,支付7%的开票费,再由蔡××向他人支付部分开票费后,从他人处虚开了W公司的建筑业统一发票5份(票面金额共计517500元),交由W公司入账。邱××承接W公司零星工程,因其未取得建筑从业资质,为结算工程款,遂通过蔡××介绍,支付7%的开票费,再由蔡××向他人支付部分开票费后,从他人处虚开了W公司的建筑业统一发票18份(票面金额420773元),交由W公司入账。万×和邱××均实施了故意"让他人为自己虚开"的行为以及支付了开票费。虽然邱××提出辩解说,其主观上对行为法律性质有认识错误,但是,这不影响其明知虚开普通发票行为违反国家发票管理制度,可能会造成国家税款的流失,而希望或放任这种结果发生的一种主观心理态度。开票人实施了故意"为他人虚开"的行为,具有获取开票费的目的。介绍人蔡××"介绍他人虚开"的行为也是故意行为,从中收取开票费。通过以上分析可知,蔡××、万×和邱××以及开票人的相关行为,已经具备了上述四个要件,符合了四要件齐备性。

(二) 无事由阻却性

虽然具有四要件齐备性,但是要成立虚开发票罪,还必须排除刑事违法性

---

① 参见高铭暄、陈璐:《中华人民共和国刑法修正案(八)解读与思考》,中国人民大学出版社2011年版,第98页。

② http://baike.baidu.cn/view/5658105.htm,访问日期:2013年6月2日。

③ 参见陈国庆、韩耀元、吴峤滨:"关于公安机关管辖的刑事案件立案追诉标准的规定(二)的补充规定解读",载《人民检察》2011年第24期,第26页。

阻却事由。从刑法规定看，此罪也不存在正当防卫、紧急避险和附条件不追究刑事责任等阻却事由。此处的刑事违法性阻却事由，只剩下刑法典第 13 条"但书"的规定了，即"情节显著轻微危害不大"的情形。

因此，这里的无事由阻却性，就是要排除前述"但书"的情形。或者说，违法情节和客观危害，必须达到足够的程度。根据 2011 年有关追诉标准的补充规定，"虚开发票 100 份以上或者虚开金额累计在 40 万元以上的"，或者"虽未达到上述数额标准，但 5 年内因虚开发票行为受过行政处罚二次以上，又虚开发票的"，或者具有"其他情节严重的情形"的，应予追诉。亦即，从司法解释看，若符合上述情形之一要求的，则表明已无前述"但书"条款的阻却事由。

综上所述，当虚开普通发票的行为同时具有四要件齐备性与无事由阻却性，它就具有了刑事违法性，可以认定其成立虚开发票罪。

在前述"虚开建筑发票案"中，蔡××、万×、邱××以及开票人均成立虚开发票罪。

第三节　虚开发票罪的司法认定

本节先从规范刑法学的视角对定罪（罪与非罪、此罪与彼罪、共同犯罪、一罪与数罪）和量刑中的若干问题进行讨论，然后分别从经济学与（守法）教育学两个视角进行司法检讨。

一、罪与非罪

如前所述，成立虚开发票罪必须同时具备以下要件：其一，侵犯的客体要件是国家发票管理的制度秩序和税收征管的制度秩序。其二，客观方面表现为虚开刑法典第 205 条规定以外的其他发票，情节严重的行为。其三，行为主体可以是单位和年满 16 周岁具有刑事责任能力的自然人。其四，主观方面只能是故意。

若虚开发票的情节尚不够严重，又不构成其他罪的，则阻却了刑事违法性，属一般违法行为。通常认为，根据刑法典第 205 条之一的规定，虚开普通发票要求达到"情节严重"的程度才可构成此罪，才能适用刑法进行处罚。对于没有达到"情节严重"程度的行为，应当通过行政手段进行处理。何谓此处的"情节严重"，可参照前述 2011 年有关追诉标准的补充规定中的立案追诉标准加以认定。

二、此罪与彼罪

（一）虚开发票罪与虚开增值税专用发票、用于骗取出口退税、抵扣税款发票罪的界限

1. 犯罪对象不同。一个是普通发票，另一个是增值税专用发票、用于骗取出口退税、抵扣税款的其他发票。在行为人对犯罪对象认识错误的情况下，应当按照行为人意图侵犯的对象定罪。即在行为人以为是普通发票而虚开，但实际上虚开的是增值税专用发票的情况下，若虚开行为均达到两罪的客观数量或数额标准的，则应认定为虚开发票罪，但是考虑其客观危害较重，酌情从重处罚。2. 客观要件标准不同。对于前者，根据 2011 年有关追诉标准的补充规定，"虚开发票 100 份以上或者虚开金额累计在 40 万元以上的"，或者"虽未达到上述数额标准，但 5 年内因虚开发票行为受过行政处罚二次以上，又虚开发票的"，或者具有"其他情节严重的情形"的，应予追诉。对于后者，根据 2001 年和 2010 年有关追诉标准的司法解释，虚开专用发票税款数额 1 万元以上或者虚开专用发票致使国家税款被骗取 5 千元以上的，应予立案追诉。

（二）虚开发票罪与诈骗罪的界限

主要区别：1. 客体要件不同。前者侵犯的客体要件是国家发票管理的制度秩序和税收征管的制度秩序；后者侵犯的是公私财物的所有权。2. 客观要件有所不同。前者表现为虚开刑法典第 205 条规定以外的其他发票，情节严重的行为；而后者表现为诈骗公私财物，数额较大的行为。3. 主体要件不同。前者的行为主体可以是单位和年满 16 周岁具有刑事责任能力的自然人；而后者的主体要件是年满 16 周岁具有刑事责任能力的自然人。

（三）虚开发票罪与逃税罪的界限

主要区别：1. 客观要件不同。前者表现为虚开刑法典第 205 条规定以外的其他发票，情节严重的行为；而后者表现为纳税人采取欺骗、隐瞒手段进行虚假纳税申报或者不申报，逃避缴纳税款数额较大并且占应纳税额 10% 以上的，不缴或少缴应纳税款的情节严重的行为，或者扣缴义务人采取欺骗、隐瞒手段不缴或少缴已扣、已收税款且数额较大的行为。2. 行为主体不同。前者的主体为一般主体，包括年满 16 周岁具有刑事责任能力的自然人和单位；后者的主体为特殊主体，是具有纳税义务或扣缴义务的自然人和单位，即只有纳税人或扣缴义务人才可能独立构成逃税罪。3. 目的不同。前者的目的不限于

逃税，后者的目的是不缴或者少缴应纳税款或已扣、已收税款。

（四）虚开发票罪与骗取出口退税罪的界限

主要区别：1. 客体要件不同。前者侵犯的客体要件是国家发票管理的制度秩序和税收征管的制度秩序；后者侵犯的是国家出口退税管理的制度秩序和公共财产所有权。2. 客观要件不同。前者表现为虚开普通发票，情节严重的行为；后者表现为采取假报出口或者其他欺骗手段，骗取了数额较大的国家出口退税款的行为。3. 目的不同。前者是为了从中赚取好处费或者少报收入进行逃税，或者用于报销等；后者是为了骗取国家出口退税款。

三、共同犯罪

虚开发票罪的共同犯罪，包括纳税人与其他人实施的共同犯罪，也包括非纳税人实施的共同犯罪等，其中包括个人与个人、单位与个人、单位与单位之间的共同犯罪类型。

需要指出，在建筑工程领域，工程发包方明知施工方无开票资质，但为了方便入账结算，指使施工方找人代开发票，更有甚者发包方自己直接找人为施工方代开发票。对此，能否追究发包方的刑事责任？我们认为应当区分情况处理。若非法代开发票的情节严重，成立犯罪的，则发包方的指使行为可以构成虚开发票罪中"让他人为自己虚开发票"的教唆犯，对发包方可按虚开发票罪的共同犯罪处罚。而发包方直接找人为施工方代开发票的，若施工方同意发包方让他人为自己虚开发票且情节严重成立犯罪的，则发包方是帮助犯，开票方和发包方以及施工方成立虚开发票罪的共同犯罪。若施工方不同意发包方找人为其代开发票，或者施工方对发包方找人为其代开发票不知情，非法代开行为情节严重成立犯罪的，则开票方和发包方成立虚开发票罪的共同犯罪，而施工方不成立此罪。诚然，实践中常见的是，发包方明知施工方本身无开票资质，发包方只是让施工方想办法开具发票，施工方后来向发包方提供他人代开的发票，发包方欣然接受。对此，发包方未明确指使施工方找人代开发票，也没有直接找人为施工方代开发票的，则不宜对发包方追究刑事责任。此时，成立犯罪的可能是开票方与施工方的共同犯罪。

另外，在前述"虚开建筑发票案"中，万×承接W公司的工程业务，因其未取得建筑从业资质，为结算工程款，遂通过蔡××介绍，从他人处虚开建筑业统一发票5份（票面金额共计517500元）；邱××承接W公司零星工程，因其未取得建筑从业资质，为结算工程款，遂通过蔡××介绍，从他人处虚开建筑业统一发票18份（票面金额420773元）。不难发现，万×和蔡××、邱

××和蔡××、蔡××和开票人之间具有意思联络，蔡××和开票人一起分别与万×、邱××构成共同犯罪。

四、一罪与数罪

行为人以偷逃税款为目的，使用虚开的发票虚列成本，以此降低公司、企业的账面利润，偷逃企业所得税的，其中有虚开行为和逃税行为。若两行为分别触犯虚开发票罪和逃税罪的，则行为人成立牵连犯，不实行数罪并罚，而是"择一重处"。若两个行为中只有一个行为成立犯罪，则为一罪。对于为其他犯罪目的而虚开的，分析情况与此类似。

另外，还值得注意，虚开发票与非法出售发票的竞合问题。当行为人以一定价格为他人虚开发票时，可能存在虚开行为和非法出售行为的竞合，此时应如何区分"虚开"和"非法出售"行为存在一定的困难。从司法实践看，非法出售的行为表现为买卖交易，通过金钱转移发票所有权，只是把空白发票交付他人。而虚开发票一般而言知晓或者直接实施了虚假填列发票内容的行为，而且，持有发票者为他人虚开发票，绝大多数情况是要获得"好处费"的，包括收取所谓的手续费。亦即，若发票出售人在出售发票的同时还虚开一般发票收取了额外的手续费，则行为的本质符合出售发票和虚开发票的特征，对虚开发票后又出售虚开的发票的行为，成立犯罪的，可以"虚开发票罪"来处罚此种行为。若行为人同时还出售没有虚开的发票，也成立犯罪的，则可以非法出售发票犯罪和虚开发票罪数罪并罚。

五、虚开发票罪的量刑

（一）虚开发票罪法定刑幅度的确定

根据我国刑法典第205条之一的第1款规定，虚开发票罪的法定刑幅度有两个："处2年以下有期徒刑、拘役或者管制，并处罚金"；以及"处2年以上7年以下有期徒刑，并处罚金"。

适用第一量刑档的条件是具备此罪的基本处罚事由，即："虚开本法第205条规定以外的其他发票，情节严重的"。对此适用条件的具体分析，在前节已述。

适用第二量刑档的条件是具备此罪的加重处罚事由，即：前述"情节特别严重的"。目前尚无司法解释对此加以明确。或许，虚开增值税专用发票犯罪的规定可以作为参考，依据1996年的相关司法解释，虚开增值税专用发票、用于骗取出口退税、抵扣税款发票罪的基本处罚事由和加重处罚事由中的数额之间存在 10 倍关系，而在其加重处罚事由和特别加重处罚事由中的数额之间存在 5 倍或 6 倍关系。若以此倍数计算，则"虚开发票 1000 份以上或者虚开金额累计在 400 万元以上的"或者"虚开发票 500 份以上或者虚开金额累计在 200 万元以上的"，才能纳入"情节特别严重"的情形之中，并因此"处 2 年以上 7 年以下有期徒刑，并处罚金"的处罚。对此，我们认为，10 倍的标准太高，处罚显然太轻，不利于惩治发票犯罪；而 5 倍的标准可能更为合适。所以，对此"情节特别严重"的，或许可以考虑其指具有下列情节之一的情形：（1）虚开发票 500 份以上或者虚开金额累计在 200 万元以上的；（2）其他情节特别严重的情形。

（二）量刑情节的综合考量

应当根据刑法典第 61 条至第 64 条的量刑规定，对犯罪的事实、犯罪的性质、情节和对于社会的危害程度，依照刑法的有关规定判处，等等。其中要注意基本处罚事由、加重处罚事由、减轻处罚事由等几种事由。

（三）单位犯的双罚制

根据刑法典第 205 条之一的第 2 款规定，单位犯此罪的，对单位判处罚金，并对其直接负责的主管人员和其他直接责任人员，依照自然人犯罪的规定处罚。因此，对其直接责任人员也要并处罚金。这与前述虚开增值税专用发票、用于骗取出口退税、抵扣税款发票罪对直接责任人员不处以罚金的规定并不协调。

需要指出，虽然此罪立法尚未明确其中具体的罚金标准，但是有必要参考相关法条规定，兼顾刑事处罚与行政处罚之间的衔接。根据《发票管理办法》第 37 条第 1 款规定："违反本办法第 22 条第 2 款的规定虚开发票的，由税务机关没收违法所得；虚开金额在 1 万元以下的，可以并处 5 万元以下的罚款；虚开金额超过 1 万元的，并处 5 万元以上 50 万元以下的罚款；构成犯罪的，依法追究刑事责任。"其第 2 款规定："非法代开发票的，依照前款规定处罚。"而且，《发票管理办法》第 41 条又规定："违反发票管理法规，导致其他单位或者个人未缴、少缴或者骗取税款的，由税务机关没收违法所得，可以并处未缴、少缴或者骗取的税款 1 倍以下的罚款。"因此，建议最高人民法院结合此类规定，以司法解释方式对虚开发票罪的具体的罚金标准加以明确。

六、司法检讨：经济学与（守法）教育学视角

（一）经济学视角

运用经济学的理论来考量虚开发票罪的司法问题，此处关注的仍然是其定罪量刑中的供求平衡问题，以及重视以尽可能小的司法成本投入，争取尽可能大的司法收益，也由此考虑通过合理地惩治发票犯罪来促进经济的发展。

由于1979年刑法典没有明确规定虚开发票犯罪，为了满足惩治此类犯罪的需要，1994年"两高"关于办理发票刑事案件的司法解释出台，其中规定对有关发票犯罪按照投机倒把罪处理。1995年通过了一个单行刑法，其中作了较为明确的规定。因为仍要对其中数额或者情节等情形进行阐释和说明，所以，前述1996年司法解释得以颁布。这样已经实现了定罪量刑中的一个相对平衡。之后，1997年全面修订刑法典时又基本吸纳了前述单行刑法中的相关罪状，因而1996年的司法解释的内容沿用多年。这也表明其司法成本发挥了较大的司法效益，节约了司法资源。随着《刑法修正案（八）》对虚开发票罪的补充规定的出台，对其中相关内容有必要作出解释说明。2011年有关确定其罪名的司法解释以及同年立案追诉标准的补充规定第2条，应运而生。但是，目前仍然没有对其中"情节特别严重的"情形作出明确的司法解释。由此可见，其供求平衡处于动态之中，当前对司法解释的需求尚未获得充分的满足。

最后，还要考虑通过合理地惩治发票犯罪来促进经济的发展。对于前述"虚开建筑发票案"而言，既要依法惩处发票犯罪及其责任人员，又要尽量使企业走向健康的发展道路，由此更有利于经济的发展。

（二）（守法）教育学视角

1. 定罪方面。虚开发票罪定罪中的惩教机制，也包括定罪与否的惩教机制、此罪而非彼罪的惩教机制、确定罪数的惩教机制。如第六章所述，三者的结构要素在教育内容与教育方式上略有差异。这里也着重探讨此罪定罪与否的惩教机制。守法的教育环节、教育者、教育对象和教育目的方面，与其他税收犯罪的同类结构要素大致相同，而主要不同之处，也在于教育方式和教育内容上。

此罪在立法上犯罪圈设计的优劣问题，必然导致定罪与否惩教结构的相应问题。前已述及，虚开发票的行为必须达到情节严重的程度才能成立犯罪既遂。这与虚开增值税专用发票、用于骗取出口退税、抵扣税款发票罪的规定有

所差异。借助这种教育方式，在司法实践中，可以传达"法不可违、罪不可犯"、保护合法以及因罪受罚或无罪不罚等教育内容。由此在一定程度上达到惩罚犯罪、因果报应、教育行为人和其他人或者预防犯罪等目的。

同前，每一个涉嫌此罪的案件，也会涉及上述定罪与否惩教机制的几个结构要素问题。

还要指出，司法解释中也有此罪定罪与否的规定。这类规定是提供给司法人员具体运用法律的依据，它们既是司法人员忠诚型自我教育的内容，又是说服教育行为人服判的依据和内容。根据前述 2011 年有关追诉标准的补充规定，此罪"应予立案追诉"的，是指具有下列情形之一的：（1）虚开发票 100 份以上或者虚开金额累计在 40 万元以上的；（2）虽未达到上述数额标准，但 5 年内因虚开发票行为受过行政处罚二次以上，又虚开发票的；（3）其他情节严重的情形。据此可知，这些情形属于"情节严重"。那么，进一步如何解释其中的"其他情节严重的情形"以及是否存在犯罪未遂问题，都可能影响其犯罪圈的大小状况。这种解释将来可以修改补充。

另外，在虚开发票罪定罪的惩教机能上，也受到前述结构要素的影响。当前此罪的惩教机制仍需进一步改进，通过完善前述结构要素，在坚持罪刑法定原则以及保持适度的威慑型教育机能的基础上，推进其定罪机制的发展，使保护社会的积极机能与保障人权的积极机能最大化，以进一步提升忠诚型教育的积极机能。

2. 量刑方面。虚开发票罪量刑中的惩教机制，包括司法解释涉及此罪量刑的惩教机制与此罪个案司法中量刑的惩教机制。在司法解释涉及此罪量刑的惩教结构上，教育环节、教育者、教育对象、教育目的与其定罪机制中的要素相同。这里，在教育方式上，它主要表现为司法机关的"解释"、"规定"等表现形式以及刑种、刑量等。其中涉及的教育内容，主要表现为：前述 2011 年司法解释中第 2 条涉及的相关刑法法条的量刑规范等。而且，对于该司法解释第 2 条中的"其他情节严重的情形"，以及此罪立法中的"情节特别严重的"和"并处罚金"中的罚金幅度，还要以司法解释的方式适当地进一步加以明确。这些特殊规范主要是作为指导司法人员具体运用法律正确量刑的依据，是司法人员忠诚型自我教育的内容，又是说服行为人服从判决以及教育他人守法的依据。

另外，司法解释涉及此罪定罪量刑的惩教机能受制于前述各种结构要素，其机能值得加强。在司法实践中对虚开发票罪进行刑事处罚时，因刑事处罚和行政处罚衔接不顺畅，导致许多应当按照虚开发票罪加以定罪处罚的行为被作为行政违法行为直接予以处罚，从而导致虚开发票罪定罪处罚的案件较少。据此可见，打击此类犯罪任重道远。应当通过改进教育内容与教育方式，进一步提高这一特殊机制的威慑型守法教育、忠诚型守法教育和矫治型守法教育的效果。①

此外，还要注意，此罪个案司法中的惩教机制问题。比如，就前述"虚开建筑发票案"的判决结果而言，总体上貌似较为公正。但是，实际上处罚畸轻。法院判处蔡××拘役6个月，缓刑6个月，罚金人民币1千元，这种处罚过轻。因为其缓刑考验期限可以判为1年更为合理，而且，所判罚金太少，这比《发票管理办法》第37条中规定的行政处罚"虚开金额超过1万元的，并处5万元以上50万元以下的罚款"还要轻得多。其实，应当判处其罚金人民币5万元为宜。对于万×和邱××判决犯虚开发票罪但免予刑事处罚，最终结果对其既无罚金，又可能不处以行政罚款。于是，刑事判决的实际效果轻于行政处罚。另外，此案中没有追究开票方的刑事责任。因此，此案的威慑型守法教育、忠诚型守法教育和矫治型守法教育的效果明显打折。

总之，无论是司法解释中涉及虚开发票罪的惩教机制，还是其个案司法中的惩教机制，可能都值得进一步完善。

附录：相关法律、法规、规章及司法解释索引

1. 1995年10月30日《全国人民代表大会常务委员会关于惩治虚开、伪造和非法出售增值税专用发票犯罪的决定》第1条、第5条、第10条；

2. 1997年刑法典第205条之一；

3. 2011年2月25日《刑法修正案（八）》（自2011年5月1日起施行）第33条；

4. 《税收征收管理法》（1992年9月4日第七届全国人民代表大会常务委员会第二十七次会议通过　根据1995年2月28日第八届全国人民代表大会常务委员会第十二次会议《关于修改〈中华人民共和国税收征收管理法〉的决定》修正　2001年4月28日第九届全国人民代表大会常务委员会第二十一次会议修订　自2001年5月1日起施行）第21条；

5. 《发票管理办法》（1993年12月12日国务院批准、1993年12月23日

---

① 参见曾明生：《动态刑法的惩教机制研究——刑事守法教育学引论》，中国政法大学出版社2011年版，第24—26、45—46、129页。

财政部令第6号发布 根据2010年12月20日《国务院关于修改〈中华人民共和国发票管理办法〉的决定》修订 自2011年2月1日起施行）第16条、第22条、第37条等；

6. 1994年6月3日《最高人民法院、最高人民检察院关于办理伪造、倒卖、盗窃发票刑事案件适用法律的规定》第1条、第3条；

7. 2011年4月27日《最高人民法院、最高人民检察院关于执行〈中华人民共和国刑法〉确定罪名的补充规定（五）》（自2011年5月1日起施行）；

8. 2011年11月21日《最高人民检察院、公安部关于公安机关管辖的刑事案件立案追诉标准的规定（二）的补充规定》第2条。

第十二章 伪造、出售伪造的增值税专用发票罪

案例概要

1998年底至2000年8月间,曾×伪造并出售伪造的增值税专用发票和非法制造普通发票,出售伪造的增值税专用发票19625份,从中非法牟利人民币5万多元。廖×升、廖×湖为曾×伪造增值税专用发票和普通发票提供印刷模板共33套,从中非法牟利人民币3000多元。刘××(印刷工人)参与曾×伪造增值税专用发票和普通发票。林××先后由其本人和指使陈××帮其向曾×购买伪造的增值税专用发票2375份,林××将购得的伪造增值税专用发票,贩卖给周×二250份,收取人民币1200元;先后由其本人和指使陈××帮其卖给普宁人625份,收取人民币3750元。连××为牟取非法利益,向彭×兴(当时在逃,目前情况不明)购买了伪造的增值税专用发票93份,将18份伪造的增值税专用发票交由廖×升打印内容后,出售给欧×义(当时在逃,目前情况不明)。张××为谋取非法利益,向曾×购买伪造的增值税专用发票共1000份,藏放于其家中,准备伺机出售。一审法院于2001年4月18日判决:(1)曾×犯伪造、出售伪造的增值税专用发票罪,判处无期徒刑,剥夺政治权利终身,并处没收个人全部财产;犯非法制造发票罪,判处有期徒刑5年,并处罚金人民币15万元,决定执行无期徒刑,剥夺政治权利终身,并处没收个人全部财产。(2)廖×升犯伪造增值税专用发票罪,判处有期徒刑15年,并处罚金人民币30万元;犯非法制造发票罪,判处有期徒刑5年,并处罚金人民币15万元,总和刑期20年,决定执行刑期18年,并处罚金人民币45万元。(3)廖×湖犯伪造增值税专用发票罪,判处有期徒刑8年,并处罚金人民币6万元;犯非法制造发票罪,判处有期徒刑2年,并处罚金人民币1万元,总和刑期10年,决定执行刑期9年,并处罚金人民币6万元。(4)刘××犯伪造增值税专用发票罪,判处有期徒刑6年,并处罚金人民币5万元;犯非法制造发票罪,判处有期徒刑2年,并处罚金人民币1万元,总和刑期8年,决定执行有期徒刑7年,并处罚金人民币5万元。(5)林××犯出售伪造的增值税专用发票罪,判处有期徒刑15年,并处罚金人民币20万元。

（6）陈××犯出售伪造的增值税专用发票罪，判处有期徒刑8年，并处罚金人民币5万元。（7）连××犯出售伪造的增值税专用发票罪，判处有期徒刑3年，并处罚金人民币5万元。（8）张××犯购买伪造的增值税专用发票罪，判处有期徒刑3年，并处罚金人民币3万元。（9）随案移送的公安机关提收本案曾×等作案工具、赃款赃物，予以没收，上缴国库。一审宣判后，各被告人均未提起上诉，检察机关未提出抗诉。判决已发生法律效力。①

【1. 说明：此案经过各个诉讼环节，其中相关程序分析，可参阅总论部分的有关内容以及本书后附录中的刑事诉讼法。2. 思考：裁判公正吗？为什么？】

第一节　伪造、出售伪造的增值税专用发票罪的立法沿革及检讨

伪造、出售伪造的增值税专用发票罪，是指非法印制、复制或者使用其他方法伪造增值税专用发票或者非法销售、倒卖伪造的增值税专用发票的刑事违法行为。这里，首先对我国刑法中伪造、出售伪造的增值税专用发票罪的立法规定进行简要介绍，然后从经济学与（守法）教育学视角对其加以检视与讨论。

一、1997年刑法典生效前伪造、出售伪造的增值税专用发票罪的立法规定

我国对增值税专用发票采取了严格的管理制度，只有经过国家税务总局批准的特定企业才能印制增值税专用发票，只有经税务机关认定的增值税专用发票一般纳税人才能领购增值税专用发票，因此，要获得真实的增值税专用发票很困难。于是，一些企业或者个人对增值税专用发票打起了主意，在谋取经济利益的驱使下，购买并使用虚假的增值税专用发票，甚至有些大肆伪造增值税专用发票加以使用，或者出售给其他企业或个人，牟取非法利益。这不仅严重损害了我国的发票制度，还造成了国家税收的严重流失，破坏了正常的市场经济秩序。

但是，对此，我国1979年刑法典没有明确的规定。最高人民法院、最高

---

① 此案例原载《刑事审判参考》2003年第4辑（总第33辑）。

人民检察院于 1994 年 6 月 3 日发布了《关于办理伪造、倒卖、盗窃发票刑事案件适用法律的规定》。该解释第 1 条中规定:"以营利为目的,非法印制(复制)、倒卖发票(含假发票)或者非法制造、倒卖防伪专用品,情节严重的,以投机倒把罪追究刑事责任。"第 3 条规定:"以营利为目的,伪造、变造增值税专用发票的。依照刑法典第 124 条的规定,以伪造税票罪追究刑事责任。"据此,伪造、变造增值税专用发票,只有明确的营利目的,才能够按照伪造税票罪处理。而倒卖伪造的增值税专用发票的,则按照投机倒把罪处理。那么,对于以营利为目的,非法印制(复制)或者非法制造增值税专用发票并出售的行为,究竟如何定罪呢?该解释对此没有明确规定。而且,前述有关规定在适用刑法中的法定刑上过轻,不能适应打击伪造、出售伪造的增值税专用发票犯罪的实际需要。增值税专用发票犯罪当时一直呈上升趋势,涉案金额越来越大,涉及的地区也越来越多。因此,全国人大常委会在 1995 年颁行了惩治此类犯罪的单行刑法。其中对伪造、出售伪造的增值税专用发票罪作出了比较明确的规定。其中第 2 条第 1 款规定,"伪造或者出售伪造的增值税专用发票的,处 3 年以下有期徒刑或者拘役,并处 2 万元以上 20 万元以下罚金;数量较大或者有其他严重情节的,处 3 年以上 10 年以下有期徒刑,并处 5 万元以上 50 万元以下罚金;数量巨大或者有其他特别严重情节的,处 10 年以上有期徒刑或者无期徒刑,并处没收财产"。该条第 2 款规定,"伪造并出售伪造的增值税专用发票,数量特别巨大、情节特别严重、严重破坏经济秩序的,处无期徒刑或者死刑,并处没收财产"。该条第 3 款规定,"伪造、出售伪造的增值税专用发票的犯罪集团的首要分子,分别依照前两款的规定从重处罚"。第 10 条对其单位犯规定,对单位判处罚金,并对直接负责的主管人员和其他直接责任人员依照该罪的规定追究刑事责任。这里不仅明确规定了伪造、出售伪造的增值税专用发票犯罪,而且加重了法定刑,增设了无期徒刑与死刑,还规定了单位犯、财产刑。在具体行为上,对变造增值税专用发票的行为表现,立法没有直接加以明确。

需要指出的是,立法仍然存在缺憾。比如,该单行刑法中第 2 条第 1 款中三档财产刑之间不协调等。

二、现行刑法中伪造、出售伪造的增值税专用发票罪的立法规定

在 1997 年全面修订的刑法典中,立法者将前述 1995 年单行刑法第 2 条基本吸纳,其中修改主要是:在其第 1 款的第一档处罚上增加了管制刑,在

其第三档处罚上增加了可以"并处5万元以上50万元以下罚金"的规定，使判处10年以上有期徒刑的，可并处罚金而不是没收财产。这样有利于更好地贯彻罪责刑相适应原则。另外，删去了原来的第3款，即关于犯罪集团的首要分子从重处罚的规定，因为刑法在总则已有所规定。同时对单位犯的处罚规定加以修改，对其直接负责的主管人员和其他直接责任人员，不处财产刑，也不适用死刑。如此表明，立法对个人犯的处罚要重于对单位犯的处罚。

为了进一步严格控制死刑的立法和适用，2011年2月25日《刑法修正案（八）》第34条删去了原刑法典第206条第2款的规定。

还要指出的是，刑法典第206条第1款第一处刑档中"并处2万元以上20万元以下罚金"，与《发票管理办法》第38条中"并处5万元以上50万元以下的罚款"以及《税收征收管理法》第71条中"并处1万元以上5万元以下的罚款"的处罚规定不协调，又与其同条款的另两个处刑档中的罚金刑不衔接、不统一。另外，其中单位犯的责任人员的处罚中没有"并处罚金"的规定，这与虚开发票罪（刑法典第205条之一）的处罚规定也不协调。

三、立法检讨：经济学与（守法）教育学视角

（一）经济学视角

从我国伪造、出售伪造的增值税专用发票罪的立法史看，其立法经历了一个由无到有、由适用口袋罪或类推到遵循罪刑法定原则的过程，由罪刑失衡到强调罪刑均衡和刑罚人道的过程，它也是一个立法上不断追求和实现供求平衡的过程。如前所述，为了满足惩治专用发票犯罪的现实需求，1995年单行刑法对增值税专用发票犯罪作出规定，由此实现一个相对的供求平衡。后来，在1997年全面修订刑法典时，这种平衡在作了一些调整后，基本保持了下来。不久前，《刑法修正案（八）》又对之作出微调。如前所言，立法还是不够完善，这种平衡仍要适度微调。

另外，我国有关此罪的立法史，与前述犯罪一样，应当也是一个不断追求以尽可能小的立法成本获取尽可能大的立法收益的过程。在立法方式上，同本书第六章所述。在立法内容上，起初对一些伪造、出售伪造的增值税专用发票犯罪以当时的伪造税票罪、投机倒把罪论处，这与当时立法滞后和刑法中有类推规定的具体情况有关。此类立法成本较低，尽管在一定程度上有利于惩处发票犯罪行为，但是，因为刑罚过轻等缘故而使立法收益打折。后来，1995年

有关单行刑法较为明确地规定了伪造、出售伪造的增值税专用发票的犯罪条文，这虽增加了立法成本，但也增加了一定的社会收益。比如，它为司法实践提供了较为明确的适用依据以及增强了刑罚的威慑力。然而，1997年刑法典对之又作出较大修正，立法成本增加，刑量成本有增有减，也因此增添了立法收益，加大了对罪刑均衡原则的贯彻落实力度，使之与惩处犯罪的需要逐渐相适应。也如前所述，因这种修改时间间隔较短，而使原来的立法成本无法使其本来的立法收益发挥到极致。还有，《刑法修正案（八）》废除此罪死刑，降低了刑量成本，但立法收益一方面有所增加，体现了刑罚的人道性和进步性，另一方面立法收益也有所减少，因为一定程度上削弱了刑罚的威慑力。又因其前述立法上的缺陷而使其立法收益有所局限。

（二）（守法）教育学视角

伪造、出售伪造的增值税专用发票罪与其他税收犯罪在立法中的惩教结构六大组成要素上，教育环节、教育者、教育对象、教育目的通常相同。不同的主要也是其教育内容和教育方式。

此罪立法中的惩教结构之教育内容：一是此罪立法中的行为规范（"禁止伪造、出售伪造的增值税专用发票的犯罪"）；二是此罪立法中的裁判规范和执行规范，这是对司法人员忠诚型守法教育的内容，也是对一般人的威慑型守法教育和忠诚型守法教育的内容，又是对罪犯的矫治型守法教育的内容。[①] 其主要表现为：前述1995年相关单行刑法中第2条、第10条的规定，以及1997年刑法典第206条等。此外，还有税收法规的相关内容。

在此罪立法中的教育方式上，采用可能性的惩罚后果（无期徒刑、有期徒刑、拘役、管制、罚金或者没收财产等）相威慑的方式，或者说，以"犯……罪，处……刑"的方式，表达"禁止犯罪"的内容。在立法犯罪圈方面，此罪的变化大小不明显。虽然1979年刑法典没有明定此罪，但是法典中有类推规定。从1995年颁行的相关单行刑法开始，此罪已为法律所明定。在法定刑上，如前所述，立法几经修改逐渐趋于罪刑均衡。另外，前已述及，现行刑法也有待进一步完善。这里需要特别指出，此罪三档刑罚的衔接适用以及刑罚与行政处罚的衔接问题。依据此罪现行法条第1款的三个刑罚幅度规定和《发票管理办法》第38条的规定，对私自印制、伪造、变造发票的最重行政处罚为没收违法所得，并处50万元罚款；第一处刑档从轻处罚可判处"管制，并处2万元罚金"，第一处刑档从重处罚可"处3年有期徒刑，并处20万元罚

[①] 参见曾明生：《动态刑法的惩教机制研究——刑事守法教育学引论》，中国政法大学出版社2011年版，第24—26、45—46、129页。

金"；第二处刑档从轻处罚可判处"3年有期徒刑，并处5万元罚金"，第二处刑档从重处罚可"处10年有期徒刑，并处50万元罚金"；第三处刑档从轻罚可判处"10年有期徒刑，并处5万元罚金"，第三处刑档从重处罚可处"无期徒刑，并处没收财产"。由此可见，其中罚款（行政处罚）与罚金（刑罚）的衔接上，刑罚中第一档与第二档以及第二档与第三档的罚金衔接上，均不协调。这表明，其中自由刑上各等级轻重还能相协调，而其中财产罚上则不然。为了尽量避免处罚失衡，建议立法最好采用倍比罚金制，退其次，可考虑将行政处罚中的最重罚款幅度改为"并处5万元以上10万元以下的罚款"，同时把三档财产刑依次改为"并处10万元以上20万元以下的罚金"、"并处20万元以上50万元以下的罚金"、"并处50万元以上100万元以下的罚金或者没收财产"。而且，还要建议对此罪单位犯的责任人员的处罚增设"并处罚金"的规定，因为这与虚开发票罪（刑法典第205条之一）的处罚规定相协调。如此更有利于惩治犯罪以及约束和教育司法人员遵守罪刑法定原则和罪刑均衡原则。

上述结构要素的发展变化，已经影响或将影响此罪立法中的惩教机能。在前述1995年有关单行刑法颁行之前，1979年刑法典中没有增值税专用发票犯罪的明确规定，因此，曾经仅靠口袋罪或类推制度来处理。这种打击的威慑型教育机能似乎较强，但是，因其法定刑较轻，使其威慑力仍有不足，而且鼓励民众对法律忠诚型的教育机能较弱。后来，随着相关单行刑法以及刑法的几次大小修订，通过明确法条内容的方式来实现有法可依，删除此罪死刑规定，使其刑罚走向人道。这样，仍然要保持在适当强调其威慑型教育机能的基础上，逐渐适应社会变化增强其法律忠诚型教育机能。诚然，当前这种惩教机制还需进一步改进。应当通过完善前述结构要素，推进其立法中的惩教机制的发展，力争进一步提升忠诚型教育的积极机能。

第二节 伪造、出售伪造的增值税专用发票罪的成立要件

我国刑法传统理论通常从四要件构成特征来分析犯罪，也有学者只从客观构成要件和主观构成要件两方面加以分析，还有学者从罪体、罪责和罪量方面来探讨。这些均有一定的合理性。然而，我们认为，是否成立伪造、出售伪造的增值税专用发票罪，可先考察其行为是否具备法益侵害性，若具备法益侵害

性，则进一步分析其行为是否具备刑事违法性。① 以下将结合前述案例概要进行分析。

一、法益侵害性

法益遭受了侵害，这种侵害是人的行为造成的。

（一）犯罪客体要件

如前所言，我国对增值税专用发票采取了严格的管理制度，只有经过国家税务总局批准的特定企业才能印制增值税专用发票，只有经税务机关认定的增值税专用发票一般纳税人才能领购增值税专用发票。依据《发票管理办法》第7条的规定，禁止私自印制、伪造、变造发票的行为，而且，《税收征收管理法》第71条和《发票管理办法》第38条对非法印制、伪造、变造发票等行为规定了相应的法律责任。因为伪造、出售伪造的增值税专用发票行为，破坏了发票管理的制度秩序和国家税收征管的制度秩序，甚至进一步危及国家税收收入安全等法益。亦即，伪造、出售伪造的增值税专用发票罪侵犯的直接客体是复杂客体，包括发票管理的制度秩序和国家税收征管的制度秩序等。

（二）犯罪客观要件

行为人必须违反了国家税收法规，实施了伪造增值税专用发票或者出售伪造的增值税专用发票的行为。至于其行为的情节严重程度以及是否产生一定的危害结果，将于后文有无事由阻却性部分中述及。这里着重对以下几个问题进行探讨。

1. 伪造行为。伪造增值税专用发票，是指依照真实的增值税专用发票的基本内容、专用纸、荧光油墨、形状等样式，使用印刷、复印、描绘、拓印等各种制作方法，非法制造虚假的增值税专用发票的行为。

对于伪造是否包括变造的问题，法学界大致有肯定说、否定说和折中说三种观点。

肯定说认为，伪造发票是指依照真实的发票式样，制造虚假的发票，包括伪造和变造两种方式。其主要理由是：② （1）变造和伪造虽然行为表现不同，但其本质一样，均为虚开或出售增值税专用发票以牟利提供了可能，均有严重

---

① 参见曾明生：《动态刑法的惩教机制研究——刑事守法教育学引论》，中国政法大学出版社2011年版，第170—171页。

② 参见刘树德、王宏伟：《税收欺诈及其防治》，法律出版社1996年版，第134页；另见曹康、黄河主编：《危害税收征管罪》，中国人民公安大学出版社1999年版，第144、145页。

的社会危害性。（2）以往的司法实践也是把变造增值税专用发票按伪造的犯罪处理。譬如，1996年最高人民法院关于增值税专用发票犯罪的单行刑法的司法解释就属此一立场。

否定说认为，对变造增值税专用发票的行为，不宜以伪造增值税专用发票行为论处。其主要理由有：[1]（1）变造与伪造表现形式不同，变造是以真实的增值税专用发票为基础进行改变，而伪造是完全制造虚假的增值税专用发票，因此从其情节看，伪造行为的社会危害远大于变造行为。（2）变造增值税专用发票行为，在我国经历了由不受刑法调整到受刑法调整，再到不受刑法调整的过程。1979年规定的刑法，并未规定有伪造或变造增值税专用发票罪，在1995年关于惩治增值税专用发票犯罪的单行刑法，增设了伪造或出售伪造的增值税专用发票罪后，最高人民法院关于该单行刑法的司法解释中规定，变造增值税专用发票的，按照伪造增值税专用发票行为处理。修订后的刑法更科学、更严谨，其严格地将变造行为与伪造行为区分开来。如规定伪造货币罪和变造货币罪等。可见，对变造增值税专用发票的行为不能认为是伪造行为，从而定罪处罚。

折中说认为，不宜一概而论，对变造增值税专用发票的行为应根据不同情况分别认定处理：（1）行为人在真实的增值税专用发票的基础上，采取揭层、挖补、拼贴等方法，使其变成两张甚至数张，使其本来面目基本不存在。对此，应以伪造增值税专用发票的行为认定处理。（2）对真实的增值税专用发票票面不做改动，仅仅玩弄"数字游戏"，涂改发票，夸大交易额，以达到逃税、骗取出口退税的目的。这种行为和虚开增值税专用发票行为性质相同，危害结果相同，若其变造行为而造成的虚开税款数额达到法定定罪标准的，则应以虚开增值税专用发票罪认定处理。[2]

我们赞同前述第二种观点，即伪造不包括变造。此处伪造是指发票的印制和监制章都是非法私印和私刻的，而变造是在正规合法真实有效的发票上采用刮、擦、挖补以及化学方法等手段，更改或增添发票记载的有关内容，如改变填制日期、接收单位、品名、数量、单价、金额等。由此可见，伪造是制造，是从无到有；而变造是在"有"的基础上改变其内容，二者有着明显的不同。在实践中，伪造行为的社会危害远大于变造行为，对变造行为不足以单独定罪。而且，从罪刑法定的角度看，刑法没有明文规定变造行为，就不宜对此以伪造论处。尽管1994年、1996年的相关司法解释以及一些司法判决曾经把变

---

[1] 参见吴亚荣主编：《中国税收犯罪通论》，中国税务出版社1999年版，第291页。
[2] 参见周洪波主编：《税收犯罪疑难问题司法对策》，吉林人民出版社2001年版，第260页。

造行为视为伪造行为，但是，这不能成为当前不坚持罪刑法定原则和不保障人权的理由。对于变造行为，可依据《税收征收管理法》第71条和《发票管理办法》第38条予以行政处罚。

2. 出售伪造的增值税专用发票行为。它是一种特殊的非法出售行为，即出售伪造的（实质是虚假的）增值税专用发票。这一行为既可表现为倒卖伪造的增值税专用发票行为，又可表现为非法制造者出售伪造的增值税专用发票行为。而非法出售真实的增值税专用发票行为，可能构成另外一个罪名，即非法出售增值税专用发票罪。

另外，在前述"伪造、出售伪造的专用发票案"中，曾××伪造并出售伪造的增值税专用发票和非法制造普通发票，出售伪造的增值税专用发票19625份，从中非法牟利人民币5万多元。廖×升、廖×湖为他人伪造增值税专用发票和普通发票提供印刷模板共33套，从中非法牟利人民币3000多元。刘××参与他人伪造增值税专用发票和普通发票。林××、陈××为牟取非法利益，向他人购买、出售伪造的增值税专用发票共2375份，从中非法牟利人民币4950元。连××为牟取非法利益，购买、出售伪造的增值税专用发票共93份，非法牟利人民币432元。张××为谋取非法利益，向他人购买伪造的增值税专用发票共1000份，藏放于其家中，准备伺机出售。显然，其中曾×实施了伪造并出售伪造的增值税专用发票的行为，廖×升、廖×湖实施了为他人伪造增值税专用发票提供印刷模板的帮助行为，刘××参与实施了伪造增值税专用发票的行为，林××、陈××、连××实施了出售伪造的增值税专用发票的行为，其行为已具有法益侵害性。此外，张××实施了购买伪造的增值税专用发票的行为，但因意志外的原因尚未出售，因此，张××没有出售伪造的增值税专用发票的行为，也就无从谈起出售行为的法益侵害性，从而已经排除其成立出售伪造的增值税专用发票罪的可能。当然，张××购买伪造的增值税专用发票的行为，具有法益侵害性，这涉及的是第11章的内容。

二、刑事违法性

如前所述，危害税收征管秩序的违法行为符合法益侵害性，但是，在司法领域认定是否成立犯罪，最终的关键就是判断行为是否具有刑事违法性。具有刑事违法性，必须同时具备四要件齐备性与无事由阻却性。当然，否定刑事违法性，只要否定其中任何一个（四要件齐备性或者无事由阻却性）即可。

（一）四要件齐备性

除了犯罪客体要件和犯罪客观要件外，还必须具备犯罪主体要件和犯罪主观要件。

1. 犯罪主体要件。通常认为，此罪的犯罪主体要件包括单位和个人。其中，对伪造增值税专用发票的行为主体问题，大致有两种意见。有人认为，伪造发票包括无权印刷发票的单位或个人非法印制发票和税务部门指定印制发票的企业违规擅自制造发票两种情况。亦即，伪造发票的行为主体既包括有发票印制权者，也包括无发票印制权者。也有人认为，伪造增值税专用发票的行为主体是无权印制增值税专用发票的单位或个人。因为：其一，伪造不等同于非法制造。非法制造是指违反法律规定而制造，只要制造行为与有关法律规定的要求不符合，就是非法制造。非法制造的外延大于伪造，二者不可混同。其二，伪造不包括擅自制造。擅自制造是指有权印制发票的单位或个人，超过法定的数量，擅自非法越权印制发票。事实上，擅自制造是非法制造的一种形式。就擅自印制发票而言，发票在形式和内容上与正式合法有效的发票并无区别，意在强调发票的制作主体有越权或滥权制作发票的违法行为；而就伪造的发票而言，意在强调发票缺乏真实性。所以，伪造不包括擅自制造，有印制权者既然能印制真的增值税专用发票，就不会印制假的，即不会伪造。只有无印制权者因无法印制真的增值税专用发票，只好伪造了。[①] 我们认为，通常情况下，伪造增值税专用发票的行为主体只能是无权印制增值税专用发票的单位或个人，但是，有发票印制权的单位或个人，可以与无发票印制权者共同成为共同犯罪的行为主体。

从前述"伪造、出售伪造的专用发票案"来看，曾×、廖×升、廖×湖、刘××、林××、陈××、连××和张××，均具备此罪的行为主体条件。

2. 犯罪主观要件。此罪的主观方面是故意。行为人明知是伪造、出售伪造的增值税专用发票的行为有社会危害性而希望或放任其危害结果的发生。但是，需要说明的是，放任心态只能存在从犯之中。

在前述"伪造、出售伪造的专用发票案"中，曾×实施了故意伪造并故意出售伪造的增值税专用发票的行为，廖×升、廖×湖实施了故意为他人提供印刷模板的帮助行为，刘××参与实施了故意伪造增值税专用发票的行为，林××、陈××、连××实施了故意出售伪造的增值税专用发票的行为。通过以上分析可知，他们的相关行为，已经具备了上述四个要件，符合了四要件齐备性。

（二）无事由阻却性

虽然具有四要件齐备性，但是要成立伪造、出售伪造的增值税专用发票

[①] 参见周洪波：《税收犯罪研究》，中国人民大学博士学位论文，2001年，第138页。

罪，还必须排除刑事违法性阻却事由。从刑法规定看，此罪显然也不存在正当防卫、紧急避险和附条件不追究刑事责任等阻却事由。此处的刑事违法性阻却事由，只剩下刑法典第 13 条"但书"的规定了，即"情节显著轻微危害不大"的情形。

因此，这里的无事由阻却性，就是要排除前述但书的情形。或者说，违法情节和客观危害，必须达到足够的程度。根据 2010 年有关追诉标准的规定，伪造或者出售伪造的增值税专用发票 25 份以上或者票面额累计在 10 万元以上的，应予追诉。亦即，从司法解释看，符合上述发票份数或者票面数额要求的，则表明已无前述但书条款的阻却事由。

综上所述，当伪造、出售伪造的增值税专用发票行为同时具有四要件齐备性与无事由阻却性，它就具有了刑事违法性，可以认定其成立伪造、出售伪造的增值税专用发票罪。

在前述"伪造、出售伪造的专用发票案"中，曾×伪造并出售伪造的增值税专用发票和非法制造普通发票，出售伪造的增值税专用发票 19625 份，廖×升、廖×湖为他人伪造增值税专用发票和普通发票提供印刷模板共 33 套，刘××参与他人伪造增值税专用发票和普通发票，林××、陈××向他人购买、出售伪造的增值税专用发票共 2375 份，连××购买、出售伪造的增值税专用发票共 93 份，据此可见，他们的行为已被排除了"但书"条款的事由阻却性，同时具有四要件齐备性与无事由阻却性，已具备了刑事违法性。因此，曾×成立伪造、出售伪造的增值税专用发票罪，廖×升和廖×湖成立伪造增值税专用发票罪，刘××成立伪造增值税专用发票罪，林××、陈××和连××均成立出售伪造的增值税专用发票罪。至于此案中涉及非法制造发票罪、购买伪造的增值税专用发票罪的，可参阅后文有关章节中的内容。

第三节 伪造、出售伪造的增值税专用发票罪的司法认定

本节先从规范刑法学的视角对定罪（罪与非罪、此罪与彼罪、共同犯罪、一罪与数罪）和量刑中的若干问题进行讨论，然后分别从经济学与（守法）教育学两个视角进行司法检讨。

一、罪与非罪

伪造、出售伪造的增值税专用发票罪与非罪的根本标准就是违法行为所涉及的非法增值税专用发票的数量与数额。根据2010年5月7日《最高人民检察院、公安部关于公安机关管辖的刑事案件立案追诉标准的规定（二）》第62条的规定，立案追诉此罪有两个选择性标准：（1）数量标准，伪造或者出售伪造的增税专用发票达到25份以上；（2）数额标准，伪造或者出售伪造的增值税专用发票票面额累计达到10万元以上。通常认为，对于不具有上述任何一种标准的违法行为，都不能按照此罪处理。

二、此罪与彼罪

伪造、出售伪造的增值税专用发票罪与伪造、倒卖伪造的有价票证罪的界限。两罪的主要区别：1. 行为表现不同。伪造、出售伪造的增值税专用发票罪表现为非法印制、复制或者使用其他方法伪造增值税专用发票或者非法销售、倒卖伪造的增值税专用发票的行为。而伪造、倒卖伪造的有价票证罪表现为伪造或者倒卖伪造的车票、船票、邮票或者其他有价票证，数额较大的行为。2. 犯罪对象不同。伪造、倒卖伪造的有价票证罪的犯罪对象是车票、船票、邮票或者其他有价票证。而伪造、出售伪造的增值税专用发票罪的犯罪对象仅指增值税专用发票。

三、共同犯罪

伪造、出售伪造的增值税专用发票罪的共同犯罪，既包括有发票印制权者与无发票印制权者合作实施的共同犯罪，也包括无发票印制权者实施的共同犯罪，其中包括个人与个人、单位与个人、单位与单位之间的共同犯罪类型。

在前述"伪造、出售伪造的专用发票案"中，曾×是伪造、出售伪造的增值税专用发票罪的主犯。廖×升、廖×湖为曾×提供印刷模板共33套，他们是伪造增值税专用发票罪的帮助犯。刘××是印刷工人，参与曾×伪造增值税专用发票和普通发票的犯罪，是从犯。林××先后由其本人和指使陈××帮其向曾×购买伪造的增值税专用发票2375份，林××将购得的伪造增值税专用发票，贩卖给周×二250份，收取人民币1200元；先后由其本人和指使陈××帮其卖给普宁人625份，收取人民币3750元。据此，林××是出售伪造的增值税专用发票罪的主犯，而陈××是从犯。连××为牟取非法利益，向彭×兴（当时在逃，目前情况不明）购买了伪造的增值税专用发票93份，将18份伪造的增值税专用发票交由廖×升打印内容后，出售给欧×义（当时在逃，目前情况不明），对此，廖×升是连××犯出售伪造的增值税专用发票罪的帮助犯（从犯）。

四、一罪与数罪

（一）对于伪造税务局发票监制章的行为定性问题

对此行为的定性，法学界大致有三种意见。有人认为，增值税专用发票监制章是增值税专用发票的有机组成部分，以伪造增值税专用发票为目的而伪造发票监制章的，也应以伪造增值税专用发票罪追究刑事责任。[①] 也有人认为，行为人在伪造增值税专用发票过程中，常伴随实施伪造税务局发票监制章的行为，触犯刑法规定的伪造国家机关印章罪。但是，伪造国家税务局监制章是手段行为，与伪造增值税专用发票的行为有牵连关系，应以牵连犯的处理原则，择一重罪（即伪造增值税专用发票罪）处罚，不另行定罪。[②] 还有人认为，第一种意见把伪造增值税专用发票与伪造增值税专用发票监制章视为等同，否认了伪造增值税专用发票监制章这种犯罪行为的存在，不符合客观实际情况。第二种意见认为应根据牵连犯的处理原则，从一重处，无疑是正确的。但其认为对此种行为应一概以伪造增值税专用发票罪定罪，则失之于片面，因为它未考虑到实际情况的多样性和复杂性，与实际情况不尽符合。事实上，这种行为应区分两种情况予以不同处理：1. 若行为人伪造发票监制章，但伪造的增值税专用发票未达到25份，票面额累计未达到10万元，则应以伪造国家机关印章罪定罪。因为在这种情况下，行为人实施的伪造增值税专用发票的行为未达到伪造增值税专用发票罪定罪的数额标准，但其伪造发票监制章的方法行为却已构成伪造国家机关印章罪。2. 若行为人为了伪造增值税专用发票而伪造发票监制章，两行为先后触犯伪造国家机关印章罪和伪造增值税专用发票罪的，则应以伪造增值税专用发票罪定罪。[③] 我们赞同第三种观点。

[①] 参见曹康、黄河主编：《危害税收征管罪》，中国人民公安大学出版社1999年版，第140页。
[②] 参见张旭主编：《涉税犯罪的认定处理及案例分析》，中国人民公安大学出版社1999年版，第207页。
[③] 参见周洪波：《税收犯罪研究》，中国人民大学2001年博士学位论文，第143—144页。

（二）伪造增值税专用发票后又出售的行为定性问题

对此，学界有不同看法：第一种观点认为是牵连犯。第二种观点认为属于吸收犯。第三种观点认为是结果加重犯。第四种观点认为，刑法典第206条规定的伪造、出售伪造的增值税专用发票罪是选择性罪名，如果是同一主体既实施了伪造增值税专用发票行为又实施了出售其伪造的增值税专用发票的行为，就以伪造、出售伪造的增值税专用发票罪定罪量刑。[①] 第五种观点认为，就一般情况而言，属于牵连犯，但就原刑法典第206条第2款所规定的"伪造并出售伪造的增值税专用发票，数量特别巨大，情节特别严重，严重破坏经济秩序"的情形，属于结合犯。[②] 第六种观点认为，伪造增值税专用发票与出售伪造的增值税专用发票分别是两个独立的犯罪，行为人同时实施这两个犯罪时，就应数罪并罚。[③]

我们更赞同前述第四种观点。选择性罪名，是指其中包含的犯罪构成的具体内容复杂，可以概括使用，也可以分解使用的罪名。若行为人仅实施其中一部分内容，则罪名分解使用，即在规定罪名中去掉未实施的内容；若实施了全部内容，则使用罪名全称。所以，伪造并出售伪造的增值税专用发票的犯罪行为，定伪造、出售伪造的增值税专用发票罪。虽然伪造行为和出售行为有手段与目的关系，但因两行为被立法规定为一个罪名的选择性行为，故不宜按牵连犯择一重罪论处。否则，因其法定刑相同而无从择重取舍外，又在罪名评价上不完整。由于结果加重犯要求基本犯罪构成以外的加重结果，而这种情况只有基本犯罪构成，没有加重结果，因此也不是结果加重犯。伪造增值税专用发票和出售伪造的增值税专用发票行为之间，不存在依附和被依附的关系，故不属于吸收犯；又因为二者同属于伪造、出售伪造的增值税专用发票罪构成要件的选择性实行行为，且二者虽然都独立成罪但属同一选择性罪名，根据1997年最高人民法院《关于执行〈中华人民共和国刑法〉确定罪名的规定》，其中没有伪造并出售伪造的增值税专用发票罪，所以，这种情况也不属于结合犯。[④] 第六种观点认为应数罪并罚，更是荒谬。因为，即使伪造行为和出售行为都能单独成罪，也不宜数罪并罚。由于伪造行为与出售行为之间有手段与目的的牵连关系，且行为人主观上有牵连意图，这种情况符合牵连犯的特征，因此，除

[①] 参见张旭主编：《涉税犯罪的认定处理及案例分析》，中国人民公安大学出版社1999年版，第208页。
[②] 参见曹康、黄河主编：《危害税收征管罪》，中国人民公安大学出版社1999年版，第150页。
[③] 参见李永君、古建芹：《税收违法与税收犯罪》，河北人民出版社2000年版，第190页。
[④] 参见周洪波：《税收犯罪研究》，中国人民大学2011年博士学位论文，第143页。

非法律明文规定数罪并罚,否则,通常应从一重处。但是,如前已述,此为特例,应以一个选择性罪名全称论处,并且相对单一行为而言需要酌情重处。

(三) **伪造行为和虚开行为并存的定性问题**

对于伪造和虚开并存的情况,可以分以下几种情形处理:

1. 行为人出于虚开的目的而伪造增值税专用发票然后又虚开的,若伪造行为和虚开行为之间有手段和目的的牵连关系,并且分别构成伪造增值税专用发票罪和虚开增值税专用发票罪,则应作为牵连犯处理。若只有其中一个行为成立犯罪,另一行为只是一般违法行为,则只能认定为一罪。至于出于虚开的目的实施伪造行为但尚未虚开的,只有一个伪造行为,因此,若其伪造行为成立犯罪的,则以伪造增值税专用发票罪定罪处罚。

2. 行为人出于虚开的目的而伪造增值税专用发票,不仅将其虚开,还将部分发票出售的,若伪造行为、虚开行为和出售行为均成立犯罪的,则应以虚开增值税专用发票罪与伪造、出售伪造的增值税专用发票罪数罪并罚;若只前两种行为成立犯罪,则按牵连犯择一重处;因为出售行为和伪造行为成立犯罪的数量标准和数额标准相同,所以,三行为中不存在只有后两行为成立犯罪的情形;若三行为中只有一行为成立犯罪的,则以一罪处理。需要说明的是,有学者认为,应按以下思路处理:先将伪造的行为和虚开行为作为牵连犯选择其中的一个重罪定性,然后根据选择的结果而分为两种情形处理:若选择虚开增值税专用发票罪,则将该罪与出售伪造的增值税专用发票罪并罚;若选择伪造增值税专用发票罪,则将该罪与出售伪造的增值税专用发票罪作为一个伪造、出售伪造的增值税专用发票罪处理。对于前一种情形并罚应无疑义,对于后一种情形作为一罪处理,因为对于行为人同时具有选择性罪名中的不同方式的行为,应作为一罪论处。① 但是,我们认为,此观点只分析了三行为均成立犯罪的情形,而没有区分前述多种情形分别对待,因而是不妥当的。即使其分析了三行为均成立犯罪的情形,也存在罪刑失衡问题,而且在罪名的否定性评价上也没有充分地体现出来。

3. 意图出售而伪造,但是因故未出售而是虚开的,若伪造行为和虚开行为均成立犯罪,则应数罪并罚;若仅一行为成立犯罪,则为一罪。另外,若意图出售而伪造,既出售也虚开的,则可参照前述第二种情形分别处理。

4. 意图出售和虚开而伪造的,还要分三种情形区别对待:(1) 尚未虚开和出售,只有伪造行为的,若伪造行为成立犯罪,则以伪造增值税专用发票罪

---

① 参见刘志伟:"发票犯罪若干疑难问题研析",载《法学家》2001 年第 2 期,第 86 页。

定罪处罚；（2）伪造后未虚开只出售或者伪造后未出售只虚开的，对于前者，若伪造行为成立犯罪，则应以伪造、出售伪造的增值税专用发票罪定罪处罚；对于后者，若伪造行为和虚开行为均成立犯罪，则应视为伪造增值税专用发票罪和虚开增值税专用发票罪的牵连犯，按其中的一个重罪定罪处罚；若仅一行为成立犯罪，则为一罪；（3）将伪造的增值税专用发票部分虚开和部分出售的，应按照上述第二种情形分别处理。

五、伪造、出售伪造的增值税专用发票的量刑

（一）法定刑幅度的确定

根据我国刑法典第 206 条的规定，此罪的法定刑幅度有三个："处 3 年以下有期徒刑、拘役或者管制，并处 2 万元以上 20 万元以下罚金"；"处 3 年以上 10 年以下有期徒刑，并处 5 万元以上 50 万元以下罚金"；以及"处 10 年以上有期徒刑或者无期徒刑，并处 5 万元以上 50 万元以下罚金或者没收财产"。

适用第一量刑档的条件是基本处罚事由，即：实施"伪造或者出售伪造的增值税专用发票"的行为。对此适用条件的具体分析，在前节已述。

适用第二量刑档的条件是具备此罪的加重处罚事由，即："数量较大或者有其他严重情节"。依据前述 1996 年司法解释的规定，"数量较大"，是指伪造或者出售伪造的增值税专用发票 100 份以上或者票面额累计 50 万元以上。"有其他严重情节"，是指具有下列情节之一的：（1）违法所得数额在 1 万元以上的；（2）伪造并出售伪造的增值税专用发票 60 份以上或者票面额累计 30 万元以上的；（3）造成严重后果或者具有其他严重情节的。

适用第三量刑档的条件是具备此罪的特别加重处罚事由，即："数量巨大或者有其他特别严重情节"。依据前述司法解释的规定，"数量巨大"，是指伪造或者出售伪造的增值税专用发票 500 份以上或者票面额累计 250 万元以上。"有其他特别严重情节"，是指具有下列情节之一的：（1）违法所得数额在 5 万元以上的；（2）伪造并出售伪造的增值税专用发票 300 份以上或者票面额累计 200 万元以上的；（3）伪造或者出售伪造的增值税专用发票接近数量巨大并具有其他严重情节的；（4）造成特别严重后果或者具有其他特别严重情节的。另外，该司法解释还规定，伪造并出售伪造的增值税专用发票 1 千份以上或者票面额累计 1 千万元以上，属于"数量特别巨大"。尽管与此相关的原法条第 2 款因规定死刑而被删除，但是，这仍可作为判定其无期徒刑（最高法定刑）的依据。

(二) 量刑情节的综合考量

应当根据刑法典第 61 条至第 64 条的量刑规定，对犯罪的事实、犯罪的性质、情节和对于社会的危害程度，依照刑法的有关规定判处，等等。其中要注意基本处罚事由、加重处罚事由、特别加重处罚事由和减轻处罚事由等几种事由。

(三) 单位犯的双罚制

根据刑法典第 206 条的规定，单位犯本条规定之罪的，对单位判处罚金，并对其直接负责的主管人员和其他直接责任人员，处 3 年以下有期徒刑、拘役或者管制；数量较大或者有其他严重情节的，处 3 年以上 10 年以下有期徒刑；数量巨大或者有其他特别严重情节的，处 10 年以上有期徒刑或者无期徒刑。

如前所述，此罪三档刑罚的衔接适用以及刑罚与行政处罚的衔接存在不协调的问题。为了尽量避免处罚失衡，建议立法最好采用倍比罚金制，退其次，可考虑将行政处罚中的最重罚款幅度改为"并处 5 万元以上 10 万元以下的罚款"，同时把三档财产刑依次改为"并处 10 万元以上 20 万元以下的罚金"、"并处 20 万元以上 50 万元以下的罚金"、"并处 50 万元以上 100 万元以下的罚金或者没收财产"。在立法修改之前，司法中宜采取接近这一合理数额幅度的处理方案。总之，综合量刑的结果，即使免除刑事处罚的，也不能轻于最重的行政处罚。因为犯罪比一般违法的性质更为严重。

在前述"伪造、出售伪造的专用发票案"中，总体来说，量刑比较公正，尤其是对曾 × 的处罚而言，表现比较充分。其中问题将于下文述及。

六、司法检讨：经济学与（守法）教育学视角

(一) 经济学视角

运用经济学的理论来考量伪造、出售伪造的增值税专用发票罪的司法问题，此处关注的仍然是其定罪量刑中的供求平衡问题，以及重视以尽可能小的司法成本投入，争取尽可能大的司法收益（或者产出），也由此考虑通过合理地惩治专用发票犯罪来促进经济的发展。

由于 1979 年刑法典没有明确规定专用发票犯罪，为了满足惩治此类犯罪的需要，1994 年"两高"关于办理发票刑事案件的司法解释出台，其中规定对有关伪造、出售伪造的发票犯罪按照伪造税票罪或者投机倒把罪处理。在司法解释无法提高法定刑以加大处罚力度的情况下，1995 年通过了一个单行刑法，其中作了较为明确的规定。因为仍要对其中"数额较大或者有其他严重

情节"、"数额巨大或者有其他特别严重情节"、"数额特别巨大"等情形进行阐释和说明,所以,前述 1996 年司法解释得以颁布。这样已经实现了定罪量刑中的一个相对平衡。之后,1997 年全面修订刑法典时又基本吸纳了前述单行刑法中的相关罪状,因而 1996 年的司法解释的内容沿用多年。2001 年和 2010 年的司法解释继续确认了其追诉标准的起点。这足见其供求平衡已维持了较长的时间。这也表明其司法成本发挥了较大的司法效益,节约了司法资源。

最后,还要考虑通过合理地惩治专用发票犯罪来促进经济的发展。对于涉及企业的个案司法而言,既要依法惩处专用发票犯罪及其责任人员,又要尽量使企业走向健康的发展道路,由此更有利于经济的发展。

(二)(守法)教育学视角

1. 定罪方面。伪造、出售伪造的增值税专用发票罪定罪中的惩教机制,也包括定罪与否的惩教机制、此罪而非彼罪的惩教机制、确定罪数的惩教机制。如第六章所述,三者的结构要素在教育内容与教育方式上略有差异。这里也着重探讨此罪定罪与否的惩教机制。守法的教育环节、教育者、教育对象和教育目的方面,与其他税收犯罪的同类结构要素大致相同,而主要不同之处,也在于教育方式和教育内容上。

此罪在立法上犯罪圈设计的优劣问题,必然导致定罪与否惩教结构的相应问题。前已述及,此罪在立法上犯罪圈大小变化不明显,对于伪造、出售伪造的增值税专用发票的犯罪行为,先是按照伪造税票罪或者投机倒把罪来处理,后来,从 1995 年颁行的相关单行刑法开始,是以伪造、出售伪造的增值税专用发票罪来处理的。借助这种教育方式,在司法实践中,可以传达"法不可违、罪不可犯"、保护合法以及因罪受罚或因无罪不罚等教育内容。由此进一步达到惩罚犯罪、因果报应、教育行为人和其他人或者预防犯罪等目的。

同前,每一个涉嫌此罪的案件,也会涉及上述定罪与否惩教机制的几个结构要素问题。

还要指出,司法解释中也有此罪定罪与否的规定。这类规定是提供给司法人员具体运用法律的依据,它们既是司法人员忠诚型自我教育的内容,又是说服教育行为人服判的依据和内容。例如,依据 1996 年的相关司法解释以及 2001 年和 2010 年有关追诉标准的规定,伪造或者出售伪造的增值税专用发票 25 份以上或者票面额累计在 10 万元以上的,应予立案追诉和依法定罪处罚。对此,需要适时适度调整其标准,与其他相关犯罪的规定相协调。

另外,在伪造、出售伪造的增值税专用发票罪定罪的惩教机能上,也受到前述结构要素的影响。当前此罪的惩教机制仍需进一步改进,通过完善前述结构要素，在坚持罪刑法定原则以及保持适度的威慑型教育机能的基础上，推进其定罪机制的发展，使保护社会的积极机能与保障人权的积极机能最大化，以进一步强化忠诚型教育的积极机能。

2. 量刑方面。伪造、出售伪造的增值税专用发票罪量刑中的惩教机制包括司法解释涉及此罪量刑的惩教机制和此罪个案司法中量刑的惩教机制。在司法解释涉及此罪量刑的惩教结构上，教育环节、教育者、教育对象、教育目的与其定罪机制中的要素相同。这里，在教育方式上，它主要表现为司法机关的"解释"、"规定"等表现形式以及刑种、刑量等。其中涉及的教育内容，主要表现为：前述1996年司法解释中第2条涉及的量刑规范，以及相关刑法法条的量刑规范等。而且，对于该司法解释中"有其他严重情节"和"有其他特别严重情节"，还要适当地进一步加以明确等。这些特殊规范主要是作为指导司法人员具体运用法律正确量刑的依据，是司法人员忠诚型自我教育的内容，又是说服行为人服从判决以及教育他人守法的依据。

另外，司法解释涉及此罪定罪量刑的惩教机能受制于前述各种结构要素，其机能值得加强。当前伪造、出售伪造的增值税专用发票犯罪依然猖獗，打击此类犯罪任重道远。应当通过改进教育内容与教育方式，进一步提高这一特殊机制的威慑型守法教育、忠诚型守法教育和矫治型守法教育的效果。①

此外，还要注意，个案司法中的惩教机制问题。比如，就前述"伪造、出售伪造的专用发票案"的判决结果而言，总体来说，处罚比较公正。但是，也要注意，法院判决廖×湖犯伪造增值税专用发票罪，判处有期徒刑8年，并处罚金人民币6万元；刘××犯伪造增值税专用发票罪，判处有期徒刑6年，并处罚金人民币5万元；陈××犯出售伪造的增值税专用发票罪，判处有期徒刑8年，并处罚金人民币5万元；连××犯出售伪造的增值税专用发票罪，判处有期徒刑3年，并处罚金人民币5万元。据此不难发现，其中财产刑处罚偏轻。因为，正如前述立法建议指出，应同时把三档财产刑依次改为"并处10万元以上20万元以下的罚金"、"并处20万元以上50万元以下的罚金"、"并处50万元以上100万元以下的罚金或者没收财产"。那么，对廖×湖、刘××、陈××的罚金应当在20万元以上50万元以下幅度中确定较为合理。而对连××的罚金应当在10万元以上20万元以下幅度中确定才较合理。尽管一审宣判后，各被告人均未提起上诉，检察机关未提出抗诉，但是，从法院对廖×湖和陈××判处主刑相同（有期徒刑8年）而附加刑不同（罚金6万元和5万元）来看，

---

① 参见曾明生：《动态刑法的惩教机制研究——刑事守法教育学引论》，中国政法大学出版社2011年版，第24—26、45—46、129页。

容易使有的受刑人产生不公平心理。因此，该判决的矫治型守法教育机能是否达到足以令廖×湖改过自新的程度，令人质疑。而且，彭×兴、欧×义当时在逃，目前情况不明，这些都对判决的守法教育效果有不良影响。

总之，无论是司法解释中涉及伪造、出售伪造的增值税专用发票罪的惩教机制，还是其个案司法中的惩教机制，可能都值得进一步完善。

附录：相关法律、法规、规章及司法解释索引

1. 1995年10月30日《全国人民代表大会常务委员会关于惩治虚开、伪造和非法出售增值税专用发票犯罪的决定》第2条、第10条；

2. 1997年刑法典第206条；

3. 2011年2月25日《刑法修正案（八）》（自2011年5月1日起施行）第34条；

4. 《税收征收管理法》（1992年9月4日第七届全国人民代表大会常务委员会第二十七次会议通过　根据1995年2月28日第八届全国人民代表大会常务委员会第十二次会议《关于修改〈中华人民共和国税收征收管理法〉的决定》修正　2001年4月28日第九届全国人民代表大会常务委员会第二十一次会议修订　自2001年5月1日起施行）第22条、第71条等；

5. 《发票管理办法》（1993年12月12日国务院批准、1993年12月23日财政部令第6号发布　根据2010年12月20日《国务院关于修改〈中华人民共和国发票管理办法〉的决定》修订　自2011年2月1日起施行）第7条、第38条等；

6. 2006年10月17日《增值税专用发票使用管理规定》（国税发〔2006〕156号　2007年1月1日施行）第7条、第8条；

7. 1994年6月3日《最高人民法院、最高人民检察院关于办理伪造、倒卖、盗窃发票刑事案件适用法律的规定》第1条、第3条；

8. 1996年10月17日《最高人民法院关于适用〈全国人民代表大会常务委员会关于惩治虚开、伪造和非法出售增值税专用发票犯罪的决定〉的若干问题的解释》第2条；

9. 2001年4月18日《最高人民检察院、公安部关于经济犯罪案件追诉标准的规定》第54条；

10. 2010年5月7日《最高人民检察院、公安部关于公安机关管辖的刑事案件立案追诉标准的规定（二）》第62条。

第十三章 非法出售增值税专用发票罪

案例概要

1999年底,陈××(另案处理)为非法出售增值税专用发票,通过他人以非法手段注册成立了北京○○商贸有限公司和北京○○科技有限公司,并骗取了一般纳税人资格,陈××为倒卖增值税专用发票,通过他人结识邓××,利用其系海淀区国税局干部的特殊身份,请托邓××雇人在海淀区国税局为上述两家公司代为领购增值税专用发票。邓××明知增值税专用发票的领购规定以及陈××的行为违反相关规定,会产生涉及增值税专用发票犯罪的后果,为谋私利,仍雇佣李××、徐××于2000年1月至7月为陈××在海淀区国税局领购增值税专用发票275份(均系万元版),帮助陈××非法出售增值税专用发票。一审法院于2002年12月11日判决:邓××犯非法出售增值税专用发票罪,判处有期徒刑7年,并处罚金人民币20万元。宣判后,邓××不服,提出上诉。二审法院于2003年3月12日裁定驳回上诉,维持原判。①

【1. 说明:此案经过各个诉讼环节,其中相关程序分析,可参阅总论部分的有关内容以及本书后附录中的刑事诉讼法。2. 思考:裁判公正吗?为什么?】

第一节 非法出售增值税专用发票罪的立法沿革及检讨

非法出售增值税专用发票罪,是指违反国家发票管理法规,故意非法出售增值税专用发票的刑事违法行为。这里,首先对我国刑法中非法出售增值税专用发票罪的立法规定进行简要介绍,然后从经济学与(守法)教育学视角对其加以检视与讨论。

---

① 此案例原载《刑事审判参考》2005年第2集(总第43集)。

一、1997年刑法典生效前非法出售增值税专用发票罪的立法规定

我国从1994年全面开征增值税起,增值税收入在税收收入中的比重逐渐增加,增值税税制的管理也逐渐正规化、制度化、法制化。我国采取的税收征管模式是以票管税,增值税专用发票的管理是这种征管模式的核心,承载着增值税税款征收的几乎所有职责。增值税专用发票的运用,规范和简化了增值税的征管工作,减少了税收征收过程中的漏洞,但在具体征管实践中,增值税专用发票却往往被不法分子利用,沦为偷逃税款的工具。因为增值税专用发票上记载的经营数额是税务机关确定应纳增值税税款基数的主要依据。增值税的征收是通过把以前各环节所缴纳的增值税税款通过专用发票上的进项税额加以抵扣来实现的。在增值税专用发票上记载的金额代表了可以抵扣的税款数额,再乘以增值税的税率,就是应当抵扣的增值税税额。这样的征税模式使增值税专用发票实际上取得了类似于货币的隐含价值。不法分子常常通过非法手段获得增值税专用发票,进而为自己虚开进项税额,从而大幅度地降低实际缴纳的税款数额。专用发票所包含的经济价值往往远超货币所记载的形式金额,而其印刷和开具却不像货币发行那样具有严格的限制措施。受巨大利益的诱惑,不法分子不择手段非法获取增值税专用发票,以实现其偷逃税款的目的。增值税专用发票在如此背景下成了众矢之的,一系列涉及增值税专用发票的非法行为随之出现,非法出售增值税专用发票就是其中的主要犯罪形式。[①]

为全面、彻底打击非法使用增值税专用发票的犯罪,就必须从此类犯罪的源头入手,从增值税专用发票的非法交易环节开始就应该着力打击。鉴于增值税专用发票在增值税征管体制中的重要意义,国家税务总局一直非常重视对增值税专用发票的管理,严厉打击各种涉及增值税专用发票的涉税犯罪行为。自1994年起,国家税务总局开展以打击伪造、倒卖、盗窃增值税专用发票违法犯罪为内容的专项斗争。因为当时的刑法典对专用发票犯罪没有明确规定,为进一步打击发票犯罪,1994年"两高"发布了《关于办理伪造、倒卖、盗窃发票刑事案件适用法律的规定》。其中第1条规定:"以营利为目的,非法印制(复制)、倒卖发票(含假发票)或者非法制造、倒卖发票防伪专用品,情节严重的,以投机倒把罪追究刑事责任。"这一条款中规定的"倒卖发票"行为中,就已经在一定程度上包含了非法出售增值税专用发票行为。只是当时我

---

① 参见黄晓亮、张春喜主编:《危害税收征管罪办案一本通》,中国长安出版社2007年版,第148页。

国的增值税征收体制刚刚建立，非法利用增值税专用发票实施的犯罪还不多，危害也没有明显暴露出来，所以，只是将增值税专用发票归入发票的大类中统一规定。面对随后愈演愈烈的涉及增值税专用发票的各种犯罪，同时考虑到增值税专用发票在税收征管体制中的特殊性，立法机关对此类犯罪作出专门规定。[①] 1995 年全国人大常委会颁行了关于惩治增值税专用发票犯罪的单行刑法，其中第 3 条规定："非法出售增值税专用发票的，处 3 年以下有期徒刑或者拘役，并处 2 万元以上 20 万元以下罚金；数量较大的，处 3 年以上 10 年以下有期徒刑，并处 5 万元以上 50 万元以下罚金；数量巨大的，处 10 年以上有期徒刑或者无期徒刑，并处没收财产。"

需要指出的是，此时立法仍然存在缺憾。比如，该单行刑法中第 3 条第 1 款中三档财产刑之间不协调等。

二、现行刑法中非法出售增值税专用发票罪的立法规定

在 1997 年全面修订的刑法典中，立法者基本上将前述单行刑法中的条文予以纳入，并在其第一档处罚上增加了管制刑，在其第三档处罚上增加了可以"并处 5 万元以上 50 万元以下罚金"的规定，使判处 10 年以上有期徒刑的，可并处罚金而不是没收财产。这样有利于更好地贯彻罪责刑相适应原则。

尽管如此，但是还要注意，刑法典第 207 条第 1 款第一处刑档中"并处 2 万元以上 20 万元以下罚金"的规定，既与《发票管理办法》第 39 条中"情节严重的，处 5 万元以上 50 万元以下的罚款"的处罚规定不协调，又与其刑法中同条款的另两个处刑档中的罚金刑"并处 5 万元以上 50 万元以下罚金"的规定不衔接、不统一。

三、立法检讨：经济学与（守法）教育学视角

（一）经济学视角

从我国非法出售增值税专用发票罪的立法史看，其立法经历了一个由无到有、由适用口袋罪或类推到遵循罪刑法定原则的过程，由罪刑失衡到强调罪刑均衡的过程，它也是一个立法上不断追求和实现供求平衡的过程。如前所述，为了满足惩治专用发票犯罪的现实需求，1995 年单行刑法对增值税专用发票

[①] 参见黄晓亮、张春喜主编：《危害税收征管罪办案一本通》，中国长安出版社 2007 年版，第 150 页。

犯罪作出规定,由此实现一个相对的供求平衡。后来,在1997年全面修订刑法典时,这种平衡在作了一些调整后,基本保持了下来。如前所言,立法还是不够完善,这种平衡仍要适度微调。

另外,我国有关此罪的立法史,与前述犯罪一样,应当也是一个不断追求以尽可能小的立法成本获取尽可能大的立法收益的过程。在立法方式上,同本书第六章所述。在立法内容上,起初对一些非法出售增值税专用发票犯罪以当时的投机倒把罪论处,这与当时立法滞后和刑法中有类推规定的具体情况有关。此类立法成本较低,虽然在一定程度上有利于惩处发票犯罪行为,但是,因为刑罚过轻等缘故而使立法收益打折。后来,1995年有关单行刑法较为明确地规定了非法出售增值税专用发票的犯罪条文,这虽然增加了立法成本,但是也增加了一定的社会收益。比如,它为司法实践提供了较为明确的适用依据以及增强了刑罚的威慑力。然而,1997年刑法典对之又作出若干修正,立法成本和刑量成本增加,也因此增添了立法收益,加大了对罪刑均衡原则的贯彻落实力度,使之与惩处犯罪的需要逐渐相适应。也如前已述,因这种修改时间间隔较短,而使原来的立法成本无法使其本来的立法收益发挥到极致。又因其前述立法上的缺陷而使其立法收益有所局限。

(二)(守法)教育学视角

非法出售增值税专用发票罪与其他税收犯罪在立法中的惩教结构六大组成要素上,教育环节、教育者、教育对象、教育目的通常相同。不同的主要是其教育内容和教育方式。

此罪立法中的惩教结构之教育内容:一是此罪立法中的行为规范("禁止非法出售增值税专用发票的犯罪");二是此罪立法中的裁判规范和执行规范,这是对司法人员忠诚型守法教育的内容,也是对一般人的威慑型守法教育和忠诚型守法教育的内容,又是对罪犯的矫治型守法教育的内容。① 其主要表现为:前述1995年相关单行刑法中第3条、第10条的规定,以及1997年刑法典第207条等。法条内容较以前完善,条款明确,操作性较强。此外,还有税收法规的相关内容。

在此罪立法中的教育方式上,采用可能性的惩罚后果(无期徒刑、有期徒刑、拘役、管制、罚金或者没收财产等)相威慑的方式,或者说,以"犯……罪,处……刑"的方式,表达"禁止犯罪"的内容。在立法犯罪圈方面,此罪的变化大小不明显。虽然1979年刑法典没有明定此罪,但是法典中有类推

---

① 参见曾明生:《动态刑法的惩教机制研究——刑事守法教育学引论》,中国政法大学出版社2011年版,第24—26、45—46、129页。

规定。而且，1994年前述"两高"司法解释中第1条规定的"倒卖发票"行为中，就已经在一定程度上包含了非法出售增值税专用发票行为。从1995年颁行的相关单行刑法开始，此罪已为法律所明定。在法定刑上，立法几经修改逐渐趋于罪刑均衡。另外，前已述及，现行刑法也有待进一步完善。这里需要特别指出，此罪三档刑罚的衔接适用以及刑罚与行政处罚的衔接问题。此罪现行法条在"非刑事法"中目前没有直接衔接的刑事责任条文。依据此罪现行法条第1款的三个刑罚幅度规定和《发票管理办法》第39条的规定，对"转让、介绍他人转让发票"的违法行为的最重行政处罚为没收违法所得，并处50万元罚款；第一处刑档从轻处罚可判处"管制，并处2万元罚金"，第一处刑档从重处罚可"处3年有期徒刑，并处20万元罚金"；第二处刑档从轻处罚可判处"3年有期徒刑，并处5万元罚金"，第二处刑档从重处罚可"处10年有期徒刑，并处50万元罚金"；第三处刑档从轻处罚可判处"10年有期徒刑，并处5万元罚金"，第三处刑档从重处罚可处"无期徒刑，并处没收财产"。由此可见，其中罚款（行政处罚）与罚金（刑罚）的衔接上，刑罚中第一档与第二档以及第二档与第三档的罚金衔接上，均不协调。这表明，其中自由刑上各等级轻重还能相协调，而其中财产罚上则不然。为了尽量避免处罚失衡，建议立法最好采用倍比罚金制，退其次，可考虑将行政处罚中的最重罚款幅度改为"并处5万元以上10万元以下的罚款"，同时把三档财产刑依次改为"并处10万元以上20万元以下的罚金"、"并处20万元以上50万元以下的罚金"、"并处50万元以上100万元以下的罚金或者没收财产"。而且，建议对《发票管理办法》进行修正，在"罚则"部分中增加追究非法出售增值税专用发票的刑事责任的相关规定。如此修改可能更有利于惩治犯罪以及约束和教育司法人员遵守罪刑法定原则和罪刑均衡原则。

　　上述结构要素的发展变化，已经影响或将影响此罪立法中的惩教机能。在前述1995年有关单行刑法颁行之前，1979年刑法典中没有增值税专用发票犯罪的明确规定，因此，曾经仅靠口袋罪或类推制度来处理。这种打击的威慑型教育机能似乎较强，但是，因其法定刑较轻，使其威慑力仍有不足，而且鼓励民众对法律忠诚型的教育机能较弱。后来，随着相关单行刑法以及刑法的几次大小修订，通过明确法条内容的方式来实现有法可依。这样，在适当强调其威慑型教育机能的基础上，逐渐适应社会变化增强其法律忠诚型教育机能。诚然，当前这种惩教机制还需进一步改进。应当通过完善前述结构要素，推进其立法中的惩教机制的发展，力争进一步提升忠诚型教育的积极机能。

第二节 非法出售增值税专用发票罪的成立要件

我国刑法传统理论通常从四要件构成特征来分析犯罪，也有学者只从客观构成要件和主观构成要件两方面加以分析，还有学者从罪体、罪责和罪量方面来探讨。这些均有一定的合理性。然而，我们认为，是否成立非法出售增值税专用发票罪，可先考察其行为是否具备法益侵害性，若具备法益侵害性，则进一步分析其行为是否具备刑事违法性。[①] 以下将结合前述案例概要进行分析。

一、法益侵害性

法益遭受了侵害，这种侵害是人的行为造成的。

（一）犯罪客体要件

如前已述，我国对增值税专用发票采取了严格的管理制度，只有经过国家税务总局批准的特定企业才能印制增值税专用发票，只有经税务机关认定的增值税专用发票一般纳税人才能领购增值税专用发票。我国《发票管理办法》第24条规定，任何单位和个人应当按照发票管理规定使用发票，不得有"转让、介绍他人转让发票"等行为。而且，其中第39条对"转让、介绍他人转让发票"等行为规定了相应的法律责任。因为非法出售增值税专用发票行为，破坏了发票管理的制度秩序，甚至进一步危及国家税收收入安全和国家税收征管的制度秩序等法益。亦即，非法出售增值税专用发票罪侵犯的直接客体是国家发票管理的制度秩序，进而危害国家税收征管的制度秩序等。

（二）犯罪客观要件

行为人违反了国家发票管理法规，实施了非法出售增值税专用发票的行为。至于其行为的情节严重程度以及是否产生一定的危害结果，将于后文有无事由阻却性部分中述及。此处的非法出售行为，是行为人违反有关发票管理法规，将增值税专用发票提供给他人，并向他人收取一定价款的行为。非法出售增值税专用发票，是非法出售真实的增值税专用发票。而出售虚假的（即伪

[①] 参见曾明生：《动态刑法的惩教机制研究——刑事守法教育学引论》，中国政法大学出版社2011年版，第170—171页。

造的）增值税专用发票不在其列。在司法实践中，非法出售增值税专用发票的情形大致有：一是有权出售增值税专用发票的税务机关或其税务人员故意违反规定出售增值税专用发票；二是增值税专用发票印制企业将其印制的发票非法出售；三是合法取得增值税专用发票的单位或个人违反规定将自用的增值税专用发票出售给他人；四是将盗窃、诈骗、拾得等手段获得的增值税专用发票非法出售等。

另外，在前述"邓××非法出售增值税专用发票案"中，陈××为非法出售增值税专用发票，通过他人非法注册成立公司以骗取一般纳税人资格，陈××为倒卖增值税专用发票，通过他人结识邓××，利用其国税局干部身份，请托邓××雇人在国税局为上述公司代为领购增值税专用发票。邓××为牟私利，雇佣李××、徐××为陈××领购增值税专用发票275份（均系万元版），帮助陈××非法出售增值税专用发票。显然，陈××请托邓××雇人领购发票并且帮助实施了非法出售增值税专用发票的行为。他们的行为已具有法益侵害性。

二、刑事违法性

如前所述，危害税收征管秩序的违法行为符合法益侵害性，但是，在司法领域认定是否成立犯罪，最终的关键是，判断行为是否具有刑事违法性。具有刑事违法性，必须同时具备四要件齐备性与无事由阻却性。当然，否定刑事违法性，只要否定其中任何一个（四要件齐备性或者无事由阻却性）即可。

（一）四要件齐备性

除了犯罪客体要件和犯罪客观要件外，还必须具备犯罪主体要件和犯罪主观要件。

1. 犯罪主体要件。此罪的行为主体是一般主体，包括单位（税务机关和其他单位）和个人（税务人员和其他个人）。

在前述"邓××非法出售增值税专用发票案"中，陈××、邓××、李××、徐××均符合其行为主体条件。××商贸有限公司和××科技有限公司虽然名为公司，貌似符合此罪的行为主体条件，但是，其实际上是个人为进行违法犯罪活动而设立的公司。根据1999年《最高人民法院关于审理单位犯罪案件具体应用法律有关问题的解释》第2条的规定，个人为进行违法犯罪活动而设立的公司、企业、事业单位实施犯罪的，不以单位犯罪论处。亦即，××商贸有限公司和××科技有限公司虽名为公司，但是其注册成立不具有合法性，不符合此罪的行为主体条件。

2. 犯罪主观要件。非法出售增值税专用发票罪的犯罪主观要件是故意。行为人明知是非法出售增值税专用发票的行为而希望或放任其实施的主观心理状态。行为人通常有牟利的目的。

在前述"邓××非法出售增值税专用发票案"中，陈××对非法出售增值税专用发票持有希望的心理状态，并请托邓××雇人代为领购增值税专用发票。邓××明知增值税专用发票的领购规定以及陈××的行为违反相关规定，会产生涉及增值税专用发票犯罪的后果，为谋私利，仍雇佣李××、徐××代为领购增值税专用发票，故意实施了帮助陈××非法出售增值税专用发票的行为。因此，陈××和邓××的相关行为，已经具备了上述四个要件，符合了四要件齐备性。对于李××、徐××代为领购增值税专用发票而言，若其明知他人正在或将会实施犯罪而代为领购的，则具有行为故意，由此符合了四要件齐备性，否则就不具备此一条件。

（二）无事由阻却性

虽然具有四要件齐备性，但是要成立非法出售增值税专用发票罪，还必须排除刑事违法性阻却事由。从刑法规定看，此罪不存在正当防卫、紧急避险和附条件不追究刑事责任等阻却事由。此处的刑事违法性阻却事由，只剩下刑法典第13条但书的规定了，即"情节显著轻微危害不大"的情形。

因此，这里的无事由阻却性，就是要排除前述但书的情形。或者说，违法情节和客观危害，必须达到足够的程度。根据2010年有关追诉标准的规定，非法出售增值税专用发票25份以上或者票面额累计在10万元以上的，应予追诉。亦即，从司法解释看，若符合上述情形之一要求的，则表明已无前述但书条款的阻却事由。据此，在"邓××非法出售增值税专用发票案"中，陈××、邓××的行为同时具有四要件齐备性与无事由阻却性，由此具有了刑事违法性，可以认定他们成立非法出售增值税专用发票罪的共同犯罪。对于李××、徐××而言，若其具有帮助犯的行为故意，则成立共犯，否则就不成立犯罪。

第三节 非法出售增值税专用发票罪的司法认定

本节先从规范刑法学的视角对定罪（罪与非罪、此罪与彼罪、共同犯罪、一罪与数罪）和量刑中的若干问题进行讨论，然后分别从经济学与（守法）教育学两个视角进行司法检讨。

一、罪与非罪

在认定非法出售增值税专用发票罪的过程中，应当注意划分罪与非罪的界限。如前已述，成立此罪必须具有刑事违法性，即同时具有四要件齐备性与无事由阻却性。若非法出售增值税专用发票的行为不足以刑事立案追诉的，则属一般违法行为。司法实践中常见的情形主要有：

其一，涉案的增值税专用发票数量或者票面金额没有达到此罪的追诉标准。若达到其追诉标准具有刑事违法性，则成立非法出售增值税专用发票罪。若非法出售行为没有达到此罪的追诉标准，则属一般违法行为。对于后者，即非法出售增值税专用发票不足25份或者票面累计不足10万元的情形。

其二，行为人实施出售增值税专用发票行为时，欠缺此罪的犯罪故意。其中大致分为两种情况：① 若行为人对自己出售的发票没有明确的认识，不知道自己出售的是发票，则行为人不具有非法出售增值税专用发票罪的犯罪故意，不构成犯罪，若是被人利用可能是被间接正犯利用的犯罪工具；若税务机关或者税务人员虽然对自己出售增值税专用发票的行为有明确认识，但是，始终认为是在依法履行发售发票的法定职责，没有认识到购买发票的相对人无合法的购买资格或者实际出售数量超标等违法情况，则此时税务机关或者税务人员的出售增值税专用发票行为是非法的，应当认定为违法行为或者过失犯罪。

其三，从行为人处所查获大量增值税专用发票，但是没有查明行为人是否非法出售过专用发票，也无证据证明行为人具有非法出售专用发票的意图。此时行为人的行为只是单纯的非法持有增值税专用发票的行为，不构成非法出售增值税专用发票罪。

其四，行为人通过非法手段获得增值税专用发票，然后转交给他人虚开并用于逃税，不构成非法出售增值税专用发票罪。因为此时不存在以增值税专用发票换取钱财的"非法出售"行为。但是，行为人在明知他人将发票用于虚开而提供帮助且他人成立虚开专用发票犯罪的，行为人可能构成虚开增值税专用发票罪的共犯。若行为人非法获取增值税专用发票的行为不成立犯罪，以及发票接受人的虚开行为又不成立犯罪的，则行为人的行为属于一般违法行为。

---

① 参见黄晓亮、张春喜主编：《危害税收征管罪办案一本通》，中国长安出版社2007年版，第168页。

二、此罪与彼罪

非法出售增值税专用发票罪与徇私舞弊发售发票罪、出售伪造的增值税专用发票罪比较接近,对于非法出售增值税专用发票罪与徇私舞弊发售发票罪的界限,将于本书第19章述及。此处只对非法出售增值税专用发票罪与出售伪造的增值税专用发票罪的界限进行探讨。

两罪的主要区别:1.犯罪对象不同,前者的犯罪对象是由国家统一印制的合法真实的增值税专用发票;后者的犯罪对象是非法印制的虚假的增值税专用发票。2.主观方面不同。前者明知是国家的增值税专用发票而故意非法出售;而后者明知是伪造的增值税专用发票而故意出售。

另外,值得指出,如果行为人对出售发票的真假有错误认识,就可能导致非法出售增值税专用发票罪与出售伪造的增值税专用发票罪两罪适用上的困难。如果行为人认为自己出售的是真实的增值税专用发票,而实际上出售的是伪造的增值税专用发票,若非法出售行为成立犯罪的,则行为人应该被认定为非法出售增值税专用发票罪的犯罪未遂。但是这种情况下,鉴于行为人非法出售伪造的增值税专用发票的行为,造成了与出售真实的增值税专用发票类似的实际危害结果,可以对其酌情不适用从轻或减轻的量刑情节。

三、共同犯罪

非法出售增值税专用发票罪的共同犯罪,既包括有发票出售权者与无发票出售权者共同实施的共同犯罪,也包括无发票出售权者实施的共同犯罪,其中包括个人与个人、单位与个人、单位与单位之间的共同犯罪类型。

需要指出,行为人明知他人购买增值税专用发票用于虚开而仍然向其非法出售的认定问题。对因虚开可能造成的危害结果,行为人可能有直接故意或者间接故意。因此,有人认为,行为人应当构成虚开增值税专用发票罪的共犯,此时的非法出售增值税专用发票的行为失去了独立的存在意义,变成了共同虚开增值税专用发票的共同犯罪行为的组成部分,不能独立成罪。其中,认定非法出售专用发票的行为人与非法购买意图虚开专用发票的行为人具有共同的犯罪故意,需要对非法出售的行为人的主观心态作严格限定,即对虚开情节的"明知",是行为人通过某些确切的现象明确感知购买人的虚开意图,而不能仅从经验来推断。这里,对虚开情节的"明知"要从严掌握,不能用"应知"取代。如果无法证明非法出售行为人具有对日后虚开增值税专用发票结果的明知，就不能认定为虚开增值税专用发票罪的共犯，只能单独构成非法出售增值税专用发票罪。① 我们基本赞同前述观点。但是，也要注意，成立虚开增值税专用发票罪的共犯，必须以购买发票并虚开的行为人成立虚开增值税专用发票罪为前提，否则行为人可能只成立非法出售增值税专用发票罪或者只是一般违法行为。

另外，在前述"邓××非法出售增值税专用发票案"中，陈××为非法出售增值税专用发票，通过他人以非法手段注册成立了北京○○商贸有限公司和北京○○科技有限公司，并骗取了一般纳税人资格，陈××为倒卖增值税专用发票，通过他人结识邓××，利用其系海淀区国税局干部的特殊身份，请托邓××雇人在海淀区国税局为上述两家公司代为领购增值税专用发票。邓××为谋私利，雇佣李××、徐××为陈××在海淀区国税局领购增值税专用发票275份（均系万元版），帮助陈××非法出售增值税专用发票。由此发现，陈××和邓××有共同的犯罪故意，成立非法出售增值税专用发票罪的共同犯罪。陈××是主犯，邓××是帮助犯。对于李××、徐××而言，若其具有帮助犯的行为故意，则成立共犯，是帮助犯，否则就不成立犯罪。

四、一罪与数罪

（一）以盗窃、诈骗手段获取增值税专用发票后予以出售的罪数认定

对这种行为的认定，存在不同的意见。有人认为，这种行为触犯了盗窃罪或诈骗罪和非法出售增值税专用发票罪，应依照处理牵连犯的原则，择一重罪论处。② 也有人认为，新刑法实施以前是以牵连犯原则处理的，而新刑法典第210条第1、2款明确规定以盗窃罪和诈骗罪定罪量刑。③ 又有人认为，对此类行为应当实行数罪并罚。④ 我们认为，需要区分情况加以处理。若盗窃行为或者诈骗行为和出售行为中只有一个行为成立犯罪的，则为一罪；若盗窃行为或者诈骗行为和出售行为之间既有手段目的的关系，又分别成立犯罪的，则依据牵连犯的处罚原则，择一重处；若盗窃行为或者诈骗行为和出售行为之间无牵连

---

① 参见黄晓亮、张春喜主编：《危害税收征管罪办案一本通》，中国长安出版社2007年版，第170页。

② 参见吴亚荣主编：《中国税收犯罪通论》，中国税务出版社1999年版，第301页。

③ 参见张旭主编：《涉税犯罪的认定处理及案例分析》，中国人民公安大学出版社1999年版，第215页。

④ 参见张旭主编：《涉税犯罪的认定处理及案例分析》，中国人民公安大学出版社1999年版，第388页。

关系，且分别成立犯罪的，则应当数罪并罚。

（二）行为人使用自己持有的增值税专用发票为他人虚开并约定收费的认定问题

有人认为，若行为人以填写完毕的增值税专用发票作交易筹码，换取对方的"酬劳"，则应当构成虚开增值税专用发票罪。若行为人与购买人就非法提供增值税专用发票和虚开增值税专用发票的事实都有约定，先提供后虚开，则构成虚开增值税专用发票罪，所得的"酬劳"属于因实施虚开增值税专用发票行为得到的犯罪收益，而不是非法出售增值税专用发票获得的非法对价。[①]我们基本赞同上述观点。但是，有偿提供发票的行为和虚开行为存在交叉关系，实际上只有一个行为，若其中只触犯一个罪名，则为一罪；若触犯两个罪名，则为想象竞合犯，可择一重处。

（三）行为人明知增值税专用发票有真有假且出售的罪数认定

对此定性，学界有多种意见。有人认为，行为人明知增值税专用发票有真有假且出售，分别达到犯罪标准的，应以非法出售增值税专用发票罪与出售伪造的增值税专用发票罪实行数罪并罚；也有人认为，应以想象竞合犯从一重处。还有人认为，应以真假两种增值税专用发票的票面额累计计算，以非法出售增值税专用发票罪定罪处罚。我们认为，对此无认识错误的情形，不能以发票面额累计计算，而是应当区分情况加以处理。对于行为人只有其中真实发票的出售或者伪造发票的出售的数量或数额才达到犯罪标准的，以一罪论处，而对另一部分以行政处罚论处；对于两部分数量或数额均能分别成罪且区分真假先后出售并有明显时间间隔的，应当数罪并罚。否则，即使两部分数量或数额均能分别成罪，也应以想象竞合犯论处。但是，鉴于非法出售增值税专用发票罪与出售伪造的增值税专用发票罪的现行法定刑相同，因此，有必要从其罪名性质的危害程度和门槛罪状的严厉程度来考量其轻重。因为两罪的实质都是非法的出售行为，而知假售假性质更为恶劣。另外，出售伪造的增值税专用发票罪的犯罪圈比非法出售增值税专用发票罪的更大，因为立法者对前罪的选择性罪状设置，除了包括有后罪的数量罪状外，还有情节罪状。甚至在《刑法修正案（八）》施行之前，出售伪造的增值税专用发票罪曾经的最高法定刑是死刑。所以，对这一特殊的想象竞合犯，应以出售伪造的增值税专用发票罪从重处罚。

[①] 参见黄晓亮、张春喜主编：《危害税收征管罪办案一本通》，中国长安出版社2007年版，第170页。

（四）增值税专用发票有真有假，但行为人误认为全部为真（或全部为假）且出售的罪数认定

对于增值税专用发票有真有假，但行为人误认为全部为真且出售的罪数认定，学界大致有三种意见。有人认为，以真假两种增值税专用发票票面额累计计算，以非法出售增值税专用发票罪处理。其理由是：无论是在非法出售增值税专用发票罪中，还是在出售伪造的增值税专用发票罪中，其定罪处罚不是以增值税专用发票本身的真伪为标准，而是以行为人对增值税专用发票真伪性的主观判定为标准而定罪处罚的。因而，对出售真假两种增值税专用发票，皆以为真发票予以出售的行为，应以两种发票票面额累计计算，以非法出售增值税专用发票罪定罪处罚。最高人民法院 1996 年的有关司法解释第 4 条第 3 款规定：非法购买真、伪两种增值税专用发票的，数量累计计算，不实行数罪并罚。以此精神推测，对上述行为应依上述意见处理。也有人认为，应当以真发票的面额计算，以非法出售增值税专用发票罪定罪处罚。[①] 还有人认为，从理论上讲，定罪应当坚持主客观统一原则，既不可唯主观论，也不可唯客观论。因此，第一种观点有失偏颇。既然立法规定了非法出售增值税专用发票罪，又规定了出售伪造的增值税专用发票罪，而如果行为人没有认识到自己出售的增值税专用发票的虚假性，仍以非法出售增值税专用发票罪论处，就违背主客观统一的定罪原则。行为人把假发票当成真发票的，属于主观认识错误。对这种主观认识错误如何处理，立法没有规定，刑法理论也无从解决。这种尴尬境地的深层原因在于立法的无理规定。既然出售假的增值税专用发票与非法出售真的增值税专用发票的危害大致相当，就没有必要区分专用发票的真伪而将其规定为两罪。立法如此规定或许注意到伪造专用发票和出售伪造的专用发票的并发性，但却因此忽略了出售真伪专用发票的并发性，从而给司法实践带来困惑。尽管如此，司法还要对此作出判定。由于非法出售增值税专用发票罪和出售伪造的增值税专用发票罪的法定刑相同，这种情况定非法出售增值税专用发票罪，以真假增值税专用发票数量累计计算比较适宜。这样，不仅顾及行为人主观上的认识，而且量刑上也能罪刑均衡。[②]

我们基本赞同第三种观点。但是，需要指出的是，若其中非法出售真的增值税专用发票数量或面额没有达到犯罪标准，则宜认为犯罪未遂。不过，因为行为人非法出售伪造的增值税专用发票的行为，造成了与出售真实的增值税专用发票类似的实际危害结果，所以可以对其酌情不适用从轻或减轻的量刑情

---

① 参见周洪波主编：《税收犯罪疑难问题司法对策》，吉林人民出版社 2001 年版，第 345 页。
② 参见周洪波：《税收犯罪研究》，中国人民大学 2001 年博士学位论文，第 145 页。

节。若其中非法出售真的增值税专用发票数量或面额已达到犯罪标准,则可认为其犯罪既遂;同时考虑其非法出售伪造的增值税专用发票的行为造成的实际危害结果,可以对其酌情从重处罚。

另外,增值税专用发票有真有假,而行为人误认为都是假的且出售的情况,应以出售伪造的增值税专用发票罪论处,量刑问题参照前述误认为全真的情形处理;对于行为人不知发票的真假,也不关心其真假,只管出售牟利的,应以增值税专用发票票面额累计计算,以非法出售增值税专用发票罪定罪处罚。

五、非法出售增值税专用发票罪的量刑

(一)非法出售增值税专用发票罪法定刑幅度的确定

根据我国刑法典第 207 条的规定,非法出售增值税专用发票罪的法定刑幅度有三个:"处 3 年以下有期徒刑、拘役或者管制,并处 2 万元以上 20 万元以下罚金";"处 3 年以上 10 年以下有期徒刑,并处 5 万元以上 50 万元以下罚金";以及"处 10 年以上有期徒刑或者无期徒刑,并处 5 万元以上 50 万元以下罚金或者没收财产"。

适用第一量刑档的条件是具备此罪的基本处罚事由,即:"非法出售增值税专用发票的"。对此适用条件的具体分析,在前节已述。

适用第二量刑档的条件是具备此罪的加重处罚事由,即:前述"数量较大的"。依据前述 1996 年的相关司法解释,这里的数量较大,可以参照伪造、出售伪造的增值税专用发票罪的标准认定,即非法出售 100 份以上或者票面额累计 50 万元以上。

适用第三量刑档的条件是具备此罪的特别加重处罚事由,即:前述"数量巨大的"。依据前述 1996 年的相关司法解释,这里的数量巨大,可以参照伪造、出售伪造的增值税专用发票罪的标准认定,即非法出售 500 份以上或者票面额累计 250 万元以上。

需要指出,在同时符合两个以上选择性要件的情况下,应适用重条款处罚。对于非法出售增值税专用发票犯罪,同时具有份数和票面额时,应适用重的条款。例如,若按照出售增值税专用发票份数,属于"数量较大",而按照出售增值税专用发票的票面额计算属于"数量巨大",则应按照票面额来认定犯罪数额。

(二)量刑情节的综合考量

应当根据刑法典第 61 条至第 64 条的量刑规定,对犯罪的事实、犯罪的性

质、情节和对于社会的危害程度，依照刑法的有关规定判处。其中要注意基本处罚事由、加重处罚事由、特别加重处罚事由、减轻处罚事由等几种事由。

（三）单位犯的双罚制

根据我国刑法典第 211 条的规定，单位犯此罪的，对单位判处罚金，并对其直接负责的主管人员和其他直接责任人员，依照上述规定处罚。

六、司法检讨：经济学与（守法）教育学视角

（一）经济学视角

运用经济学的理论来考量非法出售增值税专用发票罪的司法问题，此处关注的仍然是其定罪量刑中的供求平衡问题，以及重视以尽可能小的司法成本投入，争取尽可能大的司法收益，也由此考虑通过合理地惩治专用发票犯罪来促进经济发展。

由于 1979 年刑法典没有明确规定专用发票犯罪，为了满足惩治包括此类犯罪的发票犯罪的需要，1994 年"两高"关于办理发票刑事案件的司法解释出台，其中规定对出售伪造发票的犯罪按照投机倒把罪处理。在司法解释无法提高法定刑等方面以加大处罚力度的情况下，1995 年通过了一个单行刑法，其中作了较为明确的规定。因为仍要对其中"数额较大"、"数额巨大"等情形进行阐释和说明，所以，前述 1996 年司法解释得以颁布。这样已经实现了定罪量刑中的一个相对平衡。如前已述，1997 年全面修订刑法典时又基本吸纳了前述单行刑法中的相关罪状，因而 1996 年的司法解释的内容沿用多年。2001 年和 2010 年的司法解释继续确认了其追诉标准的起点。这足见其供求平衡已维持了较长的时间。这也表明其司法成本发挥了较大的司法效益，节约了司法资源。

诚然，也要考虑通过合理地惩治专用发票犯罪来促进经济发展。对于涉及企业的个案司法而言，既要依法惩处专用发票犯罪及其责任人员，又要尽量使企业走向健康的发展道路，由此更有利于经济的发展。

（二）（守法）教育学视角

在定罪量刑中的惩教机制方面，非法出售增值税专用发票罪与前述伪造、出售伪造的增值税专用发票罪的情况大致相同。

此处着重探讨个案司法中的惩教机制问题。比如，就前述"邓××非法出售增值税专用发票案"的判决结果而言，总体来说，处罚比较公正。因为对陈××另案处理，故而该判决中没有对其作出重复处罚。对于李××、徐×

××而言，若其具有帮助犯的行为故意，则成立共犯；否则就不成立犯罪，但是，属于行政违法，应当受到行政处罚。从该案的情况看，法院既没有判决李××、徐××成立共犯，又没有判决其成立行政违法并建议有关部门对其进行行政处罚。就此而言，法律的威慑型守法教育、忠诚型守法教育和矫治型守法教育的效果打折。而且，也要注意，法院判决邓××犯非法出售增值税专用发票罪，判处有期徒刑7年，并处罚金人民币20万元。宣判后，邓××不服，提出上诉。二审法院裁定驳回上诉，维持原判。我们认为，鉴于邓××犯非法出售增值税专用发票罪且数量巨大的，应当适用第三量刑档，"处10年以上有期徒刑或者无期徒刑，并处5万元以上50万元以下罚金或者没收财产"。尽管法院认为其属从犯，依法对其减轻处罚，但是宣判后，邓××不服。这仍然表明，法院的裁决在守法教育效果上的局限性。

总之，无论是司法解释中涉及非法出售增值税专用发票罪的惩教机制，还是其个案司法中的惩教机制，可能都值得进一步完善。

附录：相关法律、法规、规章及司法解释索引

1. 1995年10月30日《全国人民代表大会常务委员会关于惩治虚开、伪造和非法出售增值税专用发票犯罪的决定》第3条、第10条；

2. 1997年刑法典第207条、第211条；

3. 《税收征收管理法》（1992年9月4日第七届全国人民代表大会常务委员会第二十七次会议通过　根据1995年2月28日第八届全国人民代表大会常务委员会第十二次会议《关于修改〈中华人民共和国税收征收管理法〉的决定》修正　2001年4月28日第九届全国人民代表大会常务委员会第二十一次会议修订　自2001年5月1日起施行）第21条；

4. 《发票管理办法》（1993年12月12日国务院批准、1993年12月23日财政部令第6号发布　根据2010年12月20日《国务院关于修改〈中华人民共和国发票管理办法〉的决定》修订　自2011年2月1日起施行）第15条、第24条、第39条等；

5. 1994年6月3日《最高人民法院、最高人民检察院关于办理伪造、倒卖、盗窃发票刑事案件适用法律的规定》第1条；

6. 1996年10月17日《最高人民法院关于适用〈全国人民代表大会常务委员会关于惩治虚开、伪造和非法出售增值税专用发票犯罪的决定〉的若干

问题的解释》第 2 条、第 3 条；

7. 2001 年 4 月 18 日《最高人民检察院、公安部关于经济犯罪案件追诉标准的规定》第 55 条；

8. 2010 年 5 月 7 日《最高人民检察院、公安部关于公安机关管辖的刑事案件立案追诉标准的规定（二）》第 63 条。

第十四章 非法购买增值税专用发票、购买伪造的增值税专用发票罪

案例概要

李×在任职F贸易公司总经理期间,得知齐×拾得S公司伪造的增值税专用发票后,于2003年3月21日从齐×处非法购买了伪造的S公司增值税专用发票300份,在购买了伪造的S公司的增值税专用发票后,李×与其公司会计周×、私人秘书蓝×商议,决定使用购买来的S公司增值税专用发票来解决贸易公司无足够的进项发票抵扣销税项的窘境。于是该贸易公司在与S公司无任何货物购销及接受劳务的情况下于2003年4月19日虚开了100份增值税专用发票。2003年5月初,李×意图再次购买伪造的增值税专用发票,来摆脱无足够的进项发票抵扣销税项的窘境,于是在其去深圳出差期间委托会计周×及秘书蓝×购买伪造的增值税专用发票。在打听到M公司职工彭×伪造了不少其公司的增值税专用发票后,二人和彭×约定于2003年5月15日前往彭×寓所购买增值税专用发票,5月15日,二人向彭×购买了200份伪造的增值税专用发票。5月20日李×返回公司后,又在与彭×任职的公司无任何货物购销及接受劳务的情况下于6月3日虚开了150份增值税专用发票。后来,法院依法判决F贸易公司犯虚开增值税专用发票罪,判处罚金27万元;李×犯虚开增值税专用发票罪,判处有期徒刑7年;周×、蓝×犯虚开增值税专用发票罪,分别判处有期徒刑3年;齐×犯出售伪造的增值税专用发票罪,判处有期徒刑4年,并处罚金5万元;彭×犯伪造、出售伪造的增值税专用发票罪,判处有期徒刑5年,并处罚金7万元。①

【1. 说明:此案经过各个诉讼环节,其中相关程序分析,可参阅总论部分的有关内容以及本书后附录中的刑事诉讼法。2. 思考:裁判公正吗?为什么?】

---

① 参见孙力、梅传强主编:《刑事案例诉辩审评——危害税收征管罪》,中国检察出版社2006年版,第217—219页。此案例不是新近发生的,因其有历史比对性和案情代表性的价值,故本书将之收录于此。

第一节 非法购买增值税专用发票、购买伪造的增值税专用发票罪的立法沿革及检讨

非法购买增值税专用发票、购买伪造的增值税专用发票罪,是指违反国家发票管理法规,故意非法购买增值税专用发票,或者购买伪造的增值税专用发票的刑事违法行为。这里,首先对我国刑法中此罪的立法规定进行简要介绍,然后从经济学与(守法)教育学视角对其加以检视与讨论。

一、1997年刑法典生效前非法购买增值税专用发票、购买伪造的增值税专用发票罪的立法规定

如前所述,我国对增值税专用发票采取了严格的管理制度,只有经过国家税务总局批准的特定企业才能印制增值税专用发票,只有经税务机关认定的增值税专用发票一般纳税人才能领购增值税专用发票,因此,要获得真实的增值税专用发票很困难。于是,一些企业或者个人对增值税专用发票打起了主意,在谋取经济利益的驱使下,非法购买增值税专用发票或者购买甚至使用虚假的增值税专用发票,牟取非法利益。这不仅严重损害了我国的发票制度,还造成了国家税收的严重流失,破坏了正常的市场经济秩序。

此罪在我国1979年刑法典中没有也不可能有明确的规定,因为关于增值税专用发票制度虽有试行但是直到1994年才全面推行。最高人民法院、最高人民检察院于1994年6月3日发布了《关于办理伪造、倒卖、盗窃发票刑事案件适用法律的规定》。该解释第1条中规定:"以营利为目的,非法印制(复制)、倒卖发票(含假发票)或者非法制造、倒卖防伪专用品,情节严重的,以投机倒把罪追究刑事责任"等。由于增值税专用发票犯罪当时呈上升趋势,涉案金额越来越大,涉及的地区也越来越多,因此,全国人大常委会在1995年颁行了惩治此类犯罪的单行刑法。其中第4条对非法购买增值税专用发票、购买伪造的增值税专用发票罪作出了比较明确的两款规定。第1款规定:"非法购买增值税专用发票或者购买伪造的增值税专用发票的,处5年以下有期徒刑或者拘役,并处或者单处2万元以上20万元以下罚金。"第2款规定:"非法购买增值税专用发票或者购买伪造的增值税专用发票又虚开或者出售的,分别依照第1条、第2条、第3条的规定处罚。"

由此可见,单行刑法对非法购买增值税专用发票、购买伪造的增值税专用

发票罪的惩处力度在一定程度上得以加强。

二、现行刑法中非法购买增值税专用发票、购买伪造的增值税专用发票罪的立法规定

1997年刑法典第208条是在前述单行刑法的基础上，对非法购买增值税专用发票、购买伪造的增值税专用发票罪作出的规定。其第1款规定："非法购买增值税专用发票或者购买伪造的增值税专用发票的，处5年以下有期徒刑或者拘役，并处或者单处2万元以上20万元以下罚金。"其第2款规定："非法购买增值税专用发票或者购买伪造的增值税专用发票又虚开或者出售的，分别依照本法第205条、第206条、第207条的规定定罪处罚。"通过前后两法比较，不难发现，现行法条几乎全部沿用了1995年单行刑法第4条，只是对援引法条序号有所调整而已。当然，这一立法也不是没有问题，对此将在下文中述及。

三、立法检讨：经济学与（守法）教育学视角

（一）经济学视角

从我国非法购买增值税专用发票、购买伪造的增值税专用发票罪的立法史看，其立法经历了一个由无到有、由适用类推或者口袋罪到遵循罪刑法定原则的过程，它也是一个立法上不断追求和实现供求平衡的过程。如前已述，为了满足惩治专用发票犯罪的现实需求，1995年单行刑法对非法购买增值税专用发票、购买伪造的增值税专用发票犯罪作出规定，由此实现一个相对的供求平衡。后来，在1997年全面修订刑法典时，这种平衡在略作微调后，保持了下来。

另外，我国有关此罪的立法史，应当也是一个追求以尽可能小的立法成本获取尽可能大的立法收益的过程。在立法方式上，同本书第六章所述。在立法内容上，起初对一些发票犯罪以当时的投机倒把罪论处，这与当时立法滞后和刑法中有类推规定的具体情况有关。此类立法成本较低，虽然在一定程度上有利于惩处发票犯罪行为，但是，因为立法不够明确等缘故而使立法收益打折。后来，1995年有关单行刑法较为明确地规定了非法购买增值税专用发票、购买伪造的增值税专用发票犯罪的条文，这虽然增加了立法成本，但是也增加了一定的社会收益。比如，它为司法实践提供了较为明确的适用依据以及一定程度上增强了罚金刑的威慑力。然而，1997年刑法典对之又略作修正，立法成

本有所增加，但是因实质内容未变而立法收益极小。鉴于这种修改时间间隔较短，因此，原来的立法成本也没有使其本来的立法收益发挥到极致。这说明立法应重视其前瞻性和协调性。

（二）（守法）教育学视角

非法购买增值税专用发票、购买伪造的增值税专用发票罪与其他税收犯罪在立法中的惩教结构六大组成要素上，不同的主要是其教育内容和教育方式。

此罪立法中的惩教结构之教育内容：一是此罪立法中的行为规范（"禁止非法购买增值税专用发票、购买伪造的增值税专用发票的犯罪"）；二是此罪立法中的裁判规范和执行规范，这是对司法人员忠诚型守法教育的内容，也是对一般人的威慑型守法教育和忠诚型守法教育的内容，又是对罪犯的矫治型守法教育的内容。[①] 其主要表现为：前述1995年相关单行刑法中第4条、第10条的规定，以及1997年刑法典第208条、第211条等。法条内容较以前完善，条款明确，操作性较强。此外，还有税收法规的相关内容。

在此罪立法中的教育方式上，采用可能性的惩罚后果（有期徒刑、拘役、罚金等）相威慑的方式，或者说，以"犯罪处刑"的方式，表达"禁止犯罪"的内容。在立法犯罪圈方面，从我国增值税专用发票犯罪诞生之日至1995年颁行的相关单行刑法之间的一段时期里，立法者主要是依靠投机倒把罪和类推制度两个武器来应对的。之后，从1995年相关单行刑法对此罪犯罪圈的设定到1997年刑法典对此罪的沿袭，其打击范围在立法上几无变化。从目前来看，应当说这一立法上的犯罪圈的大小设置还算比较合理。只是因为刑法典第208条第2款不甚完善的规定，致使其运用上可能有所偏差。在法定刑量上，现行刑法仍然有待进一步完善。这里需要特别指出，此罪刑罚与行政处罚的衔接问题。《发票管理办法》第39条中对"知道或者应当知道是私自印制、伪造、变造、非法取得或者废止的发票而受让……的"情形，规定了最重为50万元罚款的行政处罚措施。建议把刑法典第208条第1款处刑档中"并处2万元以上20万元以下罚金"改为"并处10万元以上30万元以下罚金"，因为这与前述第10章建议考虑将有关行政处罚中的最重罚款幅度改为"并处5万元以上10万元以下的罚款"，以及同时把非法出售增值税专用发票罪的三档财产刑依次修改的建议相协调。而且，也可以进一步使其与非法出售增值税专用发票罪的刑罚相协调，建议对之增设"管制"的刑罚。另外，该法条第1款在

[①] 参见曾明生：《动态刑法的惩教机制研究——刑事守法教育学引论》，中国政法大学出版社2011年版，第24—26、45—46、129页。

"非刑事法律"中目前没有直接衔接的刑事责任条文。[①] 因此,建议对《发票管理办法》进行修正,在"罚则"部分中增加追究能够涵括非法购买增值税专用发票、购买伪造的增值税专用发票的刑事责任的相关规定,如"构成犯罪的,依法追究刑事责任"。若实行以上修改,则可能更有利于惩治发票犯罪以及约束和教育司法人员遵守罪刑法定原则和罪刑均衡原则。

上述结构要素的发展变化,已经影响或将影响此罪立法中的惩教机能。在前述1995年有关单行刑法颁行之前,1979年刑法典中没有增值税专用发票犯罪的明确规定,因此,曾经仅靠口袋罪甚至类推制度来处理。这种打击的威慑型教育机能似乎较强,但是,其法定刑的威慑力仍有不足,而且鼓励民众对法律忠诚型的教育机能较弱。后来,随着相关单行刑法以及刑法典的修订,通过明确法条内容的方式来实现有法可依。诚然,当前这种惩教机制仍需进一步改进。通过完善前述结构要素,推进其立法中的惩教机制的发展。

第二节 非法购买增值税专用发票、购买伪造的增值税专用发票罪的成立要件

我国刑法传统理论通常从四要件构成特征来分析犯罪,也有学者只从客观构成要件和主观构成要件两方面加以分析,还有学者从罪体、罪责和罪量方面来探讨。这些均有一定的合理性。然而,我们认为,是否成立非法购买增值税专用发票、购买伪造的增值税专用发票罪,可先考察其行为是否具备法益侵害性,若具备法益侵害性,则进一步分析其行为是否具备刑事违法性。[②] 以下将结合前述案例概要进行分析。

一、法益侵害性

法益遭受了侵害,这种侵害是人的行为造成的。

(一)犯罪客体要件

我国对增值税专用发票采取了严格的管理制度,目前已有一些相关的法律

[①] 实际上,1993年12月23日的《发票管理办法》第38条中曾经有过刑事责任的规定,但是2010年12月20日该办法被修正(自2011年2月1日起施行),"将第38条改为第38条、第39条",使原来第38条的刑事责任条款只保留在修改后的第38条之中,而新增的第39条中却无刑事责任规定。

[②] 参见曾明生:《动态刑法的惩教机制研究——刑事守法教育学引论》,中国政法大学出版社2011年版,第170—171页。

依据。例如,《税收征收管理法》第 21 条第 2 款规定,"单位、个人在购销商品、提供或者接受经营服务以及从事其他经营活动中,应当按照规定开具、使用、取得发票"。《发票管理办法》第 24 条规定,任何单位和个人应当按照发票管理规定使用发票,不得有受让"知道或者应当知道是私自印制、伪造、变造、非法取得或者废止的发票"等行为;而且,其中第 39 条对非法受让行为规定了相应的法律责任。由此可见,发票管理的制度秩序是受法律保护的。而设定非法受让各种增值税专用发票行为的法律责任,是因为非法购买增值税专用发票、购买伪造的增值税专用发票的行为,破坏了发票管理的制度秩序,甚至进一步危及国家税收收入安全和国家税收征管的制度秩序等法益。亦即,非法购买增值税专用发票、购买伪造的增值税专用发票罪侵犯的直接客体是国家发票管理的制度秩序,进而危害国家税收征管的制度秩序等。

(二)犯罪客观要件

行为人违反了国家有关发票管理规定,实施了非法购买增值税专用发票、购买伪造的增值税专用发票的行为。至于其行为的情节严重程度以及是否产生一定的危害结果,将于后文有无事由阻却性部分中述及。这里着重对以下问题进行探讨。

非法购买增值税专用发票的行为,是指行为人违反国家有关发票管理规定,向他人购买增值税专用发票的行为。有人认为,非法购买增值税专用发票,是指从无权出售增值税专用发票的单位和个人手中非法购买增值税专用发票的行为。[1] 我们认为,这种理解不全面。因为,非法购买的关键是"非法",只要不符合增值税专用发票领购环节的管理规定而购买,就是非法购买。它是相对于依法领购而言的。当然,从无权出售增值税专用发票的单位或者个人手中购买也属于非法购买,但它只是非法购买行为的一部分情况。亦即,不具备领购增值税专用发票条件的单位或者个人,通过欺骗、行贿等手段或者利用税务人员的工作失误而购买增值税专用发票的情况也是非法购买行为。例如,我国 1993 年《增值税专用发票使用规定(试行)》中曾经规定,增值税专用发票"只限于增值税的一般纳税人领购使用,增值税的小规模纳税人和非增值税纳税人不得使用"。之后,2007 年 1 月 1 日施行的《增值税专用发票使用规定》中也贯彻了这个基本精神。若增值税小规模纳税人通过行贿等手段向税务机关购买增值税专用发票,则也属于非法购买行为。也就是说,只要买卖的主体、内容、程序等有一项与增值税专用发票管理规定不符合,就是非法购

---

[1] 参见陈兴良主编:《刑法新罪评释全书》,中国民主法制出版社 1995 年版,第 280 页。

买,而不是仅限于卖方主体的无资格性。①

另外,购买伪造的增值税专用发票的行为,是指行为人违反国家有关发票管理规定,向他人购买了明知是伪造的增值税专用发票的行为。

在前述"购买伪造的增值税专用发票案"中,李×在任职F贸易公司总经理期间,得知齐×拾得S公司伪造的增值税专用发票后,于2003年3月21日从齐×处非法购买了伪造的S公司增值税专用发票300份。2003年5月初,李×在去深圳出差期间委托会计周×及秘书蓝×购买伪造的增值税专用发票。5月15日,周×、蓝×二人向彭×购买了200份伪造的增值税专用发票。显然,其中李×代表F贸易公司实施了"购买伪造的增值税专用发票"的行为,会计周×及秘书蓝×接受李×的委托也实施了"购买伪造的增值税专用发票"的行为。这些行为已经破坏了发票管理的制度秩序,进一步危及国家税收收入安全和国家税收征管的制度秩序,已具有了法益侵害性。

二、刑事违法性

如前所述,危害税收征管秩序的违法行为符合法益侵害性,但是,在司法领域认定是否成立犯罪,最终的关键就是,判断行为是否具有刑事违法性。具有刑事违法性,必须同时具备四要件齐备性与无事由阻却性。当然,否定刑事违法性,只要否定其中任何一个(四要件齐备性或者无事由阻却性)即可。

(一)四要件齐备性

除了犯罪客体要件和犯罪客观要件外,还必须具备犯罪主体要件和犯罪主观要件。

1. 犯罪主体要件。此罪的行为主体是一般主体,包括单位和年满16周岁具有刑事责任能力的个人。在前述"购买伪造的增值税专用发票案"中,F贸易公司、李×、周×、蓝×均符合其行为主体条件。

2. 犯罪主观要件。此罪的犯罪主观要件是故意。它要求行为人明知非法购买增值税专用发票或者购买伪造的增值税专用发票会发生危害社会的结果,而希望或者放任这种结果的发生。在前述"购买伪造的增值税专用发票案"中,李×担任F贸易公司总经理,其非法购买伪造的增值税专用发票的行为,是代表单位的意志,为了单位的利益,试图使用购买他人伪造的增值税专用发票来解决公司无足够的进项发票抵扣销税项的窘境;李×委托周×及蓝×购买

---

① 参见周洪波:《税收犯罪研究》,中国人民大学2001年博士学位论文,第139页。

第十四章 非法购买增值税专用发票、购买伪造的增值税专用发票罪

伪造的增值税专用发票，也是意图再次购买假发票来摆脱无足够的进项发票抵扣销税项的窘境。因此，李×代表F贸易公司实施了"购买伪造的增值税专用发票"的行为，是持希望的直接故意的心态。周×和蓝×接受李×的委托并积极实施"购买伪造的增值税专用发票"的行为，说明他们也是持希望的直接故意的心态。

通过以上分析可知，F贸易公司、李×、周×、蓝×的相关行为，已经具备了此罪所要求的上述四个要件，符合了四要件齐备性。至于他们以及齐×、彭×等也符合其他罪的四要件齐备性特征，则另当别论。

（二）无事由阻却性

虽然具有四要件齐备性，但是要成立此罪，还必须排除刑事违法性阻却事由。从刑法规定看，此罪也不存在正当防卫、紧急避险和附条件不追究刑事责任等阻却事由。此处的刑事违法性阻却事由，也只剩下刑法典第13条但书的规定了，即"情节显著轻微危害不大"的情形。

因此，这里的无事由阻却性，就是要排除前述但书的情形。或者说，违法情节和客观危害，必须达到足够的程度。对其罪量要素，刑法典未作规定。根据前述1996年10月17日司法解释第4条、2001年4月18日的相关追诉标准以及2010年5月7日《立案追诉标准的规定（二）》之规定，非法购买增值税专用发票或者购买伪造的增值税专用发票25份以上或者票面额累计在10万元以上的，均应立案追诉。亦即，从司法解释看，若符合上述发票份数或者票面数额情形之一要求的，则表明已无前述但书条款的阻却事由。

在前述"购买伪造的增值税专用发票案"中，李×在任职F贸易公司总经理期间，于2003年3月21日非法购买了伪造的S公司增值税专用发票300份，之后，李×与周×、蓝×商议，决定使用购买的S公司增值税专用发票来解决公司无足够的进项发票抵扣销税项的窘境。于是该贸易公司在与S公司无任何货物购销及接受劳务的情况下于2003年4月19日虚开了100份增值税专用发票。2003年5月初，李×委托周×和蓝×购买伪造的增值税专用发票。5月15日，二人向彭×购买了200份伪造的增值税专用发票。6月3日，李×又在与彭×任职的公司无任何货物购销及接受劳务的情况下虚开了150份增值税专用发票。据此，不难发现，F贸易公司、李×、周×、蓝×的相关行为，同时具有前述四要件齐备性与无事由阻却性，所以也具有了刑事违法性，可以认定其成立购买伪造的增值税专用发票罪。但是，必须指出的是，此案中F贸易公司、李×、周×、蓝×以及齐×、彭×等也符合其他罪的刑事违法性特征，最终应当对其认定为何罪，将于下节关于一罪与数罪部分中述及。对于其中是否成立共同犯罪也将在下节中探讨。

第三节 非法购买增值税专用发票、购买伪造的增值税专用发票罪的司法认定

本节先从规范刑法学的视角对定罪（罪与非罪、此罪与彼罪、共同犯罪、一罪与数罪）和量刑中的若干问题进行讨论，然后分别从经济学与（守法）教育学两个视角进行司法检讨。

一、罪与非罪

成立此罪必须同时具备前述几个要件。若非法购买增值税专用发票、购买伪造的增值税专用发票的行为不足以刑事立案追诉的，则属一般违法行为。

应注意，2001年4月18日《关于经济犯罪案件追诉标准的规定》在规定此罪的追诉标准时，没有区分自然人犯罪和单位犯罪的追诉标准，因此，对自然人犯罪和单位犯罪适用相同的数量标准——"非法购买增值税专用发票或者购买伪造的增值税专用发票25份以上或者票面额累计在10万元以上。"然而，从总体上看，《关于经济犯罪案件追诉标准的规定》在规定一些自然人犯罪和单位犯罪的追诉标准时，一般将单位犯罪的追诉标准规定得较高，是自然人犯罪追诉标准的几倍甚至几十倍。有人可能会认为，既然对于自然人犯此罪的起刑点是非法购买的增值税发票的票面额累计10万元，那么，对于单位犯此罪的起刑点就应为自然人犯此罪起刑点的5倍（即50万元）。我们认为，在该解释未被修改之前，应以此标准为准。虽然1994年"两高"《关于办理伪造、倒卖、盗窃发票刑事案件适用法律的规定》中第5条规定："单位实施本规定第1、2条所列的行为，数量（数额）达到第1条第2款第1、2项和第2条规定的5倍以上或者具有其他特别严重情节的，对直接负责的主管人员和其他直接责任人员，依法追究刑事责任"，但是，这一司法解释产生于1997年刑法颁布之前，而2001年《关于经济犯罪案件追诉标准的规定》对相同内容的问题作了新的规定，按照新法优于旧法的一般原则，应当适用《关于经济犯罪案件追诉标准的规定》。①

---

① 参见黄晓亮、张春喜主编：《危害税收征管罪办案一本通》，中国长安出版社2007年版，第196—197页。

二、此罪与彼罪

对于购买伪造的增值税专用发票罪与持有伪造的发票罪的界限，本书将在持有伪造的发票罪的相关部分中述及。这里着重对以下几个界限问题展开讨论。

（一）非法购买增值税专用发票、购买伪造的增值税专用发票罪与虚开增值税专用发票罪的界限

一般情况下两罪容易区分。但是，同时涉及两罪规定的行为方式，究竟如何认定值得探讨。例如，行为人从不法分子手中获得已虚开的增值税专用发票并支付报酬的行为，从形式上看，行为人实施的行为似乎符合非法购买增值税专用发票、购买伪造的增值税专用发票罪的客观特征，行为人使用财物非法换取了不法分子手中的增值税专用发票，符合"非法购买"的行为特征。然而，这种行为若达到相关的罪量标准，则应当认定为虚开增值税专用发票罪，是其四种行为方式中的"让他人为自己虚开"。

刑法典第205条规定虚开增值税专用发票罪的行为方式时，并无特别强调用于虚开的增值税专用发票的来源，即无论该发票原来归出票人还是收票人所有，只要该专用发票被双方用于虚开犯罪，就都有可能构成虚开增值税专用发票罪。在虚开增值税专用发票的过程中，为了使虚开的专用发票在一方当事人手中实现逃税，可能会发生增值税专用发票的非法移转。对于虚开增值税专用发票的出票人来说，其实施的是"为他人虚开"的行为和非法提供增值税专用发票的行为。由于必须将虚开的增值税专用发票非法移转给收票人使用才能实现其犯罪目的，因此，可以将非法提供增值税专用发票的行为视为"为他人虚开"行为的组成部分。那么，非法出票人实施的虚开增值税专用发票行为只构成虚开增值税专用发票罪，而不构成非法出售增值税专用发票罪。同理，对于非法收票人而言，非法接受他人给予的增值税专用发票与"让他人为自己虚开"增值税专用发票的行为，共同服务于虚开行为，从而偷逃税款，这是一个犯罪行为。当双方行为人实施虚开行为涉及的对象是伪造的增值税专用发票时，也应该按照这种思路来认定行为人触犯的罪名。[①]

对此，也可以从犯罪对象角度看两罪的区别。非法购买增值税专用发票、购买伪造的增值税专用发票罪的行为人，购买的是空白的真假增值税专用发

[①] 参见黄晓亮、张春喜主编：《危害税收征管罪办案一本通》，中国长安出版社2007年版，第200—201页。

· 341 ·

票;而虚开增值税专用发票罪的行为人,购买的往往是填好内容的真假增值税专用发票,其购买金额一般是按虚开金额的比例计算,而不是按份计价。①

(二)非法购买增值税专用发票、购买伪造的增值税专用发票罪与掩饰、隐瞒犯罪所得、犯罪所得收益罪的界限

主要区别:1.侵犯的客体要件不同。前者的客体要件是国家对增值税专用发票管理的制度秩序和国家税收征管的制度秩序;后者的客体要件是社会管理秩序和国家司法机关的正常活动。2.行为方式不同。前者的行为方式只包含"购买"一种方式,后者的客观方面包含了"窝藏、转移、收购、代为销售或者其他方法"等多种行为方式。3.主观认识的内容不同。前者"不要求行为人购买时明知购买的发票是犯罪所得;后者要求行为人主观上明知是犯罪所得而予以窝藏、转移、收购或者代为销售"等。

若行为人明知对方手中的增值税专用发票或者伪造的增值税专用发票是通过犯罪获得的还进行收购,则可能同时符合两罪的构成要件。这反映了两罪的构成要件存在交叉关系。有人可能会认为,这是刑法理论上的法条竞合。相对于掩饰、隐瞒犯罪所得、犯罪所得收益罪来说,非法购买增值税专用发票、购买伪造的增值税专用发票罪因为涉及的犯罪对象比较特殊,应当属于特别法条的规定,而掩饰、隐瞒犯罪所得、犯罪所得收益罪相对而言是一般法条的规定。在法条竞合的条件下,根据特别法优于一般法的原则,应将行为人的收购行为认定为非法购买增值税专用发票、购买伪造的增值税专用发票罪。但是,我们认为,此两罪的规定并不是特别法条与一般法条的关系。因为特别关系的基本特征是,某个法条在另一法条规定的基础上增加了特别要素。在特别关系的场合,存在从属关系这种逻辑上的依存关系。因为符合特别犯罪的构成要件的所有行为,都必然同时符合一般犯罪的构成要件,但反过来说就不妥当了。② 而且,正如日本学者山口厚教授所主张,可将法条竞合区分为包摄关系(特别关系、补充关系)与交叉关系(择一关系)。其中的交叉关系或者择一关系,并不是对立关系,而是指一个法条规定的构成要件与另一法条规定的构成要件存在交叉关系的情形。对这种交叉关系的竞合,适用重法条优于轻法条的原则。③ 这里两罪的规定存在交叉关系,因此,为了实现罪刑均衡,对此应

---

① 参见何秉松主编:《税收与税收犯罪》,中信出版社2004年版,第641—642页。

② Hans - Heinrich Jeseheck/Thomas Weigend, Strafrecht Allgemeiner Teil, 5. Aufl., Duncker&Humblot 1996, S. 734. 转引自张明楷:"法条竞合中特别关系的确定与处理",载《法学家》2011年第1期,第33页。

③ 参见[日]山口厚:《刑法总论》,有斐阁2007年版,第368页。转引自张明楷:"法条竞合中特别关系的确定与处理",载《法学家》2011年第1期,第32页。

根据其具体案情适用更重的法条。

三、共同犯罪

非法购买增值税专用发票、购买伪造的增值税专用发票罪的共同犯罪，既包括有专用发票领购权者与无专用发票领购权者共同实施的共同犯罪，也包括有专用发票领购权者、无专用发票领购权者分别实施的共同犯罪，其中包括个人与个人、单位与个人、单位与单位之间的共同犯罪类型。

在前述"购买伪造的增值税专用发票案"中，F贸易公司总经理李×，于2003年3月21日从齐×处非法购买了伪造的S公司增值税专用发票300份。这里贸易公司成立购买伪造的增值税专用发票罪的单位犯罪。之后，李×与其公司会计周×、私人秘书蓝×商议，决定使用购买的假发票来解决贸易公司无足够的进项发票抵扣销税项的窘境。于是该贸易公司在与S公司无任何货物购销及接受劳务的情况下于2003年4月19日虚开了100份增值税专用发票。据此可见，他们对购买300份假发票的犯罪行为并无犯意联络，只是在虚开增值税专用发票上有共同犯罪故意。此时他们之间不存在购买伪造的增值税专用发票罪的共同犯罪，也不成立虚开增值税专用发票罪的共同犯罪，因为这里贸易公司成立虚开增值税专用发票罪的单位犯罪，李×是其直接负责的主管人员，周×、蓝×是其他直接责任人员。

2003年5月初，李×意图再次购买伪造的增值税专用发票，来摆脱无足够的进项发票抵扣销税项的窘境，于是委托周×、蓝×购买伪造的增值税专用发票。在打听到M公司职工彭×伪造了不少其公司的增值税专用发票后，周×、蓝×二人和彭×约定于2003年5月15日前往彭×寓所购买增值税专用发票，5月15日，二人向彭×购买了200份伪造的增值税专用发票。至此，F贸易公司又成立购买伪造的增值税专用发票罪的单位犯罪，同样，李×是其直接负责的主管人员，周×、蓝×是其他直接责任人员。

之后，李×又在与彭×任职的公司无任何货物购销及接受劳务的情况下于6月3日虚开了150份增值税专用发票。这说明贸易公司又成立了虚开增值税专用发票罪的单位犯罪，其中直接负责的主管人员和其他直接责任人员同前。其中周×、蓝×购买200份伪造的增值税专用发票的行为，似乎是虚开增值税专用发票罪的共同犯罪中的帮助犯，是为贸易公司和李×虚开增值税专用发票提供帮助的行为。然而，值得指出的是，这里需要注意单位犯罪与共同犯罪的区别。在单位犯罪中，除了存在直接负责的主管人员和其他直接责任人员的犯意外，还有一个单位犯意，而且最终是以单位犯意来追究刑事责任的，即在单位犯罪中，犯罪活动是以单位名义实施的，个人意志通过单位意志表现出来。亦即，在单位犯罪中，各犯罪人实施犯罪活动的动机目的往往是实现单位利益。从该案的情况来看，认定为单位犯罪更准确。

四、一罪与数罪

（一）行为人实施非法购买增值税专用发票、购买伪造的增值税专用发票行为后，又实施了一种（非法出售或虚开发票的）犯罪行为

1. 行为人实施非法购买增值税专用发票行为之后，又继续实施非法出售行为。对此需要区分以下几种情形来讨论。

（1）行为人非法购买若干增值税专用发票后将这些专用发票全部卖出。在这种情况下行为人实施的非法购买增值税专用发票行为和非法出售增值税专用发票行为针对的是同一行为对象，若两行为均成立犯罪，则按照刑法典第208条第2款的规定处理，认定为非法出售增值税专用发票罪。其实这是一种倒卖行为。据以定罪量刑的增值税专用发票数量是两行为实施过程中涉及的数量。

（2）行为人非法购买若干增值税专用发票后将这些专用发票中的部分卖出。此时行为人实施的非法购买增值税专用发票行为针对的是全部的增值税专用发票，而以后实施的非法出售增值税专用发票行为针对的是部分增值税专用发票。只有后来非法出售的增值税专用发票才是非法购买行为和非法出售行为共同的行为对象。若这部分增值税专用发票实施的非法购买和非法出售行为成立犯罪，则适用刑法典第208条第2款的规定，认定为非法出售增值税专用发票罪。这是一种部分倒卖行为。据以定罪量刑的专用发票数量是非法出售行为实施过程中涉及的专用发票数量。因此，此时行为人可能构成两个罪名（非法购买增值税专用发票罪和非法出售增值税专用发票罪）。这样的做法实际上是对行为人先前购买的增值税专用发票根据行为人不同的处理方式作了分割评价，一部分因为后来被行为人非法出售而从非法购买增值税专用发票罪中扣除，单独成为非法出售增值税专用发票罪的犯罪对象，留下的增值税专用发票仍然保持着非法购买增值税专用发票行为对象的性质。但是，这样处理可能会带来一个问题。若将行为人先前非法购买的增值税专用发票整体计算，则可以达到非法购买增值税专用发票罪的追诉标准；若对原有的增值税专用发票整体作分割评价，则可能被分割的两部分（非法出售行为和剩余的非法购买行为）都达不到犯罪的追诉标准。这样分割处理的结果显然和行为人实施的危害行为的社会危害性程度不相适应。亦即，可能把社会危害性较大的行为认定为非罪

第十四章　非法购买增值税专用发票、购买伪造的增值税专用发票罪

行为,而将社会危害性较小的行为认定为犯罪行为,如此显失公平。对这一问题如何解决,有人认为还有待进一步研究。①我们的意见是,对此种"总体成罪而分割无罪"的情形,应作总体评价,认定为犯罪(即非法购买增值税专用发票罪)。因为刑法典第 208 条第 2 款的立法精神是意在从重处罚。对此立法上的"皱褶",法官的任务是将之"熨平"。②

(3)行为人非法购买若干增值税专用发票后,没有出售,后来又将其他渠道获得的增值税专用发票非法出售。这是一种没有倒卖的情形。此时行为人实施的非法购买专用发票行为和非法出售专用发票行为并不针对同一对象,不符合刑法典第 208 条第 2 款的规定。若两行为均成立犯罪,则不能只按非法出售增值税专用发票罪处理,而是实行数罪并罚。若只有一行为达到追诉标准,则只认定一罪;若两行为均未达到追诉标准,则行为人不构成犯罪,而是属于一般违法。

2. 行为人非法购买增值税专用发票或者购买伪造的增值税专用发票后,又实施虚开增值税专用发票行为。行为人使用先前非法购买的增值税专用发票进行虚开,成立犯罪的,根据刑法典第 208 条第 2 款的规定,认定为虚开增值税专用发票罪。对于已经非法购买的,未用于虚开的增值税专用发票,应该根据其实际用途判定其属于何种行为对象。被用作非法出售的增值税专用发票,成为非法出售的行为对象,被行为人非法持有的,成为非法购买的行为对象。因此,行为人在非法购买若干增值税专用发票之后,具体构成几个犯罪,要看其对增值税专用发票的使用情况,用于虚开、出售的,若各自达到犯罪的,则分别构成虚开增值税专用发票罪和非法出售增值税专用发票罪。当行为人实施的非法购买行为涉及伪造的增值税专用发票时,也类似如此处理。③因此,在前述"购买伪造的增值税专用发票案"中,虽然贸易公司成立购买伪造的增值税专用发票罪和虚开增值税专用发票罪的单位犯罪,李×是其直接负责的主管人员,周×、蓝×是其他直接责任人员,但是依据刑法典第 208 条第 2 款的规定,应当只认定为一罪,即虚开增值税专用发票罪的单位犯罪。

当然,在实践中也可能会出现两难问题。根据《关于经济犯罪案件追诉标准的规定》,虚开增值税专用发票罪的追诉标准是"虚开的税款数额在 1 万元以上或者致使国家税款被骗数额在 5 千元以上",而非法购买增值税专用发

---

①　参见黄晓亮、张春喜主编:《危害税收征管罪办案一本通》,中国长安出版社 2007 年版,第 204—205 页。
②　参见[英]丹宁:《法律的训诫》,杨白揆等译,法律出版社 1999 年出版,第 13 页。
③　参见黄晓亮、张春喜主编:《危害税收征管罪办案一本通》,中国长安出版社 2007 年版,第 205 页。

票罪的追诉标准是"增值税专用发票25份以上或者票面额累计在10万元以上"。若行为人非法购买了25份增值税专用发票,然后使用其中的1份进行虚开,总的虚开税额却没有达到1万元或者致使国家税款被骗数额未满5千元,分别评价被用于虚开的1份增值税专用发票和其他的非法购买的24份增值税专用发票,则其结果是严格适法与追求正义的矛盾。此时对之应否作为犯罪处理,就陷入了两难境地。这也提示我们应对分割评价思路作出必要的反思。我们的立场如前面分析第二种情况中所述。

另外,还要注意,当行为人非法购买增值税专用发票或者购买伪造的增值税专用发票数额特别巨大,情节特别严重的情形出现时(依法可判处最高法定刑5年有期徒刑),但按其虚开增值税专用发票或者虚开伪造的增值税专用发票的虚开税款数额较小、情节较轻时(依法可判处3年以下有期徒刑的),则不能适用实际较重的刑罚,结果适用刑法典第208条第2款的规定定罪量刑。这时显然与罪责刑相适应原则相悖。因此,该条款的规定应加以修改,以便符合刑法的基本原则。

3. 行为人购买伪造的增值税专用发票后又出售的行为。这种行为的认定与第一种情况类似,只是行为对象的性质有所不同,一个是真实的增值税专用发票,另一个是伪造的增值税专用发票。在适用刑法典第208条第2款的规定时,必须坚持购买行为与非法出售行为的对象同一原则,只有先后非法购买和出售伪造的增值税专用发票,并符合出售伪造的专用发票犯罪的追诉标准时,才能认定为出售伪造的增值税专用发票罪。而且,应当区分全部出售和部分出售的情形。这与前述全部倒卖与部分倒卖类似。

(二)行为人实施非法购买增值税专用发票、购买伪造的增值税专用发票行为后,又实施了(既虚开又出售的)两种犯罪行为

如前已述,行为人从不法分子手中获得已虚开的增值税专用发票并支付报酬的行为,只是虚开增值税专用发票罪四种行为方式中的一种表现形式("让他人为自己虚开"),而不宜将之作为非法出售增值税专用发票罪论处。若行为人既虚开又出售,这些行为针对的是不同的犯罪对象,甚至是不同性质的犯罪对象——增值税专用发票和伪造的增值税专用发票,则应当将其成立的虚开增值税专用发票罪和非法出售增值税专用发票罪实行数罪并罚。

(三)非法购买增值税专用发票、购买伪造的增值税专用发票罪认定的其他问题

行为人实施非法购买增值税专用发票或者购买伪造的增值税专用发票的手段行为后,实施逃税、骗取出口退税、贪污等违法犯罪活动的目的行为的,两行为存在牵连关系。若只有一行为成立犯罪,则为一罪;若两行为均为犯罪,

则成立牵连犯，在处理上应择一重处。

五、非法购买增值税专用发票、购买伪造的增值税专用发票罪的量刑

（一）法定刑幅度以及量刑情节的综合考量

根据我国刑法典第 208 条第 1 款的规定，此罪的法定刑幅度只有一个："处 5 年以下有期徒刑或者拘役，并处或者单处 2 万元以上 20 万元以下罚金。"

对此条款适用的起点是，非法购买增值税专用发票或者购买伪造的增值税专用发票 25 份或者票面额累计达 10 万元。非法购买真、伪两种增值税专用发票的，数量累计计算，不实行数罪并罚。但是，至于此罪究竟要求其发票份数或者票面数额应当达到何种严重程度，才能适用最高法定刑 5 年有期徒刑，目前立法和司法解释尚无明确的规定。我们认为，不妨参照前述 1996 年的相关司法解释中，关于非法出售增值税专用发票罪且数量巨大的特别加重处罚事由，以及伪造、出售伪造的增值税专用发票罪数量巨大或者有其他特别严重情节中的标准来认定，应当以"非法购买增值税专用发票或者购买伪造的增值税专用发票 500 份或者票面额累计达 250 万元"为宜。

（二）单位犯的双罚制

根据我国刑法典第 211 条的规定，单位犯此罪的，对单位判处罚金，并对其直接负责的主管人员和其他直接责任人员，依照上述个人犯罪的规定处罚。

六、司法检讨：经济学与（守法）教育学视角

（一）经济学视角

运用经济学的理论来考量非法购买增值税专用发票、购买伪造的增值税专用发票罪的司法问题，此处关注的仍然是其定罪量刑中的供求平衡问题，以及重视以尽可能小的司法成本投入，争取尽可能大的司法收益，也由此考虑通过合理地惩治专用发票犯罪来促进经济的发展。

由于 1979 年刑法典没有明确规定专用发票犯罪，为了满足惩治此类犯罪的需要，1994 年"两高"关于办理发票刑事案件的司法解释出台，其中规定对有关发票犯罪按照投机倒把罪处理。在司法解释无法有力应对有关发票犯罪的背景下，1995 年通过了一个单行刑法，其中作了较为明确的规定。因为仍要对其中的若干情形作出进一步阐释和说明，所以，前述 1996 年司法解释得

以颁布。这样已经实现了定罪量刑中的一个相对平衡。之后，1997年全面修订刑法典时又吸纳了前述单行刑法中的相关罪状，因而1996年的司法解释的内容沿用多年。2001年和2010年的司法解释继续确认了其追诉标准的起点。这足见其供求平衡已维持了较长的时间。这也表明其司法成本发挥了较大的司法效益，节约了司法资源。但是也要注意，司法解释的协调性不强，使其收益打折。因为，与此罪相关的诈骗罪、逃税罪和骗取出口退税罪的追诉标准都已经有所提高，这在一定程度上对此罪实现罪刑均衡和刑法公正产生了不利影响。

最后，还要考虑通过合理惩治专用发票的犯罪来促进经济的发展。对于本章前述案例而言，既要依法惩处发票犯罪及其责任人员，又要尽量使企业走向健康的发展道路，由此更有利于经济的发展。

（二）（守法）教育学视角

1. 定罪方面。非法购买增值税专用发票、购买伪造的增值税专用发票罪定罪中的惩教机制，也包括定罪与否的惩教机制、此罪而非彼罪的惩教机制、确定罪数的惩教机制。如第六章所述，三者的结构要素在教育内容与教育方式上略有差异。这里也着重探讨此罪定罪与否的惩教机制。守法的教育环节、教育者、教育对象和教育目的方面，与其他发票犯罪的同类结构要素大致相同，而主要不同之处，也在于教育方式和教育内容上。

此罪在立法上犯罪圈设计的优劣问题，必然会影响定罪与否惩教结构的相应问题。前已述及，从目前来看，此罪立法上犯罪圈大小的设置还算比较合理。只是因为刑法典第208条第2款不甚完善的规定，致使其运用上可能有所偏差。诚然，借助这种教育方式，在司法实践中，可以传达"法不可违、罪不可犯"、保护合法以及因罪受罚或无罪不罚等教育内容。由此在一定程度上达到惩罚犯罪、因果报应、教育行为人和其他人或者预防犯罪等目的。

同前，每一个涉嫌此罪的案件，也会涉及上述定罪与否惩教机制的几个结构要素问题。

还要指出，司法解释中也有此罪定罪与否的规定。这类规定是提供给司法人员具体运用法律的依据，它们既是司法人员忠诚型自我教育的内容，又是说服教育行为人服判的依据和内容。例如，1996年的相关司法解释以及2001年和2010年有关追诉标准的规定，对此罪的入罪标准保持了相对的稳定性。尽管目前有些相关犯罪的追诉标准已经有所提高，这在一定程度上对此罪实现罪刑均衡和刑法公正产生了不利影响，但是，对此仍然不宜轻易提高其追诉标准。因为入罪门槛的大量相继松动和攀升，可能会一定程度上导致控罪阵地的失守，至少会误导或者助长不法分子违法犯罪的气势。

另外，在此罪定罪的惩教机能上，也受到前述结构要素的影响。当前此罪的惩教机制仍需进一步改进，通过完善一切有关定罪的立法规定以及完善前述结构要素，在坚持罪刑法定原则以及保持适度的威慑型教育机能的基础上，推进其定罪机制的发展，使保护社会的积极机能与保障人权的积极机能最大化，以进一步提升忠诚型教育的积极机能。

2. 量刑方面。此罪量刑中的惩教机制包括司法解释涉及此罪量刑的惩教机制与此罪个案司法中量刑的惩教机制。在司法解释涉及此罪量刑的惩教结构上，教育环节、教育者、教育对象、教育目的与其定罪机制中的要素相同。这里，在教育方式上，它主要表现为司法机关的"解释"、"规定"等表现形式以及刑种、刑量等。其中涉及的教育内容，主要表现为：前述1996年司法解释中第4条、第5条涉及的量刑规范，以及相关刑法法条的量刑规范等。而且，如前所述，对于该司法解释中量刑幅度的适用标准，有待作出更为明确的有利于罪刑均衡的调整。这些特殊规范主要是作为指导司法人员具体运用法律正确量刑的依据，是司法人员忠诚型自我教育的内容，又是说服行为人服从判决以及教育他人守法的依据。

另外，司法解释涉及此罪定罪量刑的惩教机能受制于前述各种结构要素，其机能值得加强。打击此类犯罪任重道远。应当通过改进教育内容与教育方式，进一步提高这一特殊机制的威慑型守法教育、忠诚型守法教育和矫治型守法教育的效果。[①]

此外，还要注意，此罪个案司法中的惩教机制问题。比如，就前述"购买伪造的增值税专用发票案"的判决结果而言，法院依法判决F贸易公司犯虚开增值税专用发票罪，判处罚金27万元；李×犯虚开增值税专用发票罪，判处有期徒刑7年；周×、蓝×犯虚开增值税专用发票罪，分别判处有期徒刑3年；齐×犯出售伪造的增值税专用发票罪，判处有期徒刑4年，并处罚金5万元；彭×犯伪造、出售伪造的增值税专用发票罪，判处有期徒刑5年，并处罚金7万元。此判决似乎比较公正。但是，仔细琢磨就能发现，其中犯出售伪造的增值税专用发票罪的被并处罚金，而犯购买伪造的增值税专用发票罪的没有被并处罚金，那是因为原本是需要判处罚金的，只是由于适用了刑法典第208条第2款以及刑法典第205条的缘故。这实际上没有充分体现从重处罚的立法精神和罪刑均衡原则。因此，该判决的法律忠诚型守法教育机能和矫治型守法教育机能可能受损。

[①] 参见曾明生：《动态刑法的惩教机制研究——刑事守法教育学引论》，中国政法大学出版社2011年版，第24—26、45—46、129页。

总之，无论是司法解释中涉及非法购买增值税专用发票、购买伪造的增值税专用发票罪的惩教机制，还是其个案司法中的惩教机制，可能都值得进一步完善。

附录：相关法律、法规、规章及司法解释索引

1. 1995年10月30日《全国人民代表大会常务委员会关于惩治虚开、伪造和非法出售增值税专用发票犯罪的决定》第4条、第10条；

2. 1997年刑法典第208条、第211条；

3. 《税收征收管理法》（1992年9月4日第七届全国人民代表大会常务委员会第27次会议通过　根据1995年2月28日第八届全国人民代表大会常务委员会第12次会议《关于修改〈中华人民共和国税收征收管理法〉的决定》修正　2001年4月28日第九届全国人民代表大会常务委员会第21次会议修订　自2001年5月1日起施行）第21条等；

4. 《发票管理办法》（1993年12月12日国务院批准、1993年12月23日财政部令第6号发布　根据2010年12月20日《国务院关于修改〈中华人民共和国发票管理办法〉的决定》修订　自2011年2月1日起施行）第24条、第38条、第39条等；

5. 1993年12月30日《增值税专用发票使用管理规定（试行）》（国税发〔1993〕150号　自1994年1月1日起执行）第1条、第2条；

6. 2006年10月17日《增值税专用发票使用规定》（国税发〔2006〕156号　自2007年1月1日施行）第2条、第3条、第5条、第6条、第8条、第23条；

7. 1994年6月3日《最高人民法院、最高人民检察院关于办理伪造、倒卖、盗窃发票刑事案件适用法律的规定》第1条；

8. 1996年10月17日《最高人民法院关于适用〈全国人民代表大会常务委员会关于惩治虚开、伪造和非法出售增值税专用发票犯罪的决定〉的若干问题的解释》第4条、第5条；

9. 2001年4月18日《最高人民检察院、公安部关于经济犯罪案件追诉标准的规定》第56条；

10. 2010年5月7日《最高人民检察院、公安部关于公安机关管辖的刑事案件立案追诉标准的规定（二）》第64条。

第十五章　非法制造、出售非法制造的用于骗取出口退税、抵扣税款发票罪

案例概要

　　2004年5月，印刷厂职工张×因业务需要，乘火车由长沙到陕西途中，结识了M公司经理李×（另案处理）。张李二人在L饭店吃饭过程中，李×提出要张×给他们公司印刷"N省农业产品收购发票"3万份。张×称自己的印刷厂不能印发票。李×答应张×除增加印刷费外再给张×每份2角钱提成。张×表示同意，遂将李×提供的票样带回厂。因其兄（该厂厂长）其间一直在岗，因此一直没有作案机会。张×将此情况告知李×之后，因害怕被公安机关发现，一度有反悔之意。但李×坚持要张×帮其印刷假发票，并许以重金，张×遂趁其兄出差之机，擅自安排印制发票3万份。2004年7月，张×将制作好的假发票以邮寄方式交付给李×，在寄出后不久，同厂业务员陈×因不满张×平时所为，遂将其告发。在李×尚未收到张×寄出的发票时，张×即因案发被捕。法院依法判决张×犯非法制造用于骗取出口退税、抵扣税款发票罪，判处有期徒刑8年，并处罚金10万元。[①]

　　【1. 说明：此案经过各个诉讼环节，其中相关程序分析，可参阅总论部分的有关内容以及本书后附录中的刑事诉讼法。2. 思考：裁判公正吗？为什么？】

---

① 参见孙力、梅传强主编：《刑事案例诉辩审评——危害税收征管罪》，中国检察出版社2006年版，第240—242页。此案例也不是新近发生的，因其具有历史比对性和案情代表性，故本书将之收录于此。

第一节 非法制造、出售非法制造的用于骗取出口退税、抵扣税款发票罪的立法沿革及检讨

非法制造、出售非法制造的用于骗取出口退税、抵扣税款发票罪,是指伪造、擅自制造或者出售伪造、擅自制造的除增值税专用发票以外的可以用于骗取出口退税、抵扣税款的其他发票的刑事违法行为。这里,首先对我国刑法中此罪的立法规定进行简要介绍,然后从经济学与(守法)教育学视角对其加以检视与讨论。

一、1997年刑法典生效前非法制造、出售非法制造的用于骗取出口退税、抵扣税款发票罪的立法规定

1979年刑法典没有对专用发票犯罪予以明确规定,但是,为了更有力地惩治虚开、伪造和非法出售增值税专用发票的犯罪,全国人民代表大会常务委员会在1995年颁行了一个单行刑法。其中也对伪造、擅自制造或者出售伪造、擅自制造的可以用于骗取出口退税、抵扣税款的其他发票以及以外的其他发票的一些犯罪,作出了比较明确的规定。其中第6条第1款规定,"伪造、擅自制造或者出售伪造、擅自制造的可以用于骗取出口退税、抵扣税款的其他发票的,处3年以下有期徒刑或者拘役,并处2万元以上20万元以下罚金;数量巨大的,处3年以上7年以下有期徒刑,并处5万元以上50万元以下罚金;数量特别巨大的,处7年以上有期徒刑,并处没收财产"。这一规定虽然较以前更为完善,但是在法定刑上仍然有所不足。对此下文将会述及。

二、现行刑法中非法制造、出售非法制造的用于骗取出口退税、抵扣税款发票罪的立法规定

1997年刑法典第209条第1款规定:"伪造、擅自制造或者出售伪造、擅自制造的可以用于骗取出口退税、抵扣税款的其他发票的,处3年以下有期徒刑、拘役或者管制,并处2万元以上20万元以下罚金;数量巨大的,处3年以上7年以下有期徒刑,并处5万元以上50万元以下罚金;数量特别巨大的,处7年以上有期徒刑,并处5万元以上50万元以下罚金或者没收财产。"实际

上,这是在前述单行刑法相关规定的基础上修改而来的。不难发现,在其第一档处罚上增加了管制刑,并且在其第三档处罚上增加了"并处5万元以上50万元以下罚金"的规定,由此能够更好地贯彻罪责刑相适应原则。不过,这一立法中的问题并未全部解决。对此,也将于下文中述及。

三、立法检讨:经济学与(守法)教育学视角

(一)经济学视角

从我国非法制造、出售非法制造的用于骗取出口退税、抵扣税款发票罪的立法史看,其立法也经历了一个由无到有、由适用类推或口袋罪到遵循罪刑法定原则的过程,由罪刑失衡到强调罪刑均衡的过程,它也是一个立法上不断追求和实现供求平衡的过程。如前所述,为了满足惩治发票犯罪的现实需求,1995年单行刑法对非法制造、出售非法制造的用于骗取出口退税、抵扣税款发票的犯罪作出规定,由此实现一个相对的供求平衡。后来,在1997年全面修订刑法典时,这种平衡在作了一些调整后,基本保持了下来。

值得指出的是,我国有关此罪的立法史,应当也是一个追求以尽可能小的立法成本获取尽可能大的立法收益的过程。在立法方式上,同本书第六章所述。在立法内容上,起初对一些发票犯罪以当时的伪造税票罪、投机倒把罪论处,这与当时立法滞后和刑法中有类推规定的具体情况有关。此类立法成本较低,虽然在一定程度上有利于惩处发票犯罪行为,但是,由于法条过于笼统,没有区分各类发票犯罪的不同罪责而使罪刑规定失衡等缘故,致使立法收益打折。后来,1995年有关单行刑法较为明确地规定了非法制造、出售非法制造的用于骗取出口退税、抵扣税款发票的犯罪条文,这虽然增加了立法成本,但是也增加了一定的社会收益。比如,它为司法实践提供了较为明确的适用依据以及增强了刑罚的威慑力。然而,1997年刑法典对之又作出进一步完善,立法成本增加,也因此增添了立法收益,加大了对罪刑均衡原则的贯彻落实力度,使之与惩处犯罪的需要逐渐相适应。鉴于这种修改时间间隔较短,因此,原来的立法成本没有使其本来的立法收益发挥到极致。这说明立法应更具前瞻性与协调性。

(二)(守法)教育学视角

非法制造、出售非法制造的用于骗取出口退税、抵扣税款发票罪与其他税收犯罪在立法中的惩教结构六大组成要素上,不同的主要也是其教育内容和教育方式。

此罪立法中的惩教结构之教育内容：一是此罪立法中的行为规范（"禁止非法制造、出售非法制造的用于骗取出口退税、抵扣税款发票的犯罪"）；二是此罪立法中的裁判规范和执行规范，这是对司法人员忠诚型守法教育的内容，也是对一般人的威慑型守法教育和忠诚型守法教育的内容，又是对罪犯的矫治型守法教育的内容。[①] 其主要表现为：前述 1995 年相关单行刑法中第 6 条第 1 款、第 10 条的规定，以及 1997 年刑法典第 209 条第 1 款、第 211 条等。法条内容较以前完善，条款明确，操作性较强。此外，还有税收法规的相关内容等。

在此罪立法中的教育方式上，采用可能性的惩罚后果（有期徒刑、拘役、管制、罚金、没收财产等）相威慑的方式，或者说，以"犯……罪，处……刑"的方式，表达"禁止犯罪"的内容。在立法犯罪圈方面，先前以伪造税票罪、投机倒把罪甚至辅以类推制度来应对。后来，明确以"伪造、擅自制造或者出售伪造、擅自制造的可以用于骗取出口退税、抵扣税款的其他发票的"犯罪规定来处罚。这似乎是犯罪圈在缩小，其实不然。因为前者应对的是多个犯罪，其中包含后者而已。自 1995 年单行刑法施行之后，此罪立法上的犯罪圈也没有实质变化。在法定刑上，如前所述，立法几经修改逐渐趋于罪刑均衡。另外，前已述及，现行刑法仍然有待进一步完善。这里需要特别指出，此罪三档刑罚的衔接适用以及刑罚与行政处罚的衔接问题。《税收征收管理法》第 71 条对"非法印制发票的"最重行政处罚为"没收违法所得，并处 5 万元罚款"。但是，《发票管理办法》第 38 条对"私自印制、伪造、变造发票"的最重行政处罚为"没收违法所得，并处 50 万元罚款"。另外，依据此罪现行法条第 1 款的三个刑罚幅度规定：第一处刑档从轻处罚可判处"管制，并处 2 万元罚金"，第一处刑档从重处罚可"处 3 年有期徒刑，并处 20 万元罚金"；第二处刑档从轻处罚可判处"3 年有期徒刑，并处 5 万元罚金"，第二处刑档从重处罚可"处 7 年有期徒刑，并处 50 万元罚金"；第三处刑档从轻处罚可判处"7 年有期徒刑，并处 5 万元罚金"，第三处刑档从重处罚可处"15 年有期徒刑，并处没收财产"。由此可见，其中罚款（行政处罚）与罚金（刑罚）的衔接上，刑罚中第一档与第二档以及第二档与第三档的罚金衔接上，均不协调。这表明，其中自由刑上各等级轻重还能相协调，而其中财产罚上则不然。为了尽量避免处罚失衡，建议立法最好采用倍比罚金制，退其次，可考虑将行政处罚中的最重罚款改为"并处 10 万元罚款"，同时把三档财产刑依

---

① 参见曾明生：《动态刑法的惩教机制研究——刑事守法教育学引论》，中国政法大学出版社 2011 年版，第 24—26、45—46、129 页。

次改为"并处10万元以上20万元以下的罚金"、"并处20万元以上50万元以下的罚金"、"并处50万元以上100万元以下的罚金或者没收财产"。若作出如此修改,则可能更有利于惩治犯罪以及约束和教育司法人员遵守罪刑法定原则和罪刑均衡原则。

上述结构要素的发展变化,已经影响或将影响此罪立法中的惩教机能。譬如前述1995年有关单行刑法颁行之前,1979年刑法典中没有各类发票犯罪的明确规定,因此,曾经靠伪造税票罪或口袋罪甚至类推制度等方法来处理。这种打击的威慑型教育机能似乎较强,但是,其法定刑威慑力仍有不足,而且其鼓励民众忠诚于法律的教育机能较弱。后来,随着相关单行刑法以及刑法典的修订,通过进一步明确法条内容的方式来实现有法可依,并使其打击力度加大,也使罪刑更加趋于均衡。诚然,当前这种惩教机制仍需进一步改进。通过完善前述结构要素,推进其立法中的惩教机制的发展,在适当强调其威慑型教育机能的基础上,增强其法律忠诚型教育机能。

第二节 非法制造、出售非法制造的用于骗取出口退税、抵扣税款发票罪的成立要件

我国刑法传统理论通常从四要件构成特征来分析犯罪,也有学者只从客观构成要件和主观构成要件两方面加以分析,还有学者从罪体、罪责和罪量方面来探讨。这些均有一定的合理性。然而,我们认为,是否成立非法制造、出售非法制造的用于骗取出口退税、抵扣税款发票罪,可先考察其行为是否具备法益侵害性,若具备法益侵害性,则进一步分析其行为是否具备刑事违法性。[①]以下将结合前述案例概要进行分析。

一、法益侵害性

法益遭受了侵害,这种侵害是人的行为造成的。

(一)犯罪客体要件

我国不仅对增值税专用发票而且对其他具有出口退税、抵扣税款功能的发

---

① 参见曾明生:《动态刑法的惩教机制研究——刑事守法教育学引论》,中国政法大学出版社2011年版,第170—171页。

票采取了严格的管理制度,目前已有一些相关的法律依据。例如,我国《税收征收管理法》第 21 条规定,"税务机关是发票的主管机关,负责发票印制、领购、开具、取得、保管、缴销的管理和监督",还规定"单位、个人在购销商品、提供或者接受经营服务以及从事其他经营活动中,应当按照规定开具、使用、取得发票"以及"发票的管理办法由国务院规定"。该法第 22 条第 1 款还规定,"增值税专用发票由国务院税务主管部门指定的企业印制;其他发票,按照国务院税务主管部门的规定,分别由省、自治区、直辖市国家税务局、地方税务局指定企业印制"。该法第 22 条第 2 款规定,"未经前款规定的税务机关指定,不得印制发票"。而且,该法第 71 条对"非法印制发票的"规定了相应的法律责任。另外,《发票管理办法》第 2 条规定,"在中华人民共和国境内印制、领购、开具、取得、保管、缴销发票的单位和个人(以下称印制、使用发票的单位和个人),必须遵守本办法"。该法规第 7 条规定,"增值税专用发票由国务院税务主管部门确定的企业印制;其他发票,按照国务院税务主管部门的规定,由省、自治区、直辖市税务机关确定的企业印制。禁止私自印制、伪造、变造发票"。该法规第 24 条规定,"任何单位和个人应当按照发票管理规定使用发票,不得有下列行为:……知道或者应当知道是私自印制、伪造、变造、非法取得或者废止的发票而受让、开具、存放、携带、邮寄、运输"等行为;而且,该法规中第 38 条和第 39 条分别对违反前述第 7 条和第 24 条的行为,规定了相应的法律责任。由此可见,发票管理的制度秩序是受法律保护的。而设定非法制造、出售非法制造的各类发票行为的法律责任,是因为非法制造、出售非法制造的用于骗取出口退税、抵扣税款发票等行为,破坏了发票管理的制度秩序,甚至进一步危及国家税收收入安全和国家税收征管的制度秩序等法益。亦即,非法制造、出售非法制造的用于骗取出口退税、抵扣税款发票罪侵犯的直接客体是国家发票管理的制度秩序,进而危害国家税收征管的制度秩序等。

(二)犯罪客观要件

行为人违反了国家发票管理法规,实施了非法制造、出售非法制造的用于骗取出口退税、抵扣税款发票的行为。至于其行为的情节严重程度以及是否产生一定的危害结果,将于后文有无事由阻却性部分中述及。这里着重对以下问题进行探讨。

伪造用于骗取出口退税、抵扣税款的发票,是指没有印制权的人,印制足以使一般人误认为是可以用于骗取出口退税、抵扣税款的发票;擅自制造用于骗取出口退税、抵扣税款的发票,是指有印制权的发票印制企业,超出税务机关批准的范围,私自印制上述发票。根据 1996 年 10 月 17 日的司法解释,其中"用于骗取出口退税、抵扣税款的其他发票",是指可以用于申请出口退税、抵扣税款的非增值税专用发票,如运输发票、废旧物品收购发票、农业产品收购发票等。后来,2005年12月29日《全国人民代表大会常务委员会关于〈中华人民共和国刑法〉有关出口退税、抵扣税款的其他发票规定的解释》进一步明确指出,刑法规定的"出口退税、抵扣税款的其他发票",是指除增值税专用发票以外的,具有出口退税、抵扣税款功能的收付款凭证或者完税凭证。

在前述"省农业产品收购发票案"中,李×提出要张×给他们公司印刷"N省农业产品收购发票"3万份。李×答应张×除增加印刷费外再给张×每份2角钱提成,并许以重金,张×遂趁其兄出差之机,擅自安排印制发票3万份。2004年7月,张×将制作好的假发票以邮寄方式交付给李×。显然,其中张×实施了"非法制造、出售非法制造的用于骗取出口退税、抵扣税款发票"的行为。其行为已破坏了发票管理的制度秩序,甚至可能进一步危及国家税收收入安全和国家税收征管的制度秩序,已具有了法益侵害性。

二、刑事违法性

如前所述,危害税收征管秩序的违法行为符合法益侵害性,但是,在司法领域认定是否成立犯罪,最终的关键就是,判断行为是否具有刑事违法性。具有刑事违法性,必须同时具备四要件齐备性与无事由阻却性。当然,否定刑事违法性,只要否定其中任何一个(四要件齐备性或者无事由阻却性)即可。

(一)四要件齐备性

除了犯罪客体要件和犯罪客观要件外,还必须具备犯罪主体要件和犯罪主观要件。

1. 犯罪主体要件。此罪的行为主体包括单位和年满16周岁具有刑事责任能力的个人。除了一般主体外,其中还包括擅自制造行为的实施者,即经主管税务机关指定的发票印刷企业,这是一种特殊主体。在前述"省农业产品收购发票案"中,张×、李×、M公司、陈×等均符合其行为主体条件。

2. 犯罪主观要件。此罪的犯罪主观要件是故意。它要求行为人明知非法制造、出售非法制造的用于骗取出口退税、抵扣税款发票的行为会发生危害社会的结果,并且希望或者放任这种结果的发生。如果是"擅自制造",就应当查明行为人对"擅自"是否明知。这是决定行为人是否具有非法制造用于骗取出口退税、抵扣税款发票犯罪故意的关键因素。与前面的伪造用于骗取出口退税、抵扣税款发票犯罪不同,认定擅自制造类的案件行为人的犯罪故意,不仅要求行为人对制造发票行为本身具有明确的客观认识，而且要对该制造行为已经超出主管税务机关的授权范围有明确的认识，否则不能认定其具有擅自制造发票的犯罪故意。经主管税务机关指定的印刷企业的工作人员，因工作疏忽，错误地掌握了印刷用于骗取出口退税、抵扣税款发票的指定数量，结果造成超额印刷，或者不知道税务机关指定的印刷数额情况，只是根据主管人员的指示进行印刷活动，结果多印了发票，对此两种情况，行为人都不具有对"擅自"的明知，也不存在此罪的犯罪故意。①

在前述"省农业产品收购发票案"中，印刷厂职工张×因业务需要，乘火车由长沙到陕西途中，结识了M公司经理李某。李×提出要张×给他们公司印刷"N省农业产品收购发票"3万份。张×称自己的印刷厂不能印发票。李×答应张×除增加印刷费外再给张×每份2角钱提成。张×表示同意，遂将李×提供的票样带回厂。虽然张×因害怕一度有反悔之意，但李×坚持要张×帮其印刷假发票，并许以重金，张×遂趁其兄出差之机，擅自安排印制发票3万份。之后，张×将制作好的假发票以邮寄方式交付给李×。据此可知，李×和张×是明知不可为而为之的。他们对非法印刷假发票的行为，持有希望的心理状态，属于直接故意。

通过以上分析可知，只有张×的相关行为，才具备了此罪的上述四个要件，符合了四要件齐备性。其他主体因为缺乏非法制造、出售非法制造的行为（如李×只有购买行为），甚至还缺乏主观故意要件（如陈×）而不具备此罪的四要件齐备性特征。

（二）无事由阻却性

虽然具有四要件齐备性，但是要成立非法制造、出售非法制造的用于骗取出口退税、抵扣税款发票罪，还必须排除刑事违法性阻却事由。从刑法规定看，此罪不存在正当防卫、紧急避险和附条件不追究刑事责任等阻却事由。此处的刑事违法性阻却事由，也只剩下刑法典第13条但书的规定了，即"情节显著轻微危害不大"的情形。

因此，这里的无事由阻却性，就是要排除前述但书的情形。或者说，违法情节和客观危害，必须达到足够的程度。对其罪量要素，刑法典也未作明确规定。根据前述1996年的司法解释以及2001年4月18日有关追诉标准的规定，伪造、擅自制造或者出售伪造、擅自制造的可以用于骗取出口退税、抵扣税款的非增值税专用发票50份以上的，应予追诉。然而，2010年《立案追诉标准

---

① 参见黄晓亮、张春喜主编：《危害税收征管罪办案一本通》，中国长安出版社2007年版，第241页。

的规定（二）》对此标准作出了补充修改，增加了一项选择性的标准（即"票面额累计在20万元以上的"）。亦即，达到其数量标准通常就是犯罪既遂。诚然，对于其中有无犯罪未遂的情形，人们可能有不同认识。实践中一般会以上述追诉标准为底线。

综上所述，当其行为同时具有上述四要件齐备性与无事由阻却性，它就具有了刑事违法性，可以认定其成立非法制造、出售非法制造的用于骗取出口退税、抵扣税款发票罪。

在前述"省农业产品收购发票案"中，张×趁其兄出差之机，擅自安排印制假发票3万份。之后，张×将制作好的假发票以邮寄方式交付给李×，在寄出后不久，同厂业务员陈×因不满张×平时所为，遂将其告发。在李×尚未收到张×寄出的发票时，张×即因案发被捕。从其非法制造、出售非法制造的发票数量标准来看，达到了足够排除刑法典第13条但书情形的程度。从非法制造发票角度看，其行为已经犯罪既遂；从出售非法制造发票角度看，其行为属于犯罪未遂。对此，将在下文量刑部分再行涉及。显然，张×的行为已经成立非法制造、出售非法制造的用于骗取出口退税、抵扣税款发票罪。

第三节　非法制造、出售非法制造的用于骗取出口退税、抵扣税款发票罪的司法认定

本节先从规范刑法学的视角对定罪（罪与非罪、此罪与彼罪、共同犯罪、一罪与数罪）和量刑中的若干问题进行讨论，然后分别从经济学与（守法）教育学两个视角进行司法检讨。

一、罪与非罪

如前所述，成立非法制造、出售非法制造的用于骗取出口退税、抵扣税款发票罪必须同时具有上述四要件齐备性与无事由阻却性。若非法制造、出售非法制造的用于骗取出口退税、抵扣税款发票行为的情节尚不够严重，又不构成其他罪的，则阻却了刑事违法性，属一般违法行为。

另外，行为人没有实施非法制造行为，而是通过其他非法手段获得了用于骗取出口退税、抵扣税款发票，然后将其转送给他人使用，没有因此接受他人的货币或者对价性财物，不构成出售非法制造的用于骗取出口退税、抵扣税款

发票罪。因为此时不存在"出售"行为。要认定出售非法制造的用于骗取出口退税、抵扣税款发票罪的成立，通常要有以非法制造的用于骗取出口退税、抵扣税款发票换取钱财的情节，才能构成出售非法制造的用于骗取出口退税、抵扣税款发票罪。若行为人将用于骗取出口退税、抵扣税款发票交与他人共同实施骗取出口退税、抵扣税款行为且成立犯罪的，则应按照相应的骗税犯罪处理。① 若未达到刑事追诉标准，则应以一般违法论处。

二、此罪与彼罪

（一）非法制造、出售非法制造的用于骗取出口退税、抵扣税款发票罪与伪造、出售伪造的增值税专用发票罪的界限

主要区别：1. 行为方式不同。前者中的"非法制造"包含了伪造与擅自制造两种行为方式，而后者（伪造、出售伪造的增值税专用发票罪）中的"伪造"只是一种行为方式。2. 行为对象不同。前者的行为对象是被用于骗取出口退税、抵扣税款的发票，可能为真，也可能为假。如果是伪造的，就是假冒的用于骗取出口退税、抵扣税款发票；如果是擅自制造的，就是真实的具有用于出口退税、抵扣税款功能的发票。而后者（伪造、出售伪造的增值税专用发票罪）的行为对象是假冒的增值税专用发票。3. 行为主体不同。前者的行为主体中，除了一般主体外，还包括擅自制造行为的实施者，即经主管税务机关指定的发票印刷企业，这是一种特殊主体。而后者的行为主体是一般主体。

（二）非法制造、出售非法制造的用于骗取出口退税、抵扣税款发票罪与伪造国家机关印章罪的界限

两罪的界限主要涉及如何对伪造用于骗取出口退税、抵扣税款发票的发票监制章行为的定性问题。伪造发票监制章的行为是伪造用于骗取出口退税、抵扣税款发票行为的必要组成部分，是非法制造用于骗取出口退税、抵扣税款发票罪的实行行为之一。这种行为与伪造国家机关印章罪具有本质区别。其区别的关键点在于，行为人伪造的发票监制章和一般意义上的国家机关印章不同，发票监制章不属于国家机关印章。发票监制章只表明该发票受税务机关监制的事实，并不表明该发票是以税务机关的名义制发的，发票监制章本身也不具有

---

① 参见黄晓亮、张春喜主编：《危害税收征管罪办案一本通》，中国长安出版社2007年版，第241—242页。

代表税务机关的效力，因此它不是国家机关印章。①

三、共同犯罪

非法制造、出售非法制造的用于骗取出口退税、抵扣税款发票罪的共同犯罪，既包括有发票印制权者与无发票印制权者合作实施的共同犯罪，也包括无发票印制权者实施的共同犯罪，其中包括个人与个人、单位与个人、单位与单位之间的共同犯罪类型。

在前述"省农业产品收购发票案"中，李×代表M公司和印刷厂职工张×之间商议达成了买卖假发票关系。虽然张×构成非法制造、出售非法制造的用于骗取出口退税、抵扣税款发票罪，但是，M公司及李×的购买非法制造的用于骗取出口退税、抵扣税款发票的行为，目前没有直接对应的罪名。若是查实其"明知是伪造的发票而持有，数量较大的"，则可追究其第16章将述及的持有伪造的发票罪的刑事责任。此案中似乎不存在共同犯罪问题。然而，仔细琢磨，可以发现，张×实施非法制造、出售非法制造的用于骗取出口退税、抵扣税款发票行为的犯意，是在李×的教唆之下产生的。因此，两者成立非法制造、出售非法制造的用于骗取出口退税、抵扣税款发票罪的共同犯罪。张×是实行犯，李×是教唆犯。

四、一罪与数罪

（一）一罪的情形

非法制造、出售非法制造的用于骗取出口退税、抵扣税款发票罪是选择性罪名，行为人如果实施了伪造、擅自制造、出售伪造、擅自制造的用于骗取出口退税、抵扣税款发票行为中的一种、两种或者三种行为的，均构成一罪，只是在具体认定罪名时有所不同。以下着重对其牵连犯和想象竞合犯的情形加以探讨。

1. 构成牵连犯的情形。第一，伪造、擅自制造用于骗取出口退税、抵扣税款的发票后，虚开并骗取国家税款的情况。对此，因非法制造行为、虚开行为和骗取国家税款行为之间存在手段—目的牵连关系，行为人主观上也有相关意图，所以，构成牵连犯，应比较各罪的法定刑，即比较非法制造用于骗取出

---

① 参见黄晓亮、张春喜主编：《危害税收征管罪办案一本通》，中国长安出版社2007年版，第243页。

口退税、抵扣税款发票罪、虚开用于骗取出口退税、抵扣税款发票罪和骗取出口退税罪或逃税罪所应适用的法定刑幅度，择一重处。第二，盗取用于骗取出口退税、抵扣税款的发票又虚开或出售的情形。这种情况，盗取行为与虚开行为或出售行为存在手段—目的牵连关系，并分别触犯盗窃罪和虚开用于骗取出口退税、抵扣税款发票罪或非法出售用于骗取出口退税、抵扣税款发票罪的，构成牵连犯，应从一重处。①

2. 构成想象竞合犯的情形。第一，行为人明知是假发票而作为真发票出售给别人用以骗钱且同时触犯数个不同罪名的情形。这里，行为人实施一个行为，但这个行为既触犯出售非法制造的发票罪，又触犯诈骗罪的，构成想象竞合犯，应从一重处。第二，行为人一次性出售的发票，既有真正的又有伪造的用于骗取出口退税、抵扣税款的发票，既有真正的又有伪造的一般发票，而且同时触犯数个不同罪名的情形。亦即，行为人实施的一个出售行为可能同时触犯了非法出售用于骗取出口退税、抵扣税款发票罪、出售非法制造的用于骗取出口退税、抵扣税款发票罪、非法出售发票罪和出售非法制造的发票罪等不同罪名，因此构成想象竞合犯，也应从一重处。

（二）数罪并罚的情形

1. 行为人伪造或擅自制造数种发票的情形。行为人实施的行为可能是有间隔的明显可区分的行为，也可能是混合行为。其中大致包括三种情况：（1）伪造数种发票；（2）擅自制造数种发票；（3）伪造和擅自制造数种发票。对其中各种情形，应当分别按照（刑法中的）发票类型累计其份数或者票面数额。若其中只有一种类型的发票的非法制造行为才达到了刑事追诉标准，则为一罪；若其中数种类型的发票的非法制造行为均达到了刑事追诉标准，则为数罪，应当数罪并罚。

2. 行为人数次出售数种发票的情形。其中也大致包括三种情况：（1）有数次出售行为，但是每次只出售一种类型发票的行为；（2）每次出售数种类型发票的行为；（3）有时一次出售数种类型的发票，而有时却只出售一种类型的发票的行为。我们认为，对此，也应当如上所述分别按照（刑法中的）发票类型累计其份数或者票面数额，再行区别处理。

---

① 参见王作富主编：《刑法分则实务研究》（第3版），中国方正出版社2007年版，第709—710页。

五、非法制造、出售非法制造的用于骗取出口退税、抵扣税款发票罪的量刑

（一）法定刑幅度的确定

根据我国刑法典第 209 条第 1 款的规定，此罪的法定刑幅度有三个：一是"处 3 年以下有期徒刑、拘役或者管制，并处 2 万元以上 20 万元以下罚金"；二是"处 3 年以上 7 年以下有期徒刑，并处 5 万元以上 50 万元以下罚金"；三是"处 7 年以上有期徒刑，并处 5 万元以上 50 万元以下罚金或者没收财产"。

适用第一量刑档的条件是具备此罪的基本处罚事由，即："伪造、擅自制造或者出售伪造、擅自制造的可以用于骗取出口退税、抵扣税款的其他发票的"。对此适用条件的具体分析，在前节已述。

适用第二量刑档的条件是具备此罪的加重处罚事由，即：前述"数量巨大的"。依据前述 1996 年的相关司法解释的规定，伪造、擅自制造或者出售伪造、擅自制造的可以用于骗取出口退税、抵扣税款的其他发票 200 份以上的，属于"数量巨大"。对此，还应增补一项票面额累计在 80 万元以上的"选择性的标准。

适用第三量刑档的条件是具备此罪的特别加重处罚事由，即：前述"数量特别巨大的"。依据前述 1996 年的相关司法解释的规定，伪造、擅自制造或者出售伪造、擅自制造的可以用于骗取出口退税、抵扣税款的其他发票 1000 份以上的，属于"数量特别巨大"。对此，还应增补一项票面额累计在 400 万元以上的"选择性的标准。

当非法制造多，但是出售少时，如何计算其数量大小？我们认为，应分别计算，不能相加。

（二）量刑情节的综合考量

应当根据刑法典第 61 条至第 64 条的量刑规定，对犯罪的事实、犯罪的性质、情节和对于社会的危害程度，依照刑法的有关规定判处，等等。其中要注意基本处罚事由、加重处罚事由、特别加重处罚事由等几种事由。

另外，还要注意减轻处罚事由。此处主要探讨其未遂犯的情形。此罪是选择性罪名，涉及的行为方式有两类（非法制造和出售）三种（伪造、擅自制造、出售），根据不同的行为方式应当坚持不同的认定既遂标准。此罪虽然是行为犯，但是，行为人应当完成刑法规定的非法制造、出售非法制造的用于骗取出口退税、抵扣税款发票行为，达到数量较大的程度，才能认为其达到了此

罪的既遂状态。有人认为，对于伪造行为和擅自制造行为来说，既遂的标志是行为的完成，即非法制造的用于骗取出口退税、抵扣税款发票印刷、加工完成。当行为人非法制造的用于骗取出口退税、抵扣税款发票具备了真实的用于骗取出口退税、抵扣税款发票所应有的一切形式要件时，便达到了足以乱真的程度，此时应当认为非法制造行为完成。如果印刷出来的用于骗取出口退税、抵扣税款发票欠缺某些形式要件，那么就不能认为非法制造行为已经达到既遂，例如行为人伪造了用于骗取出口退税、抵扣税款发票之后，还没来得及加盖伪造的发票监制章即案发，此时应当将行为人的伪造行为认定为犯罪未遂。① 我们认为，前述观点主张"既遂犯的成立，要求非法制造行为的完成"，这是合理的，但是，不考虑其数量或面额多少，则会走向极端。不宜认为仅完成一两张面额并不较大的发票就是犯罪既遂。实际上，从此罪立法上三个处刑档对应的罪状看，在基本处罚事由的部分，虽无"数量较大"的字眼，但是相对其后接"数量巨大"和"数量特别巨大"而言，不难理解，其中第一层次中隐含"数量较大"之义。因为这符合整部刑法体系的立法逻辑。

值得注意，这里的出售行为，应以出售足够数量的发票行为之完成为既遂标准。非法出售发票犯罪是行为犯，不要求发生法定的犯罪结果。就着手而言，在交付现场的掏、拿、递等动作是出售行为的着手；② 就既遂而言，完成犯罪通常是指交付了达到刑事追诉标准的足够数量的发票，在邮寄、托运等情况下，是指办完了出售达到刑事追诉标准的足够数量的发票的相关手续之时，③ 而不是买受人收到足够数量的发票之时。④

(三) 单位犯的双罚制

根据刑法典第 211 条的规定，单位犯此罪的，对单位判处罚金，并对其直接负责的主管人员和其他直接责任人员，依照上述个人犯罪的规定处罚。

六、司法检讨：经济学与（守法）教育学视角

(一) 经济学视角

运用经济学的理论来考量非法制造、出售非法制造的用于骗取出口退税、

---

① 参见黄晓亮、张春喜主编：《危害税收征管罪办案一本通》，中国长安出版社 2007 年版，第 243 页。
② 参见曹康、黄河主编：《危害税收征管罪》，中国人民公安大学出版社 1999 年版，第 235 页。
③ 参见李文燕主编：《税收犯罪证据调查与运用》，中国人民公安大学出版社 2002 年版，第 582 页。
④ 参见黄晓亮、张春喜主编：《危害税收征管罪办案一本通》，中国长安出版社 2007 年版，第 308—309 页。

第十五章 非法制造、出售非法制造的用于骗取出口退税、抵扣税款发票罪

抵扣税款发票罪的司法问题，此处关注的仍然是其定罪量刑中的供求平衡问题，以及重视以尽可能小的司法成本投入，争取尽可能大的司法收益（或者产出），也由此考虑通过合理地惩治专用发票犯罪来促进经济的发展。

由于1979年刑法典没有明确规定有关出口退税、抵扣税款的发票犯罪，为了满足惩治此类犯罪的需要，1994年"两高"关于办理发票刑事案件的司法解释出台，其中规定对有关发票犯罪按照伪造税票罪、投机倒把罪等犯罪处理。在当时刑法典和司法解释难以应对发票犯罪的背景下，1995年通过了一个单行刑法，其中对发票犯罪作了较为明确的规定。因为仍要对其中"数额"、"数量"等若干情形进行阐释和说明，所以，前述1996年司法解释得以颁布。这样已经实现了定罪量刑中的一个相对平衡。之后，1997年全面修订刑法典时又基本吸纳了前述单行刑法中的相关罪状，因而1996年的司法解释的内容沿用多年。2001年的司法解释继续确认了其追诉标准的起点直到2010年。这足见其供求平衡已维持了较长的时间。这也表明其司法成本发挥了较大的司法效益，节约了司法资源。然而，2010年的司法解释对此增加了选择性的追诉标准"票面额累计在20万元以上的"，这又实现了新的平衡。尽管这样又增加了司法成本，但是，也因此取得了相应地扩大打击范围的司法收益，这种修改是必要的，也是值得的。

最后，还应该考虑通过合理地惩治发票犯罪来促进经济的发展。对于前述"省农业产品收购发票案"而言，既要依法惩处发票犯罪及其责任人员，也要尽量使企业走向健康的发展道路，由此更有利于经济的发展。

（二）（守法）教育学视角

1. 定罪方面。非法制造、出售非法制造的用于骗取出口退税、抵扣税款发票罪定罪中的惩教机制，也包括定罪与否的惩教机制、此罪而非彼罪的惩教机制、确定罪数的惩教机制。如第六章所述，三者的结构要素在教育者、受教者、目的与教育环节上通常相同，在教育内容与教育方式上略有差异。这里仍然着重探讨此罪定罪与否的惩教机制。守法的教育环节、教育者、教育对象和教育目的方面，与其他税收犯罪的同类结构要素大致相同，而主要不同之处，也在于教育方式和教育内容上。

此罪在立法上犯罪圈设计的优劣问题，会影响到定罪与否惩教结构的相应问题。前已述及，从1995年颁行相关单行刑法以来，立法上的犯罪圈无实质变化。但是因为前述追诉标准的修正，使其司法上的犯罪圈大小发生了变化。借助这种教育方式，在司法实践中，可以传达"税收法不可违，非法制造、出售非法制造的用于骗取出口退税、抵扣税款发票罪不可犯"、保护合法以及因罪受罚或无罪不罚等教育内容。由此进一步达到惩罚犯罪、因果报应、教育

· 365 ·

行为人和其他人或者预防犯罪等目的。

同前,每一个涉嫌此罪的案件,也会涉及上述定罪与否惩教机制的几个结构要素问题。

还要指出,前述司法解释中的追诉标准就是此罪的定罪与否的规定。其规定既需要保持适度的稳定性,又要有一定的合理性和科学性。这类规定是提供给司法人员具体运用法律的依据,它们既是司法人员忠诚型自我教育的内容,也是说服教育行为人服判的依据和内容。

另外,在此罪定罪的惩教机能上,也受到前述结构要素的影响。当前此罪的惩教机制仍需进一步改进,通过完善一切有关定罪的立法规定以及完善前述结构要素,在坚持罪刑法定原则以及保持适度的威慑型教育机能的基础上,推进其定罪机制的发展,使保护社会的积极机能与保障人权的积极机能最大化,以进一步提升忠诚型教育的积极机能。

2. 量刑方面。非法制造、出售非法制造的用于骗取出口退税、抵扣税款发票罪量刑中的惩教机制,包括司法解释涉及此罪量刑的惩教机制与此罪个案司法中量刑的惩教机制。在司法解释涉及此罪量刑的惩教结构上,教育环节、教育者、教育对象、教育目的与其定罪机制中的要素相同。这里,在教育方式上,它的主要表现如前章已述。其中涉及的教育内容,主要表现为:前述1996年司法解释中第5条、第6条涉及的量刑规范,以及相关刑法法条的量刑规范等。而且,有必要修订相关司法解释,对此罪法条中三级量刑幅度的适用标准作出如前所述有利于罪刑均衡的调整。对其中"数量巨大"和"数量特别巨大"的,还要适当地进一步加以明确,比如增加票面数额的规定等。这些特殊规范主要是作为指导司法人员具体运用法律正确量刑的依据,是司法人员忠诚型自我教育的内容,又是说服行为人服从判决以及教育他人守法的依据。

另外,司法解释涉及此罪定罪量刑的惩教机能受制于前述各种结构要素,其机能值得加强。应当通过改进教育内容与教育方式,进一步提高这一特殊机制的威慑型守法教育、忠诚型守法教育和矫治型守法教育的效果。[①]

此外,还要注意,此罪个案司法中的惩教机制问题。比如,就前述"省农业产品收购发票案"的判决结果而言,法院依法判决张×犯非法制造用于骗取出口退税、抵扣税款发票罪,判处有期徒刑8年,并处罚金10万元。应当说,处罚是相对公正的。但是,若判处其"有期徒刑8年,并处罚金20万元",则两结果中何者更为公正呢?难以回答。这说明该判决乃至法律条款本

[①] 参见曾明生:《动态刑法的惩教机制研究——刑事守法教育学引论》,中国政法大学出版社2011年版,第24—26、45—46、129页。

第十五章 非法制造、出售非法制造的用于骗取出口退税、抵扣税款发票罪

身依然存在难以精准的问题。当然，这必然使其法律忠诚型守法教育机能受损。

总之，无论是司法解释中涉及非法制造、出售非法制造的用于骗取出口退税、抵扣税款发票罪的惩教机制，还是其个案司法中的惩教机制，可能都值得进一步完善。

附录：相关法律、法规、规章及司法解释索引

1. 1995 年 10 月 30 日《全国人民代表大会常务委员会关于惩治虚开、伪造和非法出售增值税专用发票犯罪的决定》第 6 条第 1 款、第 10 条；
2. 1997 年刑法典第 209 条第 1 款、第 211 条；
3. 《税收征收管理法》（1992 年 9 月 4 日第七届全国人民代表大会常务委员会第二十七次会议通过　根据 1995 年 2 月 28 日第八届全国人民代表大会常务委员会第十二次会议《关于修改〈中华人民共和国税收征收管理法〉的决定》修正　2001 年 4 月 28 日第九届全国人民代表大会常务委员会第二十一次会议修订　自 2001 年 5 月 1 日起施行）第 21 条、第 22 条、第 71 条等；
4. 《发票管理办法》（1993 年 12 月 12 日国务院批准、1993 年 12 月 23 日财政部令第 6 号发布　根据 2010 年 12 月 20 日《国务院关于修改〈中华人民共和国发票管理办法〉的决定》修订　自 2011 年 2 月 1 日起施行）第 2 条、第 7 条、第 24 条、第 38 条、第 39 条等；
5. 1994 年 6 月 3 日《最高人民法院、最高人民检察院关于办理伪造、倒卖、盗窃发票刑事案件适用法律的规定》第 1 条；
6. 1996 年 10 月 17 日《最高人民法院关于适用〈全国人民代表大会常务委员会关于惩治虚开、伪造和非法出售增值税专用发票犯罪的决定〉的若干问题的解释》第 5 条、第 6 条；
7. 2001 年 4 月 18 日《最高人民检察院、公安部关于经济犯罪案件追诉标准的规定》第 57 条；
8. 2005 年 12 月 29 日《全国人民代表大会常务委员会关于〈中华人民共和国刑法〉有关出口退税、抵扣税款的其他发票规定的解释》；
9. 2010 年 5 月 7 日《最高人民检察院、公安部关于公安机关管辖的刑事案件立案追诉标准的规定（二）》第 65 条。

第十六章　非法制造、出售非法制造的发票罪

案例概要

　　1998年6月,毛×在A市青市桥市场认识了在附近停车场一带出售假发票的罗×,毛×因当时自己开火锅店,为少交纳税收,遂与罗×商议购买假发票。随后,毛×提供"饮食业定额发票"50元面额样票一张,罗×找到B镇松沙村九组的姜×(另案处理),非法制造了C县饮食业的定额发票100元面额及200元面额各50本。1998年7月底,毛×找到罗×,罗×又联系姜×,尔后,姜、毛二人见面,毛×以2200元从姜×处购得非法制造的C县饮食业定额发票200元和100元面额的各50本。罗×得赃款28元。毛×又将非法购得的假发票出售给该县境内娱乐场所和饮食餐馆的个体户共计18本(面额19万余元),获赃款8000余元。1999年8月16日,毛坝乡地税所在对使用定额发票的单位进行检查时,发现该乡个体、餐饮业主舒×使用假发票,遂向县地税局公安科举报,至此案发。在公安机关侦查期间,毛×主动交代了购买假发票和出售18本假发票的犯罪事实,并协助公安机关至成都抓获了同案犯罗×。案发后,除毛×之妻开火锅店用了1本和烧毁的10本外,其余假发票均已被查获。法院依法判决毛×犯出售非法制造的发票罪,判处有期徒刑2年,缓刑3年,并处罚金2万元;罗×犯出售非法制造的发票罪,单处罚金1万元。①

　　【1. 说明:此案经过各个诉讼环节,其中相关程序分析,可参阅总论部分的有关内容以及本书后附录中的刑事诉讼法。2. 思考:裁判公正吗?为什么?】

---

① 参见孙力、梅传强主编:《刑事案例诉辩审评——危害税收征管罪》,中国检察出版社2006年版,第296页。此案例也不是新近发生的,因其具有历史比对性和案情代表性,故本书将之收录于此。

第一节　非法制造、出售非法制造的发票罪的立法沿革及检讨

非法制造、出售非法制造的发票罪，是指违反国家发票管理法规，伪造、擅自制造或者出售伪造、擅自制造的除增值税专用发票以及其他具有出口退税、抵扣税款功能的发票以外的普遍发票的刑事违法行为。这里，首先对我国刑法中此罪的立法规定进行简要介绍，然后从经济学与（守法）教育学视角对其加以检视和讨论。

一、1997年刑法典生效前非法制造、出售非法制造的发票罪的立法规定

在经济生活中，发票具有多种经济职能，因此它被广泛地运用于办理缴纳税款、账单报销等活动中。一些人通过非法渠道获得非法制造的发票，在税务机关的监控之外使用这些发票，以达到不法的经济目的。为了严厉打击现实生活中愈演愈烈的发票犯罪，全国人大常委会在1995年颁行了《关于惩治虚开、伪造和非法出售增值税专用发票犯罪的决定》，其中第6条第2款规定："伪造、擅自制造或者出售伪造、擅自制造的前款规定以外的其他发票的，比照刑法（指1979年刑法典——加注）第124条的规定处罚。"而该法典第124条规定的是："以营利为目的，伪造车票、船票、邮票、税票、货票的，处2年以下有期徒刑、拘役或者罚金；情节严重的，处2年以上7年以下有期徒刑，可以并处罚金。"可见，从当时立法者的思路来看，对非法制造、出售非法制造的发票犯罪设置独立罪名，但是根据1979年刑法典按照第124条规定的法定刑处罚。当然，这是有历史局限性的。

二、现行刑法中非法制造、出售非法制造的发票罪的立法规定

在1997年全面修订刑法典时，立法者在1995年相关单行刑法的基础上前进了一步，对非法制造、出售非法制造的发票罪作出了单独规定（即现行刑法典第209条第2款）。其中规定："伪造、擅自制造或者出售伪造、擅自制造的前款规定以外的其他发票的，处2年以下有期徒刑、拘役或者管制，并处

或者单处 1 万元以上 5 万元以下罚金；情节严重的，处 2 年以上 7 年以下有期徒刑，并处 5 万元以上 50 万元以下罚金。"因此，非法制造、出售非法制造的发票罪不仅事实上具有了独立的罪名，也具有了独立的法定刑，不必再参照其他条文处理此种犯罪行为了。尽管这一立法规定相对明确，但是，其中仍然存在一些问题，对此将在下文中述及。

三、立法检讨：经济学与（守法）教育学视角

（一）经济学视角

从我国非法制造、出售非法制造的发票罪的立法史看，其立法也经历了一个由无到有的过程，它又是一个立法上追求和实现供求平衡的过程。如前已述，为了满足惩治发票犯罪的现实需求，1995 年单行刑法对多种发票犯罪作出规定，由此实现了一个相对的供求平衡。后来，在 1997 年全面修订刑法典时，该种平衡在作了一些调整后，基本保持了下来。

需要指出，我国有关此罪的立法史，应当也是一个追求以尽可能小的立法成本获取尽可能大的立法收益的过程。在立法方式上，同本书第六章所述。对其立法内容而言，更为明确的规定虽然增加了立法成本，但是也增加了一定的社会收益。它为司法实践提供了较为明确的适用依据，使之与惩处犯罪的需要逐渐相适应。当然，为了尽量减少因立法修正而带来的立法成本，立法应当进一步加强其前瞻性和协调性。

（二）（守法）教育学视角

非法制造、出售非法制造的发票罪与其他发票犯罪在立法中的惩教结构六大组成要素上，不同的主要还是其教育内容和教育方式。

此罪立法中的惩教结构之教育内容：一是此罪立法中的行为规范（"禁止非法制造、出售非法制造的普通发票的犯罪"）；二是此罪立法中具体的裁判规范和执行规范，这是对司法人员忠诚型守法教育的内容，也是对一般人的威慑型守法教育和忠诚型守法教育的内容，又是对罪犯的矫治型守法教育的内容。[①] 其主要表现为：现行刑法典第 209 条第 2 款、第 211 条的内容等。此外，还有税收法规的相关内容等。

在此罪立法中的教育方式上，采用可能性的惩罚后果（有期徒刑、拘役、

[①] 参见曾明生：《动态刑法的惩教机制研究——刑事守法教育学引论》，中国政法大学出版社 2011 年版，第 24—26、45—46、129 页。

管制和罚金）相威慑的方式，或者说，以"犯罪处刑"的方式，表达"禁止犯罪"的内容。在立法犯罪圈方面，如同前述非法制造、出售非法制造的用于骗取出口退税、抵扣税款发票罪的相关情形。在法定刑上，立法经过修改逐渐趋于罪刑均衡。另外，前已述及，现行刑法仍然有待进一步完善。这里需要特别指出，此罪刑罚与行政处罚的衔接问题。《税收征收管理法》第71条中对"非法印制发票的"情形，规定了最重为5万元罚款的行政处罚措施。但是，《发票管理办法》第38条对"私自印制、伪造、变造发票"的最重行政处罚为"没收违法所得，并处50万元罚款"。因此，建议对《税收征收管理法》第71条和《发票管理办法》第38条中的罚款规定作出相应修改，将其最重行政处罚调整为"没收违法所得，并处10万元罚款"的规定。并且，对刑法典第209条第2款第一处刑档中的"并处或者单处1万元以上5万元以下罚金"改为"并处或者单处10万元以上20万元以下罚金"的规定，将第二处刑档中的"并处5万元以上50万元以下罚金"改为"并处20万元以上50万元以下罚金"。如此修改才可能使它们的处罚规定相协调，否则，将可能导致第一处刑档的刑罚处罚轻于行政处罚的荒谬问题。

上述结构要素的发展变化，已经影响或将影响此罪立法中的惩教机能。在前述1995年有关单行刑法颁行之前，1979年刑法典中没有各类发票犯罪的明确规定，因此，曾经仅靠伪造税票罪或口袋罪甚至类推制度来处理。这种打击的威慑型教育机能似乎较强，但是鼓励民众对法律忠诚型的教育机能较弱。后来，随着相关单行刑法的颁行以及刑法典的全面修订，通过进一步明确法条内容的方式来实现有法可依。不过，从法定刑角度看，对此罪并没有加大其打击的力度。诚然，当前这种惩教机制仍需进一步改进。通过完善前述结构要素，推进其立法中的惩教机制的发展，在适当强调其威慑型教育机能的基础上，增强其法律忠诚型教育机能。

第二节　非法制造、出售非法制造的发票罪的成立要件

我国刑法传统理论通常从四要件构成特征来分析犯罪，也有学者只从客观构成要件和主观构成要件两方面加以分析，还有学者从罪体、罪责和罪量方面来探讨。这些均有一定的合理性。然而，我们认为，是否成立犯罪，可先考察其行为是否具备法益侵害性，若具备法益侵害性，则进一步分析其行为是否具

备刑事违法性。[①] 以下将结合前述案例概要进行分析。

一、法益侵害性

法益遭受了侵害，这种侵害是人的行为造成的。

（一）犯罪客体要件

我国的发票管理制度日渐完善，目前已有一些相关的法律依据。正如前述第12章述及的《税收征收管理法》和《发票管理办法》中的有关规定。由此可见，发票管理的制度秩序是受法律保护的。而设定非法制造、出售非法制造的发票行为的法律责任，是因为这些行为破坏了发票管理的制度秩序，甚至进一步危及国家税收收入安全和国家税收征管的制度秩序等多种法益。亦即，非法制造、出售非法制造的发票罪侵犯的直接客体也是国家发票管理的制度秩序，进而危害国家税收征管的制度秩序等。

（二）犯罪客观要件

行为人违反了国家发票管理法规，实施了伪造、擅自制造或者出售伪造、擅自制造的除增值税专用发票和其他具有出口退税、抵扣税款功能的发票以外的普通发票的行为。至于其行为的情节严重程度以及是否产生实际的危害结果，将于后文有无事由阻却性部分中述及。关于"伪造、擅自制造"的理解，类似前一章的分析。这里着重对行为对象的范围进行探讨。其中"发票"是不具备特殊用途的普通发票，按照《关于经济犯罪案件追诉标准的规定》，它是"不具有出口退税、抵扣税款功能的普通发票"。1998年5月8日《最高人民法院、最高人民检察院、公安部、国家工商行政管理局关于依法查处盗窃、抢劫机动车案件的规定》第6条指出，"非法出售机动车有关发票的，或者伪造、擅自制造或者出售伪造、擅自制造的机动车有关发票的，依照《刑法》第209条的规定处罚"。其解释中并没有对适用该法条中具体哪一款哪一罪名作出明确规定。我们认为，应当根据其行为类型以及结合其具体发票功能来加以认定。

另外，在前述"出售非法制造的发票案"中，毛×为少交纳税收，与青市桥市场附近停车场一带出售假发票的罗×商议购买假发票。毛×提供"饮食业定额发票"50元面额样票一张，罗×找到姜×，姜×非法制造了C县饮

[①] 参见曾明生：《动态刑法的惩教机制研究——刑事守法教育学引论》，中国政法大学出版社2011年版，第170—171页。

食业的定额发票100元面额及200元面额各50本。后来，通过罗×，姜、毛二人见面，毛×以2200元从姜×处购得非法制造的C县饮食业定额发票200元和100元面额的各50本。罗×得赃款28元。毛×又将非法购得的假发票出售给该县境内娱乐场所和饮食餐馆的个体户共计18本（面额19万余元），获赃款8000余元。显然，其中毛×实施了"购买假发票100本和出售18本假发票"的行为，罗×实施了帮助毛×"购买假发票"以及帮助姜×"出售假发票"的行为，姜×实施了"非法制造、出售非法制造的发票"的行为。其行为已破坏了发票管理的制度秩序，甚至进一步危及国家税收收入安全和国家税收征管的制度秩序，具有法益侵害性。

二、刑事违法性

如前所述，危害税收征管秩序的违法行为符合法益侵害性，但是，在司法领域认定是否成立犯罪，最终的关键是，判断行为是否具有刑事违法性。具有刑事违法性，必须同时具备四要件齐备性与无事由阻却性。当然，否定刑事违法性，只要否定其中任何一个（四要件齐备性或者无事由阻却性）即可。

（一）四要件齐备性

除了犯罪客体要件和犯罪客观要件外，还必须具备犯罪主体要件和犯罪主观要件。

1. 犯罪主体要件。此罪的行为主体也包括单位和年满16周岁具有刑事责任能力的个人。其中除了一般主体外，还包括擅自制造行为的实施者，即经主管税务机关指定的发票印刷企业，这是一种特殊主体。在前述"出售非法制造的发票案"中，姜×、毛×、罗×、毛×之妻、舒×均符合其行为主体条件。

2. 犯罪主观要件。此罪的犯罪主观要件也是故意。它要求行为人明知非法制造、出售非法制造的发票的行为会发生危害社会的结果，并且希望或者放任这种结果的发生。如果是"擅自制造"，就应当查明行为人对"擅自"是否明知。对此认定，如同前一章所述。

在前述"出售非法制造的发票案"中，毛×因当时自己开火锅店，为少交纳税收，明知罗×出售假发票而特意与罗×商议购买假发票。随后，毛×提供"饮食业定额发票"50元面额样票一张，由罗×找到姜×，并由姜×非法制造了定额发票。后来，通过罗×，姜、毛二人见面，毛×从姜×处购得非法制造的定额发票100本。罗×得赃款28元。毛×又将非法购得的假发票出售共计18本，获赃款8000余元。不难发现，姜×和罗×为了牟利，放任"危及国家税收收入安全和危及国家税收征管的制度秩序"结果的发生，甚至希望"破坏发票管理的制度秩序"结果的发生。毛×为少交纳税收而购买假发票，这表明其希望"危及国家税收收入安全和破坏国家税收征管的制度秩序"结果的发生，也希望"破坏发票管理的制度秩序"的结果发生。对于毛×为了牟利而出售假发票的情形，也有前述放任的心态。

通过以上分析可知，毛×、姜×和罗×的相关行为，已经具备了上述四个要件，符合了四要件齐备性。值得指出的是，毛×之妻和舒×因为没有前述非法制造、出售非法制造的发票行为，所以，他们不具备非法制造、出售非法制造的发票罪所要求的四要件齐备性。至于其是否符合逃税罪所要求的四要件齐备性，则另当别论。

（二）无事由阻却性

虽然具有四要件齐备性，但是要成立非法制造、出售非法制造的发票罪，还必须排除刑事违法性阻却事由。从刑法规定看，此罪不存在正当防卫、紧急避险和附条件不追究刑事责任等阻却事由。此处的刑事违法性阻却事由，也只剩下刑法典第13条但书的规定了，即"情节显著轻微危害不大"的情形。

因此，这里的无事由阻却性，就是要排除前述但书的情形。或者说，违法情节和与其行为有因果关系的客观危害，必须达到足够的程度。然而，对其罪量要素，刑法典也未作出明确规定。根据前述2001年4月18日有关追诉标准的规定，伪造、擅自制造或者出售伪造、擅自制造的不具有出口退税、抵扣税款功能的普通发票50份以上的，应予追诉。但是，2010年5月7日《立案追诉标准的规定（二）》对此标准作出了修改，在将其发票最低份数由"50份"提高为"100份"外，同时还增加了一项选择性的标准（即"票面额累计在40万元以上的"）。亦即，当前述行为达到其数量标准就是犯罪既遂。当然，对于其犯罪未遂的情形，依法也应追究刑事责任。至于何谓此罪的犯罪未遂，将于下文中述及。

综上所述，当行为人的行为同时具有上述四要件齐备性与无事由阻却性，它就具有了刑事违法性，可以认定其成立非法制造、出售非法制造的发票罪。

在前述"出售非法制造的发票案"中，应当适用前述1996年的司法解释的近似标准，姜×成立非法制造、出售非法制造的发票罪，毛×成立出售非法制造的发票罪（未遂犯），罗×成立出售非法制造的发票罪。

第三节 非法制造、出售非法制造的发票罪的司法认定

本节仍然先从规范刑法学的视角对定罪（罪与非罪、此罪与彼罪、共同犯罪、一罪与数罪）和量刑中的若干问题进行讨论，然后分别从经济学与（守法）教育学两个视角进行司法检讨。

一、罪与非罪

如前所述，成立非法制造、出售非法制造的发票罪必须同时具有上述四要件齐备性与无事由阻却性。若非法制造、出售非法制造的发票行为的情节尚不够严重，又不构成其他罪的，则阻却了刑事违法性，属一般违法行为。

若行为人没有实施非法制造行为，而是通过其他非法手段获得了非法制造的发票，然后将其转送给他人使用，没有因此接受他人的货币或者对价性财物，则不构成出售非法制造的发票罪。对此的认定和分析，类同于前一章所述。

二、此罪与彼罪

（一）非法制造、出售非法制造的发票罪与非法制造、出售非法制造的用于骗取出口退税、抵扣税款发票罪的界限

两罪的构成要件极其相似。其差别在于犯罪对象不同。非法制造、出售非法制造的用于骗取出口退税、抵扣税款发票罪的犯罪对象，是用于骗取出口退税、抵扣税款的非增值税专用的发票，即具备某些特殊用途的发票，主要包括物资回收发票、农产品收购发票等。非法制造、出售非法制造的发票罪的犯罪对象是不具备特殊用途的普通发票，按照《关于经济犯罪案件追诉标准的规定》的规定，其犯罪对象是"不具有骗取出口退税、抵扣税款功能的普通发票"。

（二）非法制造、出售非法制造的发票罪与伪造、出售伪造的增值税专用发票罪的界限

主要区别：两罪在行为方式和行为主体上的区别，与前一章所述的非法制造、出售非法制造的用于骗取出口退税、抵扣税款发票罪和伪造、出售伪造的

增值税专用发票罪的区别相类似。此外，其区别还表现为行为对象不同。非法制造、出售非法制造的发票罪的行为对象，是不具有骗取出口退税、抵扣税款功能的普通发票，既可能为真，也可能为假。如果是伪造的，就是假发票；如果是擅自制造的，就是真发票。而在伪造、出售伪造的增值税专用发票罪中，行为对象是伪造的增值税专用发票。

三、共同犯罪

非法制造、出售非法制造的发票罪的共同犯罪，既包括有发票印制权者与无发票印制权者合作实施的共同犯罪，又包括无发票印制权者共同实施的共同犯罪，其中包括个人与个人、单位与个人、单位与单位之间的共同犯罪类型。

在前述"出售非法制造的发票案"中，罗×在毛×和姜×买卖定额假发票的交易中，起着介绍和帮助的作用。罗×既帮助毛×实现了购买假发票的目的，又对姜×出售假发票起了帮助作用。因为目前没有购买普通假发票的罪刑规定，所以毛×也就无法成立购买普通假发票罪。但是，姜×成立非法制造、出售非法制造的发票罪，而且，罗×从中扮演了买卖定额假发票的介绍人角色，实际发挥了帮助姜×出售假发票的作用，其介绍行为亦获得姜×的认同，因此姜×和罗×之间存在出售假发票的犯意联络，他们成立出售非法制造的发票罪的共同犯罪。姜×是主犯，罗×是帮助犯（从犯）。诚然，也有人认为，毛×和罗×之间存在出售非法制造的发票罪的共同犯罪。[①] 然而，我们不赞同这一观点，因为毛×和罗×之间缺乏出售假发票的共同故意。亦即，罗×并无帮助毛×出售假发票的故意或目的。

四、一罪与数罪

此罪是选择性罪名，行为人实施了伪造、擅自制造、出售伪造、擅自制造的发票行为中的一种、两种或者三种行为的，均构成一罪。只是在具体认定罪名时有所不同，其具体罪名的认定取决于行为人实施的具体行为方式。这里关于罪数区分的具体内容，大致与前一章所述类同，故而从略。

[①] 参见孙力、梅传强主编：《刑事案例诉辩审评——危害税收征管罪》，中国检察出版社 2006 年版，第 297—298 页。

五、非法制造、出售非法制造的发票罪的量刑

(一) 法定刑幅度的确定

根据刑法典第209条第2款的规定，此罪的法定刑幅度有两个：一是"处2年以下有期徒刑、拘役或者管制，并处或者单处1万元以上5万元以下罚金"；二是"处2年以上7年以下有期徒刑，并处5万元以上50万元以下罚金"。

适用第一量刑档的条件是具备此罪的基本处罚事由，即："伪造、擅自制造或者出售伪造、擅自制造的前款规定以外的其他发票的"。对此适用条件的具体分析，在前节已述。适用第二量刑档的条件是具备此罪的加重处罚事由，即："情节严重的"。这里的情节严重，可能包括以下情形：非法制造、出售非法制造的发票数量巨大的；多次非法制造、多次出售非法制造发票的；造成严重后果的；非法获利数额巨大的等。对此，有必要作出明确的司法解释，以指导司法实践。

(二) 量刑情节的综合考量

应当根据刑法典第61条至第64条的量刑规定，对犯罪的事实、犯罪的性质、情节和对于社会的危害程度，依照刑法的有关规定判处，等等。其中要注意基本处罚事由、加重处罚事由和减轻处罚事由等几种事由。对未遂犯的具体内容大致与前一章所述类同，从略。

(三) 单位犯的双罚制

根据刑法典第211条的规定，单位犯此罪的，对单位判处罚金，并对其直接负责的主管人员和其他直接责任人员，依照上述个人犯罪的规定处罚。

六、司法检讨：经济学与（守法）教育学视角

(一) 经济学视角

运用经济学的理论来考量非法制造、出售非法制造的发票罪的司法问题，此处关注的仍然是其定罪量刑中的供求平衡问题，以及重视以尽可能小的司法成本投入，争取尽可能大的司法收益，也由此考虑通过合理地惩治发票犯罪来促进经济的发展。

需要指出的是，此处非法制造、出售非法制造的发票罪的具体情况，与前一章述及的相关情况基本相同。此处不再赘述。

对于前述"出售非法制造的发票案"而言,也要依法惩处发票犯罪及其责任人员,同时应尽量使个体经济走向健康的发展道路,由此更有利于经济的发展。

(二)(守法)教育学视角

1. 定罪方面。非法制造、出售非法制造的发票罪定罪中的惩教机制,也与前一章述及的定罪中的惩教机制基本相同。此处也从略。

2. 量刑方面。非法制造、出售非法制造的发票罪量刑中的惩教机制,也包括司法解释涉及此罪量刑的惩教机制与此罪个案司法中量刑的惩教机制。在司法解释涉及此罪量刑的惩教结构上,教育环节、教育者、教育对象、教育目的与其定罪机制中的要素相同。这里,在教育方式上,它的主要表现如前已述。其中涉及的教育内容,主要表现为:前述1996年司法解释中第6条第2款和第6条、2001年《关于经济犯罪案件追诉标准的规定》第58条、2010年《立案追诉标准的规定(二)》第66条涉及的量刑规范,以及相关刑法法条的量刑规范等。而且,也有必要修订相关司法解释,对此罪法条中两级量刑幅度的适用标准作出有利于罪刑均衡的调整。对其中"情节严重的",还要适当地进一步加以明确,比如增加票面数额的规定以及列举某些情形等。对于未遂犯的认定,应作出相关解释。这些特殊规范主要是作为指导司法人员具体运用法律正确量刑的依据,是司法人员忠诚型自我教育的内容,而且是说服行为人服从判决以及教育他人守法的依据。

另外,司法解释涉及此罪定罪量刑的惩教机能受制于前述各种结构要素,其机能值得加强。例如,不久前,海南省公安厅经侦总队在相关部门的密切配合下,成功破获一起制售假发票及虚开普通发票案件,打掉犯罪团伙1个,捣毁假发票窝点3个,抓获犯罪嫌疑人6名,缴获海南国、地税机打发票在内的各类空白假发票4000余份和假公章255枚以及制假设备一批,票面最大可开金额68亿余元,避免国家税收损失6.8亿余元。[①] 由此可以窥见,惩治此类犯罪任重道远。应当通过改进教育内容与教育方式,进一步提高这一特殊机制的威慑型守法教育、忠诚型守法教育和矫治型守法教育的效果。[②]

此外,还要注意,此罪个案司法中的惩教机制问题。比如,就前述"出售非法制造的发票案"的判决结果而言,法院依法判决毛×犯出售非法制造

[①] 参见傅勇涛:"海南成功破获一起特大假发票 涉案金额68亿元",载 http://www.gov.cn/jrzg/2013-04/26/content_2391363.htm,访问日期:2013年9月1日。

[②] 参见曾明生:《动态刑法的惩教机制研究——刑事守法教育学引论》,中国政法大学出版社2011年版,第24—26、45—46、129页。

的发票罪，判处有期徒刑2年，缓刑3年，并处罚金2万元；罗×犯出售非法制造的发票罪，单处罚金1万元。这似乎也较为合理。但是，对于姜×另案处理，其处理情况如何，不得而知。如此关联紧密的几个当事人，分案处罚，在一定程度上也可能影响其公正程度与教育效果。因此，此案的威慑型守法教育、忠诚型守法教育和矫治型守法教育的效果打折。

总之，无论是司法解释中涉及非法制造、出售非法制造的发票罪的惩教机制，还是其个案司法中的惩教机制，可能都值得进一步完善。同时也要指出，为进一步遏制发票违法犯罪多发势头，在重视打击"卖方市场"的违法犯罪时，也要依法加大对使用虚假发票单位和个人的查处力度，着力整治虚假发票使用的"买方市场"。不过，仅仅强调对建筑安装、交通运输、餐饮服务等重点行业发票使用情况进行重点查处是不够的。应以司法解释的方式规定对故意使用假发票报销账单可以诈骗论处等。

附录：相关法律、法规、规章及司法解释索引

1. 1979年刑法典第124条；
2. 1995年10月30日《全国人民代表大会常务委员会关于惩治虚开、伪造和非法出售增值税专用发票犯罪的决定》第6条第2款、第10条；
3. 1997年刑法典第209条第2款、第211条；
4. 《税收征收管理法》（1992年9月4日第七届全国人民代表大会常务委员会第二十七次会议通过　根据1995年2月28日第八届全国人民代表大会常务委员会第十二次会议《关于修改〈中华人民共和国税收征收管理法〉的决定》修正　2001年4月28日第九届全国人民代表大会常务委员会第二十一次会议修订　自2001年5月1日起施行）第21条、第22条、第71条等；
5. 《发票管理办法》（1993年12月12日国务院批准、1993年12月23日财政部令第6号发布　根据2010年12月20日《国务院关于修改〈中华人民共和国发票管理办法〉的决定》修订　自2011年2月1日起施行）第2条、第7条、第24条、第38条、第39条等；
6. 1996年10月17日《最高人民法院关于适用〈全国人民代表大会常务委员会关于惩治虚开、伪造和非法出售增值税专用发票犯罪的决定〉的若干问题的解释》第6条；
7. 1998年5月8日《最高人民法院、最高人民检察院、公安部、国家工

商行政管理局关于依法查处盗窃、抢劫机动车案件的规定》第 6 条；

8. 2001 年 4 月 18 日《最高人民检察院、公安部关于经济犯罪案件追诉标准的规定》第 58 条；

9. 2010 年 5 月 7 日《最高人民检察院、公安部关于公安机关管辖的刑事案件立案追诉标准的规定（二）》第 66 条。

第十七章　非法出售用于骗取出口退税、抵扣税款发票罪

案例概要

2003年1月，李×的初中同学，个体工商户王×找到他，说自己想要购买一些具有出口退税、抵扣税款功能的发票，请在市税务局负责发售发票工作的赵×（李×之妻）帮忙，并给赵、李二人1000元好处费。李×将此事告诉了赵×，赵×经审查后发现王×并不具备购买发票的主体资格，便拒绝售予。李×得知后认为赵×没必要这么"认真"，并一再说服赵×高价出售可以用于骗取出口退税、抵扣税款的发票，并将出售的钱款占为己有。赵×经不住李×的反复劝说，答应了此事。并于2003年3月26日以每份50元的高价出售给王×发票500份，并将所得钱款25000元据为己有。法院依法判决赵×犯非法出售用于骗取出口退税、抵扣税款发票罪，判处有期徒刑6年，并处罚金5万元；李×犯非法出售用于骗取出口退税、抵扣税款发票罪，判处有期徒刑4年，并处罚金4万元；查获的运输发票依法予以没收。[①]

【1. 说明：此案经过各个诉讼环节，其中相关程序分析，可参阅总论部分的有关内容以及本书后附录中的刑事诉讼法。2. 思考：裁判公正吗？为什么？】

第一节　非法出售用于骗取出口退税、抵扣税款发票罪的立法沿革及检讨

非法出售用于骗取出口退税、抵扣税款发票罪，是指违反国家发票管理法规，非法出售除增值税专用发票以外的用于骗取出口退税、抵扣税款的其他发

[①] 参见孙力、梅传强主编：《刑事案例诉辩审评——危害税收征管罪》，中国检察出版社2006年版，第312—314页。此案例也不是新近发生的，但是因其具有历史比对性和案情代表性，故本书仍将之收录于此。

票的刑事违法行为。这里，首先对我国刑法中此罪的立法规定进行简要介绍，然后从经济学与（守法）教育学视角对其加以检视与讨论。

一、1997年刑法典生效前非法出售用于骗取出口退税、抵扣税款发票罪的立法规定

如前所述，1979年刑法典没有对各类发票犯罪予以明确规定，但是，为了有力惩治虚开、伪造和非法出售增值税专用发票的犯罪，全国人大常委会在1995年颁行了惩治发票犯罪的单行刑法，其中第6条第3款规定："非法出售可以用于骗取出口退税、抵扣税款的其他发票的，依照第1款的规定处罚。"该条第1款的处罚规定是："处3年以下有期徒刑或者拘役，并处2万元以上20万元以下罚金；数量巨大的，处3年以上7年以下有期徒刑，并处5万元以上50万元以下罚金；数量特别巨大的，处7年以上有期徒刑，并处没收财产。"这一规定较以前更为完善，然而在法定刑上仍有所不足。对此在本书第十五章已有述及。

二、现行刑法中非法出售用于骗取出口退税、抵扣税款发票罪的立法规定

1997年全面修订刑法典时，立法者吸收了前述1995年单行刑法的规定，对非法出售用于骗取出口退税、抵扣税款发票罪作出了单独规定（即现行刑法典第209条第3款）。其中规定："非法出售可以用于骗取出口退税、抵扣税款的其他发票的，依照第1款的规定处罚。"如本书第十五章所述，刑法典第209条第1款规定的是非法制造、出售非法制造的用于骗取出口退税、抵扣税款发票罪。其处罚规定是："处3年以下有期徒刑、拘役或者管制，并处2万元以上20万元以下罚金；数量巨大的，处3年以上7年以下有期徒刑，并处5万元以上50万元以下罚金；数量特别巨大的，处7年以上有期徒刑，并处5万元以上50万元以下罚金或者没收财产。"其中对单行刑法相关条款的修改及其问题，也在本书第十五章已有述及。此处从略。

三、立法检讨：经济学与（守法）教育学视角

（一）经济学视角

从我国非法出售用于骗取出口退税、抵扣税款发票罪的立法史看，其立法

也经历了一个由无到有、由适用类推或口袋罪到遵循罪刑法定原则的过程，由罪刑失衡到强调罪刑均衡的过程，它也是一个立法上不断追求和实现供求平衡的过程。而且，它应当也是一个不断追求以尽可能小的立法成本获取尽可能大的立法收益的过程。其中具体内容与前述第十五章的情形类似，故而从略。

（二）（守法）教育学视角

非法出售用于骗取出口退税、抵扣税款发票罪与其他税收犯罪在立法中的惩教结构六大组成要素上，不同的主要是其教育内容等。

此罪立法中的惩教结构之教育内容：一是此罪立法中的行为规范（"禁止非法出售用于骗取出口退税、抵扣税款发票的犯罪"）；二是此罪立法中具体的裁判规范和执行规范，这是对司法人员忠诚型守法教育的内容，也是对一般人的威慑型守法教育和忠诚型守法教育的内容，又是对罪犯的矫治型守法教育的内容。[①] 其主要表现为：前述 1995 年相关单行刑法中第 6 条第 3 款、第 10 条的规定，以及 1997 年刑法典第 209 条第 3 款、第 211 条等。法条内容较以前完善，条款明确，操作性较强。此外，还有税收法规的相关内容等。

也要指出，此罪立法中的教育方式以及立法中的惩教机能，与前述第十五章的情形类似，因而也从略。

诚然，当前这种惩教机制仍需进一步改进。通过完善前述结构要素，推进其立法中的惩教机制的发展，进一步提升忠诚型教育的积极机能。

第二节　非法出售用于骗取出口退税、抵扣税款发票罪的成立要件

我国刑法传统理论通常从四要件构成特征来分析犯罪，也有学者只从客观构成要件和主观构成要件两方面加以分析，还有学者从罪体、罪责和罪量方面来探讨。这些均有一定的合理性。然而，我们认为，是否成立犯罪，可先考察其行为是否具备法益侵害性，若具备法益侵害性，则进一步分析其行为是否具备刑事违法性。[②] 以下将结合前述案例概要进行分析。

[①] 参见曾明生：《动态刑法的惩教机制研究——刑事守法教育学引论》，中国政法大学出版社 2011 年版，第 24—26、45—46、129 页。

[②] 参见曾明生：《动态刑法的惩教机制研究——刑事守法教育学引论》，中国政法大学出版社 2011 年版，第 170—171 页。

一、法益侵害性

法益遭受了侵害，这种侵害是人的行为造成的。

（一）犯罪客体要件

非法出售用于骗取出口退税、抵扣税款发票罪的客体要件，与前述第十五章的情形类似，即发票管理的制度秩序和国家税收征管的制度秩序受法律的保护，此罪行侵犯的是国家发票管理的制度秩序，进而危害国家税收征管的制度秩序等。

（二）犯罪客观要件

行为人违反国家发票管理法规，实施了非法出售用于骗取出口退税、抵扣税款发票的行为。至于其行为的情节严重程度以及是否产生实际的危害结果，将于后文有无事由阻却性部分中述及。如前已述，根据1996年10月17日的司法解释，其中"用于骗取出口退税、抵扣税款的其他发票"，是指可以用于申请出口退税、抵扣税款的非增值税专用发票，如运输发票、废旧物品收购发票、农业产品收购发票等。后来，2005年12月29日《全国人民代表大会常务委员会关于〈中华人民共和国刑法〉有关出口退税、抵扣税款的其他发票规定的解释》进一步明确指出，刑法规定的"出口退税、抵扣税款的其他发票"，是指除增值税专用发票以外的，具有出口退税、抵扣税款功能的收付款凭证或者完税凭证。

在前述"非法出售用于骗取出口退税、抵扣税款发票案"中，李×一再说服赵×高价出售可以用于骗取出口退税、抵扣税款的发票以谋取私利。赵×经不住李×的反复劝说，答应了此事，并以每份50元的高价出售给王×发票500份，且将所得钱款据为己有。据此可见，赵×实施了出售发票的行为，李×实施了教唆他人出售发票的行为，此外，王×实施了购买具有出口退税、抵扣税款功能的发票行为。他们的行为已破坏了发票管理的制度秩序，甚至可能进一步危及国家税收收入安全和国家税收征管的制度秩序，已具有了法益侵害性。

二、刑事违法性

如前所述，危害税收征管秩序的违法行为符合法益侵害性，但是，在司法领域认定是否成立犯罪，最终的关键是，判断行为是否具有刑事违法性。具有刑事违法性，必须同时具备四要件齐备性与无事由阻却性。当然，否定刑事违法性，只要否定其中任何一个（四要件齐备性或者无事由阻却性）即可。

（一）四要件齐备性

除了犯罪客体要件和犯罪客观要件外，还必须具备犯罪主体要件和犯罪主观要件。

1. 犯罪主体要件。此罪的行为主体包括单位和年满16周岁具有刑事责任能力的个人。在前述"非法出售用于骗取出口退税、抵扣税款发票案"中，赵×、李×、王×等均符合其行为主体条件。赵×也符合本书第22章徇私舞弊发售发票、抵扣税款、出口退税罪的行为主体条件。

2. 犯罪主观要件。此罪的犯罪主观要件是故意。它要求行为人明知非法出售用于骗取出口退税、抵扣税款发票的行为会发生危害社会的结果，并且持有希望或者放任这种结果发生的主观心理状态。若行为人（一般主体）对自己非法出售的犯罪对象的法律性质没有明确的认识，并不知道自己出售的是国家禁止私自出售的用于骗取出口退税、抵扣税款发票，则行为人就不具有非法出售用于骗取出口退税、抵扣税款发票罪的犯罪故意。在司法实践中，犯罪嫌疑人经常以此为借口为自己开脱罪责。司法人员对这种说法持什么判断，都应当对其给予充分的重视，不能一概排除行为人确实不知自己所出售的是用于骗取出口退税、抵扣税款发票的情况。① 另外，税务机关或者税务人员虽然对其出售可以用于骗取出口退税、抵扣税款发票的行为有明确认识，但是始终认为自己是在依法履行发售可以用于骗取出口退税、抵扣税款发票的法定职责，确实没有认识到购买人不具有合法的购买资格。此时税务机关或者税务人员实施的出售发票行为虽然事实上是非法的，但是因行为人缺乏明知的认识因素而不具有非法出售发票的犯罪故意，对此可以过失论。

在前述"非法出售用于骗取出口退税、抵扣税款发票案"中，李×将王×找到他要求其帮忙购买发票并给好处费之事告诉赵×，赵×经审查后发现王×不具备购买发票的主体资格，便拒绝售予。李×得知后一再说服赵×高价出售发票。赵×经不住李×的反复劝说，答应了此事并高价出售发票500份，将所得钱款据为己有。据此可见，赵×的犯意是在李×的反复劝说中产生的。赵×明知高价出售发票给不具备购买资格的王×会发生危害社会的结果，但是为了牟利而放任这种结果的发生。王×也有购买发票以牟利的故意。

通过以上分析可知，赵×、李×的相关行为，已经具备了上述四个要件，符合了非法出售用于骗取出口退税、抵扣税款发票罪所要求的四要件齐备性。

---

① 参见黄晓亮、张春喜主编：《危害税收征管罪办案一本通》，中国长安出版社2007年版，第286页。

但是，王×并无非法出售用于骗取出口退税、抵扣税款发票的行为和故意，因而他不符合此罪所要求的四要件齐备性，至于其行为是否符合骗税犯罪的构成特征，另当别论。

（二）无事由阻却性

虽然具有四要件齐备性，但是要成立非法出售用于骗取出口退税、抵扣税款发票罪，还必须排除刑事违法性阻却事由。从刑法规定看，此罪不存在正当防卫、紧急避险和附条件不追究刑事责任等阻却事由。此处的刑事违法性阻却事由，也只剩下刑法典第13条但书的规定了，即"情节显著轻微危害不大"的情形。

因此，这里的无事由阻却性，就是要排除前述但书的情形。或者说，违法情节和客观危害，必须达到足够的程度。对其罪量要素，刑法典也未作出明确规定。根据前述1996年的司法解释以及2001年4月18日有关追诉标准的规定，非法出售可以用于骗取出口退税、抵扣税款的发票50份以上的，应予追诉。但是2010年《立案追诉标准的规定（二）》对此标准作出了补充修改，增加了一项选择性的标准（即"票面额累计在20万元以上的"）。亦即，达到其数量标准通常就是犯罪既遂。另外，对于其中有无犯罪未遂的情形，人们可能有不同认识。实践中一般会以上述追诉标准为底线。

综上所述，当其行为同时具有四要件齐备性与无事由阻却性，它就具有了刑事违法性，可以认定其成立非法出售用于骗取出口退税、抵扣税款发票罪。在本章案例中，赵×和李×成立非法出售用于骗取出口退税、抵扣税款发票罪。至于赵×的行为，它涉及非法出售用于骗取出口退税、抵扣税款发票罪与徇私舞弊发售发票罪的竞合。对此，可参阅本书第二十二章的有关部分。

第三节 非法出售用于骗取出口退税、抵扣税款发票罪的司法认定

本节先从规范刑法学的视角对定罪（罪与非罪、此罪与彼罪、共同犯罪、一罪与数罪）和量刑中的若干问题进行讨论，然后分别从经济学与（守法）教育学两个视角进行司法检讨。

一、罪与非罪

如前所述，成立非法出售用于骗取出口退税、抵扣税款发票罪必须同时具

有上述四要件齐备性与无事由阻却性。若非法出售用于骗取出口退税、抵扣税款发票行为的情节尚不够严重，又不构成其他罪的，则阻却了刑事违法性，属一般违法行为。

另外，行为人通过非法手段获得用于骗取出口退税、抵扣税款发票，然后转交给他人使用，没有因此接受他人的货币或者对价性财物，不构成非法出售用于骗取出口退税、抵扣税款发票罪。因为此时不存在"出售"行为。对此分析，类似前述第 15 章的相关部分。

还值得指出，从行为人处查获大量可以用于骗取出口退税、抵扣税款发票，但是没有查明行为人是否非法出售过这类发票，也无证据证明行为人具有非法出售用于骗取出口退税、抵扣税款发票的意图。此时行为人的行为只是单纯的非法持有可以用于骗取出口退税、抵扣税款发票的行为，不构成非法出售用于骗取出口退税、抵扣税款发票罪。[①]

二、此罪与彼罪

非法出售用于骗取出口退税、抵扣税款发票罪与徇私舞弊发售发票、抵扣税款、出口退税罪的界限，将在本书第二十二章中述及。这里着重对以下两对犯罪的界限加以讨论。

（一）非法出售用于骗取出口退税、抵扣税款发票罪与非法出售增值税专用发票罪的界限

两罪的构成要件基本相同，其区别主要在于犯罪对象不同。非法出售增值税专用发票罪的犯罪对象是增值税专用发票，而且是真实有效的发票。非法出售用于骗取出口退税、抵扣税款发票罪的犯罪对象，是除增值税专用发票以外的具有出口退税、抵扣税款功能的其他发票。增值税专用发票也有出口退税、抵扣税款的作用，但是刑法分则基于增值税专用发票的特殊性，对其作了专门规定，因此，立法者将非法出售用于骗取出口退税、抵扣税款发票罪的犯罪对象，规定为除增值税专用发票以外的可以用于骗取出口退税、抵扣税款的其他发票。

（二）非法出售用于骗取出口退税、抵扣税款发票罪与非法制造、出售非法制造的用于骗取出口退税、抵扣税款发票罪的界限

两个选择性罪名中值得比较的是，非法出售用于骗取出口退税、抵扣税款

[①] 参见黄晓亮、张春喜主编：《危害税收征管罪办案一本通》，中国长安出版社 2007 年版，第 287 页。

发票罪与出售非法制造的用于骗取出口退税、抵扣税款发票罪。两罪的主要区别也是在于犯罪对象的差异。从涉及的发票种类来看，两罪的犯罪对象是一致的，都是除增值税专用发票以外的可以用于骗取出口退税、抵扣税款的其他发票。差别在于发票本身的真伪和来源不同：非法出售用于骗取出口退税、抵扣税款发票罪的犯罪对象，是真实有效的具有出口退税、抵扣税款功能的发票，其最初来源应当是向税务机关依法领购或者非法购买；出售非法制造的用于骗取出口退税、抵扣税款发票罪的犯罪对象，是非法制造的用于骗取出口退税、抵扣税款的发票，可能是伪造的假发票，也可能是擅自制造的真发票，但其不可能来源于向税务机关依法领购或者非法购买。[1]

三、共同犯罪

非法出售用于骗取出口退税、抵扣税款发票罪的共同犯罪，包括个人与个人、单位与个人、单位与单位之间的共同犯罪类型。

在前述"非法出售用于骗取出口退税、抵扣税款发票案"中，赵×的犯意是在李×的反复劝说中产生的。赵×明知高价出售发票给不具备购买资格的王×会发生危害社会的结果，但是为了牟利而放任这种结果的发生。赵×实施了出售发票的行为，李×实施了教唆他人出售发票的行为，两人既有共同的犯罪故意，又有共同的犯罪行为，成立共同犯罪。赵×是主犯，李×是教唆犯。王×虽然有购买发票以牟利的故意和行为，但是，王×并无帮助赵×和李×非法出售用于骗取出口退税、抵扣税款发票的行为和故意，因而他与赵×和李×之间的不成立共同犯罪。

四、一罪与数罪

行为人购买用于骗取出口退税、抵扣税款发票后又出售的，实际上是两个行为，但这两个行为并非均独立成为犯罪。因为购买用于骗取出口退税、抵扣税款发票的行为在我国刑法中并不加以规范，即刑法把购买该种发票的行为排除于犯罪之外，因而，尽管行为同样具有较大的社会危害性，不加以打击不足以阻遏这种扰乱发票管理的风气，但是，在罪刑法定原则面前，这些发票管理活动的渴求均是无奈的。改变这种法律不适应社会经济管理秩序的局面，只有

---

[1] 参见黄晓亮、张春喜主编：《危害税收征管罪办案一本通》，中国长安出版社2007年版，第287—288页。

赖于刑法的修订。① 亦即，目前的情形，只有前述出售行为成立犯罪时才能以非法出售用于骗取出口退税、抵扣税款发票罪论处。

若行为人购买伪造、擅自制造的用于骗取出口退税、抵扣税款发票后又出售的，则目前也不成立购买发票的犯罪，但是，可以进一步区别对待。（1）行为人购买若干伪造、擅自制造的用于骗取出口退税、抵扣税款发票后，将这些发票全部卖出。在这种情况下行为人实施的非法购买发票行为和非法出售发票行为针对的是同一行为对象，这是一种倒卖行为。若非法出售发票行为成立犯罪，则认定为非法出售用于骗取出口退税、抵扣税款发票罪。据以定罪量刑的发票数量是非法出售涉及的数量。若持有伪造的可以用于骗取出口退税、抵扣税款的其他发票数量或者票面额累计数量等条件，达到本书第十九章有关刑事追诉标准的，则持有行为（手段行为）成立持有伪造的发票罪。同时其全部非法出售的行为（目的行为）又成立非法出售用于骗取出口退税、抵扣税款发票罪。此时其中存在牵连犯情形，择一重处。（2）行为人购买若干前述发票后将其中部分卖出的。此时只有后来非法出售的发票才是非法购买行为和非法出售行为共同的行为对象，这是一种部分倒卖行为。若这部分发票的非法出售行为成立犯罪，则认定为非法出售用于骗取出口退税、抵扣税款发票罪。据以定罪量刑的发票数量也是非法出售行为实施过程中涉及的发票数量。若非法出售的行为未达到刑事追诉程度，而且持有发票的行为也不成立犯罪的，则它属于一般违法行为。若持有部分假发票的行为已成立犯罪，而且非法出售的行为也达到刑事追诉程度的，则应数罪并罚。若为全部出售而因意志外的原因只出售了极少的假发票，非法出售的行为未达到刑事追诉程度，而尚持有达到刑事追诉程度的部分假发票的，则对尚持有部分假发票的行为而言，既触犯持有伪造的发票罪，又成立非法出售用于骗取出口退税、抵扣税款发票罪的犯罪未遂，它是想像竞合犯。（3）行为人购买若干前述发票后，没有出售，后来又将其他渠道获得的非法制造的发票出售的。这是一种没有倒卖的情形。此时行为人实施的非法购买而持有伪造的发票行为和出售非法制造的发票行为并不针对同一对象。若只有一行为达到追诉标准，则只认定一罪；若两行为均未达到追诉标准，则行为人不构成犯罪，而是属于一般违法。

另外，还值得强调的是，在本章前述案例中，涉及非法出售用于骗取出口退税、抵扣税款发票罪与徇私舞弊发售发票罪的交叉关系的法规竞合。对此应适用重法优于轻法原则。具体分析可参阅本书第二十二章关于一罪与数罪的部分。

---

① 参见丛中笑：《涉税犯罪论——来自税法学的观照》，吉林大学2006年博士学位论文，第171页。

五、非法出售用于骗取出口退税、抵扣税款发票罪的量刑

（一）法定刑幅度的确定

根据我国刑法典第 209 条第 3 款的规定，"非法出售可以用于骗取出口退税、抵扣税款的其他发票的，依照第 1 款的规定处罚。"因此，此罪的法定刑幅度也有三个：一是"处 3 年以下有期徒刑、拘役或者管制，并处 2 万元以上 20 万元以下罚金"；二是"处 3 年以上 7 年以下有期徒刑，并处 5 万元以上 50 万元以下罚金"；三是"处 7 年以上有期徒刑，并处 5 万元以上 50 万元以下罚金或者没收财产"。

适用第一量刑档的条件是："非法出售可以用于骗取出口退税、抵扣税款的其他发票"且数量较大的情形。对此适用条件的具体分析，在前节已述。适用第二量刑档的条件是具备此罪的加重处罚事由，即：前述"数量巨大的"。适用第三量刑档的条件是具备此罪的特别加重处罚事由，即：前述"数量特别巨大的"。对此，类似于前述第十五章的内容，因而对其从略。

（二）量刑情节的综合考量

应当根据刑法典第 61 条至第 64 条的量刑规定，对犯罪的事实、犯罪的性质、情节和对于社会的危害程度，依照刑法的有关规定判处，等等。对其中要注意的几种处罚事由，类似于前述第十五章的情形，因而对其从略。

（三）单位犯的双罚制

刑法典第 211 条规定，单位犯此罪的，对单位判处罚金，并对其直接负责的主管人员和其他直接责任人员，依照个人犯罪的规定处罚。

六、司法检讨：经济学与（守法）教育学视角

（一）经济学视角

运用经济学的理论来考量非法出售用于骗取出口退税、抵扣税款发票罪的司法问题，此处关注的仍然是其定罪量刑中的供求平衡问题，以及重视以尽可能小的司法成本投入，争取尽可能大的司法收益（或者产出），也由此考虑通过合理地惩治发票犯罪来促进经济的发展。对此，也类似于前述第十五章的情形，故而从略。

对于本章前述案例而言，既要依法惩处发票犯罪及其责任人员，也要尽量使个体经济走向健康的发展道路，由此更有利于经济的发展。

（二）（守法）教育学视角

非法出售用于骗取出口退税、抵扣税款发票罪定罪中的惩教机制和量刑中的惩教机制，与前述第十五章的情形类似，因而也从略。

还要指出的是，此罪个案司法中的惩教机制问题。比如，就前述案例中的判决结果而言，法院依法判决赵×和李×犯非法出售用于骗取出口退税、抵扣税款发票罪，分别判处有期徒刑和并处罚金。但是对购买人并无任何实质意义的惩罚措施和司法建议。因此，其法律威慑型守法教育机能、忠诚型守法教育机能和矫治型守法教育机能在某种程度上可能受损。

总之，无论是司法解释中涉及非法出售用于骗取出口退税、抵扣税款发票罪的惩教机制，还是其个案司法中的惩教机制，可能都值得进一步完善。

附录：相关法律、法规、规章及司法解释索引

1. 1995年10月30日《全国人民代表大会常务委员会关于惩治虚开、伪造和非法出售增值税专用发票犯罪的决定》第6条第3款、第10条；

2. 1997年刑法典第209条第1款和第3款、第211条；

3. 《税收征收管理法》（1992年9月4日第七届全国人民代表大会常务委员会第二十七次会议通过　根据1995年2月28日第八届全国人民代表大会常务委员会第十二次会议《关于修改〈中华人民共和国税收征收管理法〉的决定》修正　2001年4月28日第九届全国人民代表大会常务委员会第二十一次会议修订　自2001年5月1日起施行）第21条等；

4. 《发票管理办法》（1993年12月12日国务院批准、1993年12月23日财政部令第6号发布　根据2010年12月20日《国务院关于修改〈中华人民共和国发票管理办法〉的决定》修订　自2011年2月1日起施行）第2条、第24条、第39条等；

5. 2001年4月18日《最高人民检察院、公安部关于经济犯罪案件追诉标准的规定》第59条；

6. 2005年12月29日《全国人民代表大会常务委员会关于〈中华人民共和国刑法〉有关出口退税、抵扣税款的其他发票规定的解释》；

7. 2010年5月7日《最高人民检察院、公安部关于公安机关管辖的刑事案件立案追诉标准的规定（二）》第67条。

第十八章　非法出售发票罪

案例概要

　　X 企业职工张×与 A 市国家税务局 B 镇税务所任税务专管员的戚×是多年好友，戚×在该税务所专门负责经济小区内企业购买发票资格审核、旧发票回收检查和发票发售工作。张×从别处得知倒卖发票、非法出售发票可以牟取暴利，遂联合戚×，让戚×在回收旧发票中利用职务之便故意对剩余发票不剪角销毁，从 2001 年 3 月至 2002 年 1 月间戚×共徇私发售给张×普通发票 5 本，共计 250 余份。同年 9 月，张×打电话告诉其远房亲戚梁×，其公司有一些发票用不完，让梁×帮助销售，并许诺一定报酬。为了方便联系，张×购买了一部小灵通给梁×。梁×在 A 市高新区一带以每份 100 元的价格销售了 4 本发票共计 200 份，从中牟利 2 万元。戚×并未参与非法出售发票过程。但是非法销售发票所得 2 万元由张×、戚×、梁×三人平分。余下 1 本发票共 50 份在案发时尚未售出，由张×、梁×最后主动上缴。后来，法院依法判决张×犯非法出售发票罪，判处有期徒刑 2 年，并处罚金 1 万元；梁×犯非法出售发票罪，判处有期徒刑 1 年；戚×犯徇私舞弊发售发票罪，判处有期徒刑 2 年。[①]

　　【1. 说明：此案经过各个诉讼环节，其中相关程序分析，可参阅总论部分的有关内容以及本书后附录中的刑事诉讼法。2. 思考：裁判公正吗？为什么？】

第一节　非法出售发票罪的立法沿革及检讨

　　非法出售发票罪，是指违反国家发票管理法规，非法出售除增值税专用发

[①] 参见孙力、梅传强主编：《刑事案例诉辩审评——危害税收征管罪》，中国检察出版社 2006 年版，第 328—331 页。此案例也不是新近发生的，因其具有历史比对性和案情代表性，故本书仍然将之收录于此。

票以及其他具有出口退税、抵扣税款功能的发票以外的普通发票的刑事违法行为。这里，首先对我国刑法中此罪的立法规定进行简要介绍，然后从经济学与（守法）教育学视角对其加以检视与讨论。

一、1997 年刑法典生效前非法出售发票罪的立法规定

1979 年刑法典没有规定非法出售发票罪，对当时此类行为，依据 1994 年"两高"《关于办理伪造、倒卖、盗窃发票刑事案件适用法律的规定》，若行为人有以营利为目的，倒卖发票情节严重的行为，则以投机倒把罪论处。之后，1995 年全国人大常委会颁行了关于惩治增值税专用发票犯罪的单行刑法，其中第 6 条第 4 款规定："非法出售前款规定以外的其他发票的，比照刑法（指 1979 年刑法典——加注）第 124 条的规定处罚。"而该法典第 124 条规定的是："以营利为目的，伪造车票、船票、邮票、税票、货票的，处 2 年以下有期徒刑、拘役或者罚金；情节严重的，处 2 年以上 7 年以下有期徒刑，可以并处罚金。"可见，从当时立法者的思路来看，对非法出售发票犯罪设置独立罪名，但是根据 1979 年刑法典第 124 条规定的法定刑处罚。当然，这也是有历史局限性的。

二、现行刑法中非法出售发票罪的立法规定

1997 年全面修改刑法典时，立法者基本沿用了 1995 年相关单行刑法的规定，对非法出售发票罪作出了单独规定（即现行刑法典第 209 条第 4 款）。其中规定："非法出售第 3 款规定以外的其他发票的，依照第 2 款的规定处罚。"因此，非法出售发票罪具有了独立的罪名，也具有了与前述非法制造、出售非法制造的发票罪同样的法定刑。尽管这一立法规定相对明确，但是，其中仍然存在一些问题，对此已在前文第 16 章有所述及。

三、立法检讨：经济学与（守法）教育学视角

（一）经济学视角

从我国非法出售发票罪的立法史看，其立法也经历了一个从无到有的过程，它又是一个立法上追求和实现供求平衡的过程。如前已述，为了满足惩治发票犯罪的现实需求，1995 年单行刑法对发票犯罪作出比较明确的规定，由此实现了一个相对的供求平衡。后来，在 1997 年全面修订刑法典时，这种平

衡在作出一些调整后,基本上又保持了下来。而且,我国有关此罪的立法史,也应当是一个追求以尽可能小的立法成本获取尽可能大的立法收益的过程。这些也类同于前述第十六章的内容,故可从略。

(二)(守法)教育学视角

非法出售发票罪与其他发票犯罪在立法中的惩教结构六大组成要素上,教育环节、教育者、教育对象、教育目的通常相同。不同的主要是其教育内容等。

此罪立法中的惩教结构之教育内容:一是此罪立法中的行为规范("禁止非法出售普通发票的犯罪");二是此罪立法中具体的裁判规范和执行规范,这是对司法人员忠诚型守法教育的内容,也是对一般人的威慑型守法教育和忠诚型守法教育的内容,又是对罪犯的矫治型守法教育的内容。① 其主要表现为:1979年刑法典第124条、1995年有关单行刑法第6条第4款、现行刑法典第209条第4款和第211条的内容等。此外,还有税收法规和发票管理法规的相关内容等。

还要指出,此罪立法中的教育方式以及立法中的惩教机能,与本书前述第十六章的情形类似,因而从略。

诚然,当前这种惩教机制仍需进一步改进。通过完善前述结构要素,推进其立法中的惩教机制的发展,进一步提升忠诚型教育的积极机能。

第二节 非法出售发票罪的成立要件

我国刑法传统理论通常从四要件构成特征来分析犯罪,也有学者只从客观构成要件和主观构成要件两方面加以分析,还有学者从罪体、罪责和罪量方面来探讨。这些均有一定的合理性。但是,我们认为,是否成立犯罪,可先考察其行为是否具备法益侵害性,若具备法益侵害性,则进一步分析其行为是否具备刑事违法性。② 以下将结合前述案例概要进行分析。

---

① 参见曾明生:《动态刑法的惩教机制研究——刑事守法教育学引论》,中国政法大学出版社2011年版,第24—26、45—46、129页。
② 参见曾明生:《动态刑法的惩教机制研究——刑事守法教育学引论》,中国政法大学出版社2011年版,第170—171页。

一、法益侵害性

法益遭受了侵害，这种侵害是人的行为造成的。

（一）犯罪客体要件

如前所述，我国的发票管理制度日渐完善，目前已有一些相关的法律依据。非法出售发票罪的客体要件，与前述第十六章的情形类似，即发票管理的制度秩序和国家税收征管的制度秩序受法律的保护，此罪行侵犯的是国家发票管理的制度秩序，进而危害国家税收征管的制度秩序等。

（二）犯罪客观要件

行为人违反国家发票管理法规，实施了非法出售除增值税专用发票以及其他具有出口退税、抵扣税款功能的发票以外的普通发票的行为。至于其行为的情节严重程度以及是否产生一定的实际危害结果，将于后文有无事由阻却性部分中述及。这里着重对行为对象的范围进行探讨。其中"发票"也是不具备特殊用途的普通发票，是"不具有出口退税、抵扣税款功能的普通发票"。而且，行为人出售的必须是真实发票，若出售伪造、擅自制造的普通发票，则可能成立出售非法制造的发票罪。根据 1998 年 5 月 8 日《最高人民法院、最高人民检察院、公安部、国家工商行政管理局关于依法查处盗窃、抢劫机动车案件的规定》第 6 条的规定，非法出售机动车有关发票的，依照刑法典第 209 条的规定处罚。其中运输发票属于前述具有出口退税、抵扣税款功能的发票。这里的相关普通发票，例如车辆通行费和加油发票等。

在本章前述"非法出售发票案"中，张×联合税务专管员戚×，让戚×在回收旧发票中利用职务之便故意对剩余发票不剪角销毁，从 2001 年 3 月至 2002 年 1 月间戚×共徇私发售给张×普通发票 5 本，共计 250 余份。之后，张×告诉梁×，其公司有一些发票用不完，让梁×帮助销售，并许诺报酬。梁×同意并销售了 4 本发票共计 200 份，从中牟利 2 万元。戚×并未参与非法出售发票过程。据此可见，张×和梁×实施了非法出售普通发票的行为，戚×实施了徇私发售普通发票的行为。他们的行为已破坏了发票管理的制度秩序，甚至可能进一步危及国家税收收入安全和国家税收征管的制度秩序，已具有了法益侵害性。

二、刑事违法性

如前所述，危害发票管理秩序和税收征管秩序的违法行为符合法益侵害性，但是，在司法领域认定是否成立犯罪，最终的关键是，判断行为是否具有刑事违法性。具有刑事违法性，必须同时具备四要件齐备性与无事由阻却性。当然，否定刑事违法性，只要否定其中任何一个（四要件齐备性或者无事由阻却性）即可。

（一）四要件齐备性

除了犯罪客体要件和犯罪客观要件外，还必须具备犯罪主体要件和犯罪主观要件。

1. 犯罪主体要件。此罪的行为主体也包括单位和年满 16 周岁具有刑事责任能力的个人。在本章前述案例中，X 企业、张×、戚×、梁×均符合其行为主体条件。戚×还同时符合徇私舞弊发售发票罪的行为主体条件。

2. 犯罪主观要件。此罪的犯罪主观要件也是故意。它要求行为人明知非法出售发票的行为会发生危害社会的结果，并且希望或者放任这种结果的发生。在本章前述案例中，不难发现，张×为了牟利，明知购买和出售应予剪角销毁的旧发票违反规定会发生危害社会的结果，但是仍然希望这种结果的发生，因而其具有行为故意。张×谎称公司有一些发票用不完，隐瞒实情，让梁×帮助销售，并许诺给付报酬。梁×同意并销售了 4 本发票共计 200 份，从中牟利 2 万元，并与张×、戚×平分。若梁×确实不知情且不知销售发票违法而公开出售，也无他人暗示或者提醒的，则不宜认定其存在犯罪故意。若梁×起初不知情后被他人暗示或者指出违法而继续帮助销售的，则存在犯罪故意。该案情概要中并未言明具体情况，但是实际上综合其销售 200 份发票中的各个证人证言以及销售 200 份就可轻易牟利 2 万元的情况，大抵可推知梁×应当知道其销售行为不可正大光明地公开为之。由此推定其存在行为故意。另外，戚×在税务所专门负责经济小区内企业购买发票资格审核、旧发票回收检查和发票发售工作，其徇私发售普通发票的行为属于明知故犯，有徇私舞弊发售普通发票的不法故意。此外，对于 X 企业而言，普通职工张×的故意并非企业的集体意志，因此该企业没有犯意。

通过以上分析可知，张×、梁×的相关行为，已经具备了上述四个要件，符合了非法出售发票罪所要求的四要件齐备性。但是，戚×并未参与非法出售发票过程，虽然三人平分非法销售发票所得，这只是表明其收受贿赂，并不说明其具有非法出售发票的共同故意，因而他不符合此罪所要求的四要件齐备性，至于其行为是否符合徇私舞弊发售发票罪的构成特征，另当别论。

（二）无事由阻却性

尽管具有四要件齐备性，但是要成立非法出售发票罪，还必须排除刑事违法性阻却事由。从其刑法规定看，此罪也不存在正当防卫、紧急避险和附条件不追究刑事责任等阻却事由。此处的刑事违法性阻却事由，仍然只剩下刑法典第 13 条但书的规定了，即"情节显著轻微危害不大"的情形。

因此，这里的无事由阻却性，就是要排除前述但书的情形。或者说，违法情节和客观危害，必须达到足够的程度。对其罪量要素，刑法典也未明定。依据前述 2001 年 4 月 18 日有关追诉标准的规定，非法出售普通发票 50 份以上的，应予追诉。但是，2010 年 5 月 7 日《立案追诉标准的规定（二）》对此标准作出了修改，在将其发票最低份数由"50 份"提高为"100 份"外，同时还增加了一项选择性的标准（即"票面额累计在 40 万元以上的"）。亦即，当前述行为达到其数量标准就是犯罪既遂。诚然，对于其中有无犯罪未遂的情形，人们也可能有不同认识。实践中一般会以上述追诉标准为底线。

综上所述，当其行为同时具有四要件齐备性与无事由阻却性，它就具有了刑事违法性，可以认定其成立非法出售发票罪。对本章前述案例而言，张×和梁×成立非法出售发票罪；而戚×成立徇私舞弊发售发票罪，对此可参照本书第二十二章的相关内容加以判断。

第三节　非法出售发票罪的司法认定

本节先从规范刑法学的视角对定罪（罪与非罪、此罪与彼罪、共同犯罪、一罪与数罪）和量刑中的若干问题进行讨论，然后分别从经济学与（守法）教育学两个视角进行司法检讨。

一、罪与非罪

如前所述，成立非法出售发票罪必须同时具有上述四要件齐备性与无事由阻却性。若非法出售发票的行为情节，尚未达到非法出售发票罪的刑事追诉标准，又不构成其他罪的，则阻却了刑事违法性，属一般违法行为。

若行为人没有实施非法出售发票的行为，而是通过其他非法手段获得了普通发票，然后将其转送给他人使用，没有因此接受他人的货币或者对价性财物，则不构成非法出售发票罪。对此的认定和分析，类同于第十五章所述。

二、此罪与彼罪

非法出售发票罪和徇私舞弊发售发票罪的界限将于第二十二章讨论。这里仅对非法出售发票罪与虚开发票罪的界限、非法出售发票罪与非法出售用于骗取出口退税、抵扣税款发票罪的界限进行探讨。

（一）非法出售发票罪与虚开发票罪的界限

非法出售发票行为有时伴随着"虚开"的行为，因此有必要对两罪的界限加以探讨。其主要区别：1. 行为方式不同。非法出售发票罪的行为人非法出售真实发票以牟利，不要求虚开发票数额。而虚开发票罪的行为人必须具有虚开发票行为，包括为自己、为他人、让他人为自己、介绍他人虚开等四种行为方式。2. 交付发票的手段方式的差异。非法出售发票罪的行为人交付发票的联数取决于买票人的需求，发票联是必须交付的，但如果买票人有需求，记账联与发票联可以一同交付，因此交付记账联就意味着卖票人失去记账的凭证及向税务局报税的依据，所以行为人的犯罪行为的目的是赚取出售发票的佣金，而非通过虚开发票挣取税金。而虚开发票罪的行为人需要记账的凭证向税务局报税。3. 发票来源不同。出售者的发票来源绝大多数是从网上或者一些皮包公司购买的，还有很多被以非法出售发票罪定罪的罪犯系帮助他人送票从而抽取佣金的情况，换言之，此类犯罪的发票均不是出售发票者合法取得；而虚开发票罪的发票来源多是从税务机关申领的发票，可以是有权处置发票的单位或个人为他人、为自己虚开，既包括合法成立的单位为他人虚开，也包括为进行违法犯罪活动而专门设立的单位为他人虚开，或者单位设立后主要从事违法犯罪活动的单位为他人虚开。4. 主观上的差异。非法出售发票罪的主观故意，一般以营利为目的；虚开发票罪对营利的要求次之于非法出售发票罪，如出于人情为他人虚开发票的行为，虽然未牟利但依然可以定罪。[①]

（二）非法出售发票罪与非法出售用于骗取出口退税、抵扣税款发票罪的界限

两罪的区别主要体现在犯罪对象的差异上。非法出售发票罪的犯罪对象是普通发票，即不具有办理出口退税、抵扣税款功能的一般发票。而非法出售用于骗取出口退税、抵扣税款发票罪的犯罪对象，是除增值税专用发票以外的其他可以用于出口退税、抵扣税款的发票，例如物资回收发票、农产品收购发票

[①] 参见李晓娟："非法出售发票罪与虚开发票罪的界限"，载《中国检察官》2012年第9期，第11—12页。

等具备办理出口退税、抵扣税款功能的发票。还值得注意的是，两罪的犯罪对象都是真实合法有效的发票，不包括伪造或擅自制造的发票。

三、共同犯罪

非法出售发票罪的共同犯罪，包括个人与个人、单位与个人、单位与单位之间的共同犯罪类型。

另外，购买普通发票行为不是独立的犯罪，但是，购买人应否按非法出售发票犯罪的共犯来处理呢？对此，购买人通常不成立此罪。因为通常的购买行为，即使对出售人起了教唆或帮助的客观作用，也不宜按犯罪论处。然而，实践中有人非法出售发票，完全是因为购买人的极力怂恿，即出售人本来无意出售，是在购买人的指导和授意下出售的，此时对购买人不按此罪共犯处理似乎于理不合。所以，有人认为，如果购买行为超出了一般人可以想象的界限时，就可以按照非法出售发票罪的共犯处理。[①] 我们基本赞同这一观点。我们认为，只要有刑事责任能力的购买人具有教唆或帮助出售人出售的主观故意，又获得了有刑事责任能力的出售人认同的情形，两者形成犯意联络，具有共同故意，而且，购买人的教唆或帮助行为确实产生了帮助出售的作用，非法出售发票的数量也达到刑事追诉标准，就可以认定其成立共同犯罪。

在本章前述案例中，张×虽然隐瞒了发票的真实来源，但是要求梁×帮助销售并许诺给付报酬；梁×同意并在销售过程中应当知道其销售行为违法而继续帮助销售，应视为两者形成了犯意联络，具有合作的共同故意。因此，他们的合作行为成立非法出售发票罪的共同犯罪。张×是主犯，梁×是从犯。

四、一罪与数罪

（一）一个出售行为有数种行为对象的情形

若非法出售的发票中既有普通发票，又有增值税专用发票，还有用于骗取出口退税、抵扣税款的其他发票的，则应当如何处理？

有人认为，对此只能实行数罪并罚。也有人认为，这有违禁止重复评价原则之嫌。若行为人分三次出售或者分别出售给三个人，则数罪并罚自无异议。

我们认为，即使行为人分三次出售给同一人或者分别出售给三个人，也必

[①] 参见黄晓亮、张春喜主编：《危害税收征管罪办案一本通》，中国长安出版社2007年版，第310页。

须至少有两个以上异质行为达到刑事追诉标准的,才可数罪并罚。若一次性出售给同一人的,则至少应当区分以下两种情况进行分析:

1. 行为人确实不知出售的普通发票中含有增值税专用发票,或者用于骗取出口退税、抵扣税款的其他发票或者非法制造的发票的,因为欠缺相关故意,所以不能成立相关犯罪,达到刑事追诉标准的只能以非法出售发票罪处理,不实行数罪并罚。出售特殊发票比出售普通发票性质更为严重,由于确实不知发票中含有特殊发票,因此,不宜按照相关特殊发票罪名处理,但可以将其他特殊发票按照普通发票对待,然后以其出售的数额累计计算。①

2. 行为人明知出售的普通发票中含有增值税专用发票,或者用于骗取出口退税、抵扣税款的其他发票或者非法制造的发票的,则还要细分以下三种情况处理:(1)对存在想像竞合犯的情形,按一罪从重处罚;(2)若其中只有一类发票出售的数量达到刑事追诉标准的,则以出售该类发票的犯罪酌情从重论处;(3)若其中任何一类发票的出售数量均未达到刑事追诉标准的,则可以其总量计数,达到出售普通发票犯罪追诉标准的,以非法出售发票罪论处。其基本理由是出于一个概括的犯罪故意。若其总数亦不足刑事追诉标准的,则以一般违法论。

(二)行为人购买普通发票后又出售的情形

因为购买普通发票不是犯罪,所以,若非法出售发票的行为达到刑事追诉标准,则只能以非法出售发票罪论;若非法出售发票的行为没有达到刑事追诉标准,则以一般违法论。

(三)行为人盗窃或者骗取普通发票后加以出售的情况

有学者认为,因为盗窃或骗取普通发票本身不是犯罪,之后加以出售的也只能构成非法出售发票罪。② 也有学者认为,该情况应当成立盗窃罪或者诈骗罪与非法出售发票罪的牵连犯。③ 这二者争议的焦点是,盗窃、诈骗普通发票的行为能否构成盗窃罪、诈骗罪。我们认为,发票具有财物的属性,否则就不存在为牟利而出售发票的违法犯罪了。至于盗窃、诈骗普通发票的行为能否构成盗窃罪、诈骗罪,应当以其违法情节的严重程度而定。

---

① 参见黄晓亮、张春喜主编:《危害税收征管罪办案一本通》,中国长安出版社2007年版,第309页。
② 参见吴亚荣主编:《中国税收犯罪通论》,中国税务出版社1999年版,第335页。
③ 参见李文燕主编:《税收犯罪证据调查与运用》,中国人民公安大学出版社2002年版,第584页。

五、非法出售发票罪的量刑

（一）法定刑幅度的确定

根据我国刑法典第 209 条第 4 款的规定，"非法出售第 3 款规定以外的其他发票的，依照第 2 款的规定处罚。"亦即，对此参照前述第 16 章非法制造、出售非法制造的发票罪的法定刑处罚。因此，此罪的法定刑幅度也是两个：一是"处 2 年以下有期徒刑、拘役或者管制，并处或者单处 1 万元以上 5 万元以下罚金"；二是"处 2 年以上 7 年以下有期徒刑，并处 5 万元以上 50 万元以下罚金"。

适用第一量刑档的条件是具备此罪的基本处罚事由，即："非法出售可以用于骗取出口退税、抵扣税款的其他发票以外的普通发票"应予刑事追诉的。对此适用条件的具体分析，在前节已述。适用第二量刑档的条件是具备此罪的加重处罚事由，即：前述行为"情节严重的"。这里的情节严重，可能包括以下情形：非法出售发票数量巨大的；多次非法出售发票的；造成严重后果的；非法获利数额巨大的等。对此，也有必要作出明确的司法解释，以指导司法实践。

（二）量刑情节的综合考量

应当根据刑法典第 61 条至第 64 条的量刑规定，对犯罪的事实、犯罪的性质、情节和对于社会的危害程度，依照刑法的有关规定判处，等等。其中要注意基本处罚事由、加重处罚事由以及减轻处罚事由等几种事由。至于减轻处罚事由，其中未遂犯的具体内容大致与第 15 章所述类同，此处从略。

（三）单位犯的双罚制

根据刑法典第 211 条规定，单位犯此罪的，对单位判处罚金，并对其直接负责的主管人员和其他直接责任人员，依照个人犯罪的规定处罚。

六、司法检讨：经济学与（守法）教育学视角

（一）经济学视角

运用经济学的理论来考量非法出售发票罪的司法问题，此处关注的仍然是其定罪量刑中的供求平衡问题，以及重视以尽可能小的司法成本投入，争取尽可能大的司法收益，也由此考虑通过合理地惩治发票犯罪来促进经济的发展。对此，也类似于前述第十五章的情形，故而从略。

对于本章前述案例而言，既要依法惩处发票犯罪及其责任人员，又要尽量使企业经济和个体经济走向健康的发展道路，由此更有利于经济的发展。

（二）（守法）教育学视角

非法出售发票罪定罪中的惩教机制和量刑中的惩教机制，与前述第十六章的情形类似，因而也从略。

还要指出的是，此罪个案司法中的惩教机制问题。例如，对本章前述案例的判决结果而言，法院依法判决张×犯非法出售发票罪，判处有期徒刑2年，并处罚金1万元；梁×犯非法出售发票罪，判处有期徒刑1年；戚×犯徇私舞弊发售发票罪，判处有期徒刑2年。但是仔细观察后发现，对梁×犯非法出售发票罪，只判处其主刑而没有判处附加刑（罚金），这是违反罪刑法定原则的。因为从此罪前述第一量刑档来看，"处2年以下有期徒刑、拘役或者管制，并处或者单处1万元以上5万元以下罚金"，所以其附加刑部分要么"并处罚金"要么"单处罚金"。据此，其裁判结果的威慑型守法教育机能、忠诚型守法教育机能甚至矫治型守法教育机能受损。

总之，无论是司法解释中涉及非法出售发票罪的惩教机制，还是其个案司法中的惩教机制，可能都值得进一步完善。

附录：相关法律、法规、规章及司法解释索引

1. 1979年刑法典第124条；

2. 1995年10月30日《全国人民代表大会常务委员会关于惩治虚开、伪造和非法出售增值税专用发票犯罪的决定》第6条第4款、第10条；

3. 1997年刑法典第209条第4款、第211条；

4. 《税收征收管理法》（1992年9月4日第七届全国人民代表大会常务委员会第二十七次会议通过 根据1995年2月28日第八届全国人民代表大会常务委员会第十二次会议《关于修改〈中华人民共和国税收征收管理法〉的决定》修正 2001年4月28日第九届全国人民代表大会常务委员会第二十一次会议修订 自2001年5月1日起施行）第21条等；

5. 《发票管理办法》（1993年12月12日国务院批准、1993年12月23日财政部令第6号发布 根据2010年12月20日《国务院关于修改〈中华人民共和国发票管理办法〉的决定》修订 自2011年2月1日起施行）第2条、第24条、第39条等；

6. 1998年5月8日《最高人民法院、最高人民检察院、公安部、国家工商行政管理局关于依法查处盗窃、抢劫机动车案件的规定》第6条；

7. 2001年4月18日《最高人民检察院、公安部关于经济犯罪案件追诉标准的规定》第60条；

8. 2010年5月7日《最高人民检察院、公安部关于公安机关管辖的刑事案件立案追诉标准的规定（二）》第68条。

第十九章　持有伪造的发票罪

案例概要

2012年3月29日，公安人员在孙××居住的上海市浦东新区○○路○○弄41号303室查获上海市商业零售统一发票5300份、上海市商业统一发票4300份、上海市服务业、娱乐业、文化体育业统一发票300份、上海市商业统一发票4300份、上海市服务业、娱乐业、文化体育业统一发票（卷票）58张。上述发票9958份经税务机关鉴定均系假发票。孙××到案后如实供述了上述持有伪造的发票事实。法院依法判决孙××犯持有伪造的发票罪，判处有期徒刑2年6个月，罚金人民币2500元；扣押在案的涉案发票，予以没收。[①]

【1. 说明：此案经过各个诉讼环节，其中相关程序分析，可参阅总论部分的有关内容以及本书后附录中的刑事诉讼法。2. 思考：裁判公正吗？为什么？】

第一节　持有伪造的发票罪的立法沿革及检讨

持有伪造的发票罪，是指违反国家发票管理法规，明知伪造的发票而持有的刑事违法行为。这里，首先对我国刑法中此罪的立法规定进行简要介绍，然后从经济学与（守法）教育学视角对其加以检视和讨论。

一、持有伪造的发票罪的立法沿革

我国实行"以票管税、凭票报销"的财税管理制度，发票承载功能过多，因此形成了对虚假发票的巨大需求，而发票监管、财务管理、金融管理等相关制度的不尽完善，使得当前打击发票违法犯罪的工作形势依然严峻，发票违法

[①] 此案例来源于上海法院法律文书检索中心网站公开的"（2012）浦刑初字第2918号"判决书。

犯罪的多发、高发势头仍未得到根本遏制，在一些地区和领域问题仍然较为严重。[1] 持有伪造的发票罪正是在我国市场经济蓬勃发展而打击发票违法犯罪不力的背景下产生的一个罪名，它经历了一个从无到有的发展过程。我国1979年刑法典没有对此规定为专门的罪名。之后一段时期里，对有关假发票的犯罪行为通过单行刑法、1997年刑法典中若干打击假发票犯罪的"制售型"甚至"购买型"的罪刑规定来应对，事实证明，这些规定仍有疏漏，难以遏制假发票犯罪的猖獗势头。正如《关于〈中华人民共和国刑法修正案（八）（草案）〉的说明》指出，根据一些全国人大代表的议案、建议，经与有关部门共同研究，建议增加规定持有伪造的发票的犯罪，以进一步维护经济秩序。后来这一建议在2011年2月25日《刑法修正案（八）》第35条中得以采纳。其中第1款规定，"明知是伪造的发票而持有，数量较大的，处2年以下有期徒刑、拘役或者管制，并处罚金；数量巨大的，处2年以上7年以下有期徒刑，并处罚金。"第2款规定，"单位犯前款罪的，对单位判处罚金，并对其直接负责的主管人员和其他直接责任人员，依照前款的规定处罚。"应当说，这是立法上的一个进步。

二、立法检讨：经济学与（守法）教育学视角

（一）经济学视角

从我国持有伪造的发票罪的立法史看，其立法经历了一个由无到有的过程，它也是一个立法上追求和实现供求平衡的过程。1979年刑法典除规定伪造税票的犯罪外，没有其他发票犯罪的明确规定。为了满足惩治发票犯罪的现实需求，1995年单行刑法对发票犯罪作出专门规定，由此实现了一个相对的供求平衡。后来，在1997年全面修订刑法典时，这种平衡在作了一些调整后，基本保持了下来。几年前，为了进一步维护经济秩序，进一步满足惩治发票犯罪的现实需求，《刑法修正案（八）》又对之作了调整，使之形成了新的平衡。

同样，我国有关此罪的立法史，也应当是一个不断追求以尽可能小的立法成本获取尽可能大的立法收益的过程。在立法方式上，以修正案的形式对刑法作出补充规定，比全面修改刑法显然更为经济。对其立法内容而言，这虽然增加了立法成本，但是也增加了一定的社会收益。它为司法实践提供了较为明确的适用依据，使之与惩处犯罪的需要逐渐相适应。鉴于这种修改与1997年刑

---

[1] 参见李丽辉："去年打击工作显成效　发票犯罪案首次同比降将对大型企业重点检查　多发高发势头仍未得到根本遏制"，载《人民日报》2012年6月20日第11版。

法典对发票犯罪的修改时间间隔仍然较短,因此,1997年的立法成本没有运用到极致。这表明立法时应更具前瞻性。

(二)(守法)教育学视角

持有伪造的发票罪与其他发票犯罪在立法中的惩教结构六大组成要素上,教育环节、教育者、教育对象、教育目的通常相同。不同的主要还是其教育内容和教育方式。

此罪立法中的惩教结构之教育内容:一是此罪立法中的行为规范("禁止持有伪造的发票的犯罪");二是此罪立法中具体的裁判规范和执行规范,这是对司法人员忠诚型守法教育的内容,也是对一般人的威慑型守法教育和忠诚型守法教育的内容,又是对罪犯的矫治型守法教育的内容。[①] 其主要表现为:《刑法修正案(八)》第35条(亦即刑法典第210条之一)的内容等。此外,还有税收法规和发票管理法规的相关内容。

在此罪立法中的教育方式上,采用可能性的惩罚后果(有期徒刑、拘役、管制和罚金)相威慑的方式,或者说,以"犯罪处刑"的方式,表达"禁止犯罪"的内容。在立法犯罪圈方面,随着犯罪形势的变化使其打击范围加大。需要指出的是,此罪在"非刑事法"《发票管理办法》中目前没有直接衔接的刑事责任条文。亦即,在《发票管理办法》第39条中,虽然规定了"知道或者应当知道是……伪造、……的发票而……存放、携带、邮寄、运输的"法律责任,但是对此仅限于行政处罚措施。因此,建议对该法规进行修正,在其"罚则"部分中增加追究持有伪造发票的刑事责任的相关规定,例如增加"构成犯罪的,依法追究刑事责任"等。

上述结构要素的发展变化,已经影响或将会影响此罪立法中的惩教机能。在立法增设此罪之前,立法在惩治发票犯罪上的威慑型教育机能和法律忠诚型教育机能均有局限性。当然,通过这一补充修正,有利于加大对发票犯罪的打击力度。这样,在适当强调其威慑型教育机能的基础上,增强其法律忠诚型教育机能。诚然,当前这种惩教机制仍需进一步改进。通过完善前述结构要素,推进其立法中的惩教机制的发展,进一步提升忠诚型教育的积极机能。

[①] 参见曾明生:《动态刑法的惩教机制研究——刑事守法教育学引论》,中国政法大学出版社2011年版,第24—26、45—46、129页。

第二节　持有伪造的发票罪的成立要件

我国刑法传统理论通常从四要件构成特征来分析犯罪，也有学者只从客观构成要件和主观构成要件两方面加以分析，还有学者从罪体、罪责和罪量方面来探讨。这些均有一定的合理性。但是，我们认为，是否成立持有伪造的发票罪，可先考察其行为是否具备法益侵害性，若具备法益侵害性，则进一步分析其行为是否具备刑事违法性。[①] 以下将结合前述案例概要进行分析。

一、法益侵害性

法益遭受了侵害，这种侵害是人的行为造成的。

（一）犯罪客体要件

如前所述，在经济生活中，发票具有多种经济职能，因此它被广泛地运用于办理缴纳税款、账单报销等活动中。一些人通过非法渠道获得伪造的发票，在税务机关的监控之外使用这些发票，以达到不法的经济目的。也正如前几章所述，发票管理的制度秩序是受法律保护的。而设定各种关联假发票的行为（制造、销售、购买、持有等行为）的法律责任，是因为这些行为破坏了发票管理的制度秩序，甚至进一步危及国家税收收入安全和国家税收征管的制度秩序等多种法益。前述《发票管理办法》第39条中规定了明知"伪造的发票而存放、携带、邮寄、运输的"法律责任，而且《刑法修正案（八）》第35条又将此罪纳入刑法典关于"危害税收征管罪"一节中加以规制。亦即，持有伪造的发票罪侵犯的直接客体是国家发票管理的制度秩序，进而可能危害国家税收征管的制度秩序等。

（二）犯罪客观要件

行为人违反国家发票管理法规，实施了持有伪造的发票的行为。至于其行为的情节严重程度以及是否产生一定的实际危害结果，将于后文有无事由阻却性部分中述及。这里着重对以下问题进行探讨。

[①] 参见曾明生：《动态刑法的惩教机制研究——刑事守法教育学引论》，中国政法大学出版社2011年版，第170—171页。

1. 持有行为。"持有"是一种状态还是行为及其性质归属问题，在学界存在争议，归纳各家观点有四种：作为说、不作为说、作为与不作为择一说以及第三种独立行为说。① 我们更赞同第三种独立行为说的观点。持有行为是行为人对特定物品的占有、控制。在刑法中，持有行为是以行为人对特定物品事实上的占有、控制为内容的危害行为。② 那么，持有伪造的发票的行为，是行为人对伪造的发票已有事实上的占有、控制为内容的危害行为。

2. 行为对象范围。其中伪造的发票，包括伪造的增值税专用发票和伪造的可以用于骗取出口退税、抵扣税款的其他发票，还包括伪造的前两项以外的其他发票。

在前述"持有伪造的发票案"中，公安人员在孙××的居住屋内查获了各种发票的假发票共计 9958 份。据此可见，孙××在居住屋内存放了大量的假发票。尽管无证据证明其已经实施了伪造发票或者出售伪造的发票的行为，但是其存放假发票的行为就足以破坏国家发票管理的制度秩序，已具有法益的侵害性。

二、刑事违法性

如前所述，危害发票管理秩序和税收征管秩序的违法行为符合法益侵害性，但是，在司法领域认定是否成立犯罪，最终的关键是，判断行为是否具有刑事违法性。具有刑事违法性，必须同时具备四要件齐备性与无事由阻却性。当然，否定刑事违法性，只要否定其中任何一个（四要件齐备性或者无事由阻却性）即可。

（一）四要件齐备性

除了犯罪客体要件和犯罪客观要件外，还必须具备犯罪主体要件和犯罪主观要件。

1. 犯罪主体要件。持有伪造的发票罪的行为主体是一般主体，年满 16 周岁的具有刑事责任能力的自然人和单位均可构成。在前述"持有伪造的发票案"中，孙××符合此罪的行为主体条件。

2. 犯罪主观要件。此罪的主观要件是故意。即行为人明知持有伪造的发票行为违反国家发票管理制度，可能会造成发票管理秩序的破坏甚至国家税款

---

① 参见谭奇："刑法中持有行为性质归属探微"，载《法制与社会》2012 年第 5 期，第 257 页。
② 参见刘士心："刑法中持有行为的概念与特征新探"，载《南开学报（哲学社会科学版）》2005 年第 2 期，第 116 页。

的流失，而希望或放任这种结果发生的一种主观心理态度。在本章前述案例中，孙××明知是假发票而提供存放场所并加以保管，存在放任甚至希望这种危害发票管理秩序或国家税款流失的结果发生的主观心理态度。

通过以上分析可知，孙××的相关行为，已经具备了上述四个要件，符合了四要件齐备性。

（二）无事由阻却性

虽然具有四要件齐备性，但是要成立持有伪造的发票罪，还必须排除刑事违法性阻却事由。从刑法规定看，此罪也不存在正当防卫、紧急避险和附条件不追究刑事责任等阻却事由。此处的刑事违法性阻却事由，仍然只剩下刑法典第 13 条但书的规定了，即"情节显著轻微危害不大"的情形。

因此，这里的无事由阻却性，就是要排除前述但书的情形。或者说，违法情节和客观危害，必须达到足够的程度。根据前述 2011 年有关追诉标准的补充规定，"持有伪造的增值税专用发票 50 份以上或者票面额累计在 20 万元以上的"，或者"持有伪造的可以用于骗取出口退税、抵扣税款的其他发票 100 份以上或者票面额累计在 40 万元以上的"，或者具有"持有伪造的前两项规定以外的其他发票 200 份以上或者票面额累计在 80 万元以上的"，应予追诉。亦即，从司法解释看，若符合上述情形之一要求的，则表明已无前述但书条款的阻却事由。

综上所述，当其行为同时具有四要件齐备性与无事由阻却性，它就具有了刑事违法性，可以认定其成立持有伪造的发票罪。在前述案例中，不难发现，孙××的行为具有刑事违法性，成立持有伪造的发票罪。

第三节 持有伪造的发票罪的司法认定

本节先从规范刑法学的视角对定罪（罪与非罪、此罪与彼罪、共同犯罪、一罪与数罪）和量刑中的若干问题进行讨论，然后分别从经济学与（守法）教育学两个视角进行司法检讨。

一、罪与非罪

如前所述，成立持有伪造的发票罪必须同时具有上述四要件齐备性与无事由阻却性。若明知是伪造的发票而持有的行为，数量尚不够较大，又不构成其他罪的，则阻却了刑事违法性，属一般违法行为。何谓此处的"数量较大"，可参照前述2011年有关追诉标准的补充规定中的立案追诉标准加以认定。

二、此罪与彼罪

（一）持有伪造的发票罪与非法出售各类发票罪的界限

主要区别：1. 行为表现不同。前者是持有行为；后者是出售行为。2. 罪量标准不同。前者要求持有伪造的发票的数量较大。对此的具体把握，依据前述2011年《立案追诉标准（二）的补充规定》第3条，其中规定明知是伪造的发票而持有，具有下列情形之一的，应予立案追诉：（1）持有伪造的增值税专用发票50份以上或者票面额累计在20万元以上的，应予立案追诉；（2）持有伪造的可以用于骗取出口退税、抵扣税款的其他发票100份以上或者票面额累计在40万元以上的，应予立案追诉；（3）持有伪造的第（1）项、第（2）项规定以外的其他发票200份以上或者票面额累计在80万元以上的，应予立案追诉。而后者要求非法出售各类发票达到一定的数量标准，但是其中具体内涵不同。对此的具体把握，可依据前述2010年《立案追诉标准（二）》第62条、第63条、第65条至第68条的规定，其中分别包含以下内容：出售伪造的增值税专用发票25份以上或者票面额累计在10万元以上的，应予立案追诉；非法出售增值税专用发票25份以上或者票面额累计在10万元以上的，应予立案追诉；出售伪造的可以用于骗取出口退税、抵扣税款的非增值税专用发票50份以上或者票面额累计在20万元以上的，应予立案追诉；出售伪造的不具有骗取出口退税、抵扣税款功能的普通发票100份以上或者票面额累计在40万元以上的，应予立案追诉；非法出售可以用于骗取出口退税、抵扣税款的非增值税专用发票50份以上或者票面额累计在20万元以上的，应予立案追诉；非法出售普通发票100份以上或者票面额累计在40万元以上的，应予立案追诉。因此，非法出售各类发票的行为中有的可能伴随部分持有伪造的发票行为。3. 主观方面的要求有所不同。前者不要求具有销售目的，而后者必须包括销售牟利的目的。

（二）持有伪造的发票罪与购买伪造的增值税专用发票罪的界限

主要区别：1. 客体要件有所不同。前者直接侵犯的是发票管理的法律秩序；后者直接侵犯的是增值税专用发票管理的法律秩序。2. 行为表现不同。前者表现为明知是伪造的发票而持有，数量较大的行为。对此的具体把握，可依据前述2011年《立案追诉标准（二）的补充规定》第3条来认定。其中规定明知是伪造的增值税专用发票而持有伪造的该种发票50份以上或者票面额累计在20万元以上的，应予立案追诉；以及规定明知是伪造的其他发票而持有伪造的发票达到数量较大应予立案追诉的具体标准。后者表现为购买伪造的增值税专用发票的行为。根据2010年《立案追诉标准（二）》第64条的规定，购买伪造的增值税专用发票25份以上或者票面额累计在10万元以上的，应予立案追诉。据此可见，购买伪造的增值税专用发票的行为也会有持有伪造的发票行为。因购买而持有的行为当达到足够数量时，可能同时触犯持有伪造的发票罪与购买伪造的增值税专用发票罪，对此竞合则应择一重罪定罪处罚。

三、共同犯罪

持有伪造的发票罪的共同犯罪，包括纳税人与其他人实施的共同犯罪，也包括非纳税人实施的共同犯罪等，其中包括个人与个人、单位与个人、单位与单位之间的共同犯罪类型。

对于帮助伪造人、出售人存放较大数量的假发票的，若伪造人、出售人制售假发票的行为构成犯罪，伪造人、出售人和帮助人事先有通谋的，则他们成立伪造、出售假发票的共同犯罪；若帮助人与伪造人、出售人事先无通谋，属事后帮助其掩饰、隐瞒犯罪赃物的，则帮助人单独成立掩饰、隐瞒犯罪所得罪，亦即，帮助人与伪造人、出售人不成立共同犯罪。

四、一罪与数罪

对于既持有伪造的发票又进行出售的行为如何定性？有人认为，以持有伪造的发票罪和出售非法制造的发票罪数罪并罚。我们认为，数罪并罚既违背罪刑法定原则，不符合我国刑法将"持有"入罪的立法目的，又违背了罪责刑相适应原则，有双重评价之嫌。出售非法制造的发票罪中持有伪造的发票的行为，是整个出售非法制造的发票罪中的一个重要组成部分，此时不宜将之独立成罪。因为，如果行为人不持有伪造的发票就不可能实施出售非法制造的发票的犯罪行为，持有行为是出售行为的预备行为或手段行为，出售行为是目的行为，故持有行为与出售行为之间存在一定的牵连关系，不应数罪并罚。一般情况下，仅对目的行为即出售非法制造的发票行为定罪处刑即可。[①] 而且，为出

[①] 参见崔立美："持有伪造的发票罪与出售非法制造的发票罪的界定"，载《中国检察官》2012年第9期，第10页。

售而持有的，存在出售的未遂犯罪与持有的既遂犯罪竞合的情形，则应择一重处。

前述因购买而持有的行为，因为假发票的种类和数量不同，其行为的性质可能不同。对此需要具体分析：1. 对于购买伪造的增值税专用发票而持有伪造的发票行为，若发票数量达到同时触犯持有伪造的发票罪与购买伪造的增值税专用发票罪的程度，则对此竞合应择一重罪论处；若发票数量只达到其中一罪（即购买伪造的增值税专用发票罪）的程度，则为一罪，其中对于持有伪造的发票行为而言，只是附随的违法状态。2. 对于购买伪造的用于出口退税、抵扣税款的其他发票或者购买伪造的普通发票而持有的发票行为，若发票数量达到持有伪造的发票罪的程度，则应当认定为一罪（即持有伪造的发票罪），因为其中购买伪造的这些发票行为没有对应的犯罪规定；若购买而持有的这些假发票的数量尚未达到触犯持有伪造的发票罪的程度，则只是一般违法行为。3. 对于多次购买两种以上假发票且每次购买一种发票的情形，按刑法中的发票类型累计其数量，分别处理而成立异质数罪的，实行数罪并罚。对于按刑法中的发票分类不成立犯罪的，按总量计数，达到持有伪造的发票罪的程度，则应当认定为一罪（即持有伪造的发票罪）。4. 对于一次购买数种以上假发票而持有的情形，按发票类型累计其数量，分别处理而触犯异质数罪的，属想像竞合犯，应择一重处。

对于前述事先无通谋，事后帮助伪造人、出售人掩饰、隐瞒犯罪赃物（数量较大的假发票），因帮助掩饰、隐瞒而存放的持有，则帮助人成立掩饰、隐瞒犯罪所得罪和持有伪造的发票罪的竞合，应择一重处。若有证据证明行为人实施了伪造、虚开或者出售伪造的发票行为的，则即使持有的假发票数量较大，也应注意考察是否存在牵连犯的情形。若成立牵连犯，则择一重处；若不属于牵连犯，成立独立的异质数罪的，实行并罚；若虚开行为和出售行为均不独立成罪的，则以持有伪造的发票罪论处。

五、持有伪造的发票罪的量刑

（一）法定刑幅度的确定

根据我国刑法典第 210 条之一第 1 款的规定，持有伪造的发票罪的法定刑幅度有两个：一是"处 2 年以下有期徒刑、拘役或者管制，并处罚金"；二是"处 2 年以上 7 年以下有期徒刑，并处罚金"。

适用第一量刑档的条件是具备此罪的基本处罚事由，即："明知是伪造的发票而持有且数量较大的"。对此适用条件的具体分析，在前节已述。适用第二量刑档的条件是具备此罪的加重处罚事由，即：前述行为"数量巨大的"。这里的"数量巨大的"，建议参照以往司法解释中有关同法条中"数量较大"与"数量巨大"之间的倍数关系而定，或许以 5 倍、10 倍为宜（例如刑法典第 204 条第 1 款的有关解释）。对此，也有必要作出明确的司法解释，以指导司法实践。

（二）量刑情节的综合考量

应当根据刑法典第 61 条至第 64 条的量刑规定，对犯罪的事实、犯罪的性质、情节和对于社会的危害程度，依照刑法的有关规定判处，等等。其中要注意基本处罚事由、加重处罚事由以及减轻处罚事由等几种事由。

（三）单位犯的双罚制

根据刑法典第 210 条之一第 2 款规定，单位犯此罪的，对单位判处罚金，并对其直接负责的主管人员和其他直接责任人员，依照上述个人犯罪的规定处罚。

六、司法检讨：经济学与（守法）教育学视角

（一）经济学视角

运用经济学的理论来考量持有伪造的发票罪的司法问题，此处关注的还是其定罪量刑中的供求平衡问题，以及重视以尽可能小的司法成本投入，尽可能争取更大的司法收益，也由此考虑通过合理地惩治发票犯罪来促进经济的发展。随着《刑法修正案（八）》对持有伪造的发票罪的补充规定的出台，对其中相关内容有必要作出解释说明。2011 年有关确定其罪名的司法解释以及同年立案追诉标准的补充规定第 3 条，应运而生。但是，目前仍然没有对其立法中"数量巨大的"情形作出明确的司法解释。由此可见，其供求平衡处于动态之中，当前对司法解释的需求尚未获得充分的满足。

（二）（守法）教育学视角

1. 定罪方面。持有伪造的发票罪定罪中的惩教机制，与前述第 11 章虚开发票罪的内容大致类似，故而从略。

2. 量刑方面。持有伪造的发票罪量刑中的惩教机制，也可包括司法解释涉及此罪量刑的惩教机制与此罪个案司法中量刑的惩教机制。在司法解释涉及此罪量刑的惩教结构上，教育环节、教育者、教育对象、教育目的与其定罪机制中的要素相同。这里，在教育方式上，它主要表现为司法机关的"解释"、"规定"等表现形式以及刑种、刑量等。其中涉及的教育内容，主要表现为：

前述 2011 年司法解释中第 3 条涉及的相关刑法法条的量刑规范等。而且，对于此罪立法中的"数量巨大的"、"并处罚金"的罚金幅度以及判处法定最高刑 7 年有期徒刑的最低标准等，还要以司法解释的方式适当地进一步加以明确。这些特殊规范主要是作为指导司法人员具体运用法律正确量刑的依据，是司法人员忠诚型自我教育的内容，又是说服行为人服从判决以及教育他人守法的依据。

另外，司法解释涉及此罪定罪量刑的惩教机能受制于前述各种结构要素，其机能值得加强。如前所述，当前打击发票违法犯罪的工作形势依然严峻，发票违法犯罪的多发、高发势头仍未得到根本遏制，在一些地区和领域问题仍然较为严重，因此打击此类犯罪任重道远。应当通过改进教育内容与教育方式，包括应以司法解释的方式规定，对故意使用假发票报销账目的，可以诈骗论处等，进一步提高这一特殊机制的威慑型守法教育、忠诚型守法教育和矫治型守法教育的效果。①

此外，还要注意，此罪个案司法中的惩教机制问题。比如，就本章前述案例中的判决结果而言，法院依法判决孙××犯持有伪造的发票罪，判处有期徒刑 2 年 6 个月，罚金人民币 2500 元。总体来讲，这个判决是合理合法公正的。但是，若判处其 3 年有期徒刑并处罚金人民币 1 万元，则又如何呢？显然，在目前的法律框架中也是可以接受的。这表明法律的弹性还比较大，也难免有人对法律的公正性程度有所质疑。因此，此案的威慑型守法教育、忠诚型守法教育甚至矫治型守法教育的效果也会打折。

总之，无论是司法解释中涉及持有伪造的发票罪的惩教机制，还是其个案司法中的惩教机制，可能都值得进一步完善。

附录：相关法律、法规、规章及司法解释索引

1. 1997 年刑法典第 210 条之一；
2. 2011 年 2 月 25 日《刑法修正案（八）》（自 2011 年 5 月 1 日起施行）第 35 条；
3. 《税收征收管理法》（1992 年 9 月 4 日第七届全国人民代表大会常务委

---

① 参见曾明生：《动态刑法的惩教机制研究——刑事守法教育学引论》，中国政法大学出版社 2011 年版，第 24—26、45—46、129 页。

员会第二十七次会议通过　根据1995年2月28日第八届全国人民代表大会常务委员会第十二次会议《关于修改〈中华人民共和国税收征收管理法〉的决定》修正　2001年4月28日第九届全国人民代表大会常务委员会第二十一次会议修订　自2001年5月1日起施行）第21条；

4.《发票管理办法》（1993年12月12日国务院批准、1993年12月23日财政部令第6号发布　根据2010年12月20日《国务院关于修改〈中华人民共和国发票管理办法〉的决定》修订　自2011年2月1日起施行）第2条、第3条、第7条、第24条、第39条；

5. 2010年5月7日《最高人民检察院、公安部关于公安机关管辖的刑事案件立案追诉标准的规定（二）》第62条、第63条、第65条、第66条、第67条和第68条；

6. 2011年4月27日《最高人民法院、最高人民检察院关于执行〈中华人民共和国刑法〉确定罪名的补充规定（五）》（自2011年5月1日起施行）；

7. 2011年11月21日《最高人民检察院、公安部关于公安机关管辖的刑事案件立案追诉标准的规定（二）的补充规定》第3条。

第二十章 走私普通货物、物品罪

案例概要

　　1997年1月至1998年7月间，林××纠合同案犯姜××、张××、李××及陈××（另案处理），以A公司名义，先委托B进出口公司、C资源有限公司从境外进口柴油、汽油、燃料油等成品油。为使进口成品油能偷逃税款且不被查扣，林××以每吨成品油200元至300元不等的报酬支付给李×、张×（均另案处理），作为疏通海关工作人员的费用。成品油从境外运抵D港后，林××指使姜××串通E船务代理公司人员梁××、丁×（均另案处理）接船和伪造单据，并以正常商检费的一半作报酬，行贿F进出口商品检验局工作人员李×鸣、龚××（均另案处理），由李、龚出具虚假商检单，然后由陈××用G公司、H公司以及J公司等单位的名义，委托D港第二作业区（下称二区）将油卸入二区油库及外贸码头油库。林××指使张××和陈××在海关未批准放行前，采取向二区借油的方法将油提走在国内销售，随后将虚假的海关放行出库单、提货单补交给二区，或者指使张××直接持上述海关放行手续将油提走在国内销售。林××指使李××按代理合同书等审核、支付购油款，并购买进项增值税发票以抵扣在国内销售油的税款。林××采取上述方法走私成品油44船，共计75.38万余吨，价额9.9亿余元，从中偷逃应缴税额3.47亿余元。关于案中行贿罪的情节省略。市中级人民法院于1999年5月11日判决如下：(1) 林××犯走私普通货物罪，判处死刑，剥夺政治权利终身，并处没收个人全部财产；犯行贿罪，判处无期徒刑，剥夺政治权利终身，决定执行死刑，剥夺政治权利终身，并处没收个人全部财产。(2) 姜××犯走私普通货物罪，判处死刑，缓期2年执行，剥夺政治权利终身，并处没收个人全部财产；犯行贿罪，判处其有期徒刑10年，决定执行死刑，缓期2年执行，剥夺政治权利终身，并处没收个人全部财产。(3) 张××犯走私普通货物罪，判处无期徒刑，剥夺政治权利终身，并处没收个人全部财产。(4) 李××犯走私普通货物罪，判处有期徒刑15年，剥夺政治权利5年。一审宣判后，姜××服判，不上诉。林××、张××、李××不服，提出上诉。高级人民法院于1999年5月25日裁定如下：驳回上诉，维持原判。并且依法将此案报请最高人民法院核准林××死刑。①

【1. 说明：此案经过各个诉讼环节，其中相关程序分析，可参阅总论部分的有关内容以及本书后附录中的刑事诉讼法。2. 思考：裁判公正吗？为什么？】

第一节　走私普通货物、物品罪的立法沿革及检讨

走私普通货物、物品罪是指违反海关法规，逃避海关监管，运输、携带、邮寄普通货物、物品进出国（边）境，偷逃应缴关税以及海关代征代缴的其他税款的刑事违法行为。这里，首先对我国刑法中此罪的立法规定进行简要介绍，然后从经济学与（守法）教育学视角对其加以检视与讨论。

一、1997年刑法典生效前走私普通货物、物品罪的立法规定

1979年刑法典中已有涉及偷逃关税的走私犯罪的规定。其中第116条规定，"违反海关法规，进行走私，情节严重的，除按照海关法规没收走私物品并且可以罚款外，处3年以下有期徒刑或者拘役，可以并处没收财产。"第118条规定，"以走私、投机倒把为常业的，走私、投机倒把数额巨大的或者走私、投机倒把集团的首要分子，处3年以上10年以下有期徒刑，可以并处没收财产。"而且，第119条规定，"国家工作人员利用职务上的便利，犯走私、投机倒把罪的，从重处罚。"据此可见，其中有关规定的最高法定刑为10年有期徒刑。

为了进一步惩治走私犯罪，1988年1月21日全国人大常委会颁行了《关于惩治走私罪的补充规定》。其中第1条至第3条规定了毒品、武器、弹药或者伪造的货币、国家禁止出口的文物、珍贵动物及其制品、贵重金属以及淫秽物品等的走私犯罪。对于走私普通货物、物品的犯罪，立法比较具体，主要是由第4条至第6条、第8条等条款来规制的。例如，其中第4条规定，"根据

---

① 此案例原载《刑事审判参考》1999年第3辑（总第3辑）。值得指出的是，通常意义上的走私普通货物、物品罪的死刑规定现已被废除（但是，有武装掩护的走私普通货物、物品罪除外）。此案例也不是新近发生的，因其具有历史比对性和案情代表性，故本书仍然将之收录于此。

情节轻重，分别依照下列规定处罚：

（1）走私货物、物品价额在50万元以上的，处10年以上有期徒刑或者无期徒刑，并处罚金或者没收财产；情节特别严重的，处死刑，并处没收财产。

（2）走私货物、物品价额在15万元以上不满50万元的，处7年以上有期徒刑，并处罚金或者没收财产；情节特别严重的，处无期徒刑，并处没收财产。

（3）走私货物、物品价额在5万元以上不满15万元的，处3年以上10年以下有期徒刑，并处罚金。

（4）走私货物、物品价额在2万元以上不满5万元的，处3年以下有期徒刑或者拘役，并处罚金；情节较轻的，或者价额不满2万元的，由海关没收走私货物、物品和违法所得，可以并处罚款。

二人以上共同走私的，按照个人走私货物、物品的价额及其在犯罪中的作用，分别处罚。对走私集团的首要分子，按照集团走私货物、物品的总价额处罚；对其他共同走私犯罪中的主犯，情节严重的，按照共同走私货物、物品的总价额处罚。

对多次走私未经处理的，按照累计走私货物、物品的价额处罚。"

此外，第5条对企业事业单位、机关、团体走私普通货物、物品的犯罪作了规定。第6条对两种未补缴关税却擅自在境内销售牟利的情形作了依照第4条、第5条处理的规定。第8条是有关走私罪的共犯规定。显然，这与以前相比，单行刑法在法定刑上，将其最高法定刑提升至死刑并处没收财产。上述明确的规定，既增加了操作性，又加大了打击力度。

二、现行刑法中走私普通货物、物品罪的立法规定

在1997年全面修订的刑法典中，立法者吸收了前述单行刑法中的有关规定，为了使立法更为完善，同时也对原法条了修改。其修改主要表现为：一是将走私普通货物、物品定罪量刑的主要依据（即走私货物、物品的价额）修改为"走私货物、物品偷逃应缴税额"，以及把"未补缴关税"改为"未补缴应缴税额"，修改后的表述更科学、更准确，因为应缴税额，不仅包括海关

关税,还包括海关代征代缴的其他税款;① 二是提高了入罪的标准,修改了刑罚幅度,明确了倍数罚金刑;三是把单位犯罪的处罚规定作为其中一款加以规定,并且相应地调整了刑罚幅度;四是删除了其中有关共同犯罪的规定,因为总则已有规定,这样使之更为简洁。

然而,为了进一步维护经济秩序,立法上作了进一步的完善,2011年2月25日《刑法修正案(八)》第27条将刑法典第153条第1款作了较大修改:一是把其中第(三)项"走私货物、物品偷逃应缴税额在5万元以上不满15万元的,处3年以下有期徒刑或者拘役,并处偷逃应缴税额1倍以上5倍以下罚金",改为"(一)走私货物、物品偷逃应缴税额较大或者一年内曾因走私被给予二次行政处罚后又走私的,处3年以下有期徒刑或者拘役,并处偷逃应缴税额1倍以上5倍以下罚金。"这样将一年内曾因走私被给予二次行政处罚后又走私的"蚂蚁搬家"式的走私行为规定为犯罪,以加大对该罪的惩处力度。二是将其中第(二)项"走私货物、物品偷逃应缴税额在15万元以上不满50万元的,处3年以上10年以下有期徒刑,并处偷逃应缴税额1倍以上5倍以下罚金;情节特别严重的,处10年以上有期徒刑或者无期徒刑,并处偷逃应缴税额1倍以上5倍以下罚金或者没收财产"改为"(二)走私货物、物品偷逃应缴税额巨大或者有其他严重情节的,处3年以上10年以下有期徒刑,并处偷逃应缴税额1倍以上5倍以下罚金。"三是把其中第(一)项"走私货物、物品偷逃应缴税额在50万元以上的,处10年以上有期徒刑或者无期徒刑,并处偷逃应缴税额1倍以上5倍以下罚金或者没收财产;情节特别严重的,依照本法第151条第4款的规定处罚"改为"(三)走私货物、物品偷逃应缴税额特别巨大或者有其他特别严重情节的,处10年以上有期徒刑或者无期徒刑,并处偷逃应缴税额1倍以上5倍以下罚金或者没收财产。"这些变化主要是因为废除该罪死刑而产生的。但是,需要注意,武装掩护走私普通货物、物品罪的除外。另外,把具体的偷逃应缴税额改为巨大或者特别巨大,可以通过司法解释对之予以明确,以利于维护立法的稳定。②

---

① 参见胡康生、李福成主编:《中华人民共和国刑法释义》,法律出版社1997年版,第182页。普通货物、物品的品种不同,进出口的关税税率也不同,所以,偷逃应缴税额的大小正好成为区分罪与非罪的标准。它也同时解决了计算的麻烦问题和因地域差异所造成的差距问题。

② 参见曾明生编著:《经济刑法一本通》,载小白马法律博客网站,http://lawlife1.fyfz.cn/b/223428,访问日期:2012年9月20日。

三、立法检讨：经济学与（守法）教育学视角

（一）经济学视角

从我国走私普通货物、物品罪的立法史看，其立法经历了一个由笼统到具体，由罪刑失衡到强调罪刑均衡和刑罚人道的过程，它也是一个立法上不断追求和实现供求平衡的过程。如前所述，为了满足惩治走私犯罪的现实需求，1988年单行刑法中对走私特定物品和普通货物、物品犯罪作出规定，由此实现了一个相对的供求平衡。后来，在1997年全面修订刑法典时，这种平衡在作了一些调整后，基本保持了下来。几年前，《刑法修正案（八）》又对之作了些调整，因此形成了一个新的平衡。

另外，我国有关此罪的立法史，应当也是一个追求以尽可能小的立法成本获取尽可能大的立法收益的过程。在立法方式上，同本书第六章所述。在立法内容上，直到1988年有关单行刑法才较为明确地规定了走私普通货物、物品的犯罪条文，这虽然增加了立法成本，但是也增加了一定的社会收益。比如，它为司法实践提供了比较明确的适用依据以及增强了刑罚的威慑力。然而，1997年刑法典对之又作出较大修正，立法成本增加，也因此增添了立法收益，加大了对罪刑均衡原则的贯彻落实力度，使之与惩处犯罪的需要逐渐相适应。还有，《刑法修正案（八）》废除此罪死刑，又降低了刑量成本，但是立法收益有所增加，也有所减少。增加的立法收益是体现了刑罚的人道性和进步性，减少的立法收益是一定程度上削弱了刑罚的威慑力。鉴于这种修改时间间隔较短，因此，原来的立法成本并没有使其本来的立法收益发挥到极致。

（二）（守法）教育学视角

走私普通货物、物品罪与其他税收犯罪在立法中的惩教结构六大组成要素上，不同的主要是其教育内容和教育方式。

此罪立法中的惩教结构之教育内容：一是此罪立法中的行为规范（"禁止走私普通货物、物品的犯罪"）；二是此罪立法中具体的裁判规范和执行规范，这是对司法人员忠诚型守法教育的内容，也是对一般人的威慑型守法教育和忠诚型守法教育的内容，又是对罪犯的矫治型守法教育的内容。[①] 其主要表现为：1979年刑法典第116条、第118条和第119条、1988年相关单行刑法中

[①] 参见曾明生：《动态刑法的惩教机制研究——刑事守法教育学引论》，中国政法大学出版社2011年版，第24—26、45—46、129页。

第 4 条至第 6 条和第 8 条的规定,以及 1997 年刑法典第 153 条至第 157 条等。后来法条内容较以前完善,条款明确,操作性较强。此外还有海关法规的相关内容。

在此罪立法中的教育方式上,采用可能性的惩罚后果(无期徒刑、有期徒刑、拘役、罚金或者没收财产等)相威慑的方式,或者说,以"犯罪处刑"的方式,表达"禁止犯罪"的内容。在立法犯罪圈上,起初对一些走私普通货物、物品的犯罪以当时的走私罪论处,从 1988 年颁行的相关单行刑法开始,立法者已将走私犯罪区分为特定物品的走私犯罪和普通货物、物品的走私犯罪。但是,此时犯罪圈尚无明显大小变化。在 1997 年全面修订刑法典时,立法者提高了此罪的入罪标准,因此其犯罪圈有所收缩。后来,随着犯罪形势的变化发展,《刑法修正案(八)》又将一年内曾因走私被给予二次行政处罚后又走私的"蚂蚁搬家"式的走私行为规定为犯罪,使其打击范围加大。另外,在法定刑上,如前所述,立法几经修改逐渐趋于罪刑均衡。当然,前已述及,现行刑法仍然有待进一步完善。这里需要特别指出,此罪三档刑罚的衔接问题。其中主刑有阶梯状的相互衔接,然而罚金刑的规定存在衔接不良的问题。因为可能导致低一档的罚金刑数额高于其高一档罚金刑数额的判决结果。对此,将来值得作出更有利于惩治犯罪以及约束和教育司法人员遵守罪刑均衡原则的修正。

上述结构要素的发展变化,已经影响或将影响此罪立法中的惩教机能。在 1988 年有关单行刑法颁行之前,1979 年刑法典中已有走私犯罪的规定,由于存在类推制度,因此,这种打击的威慑型教育机能似乎较强,但是,因当时其法定刑较轻,使其威慑力仍有不足,而且鼓励民众对法律忠诚型的教育机能较弱。后来,随着相关单行刑法以及刑法典的几次修订,通过明确法条内容的方式来实现有法可依,并使其打击范围有所调整,也使罪刑逐渐趋于均衡、刑罚走向人道。这样,有利于在适当强调其威慑型教育机能的基础上,增强其法律忠诚型教育机能。诚然,当前这种惩教机制仍需进一步改进。通过完善前述结构要素,推进其立法中的惩教机制的发展,进一步提升忠诚型教育的积极机能。

第二节　走私普通货物、物品罪的成立要件

我国刑法传统理论通常从四要件构成特征来分析犯罪,也有学者只从客观

构成要件和主观构成要件两方面加以分析,还有学者从罪体、罪责和罪量方面来探讨。这些均有一定的合理性。然而,我们认为,是否成立犯罪,也可先考察其行为是否具备法益侵害性,若具备法益侵害性,则进一步分析其行为是否具备刑事违法性。① 以下将结合前述案例概要进行分析。

一、法益侵害性

法益遭受了侵害,这种侵害是人的行为造成的。

(一) 犯罪客体要件

我国对外贸易采取了严格的管理制度,目前已有一些相关的法律依据。例如,我国《海关法》第 23 条规定,"进口货物自进境起到办结海关手续止,出口货物自向海关申报起到出境止,过境、转运和通运货物自进境起到出境止,应当接受海关监管。"该法第 53 条规定,"准许进出口的货物、进出境物品,由海关依法征收关税。"该法第 54 条又规定,"进口货物的收货人、出口货物的发货人、进出境物品的所有人,是关税的纳税义务人。"而且,该法第 82 条至第 84 条等条款对违法逃避海关监管,偷逃应纳税款、逃避国家有关进出境的禁止性或者限制性管理的走私行为的法律责任进行了规定。此外,《烟草专卖法》第 40 条也规定走私烟草专卖品的法律责任条款。由此可见,对外贸易管理的制度秩序是受法律保护的。而设定走私普通货物、物品行为的法律责任,是因为这些行为破坏了国家对外贸易管理的制度秩序,也破坏了海关税收征管的制度秩序等法益。亦即,走私普通货物、物品罪侵犯的直接客体是国家对外贸易管理的制度秩序和海关税收征管的制度秩序。

(二) 犯罪客观要件

行为人违反海关法规,实施了逃避海关监管,运输、携带、邮寄普通货物、物品进出国(边)境,偷逃应缴关税以及海关代征代缴的其他税款的行为。至于其行为的情节严重程度以及是否产生一定的危害结果,将于后文有无事由阻却性部分中述及。这里着重对以下几个问题进行探讨。

根据具体行为方式的不同,走私普通货物、物品的危害行为包括以下几种:

1. 非法运输、携带或邮寄武器、弹药等违禁品以外的其他货物、物品进

---

① 参见曾明生:《动态刑法的惩教机制研究——刑事守法教育学引论》,中国政法大学出版社 2011 年版,第 170—171 页。

出境的行为。根据刑法典相关条文的规定，这里的普通货物、物品，是指除毒品、武器、弹药、核材料、伪造的货币、珍贵动物及其制品、国家禁止出口的文物、黄金、白银和其他贵重金属、淫秽物品、国家禁止进出口的其他货物、物品以及未经许可的各种废物以外的货物和物品。还要指出的是，依据2002年7月8日最高人民法院、最高人民检察院、海关总署联合颁行的《关于办理走私刑事案件适用法律若干问题的意见》（以下简称"两院、一署"《意见》）第8条的规定，关于走私已被国家明令禁止进出口的货物、物品，例如旧汽车、切割车、侵犯知识产权的货物、来自疫区的动植物及其产品等，应当依照走私普通货物、物品的行为处理。

2. 未经海关许可并且未补缴应缴税额，擅自在境内销售保税货物、特定减免税进口的货物物品牟利的行为。这是根据刑法典第154条的规定，具体如下：（1）未经海关许可并且未补缴应缴税额，擅自将批准进口的来料加工、来件装配、补偿贸易的原材料、零件、制成品、设备等保税货物，在境内销售牟利的。（2）未经海关许可并且未补缴应缴税额，擅自将特定减税、免税进口的货物、物品，在境内销售牟利的。上述两种走私行为是特殊的走私行为，其不同于一般走私行为的特征在于：一般走私行为是从境外走私到境内，而上述两种特殊走私行为是在走私前走私物品已在境内，但它仍有与一般走私行为相同之处，那就是偷逃应缴税额。这里的"应缴税额"，根据2000年9月26日最高人民法院《关于审理走私刑事案件具体应用法律若干问题的解释》（以下简称最高人民法院《解释》）第6条规定，是指进出口货物、物品应当缴纳的进出口关税和进口环节海关代征税的税额。对于走私货物、物品所偷逃的应缴税额，应当以走私行为案发时的适用的税则、税率、汇率和海关审定的定税价格计算，并以海关出具的证明为准。这里的"保税货物"，根据最高人民法院《解释》第7条的规定，是指经海关批准，未办理纳税手续进境，在境内储存、加工、装配后应予复运出境的货物。保税货物包括通过加工贸易、补偿贸易等方式进口的货物，以及在保税仓库、保税工厂、保税区域或者免税商店内等储存、加工、寄售的货物。根据2000年9月29日最高人民检察院《关于擅自销售进料加工保税货物的行为法律适用问题的解释》（以下简称最高人民检察院《解释》）之规定，经海关批准进口的进料加工的货物也属于保税货物。对于这里的"销售牟利"，是指行为人销售牟利的主观意思而非要求其实际获利。此外，"两院、一署"《意见》，还规定了下列两种情形也应以走私普通货物、物品的行为论：（1）利用购买的加工贸易登记手册、特定减免税批文等涉税单证进口货物，偷逃应缴税款的；（2）在加工贸易活动中骗取海关核销，偷逃应缴税款的。这里的加工贸易登记手册、特定减免税批文等涉税单证，是指海关根据国家法律法规以及有关政策性规定，给予特定企业用于保税货物经营管理和减免税优惠待遇的凭证。根据"两院、一署"《意见》第9条的规定，利用购买的加工贸易登记手册、特定减免税批文等涉税单证进口货物，实质是将一般贸易货物伪报为加工贸易保税货物或者特定减免税货物进口，以达到偷逃应缴税款的目的。根据该《意见》第10条的规定，在加工贸易经营活动中，以假出口、假结转或者利用虚假单证等方式骗取海关核销，致使保税货物、物品脱离海关监管的行为，也以走私普通货物、物品的行为对待。

3. 间接走私普通货物、物品的行为。根据刑法典第155条的规定，直接向走私人非法收购国家禁止进口物品的，或者直接向走私人非法收购走私进口的其他货物、物品，数额较大的；在内海、领海、界河、界湖运输、收购、贩卖国家禁止进出口物品的，或者运输、收购、贩卖国家限制进出口货物、物品，数额较大，没有合法证明的，都可能成立走私普通货物、物品罪。[①] 值得指出，依据2000年最高人民法院《解释》第8条规定，其中规定的"内海"，包括内河的入海口水域。该《解释》第6条还规定，其中"对多次走私未经处理的"，是指对多次走私未经行政处罚处理的。而且，值得注意，如果其走私行为受到某一机关处理时，不管是行政处罚还是刑事处罚，都不属于未经处理之列。但是，受到错误处理的除外，即受到错误处理的，仍属未经处理。[②] 另外，还应当注意，对多次走私未经处理的，应按刑法关于追诉时效的规定处理，对已超过追诉时效的，不再适用该条款的规定，以免使社会关系长期处于不确定状态。[③]

另外，在前述"走私普通货物案"中，林××组织、指挥了走私普通货物的行为和行贿行为，姜××实施了走私普通货物的行为和行贿行为，张××、陈××和李××实施了走私普通货物的行为。此外，还有人实施了伪造单据和受贿的行为等。他们的上述行为已破坏了国家对外贸易管理的制度秩序和海关税收征管的制度秩序以及公务廉洁的制度秩序，具有法益的侵害性。

二、刑事违法性

如前所述，危害海关税收征管秩序的违法行为符合法益侵害性，但是，在

---

① 参见王作富主编：《刑法分则实务研究》（第3版），中国方正出版社2007年版，第337页。
② 参见胡康生、李福成主编：《中华人民共和国刑法释义》，法律出版社1997年版，第183页。
③ 参见周道鸾、单长宗、张泗汉主编：《刑法的修改与适用》，人民法院出版社1997年版，第351页。

司法领域认定是否成立犯罪,最终的关键是,判断行为是否具有刑事违法性。具有刑事违法性,必须同时具备四要件齐备性与无事由阻却性。当然,否定刑事违法性,只要否定其中任何一个(四要件齐备性或者无事由阻却性)即可。

(一)四要件齐备性

除了犯罪客体要件和犯罪客观要件外,还必须具备犯罪主体要件和犯罪主观要件。

1. 犯罪主体要件。此罪的行为主体是一般主体,年满16周岁的具有刑事责任能力的自然人和单位均可构成。在本章前述案例中,A公司、B公司、C公司、E公司、G公司、H公司、J公司、林××、姜××、张××、李××、陈××、梁××、丁×等均符合此罪的行为主体条件。

2. 犯罪主观要件。此罪的主观要件是故意。即行为人明知走私普通货物、物品的行为可能会造成海关监管秩序的破坏甚至国家税款的流失,而希望或放任这种结果发生的一种主观心理态度。根据"两院、一署"《意见》第5条的规定,行为人走私故意中的明知,是指行为人知道或者应当知道所从事的行为是走私行为。具有以下情形之一的,可以认定为明知,但有证据证明被蒙骗的除外:(1)逃避海关监管,运输、携带、邮寄国家禁止进出境的货物、物品的;(2)用特制的设备或者运输工具走私货物、物品的;(3)未经海关同意,在非海关的码头、海(河)岸、陆路边境等地点,运输(驳载)、收购或者贩卖非法进出境货物、物品的;(4)提供虚假的合同、发票、证明等商业单证委托他人办理通关手续的;(5)以明显低于货物正常进(出)口的应缴税款委托他人代理进(出)口业务的;(6)曾因同一种走私行为受过刑事处罚或者行政处罚的;(7)其他有证据证明的情形。这里需要指出的是,走私故意中的明知,并不要求对特定对象的明知。[①] 而且,根据该《意见》第13条的规定,对于前述两种未补缴应缴税额却擅自在境内销售牟利的情形,其中"销售牟利",是指行为人主观上为了牟取非法利益而擅自销售海关监管的保税货物、特定减免税货物。该种行为是否构成犯罪,应当根据偷逃的应缴税额是否达到刑法及相关司法解释规定的数额标准予以认定。实际获利与否或者获利多少并不影响其定罪。还要指出,若行为人因为疏忽大意而该报未报或者漏报、错报关税的,则尽管行为人的行为客观上违反了海关法规,但是,也应当认为其主观上没有走私的犯罪故意。

在本章前述案例中,林××纠合同案犯姜××、张××、李××及陈×

---

① 参见陈兴良:《规范刑法学》(第3版),中国人民大学出版社2013年版,第570页。

×，实施了走私普通货物的行为。这是事先有通谋的共同故意行为，行为人明知走私普通货物、物品的行为可能会造成海关监管秩序的破坏甚至国家税款的流失，为了牟利而希望这种结果的发生。而且林××和姜××还有行贿的故意。因为组织非法单位或冒充某个单位进行走私的，应以个人走私论，所以A公司、G公司、H公司和J公司的行为由个人负责。B公司和C公司无犯罪故意，E公司也无犯罪故意，因为E船务代理公司人员梁××和丁×的行为是个人行为。

通过以上分析可知，林××、姜××、张××、李××及陈××的相关行为，已经具备了上述四个要件，符合了走私普通货物、物品罪所要求的四要件齐备性。而其他行为主体不符合此罪的四要件齐备性。

（二）无事由阻却性

虽然具有四要件齐备性，但是要成立走私普通货物、物品罪，还必须排除刑事违法性阻却事由。从刑法规定看，此罪也不存在正当防卫、紧急避险和附条件不追究刑事责任等阻却事由。此处的刑事违法性阻却事由，仍然只剩下刑法典第13条但书的规定了，即"情节显著轻微危害不大"的情形。

因此，这里的无事由阻却性，就是要排除前述但书的情形。或者说，违法情节和客观危害，必须达到足够的程度。对其罪量要素，在前述1988年单行刑法生效期间，其起刑点为走私货物、物品价额达到2万元，但是依据1997年刑法典中修订前的第153条，其起刑点为走私货物、物品偷逃应缴税额达到5万元。然而，根据《刑法修正案（八）》的规定，其起刑点又修改为"走私货物、物品偷逃应缴税额较大或者一年内曾因走私被给予二次行政处罚后又走私的"。目前，对于其中"应缴税额较大"并无新的司法解释，因此，仍然可以参照5万元来处理。另外，单位犯走私普通货物、物品罪的，依据2000年最高人民法院《解释》第10条第2款的规定，偷逃应缴税额必须达到25万元。同样，目前对此并无新的司法解释的标准，因此，该解释仍然有效。

这里值得指出的是，关于伪报价格走私犯罪案件中实际成交价格的认定问题。依据2002年"两院、一署"《意见》第11条规定，走私案件中的伪报价格行为，是指行为人在进出口货物、物品时，向海关申报进口或者出口的货物、物品的价格低于或者高于进出口货物的实际成交价格。对实际成交价格的认定，在无法提取真、伪两套合同、发票等单证的情况下，可以根据行为人的付汇渠道、资金流向、会计账册、境内外收发货人的真实交易方式，以及其他能够证明进出口货物实际成交价格的证据材料综合认定。此外，关于出售走私货物已缴纳的增值税应否从走私偷逃应缴税额中扣除的问题，根据该《意见》第12条规定，走私犯罪嫌疑人为出售走私货物而开具增值税专用发票并缴纳增值税，是其走私行为既遂后在流通领域获违法所得的一种手段，属于非法开具增值税专用发票。对走私犯罪嫌疑人因出售走私货物而实际缴纳走私货物增值税的，在核定走私货物偷逃应缴税额时，不应当将其已缴纳的增值税额从其走私偷逃应缴税额中扣除。据此可知，通过以上计算方法，若达到前述罪量要求，则排除了前述但书的事由阻却性。

综上所述，当其行为同时具有四要件齐备性与无事由阻却性，它就具有了刑事违法性，可以认定其成立走私普通货物、物品罪。在本章前述案例中，林××、姜××、张××、李××和陈××成立走私普通货物罪。至于有人还成立行贿罪的，另当别论。

第三节 走私普通货物、物品罪的司法认定

本节也先从规范刑法学的视角对定罪（罪与非罪、此罪与彼罪、共同犯罪、一罪与数罪）和量刑中的若干问题进行讨论，然后分别从经济学与（守法）教育学两个视角进行司法检讨。

一、罪与非罪

根据前述2000年和2002年的相关司法解释，区分走私普通货物、物品罪与非罪的界限，关键应看自然人走私普通货物、物品的，偷逃应缴税额（其中对多次走私未经行政处罚处理的，累计走私偷逃应缴税额）是否达到5万元以上；单位走私普通货物、物品的，偷逃应缴税额是否达到25万元以上；是否一年内曾因走私被给予二次行政处罚后又走私的；行为人是否具有刑事责任能力；主观上是否具有走私的故意等。若不具备这些条件则不成立此罪，又不构成其他犯罪的，则属一般走私行为，可依法追究有关人员的行政责任。[①]

值得指出的是，依据2002年"两院、一署"《意见》第10条，在加工贸易经营活动中，以假出口、假结转或者利用虚假单证等方式骗取海关核销，致使保税货物、物品脱离海关监管，造成国家税款流失，情节严重的，以走私普通货物、物品罪追究刑事责任。但有证据证明因不可抗力原因导致保税货物脱

---

① 参见曾明生编著：《经济刑法一本通》，载小白马法律博客网站，http://lawlife1.fyfz.cn/b/223428，访问日期：2012年9月20日。

离海关监管，经营人无法办理正常手续而骗取海关核销的，不认定为走私犯罪。

二、此罪与彼罪

（一）逃税罪与走私普通货物、物品罪的界限

逃税罪中的逃避应纳税款的行为，与走私普通货物、物品罪中的偷逃关税的行为有相似之处，因此，两者在一些情况下容易混淆。两罪在构成特征上的主要区别是：

1. 犯罪的客体要件不同。逃税罪侵犯的客体要件是国家税收征收管理的制度秩序；走私普通货物、物品罪侵犯的是国家对外贸易管理秩序。虽然走私普通货物、物品罪中也破坏国家税收征收管理的制度秩序，但它主要还是破坏对外进出口贸易秩序，而很少破坏国内经济贸易秩序。2. 违反的法律法规不同。逃税罪表现为违反税收法律法规，走私普通货物、物品罪违反的是海关法律法规。3. 主体要件不同。逃税罪的行为主体是特殊主体，通常只有纳税人和扣缴义务人才能独立构成；而走私普通货物、物品罪的行为主体是一般主体。

（二）走私普通货物、物品罪与其他走私罪的界限

其主要区别在于犯罪对象不同。走私普通货物、物品罪的犯罪对象，是除毒品、武器、弹药、核材料、伪造的货币、珍贵动物及其制品、国家禁止出口的文物、黄金、白银和其他贵重金属、淫秽物品、国家禁止进出口的其他货物、物品以及未经许可的各种废物以外的货物和物品。而其他走私罪的犯罪对象均为特定的。随着实践的发展和单个走私罪的增加，走私普通货物、物品罪的犯罪对象将可能进一步缩小。

另外，依据"两院、一署"《意见》第6条规定，走私犯罪嫌疑人主观上具有走私犯罪故意，但对其走私的具体对象不明确的，不影响走私犯罪的构成，应当根据实际的走私对象定罪处罚。但是，确有证据证明行为人因受蒙骗而对走私对象发生认识错误的，可以从轻处罚。根据这一司法解释，走私故意中的明知，并不要求对特定对象的明知，而应以实际走私的内容定罪。从刑法理论上来说，在不同罪名之间发生对象认识错误的，应以行为人之所知定罪。[①] 该《意见》第9条还规定，利用购买的加工贸易登记手册、特定减免税

[①] 参见陈兴良：《规范刑法学》（第3版），中国人民大学出版社2013年版，第570页。

批文等涉税单证进口货物，以达到偷逃应缴税款的目的，应当以走私普通货物、物品罪定罪处罚。买卖上述涉税单证情节严重尚未进口货物的，依照买卖国家机关公文、证件、印章罪定罪处罚。

三、共同犯罪

走私普通货物、物品罪的共同犯罪，包括个人与个人、单位与个人、单位与单位之间的共同犯罪类型。

对于单位与个人共同走私普通货物、物品案件的处理问题，将在下文量刑部分中述及。依据"两院、一署"《意见》第15条的规定，"与走私罪犯通谋"中的"通谋"，是指犯罪行为人之间事先或者事中形成的共同的走私故意。下列情形可以认定为通谋：1. 对明知他人从事走私活动而同意为其提供贷款、资金、账号、发票、证明、海关单证，提供运输、保管、邮寄或者其他方便的；2. 多次为同一走私犯罪分子的走私行为提供前项帮助。该《意见》第9条又规定，如果行为人与走私分子通谋出售利用购买的加工贸易登记手册、特定减免税批文等涉税单证，或者在出卖批文后又以提供印章、向海关伪报保税货物、特定减免税货物等方式帮助买方办理进口通关手续的，对卖方依法以走私罪共犯定罪处罚。该《意见》第14条还规定，对实施海上走私犯罪行为的运输人、收购人或者贩卖人应当追究刑事责任。对运输人，一般追究运输工具的负责人或者主要责任人的刑事责任，但对于事先通谋的、集资走私的或者使用特殊的走私运输工具从事走私犯罪活动的，可以追究其他参与人员的刑事责任。

在本章前述案例中，他们成立共同犯罪，林××和姜××是主犯，张××、李××及陈××是从犯。

四、一罪与数罪

经许可进口国家限制进口的可用作原料的废物时，偷逃应缴税额，构成犯罪的，依据2006年11月14日最高人民法院颁布的《关于审理走私刑事案件具体应用法律若干问题的解释（二）》[以下简称最高人民法院《解释（二）》]第8条的规定，应当依法以走私普通货物罪定罪处罚；依据该解释，既未经许可，又偷逃应缴税额，同时构成走私废物罪和走私普通货物罪的，应当按照刑法处罚较重的规定定罪处罚。虽经许可，但超过许可数量进口国家限制进口的可用作原料的废物，超过部分以未经许可论。因此，可以进一步推论，若经许可的部分成立犯罪，且未经许可的部分也成立犯罪的，则可能出现数罪并罚的情形。

对于走私、非法买卖麻黄碱类复方制剂等行为的定性问题，依据2012年最高人民法院、最高人民检察院、公安部联合颁布的《关于办理走私、非法买卖麻黄碱类复方制剂等刑事案件适用法律若干问题的意见》的规定，非法买卖麻黄碱类复方制剂或者运输、携带、寄递麻黄碱类复方制剂进出境，没有证据证明系用于制造毒品或者走私、非法买卖制毒物品，或者未达到走私制毒物品罪、非法买卖制毒物品罪的定罪数量标准，构成非法经营罪、走私普通货物、物品罪等其他犯罪的，依法定罪处罚。那么，若其中有证据证明系用于制造毒品或者走私、非法买卖制毒物品，或者达到走私制毒物品罪、非法买卖制毒物品罪的定罪数量标准，则应依法以制造毒品罪、走私制毒物品罪、非法买卖制毒物品罪论处。

另外，还要指出，有走私普通货物、物品的犯罪行为，又以暴力、威胁方法抗拒缉私的，以走私普通货物、物品罪和妨害公务罪数罪并罚。对于武装掩护走私普通货物、物品的，是定走私普通货物、物品罪，还是定走私武器罪，意见不一。通说认为，武装掩护走私不是独立罪名，而是一种从重处罚情节。也有人认为，对于使用武器抗拒缉私的，原则上应以武装掩护走私罪与妨害公务罪两罪并罚，这样与刑法典第157条第2款之规定在内容与形式上都显得更为协调。我们认为，目前司法解释没有确定武装掩护走私罪是一个遗憾，因为这意味着存在视其走私对象而确定罪名的问题，如此似乎只是在乎其刑罚，而较大程度上忽视了其罪名上的否定性评价意义。亦即，既然没有采用数罪并罚的形式，就应当充分地把其关键性的具有极大恶性和极大社会危害的"武装掩护"的字眼揭示出来。因此，建议考虑在认定其罪名时附上"武装掩护"几个字，即"武装掩护走私……罪"。①

五、走私普通货物、物品罪的量刑

（一）法定刑幅度的确定

根据我国刑法典第153条第1款的规定，此罪的法定刑幅度有三个：一是"处3年以下有期徒刑或者拘役，并处偷逃应缴税额1倍以上5倍以下罚金"；二是"处3年以上10年以下有期徒刑，并处偷逃应缴税额1倍以上5倍以下

---

① 参见曾明生编著：《经济刑法一本通》，载小白马法律博客网站，http://lawlife1.fyfz.cn/b/223428，访问日期：2012年9月20日。

罚金"；三是"处 10 年以上有期徒刑或者无期徒刑，并处偷逃应缴税额 1 倍以上 5 倍以下罚金或者没收财产"。

适用第一量刑档的条件是具备此罪的基本处罚事由，即："走私货物、物品偷逃应缴税额较大或者一年内曾因走私被给予二次行政处罚后又走私的"。对此适用条件的具体分析，在前节已述。适用第二量刑档的条件是具备此罪的加重处罚事由，即："走私货物、物品偷逃应缴税额巨大或者有其他严重情节的"。根据 2000 年最高人民法院《解释》第 10 条第 2 款的规定，单位犯走私普通货物、物品罪的，偷逃应缴税额在 75 万元以上不满 250 万元的，属于情节严重。目前，对此个人犯罪加重处罚的标准，尚无明确的司法解释的规定。但是，我们认为，可以参照类似前述单位犯各档之间的比例关系来加以考虑。因此，不妨认为，个人犯罪的，偷逃应缴税额在 15 万元以上不满 50 万元的，属于情节严重。另外，适用第三量刑档的条件是具备此罪的特别加重处罚事由，即："走私货物、物品偷逃应缴税额特别巨大或者有其他特别严重情节的"。对于单位犯走私普通货物、物品罪的，依据前述最高人民法院《解释》第 10 条第 2 款的规定，偷逃应缴税额在 250 万元以上的，属于情节特别严重。目前对此个人犯罪的特别加重处罚的标准，也无明确的司法解释的规定。我们认为，建议考虑：个人犯罪的，偷逃应缴税额在 50 万元以上的，属于情节特别严重。

（二）量刑情节的综合考量

应当根据刑法典第 61 条至第 64 条的量刑规定，对犯罪的事实、犯罪的性质、情节和对于社会的危害程度，依照刑法的有关规定判处，等等。其中要注意基本处罚事由、加重处罚事由、特别加重处罚事由以及减轻处罚事由等几种事由。

还要注意，单位与个人共同走私普通货物、物品案件的处理问题。依据"两院、一署"《意见》第 20 条的规定，单位和个人（不包括单位直接负责的主管人员和其他直接责任人员）共同走私的，单位和个人均应对共同走私所偷逃应缴税额负责。对单位和个人共同走私偷逃应缴税额为 5 万元以上不满 25 万元的，应当根据其在案件中所起的作用，区分不同情况做出处理。单位起主要作用的，对单位和个人均不追究刑事责任，由海关予以行政处理；个人起主要作用的，对个人依照刑法有关规定追究刑事责任，对单位由海关予以行政处理。无法认定单位或个人起主要作用的，对个人和单位分别按个人犯罪和单位犯罪的标准处理。

单位和个人共同走私偷逃应缴税额超过 25 万元且能区分主、从犯的，应当按照刑法关于主、从犯的有关规定，对从犯从轻、减轻处罚或者免除处罚。

(三) 单位犯的双罚制

依据刑法典第 153 条第 2 款之规定，单位犯此罪的，对单位判处罚金，并对其直接负责的主管人员和其他直接责任人员，处 3 年以下有期徒刑或者拘役；情节严重的，处 3 年以上 10 年以下有期徒刑；情节特别严重的，处 10 年以上有期徒刑。至于其中"情节严重"、"情节特别严重"，前文已述。另外，依据 2002 年"两院、一署"《意见》第 22 条的规定，审理共同走私犯罪案件时，对各共同犯罪人判处罚金的总额应掌握在共同走私行为偷逃应缴税额的 1 倍以上 5 倍以下。

需要指出的是，对于单位犯罪的，既要处罚单位，也要处罚单位直接负责的主管人员和其他直接责任人员。这里的直接负责的主管人员，是指对单位走私犯罪负有直接组织、策划、指挥责任的该单位的领导人员。并非所有的单位领导都构成犯罪，而是只有那些参与了单位走私的组织、策划、指挥活动的领导人员才能视为直接负责的主管人员。这里的其他直接责任人员是指直接负责的主管人员以外的其他直接从事单位走私活动或负责单位走私某部分工作的部门负责人、一般工作人员，他们不属于单位走私的决策者而是直接实施者。应当注意的是，在单位走私活动中，有人虽然直接参与了走私活动，但并不知情，缺乏走私故意，则不能把其视为直接责任人员而追究刑事责任。认定单位走私普通货物、物品罪，还应注意把它与那些貌似单位走私而实质是个人走私的行为区分开来。例如单位走私、违法所得归私人所有的，实际上单位走私已演变为个人走私，这属于以单位走私为幌子掩盖非法目的的个人走私行为，还有一些人组织非法单位或冒充某个单位进行走私，更与单位走私有实际差别。对此，应以个人走私对行为人进行处罚，防止其逃避罪责。①

六、司法检讨：经济学与（守法）教育学视角

(一) 经济学视角

运用经济学的理论来考量走私普通货物、物品罪的司法问题，此处关注的仍然是其定罪量刑中的供求平衡问题，以及重视以尽可能小的司法成本投入，争取尽可能大的司法收益。

1988 年通过了一个单行刑法，其中作了比较明确的规定，包括数额幅度的具体规定。这样已经实现了定罪量刑中的一个相对平衡。之后，1997 年全

---

① 参见王作富主编：《刑法分则实务研究》（上），中国方正出版社 2001 年版，第 360 页。

面修订刑法典时又基本吸纳了前述单行刑法中的相关罪状，但是，为了具体应用法律，仍然有必要对相关问题进一步明确。因此，2000年最高人民法院《解释》、2000年最高人民检察院《解释》和2002年"两院、一署"《意见》以及2006年最高人民法院《解释（二）》先后出台。由此不断实现一个动态的供求平衡。因为《刑法修正案（八）》的颁行，已经打破了原有的平衡格局，所以对于其中"偷逃应缴税额较大"、"偷逃应缴税额巨大或者有其他严重情节"、"偷逃应缴税额特别巨大或者有其他特别严重情节"等情形，目前尚无新的明确的相关司法解释的规定。因此，这表明该种需求还有待将来以尽可能小的成本争取尽可能大的收益的方式获得满足。

最后，也要考虑通过合理地惩治犯罪来促进经济的发展。对于本章前述案例而言，既要依法惩处犯罪及其责任人员，又要尽量使企业走向健康的发展道路，由此更有利于经济的发展。

（二）（守法）教育学视角

1. 定罪方面。走私普通货物、物品罪定罪中的惩教机制，也包括定罪与否的惩教机制、此罪而非彼罪的惩教机制、确定罪数的惩教机制。如第六章所述，三者的结构要素在教育内容与教育方式上略有差异。这里也着重探讨此罪定罪与否的惩教机制。守法的教育环节、教育者、教育对象和教育目的方面，与其他税收犯罪的同类结构要素大致相同，而主要不同之处，也在于教育方式和教育内容上。

此罪在立法上犯罪圈设计的优劣问题，必然导致定罪与否惩教结构的相应问题。前已述及，从1988年颁行的相关单行刑法开始，立法者已经将走私普通货物、物品的犯罪行为明确纳入犯罪规制之中，之后其打击范围曾经一度有所收缩，后又有所加大。司法实践必然受此影响。借助这种教育方式，在司法实践中，可以传达"海关法不可违、走私普通货物、物品罪不可犯"、保护合法以及因罪受罚或无罪不罚等教育内容。由此进一步达到惩罚犯罪、因果报应、教育行为人和其他人或者预防犯罪等目的。

同前，每一个涉嫌此罪的案件，也会涉及上述定罪与否惩教机制的几个结构要素问题。

还要指出，司法解释中也有此罪定罪与否的规定。这类规定是提供给司法人员具体运用法律的依据，它们既是司法人员忠诚型自我教育的内容，又是说服教育行为人服判的依据和内容。例如，依据2000年最高人民法院《解释》第10条第2款的规定，单位犯走私普通货物、物品罪的，偷逃应缴税额必须达到25万元以上。又如，根据2002年"两院、一署"《意见》第20条的规定，对单位和个人共同走私偷逃应缴税额为5万元以上不满25万元的，应当根据其在案件中所起的作用，区分不同情况做出是否追究刑事责任的处理。对此，将来需要适时适度调整其标准，与其他相关犯罪的规定相协调。

另外，在走私普通货物、物品罪定罪的惩教机能上，也受到前述结构要素的影响。当前此罪的惩教机制仍需进一步改进，通过完善一切有关罪的立法规定以及完善前述结构要素，在坚持罪刑法定原则以及保持适度的威慑型教育机能的基础上，推进其定罪机制的发展，使保护社会的积极机能与保障人权的积极机能最大化，以进一步提升忠诚型教育的积极机能。

2. 量刑方面。走私普通货物、物品罪量刑中的惩教机制，也包括司法解释涉及此罪量刑的惩教机制与此罪个案司法中量刑的惩教机制。在司法解释涉及此罪量刑的惩教结构上，教育环节、教育者、教育对象、教育目的与其定罪机制中的要素相同。这里，如前所述，在教育方式上，它主要表现为司法机关的"解释"、"意见"等表现形式以及刑种、刑量等。其中涉及的教育内容，主要表现为：前述2000年最高人民法院《解释》第10条、2002年7月8日《意见》第20条至第22条涉及的量刑规范，以及相关刑法法条的量刑规范等。而且，如前所述，对于立法中"偷逃应缴税额较大"、"偷逃应缴税额巨大或者有其他严重情节的"、"偷逃应缴税额特别巨大或者有其他特别严重情节的"，司法解释还要适当地进一步加以明确等。这些特殊规范主要是作为指导司法人员具体运用法律正确量刑的依据，是司法人员忠诚型自我教育的内容，又是说服行为人服从判决以及教育他人守法的依据。

另外，司法解释涉及此罪定罪量刑的惩教机能受制于前述各种结构要素，其机能值得加强。据海关总署有关负责人介绍，当前，反走私形势依然严峻。突出表现在：一是近年来海关查获走私犯罪案件案值持续上升，2012年达到347亿元，为近年来的新高；二是走私地域由东南沿海地区向西南、东北边境甚至内陆地区"漂移"，部分边境地区偷运走私多发；三是走私商品物品更加多样，电子产品、肉类产品、食糖、粮食等新热点不断出现；四是走私手法更加专业隐蔽，利用网络平台、境内外相互勾结等新手法层出不穷，并与洗钱、逃汇和骗退税等违法行为相交织。[①] 据此可见，打击此类犯罪任重道远。应当通过改进教育内容与教育方式，进一步提高这一特殊机制的威慑型守法教育、忠诚型守法教育和矫治型守法教育的效果。[②]

---

① 参见杜海涛："走私犯罪案件案值持续上升——十一部门联手开展打击走私"，载《人民日报》2013年8月24日第2版。

② 参见曾明生：《动态刑法的惩教机制研究——刑事守法教育学引论》，中国政法大学出版社2011年版，第24—26、45—46、129页。

此外，还要注意，此罪个案司法中的惩教机制问题。例如，就本章前述案例的判决结果而言，一审宣判后，姜××服判，不上诉。林××、张××、李××不服，提出上诉。高级人民法院裁定驳回上诉，维持原判，并且依法将此案报请最高人民法院核准林××死刑。应当说，其判决比较公正。但是，其中涉及诸多另案处理的问题。对此类似本书第十六章所述，对于另案处理的，其处理情况如何，不得而知。如此关联紧密的几个当事人，分案处罚，在一定程度上也可能影响其公正程度与教育效果。因此，其中威慑型守法教育、忠诚型守法教育和矫治型守法教育的效果可能打折。

总之，无论是司法解释中涉及走私普通货物、物品罪的惩教机制，还是其个案司法中的惩教机制，可能都值得进一步完善。

附录：相关法律、法规、规章及司法解释索引

1.1979 年刑法典中第 116 条、第 118 条和第 119 条；

2.1982 年 3 月 8 日《全国人民代表大会常务委员会关于严惩严重破坏经济的罪犯的决定》（自 1982 年 4 月 1 日起施行）第 1 条；

3.1988 年 1 月 21 日《全国人民代表大会常务委员会关于惩治走私罪的补充规定》第 4 条至第 6 条、第 8 条；

4.1997 年刑法典第 153 条至第 157 条；

5.2011 年 2 月 25 日《刑法修正案（八）》（自 2011 年 5 月 1 日起施行）第 27 条；

6.《税收征收管理法》(1992 年 9 月 4 日第七届全国人民代表大会常务委员会第二十七次会议通过　根据 1995 年 2 月 28 日第八届全国人民代表大会常务委员会第十二次会议《关于修改〈中华人民共和国税收征收管理法〉的决定》修正　2001 年 4 月 28 日第九届全国人民代表大会常务委员会第二十一次会议修订　自 2001 年 5 月 1 日起施行）第 90 条；

7.《海关法》(1987 年 1 月 22 日第六届全国人民代表大会常务委员会第十九次会议通过　2000 年 7 月 8 日第九届全国人民代表大会常务委员会第十六次会议《关于修改〈中华人民共和国海关法〉的决定》修正　自 2001 年 1 月 1 日起施行）第 23 条、第 53 条、第 54 条、第 82 条至第 84 条；

8.《烟草专卖法》(1991 年 6 月 29 日第七届全国人民代表大会常务委员会第二十次会议通过　自 1992 年 1 月 1 日起施行　根据 2009 年 8 月 27 日

《全国人民代表大会常务委员会关于修改部分法律的决定》修正）第 40 条；

9. 2000 年 9 月 26 日《最高人民法院关于审理走私刑事案件具体应用法律若干问题的解释》（自 2000 年 10 月 8 日起施行）第 6 条至第 8 条、第 10 条；

10. 2000 年 10 月 16 日《最高人民检察院关于擅自销售进料加工保税货物的行为法律适用问题的解释》；

11. 2002 年 7 月 8 日《最高人民法院、最高人民检察院、海关总署关于办理走私刑事案件适用法律若干问题的意见》第 8 条至第 15 条、第 20 条至第 24 条。

第二十一章　徇私舞弊不征、少征税款罪

案例概要

蒙×任X市地方税务局Y税务分局局长职务，1997年12月，他在职务工作中从市信用联社的纳税申报表中，发现该联社及其下属的Z信用社尚欠应缴税款共计95018.14元。蒙×便主动找到市信用联社的领导及财务科科长，以分局经费紧张为借口，要求该社赞助6万元现金，就不再征收应缴的95018.14元税款。对方表示同意其要求后，蒙×指使税务分局副局长潘××及其弟弟分别到信用社财务处收取了4万元和2万元现金。潘收得4万元现金中的1.2万元及蒙×弟弟所收2万元，根据蒙×的安排交给了蒙×。上述6万元的"赞助费"，没有入单位账户，其中3.2万元被蒙×个人挥霍。案发后，蒙×的亲属已代其退还赃款3.2万元。另查明，X市信用联社及Z信用社1997年尚欠应缴税款95018.14元，至法院裁判时尚未补征。一审法院认为，公诉机关指控蒙×犯徇私舞弊不征、少征税款罪不成立。依法判决蒙×犯受贿罪，判处有期徒刑2年6个月，缓刑3年；赃款3.2万元，予以追缴，上缴国库。一审宣判后，蒙×未提起上诉，检察机关未提出抗诉。判决已发生法律效力。[①]

【1.说明：此案经过各个诉讼环节，其中相关程序分析，可参阅总论部分的有关内容以及本书后附录中的刑事诉讼法。2.思考：裁判公正吗？为什么？】

第一节　徇私舞弊不征、少征税款罪的立法沿革及检讨

徇私舞弊不征、少征税款罪，是指税务人员徇私舞弊，不征或者少征应征税款，致使国家税收遭受重大损失的刑事违法行为。这里，首先对我国刑法中

[①] 此案例原载《刑事审判参考》2003年第4辑（总第33辑）。

· 437 ·

此罪的立法规定进行简要介绍，然后从经济学与（守法）教育学视角对其加以检视和讨论。

一、1997年刑法典生效前徇私舞弊不征、少征税款罪的立法规定

新中国成立之初，为了保证税收征收工作的顺利进行，我国已出台了若干税收法规。其中1950年《新解放区农业税暂行条例》第28条规定，"行政人员在征粮工作中徇私舞弊，或违法失职，致使国家、人民遭受损失者，予以行政处分，情节重大者送人民法院处理。"在1958年《农业税条例》第29条中，也规定了行政人员征税失职，徇私舞弊送人民法院处理的内容等。当然，起草中的刑法有关条文并无法律效力。然而，在1979年刑法典中，明确涉及税收犯罪的条款只有第121条关于偷税、抗税犯罪的规定。因此，对于渎职不征或者少征应征税款的犯罪行为，也主要依赖该法典中第187条玩忽职守罪和第185条受贿罪来应对了。其中第187条规定，"国家工作人员由于玩忽职守，致使公共财产、国家和人民利益遭受重大损失的，处5年以下有期徒刑或者拘役。"而且，正如1992年《税收征收管理法》第54条第1款规定，"税务人员玩忽职守，不征或者少征应征税款，致使国家税收遭受重大损失的，依照刑法典第187条的规定追究刑事责任；未构成犯罪的，给予行政处分。"该法第55条规定，"违反法律、行政法规的规定，擅自决定税收的开征、停征或者减税、免税、退税、补税的，除依照本法规定撤销其擅自作出的决定外，补征应征未征税款，退还不应征收而征收的税款，并由上级机关追究直接责任人员的行政责任。"另外，该法第53条还规定，"税务人员利用职务上的便利，收受或者索取纳税人、扣缴义务人财物，构成犯罪的，按照受贿罪追究刑事责任；未构成犯罪的，给予行政处分。"对此，1995年修正《税收征收管理法》时，仍然维持了以上条文的规定。这表明当时依赖关于玩忽职守罪甚至受贿罪来应对的状况并未改变。

二、现行刑法中徇私舞弊不征、少征税款罪的立法规定

1997年全面修订刑法典时，在法典中增加了徇私舞弊不征、少征税款罪（即第404条）的规定。其中规定，"税务机关的工作人员徇私舞弊，不征或者少征应征税款，致使国家税收遭受重大损失的，处5年以下有期徒刑或者拘役；造成特别重大损失的，处5年以上有期徒刑。"这主要是因为顺应罪刑法

定原则的要求，把《税收征收管理法》中追究刑事责任的有关内容修改后纳入刑法中的缘故。不过，需要指出的是，其中对不征或者少征应征税款的犯罪的行为特征作了修正，即把"玩忽职守"改为"徇私舞弊"。其修改的理由，主要是因为在税收征收中的玩忽职守犯罪，可以适用刑法典中第397条以玩忽职守罪予以追究。而徇私舞弊行为，危害性更大，同时刑法典第399条规定的徇私枉法罪的主体只限于司法工作人员，所以，对在税收征收中的徇私舞弊犯罪单独作出规定，是必要的。

三、立法检讨：经济学与（守法）教育学视角

（一）经济学视角

从我国徇私舞弊不征、少征税款罪的立法史看，其立法经历了一个由无到有、由适用类推到遵循罪刑法定原则的过程，它也是一个立法上追求和实现供求平衡的过程。在1997年全面修订刑法典时，达到了一种新的平衡并保持了下来。

另外，我国有关此罪的立法史，也应当是一个追求以尽可能小的立法成本获取尽可能大的立法收益的过程。在立法方式上，同本书第六章所述。在立法内容上，起初依赖关于玩忽职守罪来应对，后来对之作出修正并纳入1997年刑法典，虽然增加了立法成本，但是也因此增添了相应的立法收益，是值得的。

（二）（守法）教育学视角

徇私舞弊不征、少征税款罪与其他税收犯罪在立法中的惩教结构六大组成要素上，教育环节、教育者、教育对象、教育目的通常相同。不同的主要是其教育的内容和方式。

此罪立法中的惩教结构之教育内容：一是此罪立法中的行为规范（"禁止徇私舞弊不征、少征税款的犯罪"）；二是此罪立法中具体的裁判规范和执行规范，这是对司法人员忠诚型守法教育的内容，也是对一般人的威慑型守法教育和忠诚型守法教育的内容，又是对罪犯的矫治型守法教育的内容。[①] 其主要表现为：前述1979年刑法典第187条、1997年刑法典第404条的规定等。此外，还有税收法规的相关内容。

[①] 参见曾明生：《动态刑法的惩教机制研究——刑事守法教育学引论》，中国政法大学出版社2011年版，第24—26、45—46、129页。

在此罪立法中的教育方式上，采用可能性的惩罚后果（有期徒刑、拘役等）相威慑的方式，或者说，以"犯罪处刑"的方式，表达"禁止犯罪"的内容。在立法犯罪圈方面，原来是玩忽职守的过失犯罪，后来修改为徇私舞弊的故意犯罪，由于玩忽职守的过失犯罪的部分可以依照玩忽职守罪处理，因此，修改后的立法实际上在一定程度上扩大了对犯罪的打击范围。当然，犯罪圈大小的变化，应以是否更有利于惩治犯罪为原则。

上述结构要素的发展变化，已经影响此罪立法中的惩教机能。1979年刑法典中没有徇私舞弊不征、少征税款犯罪的明确规定，因此，曾经仅靠口袋罪或类推制度来处理。这种打击的威慑型教育机能似乎较强，但是，因其法定刑较轻，使其威慑力仍有不足，而且鼓励民众对法律忠诚型的教育机能较弱。后来，随着刑法典的修订，通过明确法条内容的方式来实现有法可依，也使罪刑逐渐趋于均衡。这样，有利于在适当强调其威慑型教育机能的基础上，增强其法律忠诚型教育机能。诚然，当前这种惩教机制仍需进一步改进。通过完善前述结构要素，推进其立法中的惩教机制的发展，进一步提升忠诚型教育的积极机能。

第二节 徇私舞弊不征、少征税款罪的成立要件

我国刑法传统理论通常从四要件构成特征来分析犯罪，也有学者只从客观构成要件和主观构成要件两方面加以分析，还有学者从罪体、罪责和罪量方面来探讨。这些均有一定的合理性。然而，我们认为，是否成立犯罪，也可先考察其行为是否具备法益侵害性，若具备法益侵害性，则进一步分析其行为是否具备刑事违法性。[①] 以下将结合前述案例概要进行分析。

一、法益侵害性

法益遭受了侵害，这种侵害是人的行为造成的。

（一）犯罪客体要件

我国对税收的征收管理已规定了严格的制度，目前已有一些相关的法律依

[①] 参见曾明生：《动态刑法的惩教机制研究——刑事守法教育学引论》，中国政法大学出版社2011年版，第170—171页。

据。例如，《税收征收管理法》第9条第3款规定，"税务人员不得索贿受贿、徇私舞弊、玩忽职守、不征或者少征应征税款"等。该法第82条第1款还对违反这一禁令的行为设置了相应的法律责任。由此可见，税收征收管理的制度秩序是受法律保护的。而设定徇私舞弊不征、少征税款行为的法律责任，是因为这些行为破坏了税收征收管理的制度秩序等法益。亦即，徇私舞弊不征、少征税款罪侵犯的直接客体是税务人员对职务的忠诚性、廉洁性和税收征收管理的制度秩序以及国家财产所有权。

（二）犯罪客观要件

行为人违反国家税收法规，实施了徇私舞弊，不征或者少征应征税款的行为。至于其行为的情节严重程度以及是否产生一定的危害结果，将于后文有无事由阻却性部分中述及。这里着重对以下问题进行探讨。此处的徇私舞弊与玩忽职守是有区别的。玩忽职守通常是指严重不负责任，不履行或不正确履行自己的工作职责。而这里的徇私舞弊，是指为徇私情、私利，违反规定，对应当征收的税款擅自决定停征、减征或者免征，或者伪造材料，隐瞒情况，弄虚作假，不征、少征应征税款的情形。其中擅自行为包括为徇私情对应当征收税款的不征收，对应当多征收税款的少征收；对纳税人欠缴税款的，本应通知银行或其他金融机构从纳税人存款中扣缴，而不通知；以及对应当扣押、查封、拍卖价值与欠税人应缴税款相当的物品，而不扣押、查封、拍卖等。[①]

在前述"索取赞助费案"中，蒙×在职务工作中，发现该联社及其下属Z信用社尚欠应缴巨额税款，便主动索取"赞助费"6万元现金，作为交换条件是，不再征收应缴的95018.14元税款。蒙×指使潘××及其弟弟收取现金。上述6万元没有入单位账户，其中3.2万元被蒙×个人挥霍。X市信用联社及Z信用社1997年尚欠应缴税款95018.14元，至法院裁判时尚未补征。据此可见，蒙×实施了索贿行为以及"徇私舞弊不征税款"的行为，潘××和蒙×的弟弟实施了收取赞助费的行为，X市信用联社实施了行贿的行为。其行为已破坏了公务廉洁的制度秩序和国家税收征管的制度秩序，也侵害了国家财产所有权，已具有法益侵害性。

二、刑事违法性

如前所述，危害税收征管秩序的违法行为符合法益侵害性，但是，在司法

[①] 参见胡康生、李福成主编：《中华人民共和国刑法释义》，法律出版社1997年版，第576页。

领域认定是否成立犯罪，最终的关键就是，判断行为是否具有刑事违法性。具有刑事违法性，必须同时具备四要件齐备性与无事由阻却性。当然，否定刑事违法性，只要否定其中任何一个（四要件齐备性或者无事由阻却性）即可。

（一）四要件齐备性

除了犯罪客体要件和犯罪客观要件外，还必须具备犯罪主体要件和犯罪主观要件。

1. 犯罪主体要件。此罪的行为主体是税务人员，亦即，在税务机关从事税收征收管理工作的国家机关工作人员。在前述"索取赞助费案"中，蒙×、潘××符合其行为主体条件。

2. 犯罪主观要件。此罪的犯罪主观要件是故意。它要求行为人明知不征、少征税款的行为会发生危害社会的结果，但是出于徇私的动机而希望或者放任这种结果的发生。在本章前述案例中，蒙×主动索要6万元赞助费，作为交换条件是，不再征收市信用联社的应缴巨额税款。对方表示同意。后来6万元的"赞助费"，没有入单位账户，其中3.2万元被蒙×个人挥霍。据此可见，蒙×属于明知故犯，具有徇私舞弊不征税款的故意和索贿故意；市信用联社的领导及财务科科长具有行贿故意，但是体现了单位意志；潘××在蒙×的指使下具有帮助的故意，因为他知道或者应当知道非法而予以帮助。蒙×之弟是否具有帮助的故意取决于他是否存在"明知"的问题，若他不知内情，无法合乎常理推知违法之事，则不宜认定为故意。

通过以上分析可知，蒙×、潘××的相关行为，已经具备了上述四个要件，符合了徇私舞弊不征税款罪所要求的四要件齐备性。蒙×之弟若缺乏帮助不法的故意，则和市信用联社一样因缺乏有关要件而不具有此罪的四要件齐备性。

（二）无事由阻却性

虽然具有四要件齐备性，但是要成立徇私舞弊不征、少征税款罪，还必须排除刑事违法性阻却事由。从刑法规定看，此罪也不存在正当防卫、紧急避险和附条件不追究刑事责任等阻却事由。此处的刑事违法性阻却事由，只剩下刑法典第13条但书的规定了，即"情节显著轻微危害不大"的情形。

因此，这里的无事由阻却性，就是要排除前述但书的情形。或者说，违法情节和客观危害，必须达到足够的程度。其法定最低罪量要素是致使国家税收遭受重大损失。这里的致使国家税收遭受重大损失，依据1999年最高人民检察院在有关《立案标准的规定（试行）》中的规定，是指具有下列情形之一的：1. 为徇私情、私利，违反规定，对应当征收的税款擅自决定停征、减征或者免征，或者伪造材料，隐瞒情况，弄虚作假，不征、少征应征税款，致使国家税收损失累计达 10 万元以上的；2. 徇私舞弊不征、少征应征税款不满 10 万元，但具有索取或者收受贿赂或者其他恶劣情节的。然而，后来 2006 年最高人民检察院的立案标准对此作出补充修改，即具有下列情节之一：1. 徇私舞弊不征、少征应征税款，致使国家税收损失累计达 10 万元以上的；2. 上级主管部门工作人员指使税务机关工作人员徇私舞弊不征、少征应征税款，致使国家税收损失累计达 10 万元以上的；3. 徇私舞弊不征、少征应征税款不满 10 万元，但具有索取或者收受贿赂或者其他恶劣情节的；4. 其他致使国家税收遭受重大损失的情形。亦即，若其达到前述法定最低罪量，则排除了事由阻却性。

综上所述，当其行为同时具有四要件齐备性与无事由阻却性，它就具有了刑事违法性，可以认定其成立徇私舞弊不征、少征税款罪。在本章前述案例中，一审法院认为，该笔税款虽然至法院裁判时尚未补征入库，但根据欠税单位的经济状况，尚可补征，蒙×不征税款的行为并未致使国家的税款无法征收而实际造成损失。徇私舞弊不征、少征税款罪的构成要件之一是行为人的行为致使国家的税收造成重大损失。因此，蒙×的行为不构成徇私舞弊不征、少征税款罪。其实，这是在 1999 年司法解释颁行之前处理的。我们认为，若此类行为发生在前述 1999 年司法解释颁行之后，则应当认为成立徇私舞弊不征、少征税款罪；同时也成立受贿罪。不过，其中存在下文述及的交叉性的法条竞合情形，也是前文第 4 章所述及的一个过剩的犯罪行为。

第三节　徇私舞弊不征、少征税款罪的司法认定

本节先从规范刑法学的视角对定罪（罪与非罪、此罪与彼罪、共同犯罪、一罪与数罪）和量刑中的若干问题进行讨论，然后分别从经济学与（守法）教育学两个视角进行司法检讨。

一、罪与非罪

如前所述，成立徇私舞弊不征、少征税款罪，必须同时具有上述四要件齐备性与无事由阻却性。若徇私舞弊不征、少征税款的行为尚未致使国家税收遭受重大损失，又不构成其他罪的，则阻却了刑事违法性，属一般违法行为。

二、此罪与彼罪

(一) 徇私舞弊不征、少征税款罪与逃税罪的界限

主要区别：1. 客体要件不同。两罪在侵犯税收征管的制度秩序上相同，但是前者还直接侵犯税务人员对职务的忠诚性、廉洁性，后者则无此要求。2. 客观方面有所不同。前者表现为徇私舞弊，不征或者少征应征税款，致使国家税收遭受重大损失的行为；而后者表现为纳税人采取欺骗、隐瞒手段进行虚假纳税申报或者不申报，逃避缴纳税款数额较大并且占应纳税额10%以上的行为，或者扣缴义务人采取前列手段，不缴或者少缴已扣、已收税款，数额较大的行为。3. 主体要件不同。前者的行为主体是税务机关的工作人员；而后者的行为主体通常只有纳税人和扣缴义务人。4. 主观要件不同。前者的主观目的是不征、少征税款（或因此非法获利或者其他私人目的等）；而后者的主观目的是不缴或少缴应纳税款（或因此非法获利等）。①

(二) 徇私舞弊不征、少征税款罪与徇私舞弊不移交刑事案件罪的界限

主要区别：1. 客体要件不同。两罪在侵犯职务的忠诚性、廉洁性上相同，但是前者还直接侵犯税收征管的制度秩序，而后者还直接侵犯司法活动的正常秩序。2. 行为表现不同。前者表现为徇私舞弊，不征或者少征应征税款，致使国家税收遭受重大损失；而后者表现为徇私舞弊，对依法应当移交司法机关追究刑事责任的不移交，情节严重的。3. 行为主体不同。前者的行为主体是税务人员，而后者的行为主体是行政执法人员。因此，税务人员徇私舞弊，对依法应当移交司法机关追究刑事责任的不移交，情节严重的，依法追究徇私舞弊不移交刑事案件罪的刑事责任。

三、共同犯罪

徇私舞弊不征、少征税款罪的共同犯罪，包括税务人员之间实施的共同犯罪，也包括税务人员与非税务人员实施的共同犯罪等，通常是个人与个人之间的共同犯罪类型。

若税务人员与偷逃税款、逃避追缴欠税的犯罪分子相勾结，而不征或少征

---

① 参见曾明生编著：《经济刑法一本通》，载小白马法律博客网站，http://lawlife1.fyfz.cn/b/224035，访问日期：2012年9月20日。

应征税款的，则如何处理？对此有不同观点。有人认为，对其中税务人员应当以徇私舞弊不征、少征税款罪追究刑事责任。这样既能体现对国家机关工作人员犯罪从重处罚的原则，也符合立法者对税务人员徇私舞弊不征、少征税款规定单独罪名的本意。[①] 也有人认为，对此应当按照刑法共同犯罪的规定处罚。[②] 我们认为，两种主张均有合理性。但是，在法律没有对此竞合情形作出明确处罚规定时，应择一重处。

在本章前述案例中，蒙×、潘××的相关行为，成立共同犯罪，蒙×是主犯，潘××是从犯。

四、一罪与数罪

行为人因受贿而舞弊，违法不征、少征税款的，其中两个交叉行为（受贿行为和徇私舞弊行为）中，只有一个行为达到追究刑事责任标准的，则显然为一罪。对于其中存在交叉关系的两个行为，均达到追究刑事责任标准的，应如何定罪处罚？对此学界有不同的观点。有人认为，此为牵连犯，应择一重处。也有人认为，应实行两罪并罚。后者的理由主要是：（1）此处受贿行为与不征、少征税款的行为之间有一定的牵连关系（原因与结果的牵连），但是对于牵连犯，理论上是择一重处，而在我国的立法及司法解释中并非完全按这一原则行事。比如最高人民法院《关于审理挪用公款案件具体应用法律若干问题的解释》第7条规定，因挪用公款而受贿或进行非法活动构成其他犯罪的，实行数罪并罚。（2）在刑法典渎职罪中，绝大多数渎职犯罪都可能是出于贪赃、徇私的动机，但综观该章的20多个条文30多个罪名，只有第399条第3款规定司法工作人员因贪赃而徇私枉法或枉法裁判同时又构成受贿罪的，依照处罚较重的规定定罪处罚，别无相同规定。可以理解为该条款是对因贪赃而渎职应实行数罪并罚的例外规定。因而在其他渎职犯罪中，行为人因贪赃又构成受贿罪的，均应数罪并罚。否则，第399条第3款的规定即为多余。因此，税务人员受贿后又徇私舞弊不征、少征税款的行为构成受贿罪和徇私舞弊不征、少征税款罪，应数罪并罚。[③] 我们认为，该种情形貌似牵连犯却不是牵连犯，因为其中两个行为（受贿行为和徇私舞弊行为）存在法条竞合的交叉

---

① 参见王作富主编：《刑法分则实务研究》（第3版），中国方正出版社2007年版，第1954页。

② 参见曹子丹、侯国云主编：《中华人民共和国刑法精解》，中国政法大学出版社1997年版，第372页。

③ 参见孙力、梅传强主编：《刑事案例诉辩审评——危害税收征管罪》，中国检察出版社2006年版，第341—342页。

关系，所以是法条竞合。为了更好地贯彻罪责刑相适应原则，适用重法优于轻法原则，应择一重罪处断。通常认为，是否具有法条竞合关系，并不取决于案件事实，而是取决于法条之间是否存在包容与交叉关系。[①] 据此，不难发现，刑法典第 385 条第 1 款规定的受贿罪与刑法典第 404 条规定的徇私舞弊不征、少征税款罪之间，确实存在法条竞合关系。因为"税务机关的工作人员"属于"国家工作人员"，而且，"利用职务便利索取他人财物或者非法收受他人财物"属于"徇私"的一种表现形式；还有，"不征或者少征税款"也是"为他人谋取利益的"一种客观表现，其中也蕴含"为他人谋取利益的"主观意思。对于前述应数罪并罚的观点，有重复评价之嫌。至于为了防止评价不足和处罚过轻的问题，可考虑择一重罪处断并依据其另一情节酌情从重处罚。

五、徇私舞弊不征、少征税款罪的量刑

（一）法定刑幅度的确定

根据我国刑法典第 404 条的规定，此罪的法定刑幅度有两个："处 5 年以下有期徒刑或者拘役"，以及"处 5 年以上有期徒刑"。

适用第一量刑档的条件是具备此罪的基本处罚事由，即："税务机关的工作人员徇私舞弊，不征或者少征应征税款，致使国家税收遭受重大损失的"。对此适用条件的具体分析，在前节已述。适用第二量刑档的条件是具备此罪的加重处罚事由，即：前述行为"造成特别重大损失的"。目前尚无明确的相关司法解释的规定。依据 2001 年《人民检察院直接受理立案侦查的渎职侵权重特大案件标准（试行）》第 12 条的规定，对于徇私舞弊不征、少征税款案，重大案件的标准是造成国家税收损失累计达 30 万元以上的；特大案件的标准是造成国家税收损失累计达 50 万元以上的。我们认为，可以参考其中标准，宜将"造成特别重大损失的"解释为："造成国家税收损失累计达 50 万元以上的；造成国家税收损失累计达 30 万元以上不满 50 万元，但具有索取、收受贿赂或者其他恶劣情节的；或者其他致使国家利益遭受特别重大损失的情形"。

（二）量刑情节的综合考量

应当根据刑法典第 61 条至第 64 条的量刑规定，对犯罪的事实、犯罪的性

---

① 参见张明楷："法条竞合中特别关系的确定与处理"，载《法学家》2011 年第 1 期，第 30—31 页；另见吴振兴：《罪数形态论》，中国检察出版社 1996 年版，第 173 页。

质、情节和对于社会的危害程度，依照刑法的有关规定判处，等等。其中要注意基本处罚事由、加重处罚事由等几种事由。

六、司法检讨：经济学与（守法）教育学视角

（一）经济学视角

运用经济学的理论来考量徇私舞弊不征、少征税款罪的司法问题，此处关注的仍然是其定罪量刑中的供求平衡问题，以及重视以尽可能小的司法成本投入，争取尽可能大的司法收益。

1979年刑法典没有明确规定徇私舞弊不征、少征税款的犯罪，当时主要依赖玩忽职守罪和受贿罪来应对。因此，关于玩忽职守罪和受贿罪的司法解释，在一定程度上可能有助于满足打击该罪的需要。之后，在1997年刑法典中对此罪作了较为明确的规定，由此在立法上达到一个供求平衡。为了具体应用法律，新的司法解释出台，对于其中追诉标准中"重大损失的"，先后主要颁行了1999年司法解释和2006年司法解释，但是，对于其中"造成特别重大损失的"，目前尚无明确的相关司法解释的规定。因此，这表明该种需求还有待将来以尽可能小的成本争取尽可能大的收益的方式获得满足。

最后，还要考虑通过合理地惩治犯罪来促进经济的发展。对于本章前述案例而言，既要依法惩处犯罪及其责任人员，又要尽量使信用社走向健康的发展道路，由此更有利于经济的发展。

（二）（守法）教育学视角

1. 定罪方面。徇私舞弊不征、少征税款罪定罪中的惩教机制，也包括定罪与否的惩教机制、此罪而非彼罪的惩教机制、确定罪数的惩教机制。如第六章所述，三者的结构要素在教育内容与教育方式上略有差异。这里也着重探讨此罪定罪与否的惩教机制。守法的教育环节、教育者、教育对象和教育目的方面，与其他税收犯罪的同类结构要素大致相同，而主要不同之处，也在于教育方式和教育内容上。

此罪在立法上犯罪圈设计的优劣问题，必然导致定罪与否惩教结构的相应问题。前已述及，此罪曾经扩大了对犯罪的打击范围。当然，犯罪圈大小的变化，应以是否更有利于惩治犯罪为原则。借助这种教育方式，在司法实践中，可以传达"税收法不可违，徇私舞弊不征、少征税款罪不可犯"、保护合法以及因罪受罚或无罪不罚等教育内容。由此进一步达到惩罚犯罪、因果报应、教育行为人和其他人或者预防犯罪等目的。

同前，每一个涉嫌此罪的案件，也会涉及上述定罪与否惩教机制的几个结构要素问题。

还要指出，司法解释中也有此罪定罪与否的规定。这类规定是提供给司法人员具体运用法律的依据，它们既是司法人员忠诚型自我教育的内容，又是说服教育行为人服判的依据和内容。如前已述，1999 年《立案标准的规定（试行）》中规定了应予立案的两种情形。后来，2006 年的立案标准又增补了两种情形。其中对"其他恶劣情节"、"其他致使国家利益遭受重大损失的情形"，甚至其中标准的调整，将来还可能进一步完善。

另外，在徇私舞弊不征、少征税款罪定罪的惩教机能上，也受到前述结构要素的影响。当前此罪的惩教机制仍需进一步改进，通过完善一切有关定罪的立法规定以及完善前述结构要素，在坚持罪刑法定原则以及保持适度的威慑型教育机能的基础上，推进其定罪机制的发展，以进一步提升忠诚型教育的积极机能。

2. 量刑方面。徇私舞弊不征、少征税款罪量刑中的惩教机制，也包括司法解释涉及此罪量刑的惩教机制与此罪个案司法中量刑的惩教机制。在司法解释涉及此罪量刑的惩教结构上，教育环节、教育者、教育对象、教育目的与其定罪机制中的要素相同。这里，在教育方式上，它的主要表现也如前已述。其中涉及的教育内容，主要表现为：前述 1999 年司法解释中第 12 条、2006 年司法解释中第 14 条涉及的量刑规范，以及相关刑法法条的量刑规范等。而且，如前所述，对"造成特别重大损失的"，司法解释还要适当地进一步加以明确等。这些特殊规范主要是作为指导司法人员具体运用法律正确量刑的依据，是司法人员忠诚型自我教育的内容，又是说服行为人服从判决以及教育他人守法的依据。

另外，司法解释涉及此罪定罪量刑的惩教机能受制于前述各种结构要素，其机能值得加强。应当通过改进教育内容与教育方式，进一步提高这一特殊机制的威慑型守法教育、忠诚型守法教育和矫治型守法教育的效果。[①]

此外，还要注意，此罪个案司法中的惩教机制问题。比如，就本章前述案例中的判决结果而言，一审宣判后，蒙×未提起上诉，检察机关亦未提出抗诉。这虽然貌似公正，但是也必须注意到，依照当时的标准，蒙×不成立徇私舞弊不征、少征税款罪，似乎合理；然而，1999 年司法解释出台之后，此类行为应依法按照徇私舞弊不征、少征税款罪立案追诉。这表明司法实践中法制

[①] 参见曾明生：《动态刑法的惩教机制研究——刑事守法教育学引论》，中国政法大学出版社 2011 年版，第 24—26、45—46、129 页。

的统一性存在一定的问题。另外,法院依法判决蒙×犯受贿罪,还应同时以司法建议的方式,建议有关行政机关依法追究行贿人因没有达到单位行贿罪追诉标准而要承担相应的行政责任和经济责任。如前已述,鉴于在理论界甚至实务界还存在一罪与数罪的争议,因此,该判决结果的公信力易受质疑。其威慑型守法教育机能、忠诚型守法教育机能甚至矫治型守法教育机能也可能因之受损。

总之,无论是司法解释中涉及徇私舞弊不征、少征税款罪的惩教机制,还是其个案司法中的惩教机制,可能都值得进一步完善。

附录:相关法律、法规、规章及司法解释索引

1. 1979 年刑法典第 121 条、第 187 条;

2. 1997 年刑法典第 404 条;

3. 1992 年 9 月 4 日《税收征收管理法》(自 1993 年 1 月 1 日起施行)第 53 条至第 55 条;

5. 《税收征收管理法》(1992 年 9 月 4 日第七届全国人民代表大会常务委员会第二十七次会议通过 根据 1995 年 2 月 28 日第八届全国人民代表大会常务委员会第十二次会议《关于修改〈中华人民共和国税收征收管理法〉的决定》修正 2001 年 4 月 28 日第九届全国人民代表大会常务委员会第二十一次会议修订 自 2001 年 5 月 1 日起施行)第 82 条等;

5. 1985 年 7 月 18 日《最高人民法院、最高人民检察院关于当前办理经济犯罪案件中具体应用法律的若干问题的解答(试行)》第 2 条;

6. 1987 年 8 月 31 日《最高人民检察院关于正确认定和处理玩忽职守罪的若干意见(试行)》第 1 条至第 5 条;

7. 1999 年 9 月 9 日《最高人民检察院关于人民检察院直接受理立案侦查案件立案标准的规定(试行)》第 12 条;

8. 2006 年 7 月 26 日《最高人民检察院关于渎职侵权犯罪案件立案标准的规定》第 14 条。

第二十二章　徇私舞弊发售发票、抵扣税款、出口退税罪

案例概要

2002年1月，郑×为了从税务专管员魏×处获得好处，多次宴请魏×，赠送礼品，并邀其到多地旅游。此外，魏×还收受郑×的巨额礼金等。2002年3月至2004年2月，魏×明知郑×的两个公司系虚假出资登记注册，却隐瞒真相，作出违背事实和原则的调查报告，使其公司违规取得一般纳税人资格。之后，魏×又在审查上述公司增值税专用发票用票量、票面金额及发售增值税专用发票过程中，违规审批，发售增值税专用发票共计690份给上述两个公司。郑×则将其中419份增值税专用发票用于虚开骗取国家税款，造成国税直接损失高达22万余元。2004年2月15日，魏×主动向有关机关交代自己的情况，认罪态度较好，积极、主动地上缴了收受的礼品及现金，认罪态度较好，有悔罪表现。后来，法院依法判决魏×犯徇私舞弊发售发票罪，判处有期徒刑6年；没收其非法所得，上缴国库。①

【1.说明：此案经过各个诉讼环节，其中相关程序分析，可参阅总论部分的有关内容以及本书后附录中的刑事诉讼法。2.思考：裁判公正吗？为什么？】

第一节　徇私舞弊发售发票、抵扣税款、出口退税罪的立法沿革及检讨

徇私舞弊发售发票、抵扣税款、出口退税罪，是指税务人员违反法律、行政法规的规定，在办理发售发票、抵扣税款、出口退税工作中，徇私舞弊，致

---

① 参见孙力、梅传强主编：《刑事案例诉辩审评——危害税收征管罪》，中国检察出版社2006年版，第360—361页。此案例也不是新近发生的，因其具有历史比对性和案情代表性，故本书仍然将之收录于此。

使国家利益遭受重大损失的刑事违法行为。这里,首先对我国刑法中此罪的立法规定进行简要介绍,然后从经济学与(守法)教育学视角对其加以检视与讨论。

一、1997年刑法典生效前徇私舞弊发售发票、抵扣税款、出口退税罪的立法规定

如前所述,1979年刑法典明确涉及税收犯罪的条款只有第121条关于偷税、抗税犯罪的规定,关于发票犯罪的只有第124条关于伪造税票犯罪的规定。而我国刑法对徇私舞弊发售发票、抵扣税款、出口退税罪的立法规定,从源流意义上首次出现在前述1995年关于惩治增值税专用发票犯罪的单行刑法中。其中第9条规定,"税务机关的工作人员违反法律、行政法规的规定,在发售发票、抵扣税款、出口退税工作中玩忽职守,致使国家利益遭受重大损失的,处5年以下有期徒刑或者拘役;致使国家利益遭受特别重大损失的,处5年以上有期徒刑。"显然,这一立法为惩治非法发售发票、抵扣税款、出口退税犯罪提供了明确的法律依据,有利于打击此类犯罪行为。但是,其中也存在不足之处。对此下文将会述及。

二、现行刑法中徇私舞弊发售发票、抵扣税款、出口退税罪的立法规定

1997年刑法典第405条第1款是在前述1995年单行刑法中第9条相关规定的基础上,对徇私舞弊发售发票、抵扣税款、出口退税罪作出的规定。其中规定:"税务机关的工作人员违反法律、行政法规的规定,在办理发售发票、抵扣税款、出口退税工作中,徇私舞弊,致使国家利益遭受重大损失的,处5年以下有期徒刑或者拘役;致使国家利益遭受特别重大损失的,处5年以上有期徒刑。"不难发现,该条款对原法条主要修改是,把"玩忽职守"改为"徇私舞弊"。至于徇私舞弊与玩忽职守的区别,在前一章已述。其修改的理由,主要是因为在发售发票、抵扣税款、出口退税工作中的玩忽职守犯罪,可以适用刑法典中第397条以玩忽职守罪予以追究。而徇私舞弊行为,危害性更大,同时刑法典第399条规定的徇私枉法罪的主体只限于司法工作人员,所以,对在发售发票、抵扣税款、出口退税工作中的徇私舞弊犯罪单独作出规定,是必

要的。①

三、立法检讨：经济学与（守法）教育学视角

（一）经济学视角

从我国徇私舞弊发售发票、抵扣税款、出口退税罪的立法史看，其立法也经历了一个由无到有、由适用类推到遵循罪刑法定原则的过程，它也是一个立法上不断追求和实现供求平衡的过程。如前所述，为了满足惩治发票犯罪的现实需求，1995 年单行刑法对发票犯罪（包括此罪的近似犯罪）作出规定，由此实现一个相对的供求平衡。后来，在 1997 年全面修订刑法典时，这种平衡在作了一点调整后，基本保持了下来。

另外，我国有关此罪的立法史，应当也是一个追求以尽可能小的立法成本获取尽可能大的立法收益的过程。在立法方式上，同本书第六章所述。在立法内容上，1995 年有关单行刑法较为明确地规定了非法发售发票、抵扣税款、出口退税的犯罪条文，这虽然增加了立法成本，但是也增加了一定的社会收益。比如，它为司法实践提供了较为明确的适用依据以及增强了刑罚的威慑力。然而，1997 年刑法典对之又作出修正，虽然立法成本增加，但是也因此增添了立法收益，扩大了对犯罪的打击范围，使之与惩处犯罪的需要相适应。鉴于这种修改时间间隔较短，因此，原来的立法成本并没有使其本来的立法收益发挥到极致。这说明应当更加强调立法的前瞻性。

（二）（守法）教育学视角

徇私舞弊发售发票、抵扣税款、出口退税罪与其他税收犯罪在立法中的惩教结构六大组成要素上，教育的环节、对象、目的和教育者通常相同。不同的主要是其教育的内容和方式。

此罪立法中的惩教结构之教育内容：一是此罪立法中的行为规范（"禁止徇私舞弊发售发票、抵扣税款、出口退税的犯罪"）；二是此罪立法中具体的裁判规范和执行规范，这是对司法人员忠诚型守法教育的内容，也是对一般人的威慑型守法教育和忠诚型守法教育的内容，又是对罪犯的矫治型守法教育的内容。② 其主要表现为：前述 1995 年相关单行刑法中第 9 条的规定，以及

---

① 参见曹子丹、侯国云主编：《中华人民共和国刑法精解》，中国政法大学出版社 1997 年版，第 372 页。

② 参见曾明生：《动态刑法的惩教机制研究——刑事守法教育学引论》，中国政法大学出版社 2011 年版，第 24—26、45—46、129 页。

1997年刑法典第405条第1款等。此外，还有税收法规的相关内容。

在此罪立法中的教育方式上，采用可能性的惩罚后果（有期徒刑、拘役等）相威慑的方式，或者说，以"犯罪处刑"的方式，表达"禁止犯罪"的内容。在立法犯罪圈方面，原来是过失犯罪，后来修改为故意犯罪，扩大了对犯罪的打击范围。当然，犯罪圈大小的变化，也应以是否更有利于惩治犯罪为原则。

上述结构要素的发展变化，已经影响此罪立法中的惩教机能。在前述1995年有关单行刑法颁行之前，1979年刑法典中没有徇私舞弊发售发票、抵扣税款、出口退税犯罪的规定，因此，对其尚不存在犯罪问题，即使认为犯罪也可由类推制度来处理。这种打击的威慑型教育机能似乎较强，但是，因其当时相关法定刑较轻以及立法过于笼统，使其威慑力仍有不足，而且鼓励民众对法律忠诚型的教育机能较弱。后来，随着相关单行刑法的颁行以及刑法典的修订，通过明确法条内容的方式来实现有法可依，也通过修改条文来加大打击犯罪的力度。诚然，当前这种惩教机制仍需进一步改进。通过完善前述结构要素，在适当强调其威慑型教育机能的基础上，增强其法律忠诚型教育机能。

第二节　徇私舞弊发售发票、抵扣税款、出口退税罪的成立要件

我国刑法传统理论通常从四要件构成特征来分析犯罪，也有学者只从客观构成要件和主观构成要件两方面加以分析，还有学者从罪体、罪责和罪量方面来探讨。这些均有一定的合理性。然而，我们认为，是否成立犯罪，也可先考察其行为是否具备法益侵害性，若具备法益侵害性，则进一步分析其行为是否具备刑事违法性。[①] 以下将结合前述案例概要进行分析。

一、法益侵害性

法益遭受了侵害，这种侵害是人的行为造成的。

（一）犯罪客体要件

如前已述，国家税收征管的制度秩序是受法律保护的。譬如，《税收征收

---

① 参见曾明生：《动态刑法的惩教机制研究——刑事守法教育学引论》，中国政法大学出版社2011年版，第170—171页。

管理法》禁止税务人员与纳税人、扣缴义务人勾结，禁止税务人员唆使或者协助纳税人、扣缴义务人偷逃税款、逃避追缴欠税、骗取国家出口退税款的行为。禁止擅自作出税收的开征、停征或者减税、免税、退税、补税以及其他同税收法律法规相抵触的决定的行为。该法第 80 条、第 84 条分别对违反这些规定的行为设置了相应的法律责任。而且，《发票管理办法》第 43 条也规定了税务人员违反发票管理法规行为的法律责任。因为，这些行为破坏了对职务的忠诚性、廉洁性和税收征收管理的法律秩序或者发票管理的法律秩序，甚至危及国家财产所有权。亦即，徇私舞弊发售发票、抵扣税款、出口退税罪直接侵犯的是税务人员对职务的忠诚性、廉洁性，而且直接侵犯发票管理的法律秩序、税收征收管理的法律秩序，进而危及国家财产所有权。

（二）犯罪客观要件

行为人违反法律、行政法规的规定，在办理发售发票、抵扣税款、出口退税工作中，实施了徇私舞弊的行为。至于其行为的情节严重程度以及是否产生一定的危害结果，也将于后文有无事由阻却性部分中述及。这里着重对以下问题进行探讨。在上述工作中徇私舞弊，是指出于徇私的动机或目的，对不应发售发票的，予以发售；出于徇私的动机或目的，对不应抵扣或者应少抵扣税款的，擅自抵扣或者多抵扣；出于徇私的动机或目的，对不应出口退税或者应少出口退税的，违法予以退税或者多退税等。

在前述"徇私舞弊发售发票案"中，魏×收受郑×的巨额财物，违规审批并发售增值税专用发票共计 690 份给郑×的两个虚假出资登记注册的公司。郑×将其中 419 份增值税专用发票用于虚开骗取国家税款，造成国税直接损失高达 22 万余元。据此可见，魏×实施了收受贿赂和徇私舞弊发售增值税专用发票的行为，郑×实施了行贿和虚开增值税专用发票的行为。其行为已破坏了公务廉洁的制度秩序和发票管理的制度秩序，具有法益侵害性。

二、刑事违法性

如前所述，危害税收征管秩序的违法行为符合法益侵害性，但是，在司法领域认定是否成立犯罪，最终的关键是，判断行为是否具有刑事违法性。具有刑事违法性，必须同时具备四要件齐备性与无事由阻却性。当然，否定刑事违法性，只要否定其中任何一个（四要件齐备性或者无事由阻却性）即可。

（一）四要件齐备性

除了犯罪客体要件和犯罪客观要件外，还必须具备犯罪主体要件和犯罪主观要件。

1. 犯罪主体要件。此罪的行为主体是税务人员，亦即，在税务机关从事税收征收管理工作的国家机关工作人员。在前述"徇私舞弊发售发票案"中，税务专管员魏×符合其行为主体条件。

2. 犯罪主观要件。此罪的犯罪主观要件也是故意。它要求行为人明知徇私舞弊发售发票、抵扣税款、出口退税的行为会发生危害社会的结果，但是出于徇私的动机而希望或者放任这种结果的发生。在本章前述案例中，魏×明知郑×的两个公司系虚假出资登记注册，却隐瞒真相，作出违背事实和原则的调查报告，使其公司违规取得一般纳税人资格。之后，魏×又在审查上述公司发票用票量、票面金额及发售专用发票过程中，违规审批，发售专用发票给上述两个公司。可见，魏×是明知故犯，具有犯罪故意。郑×具有行贿故意和虚开增值税专用发票以骗取国家税款的故意。

通过以上分析可知，魏×的相关行为，已经具备了上述四个要件，符合了徇私舞弊发售发票罪（其实还有受贿罪）所要求的四要件齐备性。而郑×显然不符合此罪所要求的四要件齐备性，至于其是否符合行贿罪和虚开增值税专用发票罪的情形，另当别论。

（二）无事由阻却性

虽然具有四要件齐备性，但是要成立徇私舞弊发售发票、抵扣税款、出口退税罪，还必须排除刑事违法性阻却事由。从刑法规定看，此罪也不存在正当防卫、紧急避险和附条件不追究刑事责任等阻却事由。此处的刑事违法性阻却事由，仍然只剩下刑法典第13条但书的规定了，即"情节显著轻微危害不大"的情形。

因此，这里的无事由阻却性，就是要排除前述但书的情形。或者说，违法情节和与其行为有因果关系的客观危害，必须达到足够的程度。其法定最低罪量要素也是致使国家利益遭受重大损失。如何理解"致使国家利益遭受重大损失"呢？依据1999年最高人民检察院在有关《立案标准的规定（试行）》中的规定，是指具有下列情形之一的：1. 为徇私情、私利，违反法律、行政法规的规定，伪造材料，隐瞒情况，弄虚作假，对不应发售的发票予以发售，对不应抵扣的税款予以抵扣，对不应给予出口退税的给予退税，或者擅自决定发售不应发售的发票、折扣不应抵扣的税款、给予出口退税，致使国家税收损失累计达10万元以上的；2. 徇私舞弊，致使国家税收损失累计不满10万元，但具有索取、收受贿赂或者其他恶劣情节的。然而，后来2006年最高人民检察院的立案标准又对此作出补充修改，即具有下列情节之一：1. 徇私舞弊，致使国家税收损失累计达10万元以上的；2. 徇私舞弊，致使国家税收损失累计不满 10 万元，但发售增值税专用发票 25 份以上或者其他发票 50 份以上或者增值税专用发票与其他发票合计 50 份以上，或者具有索取、收受贿赂或者其他恶劣情节的；3. 其他致使国家利益遭受重大损失的情形。亦即，若其达到前述法定最低罪量，则排除了事由阻却性。

综上所述，当其行为同时具有四要件齐备性与无事由阻却性，它就具有了刑事违法性，可以认定其成立徇私舞弊发售发票、抵扣税款、出口退税罪。在本章前述案例中，不难发现，魏×成立受贿罪和徇私舞弊发售发票罪的法条竞合情形（下文将有述及），而郑×成立行贿罪（手段行为）和虚开增值税专用发票罪（目的行为）的牵连犯，对此可参阅前述第十章相关内容进行判断。

第三节 徇私舞弊发售发票、抵扣税款、出口退税罪的司法认定

本节先从规范刑法学的视角对定罪（罪与非罪、此罪与彼罪、共同犯罪、一罪与数罪）和量刑中的若干问题进行讨论，然后分别从经济学与（守法）教育学两个视角进行司法检讨。

一、罪与非罪

如前已述，成立徇私舞弊发售发票、抵扣税款、出口退税罪，必须同时具有上述四要件齐备性与无事由阻却性。若徇私舞弊发售发票、抵扣税款、出口退税的行为尚未致使国家税收遭受重大损失，又不构成其他罪的，则阻却了刑事违法性，属一般违法行为。

二、此罪与彼罪

对于此罪与违法提供出口退税凭证罪的界限，将在本书第二十三章述及。这里着重对下列几对犯罪的界限进行探讨。

（一）徇私舞弊发售发票、抵扣税款、出口退税罪与非法出售增值税专用发票罪的界限

其中值得比较的是，徇私舞弊发售发票罪与非法出售增值税专用发票罪的界限。非法出售增值税专用发票罪的行为主体范围中也包含税务人员，并

不排斥因履行职务行为而实施的非法出售增值税专用发票行为构成非法出售增值税专用发票罪。所以，此时就会产生作为职务犯罪的徇私舞弊发售发票罪和作为普通犯罪的非法出售增值税专用发票罪的竞合问题。有人认为，原则上应当将税务人员的非法出售增值税专用发票行为认定为徇私舞弊发售发票罪，当然，前提是必须符合徇私舞弊发售发票罪的构成要件，尤其是要具备非法出售增值税专用发票罪所不要求的"舞弊"、"重大损失"等要件。①但是，我们认为，对此应择一重处。否则，可能出现避重就轻的做法，有违罪刑均衡原则，处罚失当。通常而言，职务犯罪在社会危害程度上不比相近的普通犯罪的低，因此，职务犯罪的法定刑原则上也不应比相近的普通犯罪的轻。可是，犯徇私舞弊发售发票罪，无附加刑的规定，最高法定刑为15年有期徒刑；而犯非法出售增值税专用发票罪，则并处附加刑，最高法定刑为无期徒刑。所以，当出现两罪竞合时原则上不宜认定为徇私舞弊发售发票罪，而是具体问题具体分析为妥，应择一重处，重法优于轻法，加大惩处的力度。

（二）徇私舞弊发售发票、抵扣税款、出口退税罪与非法出售用于骗取出口退税、抵扣税款发票罪的界限

两罪中值得比较的是，徇私舞弊发售发票罪与非法出售用于骗取出口退税、抵扣税款发票罪的界限。其主要区别是：1. 客体要件不同。非法出售用于骗取出口退税、抵扣税款发票罪的客体要件，是国家发票管理的制度秩序和税收征管的制度秩序等；而徇私舞弊发售发票罪的客体要件，是税务人员对职务的忠诚性、廉洁性和发票管理的制度秩序甚至税收征管的制度秩序等。2. 客观方面不同。构成徇私舞弊发售发票罪要求行为人利用了职务便利，并且客观上至少给国家造成了重大损失；而非法出售用于骗取出口退税、抵扣税款发票罪，在客观方面只要实施了非法出售行为且数量达到追诉标准即可。3. 行为主体不同。非法出售用于骗取出口退税、抵扣税款发票罪的行为主体是一般主体，当然也包括特殊主体实施该罪的情况；而徇私舞弊发售发票罪的行为主体是特殊主体，即税务人员。4. 主观方面不同。构成非法出售用于骗取出口退税、抵扣税款发票罪具有一般的犯罪故意即可；而构成徇私舞弊发售发票罪主观上须具有徇私舞弊的动机或目的。②

---

① 参见黄晓亮、张春喜主编：《危害税收征管罪办案一本通》，中国长安出版社2007年版，第171页。

② 参见黄晓亮、张春喜主编：《危害税收征管罪办案一本通》，中国长安出版社2007年版，第288页。

（三）徇私舞弊发售发票、抵扣税款、出口退税罪与徇私舞弊不征、少征税款罪的界限

主要区别：1. 客体要件不同。前者有徇私舞弊发售发票行为时，会直接侵犯发票管理的制度秩序，而后者无此必然要求。2. 发生的具体阶段不同。徇私舞弊发售发票往往发生在征收税收之前，徇私舞弊出口退税往往发生在征收税收之后，只有徇私舞弊抵扣税款的行为可以发生在征收过程中；而徇私舞弊不征、少征税款的行为，往往直接发生在税务人员征收税款的过程中，或者应当履行征收税收职责而故意不履行。① 3. 行为方式有所不同。前者通常是一种作为形式，表现为违反法律、行政法规的规定，在办理发售发票、抵扣税款、出口退税工作中，徇私舞弊，致使国家利益遭受重大损失的行为；而后者通常是一种不作为形式，表现为徇私舞弊，不征或者少征应征税款，致使国家税收遭受重大损失的行为。4. 犯罪对象有所不同。前者的犯罪对象是发票、抵扣税款、出口退税款，而后者的犯罪对象是税款。

三、共同犯罪

徇私舞弊发售发票、抵扣税款、出口退税罪的共同犯罪，包括税务人员之间实施的共同犯罪，也包括税务人员与非税务人员实施的共同犯罪等，通常是个人与个人之间的共同犯罪类型。

若税务人员事先与偷逃税款、非法购买增值税专用发票、骗取出口退税的犯罪分子通谋，实施徇私舞弊发售发票、抵扣税款、出口退税行为的，则如何处理？有人认为，对此应当按照刑法共同犯罪的规定处罚。② 我们认为，若对其中税务人员以徇私舞弊发售发票、抵扣税款、出口退税罪追究刑事责任，则也可能体现对国家机关工作人员犯罪从重处罚的原则，也符合立法者对税务人员徇私舞弊发售发票、抵扣税款、出口退税行为规定单独罪名的本意。尽管如此主张也有合理性，但是，我们更主张，在法律没有对此竞合情形作出明确处罚规定时，应择一重处。

四、一罪与数罪

税务人员实施非法出售可以用于骗取出口退税、抵扣税款发票的行为，可

---

① 参见王作富主编：《刑法分则实务研究》（第3版），中国方正出版社2007年版，第1956页。
② 参见曹子丹、侯国云主编：《中华人民共和国刑法精解》，中国政法大学出版社1997年版，第372页。

第二十二章　徇私舞弊发售发票、抵扣税款、出口退税罪

能同时符合非法出售用于骗取出口退税、抵扣税款发票罪和徇私舞弊发售发票罪。可能有人认为，此时应当将这种情况认定为法条竞合，适用特殊法即徇私舞弊发售发票罪处理。我们认为，非法出售用于骗取出口退税、抵扣税款发票罪和徇私舞弊发售发票罪，两罪涉及的法条之间存在交叉关系。因为，前罪的行为主体（一般主体）包括后罪的行为主体（特殊主体——税务人员），前罪的行为方式（非法出售）包括后罪的行为方式（徇私舞弊发售），而后罪的行为对象（各类发票）包括前罪的行为对象（可以用于骗取出口退税、抵扣税款的发票）。据此，对于交叉关系的法条竞合，通常应适用重法优于轻法的原则。因为目前两罪主刑的最高法定刑均为15年有期徒刑，即使参照前述1996年有关司法解释的数量标准来考察其主刑的设置，也比较接近。而两罪在有无附加刑上明显不同。非法出售用于骗取出口退税、抵扣税款发票罪有附加刑规定，甚至可并处"50万元罚金或者没收财产"，而徇私舞弊发售发票罪则无附加刑的规定。由此可见，对于前述竞合情形，不宜一刀切，应当择一重处。

另外，对于行为人因受贿而实施舞弊发售发票、抵扣税款、出口退税行为，其中受贿行为和徇私舞弊行为均达到追究刑事责任标准的，应如何定罪处罚？对此学界也有不同的观点。有人认为，此为牵连犯，因为受贿行为是徇私的具体表现，是原因行为，而非法办理发售发票、抵扣税款、出口退税是结果行为，所以对其应择一重处。[①] 还有人认为，应实行数罪并罚。[②] 我们认为，该种情形不是牵连犯，前述"结果行为"是理论上去除原因行为"徇私"后的行为，已不等同于"徇私舞弊发售发票、抵扣税款、出口退税行为"了，因此又何谈择其"结果行为"之罪处理呢？其实，这里也存在交叉关系的法条竞合，为了更好地贯彻罪责刑相适应原则，应择一重罪处断。因为"税务人员"属于"国家工作人员"，而且，"利用职务便利索取他人财物或者非法收受他人财物"属于"徇私"的一种表现形式；还有，"舞弊发售发票、抵扣税款、出口退税"也是"为他人谋取利益的"一种客观表现，其中也蕴含"为他人谋取利益的"主观意思。对于前述应数罪并罚的观点，有重复评价之嫌。至于为了防止评价不足和处罚过轻的问题，可考虑择一重罪处断并依据其另一情节酌情从重处罚。此外，若两个交叉行为（受贿行为和徇私舞弊行为）中，只有一个行为达到追究刑事责任标准的，则显然为一罪。

---

① 参见李文燕主编：《税收犯罪证据调查与运用》，中国人民公安大学出版社2002年版，第616—617页；另见孙力、梅传强主编：《刑事案例诉辩审评——危害税收征管罪》，中国检察出版社2006年版，第364页。

② 参见曹子丹、侯国云主编：《中华人民共和国刑法精解》，中国政法大学出版社1997年版，第373页；另见敬大力主编：《渎职罪》，中国人民公安大学出版社1999年版，第321—322页。

五、徇私舞弊发售发票、抵扣税款、出口退税罪的量刑

（一）法定刑幅度的确定

根据我国刑法典第405条第1款的规定，此罪的法定刑幅度有两个："5年以下有期徒刑或者拘役"，以及"处5年以上有期徒刑"。

适用第一量刑档的条件是具备此罪的基本处罚事由，即："税务人员违反规定，在办理发售发票、抵扣税款、出口退税工作中，徇私舞弊，致使国家利益遭受重大损失的"。对此适用条件的具体分析，在前节已述。

适用第二量刑档的条件是具备此罪的加重处罚事由，即：前述行为"致使国家利益遭受特别重大损失的"。这里的"特别重大损失"，是指抵扣税款、出口退税数额特别巨大、使国家税款流失的数额特别巨大等。依据2001年《人民检察院直接受理立案侦查的渎职侵权重特大案件标准（试行）》第13条的规定，对于徇私舞弊发售发票、抵扣税款、出口退税案，重大案件的标准是造成国家税收损失累计达30万元以上的；特大案件的标准是造成国家税收损失累计达50万元以上的。我们认为，可以参考其中标准，宜将此处"致使国家利益遭受特别重大损失的"解释为："造成国家税收损失累计达50万元以上的；造成国家税收损失累计达30万元以上不满50万元，但具有索取、收受贿赂或者其他恶劣情节的；或者其他致使国家利益遭受特别重大损失的情形"。

（二）量刑情节的综合考量

应当根据刑法典第61条至第64条的量刑规定，对犯罪的事实、犯罪的性质、情节和对于社会的危害程度，依照刑法的有关规定判处，等等。其中要注意基本处罚事由、加重处罚事由以及减轻处罚事由等几种处罚事由。

六、司法检讨：经济学与（守法）教育学视角

（一）经济学视角

运用经济学的理论来考量徇私舞弊发售发票、抵扣税款、出口退税罪的司法问题，此处关注的仍然是其定罪量刑中的供求平衡问题，以及重视以尽可能小的司法成本投入，争取尽可能大的司法收益，也由此考虑通过合理地惩治犯罪来促进经济的健康发展。

1995年有关单行刑法中，对此罪的近似犯罪作了较为明确的规定，因此

在对此罪立法上达到一个近似的供求平衡。当时关于玩忽职守罪和受贿罪的司法解释，在一定程度上可能有助于满足打击该罪的需要。1997年刑法典之后，为了具体应用法律，新的司法解释出台，对于其中追诉标准中"重大损失的"，先后主要颁行了1999年司法解释和2006年司法解释，但是，对于前述"致使国家利益遭受特别重大损失的"，目前尚无明确的相关司法解释的规定。因此，这表明该种需求也有待将来以比较经济的方式获得满足。

（二）（守法）教育学视角

1. 定罪方面。徇私舞弊发售发票、抵扣税款、出口退税罪定罪中的惩教机制，也包括定罪与否的惩教机制、此罪而非彼罪的惩教机制、确定罪数的惩教机制。如前所述，这里也着重探讨此罪定罪与否的惩教机制。守法教育的环节、对象、目的和教育者方面，与其他税收犯罪的同类结构要素大致相同，而主要不同之处，也在于守法教育的方式和内容上。

此罪在立法上犯罪圈设计的优劣问题，必然导致定罪与否惩教结构的相应问题。前已述及，为了更有利于惩治犯罪，此罪犯罪圈的大小曾经有所调整。借助这种教育方式，在司法实践中，可以传达"税收法不可违，徇私舞弊发售发票、抵扣税款、出口退税罪不可犯"、保护合法以及因罪受罚或无罪不罚等诸多的教育内容。由此进一步达到因果报应、教育行为人和其他人或者预防犯罪等目的。

同前，每一个涉嫌此罪的案件，也会涉及上述定罪与否惩教机制的几个结构要素问题。

还要指出，司法解释中也有此罪定罪与否的规定。这类规定是提供给司法人员具体运用法律的依据，它们既是司法人员忠诚型自我教育的内容，又是说服教育行为人服判的依据和内容。也如前述，1999年《立案标准的规定（试行）》中规定了应予立案的两种情形。后来，2006年的立案标准又增补了一些情形。其中对"其他恶劣情节"、"其他致使国家利益遭受重大损失的情形"，甚至其中标准的调整，将来还可能进一步完善。

另外，在徇私舞弊发售发票、抵扣税款、出口退税罪定罪的惩教机能上，也受到前述结构要素的影响。当前此罪的惩教机制仍需进一步改进，通过完善一切有关定罪的立法规定以及完善前述结构要素，在坚持罪刑法定原则以及保持适度的威慑型教育机能的基础上，推进其定罪机制的发展，使保护社会的积极机能与保障人权的积极机能最大化，以进一步提升忠诚型教育的积极机能。

2. 量刑方面。徇私舞弊发售发票、抵扣税款、出口退税罪量刑中的惩教机制，也包括司法解释涉及此罪量刑的惩教机制与此罪个案司法中量刑的惩教机制。在司法解释涉及此罪量刑的惩教结构上，教育者、教育的环节、对象、目的与其定罪机制中的要素相同。这里,在教育方式上,它的主要表现如前所述。其中涉及的教育内容,主要表现为:前述1999年司法解释中第13条、2006年司法解释中第15条涉及的量刑规范,以及相关刑法法条的量刑规范等。而且,如前已述,对"致使国家利益遭受特别重大损失的",司法解释还要适当地进一步加以明确等。这些特殊规范主要是作为指导司法人员具体运用法律正确量刑的依据,又是司法人员忠诚型自我教育的内容,更是说服行为人服从判决以及教育他人守法的依据。

另外,司法解释涉及此罪定罪量刑的惩教机能受制于前述各种结构要素,其机能值得加强。应当通过改进教育内容与教育方式,进一步提高这一特殊机制的威慑型守法教育、忠诚型守法教育和矫治型守法教育的效果。[①]

此外,还要注意,此罪个案司法中的惩教机制问题。譬如,就本章前述案例中的判决结果而言,法院依法判决魏×犯徇私舞弊发售发票罪,判处有期徒刑6年。这表明该法院采取的是择一重处的立场。如前所述,有人对此情形主张实行数罪并罚,这意味着人们的认识存在分歧。这可能影响法律忠诚型守法教育的效果。还有,对郑×的处理,在案例概要中并未提及,故不知其具体实情。我们认为,该案中应一并追究郑×的刑事责任。

总之,无论是司法解释中涉及徇私舞弊发售发票、抵扣税款、出口退税罪的惩教机制,还是其个案司法中的惩教机制,可能都值得进一步完善。

附录:相关法律、法规、规章及司法解释索引

1. 1979年刑法典第121条、第124条;

1995年10月30日《全国人民代表大会常务委员会关于惩治虚开、伪造和非法出售增值税专用发票犯罪的决定》第9条;

2. 1997年刑法典第405条第1款;

3. 《税收征收管理法》(1992年9月4日第七届全国人民代表大会常务委员会第二十七次会议通过 根据1995年2月28日第八届全国人民代表大会常务委员会第十二次会议《关于修改〈中华人民共和国税收征收管理法〉的决定》修正 2001年4月28日第九届全国人民代表大会常务委员会第二十一次

[①] 参见曾明生:《动态刑法的惩教机制研究——刑事守法教育学引论》,中国政法大学出版社2011年版,第24—26、45—46、129页。

会议修订 自2001年5月1日起施行）第84条等；

4.《发票管理办法》（1993年12月12日国务院批准、1993年12月23日财政部令第6号发布 根据2010年12月20日《国务院关于修改〈中华人民共和国发票管理办法〉的决定》修订 自2011年2月1日起施行）第43条等；

5.1999年9月9日《最高人民检察院关于人民检察院直接受理立案侦查案件立案标准的规定（试行）》第13条；

6.2001年7月20日《人民检察院直接受理立案侦查的渎职侵权重特大案件标准（试行）》（自2002年1月1日起施行）第13条；

7.2006年7月26日《最高人民检察院关于渎职侵权犯罪案件立案标准的规定》第15条。

第二十三章 违法提供出口退税凭证罪

案例概要

2002年3月15日，W市K进出口公司负责人赵×（女，另案处理）持该公司出口玩具退税材料，在该市海关办理出口退税手续时，海关工作人员吴×在审查过程中，发现赵×的手续材料明显系伪造，遂拒绝办理。事后，赵×得知其大学男友李×时任海关○○部门主任，正是吴×的顶头上司。赵×便于当晚宴请李×，席间赵×向李×哭诉其办理出口退税手续遭拒事宜，要求李×帮忙。李×念及旧情，慨然允诺。次日，李×找来下属吴×询问此事。吴×告知赵×的手续材料明显系伪造，依法不能办理。李×执意不从，嘱咐其即刻办理，否则便将其解聘。吴×无奈，只好在赵×提供的报关单上加盖海关验讫章，致使赵×骗取国家出口退税款10万元。后来，法院依法判决李×犯违法提供出口退税凭证罪，判处有期徒刑4年；吴×犯违法提供出口退税凭证罪，判处有期徒刑1年，缓刑2年。[①]

【1.说明：此案经过各个诉讼环节，其中相关程序分析，可参阅总论部分的有关内容以及本书后附录中的刑事诉讼法。2.思考：裁判公正吗？为什么？】

第一节 违法提供出口退税凭证罪的立法沿革及检讨

违法提供出口退税凭证罪，是指税务机关工作人员以外的其他国家机关工作人员违反国家规定，在提供出口退税凭证的工作中，徇私舞弊，致使国家利益遭受重大损失的刑事违法行为。这里，首先对我国刑法中此罪的立法规定进

[①] 参见孙力、梅传强主编：《刑事案例诉辩审评——危害税收征管罪》，中国检察出版社2006年版，第373—375页。此案例也不是新近发生的，因其具有历史比对性和案情代表性，故本书将之收录于此。

行简要介绍，然后从经济学与（守法）教育学视角对其加以检视和讨论。

一、违法提供出口退税凭证罪的立法沿革

　　早在 1951 年 4 月 18 日，中央人民政府就公布了《暂行海关法》。其中涉及法律责任的若干规定，因百废待兴，经济不发达，无从谈及出口退税凭证的犯罪问题。在 1979 年刑法典中，也无关于违法提供出口退税凭证的职务犯罪的规定。因为我国实行出口退税政策是从 1985 年才开始的，所以，1980 年我国《外汇管理暂行条例》中也无关于违法提供出口退税凭证犯罪的明确规定。不过，1987 年《海关法》第 56 条已明确规定，对海关工作人员徇私舞弊、玩忽职守等行为的，根据情节轻重，给予行政处分或者依法追究刑事责任。此时，若要应对徇私舞弊的违法提供出口退税凭证的职务犯罪行为，有可能是以受贿罪或玩忽职守罪来处理。另外，在 1996 年《外汇管理条例》第 47 条中规定："境内机构违反外汇核销管理规定，伪造、涂改、出借、转让或者重复使用进出口核销单证的，或者未按规定办理核销手续的，由外汇管理机关给予警告，通报批评，没收违法所得，并处 5 万元以上 30 万元以下的罚款；构成犯罪的，依法追究刑事责任。"

　　对此，在 1997 年全面修订刑法典时，立法者将其相关内容也纳入法典之中，增加了违法提供出口退税凭证罪的规定（即第 405 条第 2 款）。其中规定，"其他国家机关工作人员违反国家规定，在提供出口货物报关单、出口收汇核销单等出口退税凭证的工作中，徇私舞弊，致使国家利益遭受重大损失的，依照前款（徇私舞弊发售发票、抵扣税款、出口退税罪——加注）的规定处罚。"由此使法网更为严密，加大了对此类犯罪的惩处力度。同年，《外汇管理条例》的修正在增加条款的同时，对该条例前述"第 47 条"的序号改为"第 48 条"，但该法条的内容只字未变。

　　后来，2000 年修正后的《海关法》第 72 条规定，海关工作人员不得"利用职权为自己或者他人谋取私利"、"索取、收受贿赂"、"违反法定程序或者超越权限执行职务"以及"其他违法行为"。该法第 96 条还规定违反禁令者的法律责任："海关工作人员有本法第 72 条所列行为之一的，依法给予行政处分；有违法所得的，依法没收违法所得；构成犯罪的，依法追究刑事责任。"这些条文，虽然没有像刑法典那样直接明定但已包括禁止违法提供出口退税凭证的犯罪行为的规定了。而且，2008 年修正后的《外汇管理条例》第 50 条也规定，"外汇管理机关工作人员徇私舞弊、滥用职权、玩忽职守，构成犯罪的，依法追究刑事责任；尚不构成犯罪的，依法给予处分。"据此，这些

逐渐照应性的规定，已基本形成了一个惩治违法提供出口退税凭证罪的规范体系。

二、立法检讨：经济学与（守法）教育学视角

（一）经济学视角

从我国违法提供出口退税凭证罪的立法史看，其立法经历了一个由无到有的过程，它也是一个立法上追求和实现供求平衡的过程。如前所述，为了满足惩治犯罪的现实需求，1979年刑法典对关联非法提供出口退税凭证的受贿罪和玩忽职守罪等犯罪作出规定，并且辅之以类推制度，由此实现一个相对的供求平衡。在1997年全面修订刑法典时，这种平衡在作了一些修正后，形成了新的平衡而且基本保持了下来。另外，我国有关此罪的立法史，应当也是一个追求以尽可能小的立法成本获取尽可能大的立法收益的过程。这也类同于本书第二十一章的相关内容，故可从略。

（二）（守法）教育学视角

违法提供出口退税凭证罪与其他税收犯罪在立法中的惩教结构六大组成要素上，不同的主要是其教育内容和教育方式。

此罪立法中的惩教结构之教育内容：一是此罪立法中的行为规范（"禁止违法提供出口退税凭证的犯罪"）；二是此罪立法中具体的裁判规范和执行规范，这是对司法人员忠诚型守法教育的内容，也是对一般人的威慑型守法教育和忠诚型守法教育的内容，又是对罪犯的矫治型守法教育的内容。[①] 其主要表现为：1997年刑法典第405条第2款等。此外，还有前述《海关法》、《外汇管理条例》的相关内容等。

在此罪立法中的教育方式上，采用可能性的惩罚后果（有期徒刑、拘役等）相威慑的方式，或者说，以"犯罪处刑"的方式，表达"禁止犯罪"的内容。在立法犯罪圈方面，此罪从1997年入罪以来尚无变化。其犯罪圈大小的变化应以是否更有利于惩治犯罪为基本原则。

上述结构要素影响此罪立法中的惩教机能。之前，1979年刑法典中没有此罪的明确规定，因此，曾经靠类推制度来处理。这种打击的威慑型教育机能似乎较强，但是，因其威慑力仍有不足，而且鼓励民众对法律忠诚型的教育机

[①] 参见曾明生：《动态刑法的惩教机制研究——刑事守法教育学引论》，中国政法大学出版社2011年版，第24—26、45—46、129页。

能较弱。后来，随着刑法典的修订，通过明确法条内容的方式来实现有法可依。诚然，当前这种惩教机制仍需进一步改进。通过完善前述结构要素，推进其立法中的惩教机制的发展，进一步提升忠诚型教育的积极机能。

第二节 违法提供出口退税凭证罪的成立要件

我国刑法传统理论通常从四要件构成特征来分析犯罪，也有学者只从客观构成要件和主观构成要件两方面加以分析，还有学者从罪体、罪责和罪量方面来探讨。这些均有一定的合理性。但是，我们认为，是否成立犯罪，也可先考察其行为是否具备法益侵害性，若具备法益侵害性，则进一步分析其行为是否具备刑事违法性。[①] 以下将结合前述案例概要进行分析。

一、法益侵害性

法益遭受了侵害，这种侵害是人的行为造成的。

（一）犯罪客体要件

出口退税制度是指一个国家退还在国内生产、流通、出口环节中已交纳的增值税和消费税的特殊税收制度。其目的是使出口货物以不含税价格进入国际市场，以增强其国际市场上的竞争力，并避免对跨国流动物品重复征税，促进对外出口贸易。对出口产品实行退税是国际通行的做法，这符合世贸组织规则。我国从1985年开始实行出口退税政策，1994年财税体制改革后继续对出口产品实行退税。出口退税政策的实施，对增强我国出口产品的国际竞争力，扩大出口，增加就业，保证国际收支的平衡，促进国民经济持续快速健康发展发挥了非常重要的作用。我国2000年修正后的《海关法》第72条规定，海关工作人员不得"利用职权为自己或者他人谋取私利"、"索取、收受贿赂"、"违反法定程序或者超越权限执行职务"以及"其他违法行为"。该法第96条还规定违反禁令者的法律责任。而且，2008年修正后的《外汇管理条例》第50条也规定，"外汇管理机关工作人员徇私舞弊、滥用职权、玩忽职守，构成犯罪的，依法追究刑事责任；尚不构成犯罪的，依法给予处分。"据此可见，

[①] 参见曾明生：《动态刑法的惩教机制研究——刑事守法教育学引论》，中国政法大学出版社2011年版，第170—171页。

海关、外汇管理等有关出口退税凭证工作的国家机关的工作人员，在提供出口退税凭证的工作中，徇私舞弊的行为是被法律法规所禁止的。因为它们破坏了出口退税凭证管理的法律秩序以及职务的忠诚性、廉洁性甚至危及税收征管秩序乃至国家财产的所有权等法益。亦即，违法提供出口退税凭证罪直接侵犯的是出口退税凭证管理的法律秩序和职务的忠诚性、廉洁性，进而危及税收征管秩序乃至国家财产的所有权。

（二）犯罪客观要件

行为人违反国家规定，在提供出口退税凭证的工作中实施了徇私舞弊的行为。至于其行为的情节严重程度以及是否产生一定的危害结果，也将于后文有无事由阻却性部分中述及。这里着重对以下问题进行探讨。此处的"徇私舞弊"，是特指行为人为徇私情私利，违反出口退税制度的规定，对明知没有货物出口或者以少报多、以劣报优的，仍然违背事实，弄虚作假，在报关单上加盖海关验讫章或者出具出口货物收汇核销单，或者为徇私情私利，违反国家规定，伪造材料，隐瞒情况，弄虚作假，提供不真实的出口货物报关单、出口收汇核销单等出口退税凭证。

在前述"违法提供出口退税凭证案"中，吴×在审查中发现赵×的出口玩具退税材料系伪造，遂拒绝办理。事后，赵×请大学男友李×（吴×的顶头上司）帮忙。李×明知赵×的手续材料系伪造，仍然胁迫吴×在赵×提供的报关单上加盖海关验讫章，致使赵×骗取国家出口退税款10万元。其中李×实施了胁迫吴×违法盖章的行为，吴×实施了违法加盖海关验讫章的行为，赵×实施了骗取国家出口退税款的行为。不难发现，他们的行为已破坏了出口退税凭证管理的法律秩序，具有法益侵害性。

二、刑事违法性

如前所述，危害出口退税凭证管理秩序的违法行为符合法益侵害性，但是，在司法领域认定是否成立犯罪，最终的关键是，判断行为是否具有刑事违法性。具有刑事违法性，必须同时具备四要件齐备性与无事由阻却性。当然，否定刑事违法性，只要否定其中任何一个（四要件齐备性或者无事由阻却性）即可。

（一）四要件齐备性

除了犯罪客体要件和犯罪客观要件外，还必须具备犯罪主体要件和犯罪主观要件。

1. 犯罪主体要件。此罪的行为主体是除税务人员以外的其他国家机关工作人员，例如海关、外贸主管部门的工作人员。在本章前述案例中，海关工作人员李×和吴×符合其行为主体条件。

2. 犯罪主观要件。此罪的犯罪主观要件也是故意。它要求行为人明知违法提供出口退税凭证的行为会发生危害社会的结果，但是出于徇私的动机而希望或者放任这种结果的发生。在本章前述案例中，赵×的大学男友李×明知赵×的手续材料系伪造，因念及旧情，仍然胁迫吴×在赵×提供的报关单上加盖海关验讫章，致使赵×骗取国家出口退税款10万元。显然，李×是明知故犯，具有实施违法提供出口退税凭证的行为故意，是出于徇私的动机而希望这种结果的发生；吴×违法加盖海关验讫章的行为是在受顶头上司胁迫的情形下实施的，也是明知故犯，是出于徇私的动机而放任这种结果的发生。赵×具有骗取国家出口退税款的故意。

通过以上分析可知，李×和吴×的相关行为，已经具备了上述四个要件，符合了违法提供出口退税凭证罪所要求的四要件齐备性。不过，赵×因为不具备此罪的行为主体条件，也无帮助的行为和故意，所以她不符合此罪所要求的四要件齐备性，至于其是否具有骗取出口退税罪的四个要件，另当别论。

（二）无事由阻却性

虽然具有四要件齐备性，但是要成立违法提供出口退税凭证罪，还必须排除刑事违法性阻却事由。从刑法规定看，此罪显然也不存在正当防卫、紧急避险和附条件不追究刑事责任等阻却事由。此处的刑事违法性阻却事由，只剩下刑法典第13条但书的规定了，即"情节显著轻微危害不大"的情形。

因此，这里的无事由阻却性，就是要排除前述但书的情形。或者说，违法情节和与其行为有因果关系的客观危害，必须达到足够的程度。其法定最低罪量要素也是致使国家利益遭受重大损失。如何理解"致使国家利益遭受重大损失"呢？依据1999年最高人民检察院《立案标准的规定（试行）》中的规定，是指具有下列情形之一的：1. 为徇私情、私利，违反国家规定，伪造材料，隐瞒情况，弄虚作假，提供不真实的出口货物报关单、出口收汇核销单等出口退税凭证，致使国家税收损失累计达10万元以上的；2. 徇私舞弊，致使国家税收损失累计不满10万元，但具有索取、收受贿赂或者其他恶劣情节的。然而，后来2006年最高人民检察院的立案标准对此作出补充修改，即具有下列情节之一：1. 徇私舞弊，致使国家税收损失累计达10万元以上的；2. 徇私舞弊，致使国家税收损失累计不满10万元，但具有索取、收受贿赂或者其他恶劣情节的；3. 其他致使国家利益遭受重大损失的情形。亦即，若其达到前述法定最低罪量，则排除了事由阻却性。

综上所述，当其行为同时具有四要件齐备性与无事由阻却性，它就具有了刑事违法性，可以认定其成立违法提供出口退税凭证罪。在本章前述案例中，李×和吴×成立违法提供出口退税凭证罪；而赵×成立骗取出口退税罪，对此可参阅前述第九章的相关内容加以判断。

第三节 违法提供出口退税凭证罪的司法认定

本节先从规范刑法学的视角对定罪（罪与非罪、此罪与彼罪、共同犯罪、一罪与数罪）和量刑中的若干问题进行讨论，然后分别从经济学与（守法）教育学两个视角进行司法检讨。

一、罪与非罪

如前所述，成立违法提供出口退税凭证罪，必须同时具有上述四要件齐备性与无事由阻却性。若违法提供出口退税凭证的行为尚未致使国家利益遭受重大损失，又不构成其他罪的，则阻却了刑事违法性，属一般违法行为。

二、此罪与彼罪

（一）违法提供出口退税凭证罪与徇私舞弊发售发票、抵扣税款、出口退税罪的界限

主要区别：1. 客体要件不同。两者侵犯的客体要件中，除了对职务的忠诚性、廉洁性和税收征收管理的法律秩序甚至危及国家财产的所有权外，前者还直接侵犯出口退税凭证管理的法律秩序，后者还可能直接侵犯发票管理的法律秩序。2. 行为方式有所不同。前者表现为违反国家规定，在提供出口货物报关单、出口收汇核销单等出口退税凭证的工作中，徇私舞弊，致使国家利益遭受重大损失的行为；而后者表现为违反国家规定，在办理发售发票、抵扣税款、出口退税工作中，徇私舞弊，致使国家利益遭受重大损失的行为。3. 行为发生的阶段不同。违法提供出口退税凭证的行为一般发生在办理出口退税之前；而徇私办理出口退税往往发生在办理出口退税过程中，往往以伪造的或者违法提供的出口退税凭证为前提。4. 犯罪对象有所不同。前者的犯罪对象是出口退税凭证，而后者的犯罪对象是发票、抵扣税款、出口退税款。5. 主体

要件不同。前者行为主体是从事海关、外汇管理等有关出口退税凭证工作的国家机关的工作人员；而后者行为主体是税务机关的工作人员。

（二）违法提供出口退税凭证罪与骗取出口退税罪的界限

主要区别：1. 客体要件不同。前者直接侵犯的是出口退税凭证管理的法律秩序和对职务的忠诚性、廉洁性，间接侵犯税收征收管理的法律秩序和国家财产所有权；而后者既直接侵犯国家出口退税管理的法律秩序，也直接侵犯国家财产所有权。2. 客观方面有所不同。前者表现为违反国家规定，在提供出口货物报关单、出口收汇核销单等出口退税凭证的工作中，徇私舞弊，致使国家利益遭受重大损失的行为；而后者通常表现为单位或个人采用虚开增值税专用发票、搞假货物报关出口骗取货物出口报关单、内外勾结提供出口收汇单证等欺骗手段，非法使用虚假的出口退税凭证，从税务机关或出口企业骗取达到数额较大的出口退税款的行为。3. 主体要件不同。前者的行为主体是有关出口退税凭证管理工作的国家机关工作人员，如海关、外汇管理等国家机关的工作人员；而后者的主体是一般主体，其中大多是从事商品经营活动的自然人或者单位。[①]

三、共同犯罪

违法提供出口退税凭证罪的共同犯罪，包括海关、外汇管理等国家机关的工作人员之间实施的共同犯罪，也包括海关、外汇管理等国家机关的工作人员与其他人员实施的共同犯罪等，通常是个人与个人之间的共同犯罪类型。

若海关、外汇管理等国家机关的工作人员与骗取出口退税的犯罪分子相勾结，实施非法提供出口退税凭证行为的，则如何处理？有人认为，对此应当按照刑法共同犯罪的规定处罚。[②] 我们认为，若对其中海关、外汇管理等国家机关的工作人员以违法提供出口退税凭证罪追究刑事责任，则也可能体现对国家机关工作人员犯罪从重处罚的原则，也符合立法者对违法提供出口退税凭证行为规定单独罪名的本意。尽管如此主张也有合理性，但是，我们更主张，在法律没有对此竞合情形作出明确处罚规定时，应择一重处。

在本章前述案例中，李×胁迫吴×在赵×提供的报关单上加盖海关验讫

[①] 参见曾明生编著：《经济刑法一本通》，载小白马法律博客网站，http://lawlife1.fyfz.cn/b/224035，访问日期：2012年9月20日。

[②] 参见曹子丹、侯国云主编：《中华人民共和国刑法精解》，中国政法大学出版社1997年版，第373页。

章，致使赵×骗取国家出口退税款10万元。其中李×和吴×成立共同犯罪，李×是主犯，吴×是胁从犯。

四、一罪与数罪

对于行为人因受贿而实施违法提供出口退税凭证行为，其中受贿行为和违法提供出口退税凭证行为均达到追究刑事责任标准的，应如何定罪处罚？有人认为，对此应实行数罪并罚。① 我们认为，与前两章类似，该种情形不是牵连犯，而是有交叉关系的法条竞合，应择一重罪处断。因为"其他国家机关工作人员"也属于国家工作人员，而且，"利用职务便利索取他人财物或者非法收受他人财物"属于"徇私"的一种表现形式；还有，"违反国家规定，在提供出口货物报关单、出口收汇核销单等出口退税凭证的工作中舞弊"，也是"为他人谋取利益的"一种客观表现，其中也蕴含"为他人谋取利益的"主观意思。对于前述应数罪并罚的观点，有重复评价之嫌。至于为了防止评价不足和处罚过轻的问题，可考虑择一重罪处断并依据其另一情节酌情从重处罚。若两个交叉行为（受贿行为和徇私舞弊提供出口退税凭证行为）中，只有一个行为达到追究刑事责任标准的，则显然为一罪。

五、违法提供出口退税凭证罪的量刑

（一）法定刑幅度的确定

根据我国刑法典第405条第2款的规定，"依照前款的规定处罚"，所以，此罪的法定刑幅度与徇私舞弊发售发票、抵扣税款、出口退税罪的相同，应当也有两个："处5年以下有期徒刑或者拘役"，以及"处5年以上有期徒刑"。

适用第一量刑档的条件是具备此罪的基本处罚事由，即："在提供出口货物报关单、出口收汇核销单等出口退税凭证的工作中，徇私舞弊，致使国家利益遭受重大损失的"。对此适用条件的具体分析，在前节已述。

适用第二量刑档的条件是具备此罪的加重处罚事由，即：前述行为"致使国家利益遭受特别重大损失的"。这里的"致使国家利益遭受特别重大损失的"，与前一章类似，是指致使国家税款流失的数额特别巨大等。依据2001年《人民检察院直接受理立案侦查的渎职侵权重特大案件标准（试行）》第14条

---

① 参见曹子丹、侯国云主编：《中华人民共和国刑法精解》，中国政法大学出版社1997年版，第373页。

的规定，对于违法提供出口退税凭证案，重大案件的标准是造成国家税收损失累计达 30 万元以上的；特大案件的标准是造成国家税收损失累计达 50 万元以上的。我们认为，可以参考其中标准，也宜将其"致使国家利益遭受特别重大损失的"解释为："造成国家税收损失累计达 50 万元以上的；造成国家税收损失累计达 30 万元以上不满 50 万元，但具有索取、收受贿赂或者其他恶劣情节的；或者其他致使国家利益遭受特别重大损失的情形"。

（二）量刑情节的综合考量

应当根据刑法典第 61 条至第 64 条的量刑规定，对犯罪的事实、犯罪的性质、情节和对于社会的危害程度，依照刑法的有关规定判处，等等。其中要注意基本处罚事由、加重处罚事由以及减轻处罚事由等几种事由。

六、司法检讨：经济学与（守法）教育学视角

（一）经济学视角

运用经济学的理论来考量违法提供出口退税凭证罪的司法问题，此处关注的仍然是其定罪量刑中的供求平衡问题，以及重视以尽可能小的司法成本投入，争取尽可能大的司法收益（或者产出），也由此考虑通过合理地惩治犯罪来促进经济的发展。这些也类同于前一章的相关内容，故而从略。

（二）（守法）教育学视角

1. 定罪方面。违法提供出口退税凭证罪定罪中的惩教机制，也类似于前一章的有关内容，故可从略。

2. 量刑方面。违法提供出口退税凭证罪量刑中的惩教机制，包括司法解释涉及此罪量刑的惩教机制与此罪个案司法中量刑的惩教机制。在司法解释涉及此罪量刑的惩教结构上，教育环节、教育者、教育对象、教育目的与其定罪机制中的要素相同。这里，在教育方式上，它主要表现为司法机关的"解释"、"规定"等表现形式以及刑种、刑量等。其中涉及的教育内容，主要表现为：前述 1999 年司法解释中第 14 条、2006 年司法解释中第 16 条涉及的量刑规范，以及相关刑法法条的量刑规范等。而且，如前所述，对"致使国家利益遭受特别重大损失的"，司法解释也要适当地进一步加以明确等。这些特殊规范主要是作为指导司法人员具体运用法律正确量刑的依据，是司法人员忠诚型自我教育的内容，又是说服行为人服从判决以及教育他人守法的依据。

另外，司法解释涉及此罪定罪量刑的惩教机能受制于前述各种结构要素，其机能值得加强。应当通过改进教育内容与教育方式，进一步提高这一特殊机

制的威慑型守法教育、忠诚型守法教育和矫治型守法教育的效果。①

此外,还要注意,此罪个案司法中的惩教机制问题。譬如,对本章前述案例中的判决结果而言,法院依法判决李×犯违法提供出口退税凭证罪,判处有期徒刑4年;吴×犯违法提供出口退税凭证罪,判处有期徒刑1年,缓刑2年。应当说,该判决相对比较公正。但是,若"判处李×有期徒刑3年半;判处吴×有期徒刑2年,缓刑3年",则两个裁判结果何者更为公正呢?这也是类似本书第十五章案例中的情形,难以回答。这就说明该判决乃至法律条款本身依然存在难以精准的问题。当然,这必然使其法律忠诚型守法教育机能有所局限。

总之,无论是司法解释中涉及违法提供出口退税凭证罪的惩教机制,还是其个案司法中的惩教机制,可能都值得进一步完善。

附录:相关法律、法规、规章及司法解释索引

1. 1997年刑法典第405条第2款;

2. 《海关法》(1987年1月22日第六届全国人民代表大会常务委员会第十九次会议通过 2000年7月8日第九届全国人民代表大会常务委员会第十六次会议《关于修改〈中华人民共和国海关法〉的决定》修正 自2001年1月1日起施行)第72条、第96条;

3. 《外汇管理条例》(1996年1月29日中华人民共和国国务院令第193号发布 根据1997年1月14日《国务院关于修改〈中华人民共和国外汇管理条例〉的决定》修订 2008年8月1日国务院第20次常务会议修订通过 自2008年8月5日起施行)第50条;

4. 1999年9月9日《最高人民检察院关于人民检察院直接受理立案侦查案件立案标准的规定(试行)》第14条;

5. 2001年7月20日《人民检察院直接受理立案侦查的渎职侵权重特大案件标准(试行)》(自2002年1月1日起施行)第14条;

6. 2006年7月26日《最高人民检察院关于渎职侵权犯罪案件立案标准的规定》第16条。

---

① 参见曾明生:《动态刑法的惩教机制研究——刑事守法教育学引论》,中国政法大学出版社2011年版,第24—26、45—46、129页。

主要参考文献

1. 刘磊：《税收控制论》，中国财政经济出版社 1999 年版；
2. 宋效中：《反偷逃税与税务稽查》，机械工业出版社 2006 年版；
3. 张守文：《税法原理》，北京大学出版社 2001 年版；
4. 刘剑文主编：《财税法学》，高等教育出版社 2004 年版；
5. 张松主编：《税法概论》，中国税务出版社 1998 年版；
6. 钱晟：《税收负担的经济分析》，中国人民大学出版社 2000 年版；
7. 王宠惠：《中华民国刑法》，李秀清点校，中国方正出版社 2006 年版；
8. 高铭暄编著：《中华人民共和国刑法的孕育和诞生》，法律出版社 1981 年版；
9. 高铭暄、马克昌主编：《刑法学》（第 4 版），北京大学出版社、高等教育出版社 2010 年版；
10. 高铭暄、马克昌主编：《中国刑法解释》，中国社会科学出版社 2005 年版；
11. 高铭暄、赵秉志编：《新中国刑法立法文献资料总览》，中国人民公安大学出版社 1998 年版；
12. 王作富主编：《刑法》（第 3 版），中国人民大学出版社 2007 年版；
13. 王作富主编：《刑法分则实务研究》（第 3 版），中国方正出版社 2007 年版；
14. 陈兴良：《规范刑法学》（第 3 版），中国人民大学出版社 2013 年版；
15. 张明楷：《刑法学》（第 4 版），法律出版社 2011 年版；
16. 肖中华：《犯罪构成及其关系论》，中国人民大学出版社 2000 年版；
17. 田宏杰：《刑法中的正当化行为》，中国检察出版社 2004 年版；
18. 陈兴良主编：《犯罪论体系研究》，清华大学出版社 2005 版；
19. 曾明生：《刑法目的论》，中国政法大学出版社 2009 年版；
20. 曾明生：《动态刑法的惩教机制研究——刑事守法教育学引论》，中国政法大学出版社 2011 年版；
21. 胡康生、李福成主编：《中华人民共和国刑法释义》，法律出版社 1997 年版；

22. 曹子丹、侯国云主编：《中华人民共和国刑法精解》，中国政法大学出版社1997年版；

23. 全国人大常委会法制工作委员会刑法室：《中华人民共和国刑法修正案（八）条文说明、立法理由及相关规定》，北京大学出版社2011年版；

24. 周光权主编：《刑法历次修正案权威解读》，中国人民大学出版社2011年版；

25. 刘白笔、刘用生：《经济刑法学》，群众出版社1989年版；

26. 陈兴良主编：《经济刑法学》（总论、各论），中国社会科学出版社1990年版；

27. 赵长青主编：《经济刑法学》，重庆出版社1991年版；

28. 陈宝树、冯锐主编：《市场经济与刑法完善》，中国人民公安大学出版社1996年版；

29. 马克昌主编：《经济犯罪新论》，武汉大学出版社1998年版；

30. 陈泽宪主编：《经济刑法新论》，群众出版社2001年版；

31. 顾肖荣等：《经济刑法总论比较研究》，上海社会科学院出版社2008年版；

32. 屈学武主编：《刑法改革的进路》，中国政法大学出版社2012年版；

33. 李晓明主编：《经济犯罪学》，中国人民公安大学出版社2001年版；

34. 孙国祥、魏昌东：《经济刑法研究》，法律出版社2005年版；

35. 杨兴培、李翔：《经济犯罪和经济刑法研究》，北京大学出版社2009年版；

36. 柯葛壮主编：《中国经济刑法发展史》，黑龙江人民出版社2009年版；

37. 李永升、朱建华主编：《经济刑法学》，法律出版社2011年版；

38. 孙力、梅传强主编：《刑事案例诉辩审评——危害税收征管罪》，中国检察出版社2006年版；

39. 黄京平主编：《破坏市场经济秩序罪研究》，中国人民大学出版社1999年版；

40. 莫开勤：《危害税收征管犯罪的定罪与量刑》，人民法院出版社2000年版；

41. 周洪波主编：《税收犯罪疑难问题司法对策》，吉林人民出版社2001年版；

42. 黄晓亮等主编：《危害税收征管罪办案一本通》，中国长安出版社2007年版；

43. 张旭主编：《涉税犯罪的认定处理及案例分析》，中国人民公安大学出版社1999年版；

44. 何秉松主编：《税收与税收犯罪》，中信出版社 2004 年版；

45. 赵秉志主编：《危害税收征管犯罪》，中国人民公安大学出版社 2003 年版；

46. 李永君主编：《税收犯罪认定处理实务》，中国方正出版社 1997 年版；

47. 刘树德、王宏伟：《税收欺诈及其防治》，法律出版社 1997 年版；

48. 陈正云主编：《危害税收征管罪的认定与处理》，中国检察出版社 1998 年版；

49. 吴亚荣主编：《中国税收犯罪通论》，中国税务出版社 1999 年版；

50. 王松苗、文向民主编：《新刑法与税收犯罪》，西苑出版社 1999 版；

51. 曹康、黄河主编：《危害税收征管罪》，中国人民公安大学出版社 1999 年版；

52. 李永君、古建芹：《税收违法与税收犯罪通论》，河北人民出版社 2000 年版；

53. 周洪波：《税收犯罪研究》，中国人民大学 2001 年博士学位论文；

54. 丛中笑：《涉税犯罪论——来自税法学的观照》，吉林大学 2006 年博士学位论文；

55. 周密主编：《美国经济犯罪与经济刑法》，北京大学出版社 1993 年版；

56. 王世洲：《德国经济犯罪与经济刑法研究》，北京大学出版社 1999 年版；

57. 储怀植：《美国刑法》（第 3 版），北京大学出版社 2005 年版；

58. 萧榕主编：《世界著名法典选编·刑法卷》，中国民主法制出版社 1998 年版；

59. 斯库拉托夫等主编：《俄罗斯联邦刑法典释义》，黄道秀译，中国政法大学出版社 2000 年版；

60. 徐久生等译：《德国刑法典》（2002 年修订），中国方正出版社 2004 年版；

61. 孙凯编：《美国联邦税收制度》，中国税务出版社 1998 年版；

61. ［美］理查德·A. 波斯纳：《法律的经济分析》，蒋兆康译，中国大百科全书出版社 1997 年版；

62. ［美］N. G. 曼昆：《经济学原理》（第 5 版），梁小民等译，北京大学出版社 2009 年版；

63. 期刊类省略；

64. 新华网、中国政府网、人民网、最高人民法院网站、最高人民检察院网站、法律图书馆网站等。

附录一：刑事诉讼法

中华人民共和国刑事诉讼法

（1979年7月1日第五届全国人民代表大会第二次会议通过　根据1996年3月17日第八届全国人民代表大会第四次会议《关于修改〈中华人民共和国刑事诉讼法〉的决定》第一次修正　根据2012年3月14日第十一届全国人民代表大会第五次会议《关于修改〈中华人民共和国刑事诉讼法〉的决定》第二次修正自2013年1月1日起施行）

目　录
第一编　总　则
第一章　任务和基本原则
第二章　管　辖
第三章　回　避
第四章　辩护与代理
第五章　证　据
第六章　强制措施
第七章　附带民事诉讼
第八章　期间、送达
第九章　其他规定
第二编　立案、侦查和提起公诉
第一章　立　案
第二章　侦　查
　第一节　一般规定
　第二节　讯问犯罪嫌疑人
　第三节　询问证人
　第四节　勘验、检查
　第五节　搜　查
　第六节　查封、扣押物证、书证
　第七节　鉴　定
　第八节　技术侦查措施

第九节　通　缉
　　第十节　侦查终结
　　第十一节　人民检察院对直接受理的案件的侦查
第三章　提起公诉
第三编　审　判
第一章　审判组织
第二章　第一审程序
　　第一节　公诉案件
　　第二节　自诉案件
　　第三节　简易程序
第三章　第二审程序
第四章　死刑复核程序
第五章　审判监督程序
第四编　执　行
第五编　特别程序
第一章　未成年人刑事案件诉讼程序
第二章　当事人和解的公诉案件诉讼程序
第三章　犯罪嫌疑人、被告人逃匿、死亡案件违法所得的没收程序
第四章　依法不负刑事责任的精神病人的强制医疗程序
附　则

第一编　总　则

第一章　任务和基本原则

　　第一条　为了保证刑法的正确实施，惩罚犯罪，保护人民，保障国家安全和社会公共安全，维护社会主义社会秩序，根据宪法，制定本法。

　　第二条　中华人民共和国刑事诉讼法的任务，是保证准确、及时地查明犯罪事实，正确应用法律，惩罚犯罪分子，保障无罪的人不受刑事追究，教育公民自觉遵守法律，积极同犯罪行为作斗争，维护社会主义法制，尊重和保障人权，保护公民的人身权利、财产权利、民主权利和其他权利，保障社会主义建设事业的顺利进行。

　　第三条　对刑事案件的侦查、拘留、执行逮捕、预审，由公安机关负责。

检察、批准逮捕、检察机关直接受理的案件的侦查、提起公诉,由人民检察院负责。审判由人民法院负责。除法律特别规定的以外,其他任何机关、团体和个人都无权行使这些权力。

人民法院、人民检察院和公安机关进行刑事诉讼,必须严格遵守本法和其他法律的有关规定。

第四条 国家安全机关依照法律规定,办理危害国家安全的刑事案件,行使与公安机关相同的职权。

第五条 人民法院依照法律规定独立行使审判权,人民检察院依照法律规定独立行使检察权,不受行政机关、社会团体和个人的干涉。

第六条 人民法院、人民检察院和公安机关进行刑事诉讼,必须依靠群众,必须以事实为根据,以法律为准绳。对于一切公民,在适用法律上一律平等,在法律面前,不允许有任何特权。

第七条 人民法院、人民检察院和公安机关进行刑事诉讼,应当分工负责,互相配合,互相制约,以保证准确有效地执行法律。

第八条 人民检察院依法对刑事诉讼实行法律监督。

第九条 各民族公民都有用本民族语言文字进行诉讼的权利。人民法院、人民检察院和公安机关对于不通晓当地通用的语言文字的诉讼参与人,应当为他们翻译。

在少数民族聚居或者多民族杂居的地区,应当用当地通用的语言进行审讯,用当地通用的文字发布判决书、布告和其他文件。

第十条 人民法院审判案件,实行两审终审制。

第十一条 人民法院审判案件,除本法另有规定的以外,一律公开进行。被告人有权获得辩护,人民法院有义务保证被告人获得辩护。

第十二条 未经人民法院依法判决,对任何人都不得确定有罪。

第十三条 人民法院审判案件,依照本法实行人民陪审员陪审的制度。

第十四条 人民法院、人民检察院和公安机关应当保障犯罪嫌疑人、被告人和其他诉讼参与人依法享有的辩护权和其他诉讼权利。

诉讼参与人对于审判人员、检察人员和侦查人员侵犯公民诉讼权利和人身侮辱的行为,有权提出控告。

第十五条 有下列情形之一的,不追究刑事责任,已经追究的,应当撤销案件,或者不起诉,或者终止审理,或者宣告无罪:

(一)情节显著轻微、危害不大,不认为是犯罪的;

(二)犯罪已过追诉时效期限的;

(三)经特赦令免除刑罚的;

（四）依照刑法告诉才处理的犯罪，没有告诉或者撤回告诉的；

（五）犯罪嫌疑人、被告人死亡的；

（六）其他法律规定免予追究刑事责任的。

第十六条 对于外国人犯罪应当追究刑事责任的，适用本法的规定。

对于享有外交特权和豁免权的外国人犯罪应当追究刑事责任的，通过外交途径解决。

第十七条 根据中华人民共和国缔结或者参加的国际条约，或者按照互惠原则，我国司法机关和外国司法机关可以相互请求刑事司法协助。

第二章 管 辖

第十八条 刑事案件的侦查由公安机关进行，法律另有规定的除外。

贪污贿赂犯罪，国家工作人员的渎职犯罪，国家机关工作人员利用职权实施的非法拘禁、刑讯逼供、报复陷害、非法搜查的侵犯公民人身权利的犯罪以及侵犯公民民主权利的犯罪，由人民检察院立案侦查。对于国家机关工作人员利用职权实施的其他重大的犯罪案件，需要由人民检察院直接受理的时候，经省级以上人民检察院决定，可以由人民检察院立案侦查。

自诉案件，由人民法院直接受理。

第十九条 基层人民法院管辖第一审普通刑事案件，但是依照本法由上级人民法院管辖的除外。

第二十条 中级人民法院管辖下列第一审刑事案件：

（一）危害国家安全、恐怖活动案件；

（二）可能判处无期徒刑、死刑的案件。

第二十一条 高级人民法院管辖的第一审刑事案件，是全省（自治区、直辖市）性的重大刑事案件。

第二十二条 最高人民法院管辖的第一审刑事案件，是全国性的重大刑事案件。

第二十三条 上级人民法院在必要的时候，可以审判下级人民法院管辖的第一审刑事案件；下级人民法院认为案情重大、复杂需要由上级人民法院审判的第一审刑事案件，可以请求移送上一级人民法院审判。

第二十四条 刑事案件由犯罪地的人民法院管辖。如果由被告人居住地的人民法院审判更为适宜的，可以由被告人居住地的人民法院管辖。

第二十五条 几个同级人民法院都有权管辖的案件，由最初受理的人民法院审判。在必要的时候，可以移送主要犯罪地的人民法院审判。

第二十六条　上级人民法院可以指定下级人民法院审判管辖不明的案件,也可以指定下级人民法院将案件移送其他人民法院审判。

第二十七条　专门人民法院案件的管辖另行规定。

第三章　回　避

第二十八条　审判人员、检察人员、侦查人员有下列情形之一的,应当自行回避,当事人及其法定代理人也有权要求他们回避:

(一) 是本案的当事人或者是当事人的近亲属的;

(二) 本人或者他的近亲属和本案有利害关系的;

(三) 担任过本案的证人、鉴定人、辩护人、诉讼代理人的;

(四) 与本案当事人有其他关系,可能影响公正处理案件的。

第二十九条　审判人员、检察人员、侦查人员不得接受当事人及其委托的人的请客送礼,不得违反规定会见当事人及其委托的人。

审判人员、检察人员、侦查人员违反前款规定的,应当依法追究法律责任。当事人及其法定代理人有权要求他们回避。

第三十条　审判人员、检察人员、侦查人员的回避,应当分别由院长、检察长、公安机关负责人决定;院长的回避,由本院审判委员会决定;检察长和公安机关负责人的回避,由同级人民检察院检察委员会决定。

对侦查人员的回避作出决定前,侦查人员不能停止对案件的侦查。

对驳回申请回避的决定,当事人及其法定代理人可以申请复议一次。

第三十一条　本章关于回避的规定适用于书记员、翻译人员和鉴定人。

辩护人、诉讼代理人可以依照本章的规定要求回避、申请复议。

第四章　辩护与代理

第三十二条　犯罪嫌疑人、被告人除自己行使辩护权以外,还可以委托一至二人作为辩护人。下列的人可以被委托为辩护人:

(一) 律师;

(二) 人民团体或者犯罪嫌疑人、被告人所在单位推荐的人;

(三) 犯罪嫌疑人、被告人的监护人、亲友。

正在被执行刑罚或者依法被剥夺、限制人身自由的人,不得担任辩护人。

第三十三条　犯罪嫌疑人自被侦查机关第一次讯问或者采取强制措施之日

起,有权委托辩护人;在侦查期间,只能委托律师作为辩护人。被告人有权随时委托辩护人。

侦查机关在第一次讯问犯罪嫌疑人或者对犯罪嫌疑人采取强制措施的时候,应当告知犯罪嫌疑人有权委托辩护人。人民检察院自收到移送审查起诉的案件材料之日起三日以内,应当告知犯罪嫌疑人有权委托辩护人。人民法院自受理案件之日起三日以内,应当告知被告人有权委托辩护人。犯罪嫌疑人、被告人在押期间要求委托辩护人的,人民法院、人民检察院和公安机关应当及时转达其要求。

犯罪嫌疑人、被告人在押的,也可以由其监护人、近亲属代为委托辩护人。

辩护人接受犯罪嫌疑人、被告人委托后,应当及时告知办理案件的机关。

第三十四条 犯罪嫌疑人、被告人因经济困难或者其他原因没有委托辩护人的,本人及其近亲属可以向法律援助机构提出申请。对符合法律援助条件的,法律援助机构应当指派律师为其提供辩护。

犯罪嫌疑人、被告人是盲、聋、哑人,或者是尚未完全丧失辨认或者控制自己行为能力的精神病人,没有委托辩护人的,人民法院、人民检察院和公安机关应当通知法律援助机构指派律师为其提供辩护。

犯罪嫌疑人、被告人可能被判处无期徒刑、死刑,没有委托辩护人的,人民法院、人民检察院和公安机关应当通知法律援助机构指派律师为其提供辩护。

第三十五条 辩护人的责任是根据事实和法律,提出犯罪嫌疑人、被告人无罪、罪轻或者减轻、免除其刑事责任的材料和意见,维护犯罪嫌疑人、被告人的诉讼权利和其他合法权益。

第三十六条 辩护律师在侦查期间可以为犯罪嫌疑人提供法律帮助;代理申诉、控告;申请变更强制措施;向侦查机关了解犯罪嫌疑人涉嫌的罪名和案件有关情况,提出意见。

第三十七条 辩护律师可以同在押的犯罪嫌疑人、被告人会见和通信。其他辩护人经人民法院、人民检察院许可,也可以同在押的犯罪嫌疑人、被告人会见和通信。

辩护律师持律师执业证书、律师事务所证明和委托书或者法律援助公函要求会见在押的犯罪嫌疑人、被告人的,看守所应当及时安排会见,至迟不得超过四十八小时。

危害国家安全犯罪、恐怖活动犯罪、特别重大贿赂犯罪案件,在侦查期间辩护律师会见在押的犯罪嫌疑人,应当经侦查机关许可。上述案件,侦查机关应当事先通知看守所。

辩护律师会见在押的犯罪嫌疑人、被告人，可以了解案件有关情况，提供法律咨询等；自案件移送审查起诉之日起，可以向犯罪嫌疑人、被告人核实有关证据。辩护律师会见犯罪嫌疑人、被告人时不被监听。

辩护律师同被监视居住的犯罪嫌疑人、被告人会见、通信，适用第一款、第三款、第四款的规定。

第三十八条 辩护律师自人民检察院对案件审查起诉之日起，可以查阅、摘抄、复制本案的案卷材料。其他辩护人经人民法院、人民检察院许可，也可以查阅、摘抄、复制上述材料。

第三十九条 辩护人认为在侦查、审查起诉期间公安机关、人民检察院收集的证明犯罪嫌疑人、被告人无罪或者罪轻的证据材料未提交的，有权申请人民检察院、人民法院调取。

第四十条 辩护人收集的有关犯罪嫌疑人不在犯罪现场、未达到刑事责任年龄、属于依法不负刑事责任的精神病人的证据，应当及时告知公安机关、人民检察院。

第四十一条 辩护律师经证人或者其他有关单位和个人同意，可以向他们收集与本案有关的材料，也可以申请人民检察院、人民法院收集、调取证据，或者申请人民法院通知证人出庭作证。

辩护律师经人民检察院或者人民法院许可，并且经被害人或者其近亲属、被害人提供的证人同意，可以向他们收集与本案有关的材料。

第四十二条 辩护人或者其他任何人，不得帮助犯罪嫌疑人、被告人隐匿、毁灭、伪造证据或者串供，不得威胁、引诱证人作伪证以及进行其他干扰司法机关诉讼活动的行为。

违反前款规定的，应当依法追究法律责任，辩护人涉嫌犯罪的，应当由办理辩护人所承办案件的侦查机关以外的侦查机关办理。辩护人是律师的，应当及时通知其所在的律师事务所或者所属的律师协会。

第四十三条 在审判过程中，被告人可以拒绝辩护人继续为他辩护，也可以另行委托辩护人辩护。

第四十四条 公诉案件的被害人及其法定代理人或者近亲属，附带民事诉讼的当事人及其法定代理人，自案件移送审查起诉之日起，有权委托诉讼代理人。自诉案件的自诉人及其法定代理人，附带民事诉讼的当事人及其法定代理人，有权随时委托诉讼代理人。

人民检察院自收到移送审查起诉的案件材料之日起三日以内，应当告知被害人及其法定代理人或者其近亲属、附带民事诉讼的当事人及其法定代理人有权委托诉讼代理人。人民法院自受理自诉案件之日起三日以内,应当告知自诉人及其法定代理人、附带民事诉讼的当事人及其法定代理人有权委托诉讼代理人。

第四十五条 委托诉讼代理人,参照本法第三十二条的规定执行。

第四十六条 辩护律师对在执业活动中知悉的委托人的有关情况和信息,有权予以保密。但是,辩护律师在执业活动中知悉委托人或者其他人,准备或者正在实施危害国家安全、公共安全以及严重危害他人人身安全的犯罪的,应当及时告知司法机关。

第四十七条 辩护人、诉讼代理人认为公安机关、人民检察院、人民法院及其工作人员阻碍其依法行使诉讼权利的,有权向同级或者上一级人民检察院申诉或者控告。人民检察院对申诉或者控告应当及时进行审查,情况属实的,通知有关机关予以纠正。

第五章 证 据

第四十八条 可以用于证明案件事实的材料,都是证据。

证据包括:

(一) 物证;

(二) 书证;

(三) 证人证言;

(四) 被害人陈述;

(五) 犯罪嫌疑人、被告人供述和辩解;

(六) 鉴定意见;

(七) 勘验、检查、辨认、侦查实验等笔录;

(八) 视听资料、电子数据。

证据必须经过查证属实,才能作为定案的根据。

第四十九条 公诉案件中被告人有罪的举证责任由人民检察院承担,自诉案件中被告人有罪的举证责任由自诉人承担。

第五十条 审判人员、检察人员、侦查人员必须依照法定程序,收集能够证实犯罪嫌疑人、被告人有罪或者无罪、犯罪情节轻重的各种证据。严禁刑讯逼供和以威胁、引诱、欺骗以及其他非法方法收集证据,不得强迫任何人证实自己有罪。必须保证一切与案件有关或者了解案情的公民,有客观地充分地提供证据的条件,除特殊情况外,可以吸收他们协助调查。

第五十一条 公安机关提请批准逮捕书、人民检察院起诉书、人民法院判决书,必须忠实于事实真相。故意隐瞒事实真相的,应当追究责任。

第五十二条 人民法院、人民检察院和公安机关有权向有关单位和个人收集、调取证据。有关单位和个人应当如实提供证据。

行政机关在行政执法和查办案件过程中收集的物证、书证、视听资料、电子数据等证据材料,在刑事诉讼中可以作为证据使用。

对涉及国家秘密、商业秘密、个人隐私的证据,应当保密。

凡是伪造证据、隐匿证据或者毁灭证据的,无论属于何方,必须受法律追究。

第五十三条 对一切案件的判处都要重证据,重调查研究,不轻信口供。只有被告人供述,没有其他证据的,不能认定被告人有罪和处以刑罚;没有被告人供述,证据确实、充分的,可以认定被告人有罪和处以刑罚。

证据确实、充分,应当符合以下条件:

(一) 定罪量刑的事实都有证据证明;

(二) 据以定案的证据均经法定程序查证属实;

(三) 综合全案证据,对所认定事实已排除合理怀疑。

第五十四条 采用刑讯逼供等非法方法收集的犯罪嫌疑人、被告人供述和采用暴力、威胁等非法方法收集的证人证言、被害人陈述,应当予以排除。收集物证、书证不符合法定程序,可能严重影响司法公正的,应当予以补正或者作出合理解释;不能补正或者作出合理解释的,对该证据应当予以排除。

在侦查、审查起诉、审判时发现有应当排除的证据的,应当依法予以排除,不得作为起诉意见、起诉决定和判决的依据。

第五十五条 人民检察院接到报案、控告、举报或者发现侦查人员以非法方法收集证据的,应当进行调查核实。对于确有以非法方法收集证据情形的,应当提出纠正意见;构成犯罪的,依法追究刑事责任。

第五十六条 法庭审理过程中,审判人员认为可能存在本法第五十四条规定的以非法方法收集证据情形的,应当对证据收集的合法性进行法庭调查。

当事人及其辩护人、诉讼代理人有权申请人民法院对以非法方法收集的证据依法予以排除。申请排除以非法方法收集的证据的,应当提供相关线索或者材料。

第五十七条 在对证据收集的合法性进行法庭调查的过程中,人民检察院应当对证据收集的合法性加以证明。

现有证据材料不能证明证据收集的合法性的,人民检察院可以提请人民法院通知有关侦查人员或者其他人员出庭说明情况;人民法院可以通知有关侦查人员或者其他人员出庭说明情况。有关侦查人员或者其他人员也可以要求出庭说明情况。经人民法院通知，有关人员应当出庭。

第五十八条 对于经过法庭审理，确认或者不能排除存在本法第五十四条规定的以非法方法收集证据情形的，对有关证据应当予以排除。

第五十九条 证人证言必须在法庭上经过公诉人、被害人和被告人、辩护人双方质证并且查实以后，才能作为定案的根据。法庭查明证人有意作伪证或者隐匿罪证的时候，应当依法处理。

第六十条 凡是知道案件情况的人，都有作证的义务。

生理上、精神上有缺陷或者年幼，不能辨别是非、不能正确表达的人，不能作证人。

第六十一条 人民法院、人民检察院和公安机关应当保障证人及其近亲属的安全。

对证人及其近亲属进行威胁、侮辱、殴打或者打击报复，构成犯罪的，依法追究刑事责任；尚不够刑事处罚的，依法给予治安管理处罚。

第六十二条 对于危害国家安全犯罪、恐怖活动犯罪、黑社会性质的组织犯罪、毒品犯罪等案件，证人、鉴定人、被害人因在诉讼中作证，本人或者其近亲属的人身安全面临危险的，人民法院、人民检察院和公安机关应当采取以下一项或者多项保护措施：

（一）不公开真实姓名、住址和工作单位等个人信息；

（二）采取不暴露外貌、真实声音等出庭作证措施；

（三）禁止特定的人员接触证人、鉴定人、被害人及其近亲属；

（四）对人身和住宅采取专门性保护措施；

（五）其他必要的保护措施。

证人、鉴定人、被害人认为因在诉讼中作证，本人或者其近亲属的人身安全面临危险的，可以向人民法院、人民检察院、公安机关请求予以保护。

人民法院、人民检察院、公安机关依法采取保护措施，有关单位和个人应当配合。

第六十三条 证人因履行作证义务而支出的交通、住宿、就餐等费用，应当给予补助。证人作证的补助列入司法机关业务经费，由同级政府财政予以保障。

有工作单位的证人作证，所在单位不得克扣或者变相克扣其工资、奖金及其他福利待遇。

第六章 强制措施

第六十四条 人民法院、人民检察院和公安机关根据案件情况，对犯罪嫌疑人、被告人可以拘传、取保候审或者监视居住。

第六十五条 人民法院、人民检察院和公安机关对有下列情形之一的犯罪嫌疑人、被告人，可以取保候审：

（一）可能判处管制、拘役或者独立适用附加刑的；

（二）可能判处有期徒刑以上刑罚，采取取保候审不致发生社会危险性的；

（三）患有严重疾病、生活不能自理，怀孕或者正在哺乳自己婴儿的妇女，采取取保候审不致发生社会危险性的；

（四）羁押期限届满，案件尚未办结，需要采取取保候审的。

取保候审由公安机关执行。

第六十六条 人民法院、人民检察院和公安机关决定对犯罪嫌疑人、被告人取保候审，应当责令犯罪嫌疑人、被告人提出保证人或者交纳保证金。

第六十七条 保证人必须符合下列条件：

（一）与本案无牵连；

（二）有能力履行保证义务；

（三）享有政治权利，人身自由未受到限制；

（四）有固定的住处和收入。

第六十八条 保证人应当履行以下义务：

（一）监督被保证人遵守本法第六十九条的规定；

（二）发现被保证人可能发生或者已经发生违反本法第六十九条规定的行为的，应当及时向执行机关报告。

被保证人有违反本法第六十九条规定的行为，保证人未履行保证义务的，对保证人处以罚款，构成犯罪的，依法追究刑事责任。

第六十九条 被取保候审的犯罪嫌疑人、被告人应当遵守以下规定：

（一）未经执行机关批准不得离开所居住的市、县；

（二）住址、工作单位和联系方式发生变动的，在二十四小时以内向执行机关报告；

（三）在传讯的时候及时到案；

（四）不得以任何形式干扰证人作证；

（五）不得毁灭、伪造证据或者串供。

人民法院、人民检察院和公安机关可以根据案件情况，责令被取保候审的犯罪嫌疑人、被告人遵守以下一项或者多项规定：
（一）不得进入特定的场所；
（二）不得与特定的人员会见或者通信；
（三）不得从事特定的活动；
（四）将护照等出入境证件、驾驶证件交执行机关保存。

被取保候审的犯罪嫌疑人、被告人违反前两款规定，已交纳保证金的，没收部分或者全部保证金，并且区别情形，责令犯罪嫌疑人、被告人具结悔过、重新交纳保证金、提出保证人，或者监视居住、予以逮捕。

对违反取保候审规定，需要予以逮捕的，可以对犯罪嫌疑人、被告人先行拘留。

第七十条 取保候审的决定机关应当综合考虑保证诉讼活动正常进行的需要，被取保候审人的社会危险性，案件的性质、情节，可能判处刑罚的轻重，被取保候审人的经济状况等情况，确定保证金的数额。

提供保证金的人应当将保证金存入执行机关指定银行的专门账户。

第七十一条 犯罪嫌疑人、被告人在取保候审期间未违反本法第六十九条规定的，取保候审结束的时候，凭解除取保候审的通知或者有关法律文书到银行领取退还的保证金。

第七十二条 人民法院、人民检察院和公安机关对符合逮捕条件，有下列情形之一的犯罪嫌疑人、被告人，可以监视居住：
（一）患有严重疾病、生活不能自理的；
（二）怀孕或者正在哺乳自己婴儿的妇女；
（三）系生活不能自理的人的唯一扶养人；
（四）因为案件的特殊情况或者办理案件的需要，采取监视居住措施更为适宜的；
（五）羁押期限届满，案件尚未办结，需要采取监视居住措施的。

对符合取保候审条件，但犯罪嫌疑人、被告人不能提出保证人，也不交纳保证金的，可以监视居住。

监视居住由公安机关执行。

第七十三条 监视居住应当在犯罪嫌疑人、被告人的住处执行；无固定住处的，可以在指定的居所执行。对于涉嫌危害国家安全犯罪、恐怖活动犯罪、特别重大贿赂犯罪，在住处执行可能有碍侦查的，经上一级人民检察院或者公安机关批准，也可以在指定的居所执行。但是，不得在羁押场所、专门的办案场所执行。

指定居所监视居住的，除无法通知的以外，应当在执行监视居住后二十四小时以内，通知被监视居住人的家属。

被监视居住的犯罪嫌疑人、被告人委托辩护人，适用本法第三十三条的规定。

人民检察院对指定居所监视居住的决定和执行是否合法实行监督。

第七十四条　指定居所监视居住的期限应当折抵刑期。被判处管制的，监视居住一日折抵刑期一日；被判处拘役、有期徒刑的，监视居住二日折抵刑期一日。

第七十五条　被监视居住的犯罪嫌疑人、被告人应当遵守以下规定：

（一）未经执行机关批准不得离开执行监视居住的处所；

（二）未经执行机关批准不得会见他人或者通信；

（三）在传讯的时候及时到案；

（四）不得以任何形式干扰证人作证；

（五）不得毁灭、伪造证据或者串供；

（六）将护照等出入境证件、身份证件、驾驶证件交执行机关保存。

被监视居住的犯罪嫌疑人、被告人违反前款规定，情节严重的，可以予以逮捕；需要予以逮捕的，可以对犯罪嫌疑人、被告人先行拘留。

第七十六条　执行机关对被监视居住的犯罪嫌疑人、被告人，可以采取电子监控、不定期检查等监视方法对其遵守监视居住规定的情况进行监督；在侦查期间，可以对被监视居住的犯罪嫌疑人的通信进行监控。

第七十七条　人民法院、人民检察院和公安机关对犯罪嫌疑人、被告人取保候审最长不得超过十二个月，监视居住最长不得超过六个月。

在取保候审、监视居住期间，不得中断对案件的侦查、起诉和审理。对于发现不应当追究刑事责任或者取保候审、监视居住期限届满的，应当及时解除取保候审、监视居住。解除取保候审、监视居住，应当及时通知被取保候审、监视居住人和有关单位。

第七十八条　逮捕犯罪嫌疑人、被告人，必须经过人民检察院批准或者人民法院决定，由公安机关执行。

第七十九条　对有证据证明有犯罪事实，可能判处徒刑以上刑罚的犯罪嫌疑人、被告人，采取取保候审尚不足以防止发生下列社会危险性的，应当予以逮捕：

（一）可能实施新的犯罪的；

（二）有危害国家安全、公共安全或者社会秩序的现实危险的；

（三）可能毁灭、伪造证据，干扰证人作证或者串供的；

（四）可能对被害人、举报人、控告人实施打击报复的；

（五）企图自杀或者逃跑的。

对有证据证明有犯罪事实，可能判处十年有期徒刑以上刑罚的，或者有证据证明有犯罪事实，可能判处徒刑以上刑罚，曾经故意犯罪或者身份不明的，应当予以逮捕。

被取保候审、监视居住的犯罪嫌疑人、被告人违反取保候审、监视居住规定，情节严重的，可以予以逮捕。

第八十条　公安机关对于现行犯或者重大嫌疑分子，如果有下列情形之一的，可以先行拘留：

（一）正在预备犯罪、实行犯罪或者在犯罪后即时被发觉的；

（二）被害人或者在场亲眼看见的人指认他犯罪的；

（三）在身边或者住处发现有犯罪证据的；

（四）犯罪后企图自杀、逃跑或者在逃的；

（五）有毁灭、伪造证据或者串供可能的；

（六）不讲真实姓名、住址，身份不明的；

（七）有流窜作案、多次作案、结伙作案重大嫌疑的。

第八十一条　公安机关在异地执行拘留、逮捕的时候，应当通知被拘留、逮捕人所在地的公安机关，被拘留、逮捕人所在地的公安机关应当予以配合。

第八十二条　对于有下列情形的人，任何公民都可以立即扭送公安机关、人民检察院或者人民法院处理：

（一）正在实行犯罪或者在犯罪后即时被发觉的；

（二）通缉在案的；

（三）越狱逃跑的；

（四）正在被追捕的。

第八十三条　公安机关拘留人的时候，必须出示拘留证。

拘留后，应当立即将被拘留人送看守所羁押，至迟不得超过二十四小时。除无法通知或者涉嫌危害国家安全犯罪、恐怖活动犯罪通知可能有碍侦查的情形以外，应当在拘留后二十四小时以内，通知被拘留人的家属。有碍侦查的情形消失以后，应当立即通知被拘留人的家属。

第八十四条　公安机关对被拘留的人，应当在拘留后的二十四小时以内进行讯问。在发现不应当拘留的时候，必须立即释放，发给释放证明。

第八十五条　公安机关要求逮捕犯罪嫌疑人的时候，应当写出提请批准逮捕书，连同案卷材料、证据，一并移送同级人民检察院审查批准。必要的时候，人民检察院可以派人参加公安机关对于重大案件的讨论。

第八十六条 人民检察院审查批准逮捕,可以讯问犯罪嫌疑人;有下列情形之一的,应当讯问犯罪嫌疑人:

(一)对是否符合逮捕条件有疑问的;

(二)犯罪嫌疑人要求向检察人员当面陈述的;

(三)侦查活动可能有重大违法行为的。

人民检察院审查批准逮捕,可以询问证人等诉讼参与人,听取辩护律师的意见;辩护律师提出要求的,应当听取辩护律师的意见。

第八十七条 人民检察院审查批准逮捕犯罪嫌疑人由检察长决定。重大案件应当提交检察委员会讨论决定。

第八十八条 人民检察院对于公安机关提请批准逮捕的案件进行审查后,应当根据情况分别作出批准逮捕或者不批准逮捕的决定。对于批准逮捕的决定,公安机关应当立即执行,并且将执行情况及时通知人民检察院。对于不批准逮捕的,人民检察院应当说明理由,需要补充侦查的,应当同时通知公安机关。

第八十九条 公安机关对被拘留的人,认为需要逮捕的,应当在拘留后的三日以内,提请人民检察院审查批准。在特殊情况下,提请审查批准的时间可以延长一日至四日。

对于流窜作案、多次作案、结伙作案的重大嫌疑分子,提请审查批准的时间可以延长至三十日。

人民检察院应当自接到公安机关提请批准逮捕书后的七日以内,作出批准逮捕或者不批准逮捕的决定。人民检察院不批准逮捕的,公安机关应当在接到通知后立即释放,并且将执行情况及时通知人民检察院。对于需要继续侦查,并且符合取保候审、监视居住条件的,依法取保候审或者监视居住。

第九十条 公安机关对人民检察院不批准逮捕的决定,认为有错误的时候,可以要求复议,但是必须将被拘留的人立即释放。如果意见不被接受,可以向上一级人民检察院提请复核。上级人民检察院应当立即复核,作出是否变更的决定,通知下级人民检察院和公安机关执行。

第九十一条 公安机关逮捕人的时候,必须出示逮捕证。

逮捕后,应当立即将被逮捕人送看守所羁押。除无法通知的以外,应当在逮捕后二十四小时以内,通知被逮捕人的家属。

第九十二条 人民法院、人民检察院对于各自决定逮捕的人,公安机关对于经人民检察院批准逮捕的人,都必须在逮捕后的二十四小时以内进行讯问。在发现不应当逮捕的时候,必须立即释放,发给释放证明。

第九十三条 犯罪嫌疑人、被告人被逮捕后,人民检察院仍应当对羁押的必要性进行审查。对不需要继续羁押的，应当建议予以释放或者变更强制措施。有关机关应当在十日以内将处理情况通知人民检察院。

第九十四条 人民法院、人民检察院和公安机关如果发现对犯罪嫌疑人、被告人采取强制措施不当的，应当及时撤销或者变更。公安机关释放被逮捕的人或者变更逮捕措施的，应当通知原批准的人民检察院。

第九十五条 犯罪嫌疑人、被告人及其法定代理人、近亲属或者辩护人有权申请变更强制措施。人民法院、人民检察院和公安机关收到申请后，应当在三日以内作出决定；不同意变更强制措施的，应当告知申请人，并说明不同意的理由。

第九十六条 犯罪嫌疑人、被告人被羁押的案件，不能在本法规定的侦查羁押、审查起诉、一审、二审期限内办结的，对犯罪嫌疑人、被告人应当予以释放；需要继续查证、审理的，对犯罪嫌疑人、被告人可以取保候审或者监视居住。

第九十七条 人民法院、人民检察院或者公安机关对被采取强制措施法定期限届满的犯罪嫌疑人、被告人，应当予以释放、解除取保候审、监视居住或者依法变更强制措施。犯罪嫌疑人、被告人及其法定代理人、近亲属或者辩护人对于人民法院、人民检察院或者公安机关采取强制措施法定期限届满的，有权要求解除强制措施。

第九十八条 人民检察院在审查批准逮捕工作中，如果发现公安机关的侦查活动有违法情况，应当通知公安机关予以纠正，公安机关应当将纠正情况通知人民检察院。

第七章　附带民事诉讼

第九十九条 被害人由于被告人的犯罪行为而遭受物质损失的，在刑事诉讼过程中，有权提起附带民事诉讼。被害人死亡或者丧失行为能力的，被害人的法定代理人、近亲属有权提起附带民事诉讼。

如果是国家财产、集体财产遭受损失的，人民检察院在提起公诉的时候，可以提起附带民事诉讼。

第一百条 人民法院在必要的时候，可以采取保全措施，查封、扣押或者冻结被告人的财产。附带民事诉讼原告人或者人民检察院可以申请人民法院采取保全措施。人民法院采取保全措施，适用民事诉讼法的有关规定。

第一百零一条 人民法院审理附带民事诉讼案件，可以进行调解，或者根据物质损失情况作出判决、裁定。

第一百零二条 附带民事诉讼应当同刑事案件一并审判，只有为了防止刑事案件审判的过分迟延，才可以在刑事案件审判后，由同一审判组织继续审理附带民事诉讼。

第八章 期间、送达

第一百零三条 期间以时、日、月计算。

期间开始的时和日不算在期间以内。

法定期间不包括路途上的时间。上诉状或者其他文件在期满前已经交邮的，不算过期。

期间的最后一日为节假日的，以节假日后的第一日为期满日期，但犯罪嫌疑人、被告人或者罪犯在押期间，应当至期满之日为止，不得因节假日而延长。

第一百零四条 当事人由于不能抗拒的原因或者有其他正当理由而耽误期限的，在障碍消除后五日以内，可以申请继续进行应当在期满以前完成的诉讼活动。

前款申请是否准许，由人民法院裁定。

第一百零五条 送达传票、通知书和其他诉讼文件应当交给收件人本人；如果本人不在，可以交给他的成年家属或者所在单位的负责人员代收。

收件人本人或者代收人拒绝接收或者拒绝签名、盖章的时候，送达人可以邀请他的邻居或者其他见证人到场，说明情况，把文件留在他的住处，在送达证上记明拒绝的事由、送达的日期，由送达人签名，即认为已经送达。

第九章 其他规定

第一百零六条 本法下列用语的含意是：

（一）"侦查"是指公安机关、人民检察院在办理案件过程中，依照法律进行的专门调查工作和有关的强制性措施；

（二）"当事人"是指被害人、自诉人、犯罪嫌疑人、被告人、附带民事诉讼的原告人和被告人；

（三）"法定代理人"是指被代理人的父母、养父母、监护人和负有保护责任的机关、团体的代表；

（四）"诉讼参与人"是指当事人、法定代理人、诉讼代理人、辩护人、证人、鉴定人和翻译人员；

（五）"诉讼代理人"是指公诉案件的被害人及其法定代理人或者近亲属、自诉案件的自诉人及其法定代理人委托代为参加诉讼的人和附带民事诉讼的当事人及其法定代理人委托代为参加诉讼的人；

（六）"近亲属"是指夫、妻、父、母、子、女、同胞兄弟姊妹。

第二编　立案、侦查和提起公诉

第一章　立　案

第一百零七条　公安机关或者人民检察院发现犯罪事实或者犯罪嫌疑人，应当按照管辖范围，立案侦查。

第一百零八条　任何单位和个人发现有犯罪事实或者犯罪嫌疑人，有权利也有义务向公安机关、人民检察院或者人民法院报案或者举报。

被害人对侵犯其人身、财产权利的犯罪事实或者犯罪嫌疑人，有权向公安机关、人民检察院或者人民法院报案或者控告。

公安机关、人民检察院或者人民法院对于报案、控告、举报，都应当接受。对于不属于自己管辖的，应当移送主管机关处理，并且通知报案人、控告人、举报人；对于不属于自己管辖而又必须采取紧急措施的，应当先采取紧急措施，然后移送主管机关。

犯罪人向公安机关、人民检察院或者人民法院自首的，适用第三款规定。

第一百零九条　报案、控告、举报可以用书面或者口头提出。接受口头报案、控告、举报的工作人员，应当写成笔录，经宣读无误后，由报案人、控告人、举报人签名或者盖章。

接受控告、举报的工作人员，应当向控告人、举报人说明诬告应负的法律责任。但是，只要不是捏造事实，伪造证据，即使控告、举报的事实有出入，甚至是错告的，也要和诬告严格加以区别。

公安机关、人民检察院或者人民法院应当保障报案人、控告人、举报人及其近亲属的安全。报案人、控告人、举报人如果不愿公开自己的姓名和报案、控告、举报的行为，应当为他保守秘密。

第一百一十条　人民法院、人民检察院或者公安机关对于报案、控告、举报和自首的材料，应当按照管辖范围，迅速进行审查，认为有犯罪事实需要追究刑事责任的时候,应当立案;认为没有犯罪事实,或者犯罪事实显著轻微,不需要追究刑事责任的时候,不予立案,并且将不立案的原因通知控告人。控告人如果不服,可以申请复议。

第一百一十一条 人民检察院认为公安机关对应当立案侦查的案件而不立案侦查的,或者被害人认为公安机关对应当立案侦查的案件而不立案侦查,向人民检察院提出的,人民检察院应当要求公安机关说明不立案的理由。人民检察院认为公安机关不立案理由不能成立的,应当通知公安机关立案,公安机关接到通知后应当立案。

第一百一十二条 对于自诉案件,被害人有权向人民法院直接起诉。被害人死亡或者丧失行为能力的,被害人的法定代理人、近亲属有权向人民法院起诉。人民法院应当依法受理。

第二章 侦 查

第一节 一般规定

第一百一十三条 公安机关对已经立案的刑事案件,应当进行侦查,收集、调取犯罪嫌疑人有罪或者无罪、罪轻或者罪重的证据材料。对现行犯或者重大嫌疑分子可以依法先行拘留,对符合逮捕条件的犯罪嫌疑人,应当依法逮捕。

第一百一十四条 公安机关经过侦查,对有证据证明有犯罪事实的案件,应当进行预审,对收集、调取的证据材料予以核实。

第一百一十五条 当事人和辩护人、诉讼代理人、利害关系人对于司法机关及其工作人员有下列行为之一的,有权向该机关申诉或者控告:

(一)采取强制措施法定期限届满,不予以释放、解除或者变更的;

(二)应当退还取保候审保证金不退还的;

(三)对与案件无关的财物采取查封、扣押、冻结措施的;

(四)应当解除查封、扣押、冻结不解除的;

(五)贪污、挪用、私分、调换、违反规定使用查封、扣押、冻结的财物的。

受理申诉或者控告的机关应当及时处理。对处理不服的,可以向同级人民检察院申诉;人民检察院直接受理的案件,可以向上一级人民检察院申诉。人民检察院对申诉应当及时进行审查,情况属实的,通知有关机关予以纠正。

第二节 讯问犯罪嫌疑人

第一百一十六条 讯问犯罪嫌疑人必须由人民检察院或者公安机关的侦查人员负责进行。讯问的时候，侦查人员不得少于二人。

犯罪嫌疑人被送交看守所羁押以后，侦查人员对其进行讯问，应当在看守所内进行。

第一百一十七条 对不需要逮捕、拘留的犯罪嫌疑人，可以传唤到犯罪嫌疑人所在市、县内的指定地点或者到他的住处进行讯问，但是应当出示人民检察院或者公安机关的证明文件。对在现场发现的犯罪嫌疑人，经出示工作证件，可以口头传唤，但应当在讯问笔录中注明。

传唤、拘传持续的时间不得超过十二小时；案情特别重大、复杂，需要采取拘留、逮捕措施的，传唤、拘传持续的时间不得超过二十四小时。

不得以连续传唤、拘传的形式变相拘禁犯罪嫌疑人。传唤、拘传犯罪嫌疑人，应当保证犯罪嫌疑人的饮食和必要的休息时间。

第一百一十八条 侦查人员在讯问犯罪嫌疑人的时候，应当首先讯问犯罪嫌疑人是否有犯罪行为，让他陈述有罪的情节或者无罪的辩解，然后向他提出问题。犯罪嫌疑人对侦查人员的提问，应当如实回答。但是对与本案无关的问题，有拒绝回答的权利。

侦查人员在讯问犯罪嫌疑人的时候，应当告知犯罪嫌疑人如实供述自己罪行可以从宽处理的法律规定。

第一百一十九条 讯问聋、哑的犯罪嫌疑人，应当有通晓聋、哑手势的人参加，并且将这种情况记明笔录。

第一百二十条 讯问笔录应当交犯罪嫌疑人核对，对于没有阅读能力的，应当向他宣读。如果记载有遗漏或者差错，犯罪嫌疑人可以提出补充或者改正。犯罪嫌疑人承认笔录没有错误后，应当签名或者盖章。侦查人员也应当在笔录上签名。犯罪嫌疑人请求自行书写供述的，应当准许。必要的时候，侦查人员也可以要犯罪嫌疑人亲笔书写供词。

第一百二十一条 侦查人员在讯问犯罪嫌疑人的时候，可以对讯问过程进行录音或者录像；对于可能判处无期徒刑、死刑的案件或者其他重大犯罪案件，应当对讯问过程进行录音或者录像。

录音或者录像应当全程进行，保持完整性。

第三节 询问证人

第一百二十二条 侦查人员询问证人，可以在现场进行，也可以到证人所在单位、住处或者证人提出的地点进行，在必要的时候，可以通知证人到人民检察院或者公安机关提供证言。在现场询问证人，应当出示工作证件，到证人所在单位、住处或者证人提出的地点询问证人，应当出示人民检察院或者公安机关的证明文件。

询问证人应当个别进行。

第一百二十三条 询问证人，应当告知他应当如实地提供证据、证言和有意作伪证或者隐匿罪证要负的法律责任。

第一百二十四条 本法第一百二十条的规定，也适用于询问证人。

第一百二十五条 询问被害人，适用本节各条规定。

第四节 勘验、检查

第一百二十六条 侦查人员对于与犯罪有关的场所、物品、人身、尸体应当进行勘验或者检查。在必要的时候，可以指派或者聘请具有专门知识的人，在侦查人员的主持下进行勘验、检查。

第一百二十七条 任何单位和个人，都有义务保护犯罪现场，并且立即通知公安机关派员勘验。

第一百二十八条 侦查人员执行勘验、检查，必须持有人民检察院或者公安机关的证明文件。

第一百二十九条 对于死因不明的尸体，公安机关有权决定解剖，并且通知死者家属到场。

第一百三十条 为了确定被害人、犯罪嫌疑人的某些特征、伤害情况或者生理状态，可以对人身进行检查，可以提取指纹信息，采集血液、尿液等生物样本。

犯罪嫌疑人如果拒绝检查，侦查人员认为必要的时候，可以强制检查。

检查妇女的身体，应当由女工作人员或者医师进行。

第一百三十一条 勘验、检查的情况应当写成笔录，由参加勘验、检查的人和见证人签名或者盖章。

第一百三十二条 人民检察院审查案件的时候，对公安机关的勘验、检查，认为需要复验、复查时，可以要求公安机关复验、复查，并且可以派检察人员参加。

第一百三十三条 为了查明案情，在必要的时候，经公安机关负责人批准，可以进行侦查实验。

侦查实验的情况应当写成笔录，由参加实验的人签名或者盖章。

侦查实验，禁止一切足以造成危险、侮辱人格或者有伤风化的行为。

第五节 搜 查

第一百三十四条 为了收集犯罪证据、查获犯罪人，侦查人员可以对犯罪嫌疑人以及可能隐藏罪犯或者犯罪证据的人的身体、物品、住处和其他有关的地方进行搜查。

第一百三十五条 任何单位和个人，有义务按照人民检察院和公安机关的要求，交出可以证明犯罪嫌疑人有罪或者无罪的物证、书证、视听资料等证据。

第一百三十六条 进行搜查，必须向被搜查人出示搜查证。

在执行逮捕、拘留的时候，遇有紧急情况，不另用搜查证也可以进行搜查。

第一百三十七条 在搜查的时候，应当有被搜查人或者他的家属，邻居或者其他见证人在场。

搜查妇女的身体，应当由女工作人员进行。

第一百三十八条 搜查的情况应当写成笔录，由侦查人员和被搜查人或者他的家属，邻居或者其他见证人签名或者盖章。如果被搜查人或者他的家属在逃或者拒绝签名、盖章，应当在笔录上注明。

第六节 查封、扣押物证、书证

第一百三十九条 在侦查活动中发现的可用以证明犯罪嫌疑人有罪或者无罪的各种财物、文件，应当查封、扣押；与案件无关的财物、文件，不得查封、扣押。

对查封、扣押的财物、文件，要妥善保管或者封存，不得使用、调换或者损毁。

第一百四十条 对查封、扣押的财物、文件，应当会同在场见证人和被查封、扣押财物、文件持有人查点清楚，当场开列清单一式二份，由侦查人员、见证人和持有人签名或者盖章，一份交给持有人，另一份附卷备查。

第一百四十一条 侦查人员认为需要扣押犯罪嫌疑人的邮件、电报的时候，经公安机关或者人民检察院批准，即可通知邮电机关将有关的邮件、电报检交扣押。

不需要继续扣押的时候，应即通知邮电机关。

第一百四十二条 人民检察院、公安机关根据侦查犯罪的需要，可以依照规定查询、冻结犯罪嫌疑人的存款、汇款、债券、股票、基金份额等财产。有关单位和个人应当配合。

· 499 ·

犯罪嫌疑人的存款、汇款、债券、股票、基金份额等财产已被冻结的，不得重复冻结。

第一百四十三条 对查封、扣押的财物、文件、邮件、电报或者冻结的存款、汇款、债券、股票、基金份额等财产，经查明确实与案件无关的，应当在三日以内解除查封、扣押、冻结，予以退还。

第七节 鉴 定

第一百四十四条 为了查明案情，需要解决案件中某些专门性问题的时候，应当指派、聘请有专门知识的人进行鉴定。

第一百四十五条 鉴定人进行鉴定后，应当写出鉴定意见，并且签名。

鉴定人故意作虚假鉴定的，应当承担法律责任。

第一百四十六条 侦查机关应当将用作证据的鉴定意见告知犯罪嫌疑人、被害人。如果犯罪嫌疑人、被害人提出申请，可以补充鉴定或者重新鉴定。

第一百四十七条 对犯罪嫌疑人作精神病鉴定的期间不计入办案期限。

第八节 技术侦查措施

第一百四十八条 公安机关在立案后，对于危害国家安全犯罪、恐怖活动犯罪、黑社会性质的组织犯罪、重大毒品犯罪或者其他严重危害社会的犯罪案件，根据侦查犯罪的需要，经过严格的批准手续，可以采取技术侦查措施。

人民检察院在立案后，对于重大的贪污、贿赂犯罪案件以及利用职权实施的严重侵犯公民人身权利的重大犯罪案件，根据侦查犯罪的需要，经过严格的批准手续，可以采取技术侦查措施，按照规定交有关机关执行。

追捕被通缉或者批准、决定逮捕的在逃的犯罪嫌疑人、被告人，经过批准，可以采取追捕所必需的技术侦查措施。

第一百四十九条 批准决定应当根据侦查犯罪的需要，确定采取技术侦查措施的种类和适用对象。批准决定自签发之日起三个月以内有效。对于不需要继续采取技术侦查措施的，应当及时解除；对于复杂、疑难案件，期限届满仍有必要继续采取技术侦查措施的，经过批准，有效期可以延长，每次不得超过三个月。

第一百五十条 采取技术侦查措施，必须严格按照批准的措施种类、适用对象和期限执行。

侦查人员对采取技术侦查措施过程中知悉的国家秘密、商业秘密和个人隐私，应当保密；对采取技术侦查措施获取的与案件无关的材料，必须及时销毁。

采取技术侦查措施获取的材料,只能用于对犯罪的侦查、起诉和审判,不得用于其他用途。

公安机关依法采取技术侦查措施,有关单位和个人应当配合,并对有关情况予以保密。

第一百五十一条 为了查明案情,在必要的时候,经公安机关负责人决定,可以由有关人员隐匿其身份实施侦查。但是,不得诱使他人犯罪,不得采用可能危害公共安全或者发生重大人身危险的方法。

对涉及给付毒品等违禁品或者财物的犯罪活动,公安机关根据侦查犯罪的需要,可以依照规定实施控制下交付。

第一百五十二条 依照本节规定采取侦查措施收集的材料在刑事诉讼中可以作为证据使用。如果使用该证据可能危及有关人员的人身安全,或者可能产生其他严重后果的,应当采取不暴露有关人员身份、技术方法等保护措施,必要的时候,可以由审判人员在庭外对证据进行核实。

第九节 通 缉

第一百五十三条 应当逮捕的犯罪嫌疑人如果在逃,公安机关可以发布通缉令,采取有效措施,追捕归案。

各级公安机关在自己管辖的地区以内,可以直接发布通缉令;超出自己管辖的地区,应当报请有权决定的上级机关发布。

第十节 侦查终结

第一百五十四条 对犯罪嫌疑人逮捕后的侦查羁押期限不得超过二个月。案情复杂、期限届满不能终结的案件,可以经上一级人民检察院批准延长一个月。

第一百五十五条 因为特殊原因,在较长时间内不宜交付审判的特别重大复杂的案件,由最高人民检察院报请全国人民代表大会常务委员会批准延期审理。

第一百五十六条 下列案件在本法第一百五十四条规定的期限届满不能侦查终结的,经省、自治区、直辖市人民检察院批准或者决定,可以延长二个月:

(一)交通十分不便的边远地区的重大复杂案件;
(二)重大的犯罪集团案件;
(三)流窜作案的重大复杂案件;
(四)犯罪涉及面广,取证困难的重大复杂案件。

第一百五十七条 对犯罪嫌疑人可能判处十年有期徒刑以上刑罚，依照本法第一百五十六条规定延长期限届满，仍不能侦查终结的，经省、自治区、直辖市人民检察院批准或者决定，可以再延长二个月。

第一百五十八条 在侦查期间，发现犯罪嫌疑人另有重要罪行的，自发现之日起依照本法第一百五十四条的规定重新计算侦查羁押期限。

犯罪嫌疑人不讲真实姓名、住址，身份不明的，应当对其身份进行调查，侦查羁押期限自查清其身份之日起计算，但是不得停止对其犯罪行为的侦查取证。对于犯罪事实清楚，证据确实、充分，确实无法查明其身份的，也可以按其自报的姓名起诉、审判。

第一百五十九条 在案件侦查终结前，辩护律师提出要求的，侦查机关应当听取辩护律师的意见，并记录在案。辩护律师提出书面意见的，应当附卷。

第一百六十条 公安机关侦查终结的案件，应当做到犯罪事实清楚，证据确实、充分，并且写出起诉意见书，连同案卷材料、证据一并移送同级人民检察院审查决定；同时将案件移送情况告知犯罪嫌疑人及其辩护律师。

第一百六十一条 在侦查过程中，发现不应对犯罪嫌疑人追究刑事责任的，应当撤销案件；犯罪嫌疑人已被逮捕的，应当立即释放，发给释放证明，并且通知原批准逮捕的人民检察院。

第十一节 人民检察院对直接受理的案件的侦查

第一百六十二条 人民检察院对直接受理的案件的侦查适用本章规定。

第一百六十三条 人民检察院直接受理的案件中符合本法第七十九条、第八十条第四项、第五项规定情形，需要逮捕、拘留犯罪嫌疑人的，由人民检察院作出决定，由公安机关执行。

第一百六十四条 人民检察院对直接受理的案件中被拘留的人，应当在拘留后的二十四小时以内进行讯问。在发现不应当拘留的时候，必须立即释放，发给释放证明。

第一百六十五条 人民检察院对直接受理的案件中被拘留的人，认为需要逮捕的，应当在十四日以内作出决定。在特殊情况下，决定逮捕的时间可以延长一日至三日。对不需要逮捕的，应当立即释放；对需要继续侦查，并且符合取保候审、监视居住条件的，依法取保候审或者监视居住。

第一百六十六条 人民检察院侦查终结的案件，应当作出提起公诉、不起诉或者撤销案件的决定。

第三章 提起公诉

第一百六十七条 凡需要提起公诉的案件，一律由人民检察院审查决定。

第一百六十八条 人民检察院审查案件的时候，必须查明：

（一）犯罪事实、情节是否清楚，证据是否确实、充分，犯罪性质和罪名的认定是否正确；

（二）有无遗漏罪行和其他应当追究刑事责任的人；

（三）是否属于不应追究刑事责任的；

（四）有无附带民事诉讼；

（五）侦查活动是否合法。

第一百六十九条 人民检察院对于公安机关移送起诉的案件，应当在一个月以内作出决定，重大、复杂的案件，可以延长半个月。

人民检察院审查起诉的案件，改变管辖的，从改变后的人民检察院收到案件之日起计算审查起诉期限。

第一百七十条 人民检察院审查案件，应当讯问犯罪嫌疑人，听取辩护人、被害人及其诉讼代理人的意见，并记录在案。辩护人、被害人及其诉讼代理人提出书面意见的，应当附卷。

第一百七十一条 人民检察院审查案件，可以要求公安机关提供法庭审判所必需的证据材料；认为可能存在本法第五十四条规定的以非法方法收集证据情形的，可以要求其对证据收集的合法性作出说明。

人民检察院审查案件，对于需要补充侦查的，可以退回公安机关补充侦查，也可以自行侦查。

对于补充侦查的案件，应当在一个月以内补充侦查完毕。补充侦查以二次为限。补充侦查完毕移送人民检察院后，人民检察院重新计算审查起诉期限。

对于二次补充侦查的案件，人民检察院仍然认为证据不足，不符合起诉条件的，应当作出不起诉的决定。

第一百七十二条 人民检察院认为犯罪嫌疑人的犯罪事实已经查清，证据确实、充分，依法应当追究刑事责任的，应当作出起诉决定，按照审判管辖的规定，向人民法院提起公诉，并将案卷材料、证据移送人民法院。

第一百七十三条 犯罪嫌疑人没有犯罪事实，或者有本法第十五条规定的情形之一的，人民检察院应当作出不起诉决定。

对于犯罪情节轻微，依照刑法规定不需要判处刑罚或者免除刑罚的，人民检察院可以作出不起诉决定。

人民检察院决定不起诉的案件，应当同时对侦查中查封、扣押、冻结的财物解除查封、扣押、冻结。对被不起诉人需要给予行政处罚、行政处分或者需要没收其违法所得的，人民检察院应当提出检察意见，移送有关主管机关处理。有关主管机关应当将处理结果及时通知人民检察院。

第一百七十四条 不起诉的决定，应当公开宣布，并且将不起诉决定书送达被不起诉人和他的所在单位。如果被不起诉人在押，应当立即释放。

第一百七十五条 对于公安机关移送起诉的案件，人民检察院决定不起诉的，应当将不起诉决定书送达公安机关。公安机关认为不起诉的决定有错误的时候，可以要求复议，如果意见不被接受，可以向上一级人民检察院提请复核。

第一百七十六条 对于有被害人的案件，决定不起诉的，人民检察院应当将不起诉决定书送达被害人。被害人如果不服，可以自收到决定书后七日以内向上一级人民检察院申诉，请求提起公诉。人民检察院应当将复查决定告知被害人。对人民检察院维持不起诉决定的，被害人可以向人民法院起诉。被害人也可以不经申诉，直接向人民法院起诉。人民法院受理案件后，人民检察院应当将有关案件材料移送人民法院。

第一百七十七条 对于人民检察院依照本法第一百七十三条第二款规定作出的不起诉决定，被不起诉人如果不服，可以自收到决定书后七日以内向人民检察院申诉。人民检察院应当作出复查决定，通知被不起诉的人，同时抄送公安机关。

第三编 审 判

第一章 审判组织

第一百七十八条 基层人民法院、中级人民法院审判第一审案件，应当由审判员三人或者由审判员和人民陪审员共三人组成合议庭进行，但是基层人民法院适用简易程序的案件可以由审判员一人独任审判。

高级人民法院、最高人民法院审判第一审案件，应当由审判员三人至七人或者由审判员和人民陪审员共三人至七人组成合议庭进行。

人民陪审员在人民法院执行职务，同审判员有同等的权利。

人民法院审判上诉和抗诉案件，由审判员三人至五人组成合议庭进行。

合议庭的成员人数应当是单数。

合议庭由院长或者庭长指定审判员一人担任审判长。院长或者庭长参加审判案件的时候，自己担任审判长。

第一百七十九条　合议庭进行评议的时候，如果意见分歧，应当按多数人的意见作出决定，但是少数人的意见应当写入笔录。评议笔录由合议庭的组成人员签名。

第一百八十条　合议庭开庭审理并且评议后，应当作出判决。对于疑难、复杂、重大的案件，合议庭认为难以作出决定的，由合议庭提请院长决定提交审判委员会讨论决定。审判委员会的决定，合议庭应当执行。

第二章　第一审程序

第一节　公诉案件

第一百八十一条　人民法院对提起公诉的案件进行审查后，对于起诉书中有明确的指控犯罪事实的，应当决定开庭审判。

第一百八十二条　人民法院决定开庭审判后，应当确定合议庭的组成人员，将人民检察院的起诉书副本至迟在开庭十日以前送达被告人及其辩护人。

在开庭以前，审判人员可以召集公诉人、当事人和辩护人、诉讼代理人，对回避、出庭证人名单、非法证据排除等与审判相关的问题，了解情况，听取意见。

人民法院确定开庭日期后，应当将开庭的时间、地点通知人民检察院，传唤当事人，通知辩护人、诉讼代理人、证人、鉴定人和翻译人员，传票和通知书至迟在开庭三日以前送达。公开审判的案件，应当在开庭三日以前先期公布案由、被告人姓名、开庭时间和地点。

上述活动情形应当写入笔录，由审判人员和书记员签名。

第一百八十三条　人民法院审判第一审案件应当公开进行。但是有关国家秘密或者个人隐私的案件，不公开审理；涉及商业秘密的案件，当事人申请不公开审理的，可以不公开审理。

不公开审理的案件，应当当庭宣布不公开审理的理由。

第一百八十四条　人民法院审判公诉案件，人民检察院应当派员出席法庭支持公诉。

第一百八十五条　开庭的时候，审判长查明当事人是否到庭，宣布案由；宣布合议庭的组成人员、书记员、公诉人、辩护人、诉讼代理人、鉴定人和翻译人员的名单；告知当事人有权对合议庭组成人员、书记员、公诉人、鉴定人和翻译人员申请回避；告知被告人享有辩护权利。

第一百八十六条　公诉人在法庭上宣读起诉书后，被告人、被害人可以就起诉书指控的犯罪进行陈述，公诉人可以讯问被告人。

被害人、附带民事诉讼的原告人和辩护人、诉讼代理人，经审判长许可，可以向被告人发问。

审判人员可以讯问被告人。

第一百八十七条 公诉人、当事人或者辩护人、诉讼代理人对证人证言有异议，且该证人证言对案件定罪量刑有重大影响，人民法院认为证人有必要出庭作证的，证人应当出庭作证。

人民警察就其执行职务时目击的犯罪情况作为证人出庭作证，适用前款规定。

公诉人、当事人或者辩护人、诉讼代理人对鉴定意见有异议，人民法院认为鉴定人有必要出庭的，鉴定人应当出庭作证。经人民法院通知，鉴定人拒不出庭作证的，鉴定意见不得作为定案的根据。

第一百八十八条 经人民法院通知，证人没有正当理由不出庭作证的，人民法院可以强制其到庭，但是被告人的配偶、父母、子女除外。

证人没有正当理由拒绝出庭或者出庭后拒绝作证的，予以训诫，情节严重的，经院长批准，处以十日以下的拘留。被处罚人对拘留决定不服的，可以向上一级人民法院申请复议。复议期间不停止执行。

第一百八十九条 证人作证，审判人员应当告知他要如实地提供证言和有意作伪证或者隐匿罪证要负的法律责任。公诉人、当事人和辩护人、诉讼代理人经审判长许可，可以对证人、鉴定人发问。审判长认为发问的内容与案件无关的时候，应当制止。

审判人员可以询问证人、鉴定人。

第一百九十条 公诉人、辩护人应当向法庭出示物证，让当事人辨认，对未到庭的证人的证言笔录、鉴定人的鉴定意见、勘验笔录和其他作为证据的文书，应当当庭宣读。审判人员应当听取公诉人、当事人和辩护人、诉讼代理人的意见。

第一百九十一条 法庭审理过程中，合议庭对证据有疑问的，可以宣布休庭，对证据进行调查核实。

人民法院调查核实证据，可以进行勘验、检查、查封、扣押、鉴定和查询、冻结。

第一百九十二条 法庭审理过程中，当事人和辩护人、诉讼代理人有权申请通知新的证人到庭，调取新的物证，申请重新鉴定或者勘验。

公诉人、当事人和辩护人、诉讼代理人可以申请法庭通知有专门知识的人出庭，就鉴定人作出的鉴定意见提出意见。

法庭对于上述申请，应当作出是否同意的决定。

第二款规定的有专门知识的人出庭，适用鉴定人的有关规定。

第一百九十三条 法庭审理过程中，对与定罪、量刑有关的事实、证据都应当进行调查、辩论。

经审判长许可，公诉人、当事人和辩护人、诉讼代理人可以对证据和案件情况发表意见并且可以互相辩论。

审判长在宣布辩论终结后，被告人有最后陈述的权利。

第一百九十四条 在法庭审判过程中，如果诉讼参与人或者旁听人员违反法庭秩序，审判长应当警告制止。对不听制止的，可以强行带出法庭；情节严重，处以一千元以下的罚款或者十五日以下的拘留。罚款、拘留必须经院长批准。被处罚人对罚款、拘留的决定不服的，可以向上一级人民法院申请复议。复议期间不停止执行。

对聚众哄闹、冲击法庭或者侮辱、诽谤、威胁、殴打司法工作人员或者诉讼参与人，严重扰乱法庭秩序，构成犯罪的，依法追究刑事责任。

第一百九十五条 在被告人最后陈述后，审判长宣布休庭，合议庭进行评议，根据已经查明的事实、证据和有关的法律规定，分别作出以下判决：

（一）案件事实清楚，证据确实、充分，依据法律认定被告人有罪的，应当作出有罪判决；

（二）依据法律认定被告人无罪的，应当作出无罪判决；

（三）证据不足，不能认定被告人有罪的，应当作出证据不足、指控的犯罪不能成立的无罪判决。

第一百九十六条 宣告判决，一律公开进行。

当庭宣告判决的，应当在五日以内将判决书送达当事人和提起公诉的人民检察院；定期宣告判决的，应当在宣告后立即将判决书送达当事人和提起公诉的人民检察院。判决书应当同时送达辩护人、诉讼代理人。

第一百九十七条 判决书应当由审判人员和书记员署名，并且写明上诉的期限和上诉的法院。

第一百九十八条 在法庭审判过程中，遇有下列情形之一，影响审判进行的，可以延期审理：

（一）需要通知新的证人到庭，调取新的物证，重新鉴定或者勘验的；

（二）检察人员发现提起公诉的案件需要补充侦查，提出建议的；

（三）由于申请回避而不能进行审判的。

第一百九十九条 依照本法第一百九十八条第二项的规定延期审理的案件，人民检察院应当在一个月以内补充侦查完毕。

第二百条 在审判过程中，有下列情形之一，致使案件在较长时间内无法继续审理的，可以中止审理：

（一）被告人患有严重疾病，无法出庭的；

（二）被告人脱逃的；

（三）自诉人患有严重疾病，无法出庭，未委托诉讼代理人出庭的；

（四）由于不能抗拒的原因。

中止审理的原因消失后，应当恢复审理。中止审理的期间不计入审理期限。

第二百零一条 法庭审判的全部活动，应当由书记员写成笔录，经审判长审阅后，由审判长和书记员签名。

法庭笔录中的证人证言部分，应当当庭宣读或者交给证人阅读。证人在承认没有错误后，应当签名或者盖章。

法庭笔录应当交给当事人阅读或者向他宣读。当事人认为记载有遗漏或者差错的，可以请求补充或者改正。当事人承认没有错误后，应当签名或者盖章。

第二百零二条 人民法院审理公诉案件，应当在受理后二个月以内宣判，至迟不得超过三个月。对于可能判处死刑的案件或者附带民事诉讼的案件，以及有本法第一百五十六条规定情形之一的，经上一级人民法院批准，可以延长三个月；因特殊情况还需要延长的，报请最高人民法院批准。

人民法院改变管辖的案件，从改变后的人民法院收到案件之日起计算审理期限。

人民检察院补充侦查的案件，补充侦查完毕移送人民法院后，人民法院重新计算审理期限。

第二百零三条 人民检察院发现人民法院审理案件违反法律规定的诉讼程序，有权向人民法院提出纠正意见。

第二节 自诉案件

第二百零四条 自诉案件包括下列案件：

（一）告诉才处理的案件；

（二）被害人有证据证明的轻微刑事案件；

（三）被害人有证据证明对被告人侵犯自己人身、财产权利的行为应当依法追究刑事责任，而公安机关或者人民检察院不予追究被告人刑事责任的案件。

第二百零五条 人民法院对于自诉案件进行审查后，按照下列情形分别处理：

（一）犯罪事实清楚，有足够证据的案件，应当开庭审判；

（二）缺乏罪证的自诉案件，如果自诉人提不出补充证据，应当说服自诉人撤回自诉，或者裁定驳回。

自诉人经两次依法传唤，无正当理由拒不到庭的，或者未经法庭许可中途退庭的，按撤诉处理。

法庭审理过程中，审判人员对证据有疑问，需要调查核实的，适用本法第一百九十一条的规定。

第二百零六条 人民法院对自诉案件，可以进行调解；自诉人在宣告判决前，可以同被告人自行和解或者撤回自诉。本法第二百零四条第三项规定的案件不适用调解。

人民法院审理自诉案件的期限，被告人被羁押的，适用本法第二百零二条第一款、第二款的规定；未被羁押的，应当在受理后六个月以内宣判。

第二百零七条 自诉案件的被告人在诉讼过程中，可以对自诉人提起反诉。反诉适用自诉的规定。

第三节 简易程序

第二百零八条 基层人民法院管辖的案件，符合下列条件的，可以适用简易程序审判：

（一）案件事实清楚、证据充分的；

（二）被告人承认自己所犯罪行，对指控的犯罪事实没有异议的；

（三）被告人对适用简易程序没有异议的。

人民检察院在提起公诉的时候，可以建议人民法院适用简易程序。

第二百零九条 有下列情形之一的，不适用简易程序：

（一）被告人是盲、聋、哑人，或者是尚未完全丧失辨认或者控制自己行为能力的精神病人的；

（二）有重大社会影响的；

（三）共同犯罪案件中部分被告人不认罪或者对适用简易程序有异议的；

（四）其他不宜适用简易程序审理的。

第二百一十条 适用简易程序审理案件，对可能判处三年有期徒刑以下刑罚的，可以组成合议庭进行审判，也可以由审判员一人独任审判；对可能判处的有期徒刑超过三年的，应当组成合议庭进行审判。

适用简易程序审理公诉案件，人民检察院应当派员出席法庭。

第二百一十一条 适用简易程序审理案件，审判人员应当询问被告人对指控的犯罪事实的意见，告知被告人适用简易程序审理的法律规定，确认被告人是否同意适用简易程序审理。

第二百一十二条 适用简易程序审理案件，经审判人员许可，被告人及其辩护人可以同公诉人、自诉人及其诉讼代理人互相辩论。

第二百一十三条 适用简易程序审理案件，不受本章第一节关于送达期限、讯问被告人、询问证人、鉴定人、出示证据、法庭辩论程序规定的限制。但在判决宣告前应当听取被告人的最后陈述意见。

第二百一十四条 适用简易程序审理案件，人民法院应当在受理后二十日以内审结；对可能判处的有期徒刑超过三年的，可以延长至一个半月。

第二百一十五条 人民法院在审理过程中，发现不宜适用简易程序的，应当按照本章第一节或者第二节的规定重新审理。

第三章 第二审程序

第二百一十六条 被告人、自诉人和他们的法定代理人，不服地方各级人民法院第一审的判决、裁定，有权用书状或者口头向上一级人民法院上诉。被告人的辩护人和近亲属，经被告人同意，可以提出上诉。

附带民事诉讼的当事人和他们的法定代理人，可以对地方各级人民法院第一审的判决、裁定中的附带民事诉讼部分，提出上诉。

对被告人的上诉权，不得以任何借口加以剥夺。

第二百一十七条 地方各级人民检察院认为本级人民法院第一审的判决、裁定确有错误的时候，应当向上一级人民法院提出抗诉。

第二百一十八条 被害人及其法定代理人不服地方各级人民法院第一审的判决的，自收到判决书后五日以内，有权请求人民检察院提出抗诉。人民检察院自收到被害人及其法定代理人的请求后五日以内，应当作出是否抗诉的决定并且答复请求人。

第二百一十九条 不服判决的上诉和抗诉的期限为十日，不服裁定的上诉和抗诉的期限为五日，从接到判决书、裁定书的第二日起算。

第二百二十条 被告人、自诉人、附带民事诉讼的原告人和被告人通过原审人民法院提出上诉的，原审人民法院应当在三日以内将上诉状连同案卷、证据移送上一级人民法院，同时将上诉状副本送交同级人民检察院和对方当事人。

被告人、自诉人、附带民事诉讼的原告人和被告人直接向第二审人民法院提出上诉的，第二审人民法院应当在三日以内将上诉状交原审人民法院送交同级人民检察院和对方当事人。

第二百二十一条 地方各级人民检察院对同级人民法院第一审判决、裁定的抗诉，应当通过原审人民法院提出抗诉书，并且将抗诉书抄送上一级人民检察院。原审人民法院应当将抗诉书连同案卷、证据移送上一级人民法院，并且将抗诉书副本送交当事人。

上级人民检察院如果认为抗诉不当，可以向同级人民法院撤回抗诉，并且通知下级人民检察院。

第二百二十二条　第二审人民法院应当就第一审判决认定的事实和适用法律进行全面审查，不受上诉或者抗诉范围的限制。

共同犯罪的案件只有部分被告人上诉的，应当对全案进行审查，一并处理。

第二百二十三条　第二审人民法院对于下列案件，应当组成合议庭，开庭审理：

（一）被告人、自诉人及其法定代理人对第一审认定的事实、证据提出异议，可能影响定罪量刑的上诉案件；

（二）被告人被判处死刑的上诉案件；

（三）人民检察院抗诉的案件；

（四）其他应当开庭审理的案件。

第二审人民法院决定不开庭审理的，应当讯问被告人，听取其他当事人、辩护人、诉讼代理人的意见。

第二审人民法院开庭审理上诉、抗诉案件，可以到案件发生地或者原审人民法院所在地进行。

第二百二十四条　人民检察院提出抗诉的案件或者第二审人民法院开庭审理的公诉案件，同级人民检察院都应当派员出席法庭。第二审人民法院应当在决定开庭审理后及时通知人民检察院查阅案卷。人民检察院应当在一个月以内查阅完毕。人民检察院查阅案卷的时间不计入审理期限。

第二百二十五条　第二审人民法院对不服第一审判决的上诉、抗诉案件，经过审理后，应当按照下列情形分别处理：

（一）原判决认定事实和适用法律正确、量刑适当的，应当裁定驳回上诉或者抗诉，维持原判；

（二）原判决认定事实没有错误，但适用法律有错误，或者量刑不当的，应当改判；

（三）原判决事实不清楚或者证据不足的，可以在查清事实后改判；也可以裁定撤销原判，发回原审人民法院重新审判。

原审人民法院对于依照前款第三项规定发回重新审判的案件作出判决后，被告人提出上诉或者人民检察院提出抗诉的，第二审人民法院应当依法作出判决或者裁定,不得再发回原审人民法院重新审判。

第二百二十六条 第二审人民法院审理被告人或者他的法定代理人、辩护人、近亲属上诉的案件,不得加重被告人的刑罚。第二审人民法院发回原审人民法院重新审判的案件,除有新的犯罪事实,人民检察院补充起诉的以外,原审人民法院也不得加重被告人的刑罚。

人民检察院提出抗诉或者自诉人提出上诉的,不受前款规定的限制。

第二百二十七条 第二审人民法院发现第一审人民法院的审理有下列违反法律规定的诉讼程序的情形之一的,应当裁定撤销原判,发回原审人民法院重新审判:

(一) 违反本法有关公开审判的规定的;
(二) 违反回避制度的;
(三) 剥夺或者限制了当事人的法定诉讼权利,可能影响公正审判的;
(四) 审判组织的组成不合法的;
(五) 其他违反法律规定的诉讼程序,可能影响公正审判的。

第二百二十八条 原审人民法院对于发回重新审判的案件,应当另行组成合议庭,依照第一审程序进行审判。对于重新审判后的判决,依照本法第二百一十六条、第二百一十七条、第二百一十八条的规定可以上诉、抗诉。

第二百二十九条 第二审人民法院对不服第一审裁定的上诉或者抗诉,经过审查后,应当参照本法第二百二十五条、第二百二十七条和第二百二十八条的规定,分别情形用裁定驳回上诉、抗诉,或者撤销、变更原裁定。

第二百三十条 第二审人民法院发回原审人民法院重新审判的案件,原审人民法院从收到发回的案件之日起,重新计算审理期限。

第二百三十一条 第二审人民法院审判上诉或者抗诉案件的程序,除本章已有规定的以外,参照第一审程序的规定进行。

第二百三十二条 第二审人民法院受理上诉、抗诉案件,应当在二个月以内审结。对于可能判处死刑的案件或者附带民事诉讼的案件,以及有本法第一百五十六条规定情形之一的,经省、自治区、直辖市高级人民法院批准或者决定,可以延长二个月;因特殊情况还需要延长的,报请最高人民法院批准。

最高人民法院受理上诉、抗诉案件的审理期限,由最高人民法院决定。

第二百三十三条 第二审的判决、裁定和最高人民法院的判决、裁定,都是终审的判决、裁定。

第二百三十四条 公安机关、人民检察院和人民法院对查封、扣押、冻结的犯罪嫌疑人、被告人的财物及其孳息,应当妥善保管,以供核查,并制作清单,随案移送。任何单位和个人不得挪用或者自行处理。对被害人的合法财产，应当及时返还。对违禁品或者不宜长期保存的物品，应当依照国家有关规定处理。

对作为证据使用的实物应当随案移送，对不宜移送的，应当将其清单、照片或者其他证明文件随案移送。

人民法院作出的判决，应当对查封、扣押、冻结的财物及其孳息作出处理。

人民法院作出的判决生效以后，有关机关应当根据判决对查封、扣押、冻结的财物及其孳息进行处理。对查封、扣押、冻结的赃款赃物及其孳息，除依法返还被害人的以外，一律上缴国库。

司法工作人员贪污、挪用或者私自处理查封、扣押、冻结的财物及其孳息的，依法追究刑事责任；不构成犯罪的，给予处分。

第四章　死刑复核程序

第二百三十五条　死刑由最高人民法院核准。

第二百三十六条　中级人民法院判处死刑的第一审案件，被告人不上诉的，应当由高级人民法院复核后，报请最高人民法院核准。高级人民法院不同意判处死刑的，可以提审或者发回重新审判。

高级人民法院判处死刑的第一审案件被告人不上诉的，和判处死刑的第二审案件，都应当报请最高人民法院核准。

第二百三十七条　中级人民法院判处死刑缓期二年执行的案件，由高级人民法院核准。

第二百三十八条　最高人民法院复核死刑案件，高级人民法院复核死刑缓期执行的案件，应当由审判员三人组成合议庭进行。

第二百三十九条　最高人民法院复核死刑案件，应当作出核准或者不核准死刑的裁定。对于不核准死刑的，最高人民法院可以发回重新审判或者予以改判。

第二百四十条　最高人民法院复核死刑案件，应当讯问被告人，辩护律师提出要求的，应当听取辩护律师的意见。

在复核死刑案件过程中，最高人民检察院可以向最高人民法院提出意见。最高人民法院应当将死刑复核结果通报最高人民检察院。

第五章　审判监督程序

第二百四十一条　当事人及其法定代理人、近亲属，对已经发生法律效力的判决、裁定，可以向人民法院或者人民检察院提出申诉，但是不能停止判决、裁定的执行。

第二百四十二条 当事人及其法定代理人、近亲属的申诉符合下列情形之一的,人民法院应当重新审判:

(一)有新的证据证明原判决、裁定认定的事实确有错误,可能影响定罪量刑的;

(二)据以定罪量刑的证据不确实、不充分、依法应当予以排除,或者证明案件事实的主要证据之间存在矛盾的;

(三)原判决、裁定适用法律确有错误的;

(四)违反法律规定的诉讼程序,可能影响公正审判的;

(五)审判人员在审理该案件的时候,有贪污受贿,徇私舞弊,枉法裁判行为的。

第二百四十三条 各级人民法院院长对本院已经发生法律效力的判决和裁定,如果发现在认定事实上或者在适用法律上确有错误,必须提交审判委员会处理。

最高人民法院对各级人民法院已经发生法律效力的判决和裁定,上级人民法院对下级人民法院已经发生法律效力的判决和裁定,如果发现确有错误,有权提审或者指令下级人民法院再审。

最高人民检察院对各级人民法院已经发生法律效力的判决和裁定,上级人民检察院对下级人民法院已经发生法律效力的判决和裁定,如果发现确有错误,有权按照审判监督程序向同级人民法院提出抗诉。

人民检察院抗诉的案件,接受抗诉的人民法院应当组成合议庭重新审理,对于原判决事实不清楚或者证据不足的,可以指令下级人民法院再审。

第二百四十四条 上级人民法院指令下级人民法院再审的,应当指令原审人民法院以外的下级人民法院审理;由原审人民法院审理更为适宜的,也可以指令原审人民法院审理。

第二百四十五条 人民法院按照审判监督程序重新审判的案件,由原审人民法院审理的,应当另行组成合议庭进行。如果原来是第一审案件,应当依照第一审程序进行审判,所作的判决、裁定,可以上诉、抗诉;如果原来是第二审案件,或者是上级人民法院提审的案件,应当依照第二审程序进行审判,所作的判决、裁定,是终审的判决、裁定。

人民法院开庭审理的再审案件,同级人民检察院应当派员出席法庭。

第二百四十六条 人民法院决定再审的案件,需要对被告人采取强制措施的,由人民法院依法决定;人民检察院提出抗诉的再审案件,需要对被告人采取强制措施的,由人民检察院依法决定。

人民法院按照审判监督程序审判的案件，可以决定中止原判决、裁定的执行。

第二百四十七条　人民法院按照审判监督程序重新审判的案件，应当在作出提审、再审决定之日起三个月以内审结，需要延长期限的，不得超过六个月。

接受抗诉的人民法院按照审判监督程序审判抗诉的案件，审理期限适用前款规定；对需要指令下级人民法院再审的，应当自接受抗诉之日起一个月以内作出决定，下级人民法院审理案件的期限适用前款规定。

第四编　执　行

第二百四十八条　判决和裁定在发生法律效力后执行。

下列判决和裁定是发生法律效力的判决和裁定：

（一）已过法定期限没有上诉、抗诉的判决和裁定；

（二）终审的判决和裁定；

（三）最高人民法院核准的死刑的判决和高级人民法院核准的死刑缓期二年执行的判决。

第二百四十九条　第一审人民法院判决被告人无罪、免除刑事处罚的，如果被告人在押，在宣判后应当立即释放。

第二百五十条　最高人民法院判处和核准的死刑立即执行的判决，应当由最高人民法院院长签发执行死刑的命令。

被判处死刑缓期二年执行的罪犯，在死刑缓期执行期间，如果没有故意犯罪，死刑缓期执行期满，应当予以减刑，由执行机关提出书面意见，报请高级人民法院裁定；如果故意犯罪，查证属实，应当执行死刑，由高级人民法院报请最高人民法院核准。

第二百五十一条　下级人民法院接到最高人民法院执行死刑的命令后，应当在七日以内交付执行。但是发现有下列情形之一的，应当停止执行，并且立即报告最高人民法院，由最高人民法院作出裁定：

（一）在执行前发现判决可能有错误的；

（二）在执行前罪犯揭发重大犯罪事实或者有其他重大立功表现，可能需要改判的；

（三）罪犯正在怀孕。

前款第一项、第二项停止执行的原因消失后，必须报请最高人民法院院长再签发执行死刑的命令才能执行；由于前款第三项原因停止执行的，应当报请最高人民法院依法改判。

第二百五十二条 人民法院在交付执行死刑前,应当通知同级人民检察院派员临场监督。

死刑采用枪决或者注射等方法执行。

死刑可以在刑场或者指定的羁押场所内执行。

指挥执行的审判人员,对罪犯应当验明正身,讯问有无遗言、信札,然后交付执行人员执行死刑。在执行前,如果发现可能有错误,应当暂停执行,报请最高人民法院裁定。

执行死刑应当公布,不应示众。

执行死刑后,在场书记员应当写成笔录。交付执行的人民法院应当将执行死刑情况报告最高人民法院。

执行死刑后,交付执行的人民法院应当通知罪犯家属。

第二百五十三条 罪犯被交付执行刑罚的时候,应当由交付执行的人民法院在判决生效后十日以内将有关的法律文书送达公安机关、监狱或者其他执行机关。

对被判处死刑缓期二年执行、无期徒刑、有期徒刑的罪犯,由公安机关依法将该罪犯送交监狱执行刑罚。对被判处有期徒刑的罪犯,在被交付执行刑罚前,剩余刑期在三个月以下的,由看守所代为执行。对被判处拘役的罪犯,由公安机关执行。

对未成年犯应当在未成年犯管教所执行刑罚。

执行机关应当将罪犯及时收押,并且通知罪犯家属。

判处有期徒刑、拘役的罪犯,执行期满,应当由执行机关发给释放证明书。

第二百五十四条 对被判处有期徒刑或者拘役的罪犯,有下列情形之一的,可以暂予监外执行:

(一)有严重疾病需要保外就医的;

(二)怀孕或者正在哺乳自己婴儿的妇女;

(三)生活不能自理,适用暂予监外执行不致危害社会的。

对被判处无期徒刑的罪犯,有前款第二项规定情形的,可以暂予监外执行。

对适用保外就医可能有社会危险性的罪犯,或者自伤自残的罪犯,不得保外就医。

对罪犯确有严重疾病,必须保外就医的,由省级人民政府指定的医院诊断并开具证明文件。

在交付执行前,暂予监外执行由交付执行的人民法院决定;在交付执行后，暂予监外执行由监狱或者看守所提出书面意见，报省级以上监狱管理机关或者设区的市一级以上公安机关批准。

第二百五十五条　监狱、看守所提出暂予监外执行的书面意见的，应当将书面意见的副本抄送人民检察院。人民检察院可以向决定或者批准机关提出书面意见。

第二百五十六条　决定或者批准暂予监外执行的机关应当将暂予监外执行决定抄送人民检察院。人民检察院认为暂予监外执行不当的，应当自接到通知之日起一个月以内将书面意见送交决定或者批准暂予监外执行的机关，决定或者批准暂予监外执行的机关接到人民检察院的书面意见后，应当立即对该决定进行重新核查。

第二百五十七条　对暂予监外执行的罪犯，有下列情形之一的，应当及时收监：

（一）发现不符合暂予监外执行条件的；
（二）严重违反有关暂予监外执行监督管理规定的；
（三）暂予监外执行的情形消失后，罪犯刑期未满的。

对于人民法院决定暂予监外执行的罪犯应当予以收监的，由人民法院作出决定，将有关的法律文书送达公安机关、监狱或者其他执行机关。

不符合暂予监外执行条件的罪犯通过贿赂等非法手段被暂予监外执行的，在监外执行的期间不计入执行刑期。罪犯在暂予监外执行期间脱逃的，脱逃的期间不计入执行刑期。

罪犯在暂予监外执行期间死亡的，执行机关应当及时通知监狱或者看守所。

第二百五十八条　对被判处管制、宣告缓刑、假释或者暂予监外执行的罪犯，依法实行社区矫正，由社区矫正机构负责执行。

第二百五十九条　对被判处剥夺政治权利的罪犯，由公安机关执行。执行期满，应当由执行机关书面通知本人及其所在单位、居住地基层组织。

第二百六十条　被判处罚金的罪犯，期满不缴纳的，人民法院应当强制缴纳；如果由于遭遇不能抗拒的灾祸缴纳确实有困难的，可以裁定减少或者免除。

第二百六十一条　没收财产的判决，无论附加适用或者独立适用，都由人民法院执行；在必要的时候，可以会同公安机关执行。

第二百六十二条　罪犯在服刑期间又犯罪的，或者发现了判决的时候所没有发现的罪行，由执行机关移送人民检察院处理。

被判处管制、拘役、有期徒刑或者无期徒刑的罪犯，在执行期间确有悔改或者立功表现，应当依法予以减刑、假释的时候，由执行机关提出建议书，报请人民法院审核裁定，并将建议书副本抄送人民检察院。人民检察院可以向人民法院提出书面意见。

第二百六十三条　人民检察院认为人民法院减刑、假释的裁定不当，应当在收到裁定书副本后二十日以内，向人民法院提出书面纠正意见。人民法院应当在收到纠正意见后一个月以内重新组成合议庭进行审理，作出最终裁定。

第二百六十四条　监狱和其他执行机关在刑罚执行中，如果认为判决有错误或者罪犯提出申诉，应当转请人民检察院或者原判人民法院处理。

第二百六十五条　人民检察院对执行机关执行刑罚的活动是否合法实行监督。如果发现有违法的情况，应当通知执行机关纠正。

第五编　特别程序

第一章　未成年人刑事案件诉讼程序

第二百六十六条　对犯罪的未成年人实行教育、感化、挽救的方针，坚持教育为主、惩罚为辅的原则。

人民法院、人民检察院和公安机关办理未成年人刑事案件，应当保障未成年人行使其诉讼权利，保障未成年人得到法律帮助，并由熟悉未成年人身心特点的审判人员、检察人员、侦查人员承办。

第二百六十七条　未成年犯罪嫌疑人、被告人没有委托辩护人的，人民法院、人民检察院、公安机关应当通知法律援助机构指派律师为其提供辩护。

第二百六十八条　公安机关、人民检察院、人民法院办理未成年人刑事案件，根据情况可以对未成年犯罪嫌疑人、被告人的成长经历、犯罪原因、监护教育等情况进行调查。

第二百六十九条　对未成年犯罪嫌疑人、被告人应当严格限制适用逮捕措施。人民检察院审查批准逮捕和人民法院决定逮捕，应当讯问未成年犯罪嫌疑人、被告人，听取辩护律师的意见。

对被拘留、逮捕和执行刑罚的未成年人与成年人应当分别关押、分别管理、分别教育。

第二百七十条　对于未成年人刑事案件，在讯问和审判的时候，应当通知未成年犯罪嫌疑人、被告人的法定代理人到场。无法通知、法定代理人不能到场或者法定代理人是共犯的，也可以通知未成年犯罪嫌疑人、被告人的其他成年亲属，所在学校、单位、居住地基层组织或者未成年人保护组织的代表到场，并将有关情况记录在案。到场的法定代理人可以代为行使未成年犯罪嫌疑人、被告人的诉讼权利。

到场的法定代理人或者其他人员认为办案人员在讯问、审判中侵犯未成年人合法权益的，可以提出意见。讯问笔录、法庭笔录应当交给到场的法定代理人或者其他人员阅读或者向他宣读。

讯问女性未成年犯罪嫌疑人，应当有女工作人员在场。

审判未成年人刑事案件，未成年被告人最后陈述后，其法定代理人可以进行补充陈述。

询问未成年被害人、证人，适用第一款、第二款、第三款的规定。

第二百七十一条 对于未成年人涉嫌刑法分则第四章、第五章、第六章规定的犯罪，可能判处一年有期徒刑以下刑罚，符合起诉条件，但有悔罪表现的，人民检察院可以作出附条件不起诉的决定。人民检察院在作出附条件不起诉的决定以前，应当听取公安机关、被害人的意见。

对附条件不起诉的决定，公安机关要求复议、提请复核或者被害人申诉的，适用本法第一百七十五条、第一百七十六条的规定。

未成年犯罪嫌疑人及其法定代理人对人民检察院决定附条件不起诉有异议的，人民检察院应当作出起诉的决定。

第二百七十二条 在附条件不起诉的考验期内，由人民检察院对被附条件不起诉的未成年犯罪嫌疑人进行监督考察。未成年犯罪嫌疑人的监护人，应当对未成年犯罪嫌疑人加强管教，配合人民检察院做好监督考察工作。

附条件不起诉的考验期为六个月以上一年以下，从人民检察院作出附条件不起诉的决定之日起计算。

被附条件不起诉的未成年犯罪嫌疑人，应当遵守下列规定：

（一）遵守法律法规，服从监督；

（二）按照考察机关的规定报告自己的活动情况；

（三）离开所居住的市、县或者迁居，应当报经考察机关批准；

（四）按照考察机关的要求接受矫治和教育。

第二百七十三条 被附条件不起诉的未成年犯罪嫌疑人，在考验期内有下列情形之一的，人民检察院应当撤销附条件不起诉的决定，提起公诉：

（一）实施新的犯罪或者发现决定附条件不起诉以前还有其他犯罪需要追诉的；

（二）违反治安管理规定或者考察机关有关附条件不起诉的监督管理规定，情节严重的。

被附条件不起诉的未成年犯罪嫌疑人，在考验期内没有上述情形，考验期满的，人民检察院应当作出不起诉的决定。

第二百七十四条 审判的时候被告人不满十八周岁的案件，不公开审理。但是，经未成年被告人及其法定代理人同意，未成年被告人所在学校和未成年人保护组织可以派代表到场。

第二百七十五条 犯罪的时候不满十八周岁，被判处五年有期徒刑以下刑罚的，应当对相关犯罪记录予以封存。

犯罪记录被封存的，不得向任何单位和个人提供，但司法机关为办案需要或者有关单位根据国家规定进行查询的除外。依法进行查询的单位，应当对被封存的犯罪记录的情况予以保密。

第二百七十六条 办理未成年人刑事案件，除本章已有规定的以外，按照本法的其他规定进行。

第二章 当事人和解的公诉案件诉讼程序

第二百七十七条 下列公诉案件，犯罪嫌疑人、被告人真诚悔罪，通过向被害人赔偿损失、赔礼道歉等方式获得被害人谅解，被害人自愿和解的，双方当事人可以和解：

（一）因民间纠纷引起，涉嫌刑法分则第四章、第五章规定的犯罪案件，可能判处三年有期徒刑以下刑罚的；

（二）除渎职犯罪以外的可能判处七年有期徒刑以下刑罚的过失犯罪案件。

犯罪嫌疑人、被告人在五年以内曾经故意犯罪的，不适用本章规定的程序。

第二百七十八条 双方当事人和解的，公安机关、人民检察院、人民法院应当听取当事人和其他有关人员的意见，对和解的自愿性、合法性进行审查，并主持制作和解协议书。

第二百七十九条 对于达成和解协议的案件，公安机关可以向人民检察院提出从宽处理的建议。人民检察院可以向人民法院提出从宽处罚的建议；对于犯罪情节轻微，不需要判处刑罚的，可以作出不起诉的决定。人民法院可以依法对被告人从宽处罚。

第三章 犯罪嫌疑人、被告人逃匿、死亡案件违法所得的没收程序

第二百八十条 对于贪污贿赂犯罪、恐怖活动犯罪等重大犯罪案件，犯罪嫌疑人、被告人逃匿，在通缉一年后不能到案，或者犯罪嫌疑人、被告人死亡，依照刑法规定应当追缴其违法所得及其他涉案财产的，人民检察院可以向

人民法院提出没收违法所得的申请。

公安机关认为有前款规定情形的，应当写出没收违法所得意见书，移送人民检察院。

没收违法所得的申请应当提供与犯罪事实、违法所得相关的证据材料，并列明财产的种类、数量、所在地及查封、扣押、冻结的情况。

人民法院在必要的时候，可以查封、扣押、冻结申请没收的财产。

第二百八十一条 没收违法所得的申请，由犯罪地或者犯罪嫌疑人、被告人居住地的中级人民法院组成合议庭进行审理。

人民法院受理没收违法所得的申请后，应当发出公告。公告期间为六个月。犯罪嫌疑人、被告人的近亲属和其他利害关系人有权申请参加诉讼，也可以委托诉讼代理人参加诉讼。

人民法院在公告期满后对没收违法所得的申请进行审理。利害关系人参加诉讼的，人民法院应当开庭审理。

第二百八十二条 人民法院经审理，对经查证属于违法所得及其他涉案财产，除依法返还被害人的以外，应当裁定予以没收；对不属于应当追缴的财产的，应当裁定驳回申请，解除查封、扣押、冻结措施。

对于人民法院依照前款规定作出的裁定，犯罪嫌疑人、被告人的近亲属和其他利害关系人或者人民检察院可以提出上诉、抗诉。

第二百八十三条 在审理过程中，在逃的犯罪嫌疑人、被告人自动投案或者被抓获的，人民法院应当终止审理。

没收犯罪嫌疑人、被告人财产确有错误的，应当予以返还、赔偿。

第四章 依法不负刑事责任的精神病人的强制医疗程序

第二百八十四条 实施暴力行为，危害公共安全或者严重危害公民人身安全，经法定程序鉴定依法不负刑事责任的精神病人，有继续危害社会可能的，可以予以强制医疗。

第二百八十五条 根据本章规定对精神病人强制医疗的，由人民法院决定。

公安机关发现精神病人符合强制医疗条件的，应当写出强制医疗意见书，移送人民检察院。对于公安机关移送的或者在审查起诉过程中发现的精神病人符合强制医疗条件的，人民检察院应当向人民法院提出强制医疗的申请。人民法院在审理案件过程中发现被告人符合强制医疗条件的，可以作出强制医疗的决定。

对实施暴力行为的精神病人，在人民法院决定强制医疗前，公安机关可以采取临时的保护性约束措施。

第二百八十六条 人民法院受理强制医疗的申请后，应当组成合议庭进行审理。

人民法院审理强制医疗案件，应当通知被申请人或者被告人的法定代理人到场。被申请人或者被告人没有委托诉讼代理人的，人民法院应当通知法律援助机构指派律师为其提供法律帮助。

第二百八十七条 人民法院经审理，对于被申请人或者被告人符合强制医疗条件的，应当在一个月以内作出强制医疗的决定。

被决定强制医疗的人、被害人及其法定代理人、近亲属对强制医疗决定不服的，可以向上一级人民法院申请复议。

第二百八十八条 强制医疗机构应当定期对被强制医疗的人进行诊断评估。对于已不具有人身危险性，不需要继续强制医疗的，应当及时提出解除意见，报决定强制医疗的人民法院批准。

被强制医疗的人及其近亲属有权申请解除强制医疗。

第二百八十九条 人民检察院对强制医疗的决定和执行实行监督。

附　则

第二百九十条 军队保卫部门对军队内部发生的刑事案件行使侦查权。

对罪犯在监狱内犯罪的案件由监狱进行侦查。

军队保卫部门、监狱办理刑事案件，适用本法的有关规定。

附录二：监狱法

中华人民共和国监狱法

（1994年12月29日第八届全国人民代表大会常务委员会第十一次会议通过 1994年12月29日公布施行 根据2012年10月26日全国人民代表大会常务委员会关于修改《中华人民共和国监狱法》的决定修正 修正自2013年1月1日起施行）

目 录

第一章 总 则
第二章 监 狱
第三章 刑罚的执行
　第一节 收 监
　第二节 对罪犯提出的申诉、控告、检举的处理
　第三节 监外执行
　第四节 减刑、假释
　第五节 释放和安置
第四章 狱政管理
　第一节 分押分管
　第二节 警 戒
　第三节 戒具和武器的使用
　第四节 通信、会见
　第五节 生活、卫生
　第六节 奖 惩
　第七节 对罪犯服刑期间犯罪的处理
第五章 对罪犯的教育改造
第六章 对未成年犯的教育改造
第七章 附 则

第一章 总 则

第一条 为了正确执行刑罚，惩罚和改造罪犯，预防和减少犯罪，根据宪

法，制定本法。

第二条 监狱是国家的刑罚执行机关。

依照刑法和刑事诉讼法的规定，被判处死刑缓期二年执行、无期徒刑、有期徒刑的罪犯，在监狱内执行刑罚。

第三条 监狱对罪犯实行惩罚和改造相结合、教育和劳动相结合的原则，将罪犯改造成为守法公民。

第四条 监狱对罪犯应当依法监管，根据改造罪犯的需要，组织罪犯从事生产劳动，对罪犯进行思想教育、文化教育、技术教育。

第五条 监狱的人民警察依法管理监狱、执行刑罚、对罪犯进行教育改造等活动，受法律保护。

第六条 人民检察院对监狱执行刑罚的活动是否合法，依法实行监督。

第七条 罪犯的人格不受侮辱，其人身安全、合法财产和辩护、申诉、控告、检举以及其他未被依法剥夺或者限制的权利不受侵犯。

罪犯必须严格遵守法律、法规和监规纪律，服从管理，接受教育，参加劳动。

第八条 国家保障监狱改造罪犯所需经费。监狱的人民警察经费、罪犯改造经费、罪犯生活费、狱政设施经费及其他专项经费，列入国家预算。

国家提供罪犯劳动必需的生产设施和生产经费。

第九条 监狱依法使用的土地、矿产资源和其他自然资源以及监狱的财产，受法律保护，任何组织或者个人不得侵占、破坏。

第十条 国务院司法行政部门主管全国的监狱工作。

第二章 监 狱

第十一条 监狱的设置、撤销、迁移，由国务院司法行政部门批准。

第十二条 监狱设监狱长一人、副监狱长若干人，并根据实际需要设置必要的工作机构和配备其他监狱管理人员。

监狱的管理人员是人民警察。

第十三条 监狱的人民警察应当严格遵守宪法和法律，忠于职守，秉公执法，严守纪律，清正廉洁。

第十四条 监狱的人民警察不得有下列行为：

（一）索要、收受、侵占罪犯及其亲属的财物；

（二）私放罪犯或者玩忽职守造成罪犯脱逃；

（三）刑讯逼供或者体罚、虐待罪犯；

（四）侮辱罪犯的人格；

（五）殴打或者纵容他人殴打罪犯；
（六）为谋取私利，利用罪犯提供劳务；
（七）违反规定，私自为罪犯传递信件或者物品；
（八）非法将监管罪犯的职权交予他人行使；
（九）其他违法行为。

监狱的人民警察有前款所列行为，构成犯罪的，依法追究刑事责任；尚未构成犯罪的，应当予以行政处分。

第三章 刑罚的执行

第一节 收 监

第十五条 人民法院对被判处死刑缓期二年执行、无期徒刑、有期徒刑的罪犯，应当将执行通知书、判决书送达羁押该罪犯的公安机关，公安机关应当自收到执行通知书、判决书之日起一个月内将该罪犯送交监狱执行刑罚。

罪犯在被交付执行刑罚前，剩余刑期在三个月以下的，由看守所代为执行。

第十六条 罪犯被交付执行刑罚时，交付执行的人民法院应当将人民检察院的起诉书副本、人民法院的判决书、执行通知书、结案登记表同时送达监狱。监狱没有收到上述文件的，不得收监；上述文件不齐全或者记载有误的，作出生效判决的人民法院应当及时补充齐全或者作出更正；对其中可能导致错误收监的，不予收监。

第十七条 罪犯被交付执行刑罚，符合本法第十六条规定的，应当予以收监。罪犯收监后，监狱应当对其进行身体检查。经检查，对于具有暂予监外执行情形的，监狱可以提出书面意见，报省级以上监狱管理机关批准。

第十八条 罪犯收监，应当严格检查其人身和所携带的物品。非生活必需品，由监狱代为保管或者征得罪犯同意退回其家属，违禁品予以没收。

女犯由女性人民警察检查。

第十九条 罪犯不得携带子女在监内服刑。

第二十条 罪犯收监后，监狱应当通知罪犯家属。通知书应当自收监之日起五日内发出。

第二节 对罪犯提出的申诉、控告、检举的处理

第二十一条 罪犯对生效的判决不服的，可以提出申诉。

对于罪犯的申诉，人民检察院或者人民法院应当及时处理。

第二十二条 对罪犯提出的控告、检举材料,监狱应当及时处理或者转送公安机关或者人民检察院处理,公安机关或者人民检察院应当将处理结果通知监狱。

第二十三条 罪犯的申诉、控告、检举材料,监狱应当及时转递,不得扣压。

第二十四条 监狱在执行刑罚过程中,根据罪犯的申诉,认为判决可能有错误的,应当提请人民检察院或者人民法院处理,人民检察院或者人民法院应当自收到监狱提请处理意见书之日起六个月内将处理结果通知监狱。

第三节 监外执行

第二十五条 对于被判处无期徒刑、有期徒刑在监内服刑的罪犯,符合刑事诉讼法规定的监外执行条件的,可以暂予监外执行。

第二十六条 暂予监外执行,由监狱提出书面意见,报省、自治区、直辖市监狱管理机关批准。批准机关应当将批准的暂予监外执行决定通知公安机关和原判人民法院,并抄送人民检察院。

人民检察院认为对罪犯适用暂予监外执行不当的,应当自接到通知之日起一个月内将书面意见送交批准暂予监外执行的机关,批准暂予监外执行的机关接到人民检察院的书面意见后,应当立即对该决定进行重新核查。

第二十七条 对暂予监外执行的罪犯,依法实行社区矫正,由社区矫正机构负责执行。原关押监狱应当及时将罪犯在监内改造情况通报负责执行的社区矫正机构。

第二十八条 暂予监外执行的罪犯具有刑事诉讼法规定的应当收监的情形的,社区矫正机构应当及时通知监狱收监;刑期届满的,由原关押监狱办理释放手续。罪犯在暂予监外执行期间死亡的,社区矫正机构应当及时通知原关押监狱。

第四节 减刑、假释

第二十九条 被判处无期徒刑、有期徒刑的罪犯,在服刑期间确有悔改或者立功表现的,根据监狱考核的结果,可以减刑。有下列重大立功表现之一的,应当减刑:

(一)阻止他人重大犯罪活动的;

(二)检举监狱内外重大犯罪活动,经查证属实的;

(三)有发明创造或者重大技术革新的;

(四)在日常生产、生活中舍己救人的;

（五）在抗御自然灾害或者排除重大事故中，有突出表现的；

（六）对国家和社会有其他重大贡献的。

第三十条 减刑建议由监狱向人民法院提出，人民法院应当自收到减刑建议书之日起一个月内予以审核裁定；案情复杂或者情况特殊的，可以延长一个月。减刑裁定的副本应当抄送人民检察院。

第三十一条 被判处死刑缓期二年执行的罪犯，在死刑缓期执行期间，符合法律规定的减为无期徒刑、有期徒刑条件的，二年期满时，所在监狱应当及时提出减刑建议，报经省、自治区、直辖市监狱管理机关审核后，提请高级人民法院裁定。

第三十二条 被判处无期徒刑、有期徒刑的罪犯，符合法律规定的假释条件的，由监狱根据考核结果向人民法院提出假释建议，人民法院应当自收到假释建议书之日起一个月内予以审核裁定；案情复杂或者情况特殊的，可以延长一个月。假释裁定的副本应当抄送人民检察院。

第三十三条 人民法院裁定假释的，监狱应当按期假释并发给假释证明书。

对被假释的罪犯，依法实行社区矫正，由社区矫正机构负责执行。被假释的罪犯，在假释考验期限内有违反法律、行政法规或者国务院有关部门关于假释的监督管理规定的行为，尚未构成新的犯罪的，社区矫正机构应当向人民法院提出撤销假释的建议，人民法院应当自收到撤销假释建议书之日起一个月内予以审核裁定。人民法院裁定撤销假释的，由公安机关将罪犯送交监狱收监。

第三十四条 对不符合法律规定的减刑、假释条件的罪犯，不得以任何理由将其减刑、假释。

人民检察院认为人民法院减刑、假释的裁定不当，应当依照刑事诉讼法规定的期间向人民法院提出书面纠正意见。对于人民检察院提出书面纠正意见的案件，人民法院应当重新审理。

第五节 释放和安置

第三十五条 罪犯服刑期满，监狱应当按期释放并发给释放证明书。

第三十六条 罪犯释放后，公安机关凭释放证明书办理户籍登记。

第三十七条 对刑满释放人员，当地人民政府帮助其安置生活。

刑满释放人员丧失劳动能力又无法定赡养人、扶养人和基本生活来源的，由当地人民政府予以救济。

第三十八条 刑满释放人员依法享有与其他公民平等的权利。

· 527 ·

第四章 狱政管理

第一节 分押分管

第三十九条 监狱对成年男犯、女犯和未成年犯实行分开关押和管理，对未成年犯和女犯的改造，应当照顾其生理、心理特点。

监狱根据罪犯的犯罪类型、刑罚种类、刑期、改造表现等情况，对罪犯实行分别关押，采取不同方式管理。

第四十条 女犯由女性人民警察直接管理。

第二节 警戒

第四十一条 监狱的武装警戒由人民武装警察部队负责，具体办法由国务院、中央军事委员会规定。

第四十二条 监狱发现在押罪犯脱逃，应当即时将其抓获，不能即时抓获的，应当立即通知公安机关，由公安机关负责追捕，监狱密切配合。

第四十三条 监狱根据监管需要，设立警戒设施。监狱周围设警戒隔离带，未经准许，任何人不得进入。

第四十四条 监区、作业区周围的机关、团体、企业事业单位和基层组织，应当协助监狱做好安全警戒工作。

第三节 戒具和武器的使用

第四十五条 监狱遇有下列情形之一的，可以使用戒具：

（一）罪犯有脱逃行为的；

（二）罪犯有使用暴力行为的；

（三）罪犯正在押解途中的；

（四）罪犯有其他危险行为需要采取防范措施的。

前款所列情形消失后，应当停止使用戒具。

第四十六条 人民警察和人民武装警察部队的执勤人员遇有下列情形之一，非使用武器不能制止的，按照国家有关规定，可以使用武器：

（一）罪犯聚众骚乱、暴乱的；

（二）罪犯脱逃或者拒捕的；

（三）罪犯持有凶器或者其他危险物，正在行凶或者破坏，危及他人生命、财产安全的；

（四）劫夺罪犯的；

（五）罪犯抢夺武器的。

使用武器的人员，应当按照国家有关规定报告情况。

第四节　通信、会见

第四十七条　罪犯在服刑期间可以与他人通信，但是来往信件应当经过监狱检查。监狱发现有碍罪犯改造内容的信件，可以扣留。罪犯写给监狱的上级机关和司法机关的信件，不受检查。

第四十八条　罪犯在监狱服刑期间，按照规定，可以会见亲属、监护人。

第四十九条　罪犯收受物品和钱款，应当经监狱批准、检查。

第五节　生活、卫生

第五十条　罪犯的生活标准按实物量计算，由国家规定。

第五十一条　罪犯的被服由监狱统一配发。

第五十二条　对少数民族罪犯的特殊生活习惯，应当予以照顾。

第五十三条　罪犯居住的监舍应当坚固、通风、透光、清洁、保暖。

第五十四条　监狱应当设立医疗机构和生活、卫生设施，建立罪犯生活、卫生制度。罪犯的医疗保健列入监狱所在地区的卫生、防疫计划。

第五十五条　罪犯在服刑期间死亡的，监狱应当立即通知罪犯家属和人民检察院、人民法院。罪犯因病死亡的，由监狱作出医疗鉴定。人民检察院对监狱的医疗鉴定有疑义的，可以重新对死亡原因作出鉴定。罪犯家属有疑义的，可以向人民检察院提出。罪犯非正常死亡的，人民检察院应当立即检验，对死亡原因作出鉴定。

第六节　奖　惩

第五十六条　监狱应当建立罪犯的日常考核制度，考核的结果作为对罪犯奖励和处罚的依据。

第五十七条　罪犯有下列情形之一的，监狱可以给予表扬、物质奖励或者记功：

（一）遵守监规纪律，努力学习，积极劳动，有认罪服法表现的；

（二）阻止违法犯罪活动的；

（三）超额完成生产任务的；

（四）节约原材料或者爱护公物，有成绩的；

（五）进行技术革新或者传授生产技术，有一定成效的；

（六）在防止或者消除灾害事故中作出一定贡献的；

（七）对国家和社会有其他贡献的。

被判处有期徒刑的罪犯有前款所列情形之一，执行原判刑期二分之一以上，在服刑期间一贯表现好，离开监狱不致再危害社会的，监狱可以根据情况准其离监探亲。

第五十八条 罪犯有下列破坏监管秩序情形之一的，监狱可以给予警告、记过或者禁闭：

（一）聚众哄闹监狱，扰乱正常秩序的；

（二）辱骂或者殴打人民警察的；

（三）欺压其他罪犯的；

（四）偷窃、赌博、打架斗殴、寻衅滋事的；

（五）有劳动能力拒不参加劳动或者消极怠工，经教育不改的；

（六）以自伤、自残手段逃避劳动的；

（七）在生产劳动中故意违反操作规程，或者有意损坏生产工具的；

（八）有违反监规纪律的其他行为的。

依照前款规定对罪犯实行禁闭的期限为七天至十五天。

罪犯在服刑期间有第一款所列行为，构成犯罪的，依法追究刑事责任。

第七节 对罪犯服刑期间犯罪的处理

第五十九条 罪犯在服刑期间故意犯罪的，依法从重处罚。

第六十条 对罪犯在监狱内犯罪的案件，由监狱进行侦查。侦查终结后，写出起诉意见书，连同案卷材料、证据一并移送人民检察院。

第五章 对罪犯的教育改造

第六十一条 教育改造罪犯，实行因人施教、分类教育、以理服人的原则，采取集体教育与个别教育相结合、狱内教育与社会教育相结合的方法。

第六十二条 监狱应当对罪犯进行法制、道德、形势、政策、前途等内容的思想教育。

第六十三条 监狱应当根据不同情况，对罪犯进行扫盲教育、初等教育和初级中等教育，经考试合格的，由教育部门发给相应的学业证书。

第六十四条 监狱应当根据监狱生产和罪犯释放后就业的需要，对罪犯进行职业技术教育，经考核合格的，由劳动部门发给相应的技术等级证书。

第六十五条 监狱鼓励罪犯自学，经考试合格的，由有关部门发给相应的证书。

第六十六条 罪犯的文化和职业技术教育，应当列入所在地区教育规划。

监狱应当设立教室、图书阅览室等必要的教育设施。

第六十七条 监狱应当组织罪犯开展适当的体育活动和文化娱乐活动。

第六十八条 国家机关、社会团体、部队、企业事业单位和社会各界人士以及罪犯的亲属,应当协助监狱做好对罪犯的教育改造工作。

第六十九条 有劳动能力的罪犯,必须参加劳动。

第七十条 监狱根据罪犯的个人情况,合理组织劳动,使其矫正恶习,养成劳动习惯,学会生产技能,并为释放后就业创造条件。

第七十一条 监狱对罪犯的劳动时间,参照国家有关劳动工时的规定执行;在季节性生产等特殊情况下,可以调整劳动时间。

罪犯有在法定节日和休息日休息的权利。

第七十二条 监狱对参加劳动的罪犯,应当按照有关规定给予报酬并执行国家有关劳动保护的规定。

第七十三条 罪犯在劳动中致伤、致残或者死亡的,由监狱参照国家劳动保险的有关规定处理。

第六章　对未成年犯的教育改造

第七十四条 对未成年犯应当在未成年犯管教所执行刑罚。

第七十五条 对未成年犯执行刑罚应当以教育改造为主。未成年犯的劳动,应当符合未成年人的特点,以学习文化和生产技能为主。

监狱应当配合国家、社会、学校等教育机构,为未成年犯接受义务教育提供必要的条件。

第七十六条 未成年犯年满十八周岁时,剩余刑期不超过二年的,仍可以留在未成年犯管教所执行剩余刑期。

第七十七条 对未成年犯的管理和教育改造,本章未作规定的,适用本法的有关规定。

第七章　附　则

第七十八条 本法自公布之日起施行。

后 记

　　本书的合著,创意始于 2008 年夏,缘于税收法律规范粗陋,税收行政处罚偏重,税收刑法严苛,波及广大纳税人,我们不忍心看见太多的冤假错案出现于税收征管领域。我们本意在于发挥我们专业知识和工作经验的优势,在正确理解和把握税收法律规范的真实要义和立法目的的基础上,释清税收刑法在司法实践运用中的疑窦,为司法机关和办案律师正确理解和适用税收刑法提供新的视角。经过几年来的思考和研究,结合刑法典有关税收刑法的修订,我们参阅了大量书籍和案例,收集了大量资料,日思夜想,字字斟酌,仍拂不去纳税人心中的忧痛。衷心期望本书的出版能够为税收征纳双方和办案机关带去一缕阳光。

　　本书的写作得到了学界同仁、律师同行和司法机关许多同志的支持和鼓励,他们提供了大量的资料和意见,给了我们很多的启发,弥补了书稿本有的一些缺漏,在这里向他们表示真诚的感谢。求知求真之路,其修远兮,吾将上下而求索。书稿挂一漏万,仍有不足,欢迎读者来函批评指正(E - mail: mshzeng@126.com),作者准备将来继续认真修订,使之更加完善。

　　最后,我们非常感谢最高人民检察院姜建初副检察长的鼓励和中国检察出版社的支持,也十分感谢编辑史朝霞老师的出色工作,她为本书增色和顺利出版付出了辛勤劳动。

作　者

2013 年 11 月 30 日

图书在版编目（CIP）数据

税收犯罪的司法实践与理论探索：税收刑法学的多维视角研究/肖太福，曾明生著. —北京：中国检察出版社，2013.12
ISBN 978-7-5102-1090-7

Ⅰ.①税… Ⅱ.①肖… ②曾… Ⅲ.①危害税收管理罪-研究-中国 Ⅳ.①D924.334

中国版本图书馆 CIP 数据核字（2013）第 295679 号

税收犯罪的司法实践与理论探索
——税收刑法学的多维视角研究

肖太福　曾明生　著

出版发行：	中国检察出版社
社　　址：	北京市石景山区香山南路 111 号（100144）
网　　址：	中国检察出版社（www.zgjccbs.com）
电　　话：	（010）68630384（编辑）　68650015（发行）　68650029（邮购）
经　　销：	新华书店
印　　刷：	保定市中画美凯印刷有限公司
开　　本：	720 mm×960 mm　16 开
印　　张：	34.75 印张　插页　4
字　　数：	642 千字
版　　次：	2013 年 12 月第一版　2013 年 12 月第一次印刷
书　　号：	ISBN 978-7-5102-1090-7
定　　价：	72.00 元

检察版图书，版权所有，侵权必究
如遇图书印装质量问题本社负责调换